UX
UI

This is UX/UI Design

이것이 UX/UI 디자인이다

실무 디자인 방법론으로서의
UX/UI 디자인

This is
UX/UI Design

이것이 UX/UI 디자인이다

실무 디자인 방법론으로서의
UX/UI 디자인

지은이 조성봉

펴낸이 박찬규 엮은이 윤가희 디자인 북누리 표지디자인 Arowa & Arowana

펴낸곳 위키북스 전화 031-955-3658, 3659 팩스 031-955-3660
주소 경기도 파주시 문발로 115 세종출판벤처타운 311호

가격 35,000 페이지 524 책규격 188 x 240mm

초판 발행 2025년 10월 30일
ISBN 979-11-5839-637-4 (93000)

등록번호 제406-2006-000036호 등록일자 2006년 05월 19일
홈페이지 wikibook.co.kr 전자우편 wikibook@wikibook.co.kr

This is UX/UI Design

이것이 UX/UI 디자인이다

실무 디자인 방법론으로서의
UX/UI 디자인

개정증보판

조성봉 지음

위키북스

저·자·소·개

조성봉

라이트브레인 UX컨설팅그룹 이사

〈이것이 UX 디자인이다〉 저자

前 UX1 대표

금융연수원 UX/UI 전임강사

디자인진흥원 국가인적자원개발 자문위원

각종 정부 기관 UX/UI 자문

주 활동 분야

UX 디자인 컨설팅

기술/트렌드 기반 제품/서비스 컨설팅

AI UX 관련 연구

프로젝트

- 제품: 삼성전자, 현대자동차, SK텔레콤, LG전자 등
- UX/UI: 신한은행, 네이버, 호텔신라, LG U+ 등
- B2B: 삼성SDS, 신한금융지주, 두산그룹, 싸이버로지텍 등
- AI UX: 삼성카드, 삼성SDS, SK텔레콤

강의 이력

- 기업: 삼성전자 AI 기반 스마트홈, 삼성전자 C-Lab Creative Engine, 현대자동차 마케팅 아카데미, 신한은행 모바일 UX 교육, 인컴스 UI/UX 교육, KT, LG전자, 삼성화재, 삼성 SDS, 한국학술재단, 웅진씽크빅, 우아한 형제들, 삼성생명서비스, 롯데홈쇼핑, 신한금융지주, 11번가 등
- 단체: 라이트브레인 UX 아카데미, UX전문가포럼, 한국인터넷전문가협회 주관 UX Consultant과정, UX Desgn 스쿨, 연세대, 한양대 등
- 세미나: HCI 학회, Global ICT Premier Forum, 헬스/웨어러블 세미나, 쇼핑의 미래, SK Creative Challenge, 자동차 전자기술 워크숍, 웹어워드 콘퍼런스, 웹월드 콘퍼런스, 광고마케팅 콘퍼런스, 전자부품연구원 등

이 책은 2013년에 발간된 ≪이것이 UX 디자인이다≫(위키북스 2013)의 후속편이다. 이전 책에서 UX 디자인을 방법론 위주로 다루었다면 이 책에서는 UX/UI의 구체적인 디자인 절차와 최근 불고 있는 변화에 초점을 맞추었다. 앞부분은 이전 책에서 다소 소홀히 다뤘던 '디자인' 부분에 많이 할애하고 모바일 UX/UI 위주의 사례를 많이 담았으며, 뒷부분은 현재 UX에 관심 있는 분이라면 꼭 알아야 하는 변화를 담고자 했다.

≪이것이 UX디자인이다≫ 초판이 매진되고, 개정판 대신에 아예 새로운 책을 내고자 마음먹은 게 벌써 5년 전이다. 그동안 바쁘다는 핑계로 차일피일 책 쓰기를 미뤄오다가 코로나19로 인해 외부 교육과 자문 활동이 중단된 틈을 이용해 이 책을 썼다. 글쓴이는 아침잠이 없는 편이다. 사회적 거리 두기 운동으로 인해 재택근무를 하는 2주일 동안 (원래는 출근하고 있을) 아침 시간을 이용해서 딱 10장만 써보고 더 쓸지 말지를 결정하자는 생각이 이 책의 출발이었다.

글쓴이에게는 다양한 UX 지식과 경험이 축적되어 있다. UX 디자인 전문 기업인 '라이트브레인'에 재직하면서 PC나 모바일에서의 디지털 서비스는 물론 자동차, 웨어러블, AR/VR, IoT, AI, 챗봇, 산업용 시스템에 이르기까지 많은 UX 프로젝트를 관리했고, 삼성전자나 현대자동차, SK그룹, 금융연수원, 아카데미정글 등에서 수십 여 차례의 UX 강의를 진행했다. 그 과정에서 다양한 분야의 사람들과 교류하며 UX에 대한 담론을 나눴다. 이 책에는 그런 실무 경험과 강의 내용이 들어 있다. 부족한 게 많지만, UX 디자인의 현재와 미래를 충실하게 담고자 노력했다는 점은 자부할 수 있다.

이 책은 총 3장으로 구성된다. 1장은 UX에 대한 이론을 다루는데, 이론적인 내용은 최대한 줄이고 예시와 실무 경험 지식을 가급적 많이 담으려고 노력했다. 2장은 UX/UI 디자인 프로세스를 다루는데, 앞서 얘기한 바와 같이 UX/UI 디자인 방법을 다양한 예시와 함께 담았다. UX를 처음 접하는 초보자는 물론, 현장의 실무자에게도 도움이 되리라 생각한다. 3장은 디지털 전환(Digital Transformation) 시대에 주목받고 있는 애자일 UX나 AI 시대에 떠오르는 AI UX와 같은 최신 UX 방법론을 소개했다. 3장을 통해서 최근 거세게 불고 있는 변화의 물결을 이해하고, 어떤 준비가 필요한지 깨달을 수 있으리라 생각한다.

최근 들어 UX라는 말이 그럴듯한 포장 용도로 많이 쓰이는데, UX 디자인은 수식어가 아니라 실체가 명확한 활동이다. 혹시 아직도 UX를 수식어로 생각하는 사람이 있다면 이 책이 그러한 오해를 푸는 데 도움이 될 것이다.

또한 최근의 UX 디자인은 애자일 방법론과 결합하거나 스스로가 '애자일스러워'지고 있다. 다시 말해 더 민첩하고 결과 중심적으로 변화하고 있다. UX 디자인이 한때의 유행이 아니라는 점은 이미 증명됐다. 그러나 디지털 전환 시대를 살고 있고 AI First 시대를 앞둔 지금, UX 디자인이 어떻게 변화 중인지도 알아야 한다. 왜 많은 글로벌 기업이 혁신의 핵심을 UX로 여기는지 알아야 한다.

이 책을 통해 UX/UI 방법론의 얼개와 세부적인 디자인 기법을 체득하고, AI UX를 비롯해 최근 논의되는 최신 방법론의 면면도 '편견 없이' 살펴보기 바란다.

감사 인사

언제나 글쓴이의 든든한 지지자인 라이트브레인의 황기석 대표님과 UX 컨설팅 그룹의 동료들, 특히 김준미, 한주연, 이정은 수석과 마지막에 책 내용을 검수해준 김다슬 선임에게 감사의 인사를 전한다. 그리고 열정적인 실습과 질문을 통해서 많은 영감을 준 라이트브레인 UX 아카데미 수강생 여러분에게도 감사 인사를 전한다.

또한 바쁜 시간에도 불구하고 서평을 보내주신 연세대 최준호교수님, 고려대 최병호 교수님, 계원예대 박진현 교수님, 유니스트의 이승호 교수님, 신한은행 전성호 부장님, 핀마트 이승배 대표님, 삼성SDS 김유정 수석님, 이상용 스케치 서울 앰배서더에게도 감사의 인사를 전한다.

어렸을 때부터 '디자인'에 대해서 영감을 주신 두 분 부모님과 책을 쓰는 데 여러모로 도움을 준 아내 김희정, 중간에 지칠 때마다 활력을 불어넣어 준 세 명의 아이들 예린, 근호, 혜린에게도 감사 인사를 전한다.

≪이것이 UX/UI 디자인이다≫ 초판을 출간하고 5년이 지났다. 그 사이 세상에 가장 중요했던 변화를 꼽자면 단연코 AI의 등장을 빼놓고 이야기할 수 없을 것이다. 2020년에도 AI의 중요성을 책에 담았지만, 지금 우리가 보는 변화는 그때와 차원이 다르다.

생성형 AI는 그야말로 태풍처럼 폭풍과 같은 영향을 거의 모든 분야에 미치고 있다. 수일 걸리던 작업을 몇 초 만에 처리하기도 하고, 막막했던 과정을 심플하게 처리해 주기도 하며, 어떤 곳에서는 사람의 일자리를 위협하기도 한다. UX 디자인 또한 폭풍 같은 변화를 맞고 있다. 과거 AI UX가 'AI 서비스를 디자인하는 방법'에 관한 것이었다면, 지금의 AI UX는 'AI로 UX 디자인 업무를 대체하는 방법'에 관한 이야기가 되었다.

이러한 시대 변화에 맞춰, 이번 증보판에서는 '생성형 AI를 활용한 UX 디자인' 장을 새롭게 추가했다. 물론 기존 내용도 30% 이상 보강했지만, 이 증보판의 가장 큰 의미는 UX 디자인의 단계별로 생성형 AI를 어떻게 활용할지에 대해 구체적인 답을 제시했다는 점에 있다. 이슈 도출부터 UX 테스트까지, 15개 주요 업무별로 생성형 AI 활용법과 기대효과, 그리고 명확한 한계까지 담아냈다. 실제 사람을 만나야 하는 '필드 리서치 실행' 외에 생성형 AI 활용이 불가능한 업무는 거의 없다.

사실 이 증보판을 내놓기까지 저자로서 고민이 많았다. 2020년 책 출간 이후 방법론보다 설계에 초점을 맞춰 다른 책들을 집필했기 때문이다. 하지만 한 고객사와의 만남이 결정적 계기가 되었다. 복잡한 반도체 공정 자동화를 고민하던 그 회사 기획서에서 아주 익숙한 AI 에이전트 그림을 발견했는데, 바로 내 책에 소개했던 그림이었다. 담당자가 가방에서 꺼내 보여준 손때 묻은 책을 보았을 때 이 책이 여전히 많은 분에게 길잡이가 되고 있다는 사실을 깨달았다. 그 경험이 아니었다면 증보판 작업은 중간에 포기했을지도 모른다.

생성형 AI를 효과적으로 사용하려면 무엇을 요청할지 깊이 있고 체계적으로 알아야 한다. 현명한 질문이 지혜의 절반이라는 프랜시스 베이컨의 말처럼, 결국 AI 시대에도 가장 중요한 역량은 디자이너의 깊이 있는 전문 지식이다. 그런 면에서 이 책이 소개하는 업무별 생성형 AI 활용 가이드가 여러분에게 큰 도움이 될 것이라 확신한다.

항상 믿고 응원해 주신 라이트브레인 임직원 여러분들과 가족들, 마지막으로 이번에도 책을 내는 데 수고해 주신 위키북스에 감사의 인사를 전한다.

2025년 늦여름, 조성봉

2010년 처음으로 UX 디자인 교육과정을 시작하면서 부족한 점이 너무나 많았습니다. 아이폰이 모바일 세상을 열었고, 앱이라는 새로운 산업이 시작되었지만, UI와 UX의 정의가 무엇인가에 대한 논쟁도 끝나지 않은 상태였습니다. 과연 어디서부터 시작해야 하는지, 어떻게 가르쳐야 할지, 어떤 미래를 만들어가야 할지 대답할 수 있는 사람은 많지 않았습니다.

그로부터 10년. 이제 UX/UI가 없는 디지털 세상은 상상할 수 없으며, 앱의 사용성만이 아니라 비즈니스의 방향성도 사용자 중심으로 재편되었습니다.

이 책에는 지난 10년간의 역사와 우리가 만들어온 UX/UI 세상의 경험이 담겨있습니다. 그 시간 동안 우리가 어떻게 성장해왔고, 앞으로 무엇을 해야 할 것인가의 방향이 담겨있습니다. 이 책은 지난 10년간 UX/UI 분야의 최전선에서 축적된 다양한 지식이 농축된 결정체입니다.

이 책을 보면서 저 또한 교육의 방향과 미래에 대해 다시 한번 고민하게 됩니다. 학교에서 가르쳐야 할 수준이 얼마나 높아졌는지 실감했고, 아울러 UX/UI의 교육은 어느 방향으로 가야 할지에 대한 새로운 고민을 하게 됩니다.

'최신 UX 방법론과 트렌드' 섹션만 따로 보아도 이 책은 가치가 있다고 생각합니다. 개인적으로 인공지능의 세상에서 디자이너는 어떤 방향으로 가야 할 것인가에 관한 관점이 가장 크게 와 닿았습니다. 기술의 발전은 세상에 없던 것들을 만들고 있고, 그것이 우리의 삶에 어떤 의미가 있어야 할 것인가의 방향성을 제시하고 있습니다.

– 박진현

계원예술대학교 시각디자인과 교수

디지털 전환의 시대에 UX의 미래는 인공지능(AI) 서비스에 있다. AI와 데이터 기반 서비스의 핵심 전략은 기술 혁신이나 알고리즘 분석 기법뿐만 아니라 사용자 라이프스타일에서, 의미 있는 경험 디자인에서 나온다. 사용자의 감정과 맥락을 이해하고 사용 의도를 예측할 수 있어야 하기 때문이다.

이 책은 AI 시대에 필요한 디자인 씽킹과 UX 방법론의 트렌드를 명료하게 소개한다. UX 실무자와 전공 학생들에게 바로 지금 필요한 책이다.

– 최준호

연세대학교 정보대학원 UX 트랙 교수, 前 카카오 사외이사 지금까지의 세탁기는 세탁기를 사용하는 고객이 누구인지에 관해 무지했고, 주로 활용하는 기능과 순서도 외면해왔다. 그뿐인가? 세탁을 잘못해 구박을 받아야 하는 인간관계에도 눈을 감은 채 그 뻔뻔함을 유지했다. 내일의 세탁기는 나보다 나를 더 잘 알고, 나보다 내 가족을 더 챙기며, 사용자가 세탁기를 공부하는 세상에서 세탁기가 사용자의 건강을 염려하는 세상으로 지능형 트랜스포메이션(intelligent transformation) 되는, 단 한 번이라도 꼭 살고 싶은 그곳으로 우리를 데려다줄 것이다. 하지만 이것이 세탁기에만 해당하는 이야기일까? 우리가 사용하는 제품이나 경험하는 서비스도 풀 이코노미(pull economy)로 가속화될 것이다. 그 비밀이 바로 이 책에 있다.

– 최병호

고려대 Human-inspired AI 연구소 교수, Human-inspired AI 연구소 지능형 산업혁신단 단장

기업은 물론 정부까지 디지털 전환을 고민하는 지금, UX 디자인에 대한 이해는 그 어느 때보다 중요하다. 이 책은 저자의 풍부한 현장 경험과 치열한 고민을 바탕으로 UX 디자인의 기초 원칙과 다양한 방법론부터 최신 트렌드까지 놓치지 않고 예시를 들어 설명한다. UX 디자인의 기초를 다지고 싶은 학생, 다양한 전문가와 협업을 준비하는 실무 초임자, 디자이너가 아니어도 UX 디자이너와 함께 일해야 하는 위치에 있는 사람에게 훌륭한 입문서가 될 것이다.

– 이승호

유니스트 디자인학과 조교수, 『새로운 디자인 도구들』(인사이트 2018) 공저자

이 책이 UX/UI 분야를 웬만큼 안다는 사람은 물론, 이 분야에 대한 중요성을 깨닫고 제대로 된 저서를 찾으려는 사람들에게 베스트셀러로 자리 잡을 것 같다는 확실한 예감이 든다. 군더더기 없으면서도 중요한 부분은 확실하게 전달하려는 저자의 성향이 그대로 잘 드러나 있다. UI/UX의 기본이 잘 나와 있으면서도 AI 기반의 UI/UX 전략 같은 꼭 알아야 할 최신 동향을 다루고 있다는 점이 무척 유익했다.

– 이승배

핀마트 대표이사, 대한민국 초대 금융 신지식인, Who's who 평생공로상 수상자

과거에는 사람의 눈을 마주 보고 설득을 통해 원하는 목적을 달성하는 것이 중요했다면, 디지털시대에는 맥락을 이해하고 사용자경험의 고충을 밝힌 다음에 그 해결 방법을 디자인하는 것이 매우 중요하다. 금융도 그러하다. 이 책은 실무 방법론으로서 UIUX를 이해하고 AI UX와 같은 최신 방법론을 접할 수 있는 최고의 지침서이자 UXer를 꿈꾸는 기획자라면 꼭 한 번 읽어볼 만한 책이다.

– 전성호

신한은행 디지털전략부장

이 책에는 저자의 오랜 현장 경험(프로젝트, 교육, 세미나)과 지식을 토대로 한 국내외 UX 디자인 방법과 사례가 집약되어 있다. UXer라면 이 책을 통해 자신이 갖고 있는 지식의 파편을 견고하게 할 수 있을 것이며, UX의 최신 트렌드와 방법론을 빠르게 습득할 수 있는 좋은 기회가 될 것이다.

– 김유정

삼성SDS CX그룹 수석

UX는 사용자의 머릿속에 들어가 그들의 잠재적 사고를 연구하는 재미있는 학문이다. 최근 프로토타이핑과 UI 디자인에 주력하고 있지만, 이 책을 계기로 UX를 다시 한번 성찰하게 되었다. 최근 들어 소위 UX를 흉내 내는 사람들이 많이 늘어나는 것을 보고 아쉬워했는데 이 책을 통해 많은 사람이 UX를 깊이 있게 이해하리라고 본다. 막연하게 UX를 처음 공부하려는 분들에게 추천하며 혹 기존에 UX를 충분히 알고 있다고 생각하는 분에게도 더 많은 역량을 쌓을 수 있는 계기가 되리라 믿는다.

– 이상용

스케치 서울 앰베서더, 『사용자경험 이야기』(지앤선 2015) 저자

01

UX/UI 디자인이란?

02 UX/UI 디자인 프로세스

03 생성형 AI를 활용한 UX 디자인

[형식]

이 책에는 다음과 같은 5가지 유형이 목적에 따라 책 내용을 기술하는 데 사용됐다.

1. **텍스트**: 책 내용을 전달하는 일반적인 본문에 해당
2. **이미지**: 책 내용에 대한 예시나 보충 설명을 위해서 들어간 도식
3. **표**: 책 내용 일부를 구체적으로 분류해서 설명하고자 할 때 사용
4. **흰색 배경 박스**: 책 내용 중 개념을 보다 명확하게 정의하기 위해 사용
5. **노란색 배경 박스**: 책 내용과 관련된 부가적인 정보

[출처 표기]

외부에서 인용한 자료나 예시에 대해서는 출처를 밝히되, 그 외에 필자나 필자의 동료들이 작업한 결과물에 대해서는 굳이 출처를 밝히지 않았다. 라이트브레인 UX아카데미 수강생들이 작업한 결과물에 대해서는 기수와 조 이름을 밝혔다.

[용어]

모든 용어는 가급적 한글로 표기하고자 했다. 영어로 된 용어 중에 한글 번역이 가능한 것은 한글로 먼저 표기하고 괄호에 영어 원문을 표기했다. 그러나 외래어나 UX 분야의 전문용어는 번역하지 않고 발음 그대로 한글로만 표기했다.

일부 유의어(Synonym)는 필자의 판단 아래 그중 하나를 대표로 표기했다. 가령 '진입'과 '접근'은 같은 뜻을 가진 다른 용어인데, 필자는 이 중에서 접근이라는 용어를 사용했다.

띄어쓰기는 가급적 지키려고 노력했으나, 본문 일부에서는 약간의 예외를 두었다.

Part 01

UX/UI 디자인이란?

01 _ UX/UI 개요

02 _ UX란?

03 _ UX 피라미드

04 _ UX 구성 요소

01

UX/UI 개요

디자인과 UX 디자인

디자인이란?

사람들은 흔히 디자인을 시각적인 무언가로 생각하는 경향이 있다. 좁은 의미에서의 디자인은 그 말이 맞지만, 이 책에서 얘기하는 디자인은 넓은 의미에서의 디자인을 말한다. 디자인을 단지 미학, 다시 말해 외양을 보기 좋게 꾸미고 장식하는 행위로 간주하는 전통적인 시각은 더 이상 유효하지 않다. 서비스 지향 경제에서 디자인은 고객 관점에서의 가치 창출 수단이자, 경쟁 우위 확보를 위한 전략 그 자체이다.

디자인은 어떤 객체, 시스템, 활동, 프로세스 등을 구현하기 위한 계획이나 만들려는 사양 또는 (프로토타입, 제품, 프로세스 형태로 된) 결과물을 의미한다.

\- 위키피디아

디자인은 단지 어떻게 보이고 느껴지는지가 아니다. 디자인은 어떻게 작동하는 가이다

(Design is not just what it looks like and feels like. Design is how it works).

\- 스티브 잡스

디자인의 개념은 컴퓨터가 대중화되던 무렵인 90년대와 인터넷이 확산되기 시작한 2000년대 초반에 큰 변화를 겪었다. 이러한 개념 변화는 디지털 서비스의 대중화와 깊게 맞물려 있다.

그림 1. 디자인의 개념 변천사

디지털 기술은 사용자와 제품/서비스 간의 상호작용을 단순화시켰다. 이전에는 해당 제품이나 서비스를 잘 아는 전문가만이 수행할 수 있었던 관리 · 유지보수 영역을, 디지털 시대에는 사용자가 직접 처리할 수 있게 되었다. 아날로그 시대의 복잡한 작동 메커니즘은 디지털 시대에 들어 훨씬 단순해지고 접근성이 높아졌으며, 몇 가지 규칙만 익히고 주의하면 어렵지 않게 설정할 수 있도록 변화했다.

이러한 변화로 인해 디자이너들은 사용자의 문제를 보다 깊이 이해하고, 공감적인 태도를 유지하면서 이를 근본적이고 지속적으로 해결할 방법을 모색하기 시작했다. 이를 잘 보여주는 대표적인 사례가 애플 공동 창업자 스티브 잡스의 디자인 철학이다. 잡스는 인간 경험에 대한 폭넓은 이해를 바탕으로, 단순히 기술을 구현하는 것을 넘어 다양한 경험을 연결하고 새로운 것을 종합해야만 뛰어난 디자인이 나온다고 믿었다.

20세기 디자인 거장 찰스 임스(Charles Eames)는 디자인을 '목적과 문제 해결에 기반한 엄격한 지적 활동'이라고 정의했다. 그는 비즈니스에서 디자인이 단순한 미적 만족을 넘어 사용자 문제를 해결하고 비즈니스 목표를 달성하기 위한 '목적의 표현(an expression of purpose)'이 되어야 한다고 말했다. 따라서 디자인의 1차 조건은 제품 · 서비스의 대상인 사용자가 무엇을 필요로 하는지를 먼저 인식하는 것(a recognition of need)이라고 강조했다.

임스의 디자인 철학은 디자인을 장식적이고 부수적인 활동이 아니라, 비즈니스 핵심 가치를 실현하는 목적의식적 계획이자 실천 활동으로 규정했다. 이러한 철학은 이후 IDEO 창업자들에 의해 '디자인 씽킹(Design Thinking)'으로 발전했으며, 인터넷과 모바일이 부상하던 2010년대 중반 이후에는 'UX 디자인'으로 계승되었다. 이제 디자인의 대상은 물리적 사물이나 공간, 컴퓨터 인터페이스를 넘어 사용자의 전반적인 경험으로 확장됐다.

좋은 디자인이 '어떻게 작동하는가'(스티브 잡스)에 대한 문제라면, 우리는 사용자를 관찰함으로써 그것을 평가하고 더 나은 디자인을 만드는 데 필요한 조건을 찾을 수 있다. 이렇게 'UX 디자인'은 디자인의 초점을 '사용자 경험'에 두고, 그 경험을 어떻게 측정하며 변화시킬 것인가—즉, 어떻게 디자인할 것인가—에 관한 영역이다.

이 책에서 디자인이라는 말을 자주 쓸 텐데, 그것을 좁은 의미의 디자인으로 오해하지 않기를 바란다.

디자인이란?

디자인은 뭔가를 매력적으로 보이게 하거나 사용성을 좋게 하거나 기쁨을 주는 것만을 말하는 것이 아닙니다. 디자인은 제품을 사용하는 것을 너머 제품이 기쁨을 주게 만들고, 그 이상의 의미까지 전달할 수 있게 만드는 작업입니다.

디자인은 우리가 만든 경험을 통해 고객에게 깊은 의미를 전달할 수 있는 방법입니다(Design is a way for us to deliver deep meaning to our customers through the experiences we craft).

우리는 기본적이고 유용한 것에서부터 출발해 그 이상의 것까지 고객에게 전달할 가치를 향상시키는 데 매진해야 합니다.

_ 리나 머천트, 구글 디자인 리더(Reena Merchant, Design Leadership @ Google/Youtube), 출처: Medium

UX 디자인

UX 디자인은 경험 자체를 새롭게 디자인하겠다는 의미다. 제품 디자인이 제품을, UI 디자인이 UI를, 앱 디자인이 모바일 앱을 대상으로 하듯이 UX 디자인은 UX(사용자 경험)를 대상으로 한다. 현재의 UX가 갖는 문제를 찾아서 그것을 새롭게 변화시키겠다는 뜻이다.

이것은 매우 이상하게 들릴 수도 있다. 제품이나 UI, 앱을 디자인한다는 것은 그것을 새롭게 변화시키는 것이라고 쉽게 이해할 수 있는데, 그 이용 과정인 경험을 바꾸겠다는 말은 뭔가 실체가 없고 허무맹랑하게 들릴 수 있다.

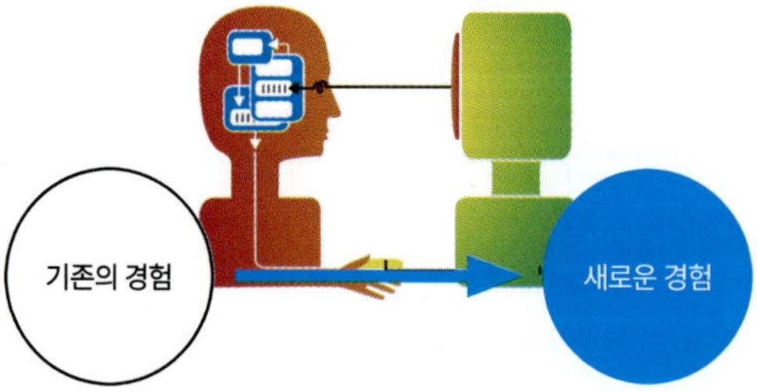

그림 2. UX 디자인

사람들이 UX 디자인을 UI 디자인이나 앱 디자인의 동의어라고 오해하는 이유가 여기에 있다. 경험을 디자인한다는 게 쉽게 이해되지 않으니까 좀 더 이해하기 쉬운 쪽으로 생각을 굳히는 것이다. 그러나 그렇다고 해서 UX 디자인이 UI 디자인이나 앱 디자인이 되는 것은 아니다.

심지어 UX 디자인은 전 세계 수많은 기업에서 이미 자리 잡고 있다. 구글, 페이스북, 넷플릭스, 테슬라 등 혁신 선도 기업들의 최일선에는 UXer[주: UX 디자인을 수행하는 사람]들이 활동하고 있으며, 포춘 500대 기업에는 CXO[주: 최고 경험관리자, Chief eXperience Officer]라는 역할이 대부분 존재하고 자사의 핵심 경쟁력이 UX라고 이야기하는 기업도 많다.

UX 디자인 시장 규모는 이미 4,000억 달러를 넘어섰다. 시장의 확장은 자연스럽게 인재 수요 증가로 이어졌다. 글래스도어(Glassdoor) 설문조사에 따르면, UX 디자이너에 대한 수요는 연간 약 20%의 속도로 증가했다. UX 디자인 생태계 역시 점차 복잡해지는 추세였다. 고도로 전문화된 UX 또는 CX(비즈니스와 결합한 UX) 컨설팅 분야가 존재하는 한편, DIY 및 저비용 UX 디자인 도구들도 급속히 부상했다.

대표적인 예로 캔바(Canva)는 이미 월간 활성 사용자가 1억 명을 넘었으며, 미국에는 3320만 개에 이르는 중소기업들이 이러한 DIY 도구를 활용해 자사의 서비스 UX를 개선했다. 물론, 빅테크와 대기업들은 많은 전문 인력과 예산을 투입해 사용자 경험 문제 해결에 노력을 기울였다.

특히 점점 복잡해지고 연결이 중요해진 요즘 세상에는 남들을 따라 하고 트렌드를 무작정 쫓아가기보다는 사용자들이 서비스 이용 시 겪는 문제를 파악하고 그것을 바꾸는 것이 기업의 경쟁력 측면에서 이전보다 더 중요하다. 아마존(Amazon)의 UX 책임자는 'UX에 투자된 1달러는 2~100달러의 수익을 창출한다'고 밝혔다. 물론 UX 디자인의 진정한 가치는 이런 직접적인 수익뿐만 아니라 고객 만족도와 장기적인 경쟁 우위에 있다. 실제로 디지털 경쟁의 최일선에 있던 기업 책임자들은 UX 디자인이 방문 빈도, 체류 시간, 전환율(가입이나 구매 증가율), 충성도를 높인다는 데 의견을 같이했다.

미국의 American Airlines는 서비스 설계 단계에서 사용성 문제를 해결함으로써 문제 해결 비용을 60~90% 절감했다고 발표했다. 이러한 사례는 초기 UX 투자로 인해 이후 발생하는 개선 · 유지보수 · 고객 지원 비용을 대폭 줄일 수 있음을 보여주었다.

사용자에게 집중하라.
그러면 모든 것이 따라올 것이다.

– 구글의 열 가지 철학 중 첫 번째 원칙

세계적인 경영학자들도 다음과 같이 얘기한다.

새로운 성장을 창출할 기회를 발견하려면
소비자가 적절히 해결하지 못하는 중요한 과제를 먼저 찾아야 한다.

- 클레이튼 크리스텐슨

기업이 제공하는 부가가치는 결국 경험이다.
경험의 질에 따라 시장가치가 수십억 달러를 껑충 뛸 수도 있다.

- 톰 피터스

경험은 단순한 서비스보다 훨씬 더 전체적이고 완전하고 포괄적이고 감정적이고 강력하다.

- 에이드리언 슬라이워츠키

2000년대 이후 웹이나 모바일 앱과 같은 디지털 서비스가 폭발적으로 성장해서 많은 사람이 UX 디자인을 UI 디자인이나 앱 디자인으로 오해하는데, UX 디자인의 영역은 디지털 서비스에만 한정되지 않는다. UX를 디지털 인터페이스, 웹사이트, 모바일 앱과 거의 같은 의미로 사용하는 것은 적절하지 않다. UX는 인간 중심 문제 해결을 위한 보편적인 접근 방식으로, 제품과 서비스는 물론 물리적 공간, 심지어 교육 시스템까지도 인간이 상호작용하는 모든 영역에 적용될 수 있다.

주방용품 기업 코프코(Copco)의 창업자 샘 파버(Sam Farber)는 관절염을 앓던 아내 벳시(Betsey)가 감자를 깎을 때 불편함을 겪는 모습을 보고, '어떻게 하면 손의 부담을 줄이면서도 보기 좋은 필러를 만들 수 있을까?'를 고민했다. 코프코 디자인팀은 이 문제 인식에서 출발해, 누구나 쉽게 사용할 수 있고 힘이 거의 들지 않으며, 물에 젖어도 부드럽고 미끄러지지 않는 소재를 적용한 필러를 설계했다.

그렇게 탄생한 OXO 굿그립(Good Grips) 도구 라인은 높은 가격대에도 불구하고 1991년부터 2002년까지 연평균 35% 이상의 매출 성장을 기록했다. 관절염이 없는 사용자들에게도 그 가치가 인정됐다.

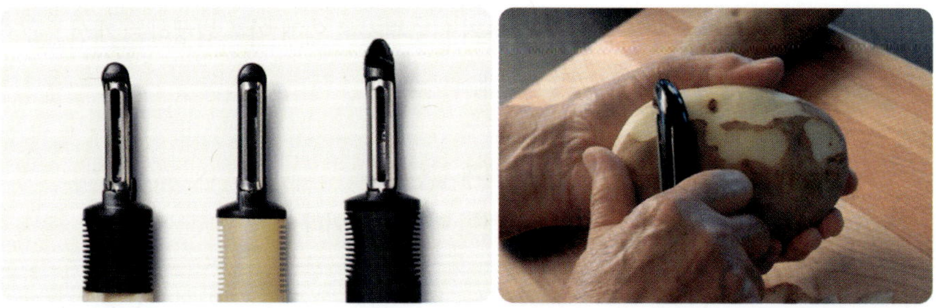

그림 3. OXO 굿그립 주방 도구 (출처: Copco)

전통적인 은행은 차갑고 권위적이며, 단순히 '거래 과정만을 위한 공간'으로 인식되는 경우가 많았다. 고객 대부분은 필요에 의해 어쩔 수 없이 은행을 방문하곤 했다.

미국의 캐피털원(Capital One)은 이러한 기존 은행 공간의 이미지를 바꾸고자, 더욱 친근하고 개방적이며, 금융 교육과 일대일 멘토링, 커뮤니티 모임까지 가능한 '캐피털원 카페'(Capital One Café)라는 신개념 지점을 도입했다.

그림 4. 캐피털원 카페

캐피털원 카페의 특징

- **누구나 이용 가능**: 은행 이용 고객뿐만 아니라 누구든 카페를 자유롭게 방문해 커피와 다과를 즐기고, 공부 · 업무 · 휴식 공간으로 활용할 수 있었다.
- **금융 교육 · 멘토링 제공**: 'Money & Life' 프로그램 및 다양한 재무 코칭, 워크숍을 통해 금융 지식과 실질적 목표 달성 방법을 안내했다.
- **커뮤니티 공간**: 비영리단체, 학생단체, 동문회 등 다양한 커뮤니티가 무료로 모임을 열 수 있는 공간을 제공했다.
- **개방적 분위기와 디자인**: 밝고 넓은 공간, 카페 바리스타 서비스, 무료 Wi-Fi, 다양한 좌석, 전용 회의실 등 편안하고 현대적인 환경을 구축했다.

변화의 의미

- 캐피털원 카페는 단순한 은행 지점이 아니라 고객의 일상에 스며드는 커뮤니티 허브로 자리매김했다. 딱딱한 거래 공간이 아닌, 누구나 편하게 들르고 소통하며 성장할 수 있는 공간으로 전환함으로써, 은행의 사회적 역할과 고객 경험을 혁신한 사례로 평가받았다.

글쓴이가 소속된 라이트브레인도 PC나 모바일에서의 소프트웨어, 웹, 앱뿐만 아니라 자동차, 여행용 가방, VR 기기, 스마트워치, 음성인식 기기에 이르기까지 다양한 제품을 컨설팅하고 있다. UX 디자인은 현재 광범위한 영역에서 활용되고 있다. 실제로 캐피털원 카페는 고객들의 은행에 대한 선입견을 허물고 방문을 높이는 데 기여했으며, 이후 다른 은행들도 이러한 모델을 따라하기 시작했다.

UX/UI 디자인

UX/UI에서 UX는 방법론, UI는 디자인할 대상을 의미한다. 보통 디지털 서비스에 한정된 UX 디자인을 UX/UI 디자인이라고 부른다. UX/UI 디자인은 UX 방법론을 통해 PC나 모바일에서의 소프트웨어, 웹, 앱 등 UI가 중심이 되는 서비스를 디자인하겠다는 것이다. 그래서 UX/UI 디자인은 크게 2가지를 배워야 한다. UX 방법론과 UX/UI 디자인 영역 설계 방법이 그것이다.

이 둘 중 어느 것이 더 중요한가를 질문하는 것은 소모적인 일이다. UX 방법론에만 치우쳐 있는 것이나 UX/UI 디자인 설계 노하우에 치우쳐 있는 것이나 부족하기는 마찬가지다.

UX/UI 디자인이란?

- 소프트웨어나 PC 웹, 모바일 앱에서의 UX 디자인
- UI 이외에 (암묵적으로) IA, 이용흐름, 인터랙션, GUI 등이 포함되어 있음
- 최근 들어 시각적인 UI 이외에 음성이나 텍스트 UI까지 영역이 확장됐음
- 한 마디로 UI 중심의 UX 디자인 접근 방법

뛰어난 UX/UI 디자인이 만들어지기 위해서는 방법론과 디자인 설계 노하우가 둘 다 필요하다. 이 책의 2장에는 모바일 UX/UI 디자인 설계 노하우를 UX 방법론의 프로세스별로 담고 있다.

UX/UI 외에 UX 디자인에는 또 어떤 게 있을까?

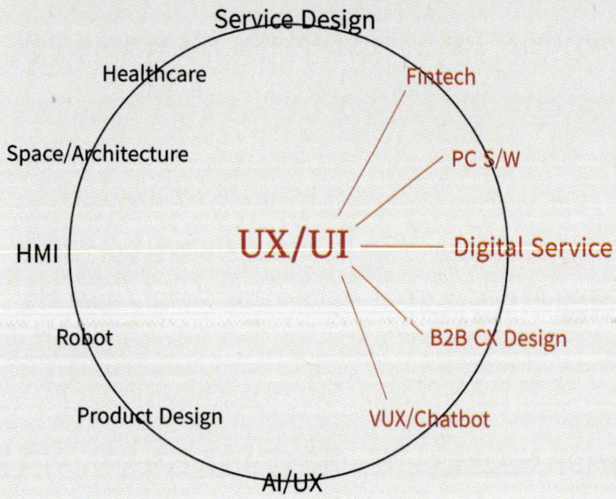

그림 5. UX 디자인의 범위 및 UX/UI 해당 영역

UX/UI는 왼쪽 이미지에서 빨간색에 해당하는 영역이다. VUX[주: 음성인식서비스]나 챗봇[주: 채팅창을 통한 AI 상담 서비스]은 UX/UI의 경계에 포함되기도 하고 AI UX[주: AI 기반하여 UX를 디자인하는 영역]에 포함되기도 한다.

UXer들은 UX/UI 외에도 서비스 디자인이나 B2B에서의 CX[주: Customer Experience] 디자인, 브랜드를 중심으로 한 BX 디자인, AI UX, 자동차와 관련된 HMI[주: Human Machine Interface], 제품 디자인 등 다양한 분야에서 활동한다.

UX와 UI의 차이

UX와 UI는 명확하게 다르다. 기존의 UI 디자인을 UX/UI라고 고쳐 부르는 것은 UX 방법론으로 UI를 설계(=디자인)하기 때문이다. 단순히 UI를 구성하는 콘텐츠와 기능, 커뮤니케이션 요소들을 본인의 지식과 경험에 기반해서 잘 만들어 보겠다는 것이 아니라 실제 사용자들이 겪는 고충(Pain points)과 니즈, 행위를 반영해서 서비스를 설계하겠다는 의미다.

UX: 서비스가 아닌 사용자 관점에서 새로운 경험을 제시하는 프로젝트 수행 절차 - 방법론

UI: 서비스가 구체적으로 보여지는 형태, 정보의 배치 및 구성 - 디자인 대상

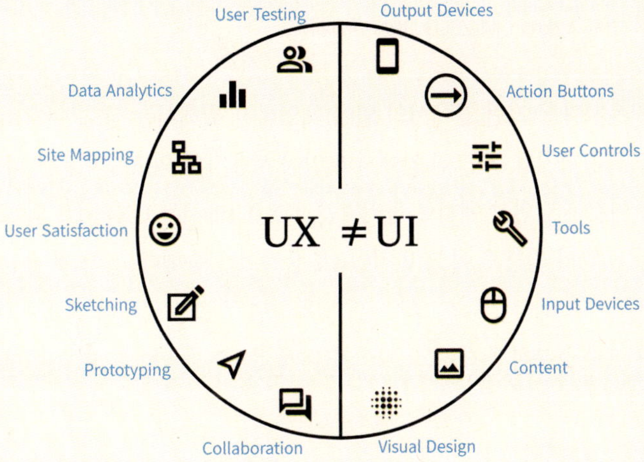

'UX≠UI', UX Movement

그림 6. UX와 UI의 차이 – Mike Atherton, Medium

UX와 UI를 구분하는 가장 명확한 설명은 스크린을 기준으로 보는 것이다. UI는 스크린 안에서의 일을 다룬다. 그에 비해 UX는 스크린 앞에서의 일(사람들의 경험)을 다룬다. UI/UX 또는 UX/UI(순서는 상관없다)라는 것은 이 둘의 관계를 대변한다. 다시 말해 스크린 앞에서의 사용자 경험에 기반하여 스크린 안에서의 일을 설계한다는 의미이다.

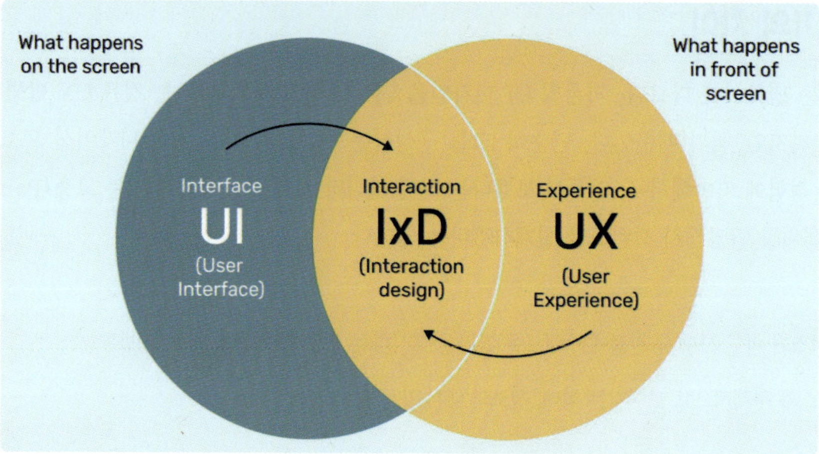

그림 7. UX와 UI 간의 관계 (출처: Medium, MUZEEBURRAHAMAN)

스크린 앞에 있는 사용자가 스크린 안에서의 일에 개입하기 위해서는 상호작용(Interaction)이 필요하다. 반대의 경우도 마찬가지다. 스크린 안에서의 일이 사용자의 의도나 행동에 따라 결과를 전달하는 것도 상호작용이다. 이것은 당연한 얘기로 들리지만, UX/UI에서는 UX와 UI 외에도 인터랙션이 중요하다는 점을 시사한다. 앞서 최근 들어 '전반적인 UI 품질이 상승했다'고 한 것에 큰 기여를 한 것도 인터랙션이다. 더 직관적이고 예측 가능한 조작, 더 명확하며 적절한 형태의 피드백, 더 매끄럽고 추적이 용이한 상태 변화는 UI를 풍부하게 해주고, 나아가 더 좋은 UX를 만드는 데 기여한다.

UX/UI 디자인 영역

UX/UI 디자인 영역에는 여러 가지가 있다. UX/UI를 처음 접하는 사람이라도 디지털 서비스를 떠올려 보면 쉽게 유추할 수 있다. 디지털 서비스는 말 그대로 '서비스'를 사용자에게 제공한다. 사용자는 원하는 서비스를 찾기 위해(이를 '탐색'이라고 한다) 메뉴나 검색 같은 도구를 이용한다.

찾아낸 정보는 화면 안에 일정한 순서에 따라 배치되어 있고, 여러 개의 화면이 사용자가 수행하는 작업(Task)에 따라 이어지는 경우도 있다. 가입, 구매, 신청 등이 여기에 해당한다. 화면에서 다른 화면으로 이동하거나 화면 안의 정보를 불러오고, 확대하거나 축소하기 위해서는 조작이 필요하다. 누르기도 하고, 스크롤하기도 했으며, 옆으로 미는 '스와이프' 동작이 필요하기도 하다.

마지막으로, 중요한 정보나 기능은 색상이나 크기를 강조하여 눈에 잘 띄게 하고, 화면 속 콘텐츠들은 일목요연하게 정렬하며, 시각적 효과를 통해 느낌이 전달되기도 한다.

이러한 요소들이 바로 UX/UI 디자인의 주요 영역이다. UX/UI에 서비스 모델이나 단위 서비스, 기능, 콘텐츠 등을 포함시키는 경우도 있으나, 일반적으로 UX/UI 디자인이라고 하면 IA, 이용흐름, 인터랙션, UI, GUI의 5가지를 말한다. PC나 모바일을 통해 만나는 디지털 서비스에는 UI 외에도 서비스의 내용인 콘텐츠와 기능, 정보의 구조, 흐름, 상호작용, 구성, 배치, 형태, 시각적인 표현 등이 같이 담겨 있다.

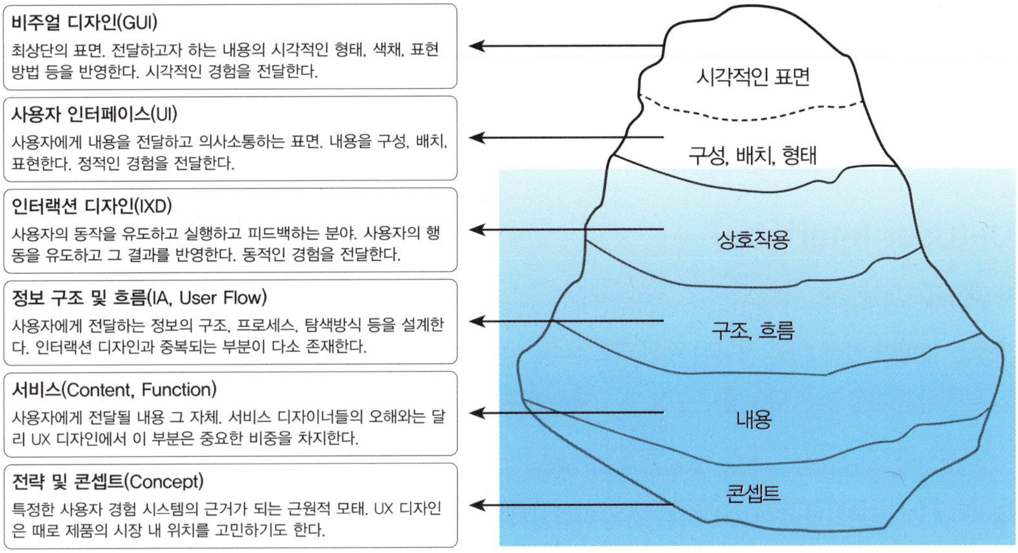

그림 8. UX/UI 빙산(Iceberg)

UI는 나머지 디자인 영역을 대표할 뿐이다. 좋은 UI가 나오기 위해서는 밑에 있는 다른 디자인 영역의 탄탄한 토대가 필요하다. '나는 뛰어난 UI 설계자입니다'라고 말하려면 인터랙션과 정보구조, 이용흐름 설계를 알고 있어야 한다. 더불어 비주얼 디자인의 여러 가지 원칙과 패턴을 알고 있으면 더 큰 도움을 받을 수 있다. 그렇다면 말 그대로 UI 설계에만 능숙하다면 거기에 '뛰어나다'는 말을 붙일 수 있을까?

UI는 인터랙션(IxD), 정보구조(IA), 이용흐름(User Flow), 비주얼 디자인(GUI)과 떼려야 뗄 수 없는 관계에 있기 때문에 UI 설계에 뛰어나려면 앞에서 거론한 나머지 디자인 영역도 잘 알아야 한다. 특히 모바일은 상호작용이 빈번하게 일어나기 때문에 뛰어난 UI 설계를 위해서 제스처(Gesture), 상태변화(Transition)와 같은 인터랙션 디자인을 잘 알아야 한다.

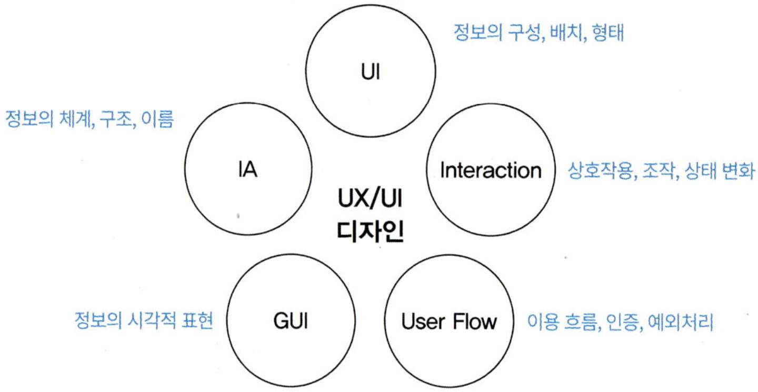

그림 9. UX/UI의 5가지 디자인 영역

UI (User Interface)

UX 디자인에서는 UI의 완성도나 아름다움보다는, 사용자가 어떤 경험을 하도록 설계했는가에 초점을 맞추는 경향이 있어 UI를 하나의 수단으로 본다. 실제 사용자들이 원하는 것은 좋은 UI보다는 '정보를 잘 탐색하고 이용할 수 있는 좋은 UX'이기 때문이다.

간혹 이 점을 잊어버리고 '최신 유행하는 UI'에만 집중하는 경우도 있는데, 실제 사용자들이 원하는 것을 망각하고 트렌드만 쫓아 추구하는 것은 바람직하지 않다.

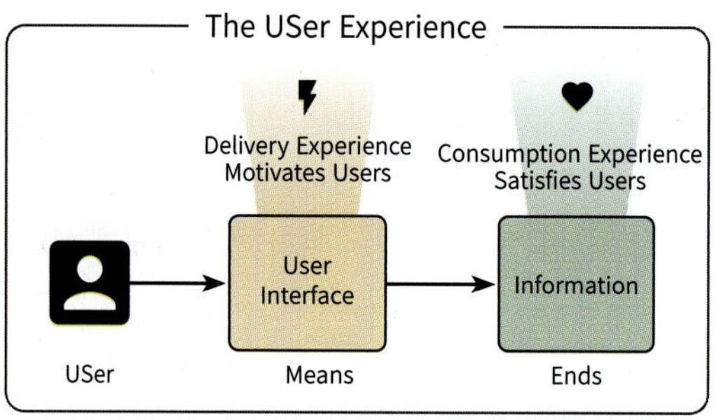

그림 10. UI는 수단이지 목적이 아니다. (출처: anthony, UX Movement)

2015년에 등장한 영국의 모바일 전용 은행인 몬조(Monzo)는 간편하고 빠른 금융 서비스로 큰 성공을 거뒀다. 몬조의 UI는 복잡한 정보를 감추고, 쉽고 직관적인 방식으로 정보를 제공했다. 화면 내 UI 밀도를 낮춰 사용자가 빠르게 정보를 훑어볼 수 있게 했으며, 단순하고 직관적인 조작(탭, 스와이프)을 통해 세부 정보로 자연스럽게 이동하도록 설계했다. 혁신적인 기술이나 트렌드를 쫓는 디자인은 없었지만, 간편하고 직관적인 UI 덕분에 큰 호평을 받았다.

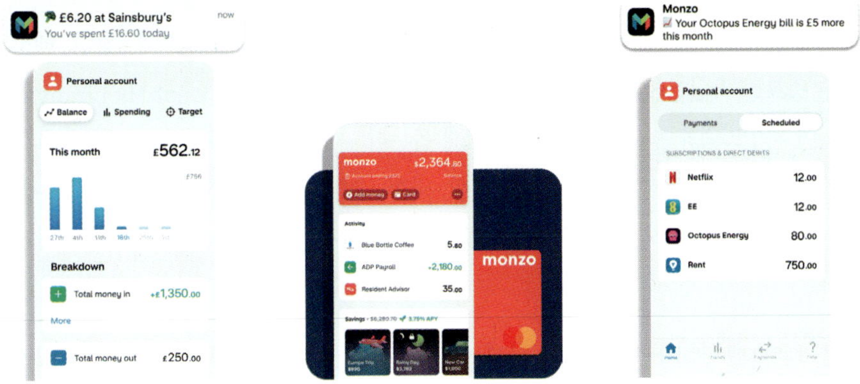

그림 11. 영국 몬조의 UI는 단순하고 간결하게 정보를 제시한다. (출처: Monzo)

UI는 화면 내 노출될 정보를 구성하고, 위아래 및 좌우로 배치하고, 각 정보나 기능의 형태를 디자인하는 작업이다.

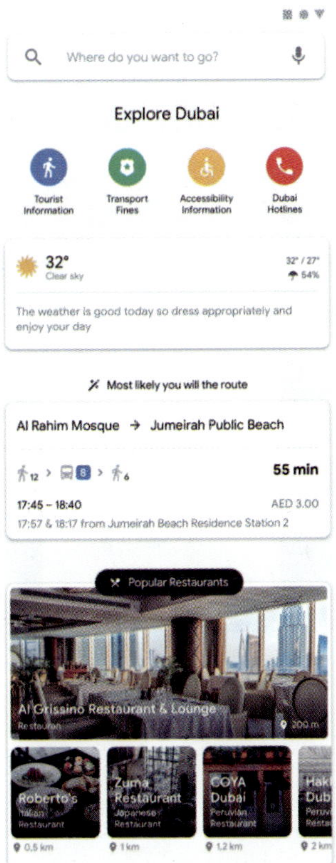

그림 12. 구글의 홈 화면 (주제별로 구성, 현재 위치〉 서비스 바로가기〉 날씨〉 교통〉 맛집 순서로 배치, 날씨와 교통은 아이콘과 숫자 텍스트를 조합, 맛집은 사진 바탕에 간단한 텍스트 표시)

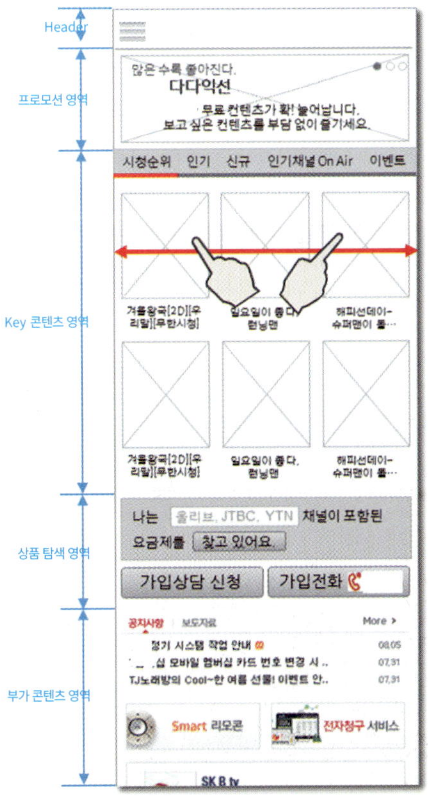

그림 13. 실제 UI 설계 화면 (정보 구성, 배치, 형태를 설계하면서 인터랙션까지 고려한다)

UI에서 제일 처음에 하는 작업은 정보를 구성하는 것이다. 어떤 정보를 제공할지 정의하고, 정보를 묶거나 쪼개면서 연관 관계를 설계한다. 그다음, 앞서 구성된 정보를 상하좌우로 배치한다. 배치는 UI 설계에서 매우 중요한 작업인데, 잘 만들어진 배치는 시각적인 계층구조(Visual Hierarchy)가 뛰어나서 사용자들이 자연스럽게 정보를 이용할 수 있게 돕는다. 사용자가 무의식적으로 디자이너가 의도한 UX대로 정보를 이용하게 하기 위해서 강조, 대비, 균형, 요약을 하기도 한다. 마지막으로 배치된 정보의 형태를 결정한다. 텍스트로 할지, 이미지로 할지, 밀도 있게 표현할지, 여유 있게 표현할지 등을 UI에 반영한다.

UI는 개별 UI 요소가 목적에 따라 결합 · 구성 · 배치되는 과정을 통해 만들어졌다. 모든 UI 설계는 UI 요소로부터 출발했다. 예전에 어떤 미팅 자리에서 '나쁜 UI에는 어떤 것이 있느냐'는 질문을 받은 적이 있었다. 나는 황당한 속내를 감추고 애써 평정심을 유지한 채 설명했다.

"애초에 나쁜 UI라는 것은 없다. UI는 벽돌에 불과한데,
집을 잘못 설계한 것을 두고 벽돌을 탓할 수 없는 것과 마찬가지다."

UI 요소들은 각자의 용도와 적절한 쓰임새가 있다. 거기에 좋다 · 나쁘다라는 판단이 개입되는 것은, 그것이 잘못 사용되었기 때문이지 그 자체가 나쁘기 때문은 아니다. 그러나 '나쁜 디자인'으로 인해 개별 UI 요소들이 결합 · 구성 · 배치되는 과정에서 잘못된 방향으로 빠질 가능성은 언제든 존재한다.

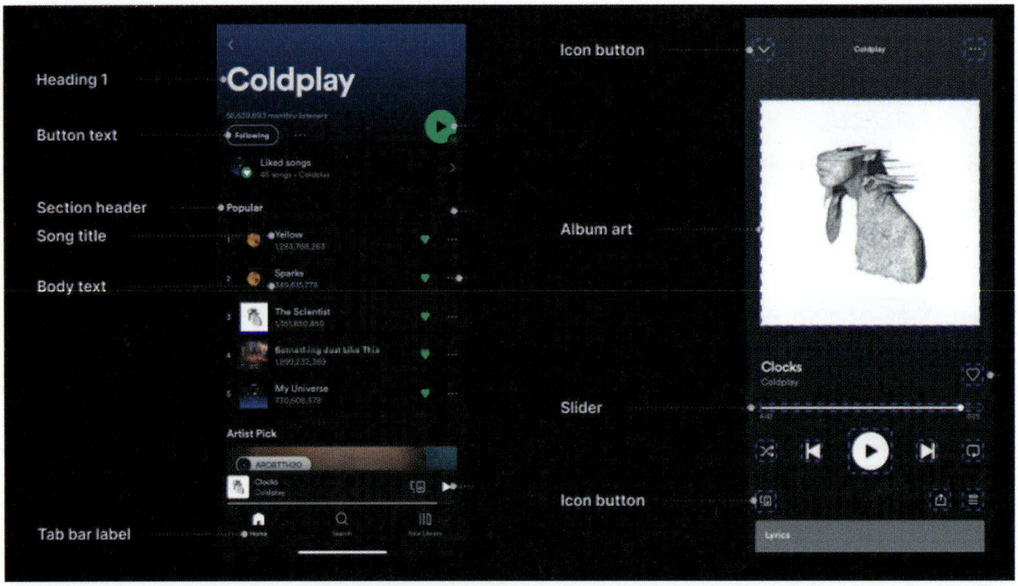

그림 14. 미디어 서비스에 사용되는 UI 요소 예시 (출처: Rohan Kamath)

UI 설계는 매우 섬세하고 감각적인 작업이다. 이것이 교육만 어느 정도 받으면 누구나 다 UI를 설계할 수 있지만, 뛰어난 UI는 아무나 만들 수 없는 이유다. UX 자문을 위해 다양한 기업/기관의 UI 프로토타입 발표 자리를 가보면 UX가 없는 UI를 만나는 경우가 적지 않다. 왜 그렇게 정보를 구성, 배치하고 그런 형태를 만들었는지에 대해서 아무도 고민을 하지 않은 것이다. 다시 말해 사용자들이 겪는 문제가 무엇이고, UI를 통해 그것을 어떻게 해결하겠다는 UX적인 의도가 없다.

"UI는 우리가 만든 경험을 사용자에게 전달하는 방법이다."

IA (Information Architecture)

디지털 서비스는 많은 정보와 여러 개의 화면으로 구성되어 있다. 그 정보나 화면을 찾는 과정을 '탐색'이라고 한다. 사용자는 메뉴를 순서대로 선택하며 원하는 정보나 화면을 찾을 수도 있고, 떠오르는 키워드나 조건을 입력해 찾을 수도 있다. IA는 사용자가 서비스를 원활하게 탐색하도록 돕는 도구이다. 정보의 전체적인 체계, 논리적 구조, 검색 방법, 결과 범위를 좁히기 위한 필터나 태그, 정보의 이름을 정하는 레이블링 작업이 IA에 해당한다.

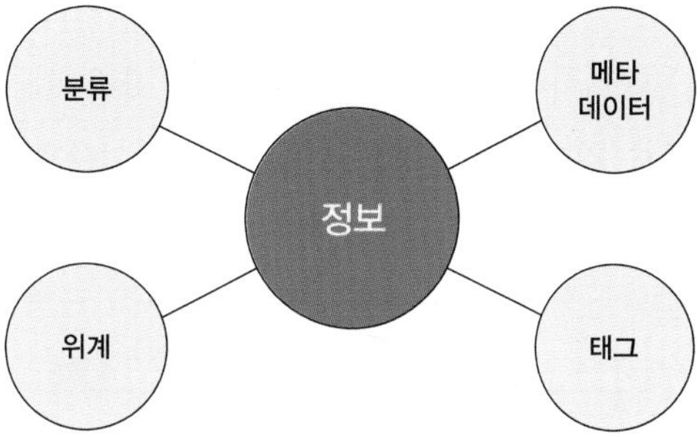

그림 15. 디지털 서비스에서 정보의 특징들

모든 정보는 특정 기준에 의해 분류될 수 있고, 그 분류 안에서 위계를 나눌 수 있다. 또한 자신을 설명하거나 꾸미는 여러 메타데이터를 가질 수 있으며, 사용자에 의해 특징이 태그될 수도 있다.

예] 중형 전기차

- 분류: 가솔린차, 디젤차, 전기차, 수소연료차
- 위계: 자동차> 전기차> 중형 전기차> 중형 SUV 전기차
- 메타데이터: 제조사(테슬라), 판매지역(아시아), 판매방식(대리점 직접판매)
- 태그: #완전자율주행, #FSD, #전세계판매1위

IA는 이러한 정보의 특징들(분류, 위계, 메타데이터, 태그)을 활용하여 탐색 도구를 설계하는 작업이다. 대표적으로 메뉴 구조는 정보의 분류와 위계를 기반으로 만들어지고, 검색은 메타데이터나 태그를 활용하며, 필터는 메타데이터를 이용하여 구현된다.

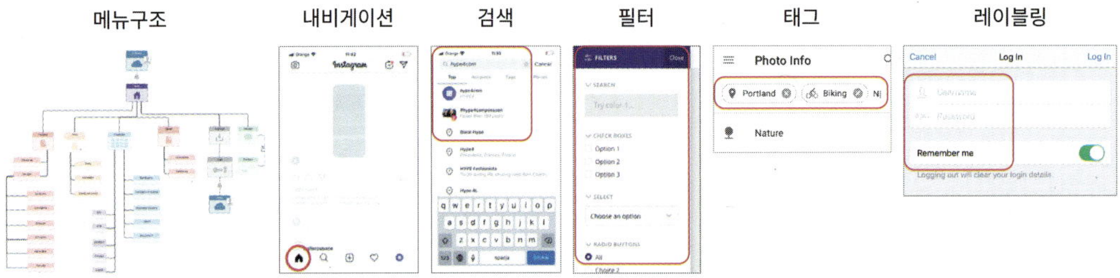

그림 16. IA 설계에서 하는 작업들

IA는 디지털 서비스의 뼈대를 세우는 작업이다. 메뉴 구조, 메뉴 구조 중 일부를 UI에 노출하는 내비게이션, 검색, 필터, 태그, 그리고 정보의 이름을 짓는 레이블링까지 총 6가지 작업을 포함한다. 구체적인 산출물로는 메뉴구조도, 내비게이션, 검색, 필터, 메타데이터, 레이블링 설계 등이 있다.

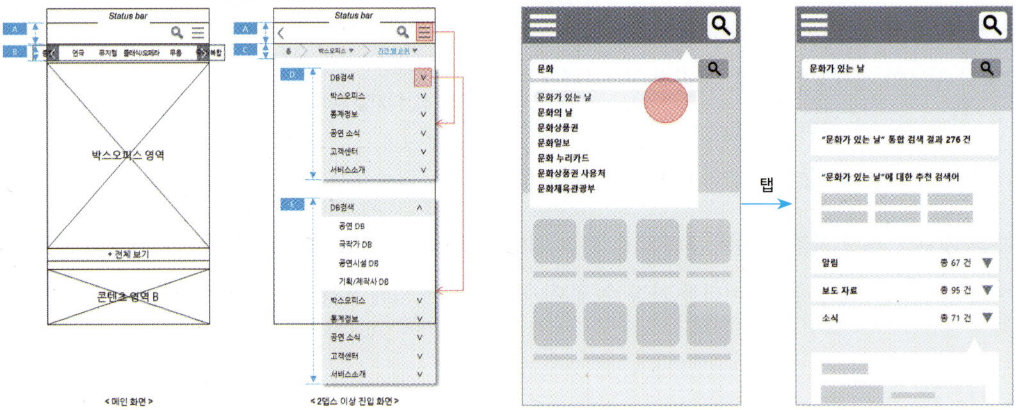

그림 17. 모바일 서비스에서의 내비게이션과 검색

뒤에서 살펴보겠지만, 탐색은 UX에서 매우 중요한 비중을 차지한다. 사용자들이 겪는 고충의 1/3가량은 원하는 메뉴를 찾지 못하거나 검색을 제대로 하지 못하고 헤매는 등 탐색 과정에서 발생한다. 잘못 설계된 IA는 사용자가 원하는 정보에 도달하는 것을 방해하기 때문에 그 심각성이 크다.

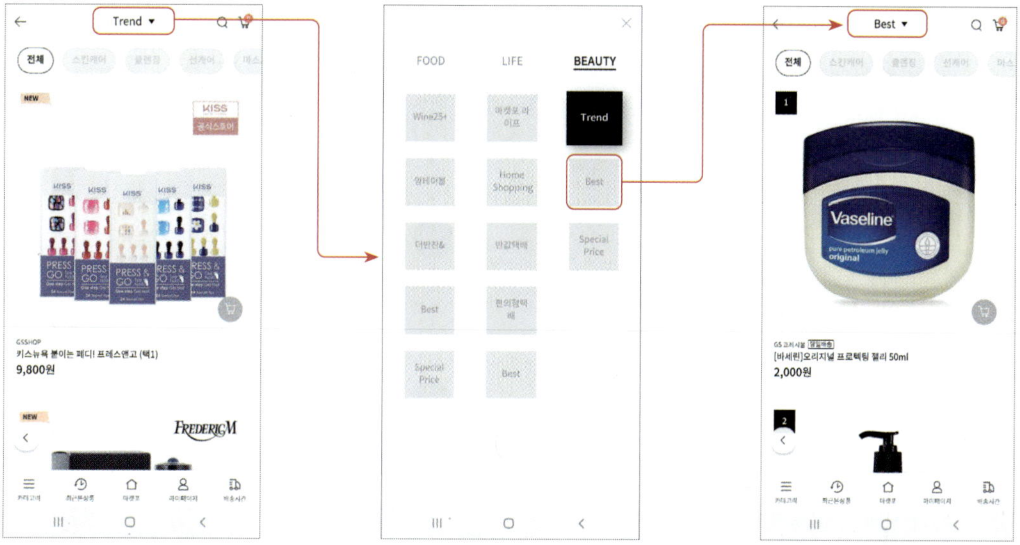

그림 18. 반드시 별도의 내비게이션 화면을 거쳐야만 다른 메뉴로 이동할 수 있는 예시 (출처: 마켓포)

이용흐름 (User Flow)

이용흐름은 사용자가 서비스를 이용하는 흐름을 말한다. 사용자는 디지털 서비스에서 하나의 정보나 화면을 찾기도 하지만, 특정 목적을 달성하려면 연속된 화면들 사이에서 여러 가지 상호작용을 해야 할 때도 있다. 하나의 서비스는 시작부터 완결까지 여러 단계를 거친다고 볼 수 있으며, 서비스는 사용자에게 각 단계별 화면을 제시하고, 사용자는 선택, 동의, 입력, 인증, 확인과 같은 상호작용을 통해 서비스가 요구하는 업무를 완수해 나간다.

엲 이용흐름은 모바일 뱅킹에서의 대출 신청 과정을 비교한 것이다. 하나은행은 사용자가 직접 원하는 신용대출 상품을 선택해야만 신청 이용흐름이 전개되는 반면, 케이뱅크는 동의, 입력, 인증, 확인 등의 상호작용 과정이 선행된 다음에 한도 조회를 바탕으로 가능한 신용대출 상품을 제시한다.

이 두 가지 상반된 이용흐름은 사용자가 특정 신용대출 상품을 이미 염두에 두고 이용을 시작했는지, 또는 신용대출을 원하지만 가장 적합한 상품을 서비스로부터 제시받기를 원하는지에 따라 결과(만족도)가 크게 달라진다.

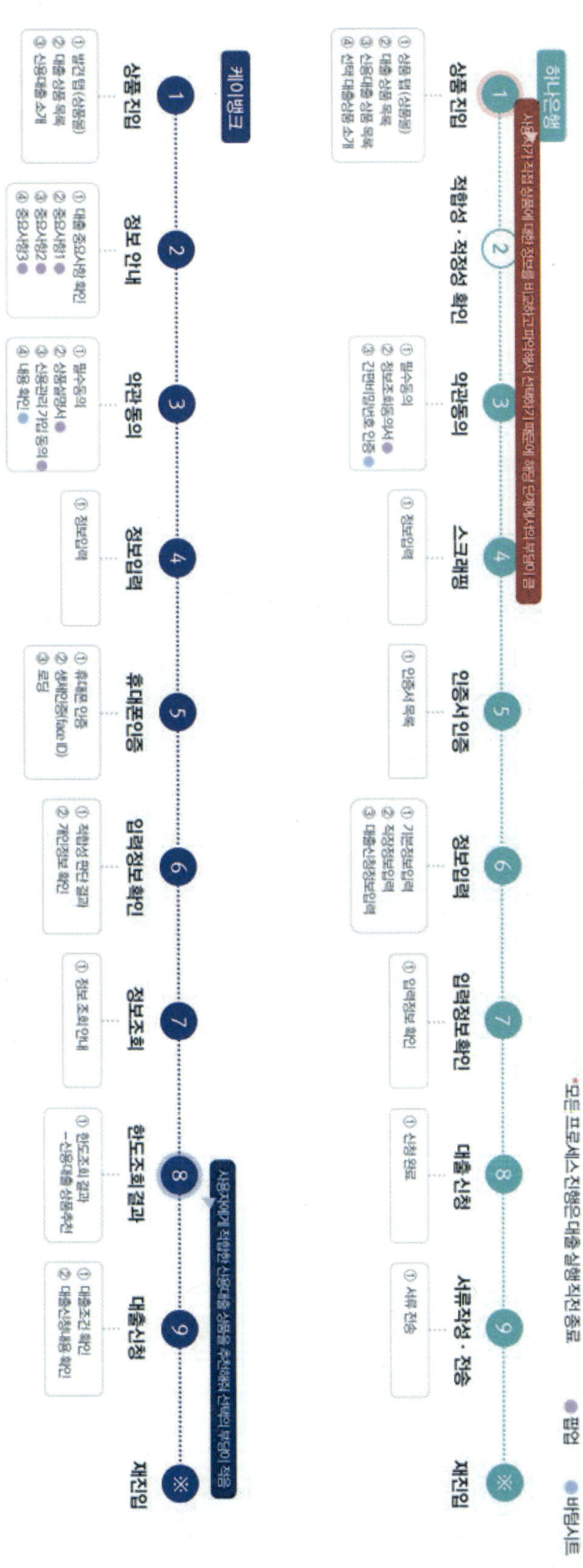

그림 19. 하나은행과 케이뱅크의 모바일 대출신청 비교

이용흐름은 그 전개 과정에 따라 다음과 같이 구분된다.

- **작업 흐름(Task Flow)**: 특정 업무에 대한 사용자 행동 흐름
- **와이어프레임 흐름(Wire Flow)**: 화면 설계 단계의 흐름
- **최종 화면 흐름(User Flow)**: 실제 완성된 화면 기반의 흐름

위에서 본 예시는 이용흐름 중에서도 '작업 흐름'에 해당한다.

※ 다소 혼동될 수 있으나, 'User Flow'는 이용흐름 과정 전체를 가리키기도 하고, 3가지 종류 가운데 '최종 화면 흐름'을 부르는 말이기도 하다.

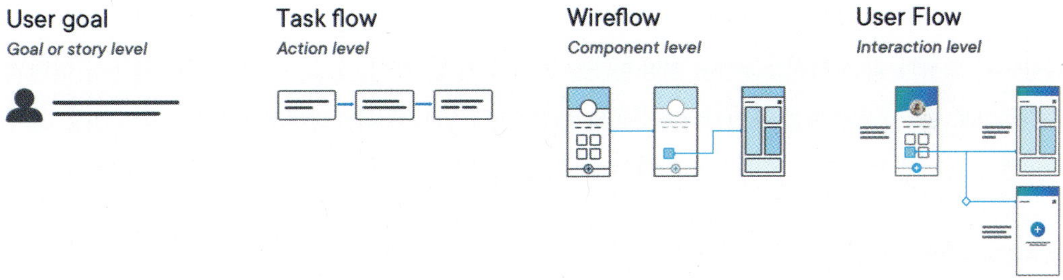

그림 20. 특정 업무에 대한 3가지 종류의 이용흐름. 작업 흐름에서 시작하여 점차 발전되어 나간다. (출처: Alexander Handley)

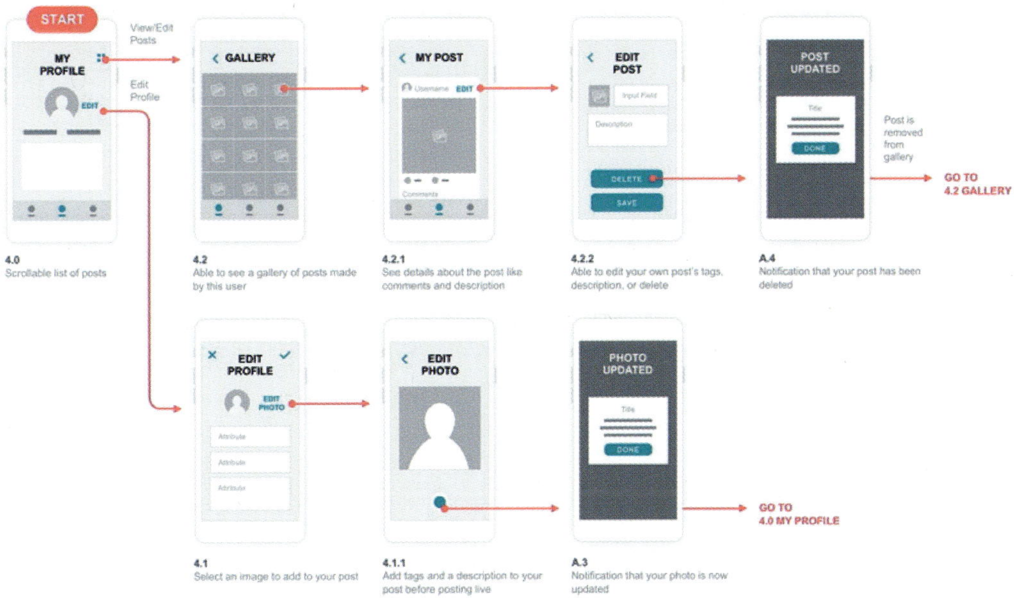

그림 21. 와이어프레임 흐름. UX/UI에서는 와이어프레임이 중요한 산출물이라서 최종 단계 이전에 미리 점검한다. (출처: Mockplus)

이용흐름 설계에서는 사용자의 연속된 행동이 실제 서비스상에서 어떤 식으로 흘러가는지를 업무, 화면 단위로 정의한다. 여기에는 탐색, 조회, 주 활동과 같은 기본적인 흐름 이외에 인증이나 옵션 선택, 예외처리 등의 부가적인 흐름도 담긴다.

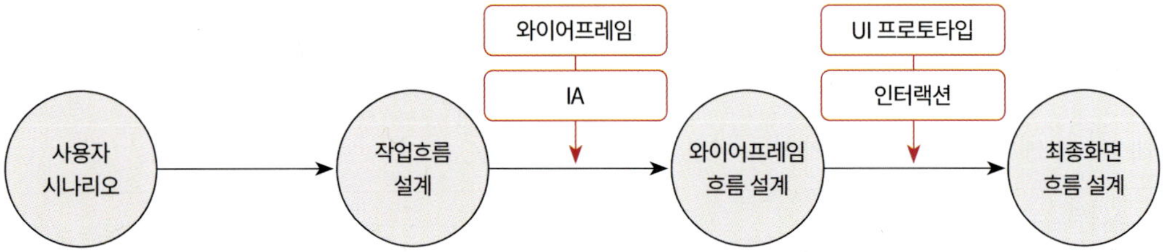

그림 22. 이용흐름 설계 절차

금융이나 쇼핑과 같은 서비스에서는 이용흐름을 통해서 거래, 가입, 인증, 변경과 같은 활동이 어떻게 순차적으로 이루어지는지를 표현한다. 사내 인트라넷이나 업무용 시스템에서는 사용자들이 상호 간에 주고받는 정보가 무엇이고 그 시점이 언제인지, 주고받을 때 어떤 조건이 필요한지 등을 표현한다.

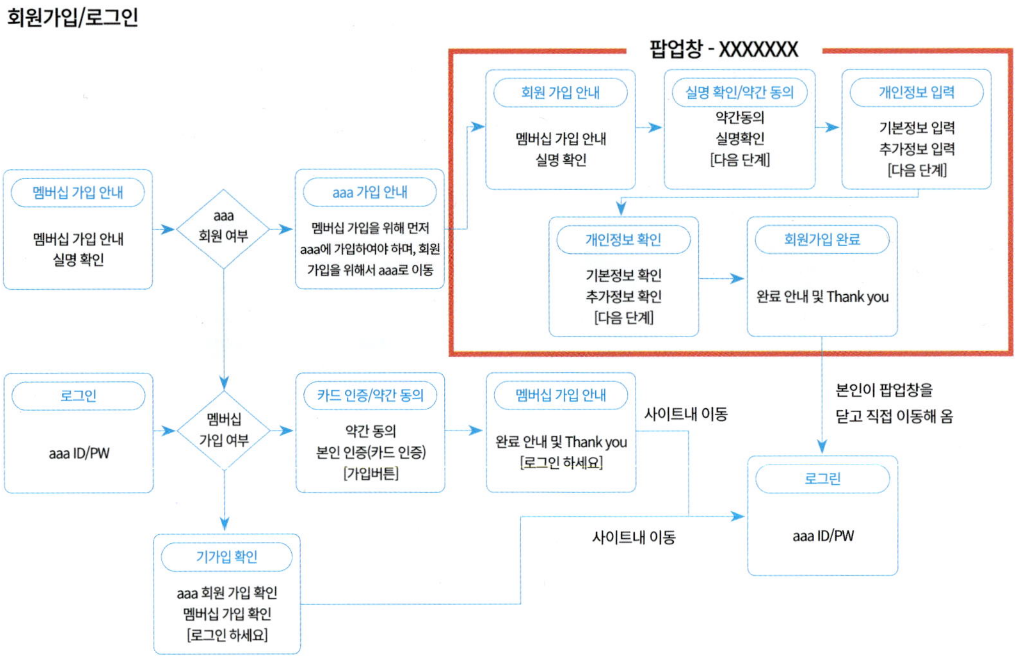

그림 23. 이용흐름(User Flow) 예시 (회원가입/로그인)

인터랙션 (Interaction)

인터랙션은 디지털 서비스에서의 동적인 변화를 말하며, 인터랙션 디자인은 그것을 설계하는 작업을 말한다. 인터랙션 디자인은 크게 4가지로 구분된다.

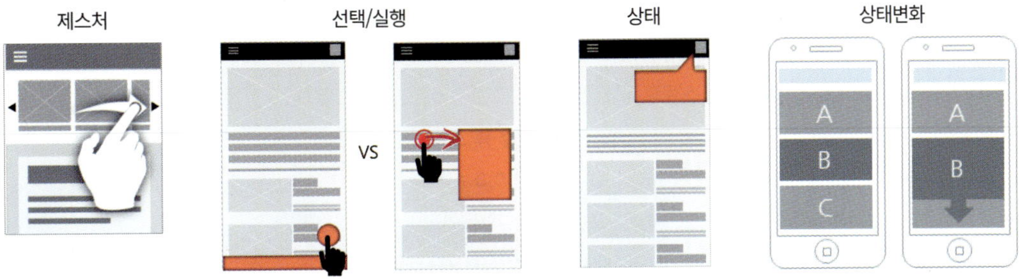

그림 24. 인터랙션의 4가지 구분

제스처는 변화가 시작되는 출발점이다. 사용자가 무언가를 선택하거나 끌거나 입력하는 모든 행동이 제스처로 간주된다. 이러한 변화의 시작이라는 의미에서 제스처를 트리거(Trigger)라고도 부른다.

선택과 실행은 사용자가 디지털 서비스 내에서 실제 행동할 수 있도록 하는 장치나 기능을 의미한다. 예를 들면 화면 특정 위치에 상시 떠 있는 플로팅 버튼(Floating Button)이나 1.5초 이상 한 지점을 꾹 누르고 있으면(Long Tap) 숨겨져 있던 기능이 나타나는 맥락 도구(Contextual Tool)가 대표적이다.

상태(Feedback)는 서비스나 사용자의 현재 상태를 알림, 로딩, 툴팁(Tool tip), 에러 메시지를 통해 안내하는 것을 뜻한다.

상태 변화(Transition)는 UI가 갑자기 확 바뀌는 퀵 체인지(Quick Change)가 아니라, 동적으로 움직이며 부드럽게 열리거나, 순차적으로 나타나거나, 크기와 모양이 변화하면서 변화를 사용자에게 알려 주는 것을 의미한다.

이러한 제스처, 선택/실행, 상태, 상태 변화 요소들은 사용자 경험을 자연스럽고 직관적으로 만드는 데 중요한 역할을 한다. 이 4가지는 하나로 연결된다.

자동차 안에서의 음성 인식을 예로 들어보자.

1. 사용자가 '목적지까지의 경로를 알려달라'고 말을 건넨다. (제스처)
2. 차량 시스템이 내비게이션 실행과 관련된 기능을 제시한다. (선택/실행)

3. 사용자가 맞다고 하자, 차량이 생각할 시간을 요청한다. (상태)

4. 경로 검색 결과를 스크린(AVN)에 표시하면서 정체 구간과 날씨 정보를 별도로 보여준다. (상태 변화)

UI 설계가 정보를 구성, 배치, 형태로 만들어내는 정적인 작업이라면 인터랙션 설계는 사용자와 서비스 간의 상호작용, 제스처, 상태변화 디자인 등 동적인 작업이다. UI와 인터랙션은 동전의 양면과 같아서 두 개가 결합할 때 비로소 의미가 있다. 동일한 2개의 UI도 어떤 인터랙션에 의해 연결되는지에 따라 사용자 경험이 달라진다.

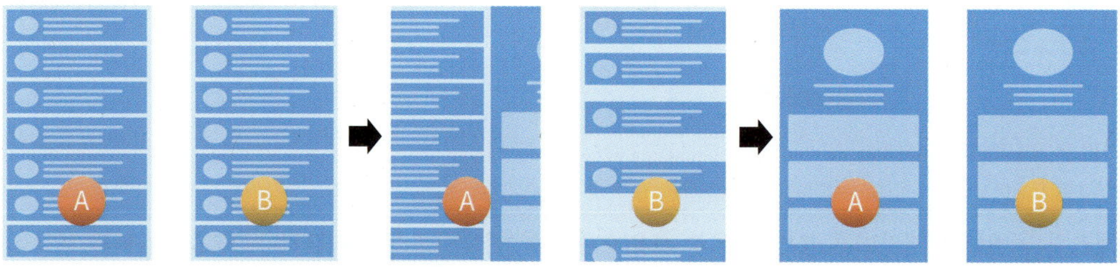

그림 25. A와 B는 동일한 UI이지만, 다른 상태변화에 의해 연결된다.

뛰어난 인터랙션은 UI를 풍성하게 할 뿐만 아니라, 움직임을 통해서 사용자에게 감성을 전달하기도 한다. 움직이는 속도, 방향, 효과 등은 기능적인 의미 이외에 감성적인 이미지를 전달하기 때문이다.

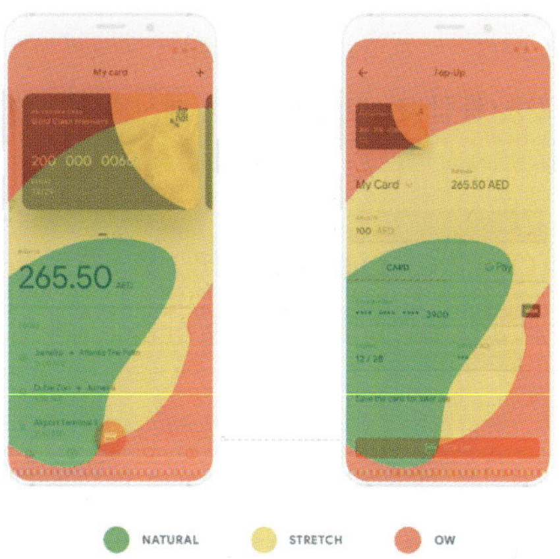

그림 26. 모바일 화면의 제스처(Gesture) 영역 구분
(출처: BraveGeeks Team by UX Planet)

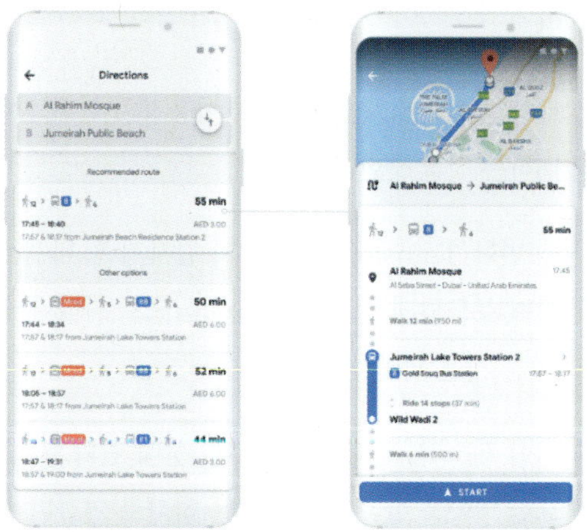

그림 27. 구글 맵 (교통수단 선택 시 상호작용)

인터랙션과 UI의 차이

그림 27. 인터랙션과 UI의 차이

인터랙션은 동적인 움직임, 변화, 그것을 위한 제스처를 의미한다. 그와 달리, UI는 정적인 것이다. 둘은 비슷해 보이지만, 동적이냐/정적이냐 라는 큰 차이가 있다.

옆 이미지에서 왼쪽은 UI를, 오른쪽의 3가지 상태 변화는 인터랙션을 의미한다.

실제 서비스상에서는 인터랙션과 UI가 긴밀하게 묶여 있는데, 이 때문에 인터랙션의 중요성을 간과하는 경우가 많다.

GUI(Graphic User Interface)

사용자 경험은 GUI 디자인에 이르러 완성된다. 우리는 디자인을 통해서 누군가의 경험을 우리의 의도대로 이끌 수 있다. GUI 디자인은 우리가 의도한 바를 최종적으로 담아내는 그릇, 즉 포장재라고 볼 수 있다. 서비스, IA, 이용흐름, 인터랙션, UI들이 마지막에 GUI라는 그릇에 어떻게 담기는가에 따라서 UX는 달라질 수 있다.

UX/UI에서 GUI 디자인은 와이어프레임에 색상을 입히고, 이미지가 들어갈 영역에 '진짜 이미지'를 넣고, 시선이 편안하도록 가로/세로 정렬을 가다듬고, 세련된 폰트를 적용하는 작업이다. 그와 더불어 서비스 정체성과 매력을 명확하게 드러내고, 일관된 톤앤매너(서비스의 개성과 분위기)와 그에 따른 세부적인 디자인 체계를 만들고, 화면 유형별로 시각적 계층 구조를 세심하게 다듬고, 화면 단위에서 중요한 콘텐츠를 눈에 띄게 강조하고, 자연스러운 리듬감을 만들어내며, 공간적/시각적 형태를 더 매력적으로 완성시키는 작업이기도 하다.

GUI 디자인은 다른 말로 비주얼 디자인이라고도 부른다. GUI는 해당 서비스/브랜드의 정체성과 개성, 고유한 심미성을 드러내는 데 일조할 뿐만 아니라, 정보의 가치를 높이는 데도 기여한다.

레이아웃 컬러, 그래픽, 폰트, 이미지와 같은 기본 요소를 잘 활용하는 것도 중요하지만, 사용자들이 정보를 좀 더 잘 이해하고 사용할 수 있게 대비, 균형, 강조, 리듬과 같은 조형적인 면을 고려해 디자인에 반영하는 것도 매우 중요하다.

GUI 디자인은 UX/UI에서 매우 큰 비중을 차지한다. 가령 옆 그림의 왼쪽 예시는 컬러 대비를 통해 상단 조건 영역과 하단 지도 영역을 명확하게 구분한다. 오른쪽 예시의 각 검색결과 카드는 일부러 카드 각각의 컬러 대비를 강하게 두지 않았는데, 대비가 약하면 구분이 힘든 것은 왼쪽과 유사하나, 대비가 너무 강할 경우에는 각각을 전혀 다른 정보라고 인식할 수 있기 때문이다. 왼쪽에서는 시간이, 오른쪽에서는 가격이 더 강조된 것도 어떤 정보가 UX 측면에서 더 중요할 것인지를 고려해서 나온 결과다.

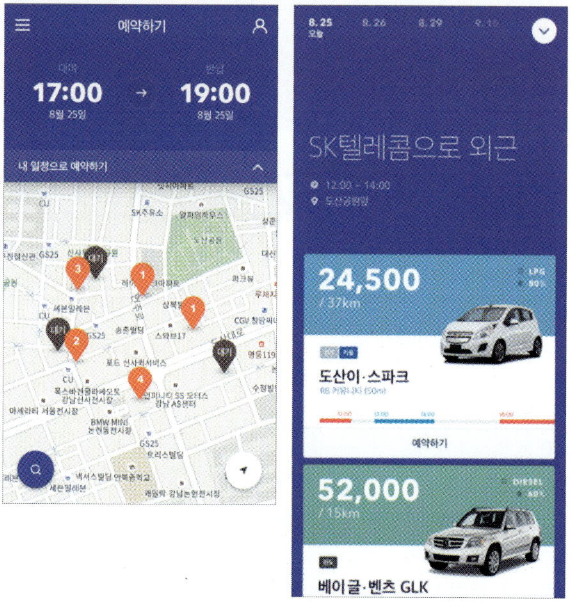

그림 28. GUI 디자인 예시

GUI 디자인은 창의적인 감성 구현도 중요하지만, 정보의 인식, 이해, 행동에 큰 영향을 미치기 때문에 UX가 끝까지 고려돼야 한다. 위 예시는 성격이 다른 정보 간의 대비, 동질 정보 간의 약한 대비, 정보 내 특정 요소의 강조와 주목성 등이 고려돼 있다.

서비스 내에서 항상 일관된 이미지를 전달하는 것은 매우 중요하다. 메뉴나 화면이 바뀔 때마다 사용자에게 다른 느낌을 준다면, 사용자는 그 서비스에 대해 일관된 인상을 얻지 못한다.

B2C, B2B를 막론하고 대부분의 서비스는 자신만의 강력한 브랜드 이미지와 사용자 경험을 구축하기 위해 체계적인 원칙과 규범을 마련하는데, 이를 디자인 시스템(Design System)이라고 부른다. 디자인 시스템은 단순히 GUI(그래픽 사용자 인터페이스) 디자인만을 규정하는 데 그치지 않는다. 앞서 살펴본 UX/UI의 주요 요소들인 정보 구조(IA), 이용흐름, 인터랙션, UI 구성 요소 등에 관한 엄격한 규칙과 가이드라인도 포함된다.

이러한 디자인 시스템은 일관된 사용자 경험을 보장하고, 서비스 전체의 품질과 신뢰도를 높이며, 다양한 팀 간 협업을 효율적으로 지원하는 데 핵심적인 역할을 한다. 단일한 시각적 스타일과 행동 양식을 유지함으로써 사용자는 서비스를 보다 쉽고 편안하게 탐색하고 이용할 수 있다. 동시에 기업은 브랜드의 정체성을 명확히 전달하며, 사용자와의 지속적인 관계를 강화할 수 있다.

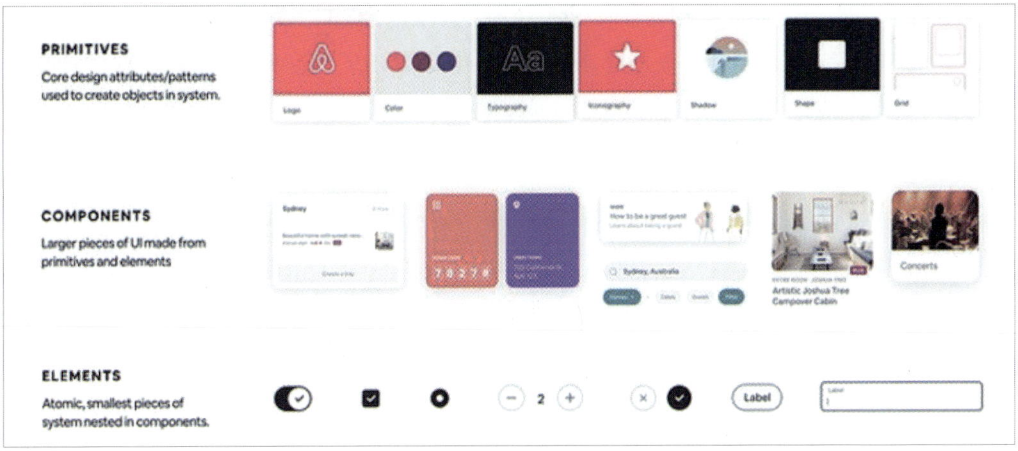

그림 29. 에어비앤비의 디자인 언어 시스템(Design Language system) (출처: 에어비앤비)

UI와 마찬가지로 GUI 디자인도 최신 유행에만 집중해서는 안 된다. 사용자 경험에는 사회적 트렌드도 반영되므로 최신 유행을 고려하는 것이 필요한 것도 사실이지만, 지나치게 트렌드만 고집해 오히려 전체적인 UX 품질은 떨어진 서비스를 자주 접하게 된다.

서비스

이 책은 디지털 환경에서의 서비스를 대상으로 한다. 우리는 서비스를 모바일 앱이나 웹사이트와 같이 특정 영역 안에 있는 모든 것으로 이해하기도 하지만, 그 안에 들어 있는 개별적인 정보나 기능을 서비스라고 부르기도 한다. 예를 들어 A 카드사의 모바일 앱을 서비스라고 부르기도 하지만, 그 앱에 들어 있는 카드 상품 검색, 환전, 카드 갱신, A/S 신청 등도 서비스라고 부르는 것과 같다.

모 은행의 자문 요청으로 1주일 동안 여러 은행의 대출 신청 과정을 비교 분석한 적이 있었다. 주말에 대출을 신청하자, 대부분의 은행은 "지금은 대출 가능 시간이 아닙니다. *대출 가능 시간: 평일 09:00~18:00"라는 메시지를 보여주었다. 그러나 토스는 (위 이미지와 같이) "가능한 시간에 알려드릴까요? 알림 받기"라는 선택지를 제시했다.

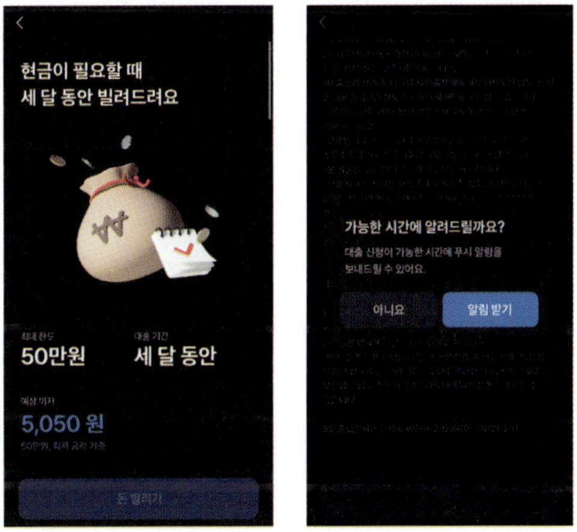

그림 30. 토스에서의 대출 신청 알림

나는 '알림 받기'를 눌렀지만, 다른 일들로 인해 그 사실을 잊고 있었다. 그런데 월요일 아침 9시가 되자, 토스로부터 "주말에 하시던 대출 신청 과정을 이어서 하실래요?"라는 메시지가 도착했다. 그 순간, '사람들이 이래서 토스를 좋아하는구나' 하고 고개가 절로 끄덕여졌다.

사용자들은 어떤 서비스의 UX 품질을 암묵적으로 판단하는 경향이 있다. 하나하나의 문제를 거론하기보다는 전체적인 가치를 은연중에 판단해 만족 여부를 표현한다는 뜻이다. 그 때문에 각 디자인 영역별로 좋은 UX를 만들어내는 것도 중요하지만, 결국 가장 중요한 것은 서비스의 전체적인 UX가 매력을 주지 않으면 안 된다는 것이다. '우리 서비스는 남들보다 혁신적이다', '우리 서비스는 업계 최고의 사용성을 지녔다'고 아무리 떠들어 봤자, 사용자들이 거기에 동의하지 않으면 소용없는 것이다.

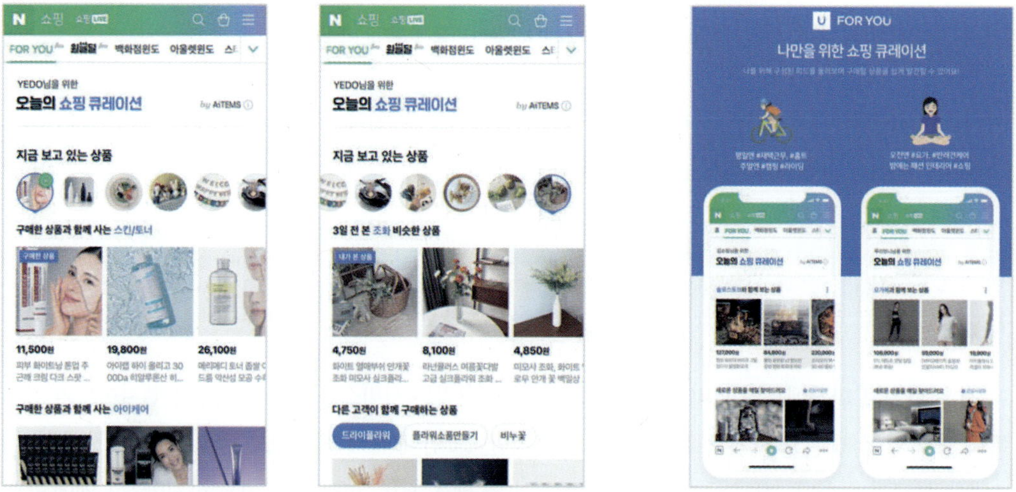

그림 31. 네이버쇼핑의 포유(For You)는 수준 높은 개인화/추천을 보여준다.

디지털 서비스에서 개인화와 추천의 중요성이 갈수록 커지고 있는 시점에, 이를 가장 잘 구현한 서비스를 하나만 꼽자면 나는 빠지지 않고 네이버쇼핑의 '포유(FOR YOU)'를 말한다. 네이버쇼핑 포유는 다양한 개인화 · 추천 기능을 티 나지 않게, 자연스럽게 서비스 곳곳에서 제공한다.

기존의 조회 · 구매 이력 기반 개인화 정보가 상단에 잘 보이도록 노출되고, 그 하단에는 점차 교묘한 방식의 추천—예를 들어 '구매한 상품과 함께 사는…', '당신과 비슷한 다른 고객들이 관심을 갖는…'—을 제시하며, '나만의 쇼핑 경험'을 만들어 낸다.

그림 32. 서비스 기획 예시

UX/UI에서의 서비스 기획은 경험요소의 근간이 되는 정보나 기능을 구체적으로 밝히는 작업이다. 서비스 기획을 위해 타 경쟁사 서비스를 분석하거나 시장 내 동향 파악을 할 때가 있는데, 그러다 보면 자연스럽게 서비스가 지향해야 하는 방향성이나 고객에게 제공할 가치와 같은 큰 그림을 생각하게 된다. 다시 말해 상세한 서비스 기획에 앞서 가치를 도출하고 전략을 수립하는 활동이 필요하다.

왜 굳이 가치나 전략이 UX에서도 필요한가?

글쓴이는 다양한 업종의 기업/기관을 대상으로 교육이나 자문 활동을 하면서 UX에 대해 상담할 때가 많다. 오랫동안 이런 상담을 계속해오다 보니 기업 간에도 UX 가치나 전략에 대한 이해 차이가 있다는 점을 알게 되었다. 국내 내수 시장에서만 활동하는 기업들은 가치나 전략을 굳이 필요로 하지 않거나 요식행위로 여기는 데 비해, 해외 시장에서도 경쟁하는 기업들은 어떤 UX 가치를 전달하고, 포지셔닝할 것인지에 대해서 치열하게 고민하는 경향이 있다.

"왜 굳이 가치나 전략을 배워야 합니까?", "UX/UI는 그냥 UI를 더 잘 만들면 되는 일 아닌가요?", "거래 과정에서의 사용성을 높이는 게 우리의 지상 명제입니다."

이분들의 얘기가 당장은 현실적인 것일 수도 있다. 그러나 국내 시장이든 해외 시장이든 간에 하나의 서비스가 치열한 경쟁 속에서 살아남고 만족을 끌어내기 위해서는 부분이 아닌, 전체적인 경쟁력이 중요하다. 본인들에게 중요한 것이 항상 사용자들에게도 중요한 것은 아니다. 대부분의 서비스 운영자들은 사용자들이 뭘 원하는지 모르는 상태에서 '자기가 하고 싶은 일'을 하는 경우가 많다.

"이제부터는 이 앱만 쓸래.", "왠지 모르겠지만 되게 괜찮은데…", "와~ 누가 이런 걸 만들었지?"

사용자들에게 이런 얘기를 들어야 하지 않겠는가? 그러기 위해서는 누군가가 지시한 전략이나 남들을 따라 하는 전략이 아니라, 사용자들이 원하는 가치 속에서 전략을 발굴하고 실행할 수 있어야 한다.

UX 방법론

UX 방법론 = 문제해결(Solving)

앞에서 UX/UI의 디자인 영역을 살펴봤다. 그렇다면 UX 방법론은 어떻게 해서 그러한 디자인 구성요소에 힘을 불어넣고, 더 사용자 친화적으로 만든다는 것일까? 우선 디자인 방법론에는 다음과 같은 것들이 있다.

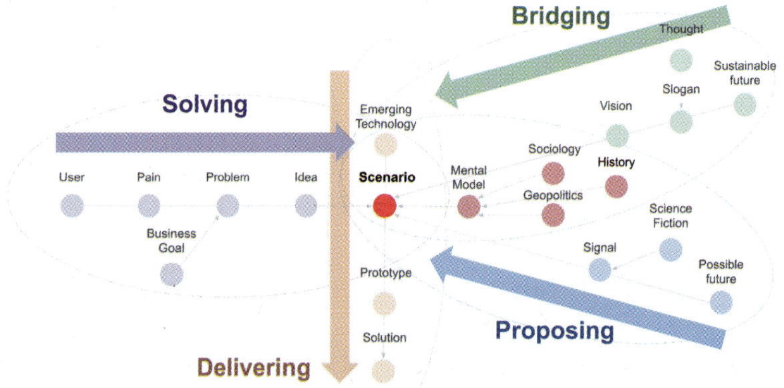

그림 33. 현재의 디자인 방법론들 (출처: Masaki Iwabuchi, Medium)

UX 방법론은 이 중에서 문제해결(Solving) 유형에 속한다. 사용자의 문제를 찾아서 그 해결 방법을 아이디어, 시나리오, 프로토타입 순서로 풀어나가는 것이 UX 방법론이다. 바람직한 미래를 먼저 그리고 거기에 도달할 방법을 디자인하는 이어가기(Bridging)나 가능한 여러 가지 대안을 놓고서 가장 가능성 높은 대안을 디자인하는 제안하기(Proposing)와는 다르다.

UX 방법론은 사용자 경험 측면에서 문제를 규명한 뒤, 그 해결 방법을 디자인하는 것이다.

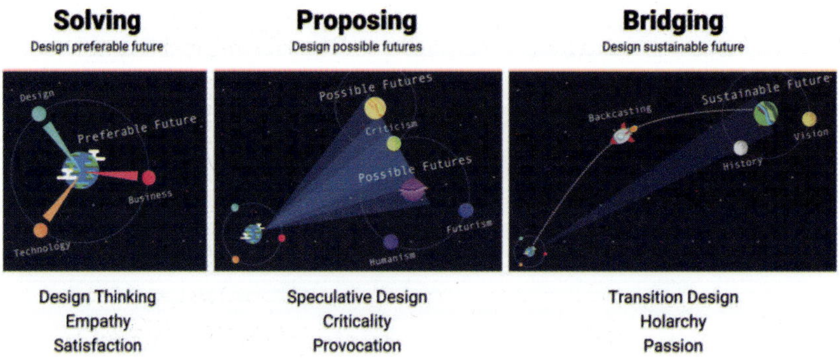

그림 34. 3가지 주요 디자인 방법론의 차이점 (출처: Masaki Iwabuchi, Medium)

UX 디자인은 디자인씽킹에 속하는 방법론 가운데 하나다. 디자인씽킹이란 사용자 입장에서 그들의 경험을 깊이 공감(Empathy)하여 무엇이 필요한지 찾고, 통합적인 사고를 통해 만족스러운 서비스를 디자인하는 패러다임주: 어떤 한 시대 사람들의 견해나 사고를 근본적으로 규정하고 있는 테두리을 말한다. 디자인씽킹 내에서 가장 유명한 것이 UX 방법론이다. 같은 디자인씽킹에서 파생된 서비스 디자인 방법론이나 CX 방법론, 인간 중심 디자인(HCD, Human Centered Design) 방법론과 UX 방법론은 전체적인 흐름은 유사하지만, 적용 분야나 수행 활동 면에서 여러 가지 차이가 존재한다.

이 책에서 얘기하는 디자인씽킹(Design Thinking)

UX 방법론이 디자인씽킹에 속하는 하나의 방법론이기 때문에 이 책에서 두 용어를 혼용하더라도 혼동하지 않기를 바란다. 인용한 원문에서 디자인씽킹이라고 쓰여 있을 경우에는 책에도 그것을 굳이 UX 디자인이라고 바꾸지 않고 원문 그대로 디자인씽킹이라고 명시했다. 그러나 둘은 의미상 차이 없이 쓰였다.

이 책에서는 '디자인씽킹 = UX 방법론'이라는 점을 다시 한번 주지하기를 바란다.

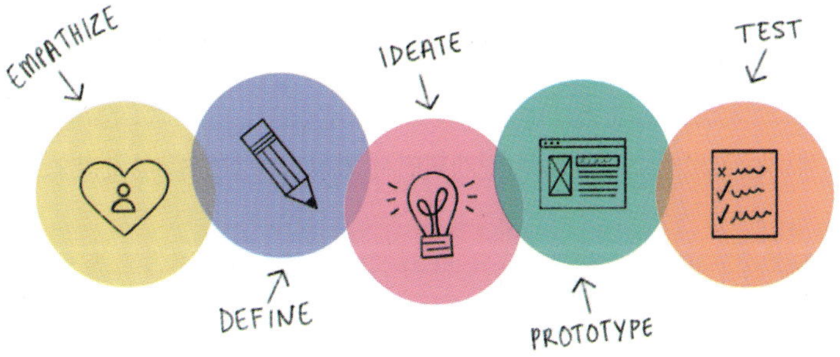

그림 35. 디자인씽킹 프로세스 (출처: uxdesign.cc)

디자인씽킹과 UX 방법론의 관계에 대해서는 아직도 여러 가지 의견이 존재한다.주: Design Thinking Isn't User Experience(By Debbie Levitt), Design Thinking and UX: Two sides of the same coin(by Dirk Knemeyer) 그러나 디자인씽킹과 UX는 전반적인 프로세스가 거의 닮았으며 최근 들어서는 유의어처럼 같이 거론되고 있다.

문제를 찾는 3가지 관점

UX 방법론에서 가장 중요한 화두는 '문제를 찾는 것'이다. '문제를 찾는 것'과 관련해 UX 방법론에는 3가지 관점이 존재한다.

① **프로세스 중심**

문제를 찾아 나가는 절차를 중요시한다. 사용자들이 서비스를 이용하는 경험을 실제로 조사한 다음, 그 과정에서 사용자들이 겪는 고충이나 니즈, 행동 등을 면밀하게 분석해 문제를 찾는다. 이후 과정은 찾아낸 문제를 해결하는 일련의 절차로 구성된다.

② **원칙 중심**

사람들이 보편적으로 가지고 있는 심리적인 경향, 서비스 이용 시 겪게 될 것으로 예상되는 고충, 디자인 영역별로 준수해야 할 원칙을 가지고 문제를 찾는다. 심리학이나 사용성, 게슈탈트 원리[주: 사람들이 사물을 지각(Perception)할 때 보이는 경향을 이용한 원리], 인터랙션 디자인 원칙[주: 1980년대 초반 미국의 빌 모그리지, 빌 버플랭크, 도널드 노먼 등에 의해서 제시된 디자인 원칙]이 중요시된다.

③ **트렌드 중심**

현시대의 디자인 트렌드를 중요하게 여긴다. 최근의 기술이나 디자인 트렌드의 변화에 따라 그것을 받아들이는 사용자경험도 큰 영향을 받는다는 데 주목하며, 그러한 트렌드 관점에서 서비스의 문제를 찾는다.

위 3가지 관점은 서로 배타적이기보다는 UX 프로젝트의 목적 및 성격에 따라서 우선순위가 다르게 적용된다. 예를 들어 짧은 시간 내에 현 서비스의 문제를 빠르게 진단하고 평가하는 데는 '원칙 중심'적인 접근이 유리하고, 최근에 대두되는 신기술이나 디자인 트렌드를 반영하는 게 목적일 경우에는 '트렌드 중심'적인 접근이 유리하다.

대부분의 UX 프로젝트는 프로세스 중심으로 전개되면서 원칙과 트렌드를 부차적으로 활용한다.

UX 방법론 프로세스

UX 방법론의 전체적인 프로세스는 'UX/UI 디자인 프로세스' 섹션에서 다루기로 하고, 여기서는 전체적인 흐름만 살펴보자.

UX/UI 디자인에서 UX 방법론의 역할

- 사용자들이 서비스를 명확하게 인식하고 쉽게 접근할 수 있게 한다.
- 사용자들이 서비스 내에서 원활하게 탐색할 수 있게 돕는다.
- 사용자들이 정보를 더 잘 이해하고 능숙하게 화면을 제스처할 수 있게 한다.
- 사용자들이 서비스를 경험하는 맥락을 반영해 이용흐름이나 예외처리를 설계하고 버튼, 팝업, 기능, 도움말, 필터링 옵션 등을 배치한다.

사용자들이 겪는 고충을 찾고 서비스에 내재된 문제를 정의하는 작업은 UX 방법론의 전반부에 해당한다. UX 방법론의 후반부에는 서비스의 새로운 콘셉트에서부터 출발해 UX/UI 구성요소들의 새로운 디자인을 만들어 내는 작업이 진행되는데, 이때 전반부에서 찾은 문제가 디자인의 구체적인 논리(rational)를 제공한다.

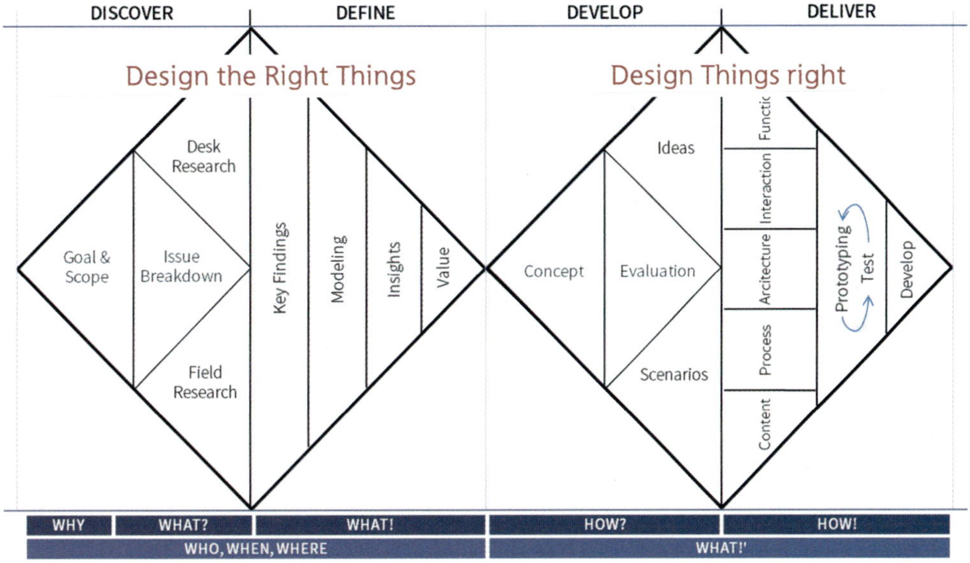

그림 36. 더블 다이아몬드 모델: UX 방법론을 상징한다. (출처: 라이트브레인 UX 컨설팅 소개서)

- 전반부(첫 번째 다이아몬드): 올바른 디자인 문제를 찾자(Design the Right Things). 문제 해결(Solving)의 대상, 방법, 명확한 논리를 찾는 과정.
- 후반부(두 번째 다이아몬드): 그것을 최대한 잘 만들자(Design Things right). 새로운 콘셉트에 기반하여 아이디어, 시나리오, UX/UI 디자인 구성요소들의 새로운 디자인을 형상화해 나가는 과정

세상에는 다양한 종류의 방법론이 있는데, 그중에서 UX 방법론은 문제 해결(Solving)의 방법론이다. 그렇기 때문에 문제를 정의하는 작업이 중요하다. 문제를 정의한 다음에는 그 해결 방법을 큰 그림에서 시작해 점점 구체적인 디자인 영역까지 정의한다. UI뿐만 아니라 IA, 이용흐름, 인터랙션, GUI가 거기에 해당한다. 그러나 앞서 말한 대로 구체적인 디자인 영역을 하나씩 고민하기에 앞서 전체적인 서비스의 내용을 먼저 고민하고, 전체적인 서비스의 내용을 고민하기에 앞서 서비스의 콘셉트와 전략을 먼저 정의해야 한다.

그러한 콘셉트와 전략이 다음 이미지의 'UX 비전(Vision)'이다. UX 비전을 중심으로 왼쪽 전반부에는 리서치(Research)와 인사이트(Insight)가, 오른쪽 후반부에는 콘셉트(Concept)와 디자인(Design)이 있다. 이들은 가장 대표적인 UX 디자인 활동들이다.

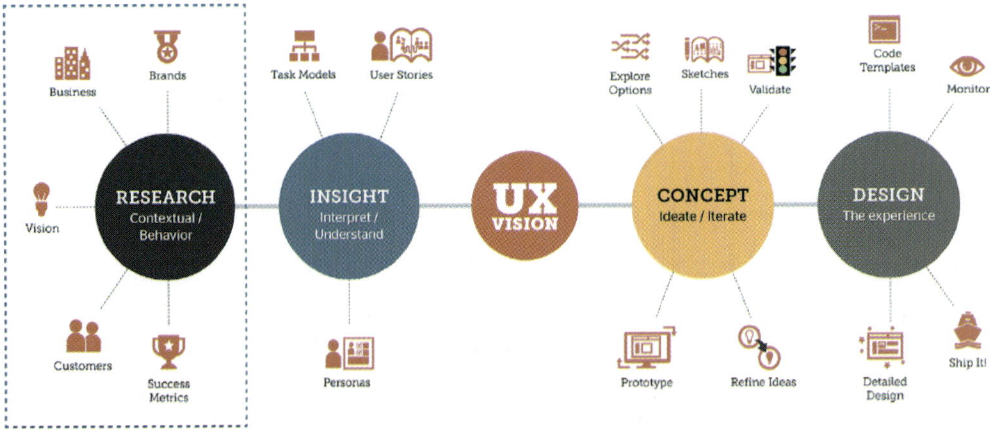

그림 37. UX Design vs UX Research (출처: Killer UX Design, Sitepoint)

UX 방법론은 결국 멋진 서비스 콘셉트와 UX/UI 디자인 결과물을 내놓는 게 목적이다. 앞단의 리서치와 인사이트는 멋진 콘셉트와 디자인 결과물을 내놓기 위한 UX의 문제 정의 활동이다.

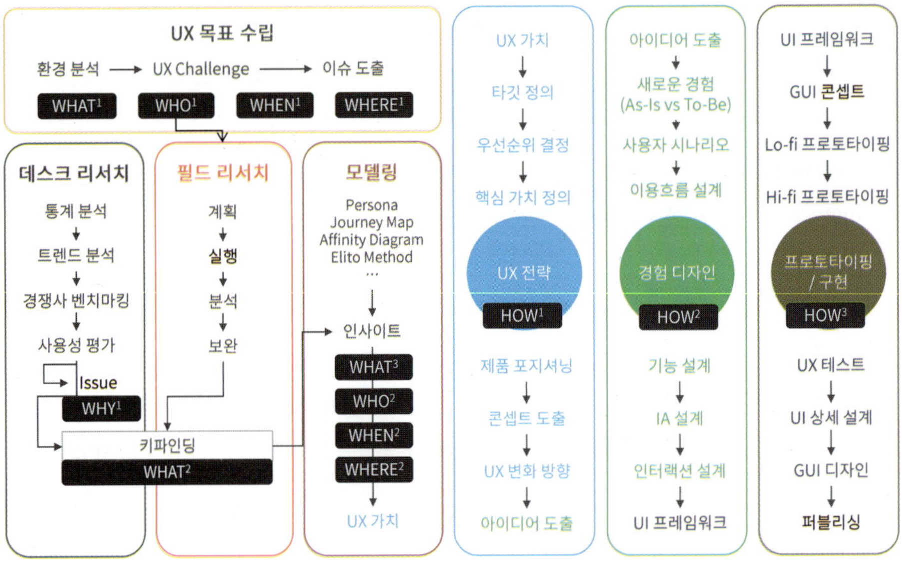

그림 38. 라이트브레인 컨설팅그룹의 UX/UI 디자인 프로세스

지난 20여 년 동안 전 세계의 수많은 UXer들은 이 방법론에 매료됐다. 서로 다른 국적, 인종, 업종을 가진 사람들이 이러한 활동을 통해서 멋지고 탁월한 서비스를 만들어 왔다. 이 책을 통해 여러분들도 멋지고 탁월한 서비스를 만들기 바란다.

02

UX란?

User (사용자)

그림 39. 사용자를 바라보는 3가지 관점

우리가 이야기하는 '사용자'라는 정의에는 사실 3가지 관점이 결합돼 있다.

첫 번째, 당연한 이야기지만 사람(Human)으로서의 사용자다. 서비스를 이용하는 과정에서는 사람이면 누구나 갖는 보편적 특성이 나타난다. 복잡함을 회피하려는 성향이나 모양 차이보다는 색상 차이를 더 눈여겨본다거나 시각/청각적인 단서가 주어지면 경로를 좀 더 잘 찾을 수 있는 것 등이다. 이런 점 때문에 UXer들 중에는 심리학이나 인지공학 출신들이 많은 편이다. 사람이 갖는 일반적인 심리적 성향들은 UX 품질을 판단하는 기초적 원리가 된다.

두 번째, 사용자는 현시대를 살아가는 사회인(member of society) 중 하나다. 그래서 유행이나 사회경제적 상황, 기술 트렌드, 세대적 성향 등에 의해 영향을 받는다. 일상생활 전반이 모바일 위주로 변해가거나 공유 문화에 익숙해지는 것과 같이 전체 세대가 공유하는 트렌드도 있지만, 밀레니얼 세대, Z세대 등 세대별로 그들만의 특징이 좀 더 두드러지게 나타나는 트렌드도 있다. 사용자는 한 사람의 사회인으로서 서비스를 이용하기 때문에 현시대의 트렌드를 읽는 작업은 좋은 UX를 제공하는 데 중요한 밑거름이 된다.

세 번째, 서비스를 이용하는 주체인 (좁은 의미의) 사용자다. 똑같은 서비스를 쓰는 열 명의 사용자는 저마다 다른 UX를 지니고 있다. 서비스에 기대하는 게 서로 다르고, 불편을 느끼는 지점도 다르다. 이를 1만 명, 1억 명으로 확대해도 모두가 저마다 다른 경험이 있을 것 같지만, 실제로는 비슷비슷한 유형들이 나타난다. UX에서는 이러한 유형(persona)을 찾아내서 시장을 구분(segmentation)하거나 더 나아가 표적으로 선택(targeting)하는 작업을 종종 진행한다.

사용자가 서비스를 이용하는 주체이기도 하지만, 사람, 사회인으로서도 UX가 드러난다는 점은 UX 방법론 프로세스를 설명하는 데 중요한 근거가 된다. 앞에서 문제를 찾는 원칙과 트렌드 관점의 접근이 필요한 이유는 각각 사람, 사회인으로서의 사용자를 우리가 이해해야 하기 때문이다.

표 1. 사용자의 3가지 관점

사용자	▪ 특정 제품/서비스가 기준 ▪ 자신만의 고유한 경험이 존재 ▪ 전체를 놓고 보면 몇 가지 유형으로 구분할 수 있음(Persona)	▪ 이용 통계나 설문조사를 통해서 기본 정보 파악 ▪ 세부적인 경험은 직접 보거나 물어봐야 알 수 있음(필드 리서치)
사회인	▪ 동시대를 사는 사회인들 모두가 공유하는 트렌드가 기준 ▪ 1코노미, 가심비, YOLO 등 ▪ 세대별로 조금씩 다름(베이비부머, X세대, Y세대, Z세대)	▪ 사회적 트렌드를 통해서 파악 ▪ 사회경제적 상황, 기술 트렌드도 중요 ▪ 세대적 특성 조사
사람	▪ 사람이면 누구나 갖는 보편적 특성이 기준 ▪ 예외가 거의 없는 편이나, 아주 세부적인 경험에만 적용할 수 있다는 단점이 있음	▪ 심리학, 인간공학, 게슈탈트 이론 ▪ 행동경제학에서 얘기하는 휴리스틱, 편향(bias)

사용자 개인의 특성은 직접 만나서 서비스 이용 과정을 조사해야 알 수 있으나, 그 전에도 설문조사를 통해서 다음과 같은 요소들을 미리 알 수 있다.

표 2. 설문조사로 알 수 있는 사용자 특성

이용행태	현재 해당 서비스(군)을 어떻게 사용하고 있는지 파악 예) 주로 사용하시는 쇼핑몰은 어디인가요? 어떤 경로를 통해서 쇼핑몰에 들어가시나요?
맥락	사용 장소, 시간, 상황에 대해서 파악 예) 쇼핑몰은 어떤 장소(시간대)에서 주로 이용하시나요?
의견/만족도	해당 서비스(군)의 만족도나 만족도 파악 예) 제일 선호하시는 쇼핑몰은? A 쇼핑몰에 대한 만족도를 내린다면?
태도	해당 서비스(영역)에 대한 정서적 이미지, 관심 또는 우려사항 예) A 쇼핑몰에 대해서 딱 떠오르는 이미지는? 어떤 부분이 가장 좋다고 생각하시나요?
기술적 태도	신기술에 대한 수용도, 태도

모바일 앱이나 웹사이트와 같은 디지털 서비스에서는 방문한 사용자들의 이용 데이터(경로, 관심사, 시간 등)를 기록할 수 있는데, 이 데이터를 분석하면 다음과 같은 요소들을 미리 알 수 있다.

표 3. 통계분석으로 알 수 있는 사용자 특성

유입, 유출 경로	어느 채널, 터치포인트를 통해서 들어오고 나갔는지
이동 경로	순차적인 이용흐름, 맥락에 따른 이용흐름, 특정 화면까지의 이용흐름
관심사	특정 페이지에 머문 시간, 특정 페이지에서 선택한 메뉴/기능/정보
탐색 행위	자주 이용한 검색어, 필터 옵션, 해시태그

경험 vs 사용자 경험

우리가 다루는 것은 '사용자 경험'이지 '경험' 전체가 아니다. 경험은 매우 포괄적인 용어다. 사람들의 일상 전반, 살아온 역사, 가치관, 신념, 습관, 문화적 관습 등 다양한 것을 포괄한다. 제러드 다이아몬드[주: 미국의 세계적인 인류학자]가 될 필요는 없다. 우리는 단지 좋은 서비스를 만들고 싶을 뿐이다.

그렇다면 사용자 경험은 무엇인가? '사용자'라는 용어에 이미 답이 들어 있다. '사용자'라는 말에는 이미 특정 제품이나 서비스가 전제되어 있다. 그를 사람이나 고객, 소비자라고 부르지 않고 사용자라고 부르는 데는 그러한 관점을 우리가 견지하겠다고 이미 밝힌 것이다.

그림 40. UX(사용자 경험)의 의미

"소비자보다 사용자가 기업에 더 강력한 영향력을 발휘하는 시대다. 사용자가 원하는 물건을 온라인으로 사는 방법을 이해하지 못한다면 그들은 그 기업에서 아무것도 사려고 하지 않을 것이다. (중략) '소비자는 왕이다'라는 구호는 너무 낡았다. 기업의 디지털 전선은 외부 사람들이 접촉하는 첫 번째 접점이며, 기업을 알리고 효율성을 높이기 위한 기본이다. 사용자를 우선적으로 고려해야 한다." (에런 샤피로, 《유저(Users)》의 저자. 한국경제신문과의 이메일 인터뷰 내용 중)

결국 사용자 경험이란 '특정 제품이나 서비스를 이용하는 사람들의 경험'이다. 그들의 일상적인 경험 전체가 아닌, 특정 서비스와 관련된 경험만 주목하겠다는 뜻이다. 주: UX/UI는 디지털 서비스를 전제하고 있기 때문에 물리적인 제품이나 아날로그 서비스는 이제부터 언급하지 않겠다.

UX(사용자 경험)의 정의

- 특정 서비스를 이용할 때 사용자들이 보이는 생각, 감정, 행동
- 사용자들이 서비스 이용 시 겪는 고충, 서비스에 대해 갖는 니즈(이게 전부일까?)
- 은행: 디지털 뱅킹을 통한 조회/거래/상담, 금융상품 이용, 사용자 상호 간 금전 거래
- 통신: 통신 상품과 관련된 가입/조회/관리 활동, 멤버십 서비스, 미디어/엔터테인먼트 이용
- 쇼핑: 채널 내에서의 접근/탐색/조회/구매/이벤트/관리 활동, 외부 채널에서의 유입/프로모션
- SNS: 가입/조회/등록/관리/커뮤니케이션 활동, 카메라/미디어 등과의 연동

우리는 특정 서비스를 둘러싼 '사용자 경험'을 다룬다는 점을 항상 명심해야 한다. 사람들이 일상생활에서 겪는 경험 전반을 다루는 것은 인문학자나 사회과학자들에게 맡기자. 우리가 UX를 배우는 목적은 뛰어난 디자인을 하기 위해서다.

UX 디자인은 사용자 관점에서 서비스를 바라보겠다는 의미이다. 이는 서비스를 배제하고 사용자 경험 측면에서만 보겠다는 뜻과는 다르다. 따라서 서비스 관점과 사용자 관점이 어떻게 다른지 이해하고, 두 관점을 균형 있게 살펴볼 필요가 있다.

표 4. 서비스 관점과 사용자 관점의 대비

서비스 관점		사용자 관점		체크 포인트
여기를 봐주세요	자극	자각	어? 이게 뭐지?	시선 주목
이 상품은 말이죠	설명	이해	아. 그거네	스캐닝. 이해가능성
이 점에 주목하세요	차별화	흥미	뭐가 다르지?	특징, 신뢰, 실행활 연관성
꼭 지금 하셔야 합니다	설득	결정	어떤 이득이 있을까?	해택, 가격, 할인, 구매 정당성
옵션을 선택해주세요	옵션	비교	어떤 옵션을 선택해야 할까?	지표, 항목, 결제수단
전화번호, 배송, 가입 안내	안내	행동	어떻게 사야하지?	실행, 주문 방법

서비스 관점에서 사용자의 눈길을 사로잡기 위한 '자극'은 사용자 입장에서 보면 대상이 지각(perception)되는 것이다. 대상이 눈에 보이고 귀에 들려 사용자가 지각한 뒤, 그 다음으로 주의를 끌어야 한다. 그러나 서비스가 자극의 강도만 높인다고 해서 사용자가 반드시 이를 지각하고 주의를 기울이는 것은 아니다. 적절한 강도와 형태로 자극이 전달되어야만 사용자의 시선이 머문다.

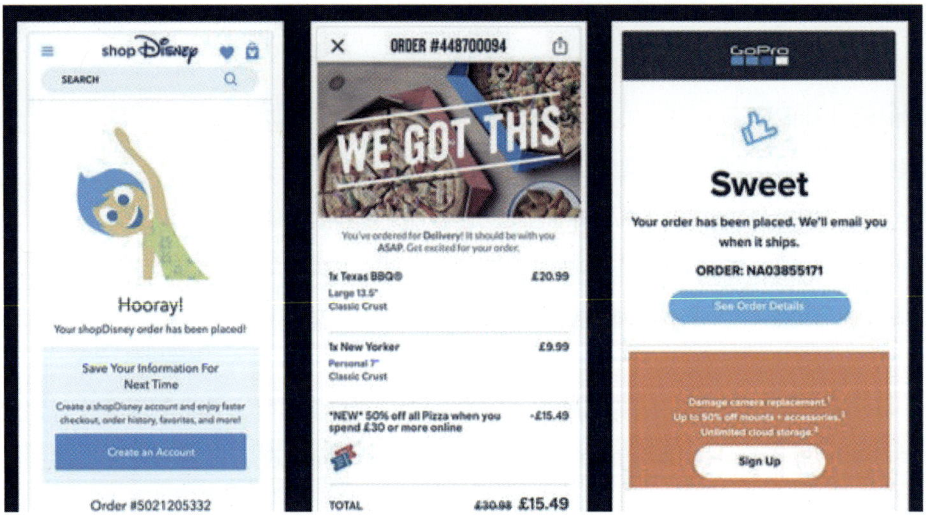

그림 41. 적절한 자극으로 사용자의 지각과 주의를 끄는 예시 (출처: 디즈니샵, 도미노피자, 고프로)

서비스의 설명은 설명 그 자체에 목적이 있지 않다. 설명의 목적은 '내가 얼마나 말을 잘하는가'가 아니라, 사용자가 얼마나 쉽고 빠르게 그것을 이해하는가에 있다. 따라서 서비스가 '잘' 설명한다는 것은 사용자가 빠르게 내용을 파악하거나(스캐닝), 정확하게 이해할 수 있어야 한다(이해 가능성)는 것이다.

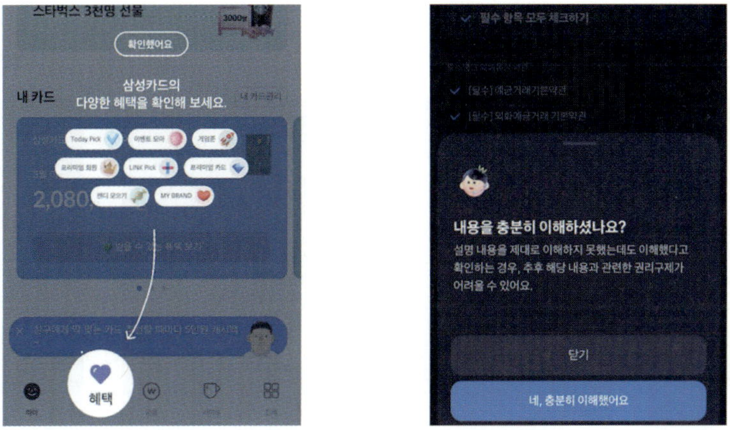

그림 42. 빠르게 스캐닝되고 정확한 이해가 가능한 좋은 설명 예시 (출처: 삼성카드, 토스)

서비스가 자신의 차별점을 알리는 것은, 그 알림 자체로 끝나서는 안 된다. 차별화가 성공하려면 사용자의 흥미를 끌어야 한다. 아무리 "나는 다릅니다"라고 말해도 사용자가 "글쎄, 잘 모르겠는데"라고 반응한다면 차별화는 이루어지지 않은 것이다. 차별화의 특징이 분명하게 전달되고, 신뢰를 주며, 실제 생활에서 어떤 가치를 제공하는지의 연관성이 파악되어야만 비로소 차별화가 성공했다고 할 수 있다.

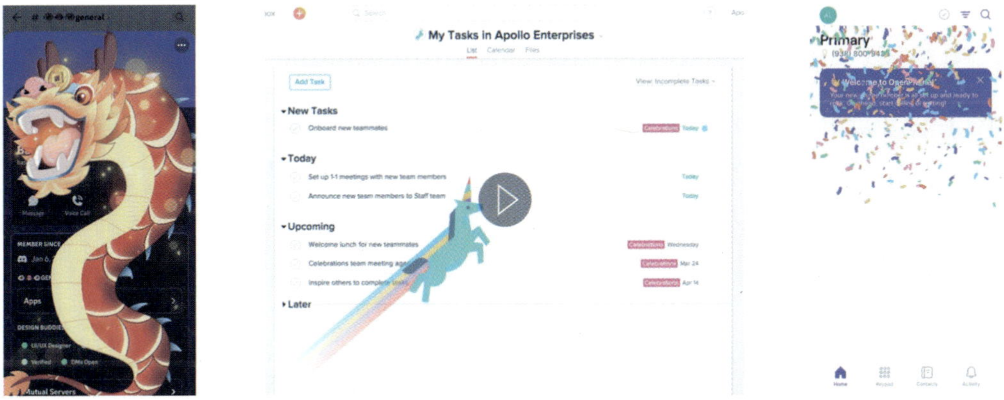

그림 43. 서비스 이용 도중 흥미를 발산하는 경험요소가 나오는 예시 (출처: Discord, Asana, OpenPhone)

서비스는 사용자를 설득해 구매, 가입, 신청 등의 행동을 유도해야 한다. 이는 사용자 관점에서 보면 곧 의사 결정을 하는 과정이다. 사용자가 지불해야 하는 비용(시간, 정보, 금전)에 비해 서비스가 제공하는 가치가 분명하게 전달되어야 한다. 사용자는 지금 행동하는 것이 옳다는 정당성을 스스로 납득할 수 있어야 한다. 결국 서비스가 사용자를 설득한다는 것은 그러한 사용자의 자기 정당성을 북돋우는 것이다.

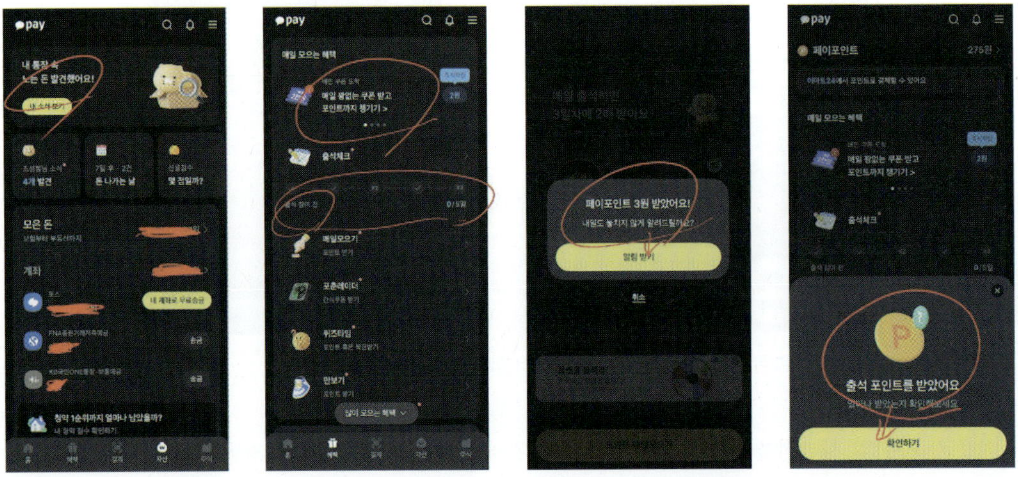

그림 44. 소박하지만 효과적인 경험요소들을 동원하여 사용자 의사결정을 촉진시키고 있는 카카오페이의 예시

선택지를 제시하는 것(옵션)은 그것이 얼마나 정확하게 비교되는지에 달려 있고, 안내하는 것은 그 안내가 지시하는 행동으로 얼마나 이어지는지에 달려 있다.

경험요소

경험요소란 서비스에 내재하는 여러 가지 요소 중에서 실제 사용자 경험과 연관된 것들을 말한다. 서비스에는 사용자 경험과 상관없는 요소도 많이 존재한다. UX에서는 일단 경험요소와 비경험요소로 구분하고 경험요소들을 어떻게 개선할지 고민한다. 또한 사용자들이 어떤 경험요소에 관심을 가지고 있으며, 어떤 요소는 불필요하게 여기는지도 조사한다. 그래야지만 서비스 제공자가 아닌 사용자 관점에서 문제를 바라보고 해결할 수 있기 때문이다. 그 가운데 서비스 이용에 큰 영향을 주는 경험요소를 먼저 해결하고, 없는 편이 차라리 나은 경험요소는 과감하게 버릴 수도 있다.

그림 45. 사용자의 신체 모형을 경험요소에 반영하여 즉시 행동을 유도하는 좋은 사례들

경험요소는 UX/UI 디자인 시 일차적인 고려 대상이다.

그림 46. 경험요소의 구성

경험요소는 구슬(What)에 해당하는 기능, 정보, 외형 등과 실(How)에 해당하는 이용절차, 배열, 안내 등으로 크게 구분한다. 구슬이 서 말이라도 꿰어야 보배라는 말이 있다. 좋은 기능과 정보는 좋은 이용절차와 배열을 만났을 때 빛을 발하는 법이다.

구글 지도 앱의 경험요소

What: 위치 선택, 추천 경로, 대안 경로, 지도상의 경로 표시, 경유지 선택, 공유

How: 지도 조작, 거리와 시간의 교차 안내, 교통편으로의 추가적인 접근

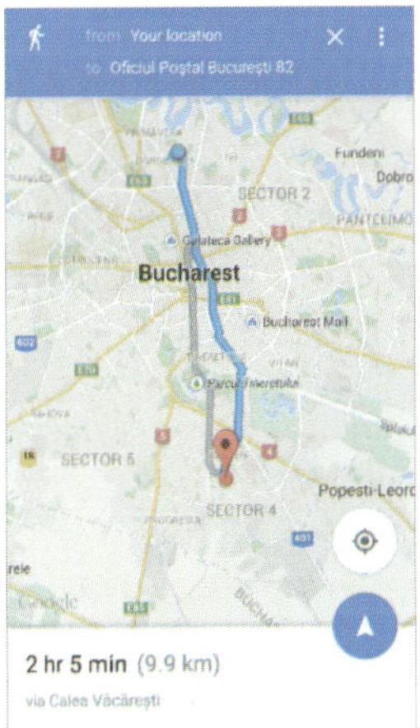

그림 47. 구글 지도 앱

이번에는 항공 예약을 예로 들어보자. '출/도착지, 출/도착 날짜, 시간, 공항, 인원, 가격' 등은 항공편 예약 시 매번 고려하는 구슬에 해당하는 경험요소이다. 어떤 채널에서라도 위 요소들은 항공권 예약을 위해서 반드시 필요하다.

이를 모바일 앱에서의 경험으로 한정해 보자.

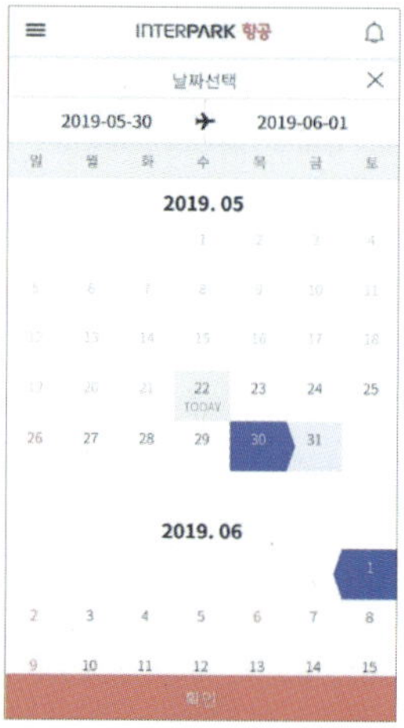

그림 48. 인터파크 항공 앱

첫 화면에서 검색을 먼저 해야 한다. 실에 해당하는 이용절차와 UI상에서의 배열을 고민해야 한다. '출/도착지 선택, 날짜 선택, 인원 선택'이 필요하다.

검색한 다음에는 검색 결과 목록 화면을 만나게 된다. 여기에서 항공편별 상세 화면으로 넘어갈 수도 있고, 아니면 필터링/소팅 기능을 활용하여 직항/경유나 출/도착 시간대, 가격대 등을 기준으로 목록을 설정할 수도 있다. 또는 검색조건을 처음과는 다르게 변경할 수도 있다.

한발 더 나아가 '여행 목적지 추천받기, 예상 항공권 가격 변화' 등과 같은 것이 있다면 더 좋은 경험이 될 것이다.

이렇게 UX/UI 디자인 시에는 어떤 경험요소가 있는지를 먼저 파악하고 나서 어떤 경험요소들이 있어야 하는지, 문제가 무엇이고 어떻게 해결해야 하는지를 고민해야 한다.

경험요소에 사용자의 니즈를 반영하고 창의성을 불어넣으면 뛰어난 디자인을 만들어 낼 수 있다. 경험요소가 얼마나 매력을 지니고 있는지도 중요하다. UX가 좋아도 매력이 없다면 소수의 매니아만이 서비스에 만족할 수 있다. 반대로 매력만 있고 UX가 부족하다면 잠시 반짝하다가 사라질 가능성이 크다.

그림 49. 매력과 UX 둘 다 잡아야 한다

사용자와의 관계가 지속적으로 이어진다는 점은 매우 중요한 고려사항이다. 일시적으로 사용자를 자극하거나 흥미를 끄는 것에만 집중하다 보면, 장기적인 신뢰 관계를 훼손할 위험이 있다. 예를 들어 쿠팡의 '쿠폰 관련 팝업창'처럼 실제로는 단순한 마케팅 후킹에 불과한데, 마치 진짜 쿠폰 당첨이나 혜택을 주는 것처럼 표현할 경우, 사용자들은 처음에는 관심을 가질 수 있지만, 그 경험이 실망으로 이어지면 이후에는 그러한 팝업에 대해 부정적인 태도를 갖게 된다.

따라서 서비스는 즉각적인 반응을 유도하는 자극뿐만 아니라, 사용자가 신뢰를 쌓고 긍정적인 경험을 지속하도록 하는 관계 형성에도 집중해야 한다. 그래야만 사용자는 서비스에 대한 충성도와 만족도를 높일 수 있으며, 장기적인 성공을 기대할 수 있다. 이런 관점에서, 사용자 경험을 설계할 때는 자극과 흥미뿐 아니라 신뢰와 관계 지속성도 함께 고려하는 균형 잡힌 접근이 필요하다.

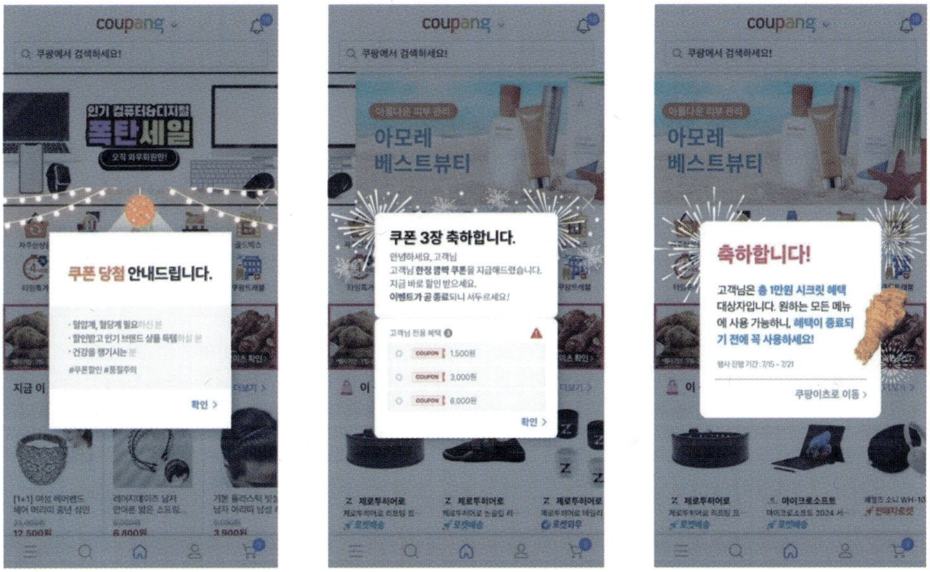

그림 50. 일시적으로 주목을 끌기 위해 장기적인 신뢰 관계를 저버려서는 안 된다. (출처: 쿠팡)

UX에 작용하는 것들

시간의 작용

시간은 UX에서 매우 중요한 의미를 갖는다. 사용자들의 경험에는 과거의 경험이나 미래에 대한 기대가 반영되어 있다. 그 때문에 현재의 경험을 제대로 이해하기 위해서는 과거의 경험과 미래의 기대도 같이 봐야 한다.

또한 경험은 시간에 따라서 많이 달라진다. 음악을 듣는 경험을 예로 들어보자. 아침과 점심, 저녁에 따라 음악의 선곡이나 플레이 방식이 동일한가? 주중과 주말에 음악을 듣는 UX가 동일한가? 아마 대부분의 사람은 시간대에 따라, 주중/주말이냐에 따라 음악을 듣는 경험에 작지 않은 차이가 있을 것이다. 시간이 우리의 경험에 작용하기 때문이다.

시간은 우리의 경험에 큰 영향을 미친다. 과거의 경험은 우리의 현재 경험에 선입견을 제공하고, 현재의 맥락은 우리의 경험을 좁은 영역으로 인도하며, 미래의 기대는 우리의 생각을 눈에 보이는 것 이상으로 확장한다.

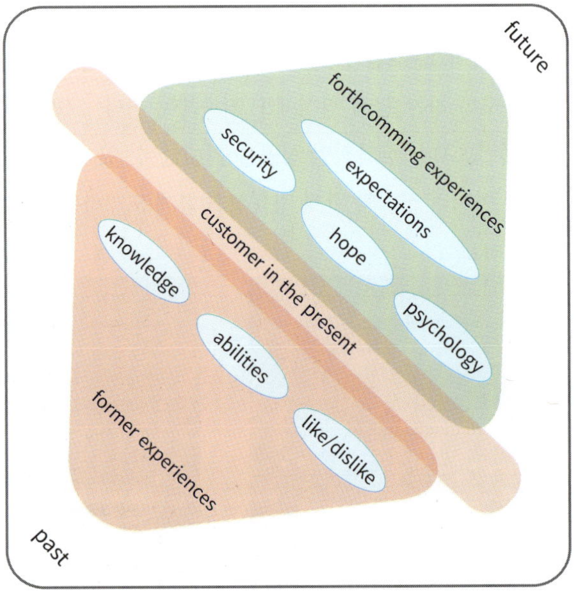

그림 51. UX에 영향을 미치는 과거, 현재, 미래 (출처: Holger Maassen, boxes and arrows)

과거 경험

과거의 경험은 우리에게 지식, 기억, 습관, 수행 역량, 선호도를 만들어 낸다. 이들이 현재의 경험에 작용하여 빠르고 능숙한 행동을 만들어 내기도 하지만, 특정 단어, 특정 컬러, 특정 형태의 아이콘에 대해서 고정된 의미를 떠올리기 때문에 그것과 어긋날 경우에는 고충이 생기기도 한다.

그림 52. 장바구니를 의미하는 다른 아이콘, 즐겨찾기를 의미하는 두 가지 형태의 아이콘

사용자들은 과거 경험을 통해서 이미 익숙해져 있는 아이콘이나 레이블을 현재에도 고수하려는 경향이 있다. 본인에게 익숙한 아이콘이나 레이블이 아닐 경우에는 곧바로 불편함을 드러내는 경우도 많다. 위 예시에서 즐겨찾기를 의미하는 두 가지 형태의 아이콘은 이미 많은 서비스가 두 형태를 교차해서 사용하고 있기 때문에 큰 불편함을 주지 않지만, 장바구니는 대부분 카트 형태의 아이콘에 익숙해져 있기 때문에 '진짜 장바구니' 형태로 된 아이콘에는 불편함을 드러낸다.

현재 맥락

현재의 맥락(Context)은 UX에 가장 많이 작용하기 때문에 잘 이해해야 한다.

맥락: 주어진 대상 이외에 그 대상과 함께 제시된 모든 정보 – 네이버 지식백과

UX 외부에서 맥락만큼 UX에 큰 영향을 미치는 것은 없다. 맥락에 따라서 사용자의 관심사, 접근 방법, 예상 결과, 행동 절차 등이 달라지기 때문이다. 자주 사용하는 특정 앱을 떠올리고 장소와 시간에 따라서 본인의 경험이 어떻게 달라지는지 회상해 보라. 똑같은 앱을 사용하더라도 대중교통과 집에서의 UX 차이, 아침과 저녁의 UX 차이를 회상해 보면 꽤 큰 차이가 있다는 것을 확인할 수 있을 것이다.

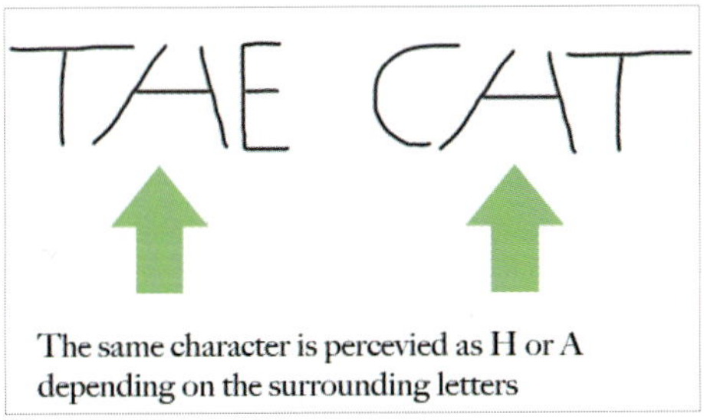

그림 53. 맥락과 UX의 관계를 보여주는 예시

왼쪽 글씨를 사람들은 어떻게 읽을까? 십중팔구는 THE CAT이라고 읽을 것이다. 그러나 THE의 'H'와 CAT의 'A'는 형태가 동일하다. 그런데도 왜 앞에서는 H로 뒤에서는 A로 읽으려고 할까? 그것은 맥락이 우리의 UX에 작용하기 때문이다. 정확한 정보가 아니더라도 우리는 그것에 의미를 부여하려는 경향이 있다.

다음 그림에서 "도대체 뭐가 문제인지 모르겠다. 추가를 의미하는 '+' 아이콘을 뒤에 붙이면 왜 안 되는가?"라고 누가 묻는다면 현재 맥락이 UX에 미치는 영향을 근거로 해서 그게 왜 틀렸는지에 관한 얘기를 들려줄 수 있다. 현재 맥락이 UX에 미치는 영향을 감안할 때, 아이콘은 자기 스스로를 드러내지 않으면서 사용자의 빠른 행동을 유도하는 편이 좋다. 그래서 레이블 뒤쪽에 떨어져 있는 것보다는 레이블 앞에서 드러나지 않으면서도 의미를 보조하는 것이 더 낫다.

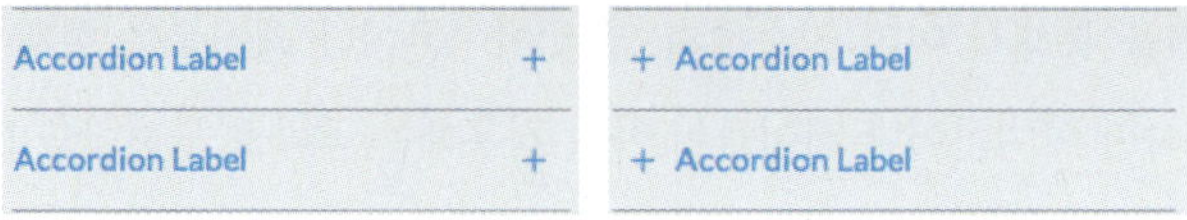

그림 54. 아이콘의 위치

미래 기대

미래에 대한 기대도 현재의 UX에 영향을 미친다. '이런 기능이 있었으면 좋겠다'와 같이 막연한 기대가 있으면 현재 이용 경험에 작용하여 불만을 만들어내고, 사용자 스스로 차선책을 생각해 미래 기대를 대신할 수 있는 대안이나 우회로를 찾게 된다.

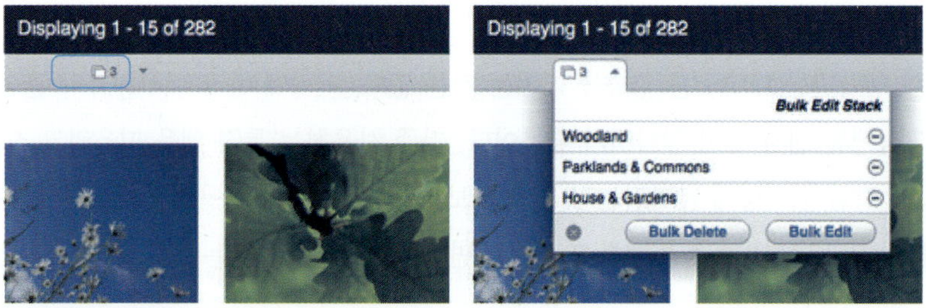

그림 55. 화살표 아이콘에 대한 기대

미래 기대의 작용은 UI에서 작은 단서(위 예시의 ▼ 화살표)에도 의미를 부여하고 그것을 자연스럽게 누르게 만든다.

시간 흐름에 따른 정보 니즈

현재의 UX는 반드시 현시점에서의 최신 정보와 일치하지 않는다. 사람들은 과거의 정보를 원할 때도 있고, 미래의 정보를 (부정확하더라도) 알고 싶어 하기도 한다. 단순히 새로운 정보를 원할 때도 있지만, 새롭지는 않아도 최신의 정보를 재확인하는 경우도 있다.

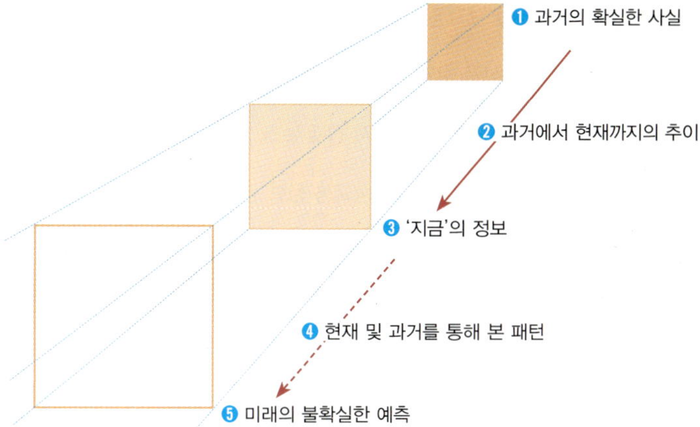

그림 56. 시간과 UX 간의 관계

❶ 과거에 일어난 사건, 정보를 알고 싶다: 기존 이용 이력, 올린 글

❷ 과거~현재까지의 변화를 파악하고 싶다: 가격 변동 흐름, 내 활동 내역

❸ 지금(Now)의 정보를 알고 싶다: 날씨, 주가, 교통상황, 실시간 검색

❹ 앞으로의 변화 패턴을 알고 싶다: 예상 활동량, 추천 정보

❺ 미래 어느 시점에서의 정보를 미리 알고 싶다: 예상 주가, 다음 이벤트

공간의 작용

사람들이 원하는 정보는 하나일 때도 있지만, 그렇지 않은 경우가 더 많다. 특정 범위에 해당하는 정보를 원할 때도 있고, 해당 분야의 전체 정보를 필요로 할 때도 있다. 특정 범위를 원하는 경우라고 할지라도 수평적으로 연관된 정보와 수직적으로 이어지는 정보는 다르다

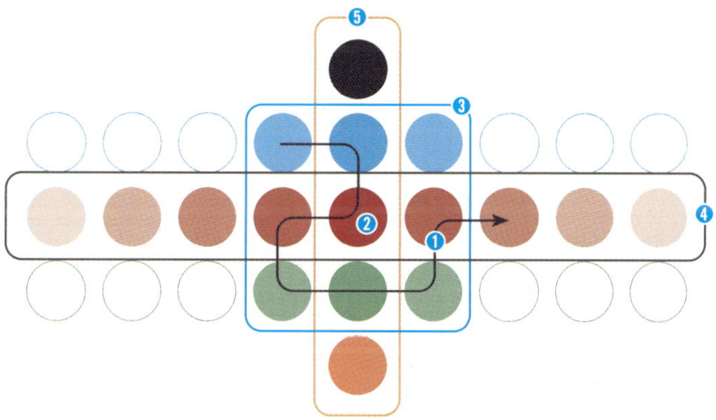

그림 57. 공간과 UX 간의 관계

❶ 어느 것이든 상관없이 흥미 있는 것을 보고 싶다: 평소에 자주 쓰던 앱들을 전전

❷ 원하는 정보를 바로 찾고 싶다: 특정 상품 찾기, 배송 조회, 잔액 조회

❸ 특정 영역에 해당하는 정보를 모두 보고 싶다: 오늘 자 경제 뉴스, 오사카 여행 정보

❹ 목적을 달성하는 데 적합한 정보 고르기: 길 찾기 대중교통 정보, 가성비 노트북

❺ 목적을 달성하는 데 필요한 부분들을 채워 나가기: 여행지의 비행기-호텔-관광지 예약

목적의식의 작용

목적의식이란 어떤 사물을 이용하거나 환경을 변화시키고, 어딘가로 이동하고자 할 때 특정한 목적을 염두에 두고 시작하는 것을 말한다. 목적 없이 단순히 심심해서, 습관적으로 행하는 것을 비 목적의식적인 행동이라고 한다.

UX는 항상 분명한 목적에 의해서 시작되지는 않는다. 그냥 심심해서, 미리 준비하기 위해서, 미리 알아보려고, 기분을 전환하고자, 단순히 호기심 때문에 서비스를 경험하는 경우도 많다. 단순히 목적 지향적이냐 그렇지 않으냐로 구분하는 것도 어폐가 있다. 목적과 비 목적 사이에는 다양한 스펙트럼이 존재하기 때문이다.

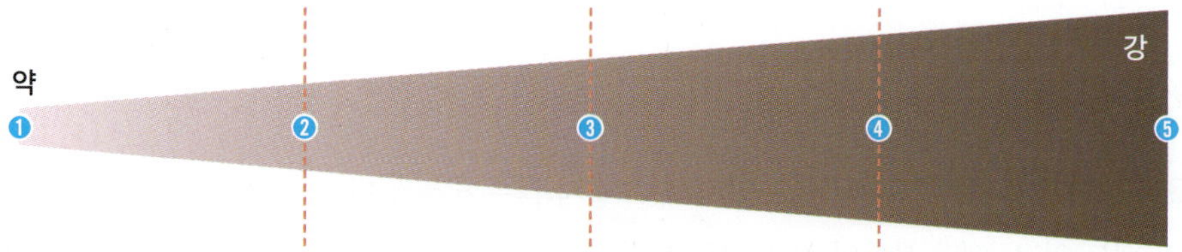

그림 58. 목적의식과 UX 간의 관계

❶ 아주 약한 목적 의식: 심심해서, 현재의 따분한 기분을 바꾸고자

❷ 습관적인 확인, 굳이 지금 할 필요는 없는 활동: 새 소식, SNS, 알림 확인

❸ 내적 동기가 있으나, 생략해도 무방함: 뉴스, 음악, 신규 콘텐츠 확인

❹ 지금 해야 하는 주기가 짧은 활동들: 날씨 확인, 버스 도착 정보 조회

❺ 반드시 지금 해야 하는 주기가 긴 활동들: 금전 거래, 메일 전송, 업무 처리

UX의 품질

UX가 좋다 또는 나쁘다고 평가하는 것은 전문가만이 할 수 있는 얘기는 아니다. 본인 스마트폰에 담겨 있는 앱 서비스들의 장단점을 누구나 한 번쯤은 느낄 것이다. UX라는 개념을 알고 있다면 "이것은 무슨 UX의 문제네"라고 했을 것이고, UX를 모르는 사람이라도 '무언가 부자연스럽다. 껄끄럽다. 이해가 잘되지 않는다, 피곤하게 만든다'라는 불만이 마음속에서 우러났을 것이다.

UX에는 품질이 존재한다. 단순하게 보면 '만족/불만족'으로 표현할 수 있겠지만, 우리가 사람을 평가할 때 '좋아/싫어'로만 이야기하지 않듯이 UX의 품질에도 이분법적인 판단을 뛰어넘는 기준들이 존재한다.

UX 품질 판단

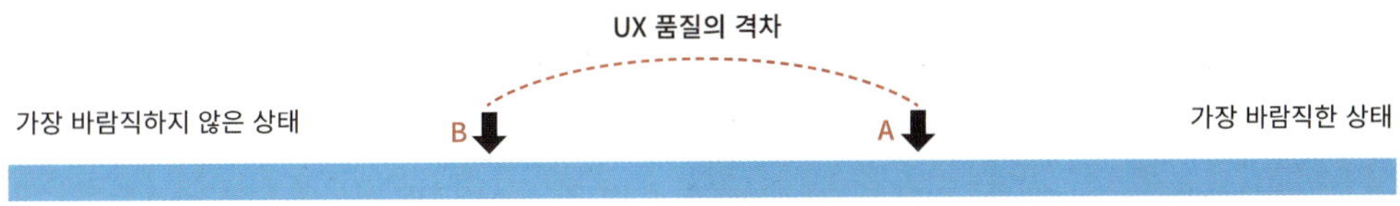

그림 59. UX 품질의 격차

처음부터 나쁜 UX를 제공하려고 마음먹은 서비스는 없을 것이다. 그럼에도 불구하고 우리 주변에는 UX 품질이 나쁜 서비스가 매우 많다. 가격이 싸거나 상품이 거기에만 있다는 이유로 UX 품질이 한심한 쇼핑몰에 가끔 들어가곤 한다. 그런 서비스를 방문하면 한시라도 빨리 나가고 싶은 마음뿐이다. 반대로 UX 품질이 좋은 서비스는 조금 비싸더라도 일부로 찾는 경우도 있다. 얼마 안 되는 금액 차이 때문에 불쾌함을 굳이 감내하고 싶지 않아서다.

경쟁 관계에 있는 두 서비스, A와 B가 있다. 두 서비스의 사용자들 모두 큰 불만은 없다. 작은 차이는 존재할지라도 크게 봐서는 별 차이가 없기 때문이다. 그런데 어느 날 새로운 업데이트를 한 A 서비스에 사용자들이 열광할 만한 '경험요소'가 추가됐다고 가정하자. 그뿐만 아니라 원래부터 있던 가입, 인증, 탐색, 소셜 네트워킹 과정도 이전보다 훨씬 좋아졌다. 둘은 원래 차이가 없었는데, 갑자기 A의 UX 품질이 확 개선됐다. 이런 상황에서 B 서비스의 사용자들은 과연 여전히 '이 서비스도 불만은 없어'하고 그 자리를 계속 지킬까?

이처럼 우리가 추구해야 하는 UX 품질은 시장 내의 경쟁에 따라 문제가 없을 수도 있고, 심각한 문제가 될 수도 있다. 그렇다면 UX 품질이 '더 낫다'라고 판단할 수 있는 기준에는 무엇이 있을까?

UX 품질 판단 기준

- [상식적 판단] 무조건 이게 더 낫다.
- [맥락 고려] 맥락을 감안했을 때 이게 더 낫다.
- [명확성] 결과의 명확성 측면에서 이게 더 낫다.
- [조건별 취사선택] 조건에 따라 판단이 달라진다.
- [충돌되는 두 가지 중 더 나은 선택] 트레이드 오프(Trade-off)를 어느 쪽이 더 맞게 했는가?
- [대상이 누구인가] 누구를 대상으로 했는가에 따라 평가가 달라진다.

[상식적 판단] 무조건 이게 더 낫다

그림 60. 문 손잡이 (미세요 vs 당기세요)

이 이미지는 2개의 출입문을 보여준다. 얼핏 봐서는 큰 차이가 없어 보이지만, 왼쪽 이미지에는 문손잡이 위에 '미세요(PUSH)'라고 쓰여 있고, 오른쪽 이미지에는 '당기세요(PULL)'라고 쓰여 있다. 실제 문손잡이를 보면 밀고 싶은가? 아니면 당기고 싶은가? 아마 대부분의 사람은 당기고 싶을 것이다.

당기고 싶게 생겼는데, 왼쪽 이미지처럼 '미세요(PUSH)'라는 글씨가 손잡이 위에 쓰여 있으면 짧은 순간 갈등이 일어날 것이다. 이렇게 불필요한 갈등을 자아내는 디자인은 좋은 UX가 아니다. '당기세요'가 더 뛰어나서가 아니라, '미세요'가 잘못됐기 때문에 오른쪽 이미지의 손을 들어줄 수 있다.

[맥락 고려] 맥락을 고려했을 때 이게 더 낫다

은행 앱에서 공인인증서 암호를 입력하는 화면이다. 우리나라의 공인인증서 암호는 특수문자+숫자+영문을 꼭 조합해야 한다. 모바일 키패드는 공간이 작기 때문에 특수문자와 영문/숫자 키가 따로 분리되어 있다. 비밀번호를 모두 넣으려면 특수문자 키패드와 영문/숫자 키패드를 적어도 한 번 오가야 한다는 뜻이다. 옆의 왼쪽 이미지는

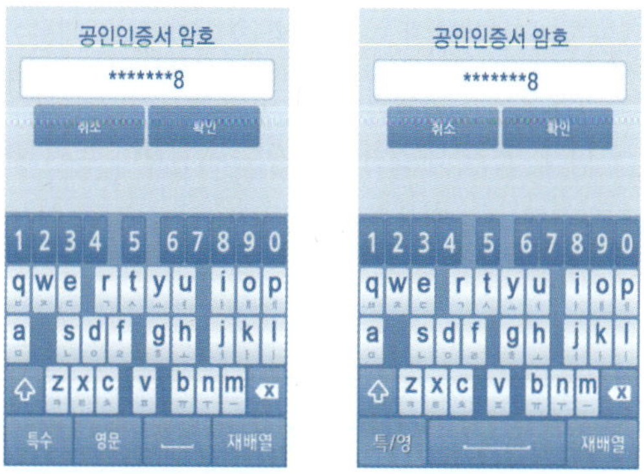

그림 61. 공인인증서 암호 키패드

특수문자와 영문 버튼이 따로 분리되어 있는 반면, 오른쪽 이미지에서는 두 개가 하나로 되어 있다. 어떤 버튼 배열이 더 UX 품질이 높을까?

이때는 사용자들이 처한 맥락을 먼저 공감해야 한다. 사용자들은 키패드를 바꾸는 게 목적이 아니다. 조회, 이체 등의 금융 업무를 보기 위해서 공인인증 과정을 거칠 뿐이다. 이 시점에서 사용자의 머릿속에는 본인이 입력해야 할 공인인증서 암호(특수문자+숫자+영문 조합)가 크게 차지하고 있을 것이다. 이러한 맥락에서는 보조 도구가 단순할수록 더 좋다. 다시 말해 특수문자와 영문 버튼이 하나로 합쳐져 있는 게 더 낫다. 공인인증서 암호를 하나씩 넣고 있는데, 버튼 구분까지 하는 것은 바람직하지 않기 때문이다.

조금 헷갈린다면 On 버튼과 Off 버튼이 따로 나뉘어 있는 옆의 TV 리모컨을 보라. 왠지 쓰기가 매우 불편하게 느껴질 것이다. TV를 켤 때는 왼쪽 버튼을, 끌 때는 오른쪽 버튼을 누른다는 게 매우 이상하게 느껴진다. 이게 왜 이상하게 느껴질까? 그 원인은 두 개의 상태를 서로 오가는 경우에는 두 상태에 대한 버튼을 각각 놓기보다는 하나로 합쳐 놓는 게 실제 사용하는 데 더 쉽게 느껴지기 때문이다.

그림 62. TV 리모컨

이렇게 하나의 행위로 상태만 바꾸는 것을 토글(Toggle)이라고 한다. 토글 버튼은 우리 주변에서 종종 찾아볼 수 있다.

[명확성] 결과의 명확성 측면에서 이게 더 낫다

명확함은 항상 옳다. 사람들은 불명확한 것을 싫어하는 본성이 있기 때문이다. 어떤 이들은 이를 오해해서 '단순함이 항상 옳다'고도 얘기하는데, 그것은 틀린 말이다. 단순함이 명확함으로 이어지는 경우도 있지만, 단순함 때문에 오히려 UX가 불명확해지는 경우도 많기 때문이다.

그런 면에서 미국 항공사 JetBlue의 다음 항공편 검색 결과 화면은 매우 뛰어난 UX 품질을 보여준다. 처음 보는 사람은 다소 이상하게 생각할 것이다. 왜 글씨 크기가 제각각일까? 왜 정렬이 다른 항공사의 그것처럼 표 형태로 일목요연하게 정리되지 않고, 다소 산만하게 되어 있을까?

답은 JetBlue가 명확함을 추구했기 때문이다. JetBlue는 사용자 본인이 직접 입력한 날짜나 출/도착지는 작게 표시하는 대신에 사용자가 궁금해하는 가격(마일리지+자기부담금)은 크게 표시했다.

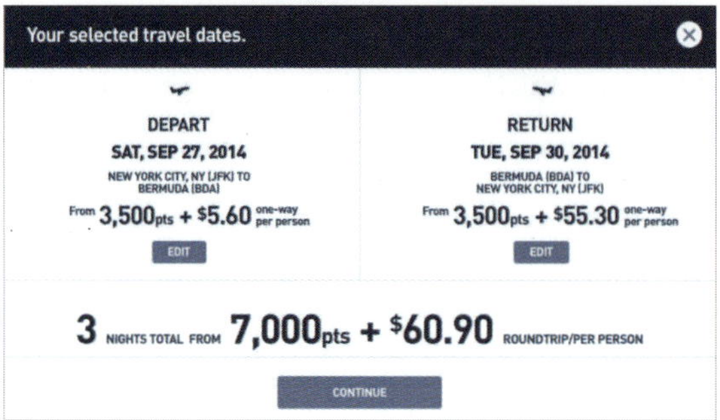

그림 63. JetBlue의 항공편 검색 결과

다시 말해 JetBlue에서 마일리지로 항공편을 검색한 사용자는 이 결과 화면에서 단번에 마일리지가 얼마나 소진되고 자기부담금이 얼마인지, 왕복이 아닌 편도 요금은 얼마인지를 한눈에 알아볼 수 있다. 더 흥미로운 것은 변동성이 작은 출/도착지보다 변동성이 비교적 높은 날짜의 크기를 크게 표시했다는 점이다. 세심한 면에서도 JetBlue의 UX 품질은 칭찬받아 마땅하다.

[조건별 취사선택] 조건에 따라서 판단이 달라진다

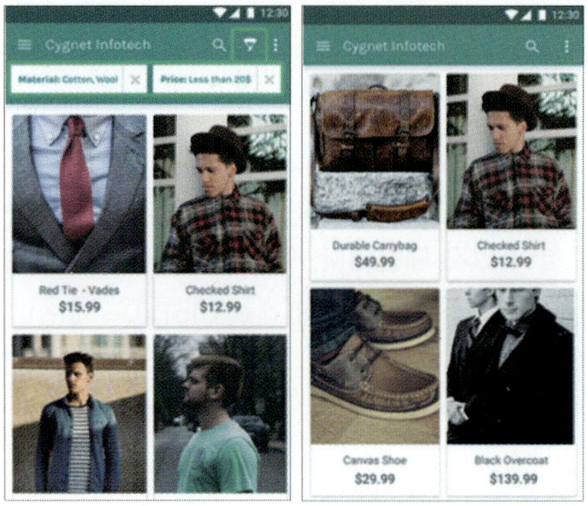

그림 64. 쇼핑몰 상품 목록 화면

옆의 이미지는 어느 쇼핑몰의 목록 화면이다. 이 화면에는 남성 패션과 관련된 상품 목록이 나타나 있다. 상품 목록 자체는 동일하지만, 두 이미지 간에는 차이가 있다. 왼쪽 이미지에는 필터링 기능이 상단에 있는데, 오른쪽 이미지는 필터링 기능이 없다.

어떤 게 UX적으로 더 바람직할까? 결론적으로 말해서 위 얘기만 듣고서 어떤 게 더 옳다고 얘기할 수는 없다. 목록에 보이는 상품 개수가 몇 개인지에 따라서 필터링 기능이 필요할 수도 있고, 굳이 필요 없을 수도 있기 때문이다.

[충돌하는 두 가지 중 더 나은 선택] 트레이드 오프(Trade-off)를 어느 게 더 맞게 했는가?

UX/UI 디자인을 하다 보면 서로 가치가 상충하는 일을 종종 만나게 된다. 유용성을 강조하다 보면 사용성이 떨어지거나 감성을 강조하려다 보니 신뢰성에 다소 무리가 발생하는 일과 같이 말이다. 이렇게 서로 가치가 상충하는 상황에서 어느 하나를 선택하는 것을 희생과 선택(Trade-off)이라고 부른다.

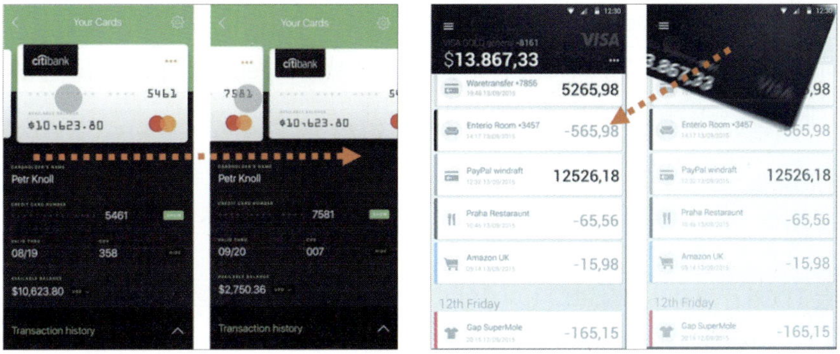

그림 65. 보유한 카드 선택 화면

위 이미지는 카드사의 앱에서 보유한 카드를 선택하는 화면이다. 여러 개의 카드가 있을 경우 카드별 이용 내역을 조회하는 경험이다. 왼쪽은 좌우로 스와이프(swipe)를 해서 다른 카드를 선택하는 UX/UI이고, 오른쪽은 사선으로 내려야 다른 카드를 선택할 수 있게 UX/UI가 디자인되어 있다. 얼핏 보면 오른쪽의 UX/UI 디자인은 매우 어려워 보인다. 하지만 오른쪽의 디자인은 지갑에서 카드를 꺼내는 인터랙션을 형상화했기 때문에 감성 면에서 왼쪽의 일반적인 인터랙션 방식보다 더 뛰어나 보인다. 감성을 강조하기 위해서 사용성을 일부 희생시킨 것이다. 이들의 선택이 과연 맞는지에 대해서 생각해 보면 UX 품질도 자연스럽게 평가할 수 있다. 주: 그림에도 불구하고 다른 카드가 더 있음을 알리거나 사선으로 스크롤링해야 다른 카드로 넘어간다는 것을 알려주는 행동 유도 장치(affordance)가 있었으면 더 좋지 않았을까 하는 아쉬움이 있다.

[대상이 누구인가] 누구를 대상으로 했는가에 따라서 평가가 달라진다

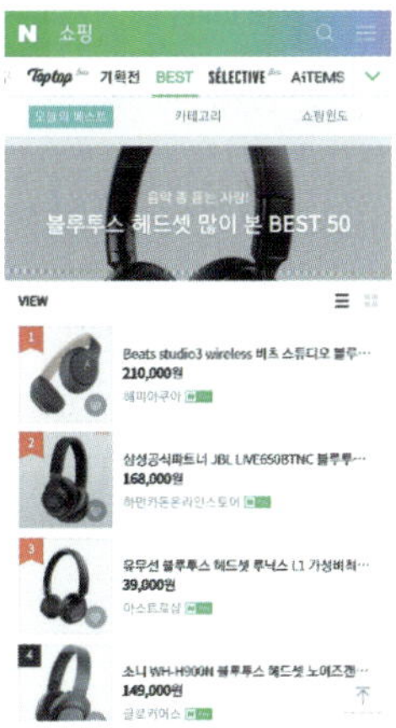

그림 66. 네이버쇼핑 BEST

왼쪽 그림은 모바일 네이버쇼핑의 BEST 메뉴 화면이다. 상단의 메뉴를 보면 BEST 외에도 기획전, 각종 큐레이션된 상품전, AI에 의한 추천(AiTEMS) 등이 보인다. 대부분의 서비스가 그렇지만, 온라인 쇼핑에서는 사용자들의 성향이 명확하게 드러난다. 어떤 사람들은 BEST를, 어떤 사람들은 기획전을, 어떤 사람들은 큐레이션된 상품전을, 어떤 사람들은 자신의 구매/조회 이력에 맞는 추천을 선호하는 것이다.

가능한 모든 경우의 수를 다 꺼내 놓거나 그중에서 사용자가 알아서 선택하라고 선택권을 제시하는 것은 바람직한 UX가 아니다. 네이버와 같이 자주 가고 오래 머무는 서비스라면 몰라도 대부분 쇼핑몰은 사용자들의 관여도가 그렇게 높지 않기 때문이다.

그래서 좋은 기본값(Good Default)을 제시하는 것이 필요한데, 그러기 위해서는 해당 서비스를 찾는 사용자들의 성향을 파악하고 그중 하나를 선택하는 표적 선택(Targeting) 과정이 필요하다. UX 품질도 누구를 대상으로 했는가에 따라서 다르게 평가된다.

좋은 UX란?

아직 우리는 UX의 구체적인 구성요소나 디자인할 때 고려해야 할 경험요소에 대해서 자세하게 살펴보지 않았다. 그럼에도 불구하고 앞에서 본 UX 품질의 판단 기준을 통해 좋은 UX가 되기 위해서는 이러저러한 조건들이 갖춰져야 한다는 것을 어렴풋이 알았을 것이다.

복잡한 내용과 방법으로 들어가기에 앞서 가볍게 좋은 UX란 무엇인지 정리해보고자 한다. 깔끔하고 명쾌한 이해가 선행되지 않은 상태에서 복잡하고 난해한 내용을 파악한다는 것은 무척 고통스러운 일일 것이다. 앞의 내용을 토대로 좋은 UX란 과연 무엇일지 정리해 보기를 바란다.

좋은 UX란?

- 사용자들이 느끼는 보편적인 고충, 갈등, 어려움 등이 없는 것
- 실제 서비스를 이용하는 구체적인 맥락이 참작된 것
- 결과가 명확하게, 그리고 세심하게 전달되는 것
- 주어진 콘텐츠의 양, 이용흐름의 복잡성, 필요한 정보/데이터에 따라서 사용자에게 필요한 도구와 지원을 적절하게 제공하는 것
- 희생과 선택(Trade-off)을 통해서 경쟁사와는 다른 그 서비스만의 정체성이 분명한 것
- 대상 사용자의 특성을 감안하여 좋은 기본값(Good Default)을 제공하고, 기능이나 이용흐름, 제시되는 정보의 양이 대상 사용자가 수용할 수 있을 만큼 적당한 것

좋은 UX가 서비스의 성공을 곧바로 담보하지는 않는다. UX는 나쁜 데 성공한 서비스도 얼마든지 있다. 그러나 UX가 나쁜데도 불구하고 계속 성장하는 서비스는 없다. 지속적인 성장과 경쟁력 향상을 위해서는 사용자들이 서비스 이용 과정에서 만족을 느끼게 만들어야 하고, 그러한 만족을 제공하기 위해서는 좋은 UX가 필수적이기 때문이다.

03

UX 피라미드

UX는 상당히 깊이 있고 광범위하다. 'UX(사용자 경험)의 정의'에서도 봤듯이 업종/분야마다 내리는 정의도 약간씩 다르다.

> 예시: 자동차 업종에서의 UX: HMI(Human Machine Interface), 음성인식 분야에서의 UX: VUX(Voice User eXperience), 웹이나 앱에서의 UX: UX/UI

일반인들에게 UX에 관해서 물어보면 대부분 '쉽고 편리한 것'이라고 얘기하는데, 이것이 틀린 말은 아니지만 상당히 부족한 정의다.

이 책을 읽고 있다면 UX에 관심을 가진 전문가이거나 전문가로 발돋움하려는 분들일 것이다. 전문가가 되기 위해서는 남들보다 구체적으로 이해해야 한다. 사람들은 다 편리하다고 하는데, '편리하다 vs 불편하다', '만족한다 vs 불만족한다'는 결과에서 그치지 않고, 그 이유가 무엇인지를 파악한다면 UX 실력은 향상될 것이다.

일단 UX의 체계와 구성, 흐름을 알아야 한다. 복잡하게 이해하려고 들면 끝이 없겠지만, 천 리 길도 한 걸음부터다. 일단 적절한 수준으로 UX의 개념을 파악해 보자.

> UX 기본 지식 3가지: 체계, 구성, 여정. UX 피라미드는 UX 체계에 속한다.

UX 피라미드는 UX를 '체계'라는 측면에서 이해할 수 있게 해준다. 단지 '쉽다, 편리하다'로 이야기하는 것이 아니라 유용성, 신뢰성, 사용성, 감성이라는 용어를 써서 보다 체계적으로 UX를 바라볼 수 있게 해준다.

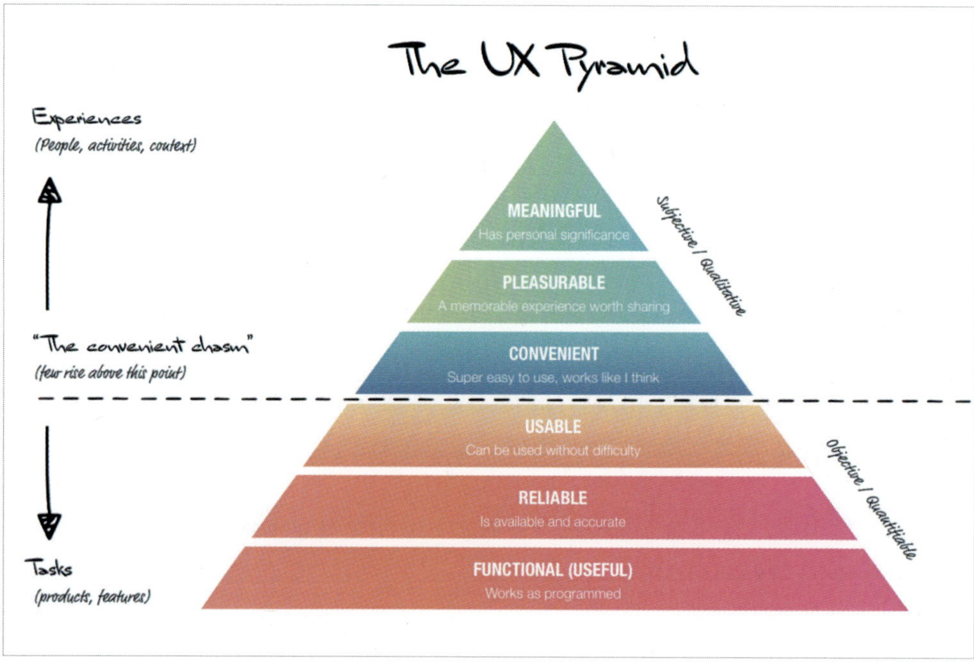

그림 67. UX Pyramid (출처: Ben Ralph, Medium)

UX 피라미드는 다음과 같은 6가지 계층으로 구성되어 있다. 유용성(Useful), 신뢰성(Reliable), 사용성(Usable), 편의성(Convenient), 감성(Pleasurable), 의미성(Meaningful)이 그것이다.

UX 피라미드는 위로 올라갈수록 달성하기가 힘들어진다. 필요한 정보/기능을 제공하는 유용성이나 보안/인증 상에서 사용자를 안심시키는 신뢰성보다 그들을 즐겁게 해주고, 의미 있는 무언가로 자리 잡는 감성이 훨씬 달성하기 어려운 법이다.

UX 피라미드의 순서는 상대적인 우열을 나타내지 않는다. 유용성보다 감성이 더 달성하기 어려운 것은 사실이지만, 유용성이 배제된 채 감성만 훌륭한 서비스를 원하는 사람은 아무도 없을 것이기 때문이다.

UX 피라미드는 사용자들의 서비스 경험 순서를 보여준다

- 사용자들은 필요한 정보/기능이 있어야 서비스를 찾는다(유용성).
- 서비스는 보안/인증 및 가입/결제/예약 등의 이용흐름 상에서 믿을 수 있어야 한다(신뢰성).
- 서비스는 정보나 기능을 찾기 쉬워야 하고 이용흐름이 직관적이어야 한다(사용성의 Usable).
- 쓰기 쉽고 직관적인 것뿐만 아니라, 사람들의 노력을 줄여주고 때로는 개인화나 추천 등으로 사용자가 생각하지 못했던 좋은 정보/기능을 제공해 준다(사용성의 Convenient).
- 이미 서비스 UX는 충분히 좋은 편이지만, 이용 과정 중에 즐거움까지 전달해준다면 더할 나위 없을 것이다(감성의 Pleasurable).
- 즐거움뿐만 아니라 일상생활에서 사용자에게 중요한 의미를 차지한다. 서비스가 사용자의 삶에 자리매김한다(감성의 Meaningful).

유용성 (Useful)

디자인 대상은 크게 What(어떤)과 How(어떻게)로 나뉘는데, 유용성은 주로 What(어떤)에 대한 것을 다룬다. 어떤 정보를 제공할까, 어떤 기능을 제공할까, 사용자들에게 유용한 것은 무엇일까, 어떤 기술을 활용해서 그 유용성을 증대시킬 수 있을까 하는 고민이 유용성의 범위 내에서 수행된다.

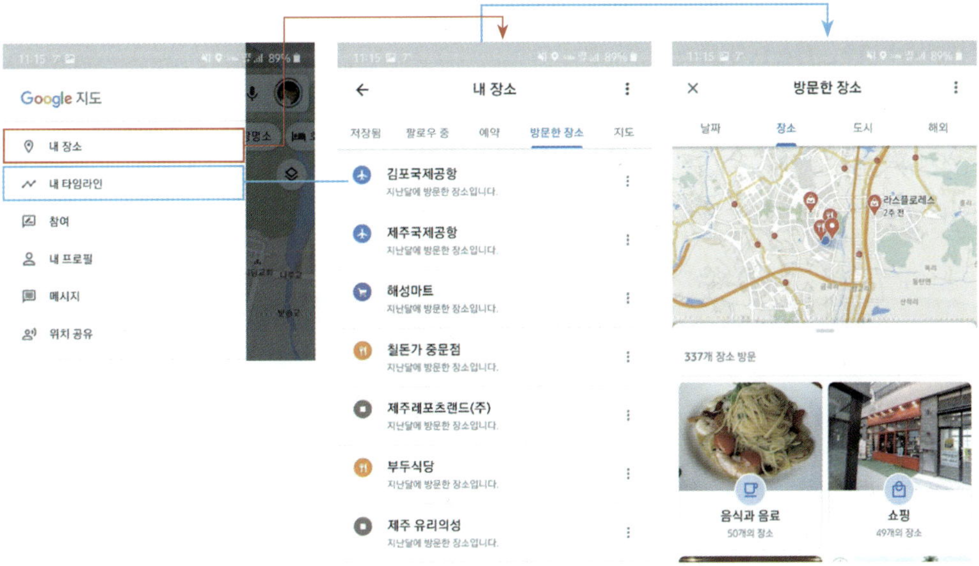

그림 68. 구글 지도의 내 장소, 내 타임라인

구글 지도는 현재 위치(내 장소)에서 방문한 장소를 확인하거나 예약한 항공권/호텔 내역을 확인할 수 있다. 또한 '내 타임라인'에서는 예전에 방문한 장소들을 날짜/장소/도시/해외로 나누어 찾아볼 수 있다. 시간과 공간의 작용을 서비스 내에 녹인 것이다. 이러한 메뉴/기능들은 단지 지도만 제공했을 때보다 훨씬 더 유용함을 전달한다.

유용성은 기술과 밀접하게 관련되어 있다. 새로운 신기술이 이전의 경험을 좀 더 유용하게 바꿀 수 있기 때문이다.

다음 예시의 나이키 Fit 앱은 사용자가 카메라로 자신의 발을 찍으면 AR 변환 기술이 자동으로 신발 사이즈를 측정해 준다. 이렇게 측정된 신발 사이즈는 앱에 저장되었다가 새로운 신발을 구매할 때 활용된다.

그림 69. 나이키 Fit 앱

신뢰성 (Reliable)

신뢰성은 사용자가 서비스를 이용하는 과정에서 안심하게 만드는 것이다. 보안이나 인증과 같이 서비스 전체에 걸쳐진 신뢰성도 있지만, 콘텐츠의 최신성, 입력 화면에서 사용자 행동 지원, 믿을 수 있는 데이터 관리 등 세심한 부분에서 신뢰성은 더 빛을 발한다.

그림 70. 카드번호 입력 UX/UI

위 카드번호 입력 UX/UI는 사용자가 아래 키패드를 통해서 카드번호를 넣을 때마다 위 실물 카드에 입력한 번호가 동시에 표시된다. 만기일이나 CVC 번호 등도 입력할 때마다 실물 카드에 적힌 그대로 노출되어 사용자는 뭔가 배려받는다는 느낌을 받게 된다.

유용성과 마찬가지로 신뢰성에서도 시간과 공간의 작용을 고려한다. 기존의 이용이력(history)에 기반한 매칭도주: 얼마나 해당 정보가 사용자에게 맞는지를 알려주는 정보나 다른 사람들의 평점/리뷰를 보여주는 것도 신뢰성을 높이는 데 큰 도움이 된다.

그림 71. 구글 지도의 업종 검색

구글 지도는 검색 결과에 평점, 매칭도, 리뷰를 노출해 해당 장소에 대해 사용자들이 안심하고 선택할 수 있게 돕는다. 서비스가 기존 이용이력에 기반해 제공하는 정보와 다른 사용자들의 평점, 리뷰가 결합되어 사용자들은 좀 더 신뢰성 높은 정보를 얻을 수 있다.

사용성 (Usable)

사용성의 하위 영역인 Usable은 '쉽다, 직관적이다'로 대표되는 UX 영역이다. 유용성, 신뢰성과 더불어 UX의 기본 영역에 해당한다. 이러한 기본 영역은 좋은 UX를 위해서 필요하기는 하지만, 이 세 영역의 UX 품질이 높다고 해서 사용자들이 열광하거나 타사 대비 경쟁 우위를 차지할 수 있는 것은 아니다.

'기본'이라고 해서 중요하지 않다는 것은 아니다. '쉽고 직관적인' UX는 의외로 구현하기 어렵다. 사람들의 심리적 성향이나 몇 가지 디자인 원칙만을 따른다고 해서 달성될 수 있는 것이 아니기 때문이다. Usable의 사용성을 제대로 구현하기 위해서는 사람들의 머릿속에 담긴 서비스 이용 동기, 예상 결과, 행동 절차 등을 알고 있어야 한다. 이것을 심성 모형(Mental Model)이라고 부르는데, 심성 모형은 각 서비스의 특징과 맥락에 따라서 달라지기 때문에 일률적으로 뭐가 맞고 뭐는 틀리다고 말하기 어렵다.

카카오 페이는 가입이나 인증 단계에서 맥락을 벗어나는 화면(약관 동의, 비밀번호 확인)이 별도로 필요할 경우, 화면을 전환하는 대신, 원래 화면 하단에 모달 창(dimmed page) 형태로 그것을 표시해 흐름이 끊기지 않게 한다.

이것은 서비스 이용 중에 수시로 약관 동의나 비밀번호 확인을 반드시 거쳐야 하는 핀테크(Fintech) 서비스의 특성과 회원 가입이라는 맥락을 잘 고려한 좋은 UX다.

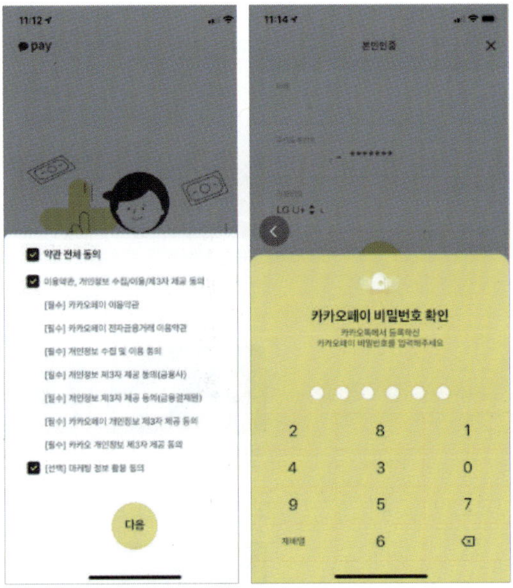

그림 72. 카카오 페이 가입 과정

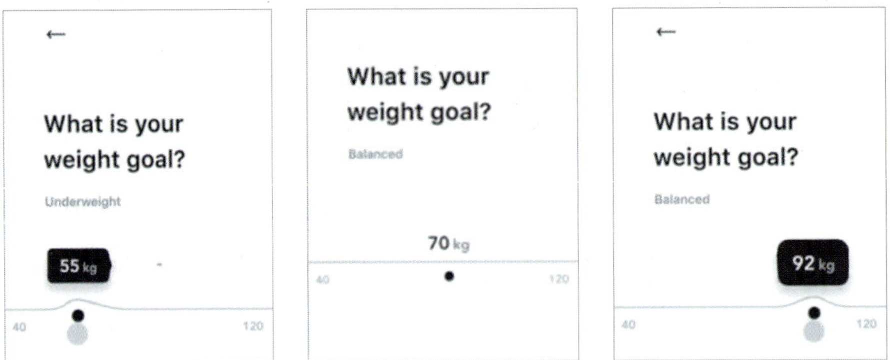

그림 73. UI Motion kit (출처: Jakub Antalik, UI Motion Kit)

위의 몸무게 목표 설정 UX/UI는 사용자가 손가락 움직임(Sliding)을 통해서 목표 몸무게를 조정할 때마다 숫자와 위치가 같이 표시될 뿐만 아니라, 그 위에 저체중(Underweight), 균형(Balanced), 비만(Overweight)과 같이 지표가 나타나서 쉽고 직관적으로 경험할 수 있다.

그림 74. AR HUD vs 2D HUD (출처: (좌) BMW, (우) Sygic)

BMW에서 선보인 위의 AR HUD[주: AR(증강현실) 기술을 HUD(Head up display)에 적용한 것]는 기존의 2차원적인 길 안내 정보보다 매우 쉽고 직관적이다. 사용자들은 몇 미터 앞에서 우회전을 해야 하는지를 머릿속에서 생각할 필요가 없다. 단지 HUD에 표시된 색상을 따라가기만 하면 되기 때문이다.

편의성 (Convenient)

사용성의 상위 영역인 Convenient는 '쉽다, 직관적이다'를 넘어서는 편리함, 다시 말해 사용자가 예상했던 노력을 줄여주거나, 특정 맥락에서 '이런 게 있었으면'하는 기대를 충족시켜 주거나, 개인화/추천/즐겨찾기/소셜 기능 등을 통해서 원하는 정보나 기능을 빠르게 이용하고 관리하게 해주는 영역이다. 사용성(Usable)과 구분하기 위해서 Convenient를 편의성이라고 부르기도 한다.

이때부터는 좋은 UX를 구현하는 게 어려워진다. 고충(Pain point)을 해결하는 것만 가지고는 편의성을 제시하기가 어렵다. 사용자들이 막연히 기대하는 니즈(Tacit Need)를 찾아내거나 새로운 기술을 접목시켜 기존에 익숙한, 당연하다고 생각했던 방법을 대폭 개선하는 것이 필요하다.

편의성(Convenient)은 사용자들에게 놀라운 생산성, 이용의 즐거움, 획기적인 생활을 제시해 주지만, UXer 입장에서는 여기부터 진짜 어려운 UX 디자인이 시작된다고 볼 수 있다.

사용자들이 겪는 고충을 찾아서 해결하는 문제가 아니라, 그들의 서비스 이용동기를 이해하고, 막연하고 불확실한 기대를 새로운 아이디어로 연결해야 하기 때문이다.

그림 75. JetBlue의 항공편 검색 스케줄

다시 미국의 항공사, JetBlue의 사례다. 위 화면은 특정 출/도착지에 대한 월별 스케줄 화면이다. JetBlue는 OTA(온라인 여행 대행사)가 아닌, 항공사를 통해서 항공편을 예약하려는 사용자들의 이용 동기를 먼저 이해하려고 노력했다. 보통 가격 경쟁력 면에서는 OTA가 항공사 서비스보다 더 높기 때문에 자사 서비스에서 하는 예약은 마일리지 소진과 관계되어 있으며, 마일리지 소진이 중요하기 때문에 날짜 선택은 상대적으로 자유로울 수 있다는 점에 착안했다. 그래서 항공편 검색 결과를 월별 스케줄 형태의 UX/UI로 제공했다.

이 화면은 사용자들에게 다음과 같이 말하고 있다. "자, 가장 항공권 가격이 저렴한 날짜를 찾아서 여행 계획을 세워보세요."주: 이후에 다른 항공사들이나 스카이스캐너와 같은 OTA에서도 위의 UX/UI를 벤치마킹했다.

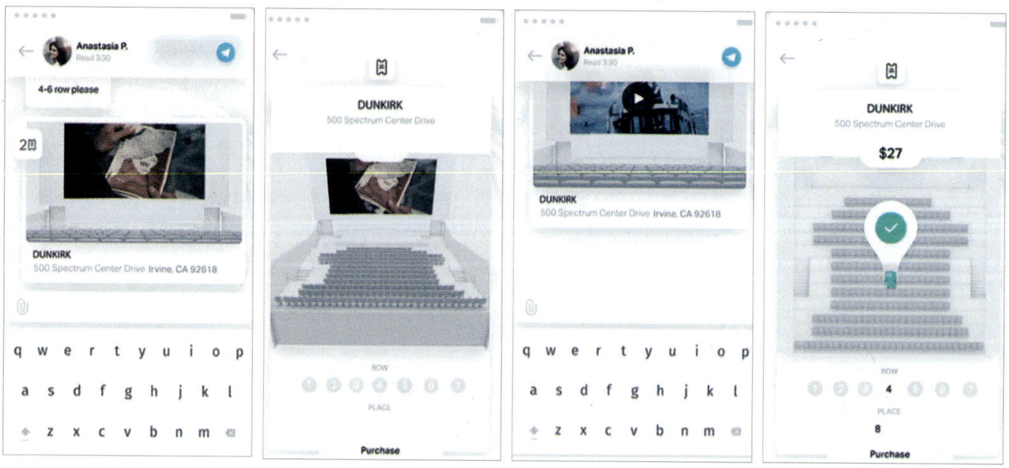

그림 76. 3D 좌석 선택 UI (출처: Gleb Kuznetsov, dribbble)

극장 앱에서 영화 예매 시 좌석 선택은 무척 애매한 일이다. 실제 상영관마다 배치가 약간씩 다른데, 2차원으로 된 좌석 배치도를 통해서는 그것을 확인하기 어렵기 때문이다. 위 예시는 해당 상영관의 3차원 좌석 배치도를 통해서 사용자들이 좀 더 실제와 가까운 좌석 선택(스크린에서의 거리나 좌석에서 보는 스크린 각도 확인)을 할 수 있게 했다.

감성 (Pleasurable)

유용성~편의성까지는 이성적인 영역이었다. 서비스를 이용하는 이유와 행동, 행동하면서 느끼는 고충과 니즈에 기반했다. 그에 비해 감성은 말 그대로 이성이 아닌 감성의 영역이다. 특별한 무언가를 제공하기보다는 지금 있는 것을 좀 더 매력적으로 만들고, 그로 인해서 사용자들이 재미를 느끼게 하는 게 목적이다.

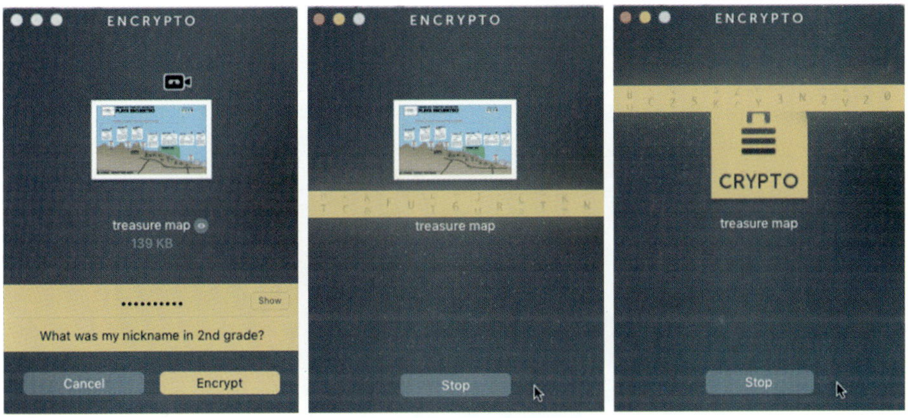

그림 77. Encrypto (Mac 앱)

파일을 암호화하는 맥 애플리케이션인 Encrypto는 암호화 과정에서 재미있는 애니메이션을 보여준다. 마치 종이 분쇄기 같이 생긴 노란색 바가 아래에서 위로 움직이면서 원래의 (암호화 안 된) 파일을 암호화된 파일로 바꿔준다. 이러한 애니메이션은 이성적으로 볼 때 굳이 필요 없지만, 딱딱한 암호화 과정을 좀 더 매력적이고 재미있는 과정으로 변화시켰다.

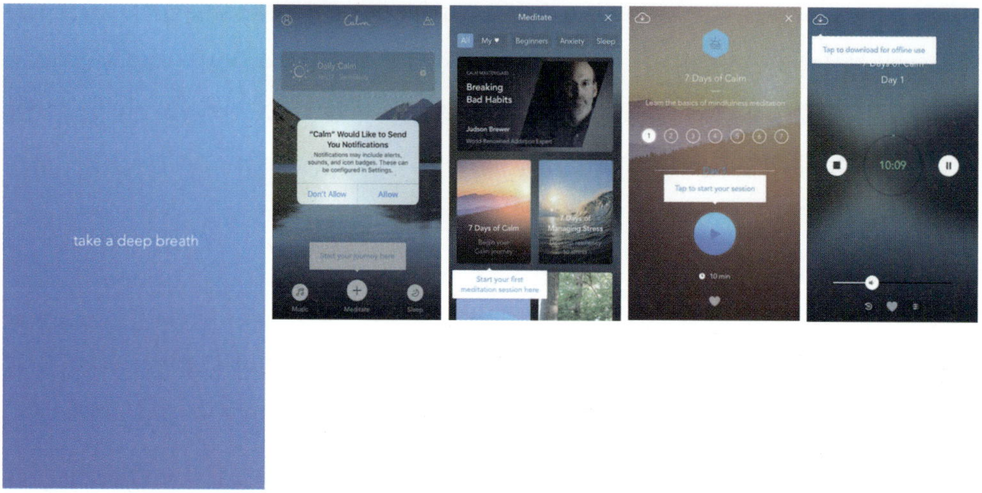

그림 78. Calm (모바일 앱)

그림 79. 어도비 'Running on Experience'

흥미를 자아내는 가장 중심적인 경험요소는 뭐니 뭐니 해도 말과 시각적 분위기다. 서비스의 콘셉트와 잘 어우러진 짧은 문구의 카피나 캐치프레이즈는 깊은 울림을 전달한다. 여기에 컬러, 서체, 그래픽, 이미지 등의 시각적 분위기가 추가되면 백 마디 설명을 대신하는, 그 서비스만의 느낌이 사용자에게 전달된다.

인터랙션을 통해서 과정의 재미, 이른바 '손맛'을 제공하는 것도 있다. 매끄러운 제스처와 흥미로운 상태변화(Transition)는 컬러/캐릭터/이미지를 통해서 전달하는 것과는 다른, 색다른 재미를 제공한다.

그림 80. 스냅챗 AR 이모지

스냅챗은 음성 인식 기능을 활용해 소리의 크기와 음성 명령을 인식하고 이에 맞춰 애니메이션이 나타남으로써 제스처의 재미를 주는 서비스를 선보였다.

의미성 (Meaningful)

앞서 살펴본 재미 위주의 감성(Pleasurable)과 달리 의미성(Meaningful)은 마음을 움직이는 경험을 제시한다. 서비스에 의해서 마음이 움직이면 사용자는 서비스를 더 자주 이용하고, 서비스에 더 적극적으로 참여(Engaging)하며, 해당 서비스는 일상생활 속에 자리매김하게 된다.

전체적으로는 평범한 서비스이지만, 하나의 기능이나 메뉴 때문에 의미 있는 서비스로 자리매김하는 경우도 있을까?

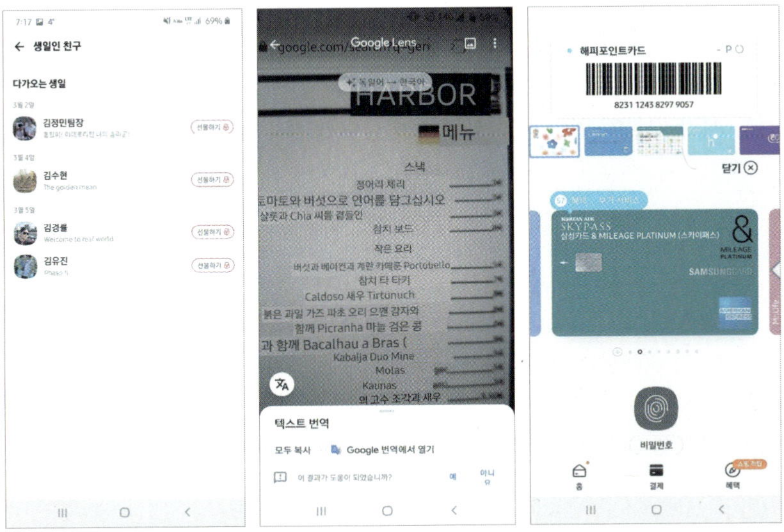

그림 81. (왼쪽부터) 카카오톡 생일인 친구, 구글 렌즈 메뉴 번역, 삼성 페이 멤버십

카카오톡의 '생일인 친구' 알림은 지인들의 생일을 빠짐없이 챙길 수 있게 도와준다. 구글 렌즈는 낯선 외국 식당에서도 두려움 없이 메뉴를 선택할 수 있게 도와준다. 삼성페이는 결제 외의 쿠폰/멤버십 할인, 포인트 적립 등을 한 번에 할 수 있게 도와 긴 대기 줄에서도 뒷사람의 눈치를 보지 않게 해준다.

그러나 각 서비스의 이런 기능이나 메뉴는 의미성의 왕관을 차지하는 이유가 되지 못한다. 이들은 사실 편의성(Convenient)이라고 보는 게 더 맞기 때문이다.

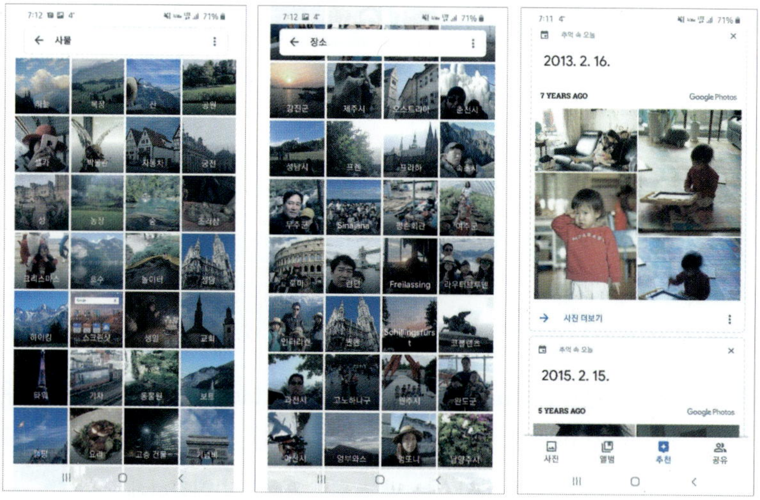

그림 82. 구글 포토

글쓴이의 스마트폰에 깔린 258개의 앱 중에서 가장 의미성(Meaningful)이 높은 앱은 구글 포토다. 하루에 1번 이상 이용하고, 사진 관리를 위한 여러 활동에 참여하며, 1순위 사진 관리 도구로 쓰이기 때문이다. 가끔 구글 포토가 제시해주는 '추억 속 오늘'은 마음을 아주 강하게 흔든다. 구글 포토는 연대기 순으로 사진을 조회하는 기본 기능 외에 사람/사물/장소 별로 보고 싶은 사진만 찾아볼 수도 있고, 추천 메뉴에서는 AI가 기존에 올라간 사진들을 편집해주거나 애니메이션/동영상을 만들어 주기도 한다.

의미성은 사용자마다 조금씩 기준이 다른데, 의미성이라는 말 자체가 각 사용자의 라이프스타일, 성향, 선호도 등에 영향을 받을 수밖에 없기 때문이다.

의미성이라고 평가되기 위해서는 다음 4가지 조건을 모두 충족해야 한다.

> 마음을 움직임, 자주 이용함, 서비스에 적극적으로 참여함, 일상생활 속에서 중요하게 자리매김함

04

UX 구성 요소

UX는 동기에서부터 출발한다. 동기는 서비스를 이용하는 이유다. 모든 동기는 행동으로 이어진다. 행동은 일련의 연속된 단계를 거치면서 구체적인 행위로 나타난다. 행동하면서 사용자들은 고충을 겪기도 하고 니즈를 떠올리기도 한다. 경험이 반복되면서 사용자는 해당 서비스/브랜드/업종/생태계에 대해 고유한 태도를 형성한다.

지금 살펴본 동기, 행동, 고충, 니즈, 태도가 UX의 구성요소다. 실제 UX는 맥락(Context)이라는 배경에서 발현되므로 여기에 맥락을 포함시키면 UX 구성요소가 완성된다. UX 구성요소는 특히 필드 리서치를 할 때 중요하다.

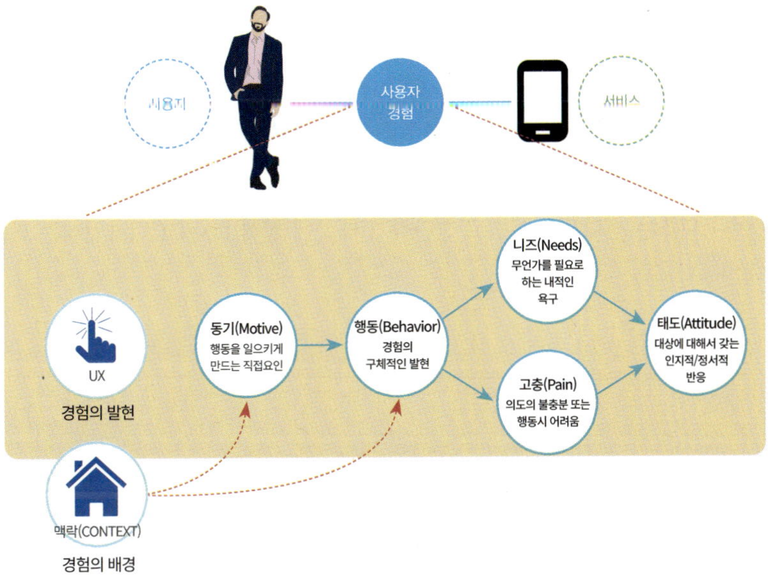

그림 83. UX 구성요소

전문가들은 일반인들보다 대상을 깊이 있게 이해해야 한다. 필드 리서치를 통해서 사용자들을 만나보면 본인이 겪고 있는 문제를 정확하게 표현하지 못하고 '불편하다, 어렵다' 등으로 두리뭉실하게 표현하는 것을 자주 보게 된다. 일반인들이 만족/불만족과 같이 표면적으로 이야기하는 것보다 더 깊이 있게 이해하고 디자인에 적용하는 것이 필요하다.

UX 구성요소를 알아야 하는 이유

- 사용자들이 겪는 고충을 찾아서 해결한다.
- 사용자들이 서비스 이용 시 갖는 니즈를 발견해 충족시킨다.
- 사용자들의 동기를 파악해 그것이 만족스럽게 전개되는지 확인하고 새로운 동기를 부여한다.
- 사용자들이 서비스 이용 시 보이는 구체적인 행동을 고려해 UX/UI를 설계한다.
- 사용자들이 서비스에 대해서 갖는 현재의 태도를 더 긍정적으로 변화시킨다.
- 사용자들이 서비스를 이용하는 맥락을 이해하고, UX/UI 설계 시 맥락을 고려한다.

동기

어떨 때 모바일 뱅킹을 이용하는가? 잔액을 조회하기 위해서? 누군가에게 돈을 이체하려고? 적금 부은 돈을 확인하려고? 모바일 뱅킹을 '이용하는 이유'는 아마 저마다 다를 것이다.

이러한 내적 동기 외에 오늘 회사에서 보너스가 지급됐다는 메일을 받아서, 대출 금리가 변경됐다는 문자를 확인하기 위해서, 또는 주택담보 대출 기준이 까다로워졌다는 소식에 청약통장 만기일을 확인하기 위해서와 같이 외부 자극으로 인해 모바일 뱅킹을 이용한 적도 많을 것이다.

동기(Motive)는 서비스를 이용하는 이유를 말한다. 사용자들이 왜 우리 서비스를 이용하는지를 모른 채 그들의 행동을 분석하고 고충을 파악하는 것은 '입구도 모른 채 동굴을 탐험하겠다'는 얘기와 같다. 동기를 파악해야 행동을 이해할 수 있고, 행동을 분석해야 고충이나 니즈가 보인다. 사용자들이 직접 얘기하는 고충이나 니즈는 신뢰하기 어렵고 산만하기 때문에 실제 UX/UI 디자인에는 도움이 되지 않는 경우가 많다.

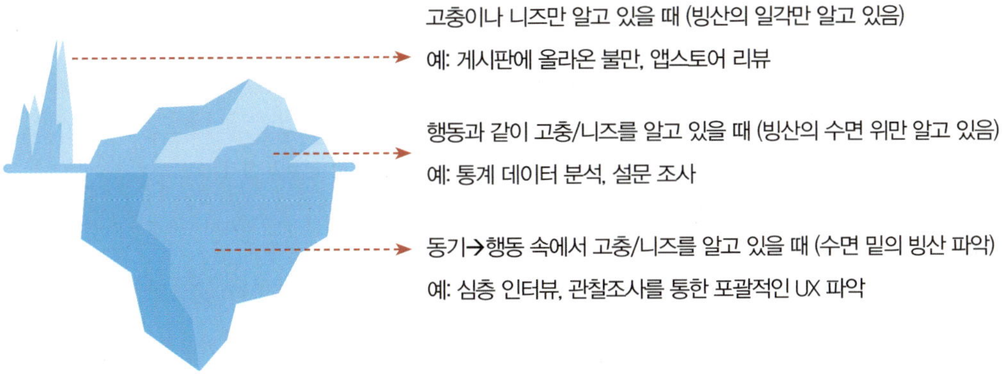

그림 84. 동기를 고려한 UX의 중요성

모든 동기는 행동으로 이어진다. 동기라는 말 자체가 행동을 전제로 해서 만들어진 것이기 때문이다.

동기는 맥락에 영향을 받는다. 외부 환경이나 환경이 주는 자극에 의해서 동기가 부여되는 경우가 많다. 가령 대중교통에서 소음을 피하고자 음악을 듣게 되거나 아침에 빗소리를 듣고서 출근 시간을 알고자 지도 앱을 켜는 것처럼 말이다.

동기와는 별개로 행동도 맥락에 의해 영향을 받는다. 사용자들의 경험을 제대로 이해하기 위해서는 맥락 파악이 중요하다.

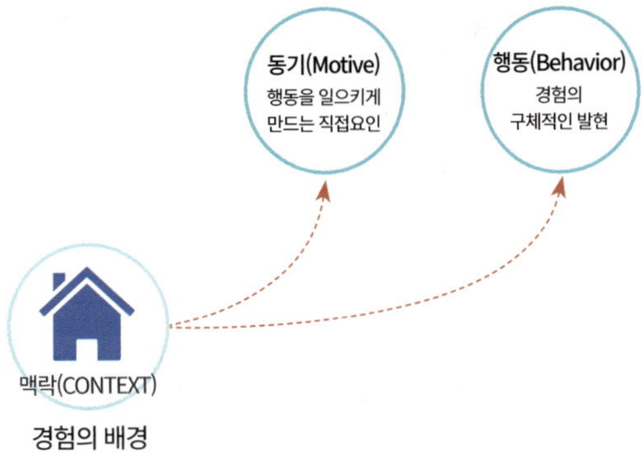

그림 85. 동기, 행동, 맥락 간의 관계

맥락(Context)은 UX 구성요소 중에서 동기와 행동에 큰 영향을 미친다.

동기는 크게 목적의식적 동기와 비 목적의식적 동기로 나뉜다. 목적의식적 동기는 사용자가 서비스를 찾는 목적이 분명하다. 금융이나 교육, 생산성, 업무, 도구 관련 서비스가 주로 여기에 해당한다.

비 목적의식적 동기는 딱히 어떤 목적이 있다기보다는 습관이나 심심함을 달래려는 이유와 관련되어 있다. 게임, 엔터테인먼트, SNS 관련 서비스가 주로 여기에 해당한다. 쇼핑, 여행, 뉴스, 미디어 관련 서비스는 둘 사이에 있다. 특정 상품을 구매하고자 들어갈 때도 있지만, 그냥 둘러보는 경우도 있는 것처럼 말이다.

목적의식적 동기에 비해 비 목적의식적 동기는 다양한 경우가 존재한다.

표 5. 동기 유형

맥락 영향	동기 유형	경험 진행	경험의 성격
적음	목적의식적 동기 (월급날 통장 조회, 명절 열차편 예매)	즉시 또는 거의 즉시 반드시 진행됨	단선적. 방해나 요청을 싫어함. 효율성 중시 고충, 니즈가 중요
높음	외부 자극 → 수동적 동기 (날이 흐리네, 오늘 날씨가?)	자극의 크기, 준비 상태, 태도, 이전(최근) 경험, 필연성에 결부됨	직접적 해결 방법 중시 → 그게 안 될 때 포기 또는 간접적 대안 모색 일시적으로 강한 동기 형성
적음	내부 자극 → 수동적 동기 (배가 아프네... 그러고 보니 요즘 건강이...)	위와 유사하지만 이후 경험은 개인 성향에 많이 좌우됨	내적 고민, 탐색을 반복. 거기에서 그치거나 알려진 일반적 방법을 찾음(그것이 반드시 해결책은 아님)
보통	습관적 동기 (저녁 먹을 시간이네)	감정에 휘둘리며 이미 패턴으로 자리 잡고 있는 경우가 많음. 반복적 성격	고정된 가치(관), 습관, 스스로 정해 놓은 패턴이 중요. 어지간해서는 정해 놓은 서비스를 이탈하지 않음
높음	이벤트 → 반응적 동기 (고객님을 위한 혜택 - 가입할까?)	개인 성향, 적합성, 비용 대비 결과가 주는 가치에 반응	자신만의 입장, 취향뿐만 아니라 사회적 반응에 편승. 모방하는 심리 즉시적 가치가 중요
보통	복합 작용 → 우연적 동기 (시간이 남는데, 저기 매장이나 들를까?)	컨텍스트, 취향, 필요 등이 맞물렸을 때 우연적으로 전개됨	무의식적 반응. 마음속에 내재된 욕구가 주변 상황에 반응하여 전개됨

TikTok은 비 목적의식적인 동기(습관적 동기)와 관련된 대표적인 서비스다. 사용자들은 심심하거나 기분전환이 필요하다고 느끼면 TikTok에 들어가서 다른 사람들이 올린 '불특정한' 동영상을 본다.

뭘 보겠다는 목적은 없다. 그냥 돌아다니다 보면 심심함을 달래고 기분이 전환된다는 이전 경험이 습관적으로 TikTok을 이용하게 만든다. 최근 연구 결과에 따르면, TikTok과 같은 숏폼 콘텐츠는 뇌의 도파민 분비를 지속적으로 촉진해 사용자의 시선을 습관적이고 강하게 붙잡는다. 사용자가 짧고 예측하기 어려운 동영상을 계속 스크롤할 때마다 소량의 도파민이 분비되어 쾌감과 보상을 느끼게 되는데, 이는 중독을 유발하는 핵심 메커니즘이다.

그림 86. TikTok

행동

행동은 2가지로 구성된다. 일련의 연속된 단계와 각 단계에서 보이는 세부적인 행위가 그것이다. 우리가 사용자들의 행동을 UX적으로 알게 되었다는 것은 그들이 어떤 식으로 서비스를 돌아다니는지(연속된 이동 단계)는 물론, 각 단계에서 보이는 구체적인 행위까지 알게 되었다는 의미다.

행동(Behavior) = 연속된 이동 단계 + 단계별 구체적 행위

사용자들의 서비스 이용 과정을 지켜보면 흥미로운 사실을 알 수 있다.

- 그들이 서비스를 돌아다니는 이동 경로를 파악할 수 있다. 시작을 앱 첫 화면에서 하는 경우도 있지만, 알림 메시지나 다른 외부의 검색 서비스나 모바일 웹의 링크를 통해 들어오는 경우도 있다. 앱 첫 화면에서 시작하는 경우에도 어떤 사용자는 검색을, 어떤 사용자는 추천 서비스/바로가기를, 어떤 사용자는 메뉴를 차례대로 선택하면서 탐색하는 등 각자 다른 경험을 보여준다.
- 맥락(Context)에 따라서 이용 패턴이 달라지는 것을 알 수 있다. 아침 출근할 때는 날씨나 헤드라인 위주로 뉴스를 보던 사람이 점심 이후 여가에는 경제, 스포츠와 같이 본인의 관심 분야 뉴스만 찾아보다가, 저녁에 퇴근할 때는 뉴스는 아예 보지 않고, 유튜브나 OTT 서비스[주: Over the Top, 넷플릭스와 같은 영상 스트리밍 서비스]에 들어가서 영상으로 새로운 정보를 보는 식으로 말이다.

- 단계별로 나타나는 구체적인 행위를 파악할 수 있다. 상품 목록 탐색 단계를 예로 들어보자. 목록상에서 어떤 정보에 주목하는지, 필터링이나 정렬 기능을 어떻게 사용하는지, 상단에 노출된 상품과 하단에 감춰져 있는 상품을 봤을 때 어떻게 다르게 반응하는지도 알 수 있다.

사용자들의 고충을 제대로 이해하려면 특정 단계/화면에서의 행위와 더불어 연속된 이동 단계도 같이 봐야 한다. 하나하나는 좋은 UX였지만, 그들의 연속된 이동 단계는 나쁜 UX인 경우도 종종 있다.

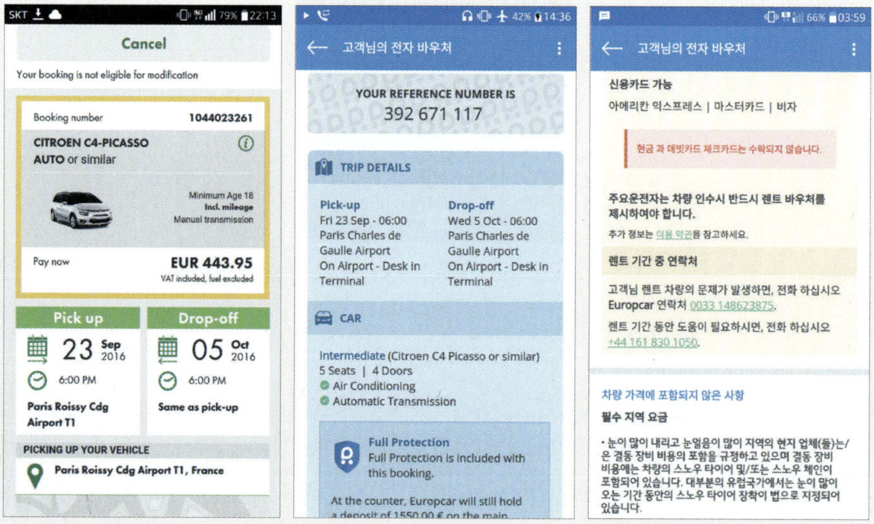

그림 87. Rentalcars.com

위 렌터카 서비스는 화면 하나하나만 봐서는 특별히 문제를 찾기 어렵다. 왼쪽의 첫 화면은 정보 디자인이 뛰어나다고 평할 수 있을 정도다. 하지만 연속된 이동 단계를 보면 동일한 속성의 정보가 화면마다 다른 방식으로 표현되어 있거나, 강조/주의 등의 정보 표현 방식이 상이하고, 안내문에 영어와 한국어가 번갈아 쓰이는 등의 문제를 찾을 수 있다. 이처럼 UX(사용자 경험)는 단편적으로 봐서는 제대로 문제를 찾을 수 없다.

행동은 동기로부터 비롯되기 때문에 동기 유형과 행동 유형은 밀접한 관련이 있다. '연속적 이동 단계'가 여기에 해당하며, '단계별 구체적인 행위'는 상대적으로 연관성이 적다.

표 6. 행동 유형

동기 유형	행동 유형	설명
목적의식적 동기	단선적 흐름 A → B → C → D	목적의식적 동기는 찾고자 하는 결과가 명확하기 때문에 시작부터 결과까지의 흐름이 단선적이다. 이때는 흐름 자체가 맥락이 된다. 사용자는 복잡성을 회피하고, 맥락이 방해받는 것을 매우 싫어한다.

동기 유형	행동 유형	설명
외부 자극 → 수동적 동기	**동일 행동 반복** A → f B dt dc	날씨나 교통변화와 같은 외부 자극에 의해서 수동적 동기가 형성된 경우, 관련 정보를 찾는 행동 자체는 매번 동일하다. 그러나 찾는 정보가 가변적이고, 그 결과에 따라서 사용자의 행동이 달라진다(예: 태풍 예보에 보이는 행동).
내부 자극 → 수동적 동기	점진적 시도 or 체념 A → B → C	신체/감정적인 상태 변화로 인해 발생하는 수동적 동기는 그 자극의 정도에 따라서 사용자가 스스로 해결책을 찾거나 혼자 해결할 수 없는 경우에는 외부 도움을 요청한다. 동일 자극이 반복되면 점진적으로 다른 시도를 거친다.
습관적 동기	반복적 되풀이 A B C D context	한번 습관이 형성되면 무의식적으로 특정 단계, 행위가 되풀이된다. 그 가운데서 자신도 모르게 실수를 저지르거나 의도치 않은 결과를 만나게 된다. 습관적 동기는 끈기가 없고 작은 실망감에도 쉽게 서비스에서 나가게 만든다.
이벤트 → 반응적 동기	**반응 or 무시** A A	알림, 이벤트, 혜택, 추천 등의 모습을 한 채 서비스가 본인을 찾아왔을 때 사용자는 성향마다 다소 다르지만 그것이 얼마나 본인에게 적합한지와 시간/돈/노력/데이터를 제공했을 때 오게 될 보상에 따라 반응하거나 또는 무시한다. 반응적 동기에 뒤따르는 행동은 매우 빠르고 순간적이다.
복합 작용 → 우연적 동기	**선택 or 회피** A A	UX/UI에서 우연적 동기는 서비스 범위가 넓고, 제공하는 콘텐츠가 다양한 서비스에서 주로 발생한다. 의도치 않았고 내/외부 자극이나 습관, 이벤트와도 상관없지만, 현재의 맥락이 복합적으로 작용하여 우연히 관심을 갖게 된다.

고충 (Pain points)

사용자들은 서비스를 이용하는 과정에서 고충(Pain points)을 느끼거나 '고충은 아니지만 이런 게 있으면 더 좋겠다'라는 니즈(Needs)를 갖게 된다. 일반인들은 UX라고 하면 사람들의 고충을 해결하는 일이라고 알고 있을 것이다. 그래서 더 편리하게, 쉽게, 즐겁게 만들어 달라고 말할 것이다.

고충이 UX의 전부는 아닐지라도 고충을 해결하는 것은 서비스의 만족도 유지를 위해서 매우 중요한 일이다. 고충은 크게 3가지로 구분된다.

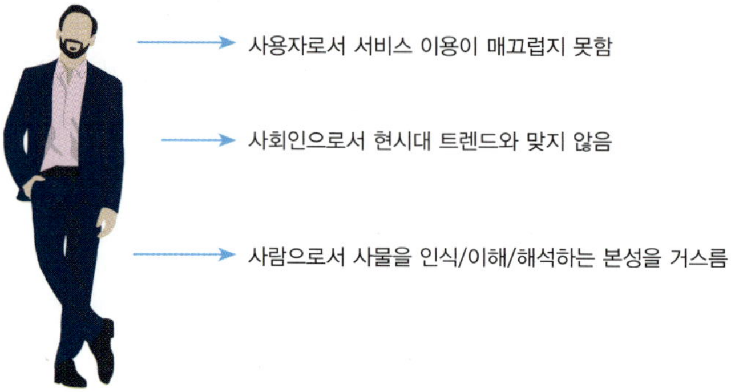

그림 88. 사용자 관점에 따른 고충

첫 번째는 사람이라면 누구나 느끼는 고충이다. 글씨가 잘 보이지 않거나, 간단한 정보를 지나치게 복잡하게 설명하는 것을 좋아할 사람은 없을 것이다. 사람들은 성별 · 인종 · 종교 · 문화를 막론하고 보편적으로 지각(perception)의 한계와 심리적 경향을 가지고 있으며, 서비스 경험에서도 좋아하고 싫어하는 기준이 크게 다르지 않다. HCI(Human–Computer Interaction)와 사용성 공학(Usability Engineering)에서 말하는 원칙들은 대부분 이러한 보편적인 사람들의 경향을 디지털 서비스에 맞게 체계화한 것이다.

두 번째는 한 시대를 살아가는 사회인으로서 공유하는 시대정신과 관련이 있다. 10년 전에는 멋지게 보였던 자동차나 패션이 지금 와서는 촌스럽고 볼품없게 느껴지는 경험을 누구나 해봤을 것이다. 이것은 개인이 변덕스러워서가 아니라, 여러분을 둘러싼 환경이 그동안 변했기 때문이다. 환경이 변하면 사람들이 제품을 바라보는 시각과 기준도 달라진다. 그래서 유행에 맞지 않는 것은 어색하고, 이질감이 느껴지며, 심지어 반발감까지 일으킨다.

세 번째는 사용자 입장에서 서비스 이용이 매끄럽지 못한 경우다. 첫 번째와 두 번째 기준이 시대와 무관하거나 시대적 변화에 따라 보편적이었다면, 이 기준은 누가 사용자인지(남녀노소, 목적, 동기, 행동 패턴)에 따라 달라져 일반화하기 어렵다. 누군가에게는 고충이 된 것이 다른 사람에게는 전혀 문제가 아닐 수도 있다. 이에 대해서는 2025년에 출간된 ≪UX/UI 디자인 완벽 가이드: UI, 인터랙션, 프로토타이핑 편≫의 '좋은 UX/UI의 조건' 부분에서 자세히 정리해 두었으니, 관심 있는 분들은 참고하기 바란다.

고충의 정도에 따라 사용자들은 단순히 불만을 토로하는 데 그치지 않고, 서비스에 반발심을 갖거나 심지어 적극적으로 이탈해 부정적인 입소문을 내는 데 앞장서기도 한다.

UX 디자인을 공부하기 위해 이 책을 읽고 있다면 반드시 명심해야 할 점이 있다. 세상을 정수(0, 1, 2 …)로 단순하게 바라보지 말아야 한다는 것이다. 0을 '일반적인 경험'으로, 0보다 못한 경험을 −1, 0보다 나은 경험을 1이라고 이해해서는 안 된다.

평범한 경험(0)과 고충(−1) 사이에도 여러 단계가 존재할 수 있다. 예를 들어, 별것 아닌 고충, 그보다 심한 고충, 참기 어려운 고충, 심한 반발감을 일으키는 고충과 같이 세분화할 수 있다. 이처럼 고충의 단계를 일반화하기 어려운 이유는, 제품 · 서비스에 대해 사용자가 느끼는 관여도에 따라 고충에 대한 민감도가 달라지기 때문이다.

고충은 UX 피라미드상에서 Usable 영역과 밀접하게 관련되어 있다. 일부 고충은 유용성이나 신뢰성과 관련되어 있기도 하지만, 대다수 고충은 사용성(Usability)의 문제로 직결된다.

고충은 다음과 같이 구성된다.

사용성 원칙	사용자 관점	고충 유형
쉬운, 직관적인		막연함, 이해불가, 혼동, 부주의
효율적인		비효율적 흐름, 불필요한 요청, 행동 제한, 잘못된 제한
일관된		기억/학습의 어려움, 실수 유발, 형태 상이, 보조 정보 미흡
자연스러운		기대 불일치, 구태의연함, 동기부여 실패, 갈등

그림 89. 고충 유형

위 이미지의 왼쪽은 기본적인 사용성 원칙이고, 가운데는 해당 원칙이 어떤 사용자 관점에 해당하는지, 오른쪽은 실제 사용자들이 겪는 고충을 표기한 것이다. 갑자기 작동이 중지되거나 수시로 앱 업데이트를 해달라거나 알림을 허용해달라고 사용자를 괴롭히는(?) 기본적인 고충들은 여기에 포함하지 않았다.

표 7. 고충 유형 설명

원칙	고충 유형	설명
쉬운, 직관적인	막연함	제시된 정보가 불완전해서 또 다른 궁금증을 자아내는 것
	이해 불가	제시된 정보/기능 자체가 무엇인지, 왜 나타났는지 알 수 없는 것
	혼동	제시된 정보가 일반적으로 알고 있던 상식과 달라서 당황하게 만드는 것
	부주의	서비스 제공자의 부주의한 실수로 인해 불편함을 초래하는 것
효율적인	비효율적 흐름	앞에서 했던 행동을 다시 하라고 요청하거나 사용자의 노력을 헛되이 만드는 것
	불필요한 요청	사용자가 예상했던 결과가 아니라 맥락을 벗어나는 다른 행동을 요구하는 것
	행동 제한	사용자의 행동을 서비스의 의도에 맞춰서 지나치게 제한하는 것
	잘못된 제한	해당 시점에 필요 범위 이상으로 사용자에게 권한을 허용하여 불필요한 실수를 유발하는 것
일관된	기억/학습의 어려움	이용흐름 상에서 정보 제공 형식/방법이 달라지거나 사용자의 기억에 너무 많이 의존하는 것
	실수 유발	행동을 제대로 고려하지 않거나 예외를 엄격하게 적용한 탓에 실수가 자주 빚어지는 것
	형태 상이	사용자들이 보편적으로 알고 있던 정보 형태를 따르지 않고, 다르게 되어 있는 것
	보조 정보 미흡	결과만 제시하고 그 결과가 왜/어떻게 제공되는지에 대한 보조 정보는 제시하지 않는 것
자연스러운	기대 불일치	사용자가 예상했던 결과나 이동 경로와 다르게 서비스가 반응하는 것
	구태의연함	사용자가 당연히 있을 것이라 기대한 제공 방식이 아닌, 낡은 방식으로 정보를 제공하는 것
	동기부여 실패	사용자에게 전달될 혜택/가치에 대한 설명은 부족한 채 무조건 특정 행동을 요구하는 것
	갈등	의사결정 상황에서 다양한 경우의 수를 제시하여 선택을 머뭇거리게 만드는 것

위에서 말하는 여러 가지 유형을 요약하면 다음 네 가지로 정리할 수 있다.

- 인지적 부하(Cognitive Load): 정보를 이해하거나 지금 해야 할 행동을 파악하는 데 많은 시간과 노력이 요구된다.
- 비효율적: 분명 더 좋은 방법이 있을 것 같은데, 멀리 돌아가게 하거나 제대로 안내하지 않는다.
- 일관성 부족: 기존에 알고 있던 방식과 달라 새롭게 익히는 데 많은 노력이 든다.
- 부자연스러움: 현재 맥락에서 어색하고 자연스럽지 않다.

인지적인 부하: 막연함, 이해 불가, 혼동

인지적인 부하(Cognitive Load)는 UX에서 자주 다루는 핵심 주제다. 인지 부하는 사용자가 정보를 처리하고 이해하는 데 필요한 정신적 노력의 양을 뜻하며, 이 부하가 높아질수록 사용자 경험의 품질은 떨어진다. 그래서 일부 경험이 부족한 UX 디자이너들은 인지 부하를 줄이는 것을 만능 해결책처럼 쓰기도 한다.

인지 부하가 높아지는 주요 원인 중 하나는 너무 많은 정보가 한꺼번에 제공되는 것이다. 사용자는 이 정보를 빠르게 훑으면서 필요한 부분만 골라내려 하는데, 이를 스캐닝(Scanning)이라고 한다. 제공자는 사용자가 자신이 제공한 정보를 꼼꼼히 보기를 원하지만, 대부분의 경우 사용자는 빠른 스캐닝을 통해 핵심 정보를 파악하려 한다. 높은 주의력을 지속적으로 요구하는 것은 사용자의 부담을 늘려 오히려 UX를 악화시킨다.

왓츠앱(WhatsApp)의 사례를 보면, 비활성화(Deactivate) 기능에 대한 팝업창 설명이 너무 조밀하고 불필요한 반복이 많아 빠른 스캐닝이 어렵다. 기본 화면은 주요 내용 위주로 알맞게 구성되어 있는데, 버튼을 눌렀을 때 뜨는 팝업창이 사용자에게 과도한 주의력을 요구하는 셈이다.

따라서 UX 설계에서는 정보를 계층화하고, 불필요한 반복을 제거하며, 시각적 요소를 활용해 사용자가 핵심 내용을 쉽게 스캔할 수 있도록 해야 한다. 이렇게 해야 사용자가 정보를 빠르게 이해하고 행동으로 옮길 수 있으며, 긍정적인 사용자 경험을 제공한다.

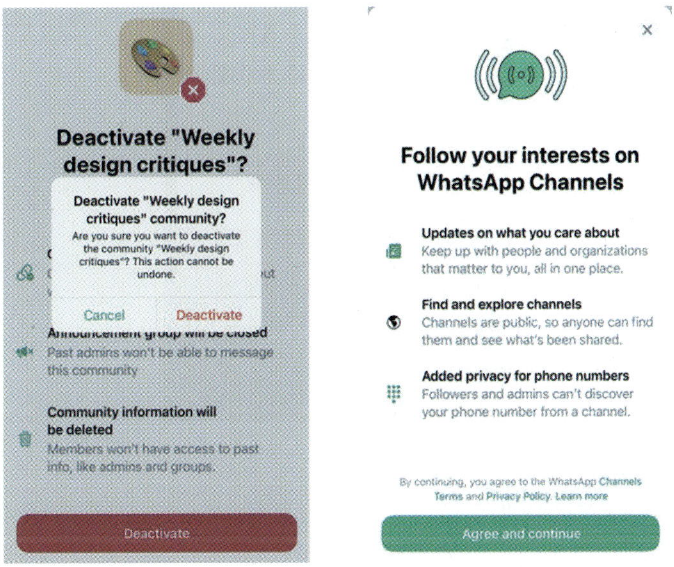

그림 90. 빠른 스캐닝이 불가능한 경우 (출처: Whatsapp)

비효율적: 비효율적 흐름, 불필요한 요청, 잘못된 제한

사람들은 비효율적인 것을 싫어한다. 더 빠른 길이 있음에도 돌아간다든가, 더 빨리 끝낼 수 있음에도 시간을 많이 들이는 것에 반발감을 드러낸다. 그래서 서비스의 의도를 관철시키려고 사용자에게 지나치게 복잡한 정보를 제시하거나 많은 행동을 요구하는 '비효율적인 요구'는 대표적인 고충 유형이다.

강아지를 호텔에 데려갈 수 있는지 문의하기 위해 인천의 한 호텔에 전화를 걸었더니, 서비스 안내를 듣는 데만 3분이 걸렸다. 어이가 없었지만 그 '조악한' UX를 끝까지 체험해보고자, 최종 목적이었던 상담원 연결까지 시간을 재보니 상담원 연결 대기 시간을 제외하더라도 무려 5분이나 소요됐다. 만약 홈페이지 등에 반려동물 동반 여부를 안내했다면 아까운 시간을 허비하지 않았을 것이라는 아쉬움이 남았다. 이렇게 제공자의 의도만 중요하고 사용자 경험은 안중에도 없는 서비스는 무례하게 여겨지기도 한다.

아래는 앱 방문 시마다 팝업창이 무려 6개나 뜨는, 어느 항공사의 앱 사례다. 사용자는 들어갈 때마다 X 버튼을 6번 눌러야 한다. 6번이 심하다고 해서 1번 정도는 괜찮을까? 숫자가 적더라도 방문할 때마다 뜨는 팝업창은 사용자를 괴롭히는 주된 요인이다. 대부분의 사용자는 방문과 동시에 나타나는 팝업창을 제대로 보지도 않는다.

그림 91. 방문 시마다 6개의 팝업창이 뜨는 사례 (출처: 아시아나)

일관성 부족: 실수 유발, 형태 상이

어떤 심리학자의 말대로 '행동은 기억에서 비롯된다'. 우리가 생각하는 과정에는 뇌 속에 자리 잡은 기억을 불러와 그 형태를 재인(Pattern Recognition)하는, 다시 말해 기존에 익숙한 경험을 통해 새로운 정보를 해석하는 단계가 있다. 익숙하지 않은 것, 즉 학습한 패턴에서 벗어나는 것이 고충을 만들어내는 이유가 여기에 있다.

조금만 관심을 기울여도 막을 수 있는 실수인데, 사전에 충분히 테스트되지 않은 상태로 사용자에게 부주의하게 서비스가 제공되는 경우가 있다. 디지털 서비스는 옆에서 도와주는 사람이 없기 때문에 사용자가 스스로 쓸 수밖에 없고, 한 번 부주의한 실수가 발생하면 사용자가 이를 알려줄 때까지 계속 고충을 양산한다. 서비스를 만들 때에는 항상 사용자 관점에서 충분히 테스트해야 한다.

아래 예시는 발급받은 전자문서가 잘려서 보이지 않는다거나(왼쪽), 입력 칸이 너무 작아 정보를 입력한 후에도 확인할 수 없다거나(가운데), 옵션이 하나뿐인데 이를 미리 보여주지 않고 마지막 실행 직전에야 확인할 수 있는 경우(오른쪽)다.

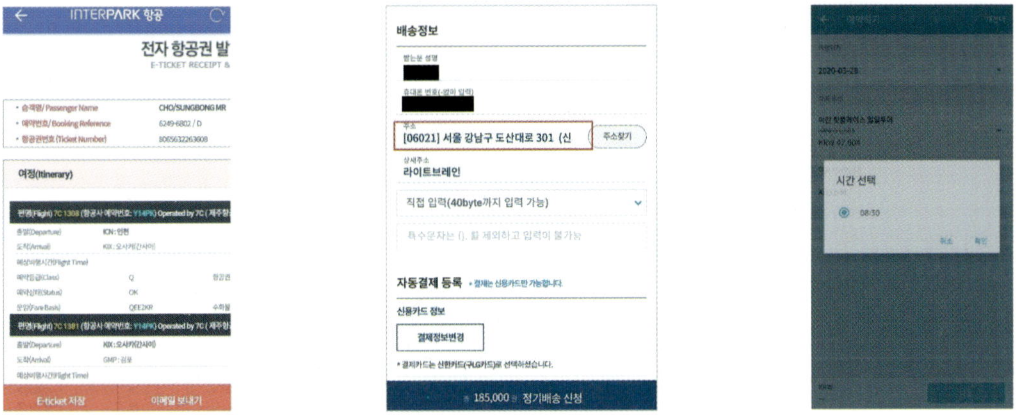

그림 92. 부주의와 관련된 고충 사례

부자연스러움: 기대 불일치, 구태의연함

사용자는 단지 시간을 보내거나 습관적으로 서비스를 방문하기도 하지만, 뚜렷한 목적을 가지고 방문할 때도 많다. 사용자가 자신의 의도에 부합하는 정보를 찾으려 할 때는 보편적인 기호(메뉴명, 아이콘, 이미지, 내비게이션의 순서나 위치)에 의존한다. 그러나 그 기호가 보편적인 규칙과 달라 사용자의 기대를 벗어날 때가 있다. 분명 그렇게 될 것이라고 예상했는데, 전혀 다른 결과를 만나면 사용자는 방금 잃어버린 노력과 시간에 대해 실망한다.

아래 예시는 마일리지로 항공권을 예매하기 위해 메뉴를 선택해 들어갔으나, 과정의 마지막에 만난 결과가 예매 화면이 아니라 일반 안내 페이지인 경우다. 메뉴명은 '예매할 수 있다'는 기대를 주었지만, 여러 단계를 거쳐 도착한 결과가 단순한 '안내문'이었기 때문에 사용자의 기대와 불일치한다고 볼 수 있다.

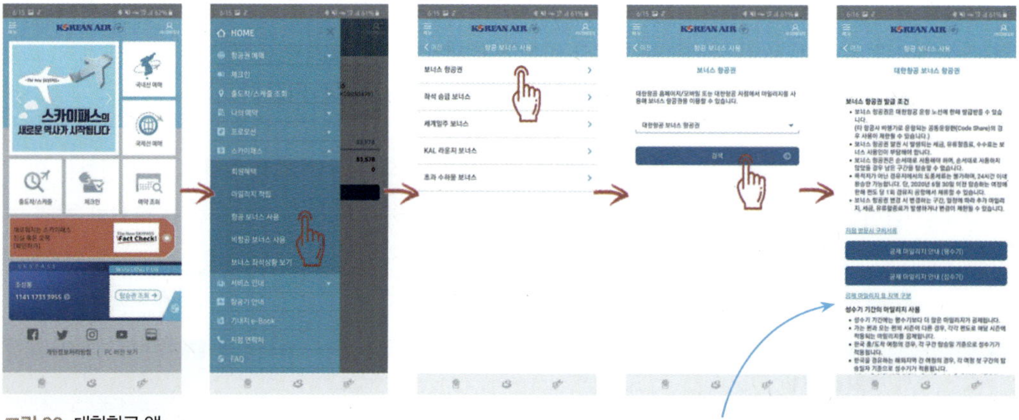

그림 93. 대한항공 앱

니즈 (Needs)

니즈는 고충이라는 동전의 반대쪽 면이 아니다. 다시 말해 고충을 뒤집으면 니즈가 되는 게 아니라는 얘기다. 니즈는 '고충은 아니지만 이런 게 있었으면 좋겠다', '지금도 좋지만 여기에 이런 정보가 있으면 더 좋을 텐데'와 같이 사용자의 불만을 줄이는 목적이 아닌, 만족을 높이는 것과 관련된 UX 구성요소다.

고충과 니즈를 보통 상태보다 못하다(=고충), 낫다(=니즈)로 이분법적으로 이해하기보다는 더 세분화해서 이해하는 것이 좋다. 아래 도식은 보통(so-so)을 기준으로 고충과 니즈의 범위를 나타낸 것이다. 고충은 별것 아닌 작은 고충부터 심각한 고충까지 구분할 수 있으며, 어떤 고충은 너무 시간이 오래 지나 부정적인 감정만 남고 정확한 이유는 기억나지 않는 경우도 있다. 사용자는 심각한 고충은 잘 떠올리고 적극적으로 어필하지만, 작은 고충은 굳이 말하지 않는다.

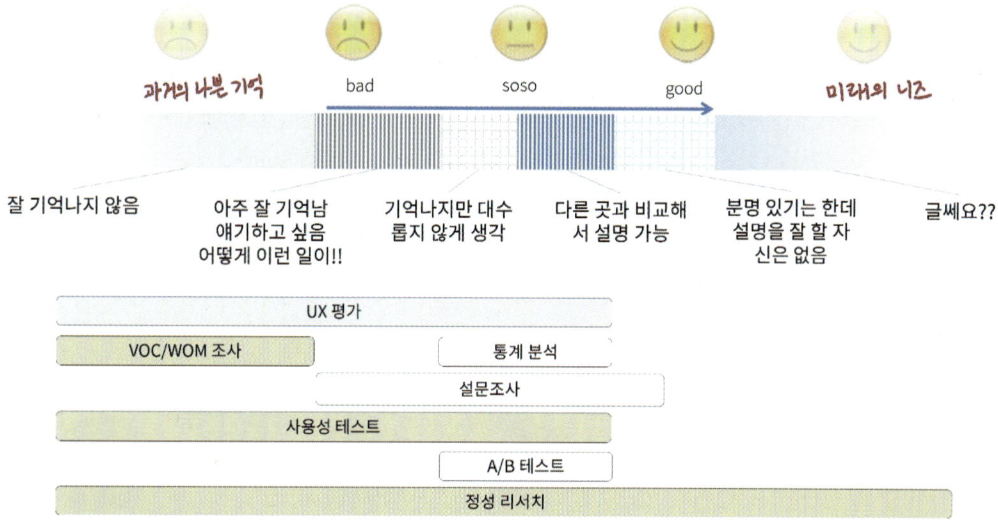

그림 94. 만족도 구간을 통해 본 고충과 니즈, 그리고 그것을 조사/분석하는 방법들

니즈는 작은 니즈일수록 더 쉽게 설명할 수 있다. 일반인은 혁신을 가져올 큰 니즈에 대해 평소 생각해 볼 기회가 없고, 혹여 생각해 본 적이 있더라도 누군가에게 설명하기는 어렵다. 작은 니즈가 쉽게 설명 가능한 이유는 다른 사례나 대상과 비교해 설명할 수 있기 때문이다.

니즈는 UX 피라미드의 전 영역에 걸쳐 있다. 얼핏 생각하면 하위 영역인 유용성/신뢰성/사용성은 니즈보다는 고충에 해당할 것 같지만, 새로운 기술과 사회적 트렌드 변화로 인해서 더 유용하고 더 안심하게 만들며 더 쉽고 효율적인 경험을 향한 니즈는 계속 생겨나기 마련이다.

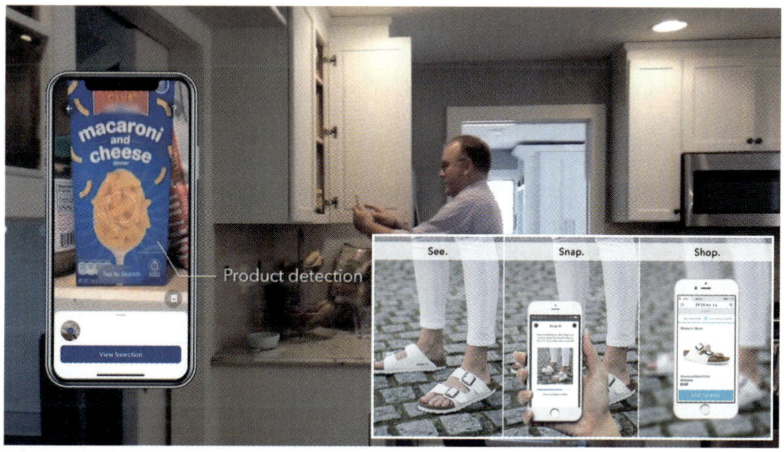

그림 95. Slyce Visual Search

Slyce Visual Search는 AI의 시각인식(Computer Vision) 기술을 이용해 바코드나 QR 태그는 물론 주변의 사물 무엇이든지 간에 카메라로 찍으면 곧바로 상품을 검색할 수 있다. 이 사례는 새로운 기술이 유용성과 사용성 측면에서 지금까지는 없었던 좋은 UX를 만들어 낼 수 있다는 점을 보여준다.

> 니즈는 새로운 기술과 사회적 트렌드 변화에 민감하다. 따라서 니즈를 제대로 파악하기 위해서는 서비스 내에서만 UX를 들여다봐서는 알 수 없다. 사용자들이 관심 있어 하는 신기술, 사용자들에게 영향을 주는 사회적 트렌드를 함께 봐야만 한다.

니즈에는 다음과 같은 유형이 있다.

니즈 유형은 단독으로 작동하기보다는 상호 조합을 통해 현실 속에서 발현된다. 예를 들어 '맥락에 맞는'과 '연결'이 묶여 구체적인 의미를 갖는 식이다.

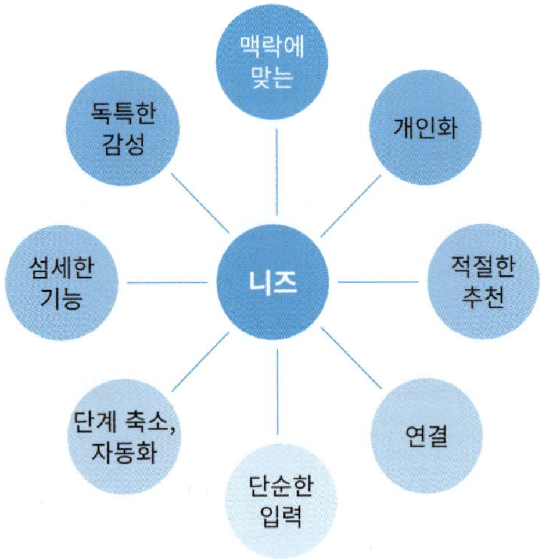

그림 96. 니즈 유형

맥락에 맞는

맥락을 방해하는 경험요소가 고충의 요인이었던 것과 같이, 사용자들은 맥락에 맞는 무언가가 있기를 원한다. 날씨 정보가 아침과 저녁에 따라서 달라지거나 기상 상황(심각한 미세먼지, 폭염, 호우, 태풍 등)에 따라서 안전을 위협하는 정보를 먼저 확인하기를 원한다. 날씨뿐만 아니라 모든 서비스가 마찬가지다. 예약(구매)한 상품이 있다면 없었을 때와 다르게 홈 화면이나 개인화 메뉴가 시작되기를 바라고, 지도 앱에서는 현재 위치에 기반해서 이 시간대의 주 이동 경로를 기본으로 추천받기를 원한다.

아래는 '그린카'라는 서비스의 렌터카 대여 날짜 · 시간 선택 화면이다. 대여와 반납 일정이 바텀시트(bottom sheet) 형태로 레이어에 겹쳐 표시된다. 대여 날짜 · 시간을 선택하면 자연스럽게 반납 날짜 · 시간 화면이 나타나며, 이전에 선택한 대여 일정을 변경하고 싶을 때도 손쉽게 두 화면 사이를 오갈 수 있다. 실제로 반납 시간을 고민하다가 대여 시간을 다시 조정하는 경우가 종종 발생하는데, 이런 사용 패턴에도 잘 대응한다. 이 UI는 렌터카 대여와 반납이라는 맥락을 충실히 반영하고 있다.

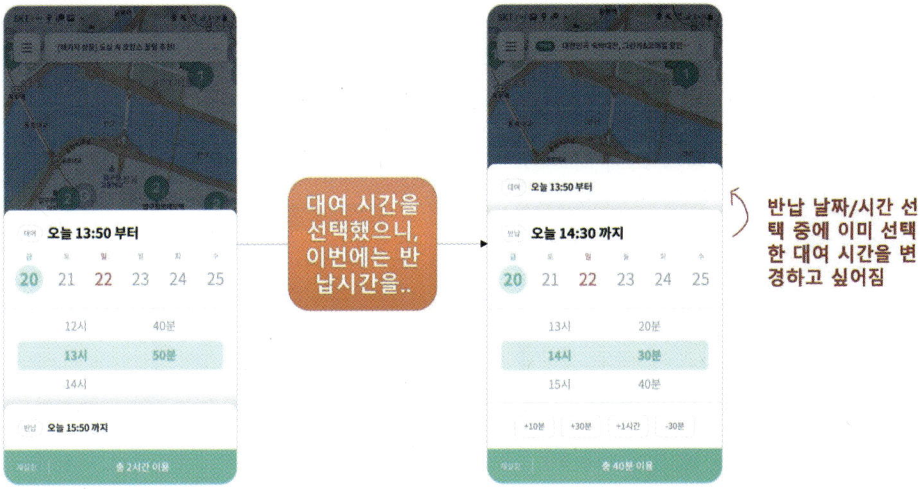

그림 97. 렌터카 대여/날짜 UI (출처: 그린카)

개인화

개인화는 두 가지 의미가 담겨 있다. 하나는 '나에게 맞춤화된' 서비스다. 모두를 위한 정보는 물론이거니와 특정 집단(30대 여성)을 겨냥한 정보조차도 '나에게는' 맞지 않는 경우가 많다. 남들과 다른 자신의 성향, 즐겨 찾는 메뉴, 이용 기록 등을 서비스가 반영해주기를 원한다. 자주 이용하는 서비스일수록 이런 니즈는 강해진다. 또 다른 하나는 '개인화된 설정'이다. 이 또한 이용 빈도가 높은 서비스일수록 니즈가 강해진다. 스마트폰 '바탕화면'이나 '설정'이 대표적이다. 이용 빈도가 높을수록 본인에게 최적화된 이용 환경을 만들려고 하기 때문이다.

이베이(eBay)의 쇼핑 에이전트(Agentic AI) 예시는 개인화와 대화형 AI를 결합하여 사용자 경험을 크게 향상시키는 좋은 사례다. 사용자가 쇼핑몰에 방문하면 이전 사용 이력, 취향, 계절이나 트렌드까지 반영해 맞춤형 콘텐츠를 제공한다. 여기에 사용자가 궁금해할 만한 질문들도 함께 제시해, 사용자가 관심 있는 질문을 누르면 자연스럽게 쇼핑 에이전트와의 대화가 시작된다. 이 대화형 AI 챗봇은 제품 구매자 특성, 추가 할인 방법 등 세부적인 궁금증을 실시간으로 해소해 준다.

이 방식은 단순히 개인화 추천을 넘어서 사용자가 능동적으로 쇼핑 과정에 참여하도록 돕고, 즉각적인 질문 응답으로 구매 결정의 불확실성을 줄여준다. 또한, 사용자의 맥락과 관심사에 맞춘 맞춤 대화가 이뤄지기 때문에 편리함과 만족도가 높아진다. 결과적으로, 쇼핑 에이전트는 개인화 경험과 대화형 인터랙션을 통합해 사용자 중심의 차별화된 서비스 UX를 구현하는 대표적인 사례로 볼 수 있다.

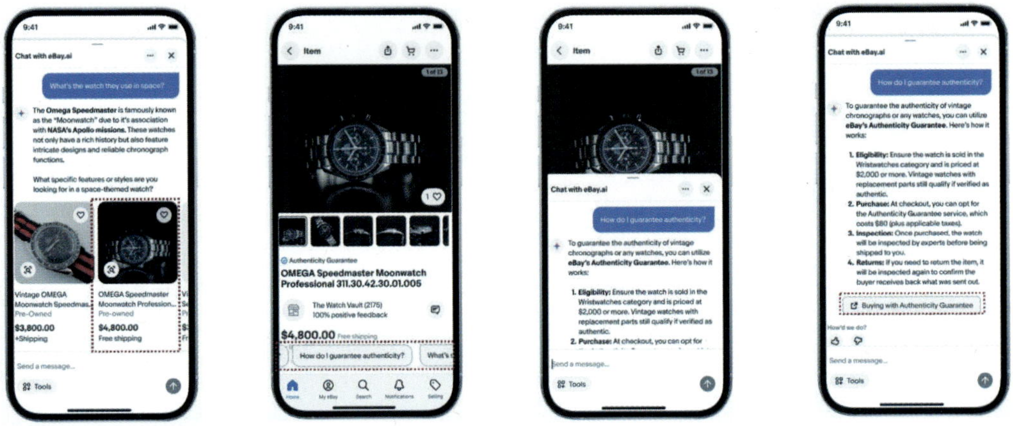

그림 98. eBay의 쇼핑 에이전트(Agentic AI)

적절한 추천

추천은 앞에서 얘기한 두 가지 '맥락에 맞는' 및 '개인화'와 관련이 있다. 사용자들은 본인에게 제시된 추천이 맥락과 개인 성향에 맞았으면 하는 니즈를 가지고 있다. 추천이 더 정확하면 할수록 서비스에 대한 신뢰도는 그만큼 올라갈 수 있다. 그러나 추천이 지나치게 좁은 범위로 한정되는 것을 싫어하는 모순적인 니즈도 있다. 한정된 추천은 때로 지루하고 무미건조하게 느껴질 수 있기 때문이다. 그렇기 때문에 기본적으로 본인의 맥락과 개인 성향에 기반해 추천하되, 때로는 더 넓은 범위의 콘텐츠도 같이 추천되기를 원한다.

라이트브레인 CX컨설팅그룹이 제시한 길찾기 서비스 내 콘텐츠 추천 사례는 단순한 경로 안내를 넘어 사용자 경험을 풍부하게 만드는 좋은 전략이다. 운전자 대부분이 가장 효율적인 경로 탐색을 목적으로 길찾기 서비스를 이용하지만, 여기에 더 좋은 경루나 중간 관광지 추천, 동승자와 한께할 즐길거리 제안 같은 콘텐츠를 추가하면 차별화된 가치를 제공할 수 있다.

이러한 추천은 운전자의 성향과 상황에 맞춘 맞춤형 경험을 제공하여 단조로운 길찾기에서 벗어나 심리적 만족감과 몰입감을 높여 준다. 결과적으로 경로 이동뿐 아니라 여행 자체의 즐거움과 의미를 확장하면서 경쟁 서비스 대비 우위에 서는 효과도 기대할 수 있다.

따라서 효율성만을 중시하는 기존 길찾기 서비스들과 차별화를 꾀하려면, 사용자 맞춤 콘텐츠 추천을 통해 부가가치를 제공하는 전략이 매우 유용하다. 이는 곧 서비스가 단순한 도구를 넘어 고객의 라이프스타일과 경험 전반에 긍정적인 영향을 미치는 경험 중심 플랫폼으로 성장할 수 있음을 뜻한다.

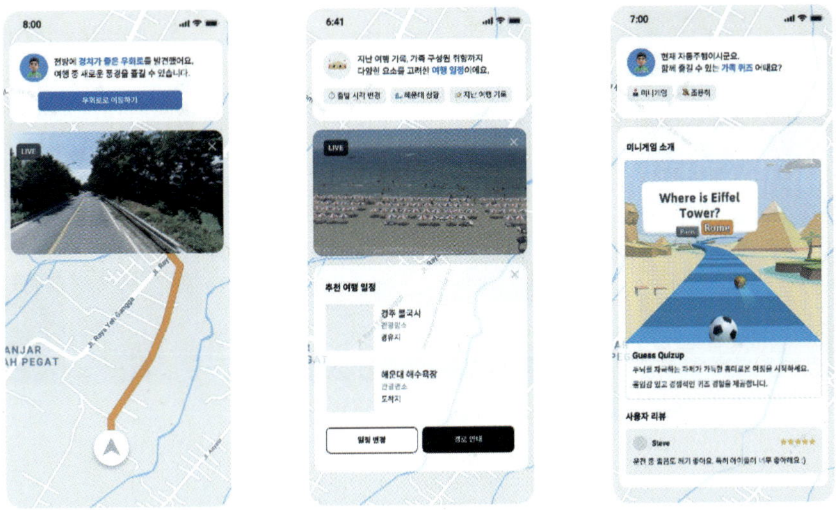

그림 99. 길찾기 서비스에서의 콘텐츠 추천 (출처: 라이트브레인)

연결

연결은 여러 의미를 갖는다. 일단 서비스와 연결되는 것을 원한다. 본인의 의견과 불만을 서비스에 남길 수 있게 말이다. 또한 다른 사용자와 연결되기를 원한다. 서비스를 들어오는 다른 사용자의 의견과 관심사에 주목하는 한편, 서비스를 계기로 알게 됐거나 이미 알고 지내던 지인들과도 서비스 내용을 연결시키기를 원한다. 또 한편으로는 다른 서비스, 자주 이용하는 SNS, 클라우드, 기록/저장과 관련된 서비스에 연결되기를 원하기도 한다.

'동일한 팬들이 좋아하는 다른 아티스트들', '같은 지역에 사는 주민들이 선호하는 장소', '같은 상품을 찜한 사용자들의 관심 상품' 같은 연결 추천은 매우 효과적인 개인화 기법이다. 특히 음악 서비스처럼 수많은 아티스트가 존재하는 환경에서는 사용자가 실제로 알고 있는 아티스트가 일부에 불과하므로, '아이유'를 좋아하는 사람이 '아이유 팬'들이 선호하는 다른 아티스트를 추천받으면 자연스럽게 관심이 커질 수밖에 없다.

이처럼 개연성 높은 정보들을 적절한 계기로 연결해 주는 추천은 사용자에게 새로운 발견과 경험을 제공하며, 익숙한 범위를 넘어선 또 다른 세계를 탐색하게 돕는다. 이런 연결의 힘은 단순한 정보 나열이 아니라 사용자 경험을 확장시키고, 서비스에 대한 몰입도와 만족도를 높이는 데 중요한 역할을 한다.

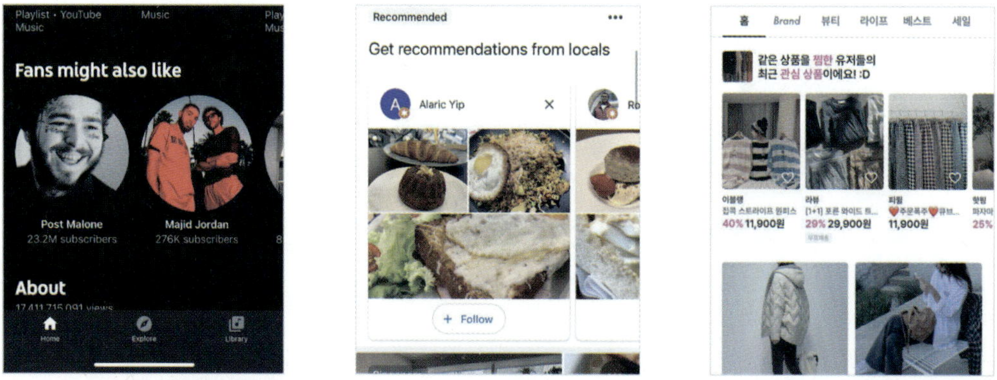

그림 100. 디지털 서비스에서의 정보간 연결 (출처: tidal, google maps, 지그재그)

단순한 입력

입력은 기술의 발전에 따라서 서서히 변해 왔다. 손으로 쓰던 글씨가 키보드나 마우스 입력으로 대체되었다가 터치 방식의 NUI(Natural User Interface)가 등장하고 최근에는 동작인식, 음성인식, 생체인식 기술이 결합해 Zero UI[주: 사용자가 눈으로 확인할 필요 없이 말과 동작만으로 서비스를 이용하는 방식]가 등장했다. 정해진 형식(Form)에 맞게 정보를 입력하거나 인증을 위해서 비밀번호를 떠올리는 것이 지금까지는 어쩔 수 없는 행동이었지만, 새로운 인식 기술이 등장했기 때문에 사용자들은 자연스럽게 지금보다 더 단순한 입력을 원하게 되었다.

아마존의 쇼핑 에이전트인 Rufus는 생성형 AI 기반의 전문가 쇼핑 어시스턴트로, 아마존의 방대한 상품 카탈로그, 고객 리뷰, 커뮤니티 Q&A 그리고 다양한 정보를 학습해 고객의 쇼핑 질문에 답변하고 맞춤형 추천을 제공한다. Rufus는 사용자가 예상하는 질문들을 맥락에 맞춰 선제시하여 입력의 수고를 크게 줄여주며, 개인화, 맥락 이해, 정보 연결 능력을 모두 활용해 사용자가 그때그때 필요로 하는 최적의 질문과 정보 카드를 제공한다.

예를 들어, 사용자는 일반적인 제품 구매 가이드부터 특정한 사용 목적이나 상황에 맞는 상품 추천, 제품 간 비교, 그리고 특정 상품에 관한 상세 질문까지 Rufus에게 물어볼 수 있다. Rufus는 대화형 AI 챗봇 형태로 아마존 쇼핑 앱과 데스크톱에서 이용 가능하며, 고객이 질문을 하면 관련된 리뷰, 상품 세부 내용, 구매 이력 등을 종합해 정확하고 맞춤화된 답변을 신속히 제공한다. 이렇게 Rufus는 반복 입력 없이도 필요한 정보를 쉽고 빠르게 받아볼 수 있게 하여 쇼핑 경험의 편의성과 효율을 극대화한다.

또한 Rufus는 구매 이력 기반 추천, 맞춤 질문 제시, 맥락에 따른 대화 전개 등 다양한 AI 기술을 결합해 개인화된 쇼핑 어시스턴트 역할을 수행함으로써 고객의 쇼핑 결정 과정을 크게 돕는다.

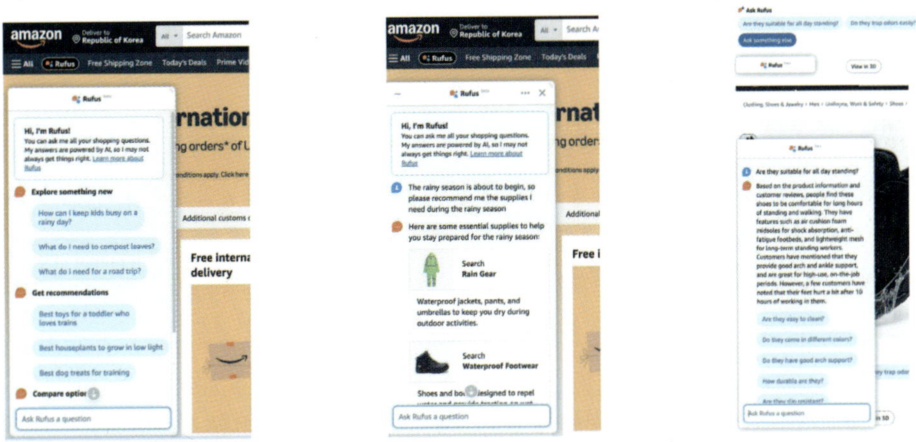

그림 101. 챗봇에서 예상 질문을 제시하는 예시 (출처: Amazon Rufus)

단계 축소, 자동화

서비스가 제공하는 결과는 동일한데, 거기까지 가는 단계가 줄어들거나 아예 사용자의 손길을 거칠 필요 없이 자동으로 무언가가 진행되는 것을 마다할 사용자는 없을 것이다. 물리적인 화면이나 이용흐름의 축소도 있지만, 법 제도적, 기술적 한계로 그것이 불가능한 경우에는 인지적 단계 축소를 통해서 사용자들의 니즈를 충족시키는 경우도 있다. 다음 단계 버튼과 같은 뻔한 행동을 줄이거나 해당 화면에서 취할 수밖에 없는 행동을 선택 없이도 바로 제시하고, 중요하지 않은 수정/삭제에서는 확인 없이 바로 처리하는 것 등이다.

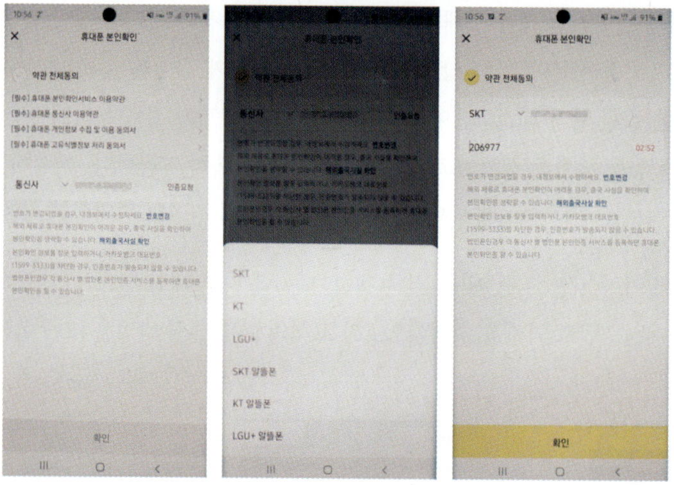

그림 102. 카카오 뱅크, 휴대폰 본인 확인

단계 축소, 자동화' 측면에서 카카오뱅크는 좋은 UX를 보여준다. 다음에 할 행동의 결과가 자동으로 제시되는 식으로 사용자의 입력 수고를 줄여준다.

섬세한 기능

목적의식적 동기에 의해서 서비스를 이용하는 경우에는 섬세한 기능이 꼭 필요할 때가 존재한다. 해당 상품군(Category)이나 메뉴/정보 특성에 맞게 필터링이나 편집, 저장, 연관된 콘텐츠 안내 등이 제공되면 사용자들은 좀 더 원활하게 경험을 진행할 수 있다.

다른 경쟁사들이 하지 않는 만큼 상세한 정보를 제공하는 서비스들은 사용자들로부터 큰 호평을 받는다. 이들은 단순한 정보 전달을 넘어, 일반 점원이 아닌 정말 친절한 점원을 만났을 때 느낄 수 있는 경험을 제공한다. 예를 들어, "당신이 이 상품을 좋아할 만한 이유를 알려드릴게요", "이 부동산 매물의 특징을 간략하게 요약해드릴게요", "이 식품의 주요 영양 성분을 분석해드릴게요"와 같은 방식으로 사용자에게 친절하고 상세하게 가치를 전달한다. 이런 자세한 정보 제공은 사용자의 이해와 신뢰를 높이고, 서비스에 대한 만족도와 충성도를 크게 향상시킨다. 결과적으로 차별화된 사용자 경험을 만들어내어 경쟁 우위로 작용한다.

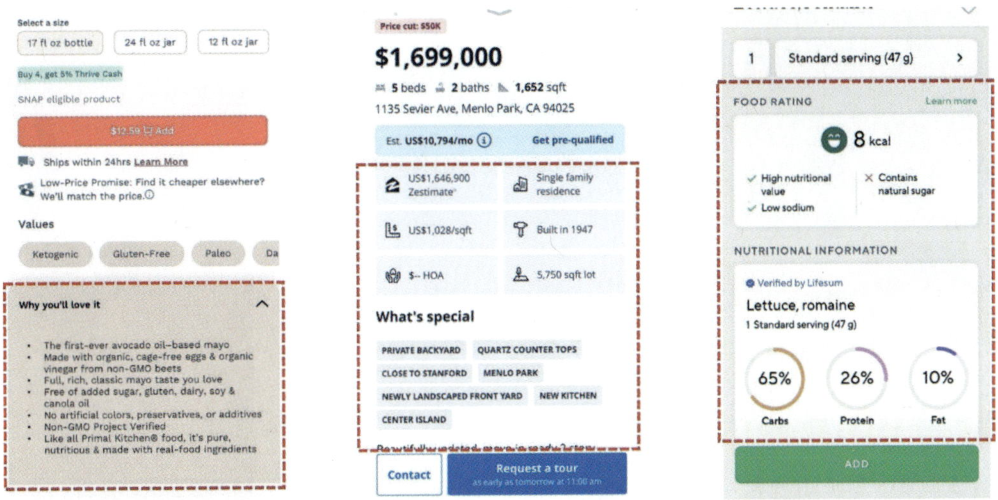

그림 103. 더 상세한 정보 제공을 통해 사용자 경험을 끌어올린 예시들 (출처: Thrive Market, Zillow, Lifesum)

독특한 감성

서비스는 이성적 필요뿐만 아니라 감성적인 면에서도 사용자의 니즈와 맞물려 있다. 독특한 감성이 없는 서비스는 쉽게 잊히거나 대체된다. 그 서비스만의 정체성이 시각적 분위기나 상호작용에서의 동적 변화, 말 등을 통해서 전달되어야 한다.

스냅챗은 기존의 전통적인 UI 방식을 벗어나 실험적이고 밝으며 활기찬 고유의 감성을 전달한다. 반대로 된 시각적 계층 구조와 다소 어수선하게 느껴질 수 있는 다중 레이어 UI, 과하다고 느껴질 정도로 풍부한 인터랙션이 처음 사용하는 이들에게는 다소 어색하게 다가올 수 있다. 그러나 사용자는 쉽게 적응하며, 이후에는 스냅챗만의 독특한 분위기가 하나의 일관된 경험으로 이어진다.

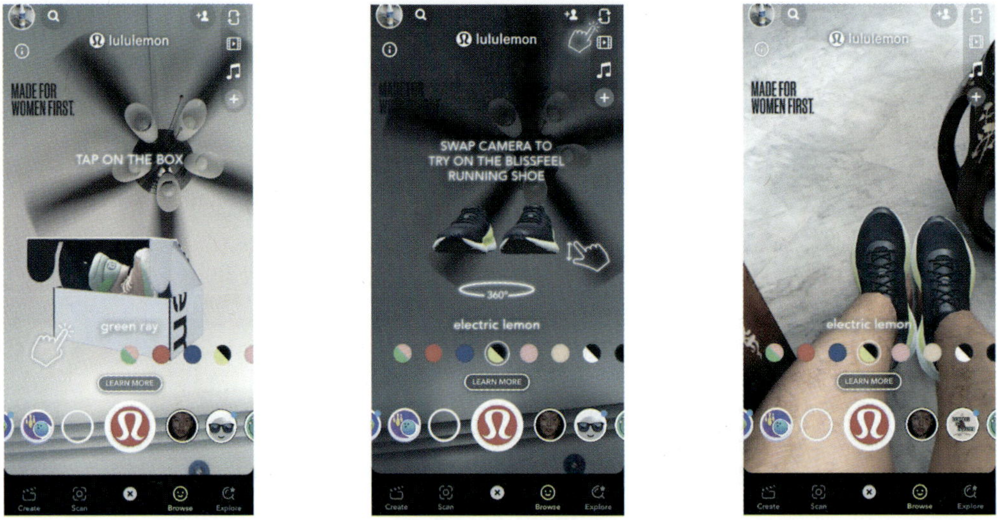

그림 104. 밝고 활기찬 분위기를 자아내는 스냅챗만의 UI 및 인터랙션 (출처: Snapchat)

태도

태도는 UX 구성요소 중 가장 어려운 부분이다. 다른 UX 구성요소에 비해 태도는 직접 확인하기가 어렵기 때문이다. 태도가 사용자들의 경험에 얼마나 지대한 영향을 미치는지를 모르는 UXer도 많이 있다. 그러나 태도를 변화시키는 것은 서비스의 성공을 위해 매우 중요하다.

> UX 디자인 미션 중 하나: 사용자들이 서비스에 갖는 태도를 밝혀서 그것을 변화시키거나 강화한다.

서비스를 이용하면서 사용자들은 서비스 전체 또는 일부분에 대해서 하나의 태도를 형성한다. 태도는 UX 피라미드의 신뢰성 및 감성과 연관되어 있다.

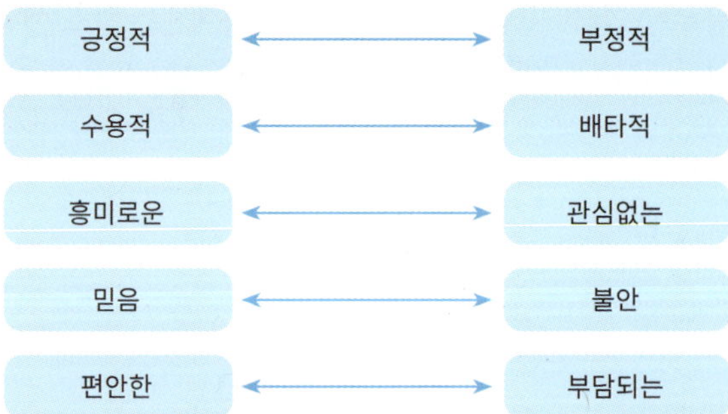

그림 105. 태도 유형

태도는 서비스에 대한 긍정/부정과 같은 선호도뿐만 아니라 서비스에 갖는 개방성과 관심, 믿음, 부담감을 반영한다. 태도는 경험을 통해서 형성되고 지속적으로 고착화되지만, 거꾸로 동기에 영향을 미치기도 하고 서비스 선택이나 이용 방법(행동)에도 크게 작용한다. 태도는 매우 주관적이지만, 사용자들이 서비스에 대해서 갖는 태도를 분석해보면 일정한 분포를 보이거나 패턴이 발견될 때도 있다.

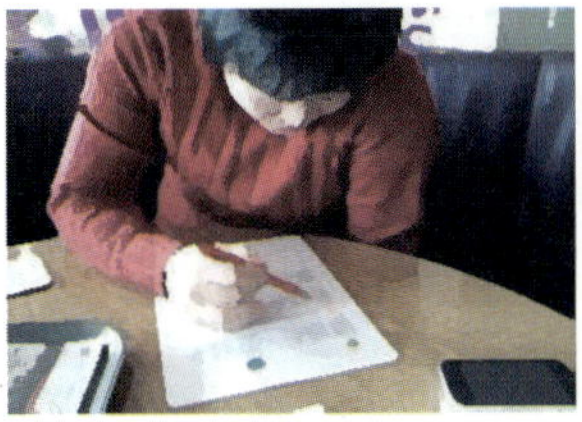

A

따뜻한		따분한	1
차가운	1	즐거운	2
엣지있는	1	빠른	3
무난한	5	느린	2
가까운	1	친절한	3
멀리 느껴진		불친절한	1
보수적인	3	가식적인	1
개방적인		진솔한	
상업적인	4	차가운	2
전문적인	4	뜨거운	
번잡한	1	도시적인	3
깔끔한	3	촌스러운	1
센스있는	1	밝은	2
딱딱한	1	어두운	
편리한	2	트렌디한	4
불편한	1	뒤쳐지는	1
다양한		자료가 많은	4
재밌는		정리가 안 된	3
단순한	3	감성적인	2
복잡한	3	젊은	3
무거운	1	늙은	1
가벼운	1	게으른	
		부지런한	
		안정감 있는	
		불안한	
		옛날의	1
		미래적인	

B

따뜻한		따분한	
차가운	2	즐거운	
엣지있는	2	빠른	2
무난한	3	느린	
가까운	4	친절한	
멀리 느껴진	2	불친절한	1
보수적인		가식적인	1
개방적인	2	진솔한	
상업적인	3	차가운	1
전문적인	4	뜨거운	
번잡한	3	도시적인	2
깔끔한	5	촌스러운	
센스있는	1	밝은	
딱딱한	1	어두운	
편리한	2	트렌디한	3
불편한	1	뒤쳐지는	
다양한	2	자료가 많은	5
재밌는	1	정리가 안 된	
단순한	2	감성적인	
복잡한		젊은	4
비전문적인	2	늙은	
가벼운	1	게으른	
		부지런한	1
		안정감 있는	
		불안한	1
		옛날의	
		미래적인	

C

따뜻한	1	따분한	
차가운	1	즐거운	
엣지있는	1	빠른	3
무난한	2	느린	
가까운	1	친절한	1
멀리 느껴진	2	불친절한	1
보수적인		가식적인	3
개방적인	2	진솔한	
상업적인	6	차가운	2
전문적인	2	뜨거운	1
번잡한	1	도시적인	6
깔끔한	2	촌스러운	
센스있는	2	밝은	1
딱딱한	1	어두운	
편리한		트렌디한	7
불편한	1	뒤쳐지는	
다양한	3	자료가 많은	2
재밌는	1	정리가 안 된	4
단순한	1	감성적인	2
복잡한	1	젊은	4
시끄러운	1	늙은	
비전문적인	2	게으른	
		부지런한	
		안정감 있는	1
		불안한	
		옛날의	
		미래적인	4

그림 106. 단어-개념 관계 파악(Word-Concept Association)' 필드 리서치 기법

필드 리서치에는 사용자의 태도를 밝히는 기법이 여러 가지 있는데, 이 이미지는 그중 '단어-개념 관계 파악(Word-Concept Association)'이라는 기법이다. 사용자에게 특정 서비스를 연상시키는 단어 3개를 선택하게 한 다음 해당 단어를 선택한 이유를 듣는다. 그 가운데에는 해당 서비스가 가진 좋은 점도 있겠지만, '오래된 느낌' 이라든가, '진부하다', '트렌디하지 않다', '지나치게 폐쇄적이다'와 같은 부정적인 태도도 드러나기 마련이다. 그러면 앞으로 해당 서비스가 어떤 이미지를 연상시켰으면 좋을지 다시 3가지 단어를 선택하게 하고, 각 단어가 의미하는 바를 말하게 한다.

이 과정을 여러 사람을 대상으로 진행하면 사람마다 느끼는 태도가 제각각이라기보다는 일정한 패턴을 가진다는 점을 발견하게 된다. 현재의 서비스 이미지가 어떻게 개선되어야 하는지, 개선한다면 구체적으로 어떤 부분에서 그것이 이루어져야 하는지도 알 수 있다.

글쓴이가 속한 회사에서 모 방송국의 디지털 전략 수립을 위해서 이 방법으로 태도를 조사한 적이 있는데, 그 결과가 감성적인 UX 전략 수립과 GUI 디자인 콘셉트를 세우는 데 크게 기여했다.

이렇게 태도는 서비스의 UX 개선에서 중요한 의미를 갖는다.

아래 각 미디어 스트리밍 서비스에 대한 글쓴이의 태도를 예시로 들어 보겠다.

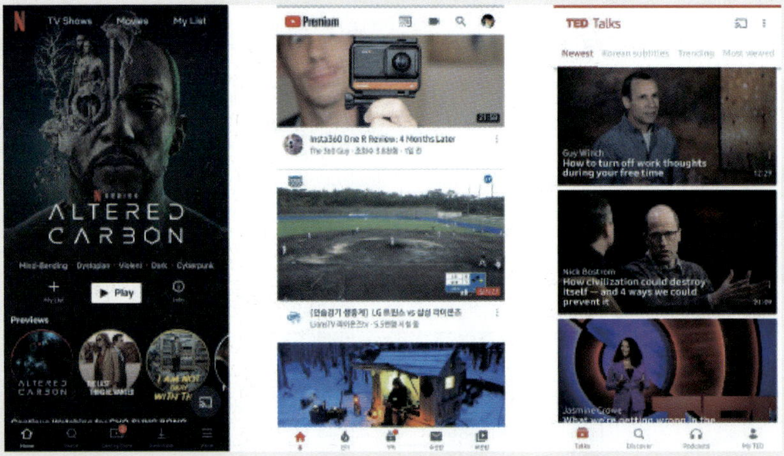

그림 107. 넷플릭스, 유튜브, TED

넷플릭스는 콘텐츠 측면에서 긍정과 부정적인 태도가 공존한다. 마음을 열기 어렵거나 흥미로운 것은 몇몇 콘텐츠에 국한된다. 추천 결과에 대해 항상 의구심을 갖고 있으나, 부담 없이 접근한다. 유튜브는 서비스 자체에 대해서 매우 긍정적이며 수용적인 태도를 지니고 있다. (아닌 것도 있지만) 대체로 흥미로우며 추천 방식이 믿음이 간다. 그러나 가짜 뉴스 등에 대해서 경계하는 편이다. 부담 없이 즐긴다. TED는 신뢰는 높은 반면 부담감이 크다. 좋은 콘텐츠가 많다는 점을 알고 있지만, 부담감이 크기 때문에 자주 접근하지는 않는다.

05

UX 여정

UX 이해를 위한 3가지 중 체계, 구성에 이어 마지막으로 여정을 살펴보자. UX 여정은 사용자가 서비스를 이용하는 과정을 뜻한다. UX 여정은 UX/UI 디자인에서 타임라인 역할을 하는 매우 중요한 기준이다. UX 여정을 기준으로 기존 UX를 분석하고, 새로운 UX를 설계한다. 더 나아가 여정 중 일부는 유저 플로우로 더 상세하게 표현되기도 한다.

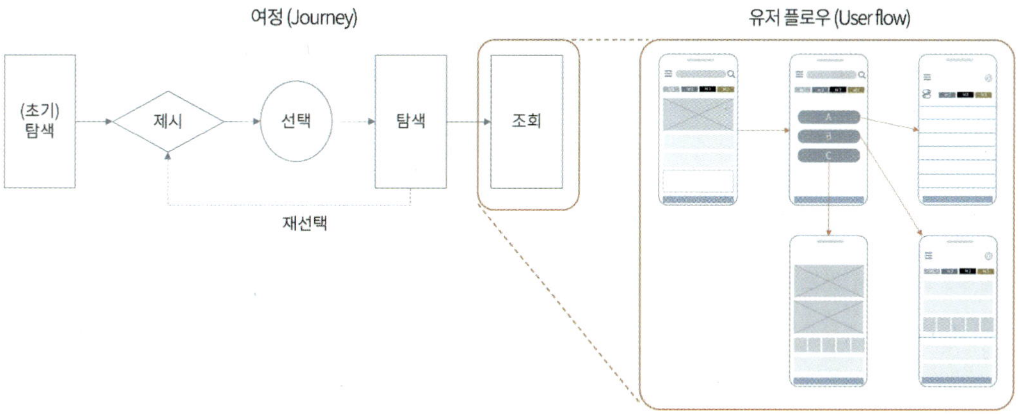

그림 108. 여정과 유저 플로우 간의 관계. 여정이 더 상위 개념이다.

UX 여정(User Journey)에 대한 정의는 기관이나 기업마다 다소 차이가 있다. 대표적으로 딜로이트 컨설팅, 한국리서치 혁신연구센터, 그리고 오라클의 정의를 정리하면 다음과 같다.

- 딜로이트 컨설팅은 UX 여정을 '인지 → 탐색 → 체험 → 구매/배송/설치 → 사용 → 사후 서비스 → 서비스' 단계로 구분한다. 이는 사용자가 서비스를 처음 인지하고 탐색하는 단계부터 시작해 실제 체험과 구매 과정, 이후 사용 및 사후 서비스에 이르는 고객 경험의 전반적인 흐름을 포괄하는 접근이다.
- 한국리서치 혁신연구센터는 '평소 사용/인식 → 탐색 → 평가 → 구매 → 옹호 → 사후지원'으로 UX 여정을 정의한다. 이 모델은 고객의 일상적인 인식과 사용 상태에서 시작하여, 탐색과 평가 단계를 거쳐 구매에 이르고, 이후 제품이나 서비스를 옹호하는 단계, 그리고 사후 지원까지 포함한다.
- 세계적인 IT기업 오라클은 구매와 소유 두 단계로 나누어 정의한다. 구매 단계는 '니즈 → 조사 → 선택'으로 세분화하고, 소유 단계는 '전환 → 서비스 이용 → 평가'로 구분해 사용자 경험 전체를 구매 전 과정과 소유 및 서비스 이용 과정으로 나누어 다루는 것이 특징이다.

이처럼 UX 여정은 사용자 경험의 흐름을 단계별로 체계화하여 사용자의 필요, 행동, 감정 변화를 이해하고 이를 바탕으로 서비스 설계와 개선에 활용하기 위해 정의된다. 각기 다른 정의는 조직이 중점적으로 보는 사용자 경험의 관점과 목적에 따라 약간씩 다르지만, 모두 전반적인 사용자의 서비스 이용 과정과 접점을 포괄하고 있다는 공통점이 있다.

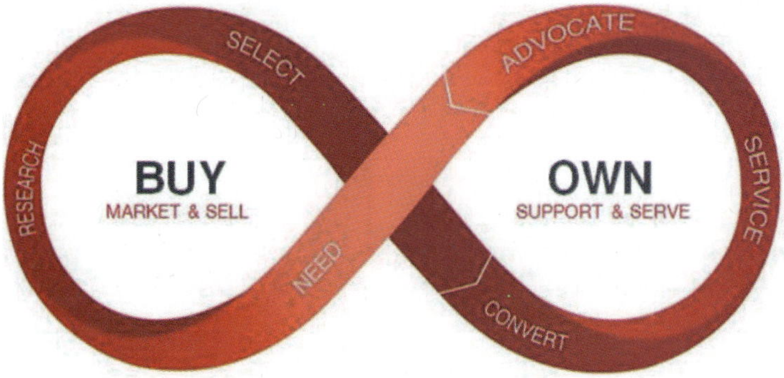

그림 109. 오라클에서 정의한 서비스 여정

이렇듯 여정에 대한 정의는 서비스나 기기, 채널에 따라서 다소 차이가 있으나, 위의 3가지 정의는 다분히 커머스 업종을 염두에 두고 정의한 것으로, 이 책에서는 다양한 디지털 서비스를 감안하여 UX 여정을 다음과 같이 정의하고자 한다.

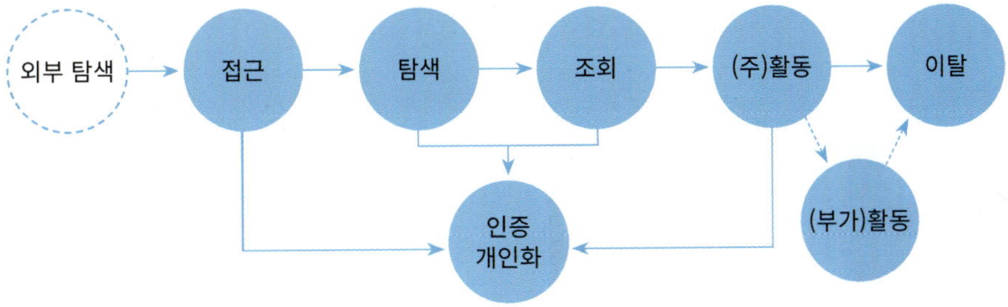

그림 110. 일반적인 UX 여정

외부 탐색은 서비스 접근 전 단계로, 얼마나 다양한 채널을 통해 서비스에 접근할 수 있는지가 중요하다. 접근 단계에서는 과정이 빠르고 원활해야 한다. 서비스에 접근한 후에는 서비스 내에서 정보 탐색이 이루어지는데, 사용자가 선호하는 탐색 방법은 다양하지만 모든 탐색에서 효율성이 필수적이다. 조회는 서비스 이용의 목적일 수도 있고, 목적에 이르는 과정일 수도 있으며, 직관성, 명확성, 이해 가능성이 매우 중요하다. 또한 다른 정보로 매끄럽게 연결되는 것도 필요하다.

주활동은 구매, 신청, 예약 등 서비스의 핵심이며, 그 안에는 본인 인증, 약관 동의, 입력, 옵션 선택, 배송지 입력, 구매 수단 선택 등 가장 복잡한 여정이 포함된다. 이 밖에 인증, 개인화, 부가 활동, 이탈 여정 등이 존재하며, 각 UX 여정을 사례와 함께 하나씩 살펴볼 예정이다.

외부 탐색

사용자들은 서비스에 접근하기 전에 포털이나 가격 비교 사이트에서 검색하거나, SNS나 카카오톡에서 링크를 선택해서 서비스로 접근하는 경우가 있다. 이처럼 서비스 접근 전에 외부에서 이루어지는 탐색과 이를 통해 서비스에 접근하기 전까지의 과정을 외부 탐색이라고 부른다.

외부 탐색은 크게 네 가지 유형으로 나눌 수 있다. 그중 가장 흔하게 볼 수 있는 유형은 다른 채널을 통한 연결이다. 단순히 링크를 클릭해 서비스로 이동하는 전 과정으로 볼 수도 있지만, 포털이나 SNS 같은 플랫폼에서는 그 연결 자체가 독립적인 채널로 작용하여 별도의 경험을 제공하기도 한다. 따라서 외부 탐색 단계에서의 다양한 채널 접근과 그 채널이 제공하는 경험 품질은 서비스 접근의 첫 관문으로서 매우 중요하다.

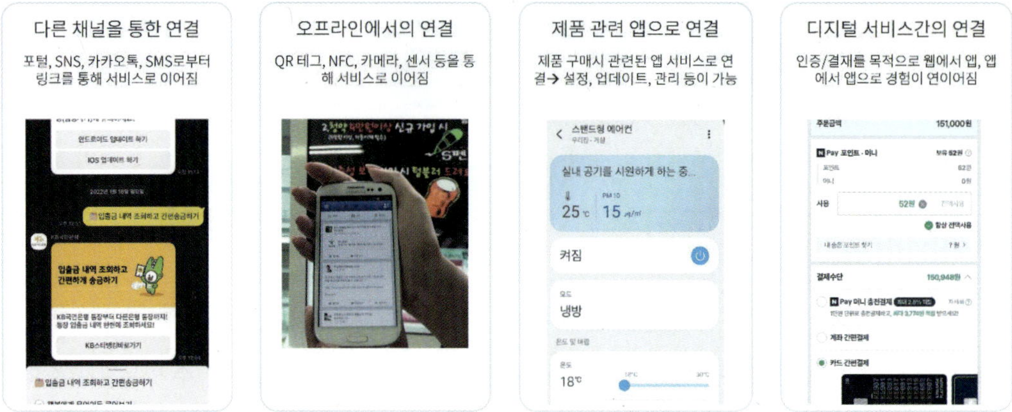

그림 111. 외부 탐색의 4가지 유형

오프라인에서의 연결은 비교적 짧고 단순하다. 예를 들어, QR 태그를 찍어 특정 앱이나 웹사이트로 연결되는 과정은 서비스 접근을 촉진하기 위한 간단한 동기 부여 요소와 QR 태그 자체로 이루어진다. 반면, 제품과 관련된 앱 간의 연결은 다소 복잡하다. 제품 종류에 따라 다르지만, 제품을 실행해 앱이 구동되거나, 앱에서 제품을 구동 · 조작 · 관리하는 경우가 있으며, 개인화된 기능, 콘텐츠, 설정, 업데이트 등 다양한 상호작용이 발생한다.

디지털 서비스 간의 연결은 주로 인증이나 결제 과정에서 이루어지므로, 두 서비스 간 관계에 따라 인증 여정이나 주활동 여정에 종속된다고 볼 수 있다. 즉, 오프라인에서의 간단한 연결과 달리, 제품과 앱, 혹은 디지털 서비스 간 연결은 서비스 경험 전반에 깊게 관여하며 복합적인 구조를 가진다. 이러한 연결의 복잡성과 다양성은 사용자 경험 설계 시 반드시 고려되어야 한다.

외부 탐색은 서비스 밖에서 이루어지는 경험이지만, 사용자들의 서비스 접근 동기에 큰 영향을 미치기 때문에 매우 중요하다. 따라서 UX/UI 디자인에서는 연관 검색어, 포털에 게시할 콘텐츠, 배너 광고, 메시지 문구, 링크/버튼 배치와 같이 서비스 밖에서 이뤄지는 경험에도 관심을 갖고, 좋은 UX를 제공할 방안을 마련해야 한다.

최근에는 QR 태그나 이미지 검색, 음성인식을 통한 서비스 접근, 다른 서비스 앱과의 연동, 같은 서비스의 모바일 웹과 앱 간의 연동을 통한 접근도 빈번하게 이루어진다.

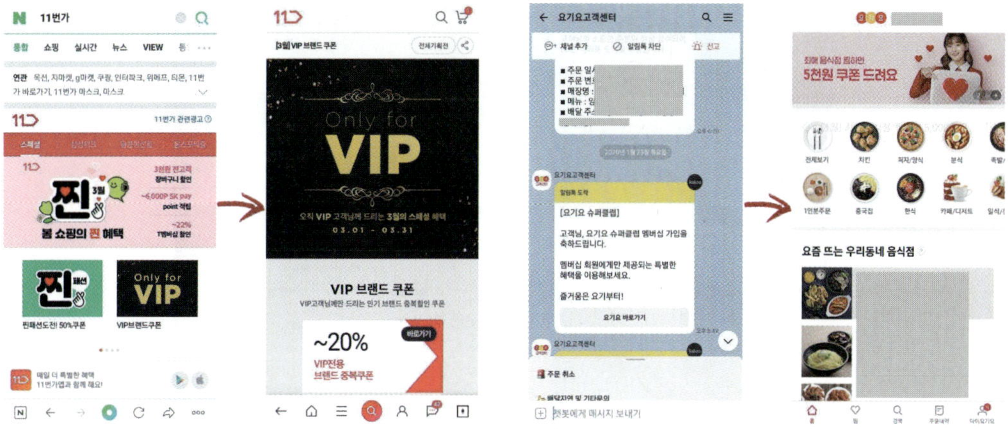

그림 112. (좌) 네이버 11번가 검색 → 11번가 앱, (우) 카카오톡 → 요기요 앱

위 예시를 보면 '11번가'는 네이버에서 서비스명으로 검색 시 검색 결과 최상단에 이벤트 정보를 보여줌으로써 사용자들의 접근 동기를 강화하고 있다. '요기요'는 가입이나 주문 시마다 카카오톡으로 메시지를 보내 간단한 정보를 알려줌과 동시에 앱으로 접근할 수 있는 링크를 보여줘서 사용자가 쉽게 앱을 실행할 수 있게 한다.

IBK기업은행에서 통장 개설 과정을 촬영한 사진을 통해 설명을 제공하는 것처럼, 디지털 전환이 확산되면서 은행 영업점에서도 태블릿 등의 디지털 기기가 업무 지원에 활용되고, 은행원이 앱 설치 등을 도와주는 모습이 늘고 있다. 이런 오프라인 채널 내 디지털 기기 사용과 직원 지원 행위도 디지털 서비스 관점에서는 외부 탐색 활동의 한 유형으로 볼 수 있다.

하지만 전통적인 오프라인 채널 방식—예를 들어 직원 안내를 통한 절차 진행이나 서류에 손으로 작성하는 양식 등—은 디지털 서비스 경험과는 다른 특성을 가진다. 이로 인해 디지털 서비스 관점에서의 외부 탐색 여정은 종종 매끄럽지 않은 흐름을 보인다. 오프라인과 디지털 채널 간 경험 및 인터페이스의 차이 때문에 사용자가 느끼는 불편이나 고충이 발생하기 쉽고, 서비스 전환이나 일관된 사용자 경험을 제공하기 어려운 상황이 된다.

따라서 은행 등 금융 기관의 디지털 전환 과정에서 오프라인과 디지털 채널 간의 사용자 경험 연속성을 강화하고 매끄러운 여정을 설계하는 것이 중요한 과제로 떠오른다. 이를 위해 오프라인 접점에서도 디지털 서비스의 접근성과 편의성을 높이고, 사용자 안내와 지원이 디지털 흐름과 자연스럽게 연결되도록 하는 전략이 필요하다.

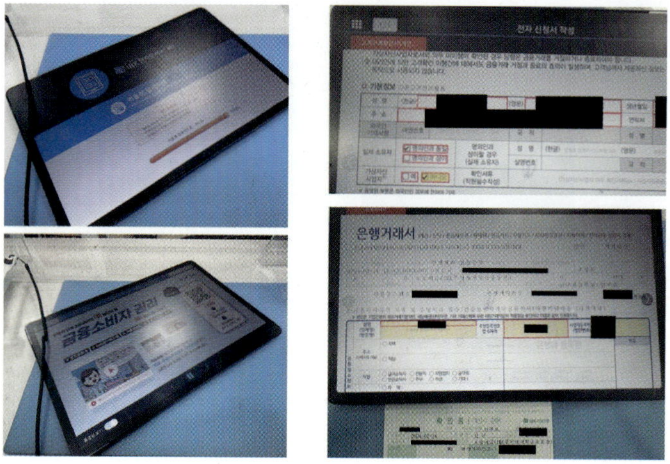

그림 113. IBK기업은행 영업점에서의 계좌 개설 과정

접근

서비스에 들어와서 탐색을 시작하기 전까지의 과정이 접근이다. 접근은 간단해 보이지만, 의외로 많은 변수가 숨어 있다. 진입한 사용자들에게 처음에 무엇을 먼저 보여줄 것인가? 어떤 서비스는 스플래시(Splash) 화면을 별도로 노출해 서비스의 정체성을 나타내기도 하고, 어떤 서비스에서는 접근하자마자 로그인을 먼저 요청하기도 한다.

스플래시

스플래시 화면은 서비스의 정체성을 짧게 알리는 데는 효과적이지만, 방문이 잦은 사용자들에게는 다소 귀찮게 여겨질 수 있다. 로그인을 먼저 요청하는 것은 서비스 특성상 멤버십이 전제돼 있기 때문이지만, 간단한 정보를 조회하려는 사용자들에게 불친절하게 느껴질 수 있다. 이러한 문제를 해결하기 위해서 스플래시 화면은 1초 내외로 짧게 보여주고, 로그인이 전제된 서비스에서는 자동 로그인이나 생체인증과 같은 간편 로그인 방법을 제공한다.

그림 114. (왼쪽부터) 인터파크 쇼핑, 넷플릭스, T멤버십

인터파크 쇼핑 앱은 스플래시 화면을 지나 바로 홈 화면이 뜨는 전형적인 접근 방식을 취하고 있다. 그와 달리, 넷플릭스는 스플래시 화면 다음에 계정 선택 화면이 뜬다. T멤버십은 반드시 로그인을 거쳐야만 서비스에 접근할 수 있다.

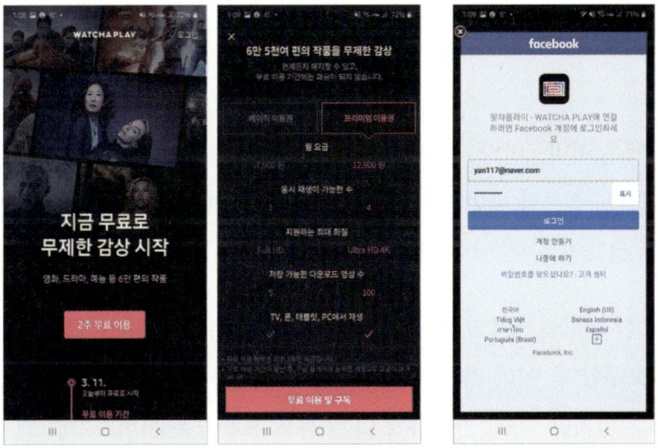

그림 115. 왓차플레이

구독형(Subscription) 서비스는 특성상 멤버십이 전제돼야 이용이 가능하기 때문에 처음 앱을 설치한 다음에는 무료 구독과 요금제를 안내하거나 로그인을 통해서 곧바로 구독 중인 서비스를 이용하게 유도한다.

그림 116. (왼쪽부터) 미래에셋생명, 인터파크 티켓, CGV의 스플래시 화면과 초기 팝업창

스플래시 화면은 해당 서비스만의 감성과 정체성을 알리는 데 좋은 도구가 될 수 있다. 그러나 너무 길거나 매번 똑같은 이미지만 나올 경우에는 지루한 느낌을 자아낼 수 있다. 스플래시 화면 다음에 팝업창이나 이용안내가 바로 뜨는 것은 사용자를 성가시게 만들기 때문에 체감하기 쉬운 혜택 안내나 중요한 공지가 아니라면 처음부터 홈 화면을 가리는 것은 가급적 삼가는 게 좋다.

로그인/가입

로그인/인증/계정 선택은 서비스마다 기준이 달라지는데, 넷플릭스와 같은 구독형 서비스는 초기 접근 시에 나타날 수밖에 없다. 접근할 때마다 같은 절차를 반복해야 하는 불편함을 줄이기 위해서 자동 로그인이나 간편한 생체 로그인을 제공하는 것이 좋다.

반드시 로그인이 필요한 미디어, SNS, 금융 등의 서비스는 앱 설치 후 초기 접근 단계에서 반드시 로그인이나 계정 가입을 요구한다. 이미 가입한 사용자는 아이디와 비밀번호 입력만으로 상대적으로 쉽게 로그인 과정을 마칠 수 있지만, 아직 가입하지 않은 사용자나 금융 서비스처럼 엄격한 본인 인증 절차가 필요한 경우에는 이 과정이 상당히 까다로워 많은 고충을 유발한다.

> "스마트폰을 교체해서 (모 은행 앱을) 다시 깔았는데, 회원인데도 찾기가 안됩니다. 휴대폰 본인인증을 열 번도 넘게 했는데, '휴대폰 번호 확인 안됨'이 계속 뜨고 비대면으로 신분증 인증하라고 해서 찍었는데 인식이 안되서 또 실패했어요. 앱 삭제후 다시 깔면 된다기에 해봤는데 여전히 안됐습니다" (출처: 구글 앱스토어)

특히 복잡한 인증 절차, 다단계 확인 과정, 민감한 개인정보 입력 등이 요구될 때 사용자는 불편함을 느끼고 로그인 자체를 포기하거나 서비스 이용을 중단하는 경우도 발생한다. 따라서 이러한 초기 접근 단계의 로그인 경험은 사용자 관점에서 직관적이고 간편하도록 설계하는 것이 매우 중요하다. 불필요한 절차를 최소화하고, 사용자 친화적인 인증 방식과 안내를 제공하여 사용자의 진입 장벽을 낮추는 것이 좋은 UX 설계의 핵심이다.

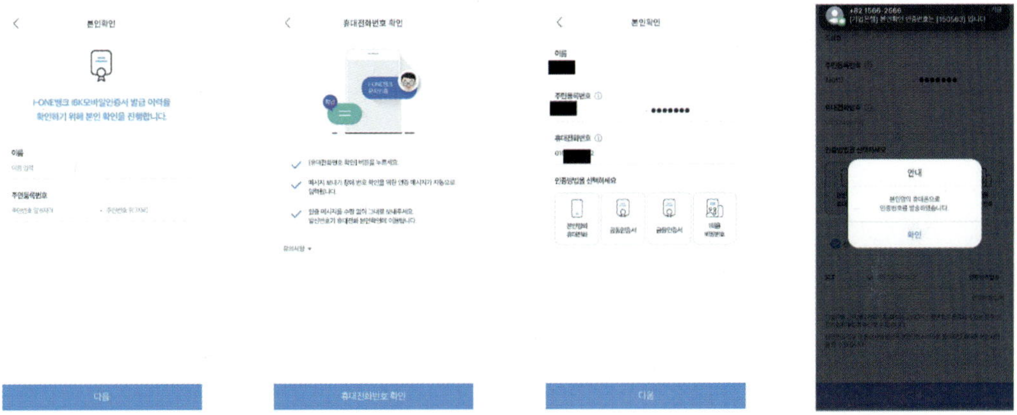

그림 117. 금융 앱은 가입한 계정이 있어도 그것을 인증받는 과정이 까다롭다 (출처: IBK기업은행)

서비스 가입 여부는 굳이 처음부터 물어보기보다는 비회원용 홈 화면을 기본으로 보여준 상태에서 로그인을 배치하는 것이 더 바람직하다. 계정이나 비밀번호가 생각나지 않는 사용자들은 서비스 접근부터 그것을 생각하게 만드는 것이 까다롭게 느껴질 수 있다. 비회원용 홈 화면에 서비스의 주요 메뉴나 기능을 나타내고 사용자가 그중 하나를 선택했을 때 로그인/가입 화면으로 이동시키는 게 UX적으로 더 바람직하다.

온보딩

앱을 처음 실행하거나 주요 업데이트를 하고 나면 이용안내(onboarding)를 먼저 보여주거나 앱 접근 권한을 먼저 확인받고, 서비스 가입 여부를 선택하는 경우도 있다.

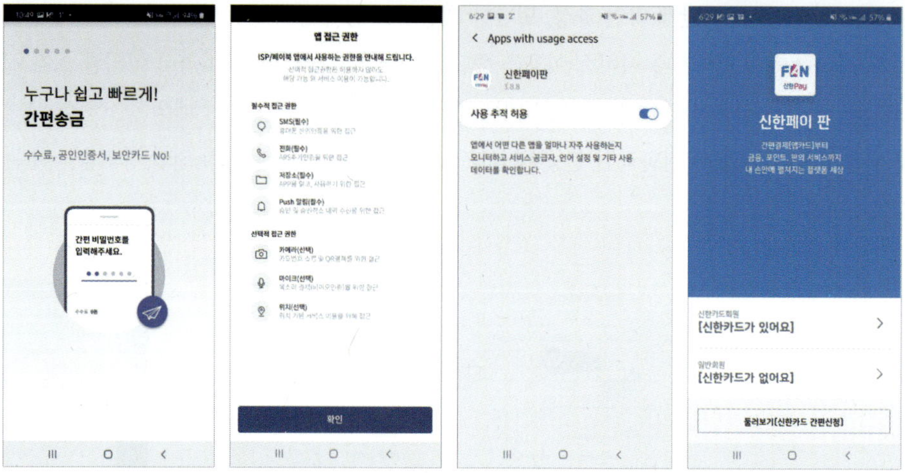

그림 118. (왼쪽부터) 위비뱅크, ISP/페이북, 신한페이 판

이용안내(onboarding) 화면에는 반드시 건너뛰기(skip) 버튼이 있어야 한다. 이용안내가 5개 화면으로 구성되어 있다면 5개 화면 모두에 있는 편이 좋다. 대부분의 사용자는 이용안내를 읽지 않고 빠르게 홈 화면으로 이동하고 싶어 한다.

미국 핀테크 서비스인 민트(Mint)는 짧고 단순한 안내로 사용자가 주요 특징들을 쉽게 파악할 수 있도록 설계되어 있다. 민트는 여러 금융 기관 계좌를 하나로 연결해 거래 내역, 지출 내역, 투자 현황 등을 한눈에 볼 수 있게 하며, 사용자가 자신의 금융 상태를 쉽게 이해하고 관리할 수 있도록 돕는다.

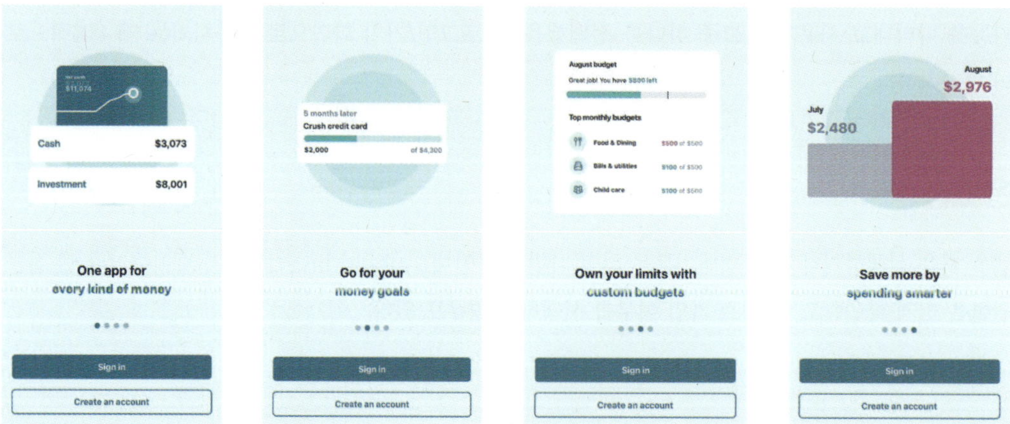

그림 119. 안내형 온보딩의 모범 사례 (출처: Mint)

민트는 복잡한 금융 정보를 간결하고 명료하게 보여주는 데 집중한다. 사용자 인터페이스는 깔끔하고 직관적이며, 예산 설정과 지출 추적, 신용 점수 확인 등 주요 기능들이 명확하게 배치되어 있어 사용자가 빠르게 원하는 정보를 찾고 행동할 수 있다. 또한 개인화된 인사이트와 알림 기능을 통해 사용자의 금융 습관을 분석해 맞춤형 추천을 제공한다.

민트는 금융 데이터를 시각적으로 쉽게 이해할 수 있도록 그래프와 차트, 진행 바 등을 활용하며, 단계별 안내와 보안에 대한 신뢰성을 강조해 사용자가 안심하고 서비스를 이용할 수 있게 한다. 이런 설계는 사용자 경험을 간소화하면서도 강력한 기능을 제공하는 좋은 예로 평가받는다.

참여형 온보딩은 안내형 온보딩과 달리, 앱 설치 후 첫 시작 시점에 사용자의 관심사, 성향, 기본 정보를 직접 물어봄으로써 앱 환경을 개인 맞춤화하려는 목적을 가진다. 사용자는 이러한 과정을 통해 자신에게 맞춤화된 서비스를 받을 것이라는 기대를 갖게 되고, 이에 따라 더욱 적극적으로 앱 내에서 행동할 가능성이 커진다.

즉, 참여형 온보딩은 단순히 서비스 이용 방법을 안내하는 데 그치지 않고, 사용자가 서비스에 능동적으로 참여하도록 유도하며, 개인화된 경험을 제공함으로써 초기 사용자 몰입과 만족도를 높이는 중요한 전략이다. 이를 통해 사용자와 서비스 간의 신뢰와 관계 형성도 강화할 수 있다.

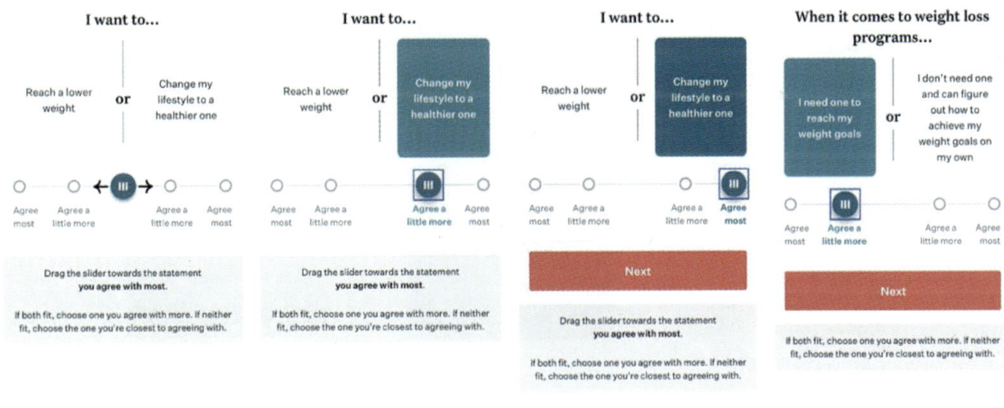

그림 120. 참여형 온보딩은 사용자의 관심사나 기본정보를 물어본다. (출처: Noom)

권한 허용

모바일 서비스는 PC와 달리 카메라, GPS, 저장공간, 알림, 각종 센서 등 다양한 기능을 활용할 수 있다. 이로 인해 앱 설치 후 처음 구동 시 여러 권한 허용을 요청하는데, 이 권한에는 필수 권한과 선택 권한이 있다. 필수 권한은 보통 카메라, 전화, 저장공간 등이 대표적이며, 선택 권한으로는 사용 추적 허용, 알림 등이 있다.

권한 허용 유형은 대부분 정해져 있어, 사용자들은 이전 경험을 통해 새로운 앱 설치 시 권한 허용이 필요하다는 것을 이미 인지한다. 즉, 새로운 정보가 아니라 기존에 익숙한 정보를 재인(Recognition)하는 과정인 것이다. 따라서 권한 요청 화면에서는 익숙한 아이콘을 사용하고, 읽기 쉬운 평이한 문장으로 안내하며, 필수 권한에 대해서는 명확한 이유를 알기 쉽게 설명해야 한다. 선택 권한에 대해서는 사용자가 동기 부여를 느낄 수 있도록 충분한 배경과 혜택을 제시하는 것이 중요하다.

이러한 접근은 사용자가 권한 요청을 이해하고 수용하도록 돕고, 불필요한 거부감을 줄여 원활한 앱 사용 경험으로 이어지게 한다.

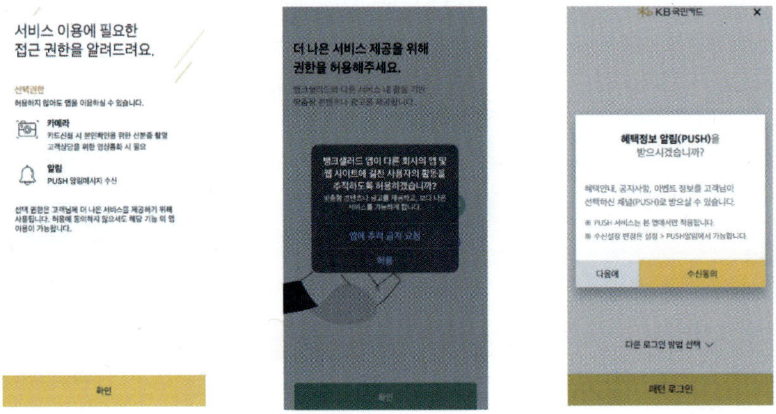

그림 121. 권한 허용에 대한 예시 (출처: KB국민카드, 뱅크샐러드)

안드로이드 OS는 정책상 앱 접근 권한을 미리 알리고 사용자로부터 확인을 받는 데 '사용 추적 허용'이나 '다른 앱 위에 쓰기'와 같은 선택 권한은 평소에 잘 사용하지 않을 뿐만 아니라, 왜 필요한지도 이해하기 어렵기 때문에 일반적으로 물어보는 필수 권한(전화, 위치, 카메라)보다 사용자를 더 성가시게 만든다.

탐색

탐색은 조회와 더불어 서비스에서 제일 중요한 단계로서 대부분의 고충이 이 과정에서 나타난다고 해도 과언이 아니다.

탐색과 관련하여 사용자들이 자주 얘기하는 고충

- 원하는 메뉴를 찾기 어렵다.
- 화면 이동 시 뒤로가기를 눌렀는데, 이전 화면이 아닌 홈 화면으로 돌아가 버렸다.
- 검색해도 원하는 결과가 나오지 않는다.
- 메뉴명이나 바로가기, 링크명, 버튼명 등이 잘 이해되지 않는다.
- 매번 동일한 필터를 쓰는데, 그것이 저장되지 않아서 똑같은 작업을 반복해야 한다.

탐색은 크게 다음과 같은 4가지로 나뉜다.

1. 홈 화면 콘텐츠 탐색
2. 메뉴를 통한 탐색(Browsing)
3. 검색을 통한 탐색(Searching)
4. 추천에 의한 탐색

실제 사용자들이 서비스를 탐색할 때는 이 4가지가 조합되는 경우가 많다.

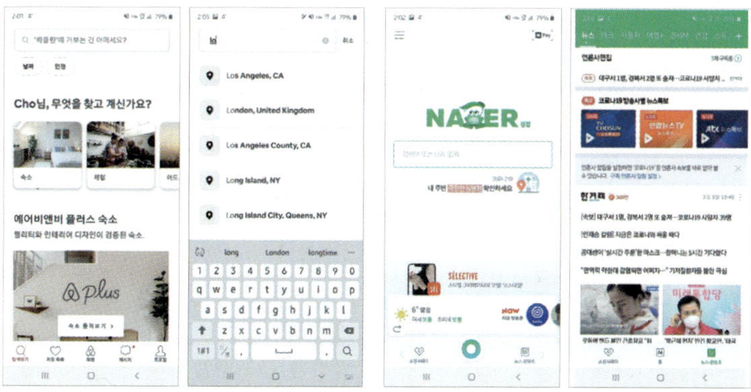

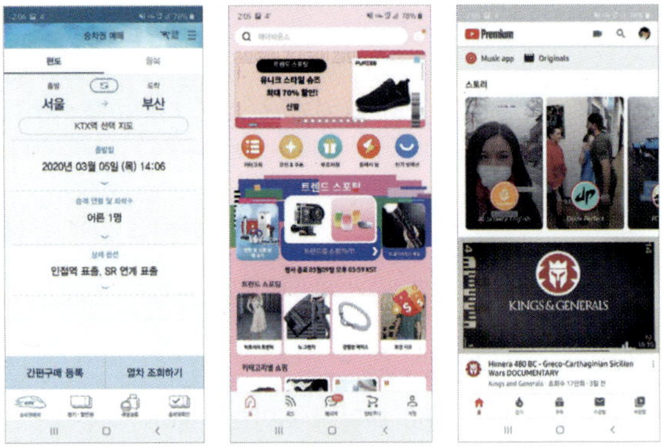

그림 122. (왼쪽부터) 에어비앤비, 네이버, 코레일, 알리익스프레스, 유튜브

검색 위주 서비스였던 에어비앤비는 홈 화면 콘텐츠 탐색을 강화하는 방향으로 UX/UI 디자인을 변경했다. 반대로 네이버 모바일 앱은 기존 UX/UI가 홈 화면 콘텐츠 탐색 위주였다가 검색을 강화하는 방향으로 변경했다. 에어비앤비가 검색 중심에서 홈 화면 콘텐츠 탐색으로 전환한 것은 판매 상품을 다양화하기 위해서였으나, 오히려 메인 상품인 숙소 검색이 더 어려워졌다. 좋은 UX를 제공하기 위해서는 탐색 방법에 있어서 희생과 선택(Trade-off)이 신중하게 디자인되어야 한다.

코레일 앱은 서비스 특성상 첫 화면 자체가 검색 화면이다. 사용자들은 서비스에 접근하자마자 바로 열차 편을 검색할 수 있다. 그러나 이미 열차를 예매한 사용자들에게는 검색 위주 첫 화면이 다소 이질적으로 느껴질 수 있다. 본인의 서비스 이용 동기가 예매한 열차 편 조회와 관련되어 있기 때문이다.

알리익스프레스나 유튜브는 홈 화면 탐색과 추천이 결합되어 있다. 메뉴 탐색을 원할 경우에는 별도의 메뉴 카테고리를 찾아서 선택해야 한다. 홈 화면에 노출되는 콘텐츠들은 사용자의 행동이나 관심사에 따라서 실시간으로 변경된다.

모바일 서비스에서는 홈 화면의 비중이 유독 크다. 서비스 분야에 따라 차이가 있으나, 사용자 체류시간에서 홈 화면이 차지하는 비율은 적게는 20%에서 많게는 60%에 이른다. 이로 인해 홈 화면에는 다양한 콘텐츠와 기능이 담기며, 최근에는 AI 기술을 활용해 개인화, 맞춤화, 추천, 그리고 맥락 기반 정보 제공이 이루어진다. 즉, 사용자의 취향과 관심사에 부합하는 정보들로만 구성되어 있어, 더욱 효율적이고 만족스러운 사용자 경험을 제공한다.

그림 123. 홈 화면은 개인화/맞춤화/추천/맥락 기반 정보로 구성되는 추세이다. (출처: IBK기업은행)

메뉴는 검색과 함께 디지털 서비스에서 탐색을 대표하는 경험 요소다. PC 웹은 넓은 화면 폭 덕분에 메뉴 탐색을 위한 내비게이션을 항상 눈에 띄는 위치에 안정적으로 배치할 수 있다. 반면 모바일은 좁은 화면 폭과 한정된 화면 크기 때문에 메뉴 내비게이션을 상시 노출하기 어렵고, 상황과 맥락에 따라 가변적으로 운영할 수밖에 없다.

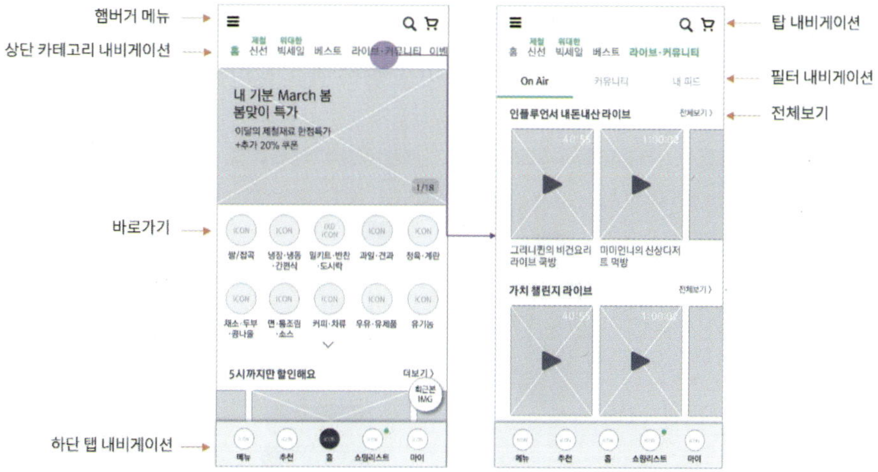

그림 124. 모바일 메뉴 내비게이션의 유형

검색은 사용자가 원하는 결과를 찾기 위해 키워드나 조건을 직접 입력하는 탐색 방법으로, 메뉴와 달리 사용자가 찾고자 하는 정보에 대한 실마리나 단서를 이미 알고 있다는 전제를 가진다. AI 기술이 발전하면서 개인화와 추천의 정확성이 크게 높아져 메뉴나 검색이 불필요해질 수 있다는 오해가 있을 수 있으나, 실제로는 여전히 많은 사용자가 습관적으로 검색을 통해 정보 탐색을 시작한다. 또한 AI는 검색 기능 자체의 발전에도 큰 영향을 미쳐, 더욱 정교하고 사용자 맞춤형의 검색 경험을 제공하는 역할을 하고 있다. 즉, AI의 발전에도 불구하고 메뉴와 검색은 상호 보완적인 탐색 수단으로서 중요한 위치를 유지한다.

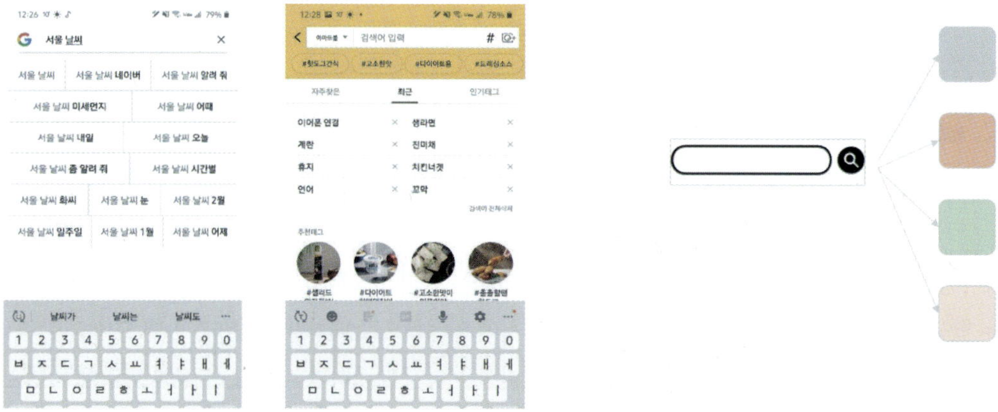

그림 125. AI 발전으로 검색은 더 지능적/능동적으로 발전하고 있다. (출처: 구글, 이마트몰)

모바일 UX/UI에서는 뒤로가기(Back key) 탐색도 매우 중요하다. 사용자들은 홈이나 이전 화면으로 돌아가려고 할 때 특정 메뉴나 버튼을 클릭하기보다는 단순히 뒤로가기 버튼을 누르는 데 익숙하다.

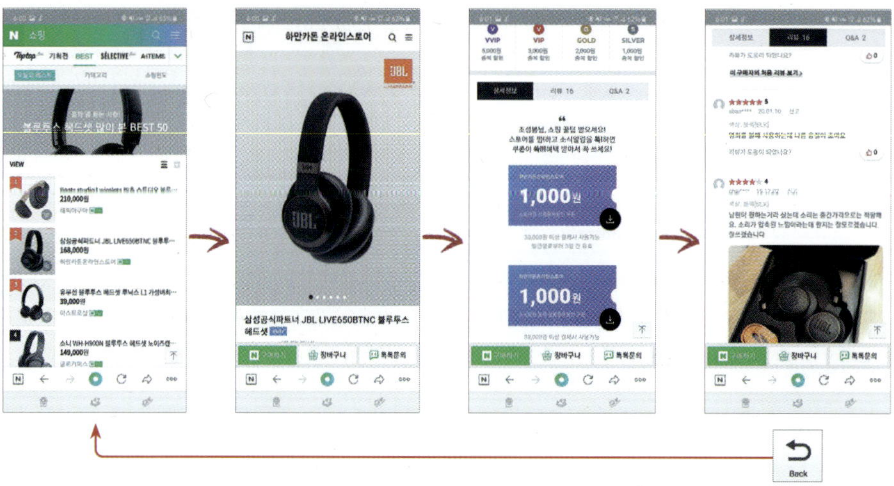

그림 126. 네이버 모바일 쇼핑편의 뒤로가기 설계

네이버 모바일 쇼핑 판에서 마음에 드는 상품에 들어가서 리뷰를 보다가 뒤로가기를 누르면 상품 정보가 아닌 목록으로 건너뛴다. 사용자 입장에서는 상품 목록에서 특정 상품을 선택해 상품 정보를 보다가 리뷰 탭을 선택해서 리뷰를 봤기 때문에 뒤로가기 했을 때 이동해야 하는 위치가 목록보다는 상품 정보라고 인식하는 게 더 보편적이다.

서비스 내부가 아닌, 외부의 다른 서비스로 연계되는 탐색도 중요하다. 검색을 하거나 정보를 저장, 공유하는 경험이 여기에 해당한다.

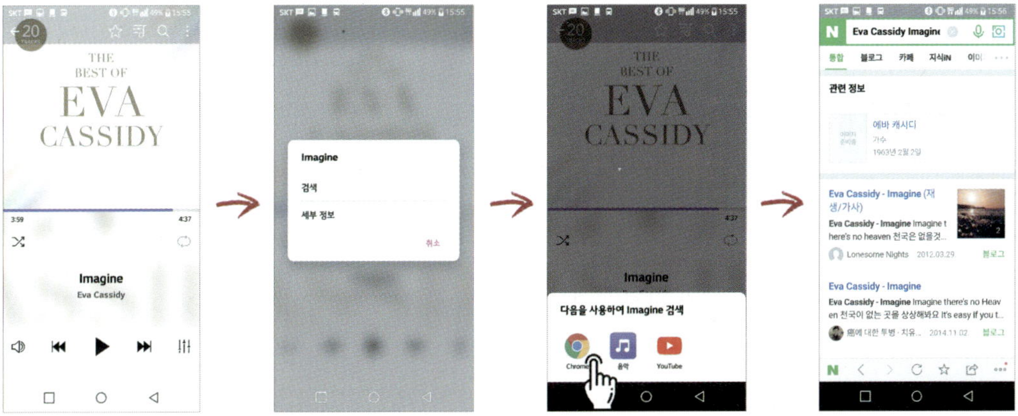

그림 127. 음악 플레이 중 외부 서비스를 이용한 곡명 검색

위 사례는 모르는 음악을 듣다가 자세한 정보를 알고 싶은 마음에 검색을 누르자 외부 검색 서비스를 통해서 정확한 정보를 조회하는 과정을 보여준다. 외부 검색 서비스인 네이버에 곡명(Imagine)만 전달한 게 아니라, 가수와 곡명을 함께 전달했기 때문에 더 정확한 정보 조회가 가능한 것이다.

서비스 특성에 따라서 불가피하게 탐색의 맥락이 끊길 때도 있다. 탐색 과정 중에 인증이나 비밀번호 재설정을 요구할 때도 있고, 다음 예시와 같이 서비스 제공 방식을 선택하라고 요구할 때도 있다.

그림 128. . 해피오더 앱

위 예시는 홈 화면에서 특정 브랜드를 선택했을 때 메뉴 선택을 바로 보여주는 것이 아니라, 주문 방식을 묻는 과정이 중간에 끼어든 것을 보여준다. 사용자는 브랜드 선택〉 메뉴 선택〉 주문으로 이어지는 흐름을 기대했을 텐데 중간에 주문 방식이 끼어드는 바람에 탐색의 맥락이 끊어진 것이다. 서비스 특성상 불가피하다고 할 수도 있지만, 이보다 더 좋은 UX/UI 설계는 과연 없는 것일까?

모바일에서 사용되는 7가지 주요 제스처들

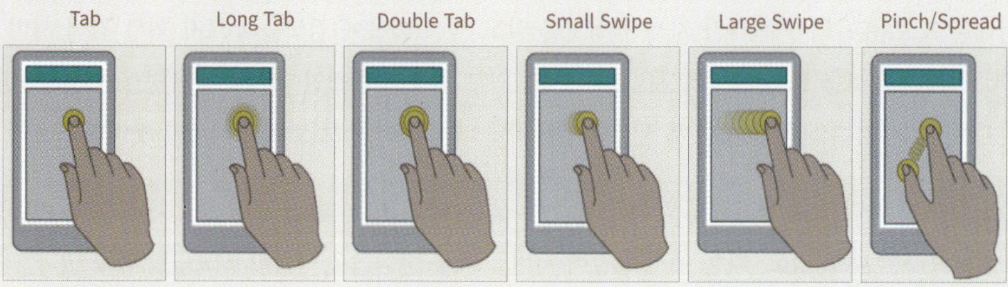

그림 129. 모바일 주요 제스처

탐색 및 조회 과정에서는 단순히 탭 하는 것뿐만 아니라 롱탭, 더블탭, 작은 스와이프, 큰 스와이프, 핀치&스프레드와 같이 여러 가지 제스처가 맥락에 맞게 사용된다. 특정 목록을 저장하기 위해서 롱탭을 했는데, 아무 일도 일어나지 않는 경우 사용자는 기대와 다른 인터랙션으로 인해 껄끄러움을 느낄 것이다.

조회

대부분의 디지털 서비스에서 조회는 최종 목적지 또는 최종 목적지까지 갈지 말지를 고민하게 만드는 교차로 같은 역할을 한다. 정보 조회가 목적인 경우에는 조회에서 경험이 종료되며, 구매/예약 등으로 이어지는 경우에는 주 활동 진행 여부가 조회에서 갈라지기 때문이다.

신한은행과 국민은행의 '자산' 첫 화면은 사용자가 자신의 자산 개요를 한눈에 확인할 수 있는 출발점이다. 이 화면에서 사용자는 자산의 주요 구성 항목과 총액 등 기본 정보를 파악할 수 있다.

다만, 더 상세한 정보를 조회하거나 가입한 상품을 관리·해지하려면 다른 화면으로 이동해야 한다. 이는 자산 관리의 복잡성과 기능의 다양성 때문에 한 화면에 모든 정보를 담기 어렵기 때문이다.

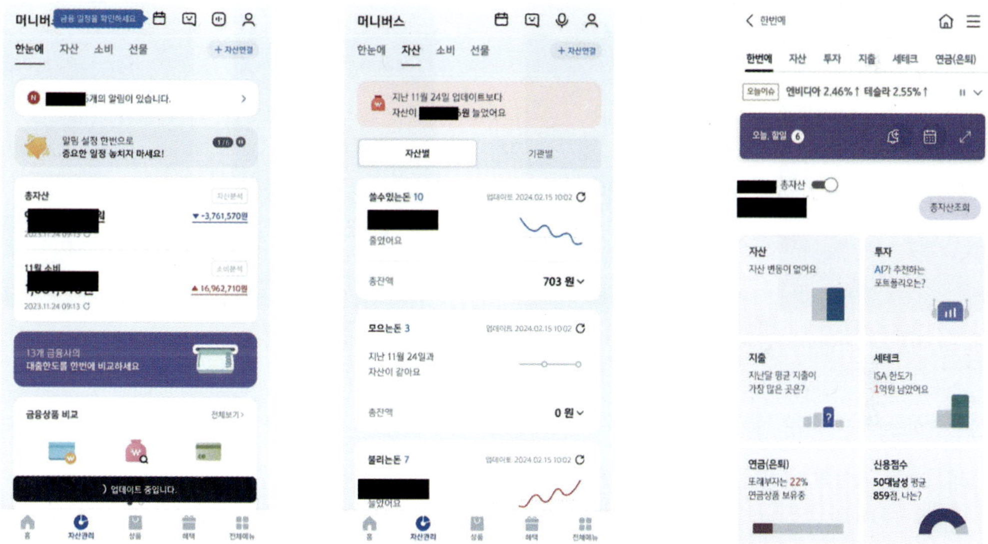

그림 130. 조회는 별도의 여정으로 존재하기도 하지만, 전체 여정에 조금씩 흩어져 있기도 하다 (출처: 신한은행, 국민은행)

조회에서는 원래의 정보 외에도 그것을 가공한 큐레이션 정보, 통계 정보, 사용자 리뷰 등이 사용된다. 이러한 가공된 정보는 사용자가 정보를 더 풍부하게 보고 의사결정하는 데 도움을 제공한다.

2025년에 출간한 《UX/UI 디자인 완벽 가이드: UI, 인터랙션, 프로토타이핑 편》에서 자세히 설명했지만, UI 설계는 정보 가공이 중요한 비중을 차지한다. 특히 조회 여정에 해당하는 UI는 주어진 원본 정보를 얼마나 사용자 경험에 맞게 가공하느냐에 따라 사용자가 체감하는 UX 품질에 큰 차이가 난다.

아래 애플의 제품 소개 화면은 빠르게 훑어볼 수 있는 '기본 소개 화면'과 꼼꼼하게 확인할 수 있는 '상세 설명 화면'으로 구분된다.

'기본 소개 화면'에서 더 자세한 내용이 궁금해 특정 항목을 누르면, '상세 설명 화면'이 전체 화면(Full Screen Overlay)으로 표시된다. 빠른 스캐닝을 위해 '기본 소개 화면'은 정보 밀도를 낮추고, 주요 특징을 컬러 · 크기 · 정렬 · 대비 등 시각적 요소로 강조한다. 반면, '상세 설명 화면'은 사용자가 깊이 있는 정보를 확인하기 위해 들어온 만큼 정보 밀도를 높게 하고, 텍스트 중심으로 구성되어 있다.

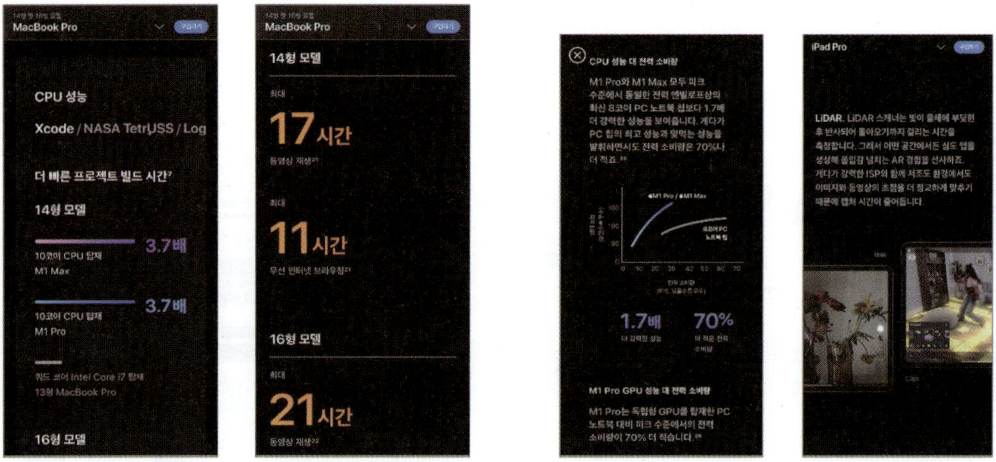

그림 131. 애플의 PDP(Product Display Page)

정보 조회 시에는 여러 가지 인터랙션이나 저장/공유 등의 기능이 결합되어 사용자가 본인 의도에 따라 정보를 쉽게 조작할 수 있는 여지를 부여해야 한다.

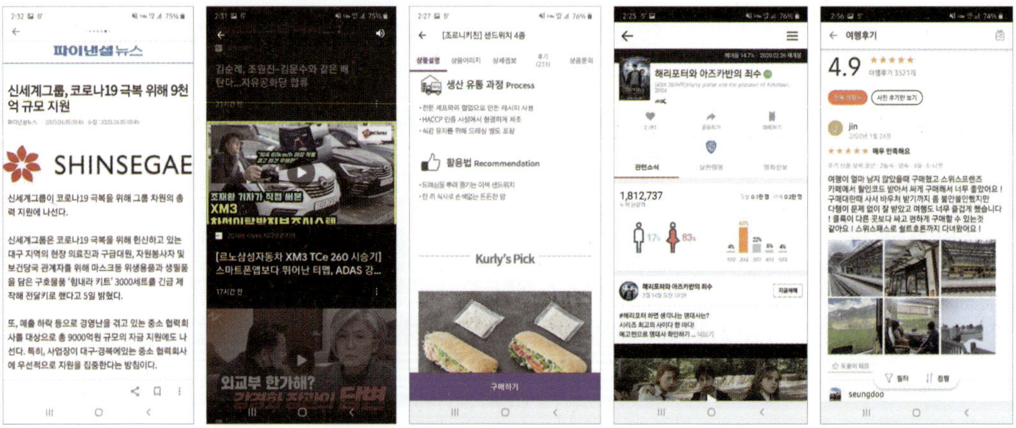

그림 132. (왼쪽부터) 파이낸셜뉴스, 구글 뉴스, 마켓컬리, CGV, 클룩

뉴스와 같이 사실 위주의 갱신 주기가 빠른 정보는 원본 위주로 제공된다. 형식에 따라서 보여주는 방식은 차이가 있으나, 원본 위주로 제공된다는 점 자체는 비슷하다. 마켓컬리는 원본 외에 편집된 정보를 추가로 제공해서 원본 정보만으로는 얻기 힘든 신뢰성을 전달한다. CGV는 영화에 대한 통계정보를 노출하여 사용자들이 사회적 검증(Social Validation)을 스스로 할 수 있게 했으며, 여행상품 서비스인 클룩은 후기를 통해서 구매 의사결정을 돕고 있다.

추천이나 인기 순위를 보여줄 경우에는 사용자들이 쉽게 납득할 수 있는 보조적인 지표를 제공하면 정보에 대한 신뢰를 형성하는 데 유리하다. 다음의 넷플릭스와 FLO의 검색 화면은 추천 콘텐츠(You Might Like)와 급상승 키워드를 기본으로 보여주지만, 그 추천/인기 근거를 확인할 수 있는 지표는 보여주지 않아 신뢰성이 떨어진다.

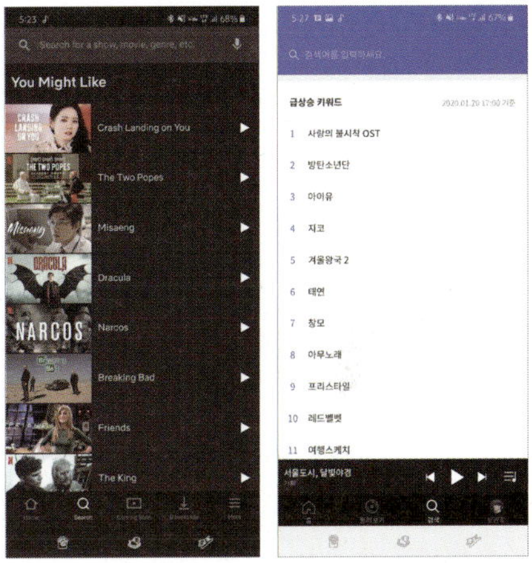

그림 133. 넷플릭스, FLO의 검색창

일부 서비스들은 탐색과 조회가 일체화되어 있다. 보여주는 정보가 단순하고, 체계나 구분이 따로 필요하지 않으며, 하나의 정보에 주목하는 경험보다 여러 정보를 오가는 경험이 중요한 서비스에서는 탐색과 조회를 의도적으로 구분하지 않기도 한다. 물리적인 구분이 있다고 하더라도 사용자들은 굳이 조회 화면에 들어가지 않아도 탐색 과정에서도 정보를 충분히 조회할 수 있다.

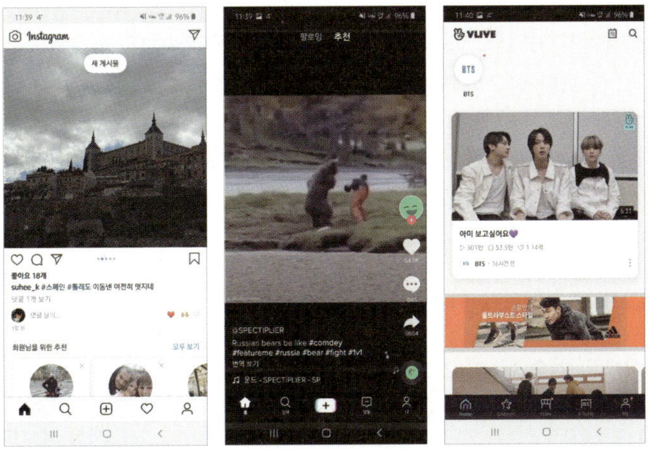

그림 134. (왼쪽부터) 인스타그램, 틱톡, V LIVE

위에 예시로 든 인스타그램, 틱톡, V LIVE 서비스는 목록 화면에서 바로 조회할 수 있게 되어 있다. 조회 화면이 별도로 구성되어 있는 경우에도 목록과 큰 차이를 보이지 않는다.

사용자 조작이 풍부해야 하는 조회 화면에서는 사용자 의도에 맞게 인터랙션이 설계돼야 한다.

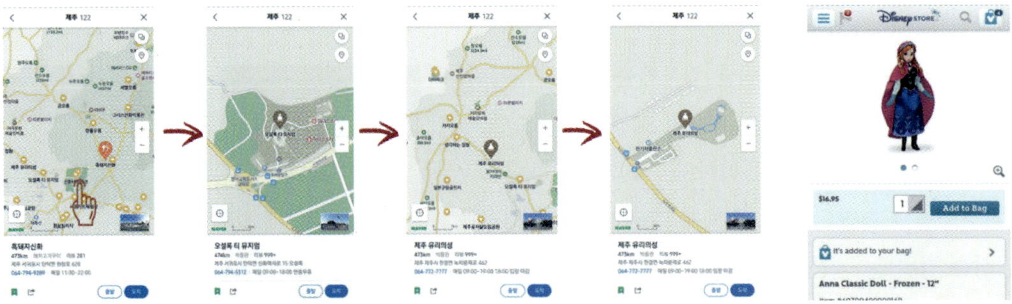

그림 135. 네이버 지도, 디즈니스토어

네이버 지도에서는 특정 장소를 선택할 때 기존에 보고 있던 지도 화면에 비해 확대된 척도(Scale)로 화면이 재설정되어 방향/위치 감각이 상실된다. 디즈니스토어의 캐릭터 샵은 캐릭터 이미지를 2D로만 제공해 360도로 돌려보고 싶어 하는 사용자의 니즈를 충족시키지 못한다.

조회 과정에서 부주의한 UX/UI 디자인으로 인해서 사용자들이 정보를 확인하지 못하거나 입력이 방해받는 것은 매우 조심해야 할 사안이다. 부주의하고 무성의하게 느껴지는 것은 사용자의 큰 반발심을 자아낼 수 있기 때문이다.

2010년대 중반 이후 UX/UI 분야에서 'UX 라이팅'의 역할이 크게 부각되고 있다. UX 라이팅은 단순한 문구 작성이 아니라, 일상에서 쓰이는 자연스러운 구어체를 바탕으로 하여 타깃 사용자의 문화적 배경과 언어의 운율, 리듬감을 고려한 텍스트를 서비스 전반에 제공하는 작업이다. 이렇게 함으로써 사용자는 서비스 내 콘텐츠를 보다 친근하고 편안하게 접할 수 있다.

특히 사용자들이 메뉴, 버튼, 안내 메시지, 에러 메시지 등 다양한 인터페이스 요소를 만날 때, 단조롭고 딱딱한 표현 대신 친근하고 인간적인 어투를 접하면 심리적 장벽이 낮아지고 사용자 경험 전체의 만족도가 크게 향상된다. 또한 UX 라이팅은 정보의 명확성과 직관성을 높여 사용자의 이해를 돕고, 서비스 이용흐름을 자연스럽고 원활하게 이끌어주는 중요한 역할을 한다.

결과적으로 UX 라이팅은 기술적 UI 요소와 함께 사용자와 서비스 간의 감성적 연결고리를 만들어 내어, 보다 몰입감 있고 따뜻한 사용자 경험을 창출하는 핵심 요소로 자리 잡고 있다. 따라서 현대 UX/UI 설계에서 UX 라이팅은 필수적인 전략이자 경쟁력 강화의 중요한 수단으로 인식되고 있다.

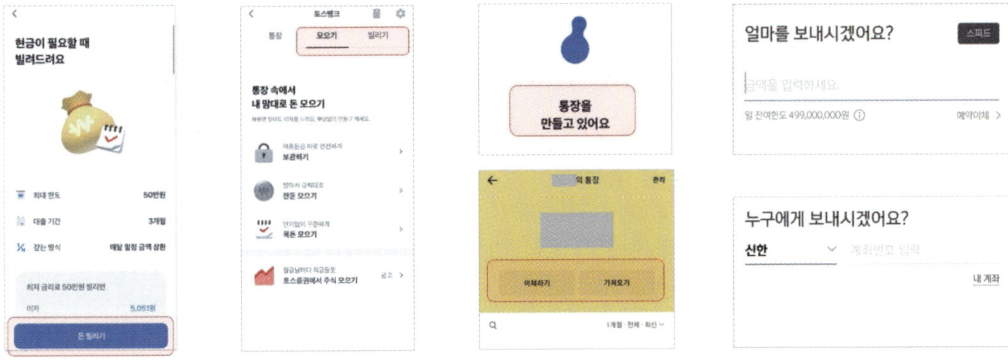

그림 136. UX 라이팅은 친근한 일상 용어를 사용하여 인지적인 부하를 더 낮추는 효과가 있다. (출처: 토스뱅크, 카카오뱅크, 신한은행)

사용자가 찾고자 하는 정보의 형태가 명확하고 빈도가 매우 높을 경우, 이러한 정보들은 빠르고 손쉽게 접근할 수 있도록 위젯이나 알림(Notification) 형태로 제공하는 것이 효과적이다. 예를 들어, 날씨 정보, 관심 종목의 현재가, 계좌 잔액, 예약 순번 등은 사용자가 자주 확인하는 핵심 정보로, 별도의 탐색 과정 없이 즉시 접근할 수 있게 하면 사용자 경험이 크게 향상된다.

이러한 방식은 사용자가 필요할 때 즉시 핵심 정보를 확인할 수 있도록 하여, 정보 탐색 시간을 줄이고 서비스에 대한 만족도를 높인다. 위젯은 홈 화면이나 잠금 화면 등에서 한눈에 정보를 제공하며, 알림은 필요 시 사용자에게 실시간으로 중요한 변동 사항이나 상태를 알려줌으로써 사용자와 서비스 간의 상호작용을 간편하고 직관적으로 만든다.

결과적으로, 자주 확인하는 필수 정보들을 위젯과 알림으로 효과적으로 노출하는 UX 전략은 사용자의 편의성을 극대화하고, 서비스 이용 빈도와 만족도를 높이는 데 매우 중요한 역할을 한다.

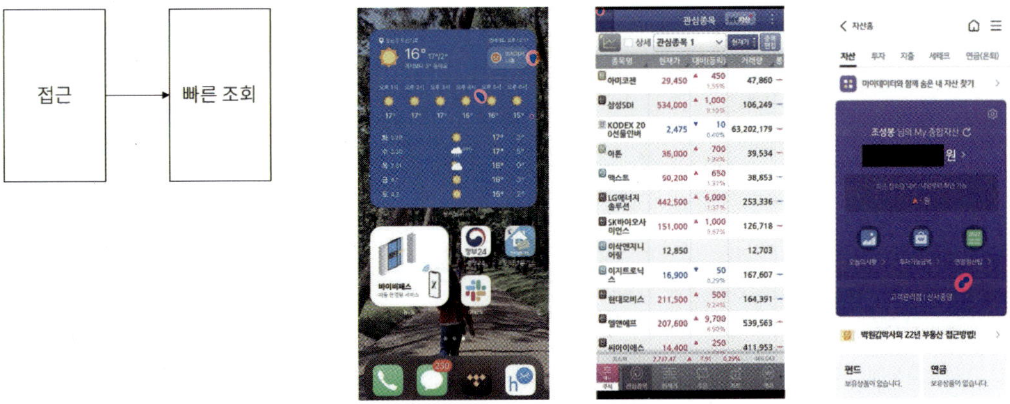

그림 137. 위젯은 그 정보 형태가 정형화되어 있고, 조회 빈도가 높은 경우에 사용하면 좋다 (출처: 날씨, 키움증권, 국민은행)

주 활동

주 활동이란 탐색, 조회 단계를 거친 다음, 구매나 예약, 거래와 같이 사용자가 서비스의 핵심 기능을 실행하는 단계를 말한다. 주 활동은 보통 하나 이상의 화면으로 구성되며 정보 입력, 동의, 확인, 인증 등이 이용흐름상에서 하나의 과정으로 포함된다.

아래 네이버쇼핑에서의 구매 여정은 조회 → 쿠폰 → 옵션, 배송방법 선택 → 결제(배송지〉 할인/포인트〉 결제정보〉 동의) → 인증 → 완료로 이어진다.

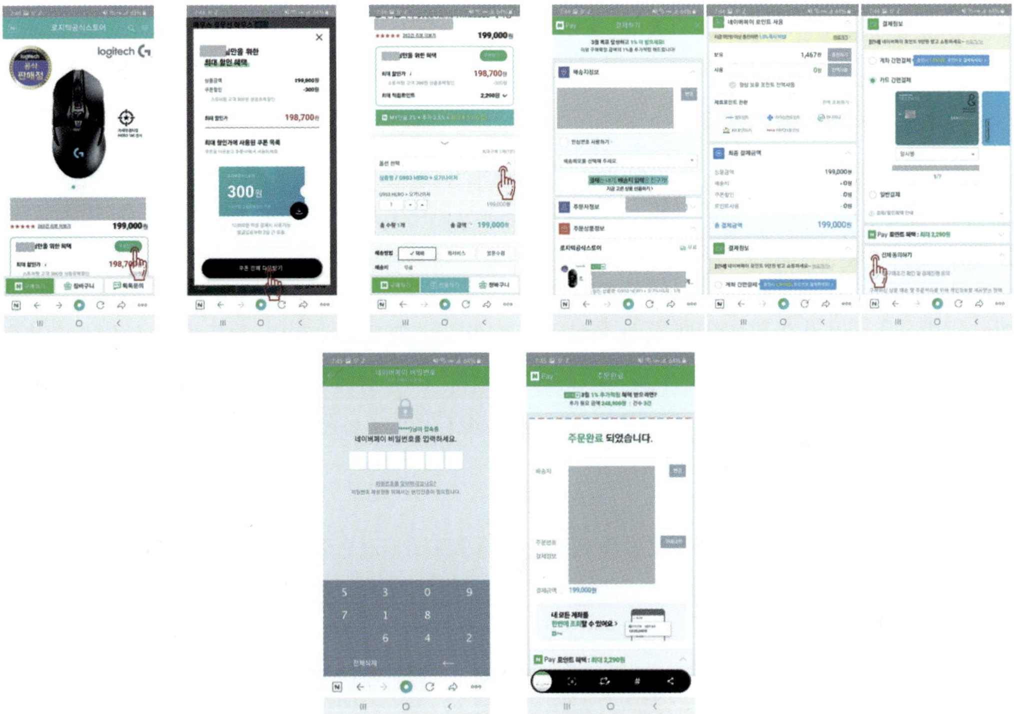

그림 138. 네이버쇼핑에서의 구매

주 활동은 복잡한 과정을 거치는 일이 많으므로 경험요소들이 복잡하게 느껴지지 않게 해야 한다.

주 활동 단계에서 복잡함을 최소화하기 위한 UX Tip

1. 사용자가 예상하는 활동 순서를 그대로 따른다.
2. 이용흐름상에서 맥락을 벗어나게 만드는 일을 최소화한다.
3. 불가피하게 맥락을 벗어나야 하는 일이 생기면 이용흐름의 앞이나 뒤에 배치하여 진행 과정 중에는 주의가 산만해지지 않도록 한다.

4. 서로 다른 정보는 시각적으로 영역을 구분하여 직관적으로 다르다는 점을 인지시킨다.

5. 이용흐름이 뒤로 갈수록 선택지를 제한해 목적에 집중하게 만든다.

6. 선택, 입력, 확인, 동의와 같은 인터랙션을 할 때마다 관련된 UI가 매끄럽게 맞물리게 한다.

주 활동은 서비스 분야마다 UX/UI가 어느 정도 평준화되어 있어서 탐색이나 조회보다 문제가 적은 편이다. 그러나 아주 작은 사소한 것이라도 주 활동에서의 고충은 서비스 이탈을 초래할 수 있다.

주 활동에서 사용자 고충의 대다수는 UI나 기능보다는 이용흐름 영역에 존재한다.

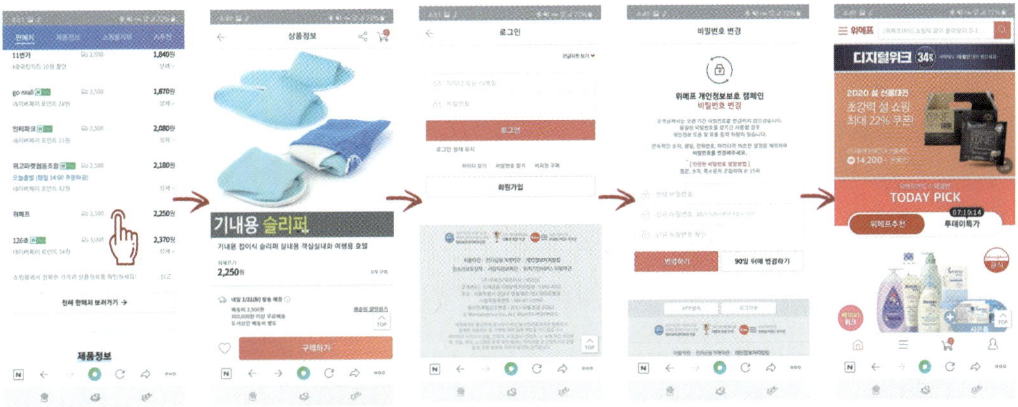

그림 139. 위메프

상품 구매를 위해서 로그인 이후 비밀번호 변경 화면을 거치자 (상품 구매가 아닌) 홈 화면으로 이동한다. 사용자의 이용 맥락이 완전히 끊긴 것이다.

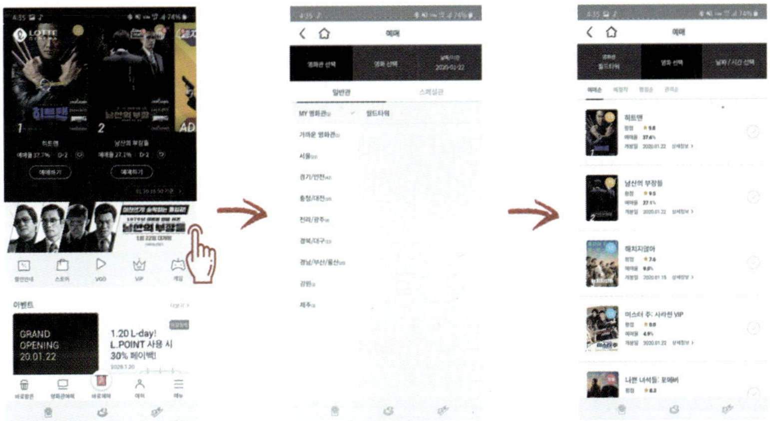

그림 140. 롯데시네마

특정 영화를 예매하려는 목적으로 영화관까지 선택했지만, (예매가 아닌) 다시 영화를 선택하라는 화면으로 이동했다.

이처럼 주 활동 단계의 문제는 이용흐름이 사용자의 실제 경험과 달라서 발생하는 것이 가장 많다. 위 영화 예매 사례는 번거롭기는 해도 다시 영화를 선택하면 되지만, 첫 번째 사례는 아예 선택한 상품 정보를 벗어나 버리기 때문에 사용자의 고충이 심각해질 수 있다.

사용자들의 정보를 입력받기 위한 양식(Form) 디자인도 주 활동 단계에서 큰 비중을 차지한다. 입력 양식에는 직접 입력, 옵션 선택, 동의, 불러오기, 확인 등 다양한 행위가 반영된다.

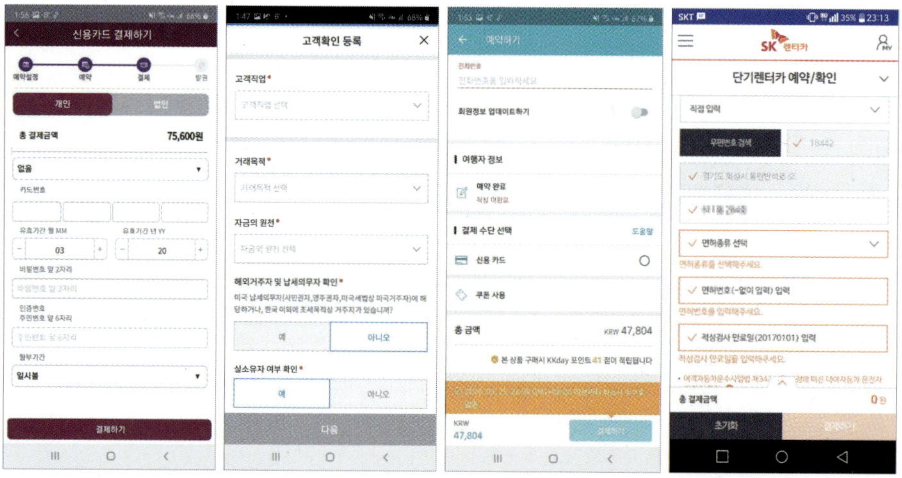

그림 141. (왼쪽부터) SRT 예매, 우리은행 상품 가입, Kkday 여행상품 구매, SK 렌터카 예약

위 예시는 다양한 입력 양식을 보여준다. 직접 입력이 필요한 경우(SRT 예매)와 입력 없이 옵션 선택만 하는 경우(우리은행 상품 가입), 여러 유형의 정보를 한 화면에서 받는 경우(Kkday 여행상품 구매)와 단일 유형 정보만 입력받는 경우(SK 렌터카 예약)가 존재한다.

애초에 필요 이상의 많은 정보를 사용자에게 요구해서는 안 되겠지만, 반드시 입력해야 한다면 최대한 그것을 간편하게 하면서 사용자의 실수에 관대하게 대응하고, 중요한 경험요소는 강조하면서 정보 영역 간 구분을 명확하게 하는 것이 좋다.

입력 양식(Form) 디자인에서 지켜야 할 원칙

1. 현재 적용 가능한 가장 간편한 방식을 제시한다. (예: 공인인증서를 대신하는 생체인증)
2. 기본값을 제시하되 사용자가 다른 대안도 선택할 수 있게 한다.
3. 각 입력 영역을 구분하고 짧고 명확한 레이블(Label)과 입력 예시를 보여준다.
4. 입력 시 사용자의 실수가 있었다면 정확한 위치와 원인을 알려준다.
5. 반드시 해야 하는 것과 그렇지 않아도 되는 것을 구분한다.

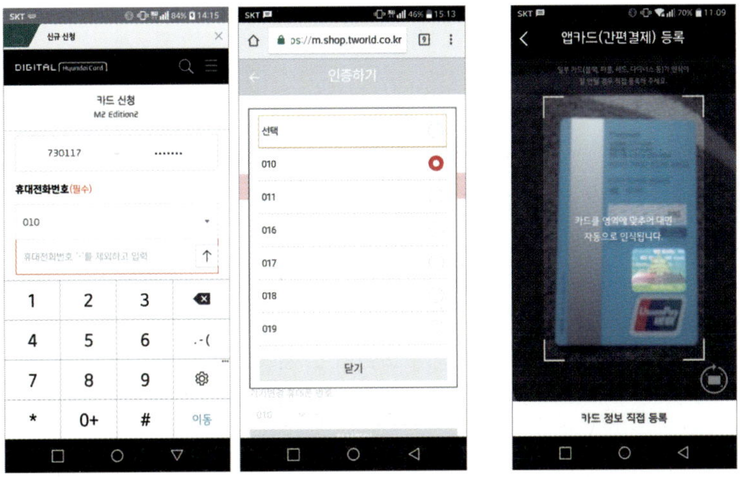

그림 142. 현대카드 카드 신청, 티월드

위에서 왼쪽 2개의 이미지는 대다수 사용자들의 휴대폰번호 국번인 010을 기본값으로 제시한 사례와 사용자가 직접 선택해야 하는 사례이며, 오른쪽 이미지는 카메라 촬영을 통해서 카드를 자동으로 인식하는 것을 보여준다.

인터랙션과 UI가 매끄럽게 맞물리는 것도 중요하다. 인터랙션은 사용자가 수행하고자 하는 구체적인 행위를 나타낸다. 시점별로 사용자가 하는 구체적인 행위들이 UI상에서 적절하게 맞물려 나타날 경우, 사용자는 더 쉽고 편리하다고 생각하는 경향이 있다.

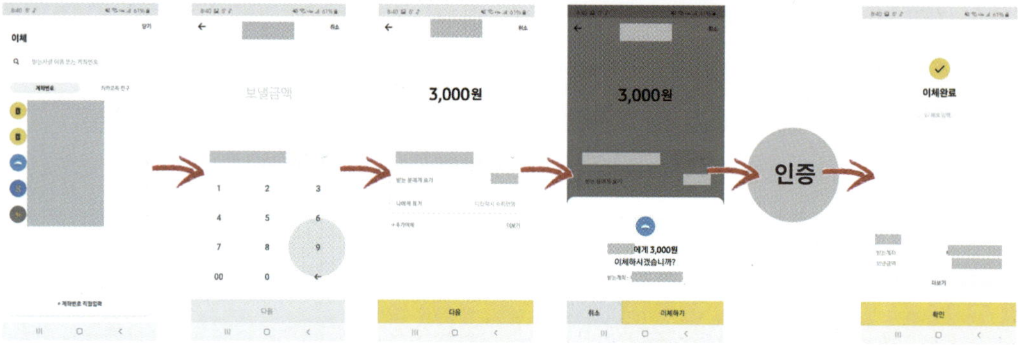

그림 143. 카카오뱅크 이체하기

위 사례는 카카오뱅크를 통해서 누군가에게 이체하는 흐름을 보여준다. 받는사람을 선택하면 바로 보낼금액을 입력하라고 노출된다. 보낼금액을 확인하고 다음 버튼을 누르면 다음 단계인 이체 확인은 부분 팝업으로 노출된다. 여기서 이체하기를 누르면 인증을 거쳐서 최종적으로 이체가 완료된다. 카카오뱅크는 군더더기 없는 행위와 필요한 정보만 보여주는 UI 흐름이 매끄럽게 잘 맞물려 있다.

주 활동 중에는 사용자의 실수 또는 서비스의 문제로 여러 가지 에러나 변수가 발생한다. 이러한 예외처리 상황에서는 사용자들이 상황을 빠르게 파악하고 적절하게 대처할 방법을 알려주는 것이 중요하다.

예외처리 시 좋은 UX = 상황에 대한 정확한 이해 + 적절한 대처 방법 안내

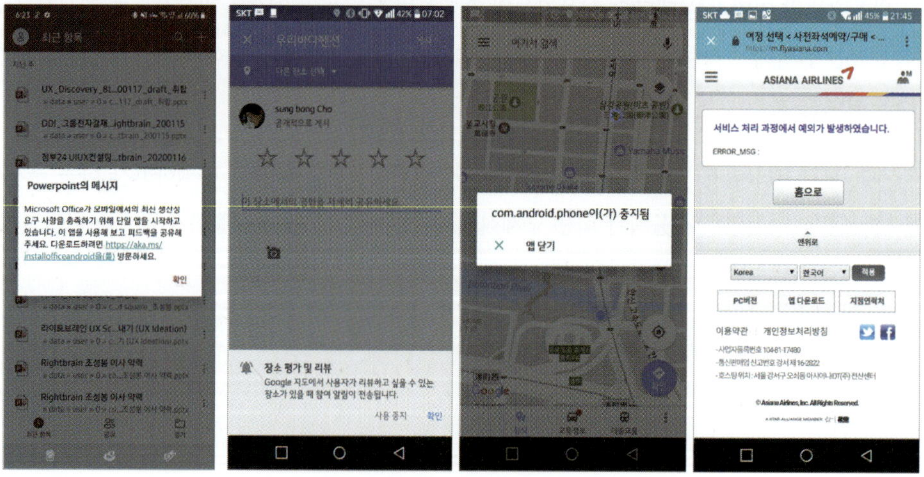

그림 144. (왼쪽부터) MS 파워포인트, 구글 지도, 아시아나항공

위 예시들은 이해하기 어려운 메시지로 인해 상황 파악도 어렵고 대처 방법도 알 수 없는 잘못된 예외 처리 UX들을 보여준다.

부가 활동

부가 활동이란 서비스의 핵심 기능은 아니지만, 사용자 편의를 위해서 배치된 기능을 수행하는 활동을 말한다. 저장, 즐겨찾기, 공유, 상담, 올리기, 내려받기 등이 대표적인 부가 활동이다. 서비스에 따라서 어떤 기능은 그 의미가 달라진다(예: 저장이 다운로드를 의미, 저장이 즐겨찾기를 의미).

구글 드라이브에서 파일을 선택하면 다운로드, 공유 등의 부가 활동 기능이 나타난다.

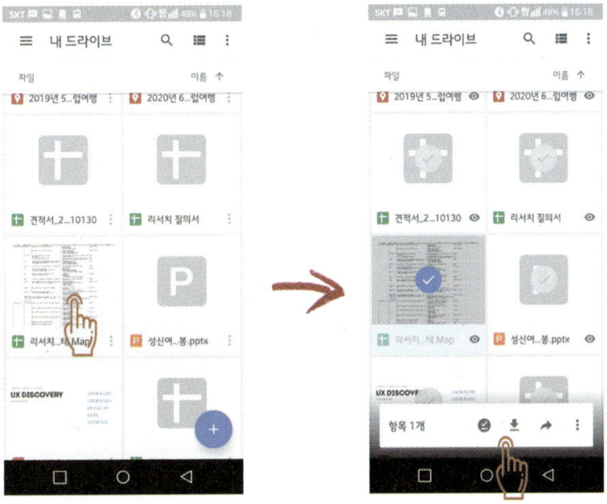

그림 145. 구글 드라이브

콘텐츠를 선택하지 않고도 상시로 부가 활동 기능을 이용할 수 있는 서비스도 있다.

아래 에버노트의 사례는 왼쪽 하단에 (+) 모양의 플로팅 버튼(Floating Button)이 상시 노출되어 언제 어디서든지 부가 활동 기능에 접근할 수 있다.

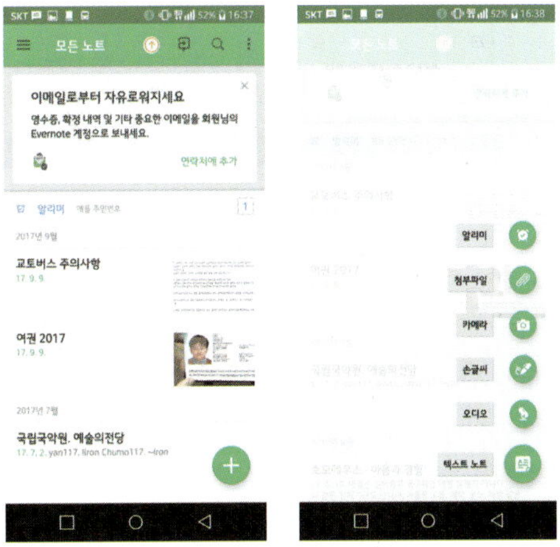

그림 146. 에버노트

또한 주 활동이 끝난 단계에서 부가 활동 기능이 나타나는 서비스들도 많다. 아래 쇼핑몰은 주문이 끝나면 주문 상세정보를 통해서 배송이나 리뷰, 반품 등의 부가 활동 기능을 만날 수 있다.

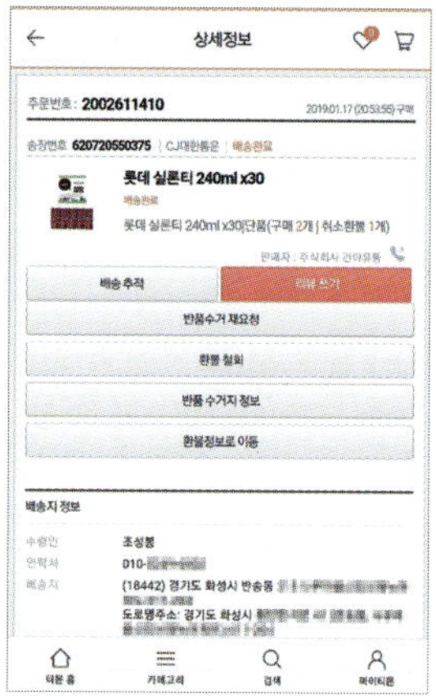

그림 147. 티켓몬스터 주문 상세정보

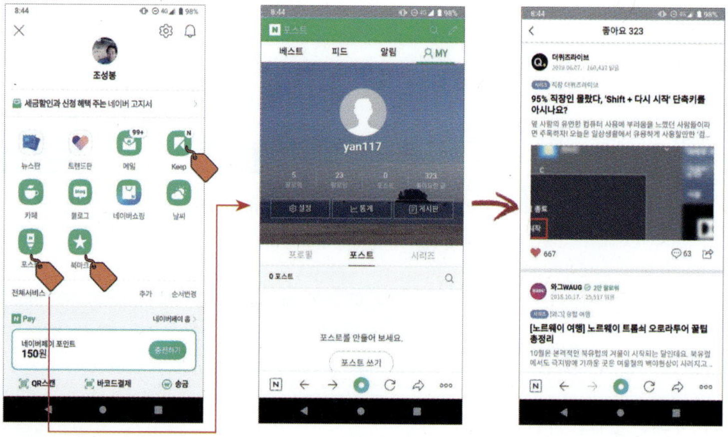

그림 148. 네이버 콘텐츠 저장 기능들

부가 활동은 그 특성상 하나의 메뉴나 이용흐름이 아닌, 서비스 전체에 흩어져 있으므로 정책이 중요하다. 네이버의 경우 저장과 관련된 기능은 북마크 외에도 Keep이 별도로 있으며, 포스트 하위에도 '좋아요'라는 기능이 있어서 사용자들은 본인이 저장한 콘텐츠가 어디에 있는지 찾기 힘들 수 있다.

인증

인증은 로그인과 같이 단독으로 존재하는 경우도 있지만, 대부분은 다른 UX 흐름에 포함되어 있는 경우가 많다. AI와 스마트폰 기술의 발전과 더불어 얼굴, 지문, 홍채, 목소리와 같은 생체인증 방법이 늘어나면서 모바일에서의 인증 방법은 이전보다 다양해졌다. 국내 특성상 공인인증서나 아이핀 인증이 존재하고, 금융 거래에서는 신분증이나 금융계좌 인증을 요구할 때도 있다.

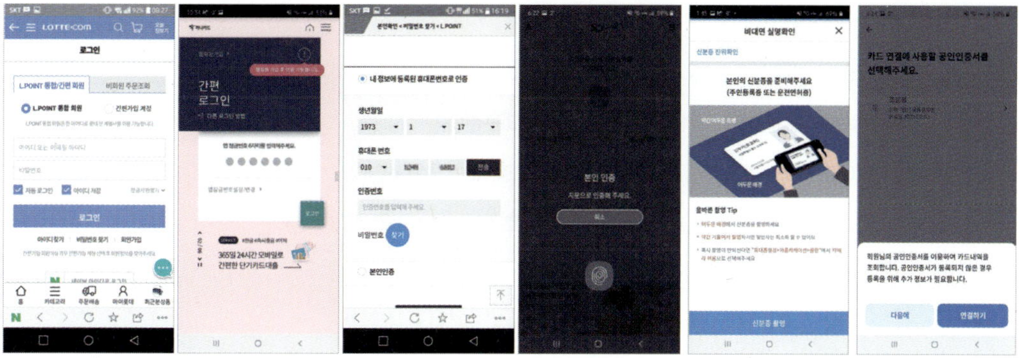

그림 149. (왼쪽부터) 롯데닷컴, 하나카드, L.POINT, 신한은행 SOL, 원페이, 신한카드

모든 서비스의 가장 기본적인 인증 절차는 아이디/비밀번호를 통한 것이다. 그러나 아이디/비밀번호는 해킹의 염려도 있고 보안상 이차적인 인증이 필요한 경우에 공인인증서나 PIN 번호, OTP 카드, 휴대폰 인증 등을 배치하는데, 생체인증은 1차 인증을 완전히 대체하고 2차 인증은 대체가 불가능한 경우도 많다.

인증은 그 특성상 사용자의 정보 입력이나 동의 과정이 수반된다.

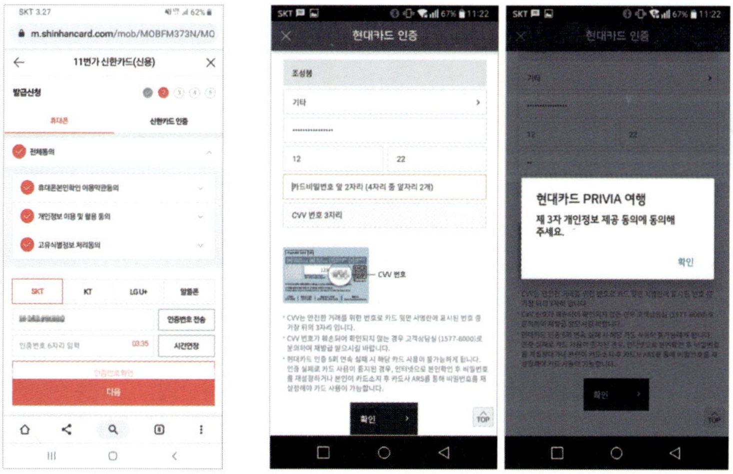

그림 150. 11번가, 현대카드 프리비아

인증의 목적은 디지털 서비스 이용 시 발생할 수 있는 보안상의 문제를 원천적으로 제거하고, 사용자의 중요한 정보를 주 활동 과정에 이용하기 위해서다. 인증은 때에 따라서 귀찮은 절차일 수도 있으나, 보안을 위해서는 꼭 필요한 절차다. 그러나 다음과 같은 UX적인 문제로 인해 불만을 자아내기도 한다.

인증과 관련된 UX 문제들

1. 지나치게 까다로운 비밀번호 체계나 암호화 표시로 인해서 사용자가 기억하기 어렵게 만든다.
2. 하나의 주 활동 흐름에서 여러 차례에 걸쳐서 인증을 요구한다.
3. 동일한 맥락인데도 각각 다른 인증 방법을 요구하여 사용자를 혼동시킨다.
4. 인증 신규/갱신 과정에서 현재 채널이 아닌 다른 채널로 이동했다가 돌아와야 한다.
5. 인증을 거치면서 이전의 맥락이 단절된다.

인증 과정 중에 UX/UI 경험요소들이 사용자의 구체적인 행위를 뒷받침하는 것도 중요하다. 사용자 행위를 공감하지 못하는 잘못된 디자인은 심각한 문제를 만들어낼 수 있다.

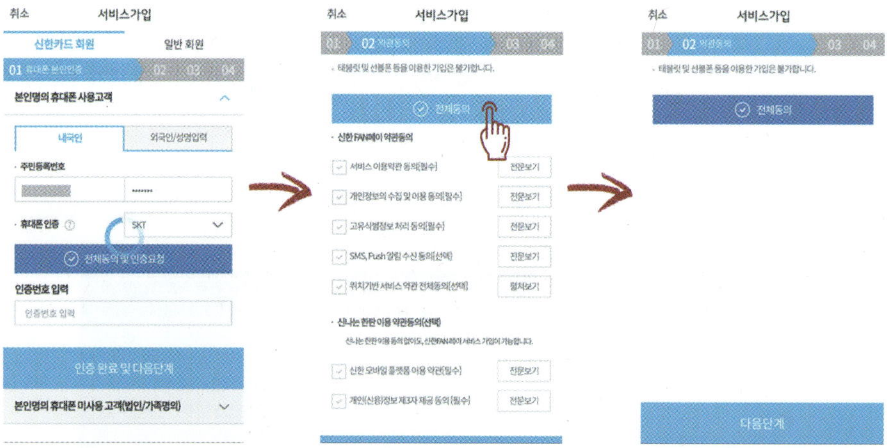

그림 151. 신한카드

위 신한카드 사례는 약관 동의 과정에서 상단의 전체동의를 누를 경우, 개별 약관 동의가 자동으로 닫힌다. 전체 동의는 7개의 약관을 일일이 누르지 않아도 돼서 편한 기능이지만, 선택 후 모든 약관이 닫혀 버리는 바람에 선택 약관을 해제할 수 없다. 푸시 알림이나 위치 기반 서비스 제공에 거부감을 지닌 사용자들은 다시 전체 동의를 해제해야만 약관 해제가 가능하다.

왼쪽 사례는 입력한 카드번호 12자리가 모두 '*' 표로 처리되어 입력 과정에서 사용자의 실수를 유발할 소지가 있다. 12자리 카드번호를 몇 자리까지 입력했는지를 잊어버릴 경우 확인할 방법이 없기 때문이다.

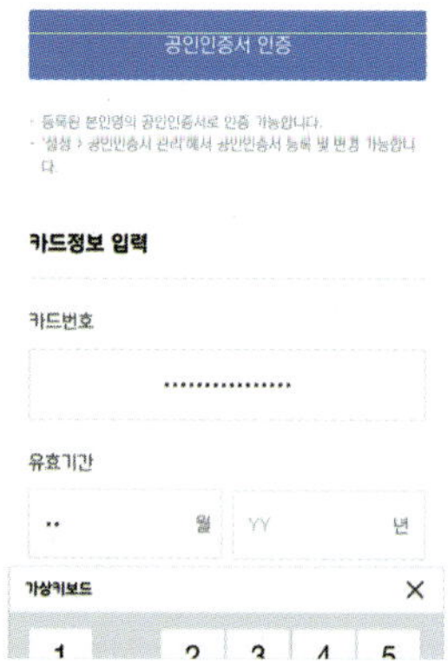

그림 152. 현대카드

이처럼 사용자의 행위를 공감하지 못한 인증 UX/UI 디자인은 불필요한 고충을 만들어낸다.

최근 인증 방식에서 소셜 로그인, 다른 앱을 통한 인증, 그리고 사용자의 은행 계좌를 활용한 인증 방식의 비중이 크게 높아지고 있다.

- 소셜 로그인은 네이버, 카카오, 페이스북, 구글 등 소셜미디어 계정을 이용해 별도의 회원가입 없이 간편하게 서비스를 이용할 수 있게 하는 방식이다. 사용자들은 소셜 로그인을 통해 가입과 로그인의 번거로움을 줄일 수 있어 매우 선호하며, 특히 젊은 층에서 사용 비중이 높다. 현재 시장에서도 소셜 로그인 API 사용이 급증하는 추세이며, 이는 사용자 경험 개선과 서비스 진입 장벽 완화에 크게 기여한다.
- 다른 앱을 통한 인증은 외부 인증 앱(예: Google Authenticator, Duo Mobile 등)을 통해 2단계 인증이나 추가 보안 강화를 하는 사례가 많아졌다. 이 방식은 사용자 계정을 안전하게 보호하는 동시에 편리한 인증 경험을 제공한다.
- 은행 계좌를 활용한 인증은 사용자가 자신의 은행 계좌에 일정 금액(보통 1원)을 입금받고 입금자의 번호 뒤 3자리 등 특정 정보를 확인해 본인임을 인증하는 방식이다. 이 방법은 특히 금융 서비스나 핀테크에서 본인 계좌 소유 여부를 안전하게 검증하는 수단으로 활용된다. 국내 여러 은행과 해외 송금 서비스에서 이런 방식을 널리 채택 중이다.

이처럼 다양한 인증 기술과 방법이 조합되면서 사용자는 보다 간편하고 안전한 인증 경험을 할 수 있게 되었으며, 서비스 제공자 입장에서도 보안과 사용자 편의성을 동시에 확보하는 방향으로 발전하고 있다. 전통적인 아이디/비밀번호 방식에서 벗어나 소셜 로그인과 타 앱 인증, 그리고 금융 계좌 기반 인증이 사용자 편의성과 보안을 균형 있게 고려한 현대 인증 트렌드로 자리 잡고 있다.

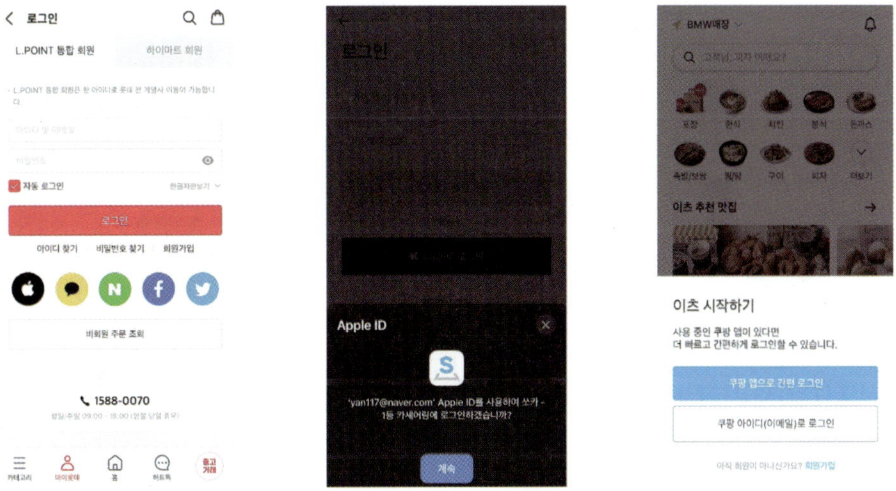

그림 153. 소셜 로그인 (출처: 하이마트, 쏘카, 쿠팡 이츠)

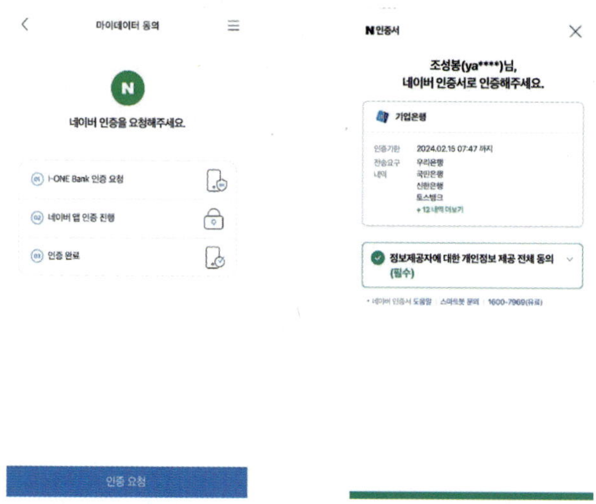

그림 154. 다른 앱을 통한 인증. 보통 2차 인증 목적으로 사용될 때가 많다. (출처: IBK기업은행)

개인화

개인화는 바로가기나 추천을 통해서 정보 접근성을 높이고, 이용 환경을 의도대로 설정하는 활동을 말한다.

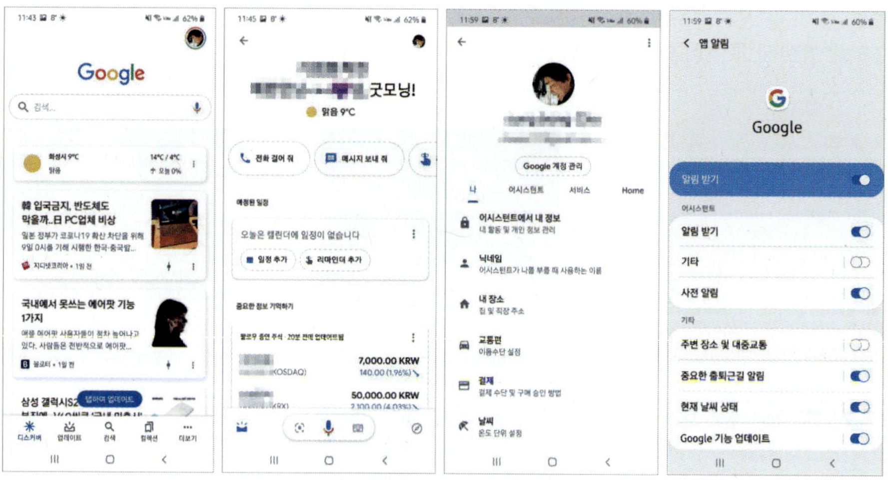

그림 155. 구글 앱

위 구글 앱의 예시를 보면 다음과 같은 개인화가 제공된다.

1. 추천: 홈 화면을 통해서 사용자가 선호하는 콘텐츠 유형(날씨, 뉴스)과 유형별 콘텐츠(예: 뉴스 주제, 섹션)가 제공된다.
2. 바로가기: 음성명령, 일정, 주식 시세, 음악, 앱 등에 대한 바로가기를 제공한다. 바로가기는 사용자가 직접 등록하거나 최근 검색을 기준으로 제시되는 것도 있고, 서비스가 추천하는 것도 있다.
3. 계정관리: 내 정보, 내 장소, 교통편, 기타 관심사항 등을 등록해 놓으면 홈 화면이나 다른 구글 앱을 통해서 추천이 제공된다.
4. 알림: 사용자가 받고 싶어 하는 알림을 미리 설정할 수 있다.

단순히 인증된 계정에 근거하여 사용자의 활동 내역을 보여주는 것도 개인화의 범주에 포함되지만, 서비스가 복잡하고 제공하는 정보가 많을수록, 개인화는 탐색의 수고를 덜어주고 사용자의 취향과 관심사가 서비스에 반영되어 좀 더 몰입된 경험을 제공한다.

사용자의 활동/보유 내역을 확인할 수 있는 것만으로도 개인화는 중요한 의미를 지닌다.

이전 활동/보유 내역을 직접 찾으러 다니거나 서비스 상담원에게 문의해야 할 일을 대체하기 때문이다.

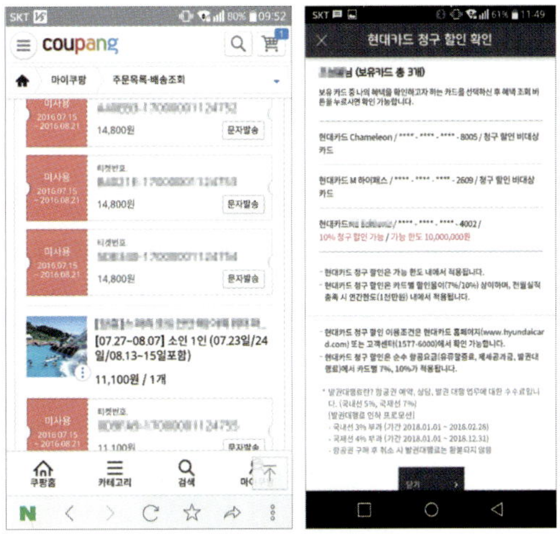

그림 156. 쿠팡 주문 티켓 확인, 현대카드 프리비아 할인 가능 카드 확인

개인화는 목적의식이 약할 때 더 효과가 있지만, 대시보드나 이전 활동 기록 등은 목적의식적인 동기에서도 사용자에게 큰 도움이 된다.

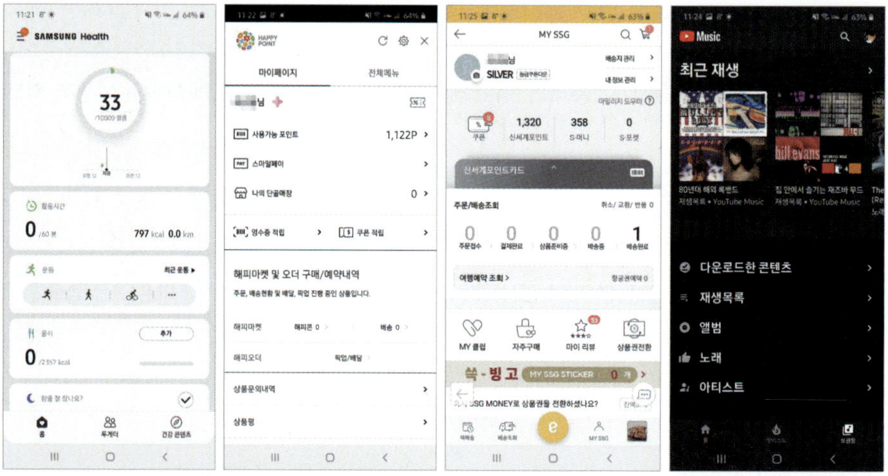

그림 157. (왼쪽부터) 삼성헬스, 해피포인트, 이마트몰, YTmusic

삼성헬스와 같이 동일 행동이 반복적으로 이뤄지는 서비스에서는 대시보드 형태로 그날그날의 정보를 보여준다. 서비스 전체가 개인화와 깊이 맞물려 있다. 위 사례 중 나머지 3가지는 해당 서비스에서의 활동 기록과 설정, 혜택/포인트/쿠폰과 같은 보유자산을 보여준다.

추천은 비 목적의식적인 동기, 그중에서도 습관적인 동기에서 큰 효과를 발휘한다. 예를 들어 무료함이나 배고픔을 해소하고자 하지만 특별히 어떻게 하는 게 좋을지는 모를 때, 서비스가 적절한 추천을 제시해주면 사용자는 고민할 필요 없이 바로 행동을 할 수 있기 때문에 편리함(Convenience)은 물론 감성(Pleasurable, Meaningful)이 강화되어 서비스에 대한 애착을 더 높일 수 있다.

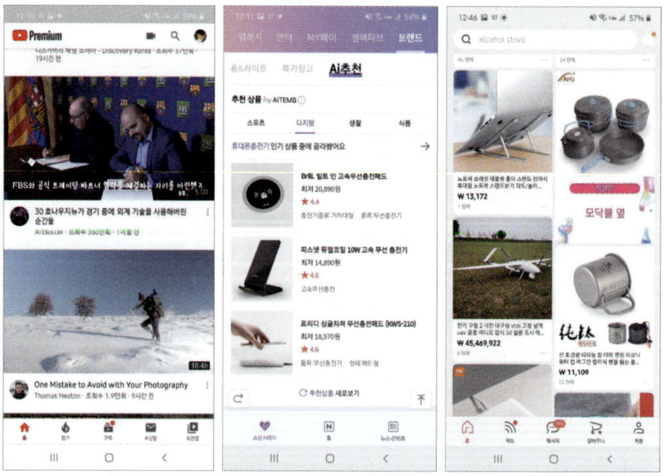

그림 158. (왼쪽부터) 유튜브, 네이버쇼핑, 알리익스프레스

위 예시들은 AI 기술을 이용하여 추천을 제공한다. 검색이나 조회와 같은 사용자 행위는 물론, 사용자와 유사한 프로파일[주: 사용자 유형]을 갖는 다른 사용자의 관심사를 참조해 추천을 제공한다.

마지막으로 검색에서의 개인화를 살펴보자.

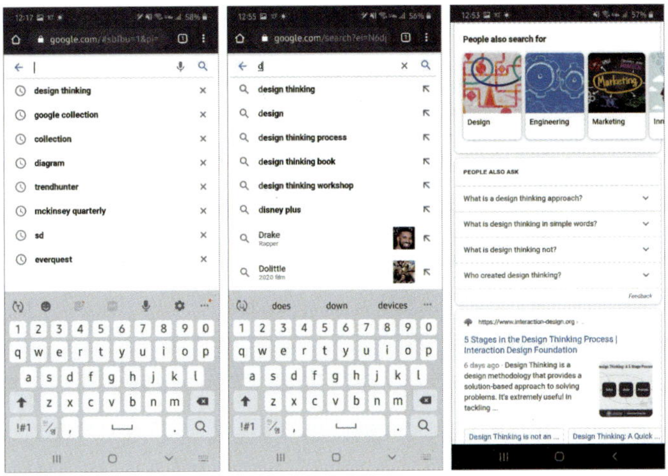

그림 159. 구글 검색

처음 검색창을 탭 했을 때는 최근 검색어들이 나타난다. 아직 검색어를 치기 전이므로 이전 행동이 현재의 경험에 영향을 미친다는 'UX 작용' 면에서 좋은 UX라고 볼 수 있다. 사용자가 d라고 입력하자 이전에 검색한 기록을 토대로 design으로 시작하는 키워드들이 추천된다. design이 아닌 drift에 관심이 많은 사용자라면 다른 키워드가 추천되었을 것이다. 마지막으로 design thinking이라고 검색한 결과 화면에 보면 design thinking을 검색했던 다른 사용자들이 이용한 추가 검색어들을 보여준다.

이탈

모바일 앱, 특히 안드로이드 운영체제에서의 앱들은 뒤로가기 버튼 연속 탭 등을 통해서 사용자가 서비스를 이탈하려는 것을 미리 파악할 수 있다. 사용자가 서비스를 이탈할 때 앱이 그대로 종료될 수도 있으나, 간단한 정보를 제공하는 서비스들도 종종 찾아볼 수 있다.

애플 iOS에서 운영 중인 앱이나 안드로이드라도 앱이 아닌 모바일 웹에서는 이탈을 감지할 방법이 마땅히 없다.

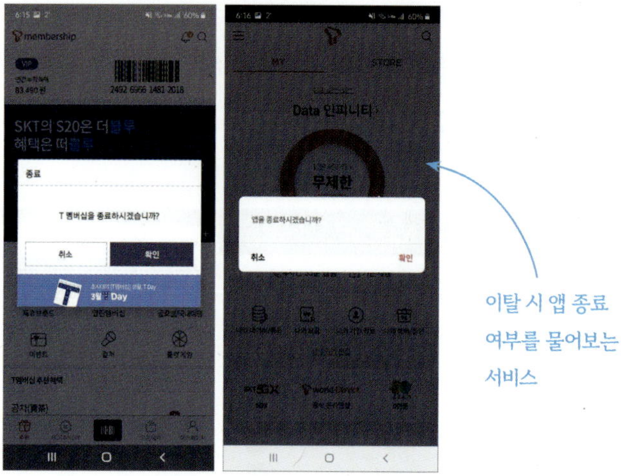

그림 160. 멤버십, T월드

위 SK텔레콤의 서비스들은 뒤로가기 버튼을 눌러 이탈하려고 하는 사용자에게 종료 여부를 팝업으로 물어본다. 그러나 단순하게 종료 여부를 묻는 것에 그치지 않고, 다음 예시처럼 배너를 통해서 사용자의 발길을 붙잡는 경우도 있다.

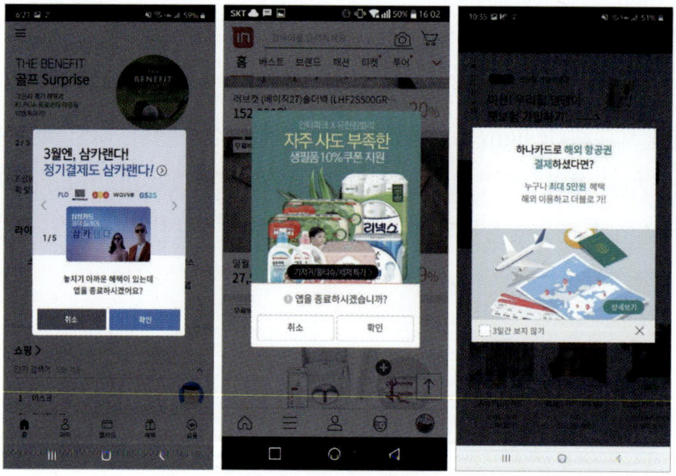

그림 161. (왼쪽부터) 삼성카드, 인터파크 쇼핑, 하나카드

서비스 이탈 시 단순히 종료 여부를 묻기보다는 혜택이나 이벤트를 알리는 것이 더 유용할 수 있지만, 사용자는 이미 서비스 종료 의사를 가지고 있기 때문에 지나치게 복잡한 디자인은 발길을 붙잡지 못한다. 위 3가지 사례에서 삼성카드의 배너는 지나치게 복잡하고 하나카드의 배너는 구체적인 혜택이 잘 느껴지지 않는다. 인터파크 쇼핑은 이미지가 다소 복잡한 감이 있지만, 혜택을 강렬하게 알린다는 면에서는 이탈하려는 발길을 붙잡는 데 적합해 보인다.

Part 02

UX/UI 디자인 프로세스

01

기본 프로세스

발견 (Discover)	도출 (Define)	구체화 (Develop)	산출(Deliver)
• 목표 수립 • 관련 UX 분석 • 이슈 제기 • 데스크 리서치 • 필드 리서치	• 키파인딩 • UX 모델링 • 인사이트	• UX 전략 • 아이디어 도출 • 아이디어 평가 • 시나리오 설계	• IA 및 User Flow 설계 • Interaction 설계 • 프로토타이핑 • UX 테스트 • UX 가이드라인

그림 162. UX/UI 디자인 프로세스

UX/UI 디자인의 기본 프로세스는 발견(Discover)〉 도출(Define)〉 구체화(Develop)〉 산출(Deliver)의 4단계를 거친다. 이는 'UX 방법론'에서 소개한 그림 '더블 다이아몬드 모델'과 일맥상통한다.

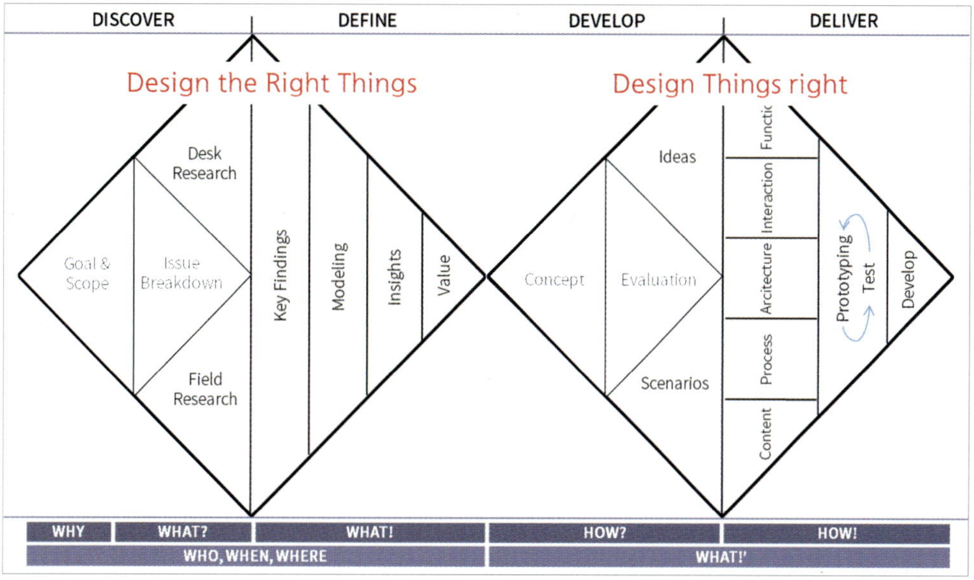

그림 163. 더블 다이아몬드 모델

2010년대 초반부터는 정통 UX 방법론을 벗어나 좀 더 빠른 속도를 추구하거나 순서를 바꾸어 먼저 만들고 검증하는 방법론도 등장했다.

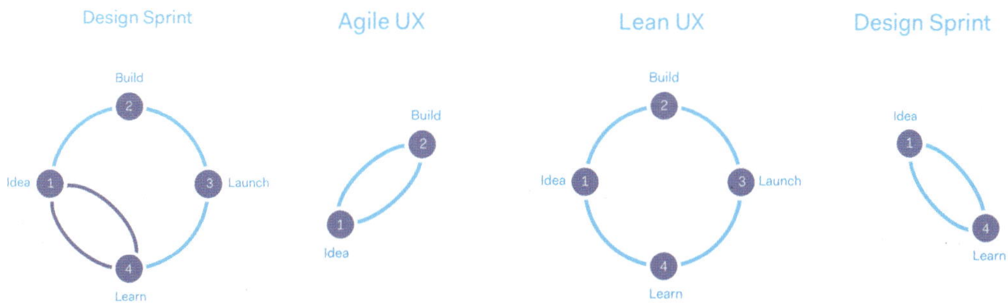

그림 164. 정통 UX 방법론에서 탈피한 방법론들 (Marcin Treder, UXPin)

이 방법론들은 다음 섹션에서 자세하게 살펴볼 예정이다.

02

발견(Discover) 단계

UX/UI 디자인은 미리 문제를 정의하고 그것을 어떻게 풀 것인가를 프로세스 내내 고민하는 방법론이 아니다. 발견(Discover) 단계에서 여러 가지 이슈별로 트렌드와 경쟁 현황을 분석하고, 무엇보다 사용자들의 실제 경험을 관찰해 문제 정의에 필요한 단서들을 찾는 작업을 한다.

발견(Discovery)은 크게 두 가지 관점으로 나눌 수 있다. 첫째는 제품 및 서비스 관점이고, 둘째는 사용자 경험(UX) 관점이다.

제품 및 서비스 관점은 다시 세 가지 주요 레이어로 분류된다. 첫째, 비즈니스 레이어는 시장 동향, 경쟁 구도, 비즈니스 모델, 고객 요구 등 전략적 및 경영적 요소를 분석하는 층이다. 둘째, 기술 및 서비스 레이어는 서비스 구현을 위한 기술 인프라, 시스템 구조, 운영 방식, 서비스 제공 절차 등을 다룬다. 셋째, UX/UI 레이어는 사용자가 제품이나 서비스를 직접 접하는 인터페이스와 경험의 설계 및 구현을 포함한다.

어떤 레이어에 중점을 두어 조사하거나 분석할지는 해당 서비스 분야와 프로젝트의 특성에 따라 크게 달라진다. 예를 들어, 기술 혁신 중심의 프로젝트에서는 기술/서비스 레이어에 집중할 수 있고, 고객 경험 개선이 중요한 경우에는 UX/UI 레이어가 핵심 분석 대상이 된다. 비즈니스 전략을 재정립하는 프로젝트라면 비즈니스 레이어가 주요 초점이 된다.

이처럼 발견 단계에서의 레이어 구분과 집중 영역 설정은 프로젝트 목표에 맞춰 최적의 인사이트를 도출하고, 효과적인 서비스 개선과 개발로 이어지도록 하는 중요한 출발점이다.

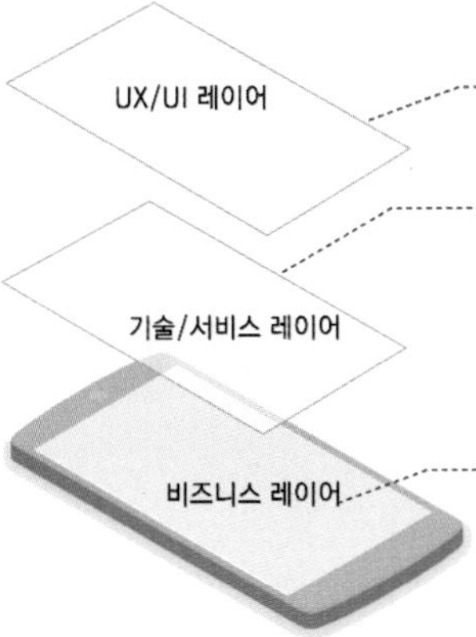

디자인 이슈	• 해당 분야에서 새롭게 대두되고 있는 새로운 디자인 경향
기술 이슈	• 해당 분야에서 일상생활에 영향을 미치는 기술적 이슈
서비스 이슈	• 해당 분야에서 사람들의 행동을 크게 변화시킨 새로운 서비스의 대두
세대적 특성	• 해당 분야에서 각 세대 계층이 공유하고 있는 정서적 동질감
문화적 특성	• 해당 분야에서 사람들의 라이프스타일에 영향을 미치는 문화적 특성
사회적 이슈	• 해당 분야에서 사람들 모두가 공감하는 이슈
경제적 이슈	• 해당 분야에서 사람들의 일상생활에 영향을 미치는 경제적 이슈
거시적 트랜드	• 현재 제품/서비스 디자인에 있어서 가장 중요하게 대두되고 있는 경향

그림 165. 제품/서비스 관점에서의 발견 이슈

발견 단계는 디자인씽킹 방법론들이 갖는 가장 중요한 특징이다. 사용자 경험 관점에서의 접근은 현장에서 실제 사용자를 만나 그들의 경험을 다각도로 조사·분석하는 과정을 포함한다. 선험적으로 문제를 정의하고 그 해결책을 찾는 것이 아니라, 상향식(Bottom-up)으로 문제를 점차 찾아 나가기 때문이다. 이러한 특징으로 인해서 UX/UI 디자인에는 디자인 영역별 전문가 외에 리서치 전문가(Researcher)라는 역할이 존재한다.

목표 수립

디지털 전환이 가속화되면서 UX 프로젝트는 단순히 고객 응대 채널을 개선해 고객 만족도를 높이기 위한 활동을 넘어, 기업이나 브랜드의 생존이 걸린 핵심 과제가 되고 있다.

조사 결과, 응답자의 30%가 서비스 자체보다 서비스가 제공하는 경험에 불만을 느껴 이탈했다고 답했다. 또한 미국의 기존 은행 고객 가운데 절반가량이 신규 계좌를 개설하거나 기존 계좌를 폐지했는데, 이러한 계좌 이동이 잦아진 주된 이유는 디지털 서비스 경험이 만족스럽지 않았기 때문이다. 실제로 미국 주요 4대 은행에 대한 고객 신뢰도는 아마존, 애플, 구글 등 빅테크 기업에 대한 신뢰도보다 훨씬 낮은 수준이다.

이처럼 사용자 경험이 부실하면 고객 이탈이 빈번해지고, 이는 곧 기업의 수익과 브랜드 가치 하락으로 이어진다. 따라서 현대의 UX 프로젝트는 단순 기능 개선이 아니라 서비스 전반에서 고객이 느끼는 만족과 신뢰를 설계하는 데 초점을 맞추어야 한다.

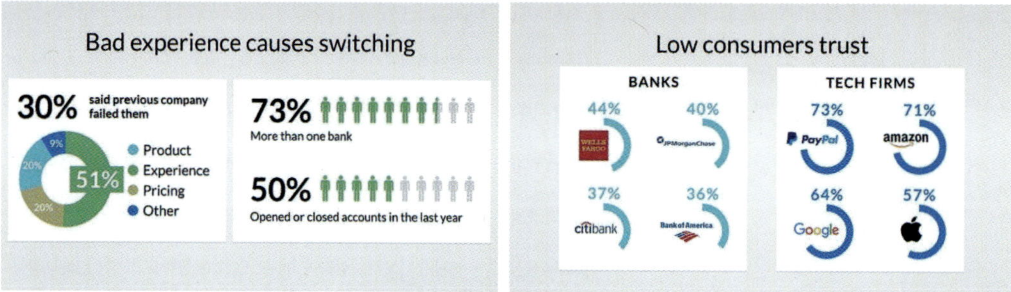

그림 166. 2023년 UXPlanet에서 수행한 조사 결과 (출처: UXPlanet)

목표 수립은 현재 당면한 문제와 비즈니스적으로 가능한 해결책, 서비스의 구조적 취약점 등을 검토하고 그 해결방안을 가설로 수립하는 활동이다. 체계적인 검토 과정을 거쳐서 목표를 수립하는 경우도 있지만, 위협적인 경쟁자가 새롭게 등장했거나 시장 판도가 달라지고 있다는 것을 체감할 때, 또는 새로운 신기술 도입이 필요하다는 문제의식에 의해서 UX/UI 프로젝트가 시작되는 경우도 많다. 시장 변화에 민감하고 고객 불만에 발 빠르게 대응하는 기업들은 상시로 'UX 팀'을 꾸리기도 한다.

아래는 한 신선식품 배송몰의 목표 수립 예시다. 신선식품 배송몰 시장에서 경쟁이 치열해지고 있다는 사실과 함께, 개인이 아닌 가구 유형 · 라이프스타일을 기준으로 한 잠재 고객층이 존재한다는 기회 요인을 확인하고, 사용자에게 어떻게 질적으로 차별화된 경험을 제공할 것인지에 대한 질문을 던지고 있다.

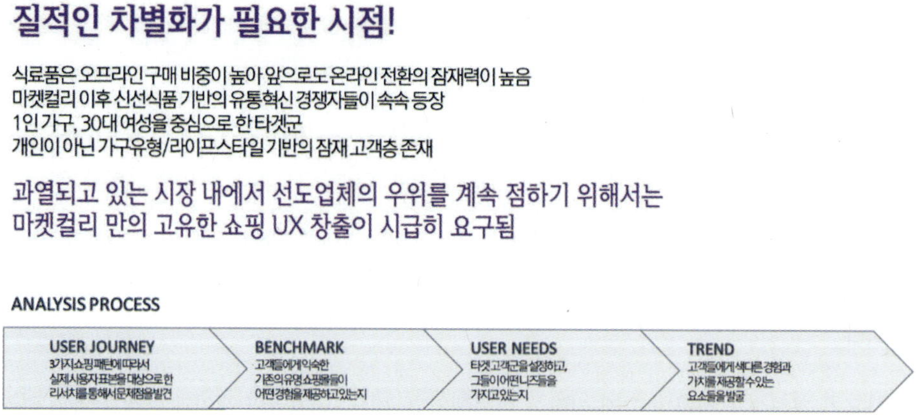

그림 167. 모 신선식품 배송 몰에 대한 목표 수립 예시

반면, 아래 예시는 사용자의 현재 경험을 기반으로 목표를 도출하고 있다. 사용자인 주부가 직접 할 수 없는 일을 1순위로, 할 수는 있지만 자신이 없거나 번거로운 일을 2순위로, 그 나머지를 3순위로 나누어 어디에 집중해야 할지를 조명하고 있다.

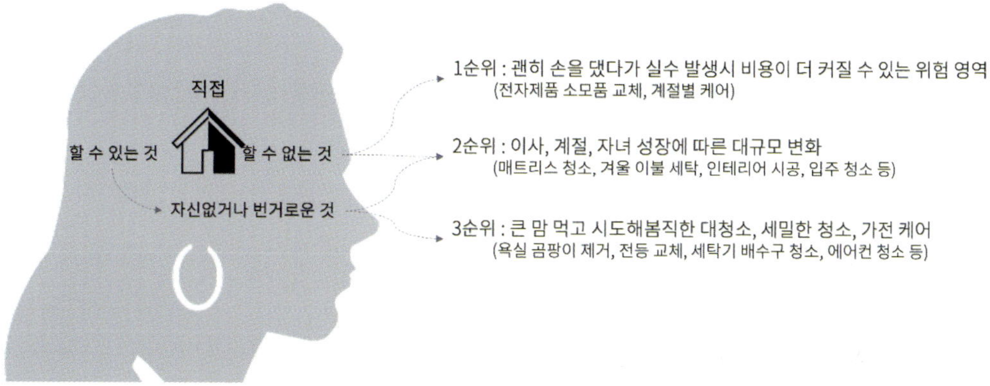

그림 168. 주부들이 원하는 가사 도우미 서비스

프로젝트 유형이 '선행 연구'인 경우에는 목표 수립에 기술적인 영향이 크게 작용한다. 그래서 '기술적 요구 파악'이 모든 활동에 앞서 선행되어야 한다. 아래는 자율 주행 경험을 디자인하는 프로젝트에서 자율 주행 관련 기술들에 어떻게 접근할지를 나타낸 예시다.

자율 주행 경험 디자인:

- AI, 클라우드, 데이터 분석, HUD 정보 표시를 어떻게 보여줄 것인가?
- 어떤 인터렉션을 통해서 운전 중에 정보를 탐색하거나 나중에 볼 수 있도록 저장하게 할 것인가?
- 운전자의 반응을 학습한 다음에는 나중에 이를 어떻게 활용할 것인가?

그림 169. 기술적 요구 파악 예시

기술 기반 UX 프로젝트에서는 특정 기술 요소가 실제 사용자 경험으로 어떻게 구현되고 전달되는지를 명확히 정의하는 것이 매우 중요하다. 예를 들어, 가상현실 디스플레이 안경을 통해 사용자에게 제공하고자 하는 경험을 다음과 같이 7가지로 정리할 수 있다.

- 몰입감: 사용자가 가상현실 환경에 완전히 빠져들 수 있도록 시각적, 청각적 요소를 극대화하여 현실과 유사한 경험을 제공한다.
- 직관적 상호작용: 손 동작이나 시선 추적 같은 자연스러운 입력 방식을 통해 사용자가 복잡한 조작 없이 가상 공간과 쉽게 소통할 수 있도록 한다.
- 실시간 반응성: 사용자의 움직임이나 명령에 대해 지연 없이 즉각적으로 반응해 현실감과 편안함을 유지한다.
- 개인화된 환경: 사용자의 취향과 요구에 맞춘 가상 공간이나 콘텐츠를 제공해 더욱 친밀하고 의미 있는 경험을 만든다.
- 신체 착용감: 안경의 경량화와 인체공학적 설계로 장시간 착용해도 불편함이 없도록 한다.
- 안전성: 사용자 주변 환경과 상호작용 시 안전사고를 방지하기 위한 기술적 대비책을 포함한다.
- 사회적 연결성: 가상현실 내에서 다른 사용자와 소통하고 협력할 수 있는 기능을 통해 사회적 경험을 확장한다.

이와 같이 기술 기반 UX 프로젝트에서는 기술이 전달하는 구체적인 사용자 경험을 명확히 정의하고 설계하는 것이 프로젝트 성공의 핵심이다. 가상현실 디스플레이 안경 사례처럼 이러한 경험 정의는 개발팀과 디자이너가 목표를 공유하고 체계적으로 구현하도록 돕는다.

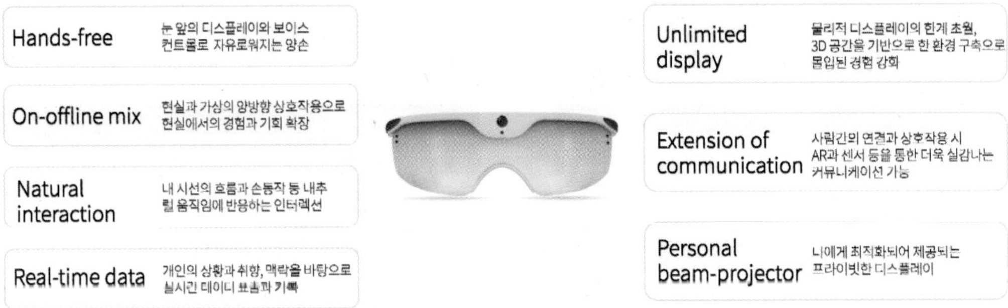

그림 170. 가상현실 디스플레이 안경에서 제공하는 7가지 사용자 경험

목표 수립 활동의 결과로 가설을 세운다. 어떤 타깃 사용자를 공략할지, 그 사용자에게 어떤 가치를 전달할지, 그리고 결과적으로 우리 비즈니스가 어떻게 성장할지를 구체적으로 정의한다. 가설은 틀릴 수

도 있고 맞을 수도 있다. 중요한 것은 무작정 '잘해보자'거나 '좋은 서비스를 만들자'고 출발하는 것이 아니라, 가설을 통해 구체적이고 명확한 목표를 세웠다는 점이다.

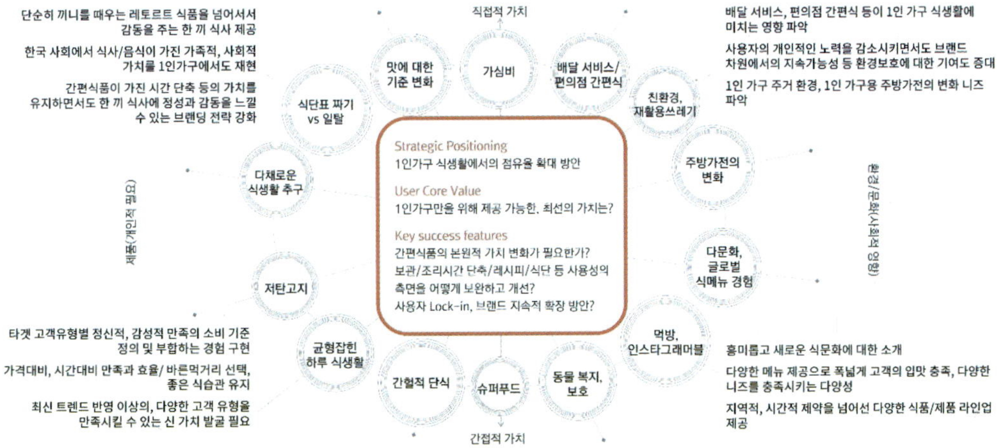

그림 171. 목표 수립 단계에서의 가설 수립 예시

관련 UX 분석

대상 서비스의 경험요소, 맥락, 예상되는 고충을 미리 파악한다. 실제 사용자들이 어떤 환경에서 어떤 식으로 서비스를 이용하며 그 가운데서 어떤 것들이 영향을 미치는지를 분석하는 것은 UX 관점에서 서비스를 이해하는 데 큰 도움이 된다.

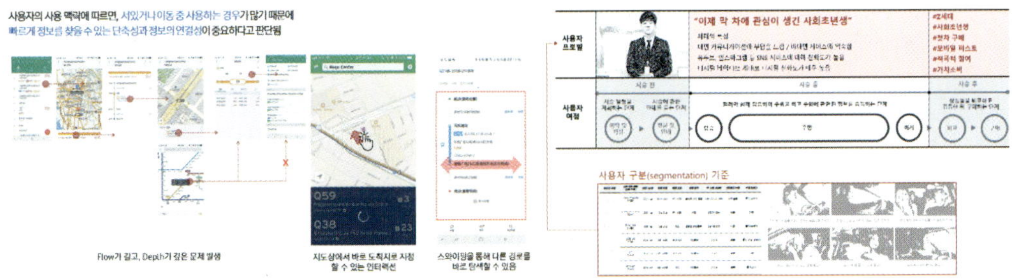

그림 172. 관련 UX 분석 예시

위 왼쪽 예시는 현 서비스의 이용흐름(User Flow)이 사용자들의 이용 동기와 맞물리지 않는다는 점을 지적하고 있다. 오른쪽 예시는 차량을 처음 시승하는 사회초년생들이 어떻게 시승 경험을 하게 될지를 미리 시뮬레이션해 본 것이다.

아래는 모 통신사 고객들을 대상으로 한 WOM(Word Of Mouth, 입소문)을 앱스토어에서 조사한 뒤, 고객들의 관심사와 고충을 정리한 것이다. 이처럼 앱스토어나 온라인 커뮤니티에서의 서비스에 대한 실제 리뷰는 관련 UX 분석에서 매우 유용하게 활용된다. WOM 분석은 데스크 리서치 단계에서도 진행하지만, 프로젝트 초반에 관련 UX 분석을 위해 실행하는 경우도 있다.

그림 173. 모 통신사 가입 고객의 입소문(WOM)을 조사한 다음, 관심사 고충을 분석한 예시

관련 UX 분석의 목적

1. 서비스의 경험요소 및 이용 맥락 파악이 가장 중요
2. 경험요소, 이용 맥락, 실제 UX 간의 관계 시뮬레이션 → 필드 리서치로 이어짐
3. 시장, 경쟁사, 트렌드, 기술 등에서 주목해야 할 부분 파악 → 데스크 리서치로 이어짐

사용자의 일상 속에서 서비스와 관련된 경험이 어떻게 전개되는지를 시뮬레이션해보는 것도 좋은 방법이다. 정확하지 않아도 상관없다. 어차피 다음 단계에서 정확하고 구체적인 조사가 이어질 것이기 때문에 이 시점에서 중요한 점은 '미리 생각해본다는' 시뮬레이션 그 자체에 있다. 아래는 1인가구가 하루 일과 중에서 식음료/건강/거주/문화의 4개 카테고리에 걸쳐서 어떤 고민과 갈등을 겪는지를 시뮬레이션한 예시다.

		아침시간	낮시간	저녁시간	취침
Timeline		수면 · 기상 · 외출 준비	외출	귀가 · 여가 활동	취침 준비 · 수면
1인 가구	식음료	• 새벽 배송된 물품을 가지러 현관을 나선다. • 출근 준비하느라 바쁜 와중에 직접 해먹기는 쉽지 않지만 그렇다고...	• 저녁에 어떤 먹을거리를 사가지고 들어와야 할 지 벌써부터 걱정이다 • 주말에 하루 종일 집에 있다 보면...	• 냉장고를 뒤지다가 오래전에 사뒀던 식재료를 발견했다. 이걸 버려야 하나 • 가전은 갈수록 편해지고 있는데 먹는 건	• 게임을 하면서 혼술을 즐기기 위해서 친구와 온라인에서 만나기로 했다. • 밤에도 그나마 안심하고 먹을 수 있는...
	건강	• 최근의 체중 변화와 변비에 대해서 아침부터 걱정이 된다. 그러나 알아볼 겨를이 없다 • 미세먼지 농도에 따라 챙겨야 할 게 한두개가 아니다	• 매일 먹는 영양제가 있는 데, 음식이랑 궁합이 궁금하다 • 저도 모르게 습관적으로 카페인이나 탄산음료를 먹고 있는데...	• 집에 혼자 있는 시간이 많아져 우울감이 증가한다. • 건강한 생활 습관을 형성하기 어렵다.	• 수면 중에 자주 깬다. 요즘 들어 부쩍 잠을 설치는 이유가 뭔 지 궁금하다 • 숙면을 도와 줄 음료는 어떤 게 있을까?
	거주	• 잠을 설쳐서 하루 컨디션이 걱정된다 • 좁은 주방에서 TV나 유튜브에서 나오는 레시피를 직접 따라하는 것은 쉽지 않다 • 반려동물에게 맨날 사료만 먹일 수는 없다.	• 주중과 주말의 생활공간이 다르다 • 아침 식사를 집에서 간단하게 먹을 때도 있지만...	• 뭘 먹을 지 몰라서 음식을 사 오긴 했지만, 늘어나는 쓰레기 처리가 애매하다 • 음식물 쓰레기를 처리하는 게 제일 골치거리이다	• 자기 전에 간단하게 차를 한잔 마시거나, 건강에 나쁘지 않은 음료를...
	문화	• 재택근무인 오늘은 아침에 여유가 있다. 마음의 여유는 좋은데 딱히 할 일이 없다 • 새벽배송 온 물품들을 어디에, 어떻게 정리하는 게 좋을 지 모르겠다	• 출근 길에 재활용 쓰레기를 정리하려고 가지고 나왔다. 지나치게 많은 탓에 눈살이 찌푸려진다	• 친구들과 제페토에서 만나기로 했다. 얼마전에 당근마켓에서 구매한 NFT를 자랑할 생각이다	• 주말이라 넷플릭스에서 볼만한 콘텐츠를 찾아봤다. 벌써 30분째인데, 도저히 볼만한 게 안보인다

그림 174. 1인 가구의 일상생활 시뮬레이션

레드 루츠(Red Routes)는 사용자 경험(UX) 분석에 도움을 주는 기법으로, 특정 경험 요소의 사용 빈도와 해당 요소를 사용하는 사용자 폭을 시각화한다. 이 기법의 그래프는 두 축으로 구성된다.

- X축(가로축)은 대상 사용자의 폭을 나타내며 왼쪽에서 오른쪽으로 '극히 드문 사용자', '일부 사용자', '많은 사용자', '모든 사용자' 순으로 구분한다.
- Y축(세로축)은 경험 요소에 대한 사용 빈도를 나타내며 아래에서 위로 '거의 안 씀', '가끔 사용', '자주 사용', '항상 사용'으로 구분한다.

이 그래프에서 오른쪽 위 영역(모든 사용자, 항상 사용)은 핵심적인 경험 요소, 즉 레드 루츠로 간주되어 UX 설계와 개선에서 우선적으로 고려한다. 반대로 왼쪽 아래 영역(극히 드문 사용자, 거의 안씀)에 위치한 요소는 상대적으로 중요도가 낮아 우선순위에서 밀릴 수 있다.

레드 루츠 기법은 UX 분석에서 사용자 범위와 경험 요소의 사용 빈도를 동시에 평가하여, 제품이나 서비스에서 가장 중요한 사용자 경험 경로를 도출하는 데 유용한 도구다.

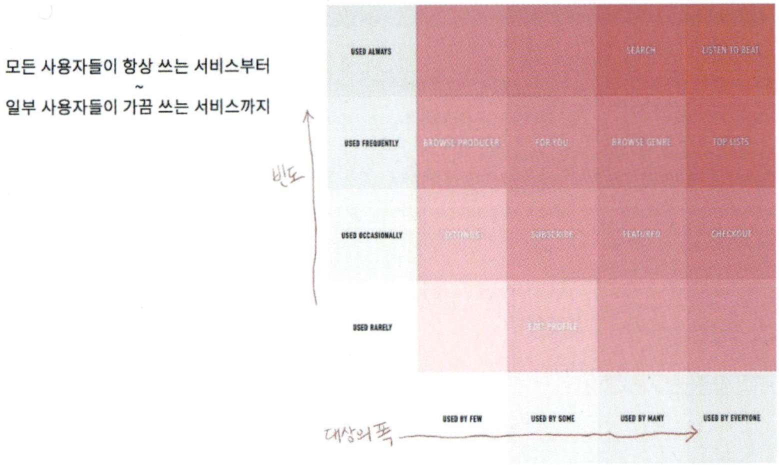

그림 175. Red Routes 기법을 설명한 이미지

레드 루츠를 사용하면, 서비스에 포함된 경험 요소들이 얼마나 많은 사용자에게 활용되는지와 얼마나 자주 사용되는지를 분석할 수 있다. 아래는 AI 음성 비서가 도입되기 이전의 가정 내 경험과 도입된 이후의 가정 내 경험을 비교한 것이다.

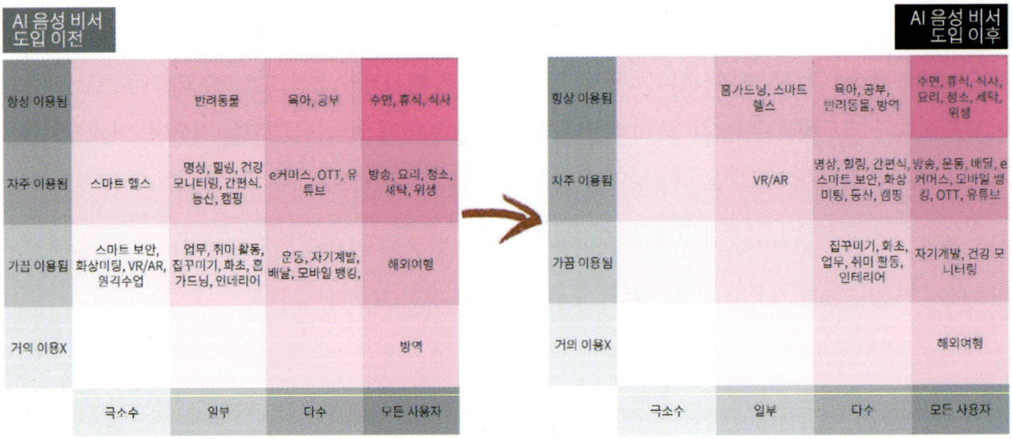

그림 176. AI 음성 비서 도입 전/후를 비교한 Red Routes 예시

이슈 제기

목표를 수립하고 관련 UX를 분석하면, 자연스럽게 사용자 경험과 관련해 우리가 알아야 할 것, 알아야 하지만 아직 모르는 것, 반드시 조사하고 싶은 사항들이 드러나게 되는데, 이를 '이슈'라고 한다.

분석 결과를 토대로 서비스에서 파악하고자 하는 UX 이슈를 정의한다. 예를 들어, 홈 화면 구성이 지나치게 복잡하다고 분석되었다면 '이를 어떻게 개선할 수 있을까'라는 이슈를 제기한다. 좋은 질문이 좋은 디자인을 만든다는 점에서, 이슈 제기는 매우 중요한 활동이다.

이슈 제기는 더 나은 사용자 경험 디자인을 위해 반드시 알아야 하지만 현재 알지 못하는 사안들을 선별하는 작업이다. 아래 표에서 볼 수 있듯이, 이슈가 가설을 포함하는 경우에는 검증 단계로, 가설 없이 순수한 질문인 경우에는 정량적 조사나 정성적 조사로 이어진다.

표 8. 이슈 제기 = 확실하지 않은 이슈를 찾는 과정

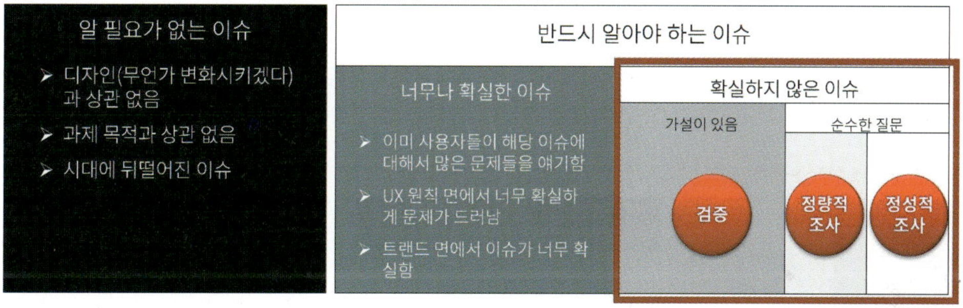

이미 알고 있는 문제를 조사(Research)를 통해 확인해야 할 때도 있다. 그러나 사용자 경험 측면에서 문제점이 너무 명확해 보이는 이슈라면, 시간과 비용을 들여 통계 분석 · 설문 조사 · 심층 인터뷰 등을 진행하는 것이 과연 필요한지 신중히 검토해야 한다.

예를 들어, 삼성전자 스마트싱스(가전 제품을 모바일로 제어하는 앱) 화면의 경우, 배치를 설정할 수 없고 각 가전에 대한 기본 정보나 설정은 가능하지만 전체적인 정보(전기 사용량, 예약 내역)를 확인할 수 없다. 이는 누가 봐도 불편한 문제이다.

그렇다면 이러한 문제에 대해 추가 조사가 꼭 필요할까? 필요하다면 어떤 조사 방법이 더 적합할까?

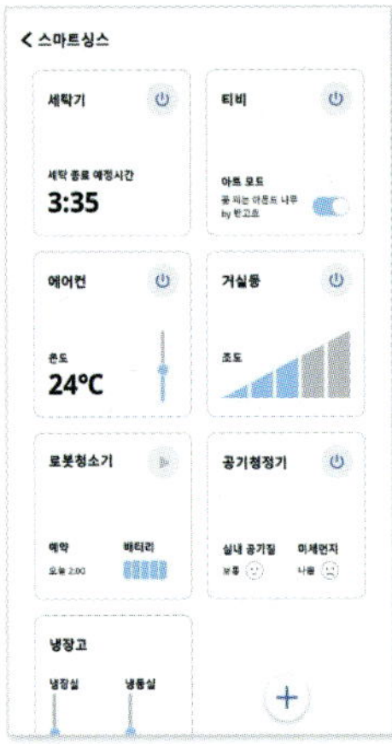

확실한 문제
스마트싱스 홈화면은 연결된 가전들을 한 눈에 조회하고 기본적인 조작이 가능해야 한다
자주 사용하는 가전들이 상단에 위치하거나 사용자가 직접 배치를 편집할 수 있어야 한다
전체적인 전기 사용량이나 한번에 전원을 끌 수 있는 기능이 필요하다 (냉장고 제외)
세탁/에어컨/공기청정기를 예약했다면 예약한 정보가 상단에 노출되어야 한다

그림 177. UX를 공부하면 확실한 문제가 자주 발견된다. 그러나 어떤 확실한 문제들은 추가적인 조사가 필요할 때가 있다.

아래는 길찾기 서비스의 일부 경험 요소(위치 드롭다운 버튼, 현 위치 추천 장소)에 대해 확실한 문제와 확실하지 않은 이슈를 정리한 예시다. 확실한 문제는 말 그대로 이미 문제가 명백하므로 별도의 조사가 필요하지 않다. 반면, 확실하지 않은 이슈는 조사가 필요하며, 다음 그림 우측 하단의 보라색 글씨는 해당 조사를 통해 확인한 결과를 나타낸다.

확실한 문제	확실하지 않은 이슈
현 위치 옆 드롭다운 버튼을 누르면 현 위치와 상관없는 지역들이 나오고 있음	사용자가 드롭다운 버튼을 눌렀을때 나타나기를 기대하는 것은 무엇일까?
T지금 바텀시트에 유명 명소, 음식점이 등이 나오는 데 그 기준이 명확치 않음	사용자가 T지금(현위치 기반 장소 정보)에 나타나기 원하는 정보는 무엇이며, 그 기준을 어떻게 안내해주는 게 좋을까?

- 현 위치 드롭다운 버튼 탭시 대부분의 사용자가 최근 검색한 장소가 뜨기를 기대하고 있었음
- T지금의 바텀시트에서 제공하는 장소 목록의 정렬 기준을 이해하지 못해 명확한 정렬 기준이 없다고 느낌

그림 178. 길찾기 서비스의 특정 경험요소에 대한 이슈 제기 예시

또 다른 예시를 보자. 스타벅스 앱의 음료 주문 화면에서 사용자들의 취향이 반영되지 않는 것은 명백한 문제다. 반면 '자주 마시는 메뉴'나 '최근 마신 메뉴'를 화면의 어느 위치에 배치하는 것이 좋을지는 섣불리 결론을 내리기 어려운 이슈다.

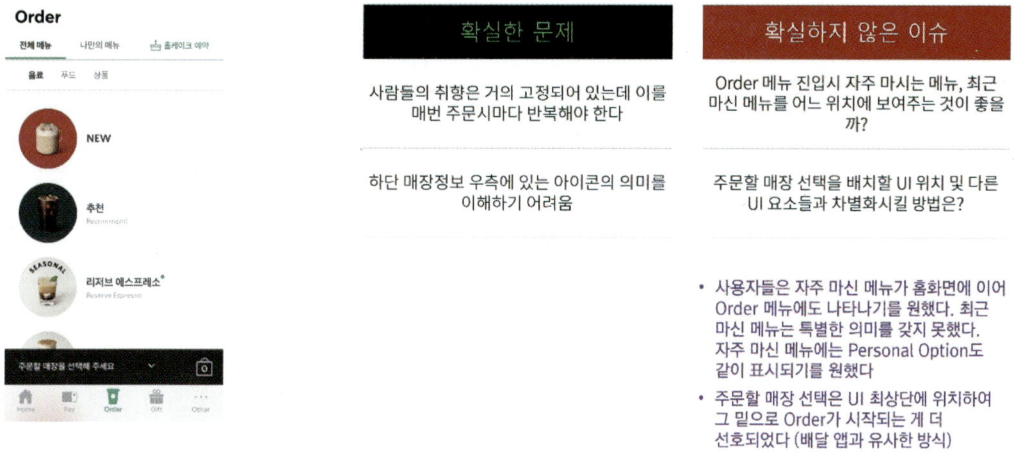

그림 179. 스타벅스 주문 화면에서의 확실한 문제와 이슈 제기 예시

제기된 이슈는 조사(Research)로 이어진다. 어떤 것은 통계분석으로, 어떤 것은 설문조사로, 어떤 것은 인터뷰나 관찰조사로 이어진다.

- 단순한 사실의 확인: 통계분석 (예: 2~30대 사용자가 가장 많이 찾는 메뉴)
- 사용자 반응/의견 파악: 설문조사 (예: 새로운 기능 'A'에 대한 당신의 만족도는?)
- 심층적인 문제 파악: 심층인터뷰 (예: 홈 화면에서 추천이 왜 유용한가요?)
- 행동 위주의 일상적인 경험 파악: 관찰조사 (예: 대출 신청 과정을 지금 보여주세요)
- 사용자의 심성 모형 파악: 카드 소팅 (예: 상품 정보 하면 떠오르는 단어들을 여기서 골라주세요)

무작정 사용자를 만나서 '뭐가 문제인지?'를 묻는 것은 좋은 방법이 아니다. 제기된 이슈의 성격에 따라 적절한 조사 방법을 선택해야 한다. 모든 이슈가 심층인터뷰나 관찰조사로 이어지는 것은 아니며, 어떤 이슈는 통계분석이나 설문조사가 더 적합할 때도 있다. 따라서 이슈의 구체성, 목표, 자원 상황 등을 고려해 조사 방식을 신중히 결정하는 것이 중요하다.

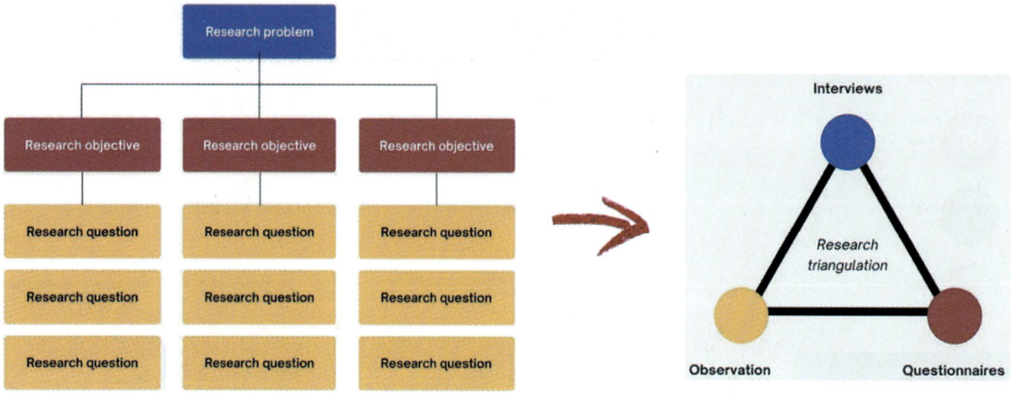

그림 180. 어떤 이슈인지에 따라서 적합한 조사 방법이 달라진다 (출처: Gloria Lo)

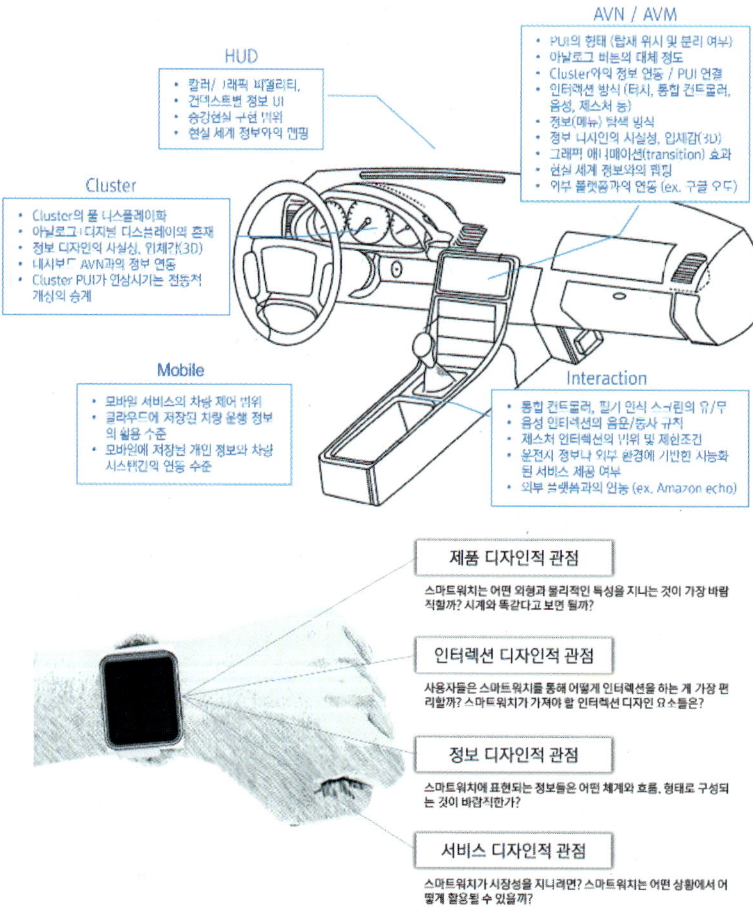

그림 181. 이슈 제기 예시

아래는 차량 내의 각종 디지털 표시장치에 대해 이슈를 제기한 예시다. HUD에서 컬러/그래픽 피델리티[주: 얼마나 실제에 가깝게 구현하느냐를 의미]에 대한 이슈를 예로 들어보자. 너무 사실적인 그래픽이 앞 유리창에 뜨면 운전에 방해가 되고, 그렇다고 너무 단순화된 그래픽을 띄우는 것은 시대에 뒤떨어진다. 과연 어느 정도로 구현하는 게 가장 적합할까? 오른쪽은 스마트워치 UX/UI 디자인에 대한 이슈 예시다.

아래는 오피스 프로그램에 대한 이슈를 분석한 예시다. 프로젝트의 목적이 'AI 기반 오피스 프로그램 자동화 · 증강'이었기 때문에 그 목적에 따라 주요 이슈들을 도출했다. 좋은 질문을 하는 것이 중요하다는 말은 많이 들어봤을 것이다. UX 프로젝트에서도 초반에 '좋은 질문을 던지는 것'이 매우 중요하다.

아직 정답을 찾지 않은 상태이기 때문에 답은 모른다. 예를 들어, '매끄러운 입력 · 편집'이라는 가치에 대해 'AI 문서 작성 툴 이용 시 ( )한 점을 매끄럽지 않다고 여기고 있고, 각 입력 · 편집 상황에 따라 ( ) 점들은 ( )하게 개선되길 바란다'라는 문장에서, 사용자 문제와 그 해결 방법이 빈칸으로 비워져 있다. 이 빈칸을 채우는 것이 UX 프로젝트의 목표가 된다.

그림 182. AI 기반 오피스 프로그램에 대한 이슈 도출 예시

비록 분야는 다르지만, 마이클 미칼코(Michael Michalko)가 미국 CIA에서 사용하던 질문 기법을 자신의 저서 《Cracking Creativity》(국내에는 《아이디어가 폭발하는 생각법》이라는 제목으로 번역됨)를 통해 대중에게 소개한 '피닉스 체크리스트(Phoenix Checklist)'는 UX 이슈 제기에도 유용한 참고 자료가 된다.

피닉스 체크리스트 (Phoenix Checklist)

1. 문제의 필요성 파악(Identify the impact): 왜 이 문제를 해결해야만 하는가?
2. 정보 확인(Check the information): 아직 이해하지 못하고 있는 것은 무엇인가?, 가지고 있는 정보는 충분한가, 아니면 불충분한가?
3. 문제 정의(Define the problem): 문제가 아닌 것은 무엇인가?
4. 유사한 문제 탐색(Find similar problems): 과거에 해결된 비슷한 문제를 찾아보고, 그 해결책을 활용할 수 있는가?
5. 모든 정보 활용(Use all available information): 활용 가능한 모든 정보를 사용했는가?
6. 다양한 접근법 사용(Use multiple approaches): 얼마나 다양한 방법으로 문제 해결을 시도할 수 있는가?
7. 해결책 탐색(Explore solutions): 어떤 해결책을 원하는가? 그것을 상상할 수 있는가?
8. 실행 약속(Commit to action): 무엇을 해야 하는가? 어떻게 해야 하는가?
9. 측정 및 확장(Measure and amplify): 어떤 이정표가 당신의 진행 상황을 가장 잘 보여줄 수 있는가?

제기된 이슈는 다음과 같은 단계를 거치면서 해소된다.

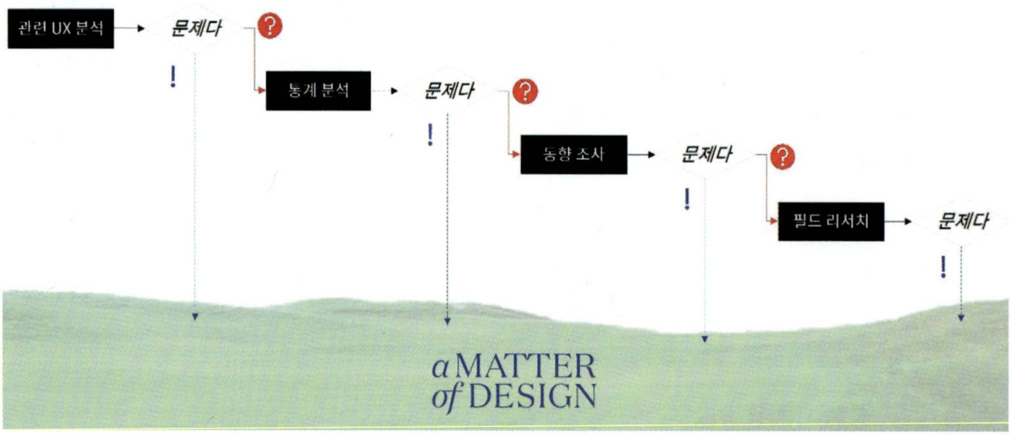

그림 183. 이슈의 해소 단계 (UX 디자인에 대한 답을 찾는 과정)

목표 수립이나 관련 UX 분석을 통해 처음 이슈가 제기된 후, 그 이슈들은 보통 다음 단계를 거치며 해소된다.

첫째, 통계분석을 통해 주로 사용자의 행동이나 맥락과 관련된 사실을 파악하고 이슈를 해결한다. 이 과정에서는 수집된 데이터에서 사용 패턴이나 문제점을 구체적으로 확인할 수 있다.

둘째, 동향조사 같은 데스크 리서치를 통해 경쟁사의 대응 방식, 기술적으로 가능한 해결책, 그리고 현재 트렌드를 분석한다. 이를 통해 시장 상황이나 기술 발전에 근거한 최선의 해결 방향을 찾는다.

마지막으로, 위 단계들로도 해결되지 않는 이슈들은 실제 사용자들을 대상으로 한 필드 리서치로 넘어가 구체적인 현장 조사와 심층적인 사용자 이해를 통해 문제를 해결한다.

이러한 단계적 접근 방식은 이슈를 체계적으로 해소하면서 비용과 시간을 효율적으로 활용하는 데 도움이 된다.

이슈 제기의 목적

1. 서비스에 내재된 여러 가지 UX 문제를 '어떻게 해결/디자인하면 좋을까?'라는 관점에서 질문을 제기하는 것.
2. 여기서 제기한 이슈는 데스크/필드 리서치의 조사 항목이 된다.
3. 모든 이슈를 성공적으로 해결했을 때 최종 결과가 우리가 원하는 것일지를 고민한다.

데스크 리서치

우리가 수행하는 디자인 리서치는 서비스의 다양한 측면을 혁신하고 변화시키기 위한 목적으로 진행된다. 데스크 리서치란 새로운 서비스를 만들거나 기존 서비스를 개선시키기 위한 목적으로 시장, 경쟁사, 트렌드, 기술과 관련된 이슈들을 조사하는 활동이다. 현장을 돌아다니면서 실제 사용자들을 만나러 다니는 필드 리서치와 대비시키기 위해 '책상에서 하는 작업'이라는 점에서 데스크 리서치라고 이름 지었다. 데스크 리서치는 디자인 리서치 활동 가운데 하나이며, 보통 다음과 같이 4가지로 구분한다.

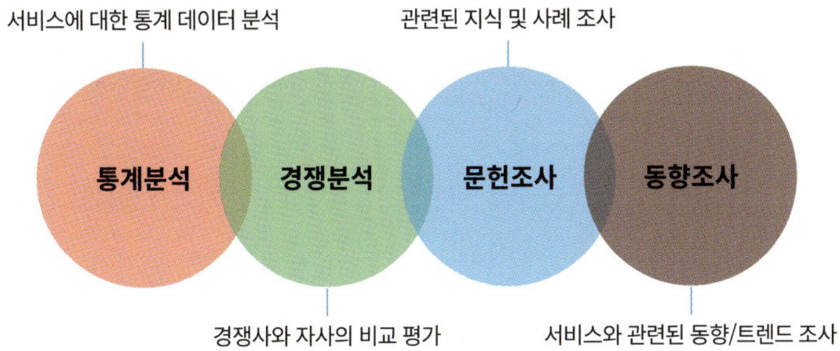

그림 184. 데스크 리서치 유형

리서치의 종류

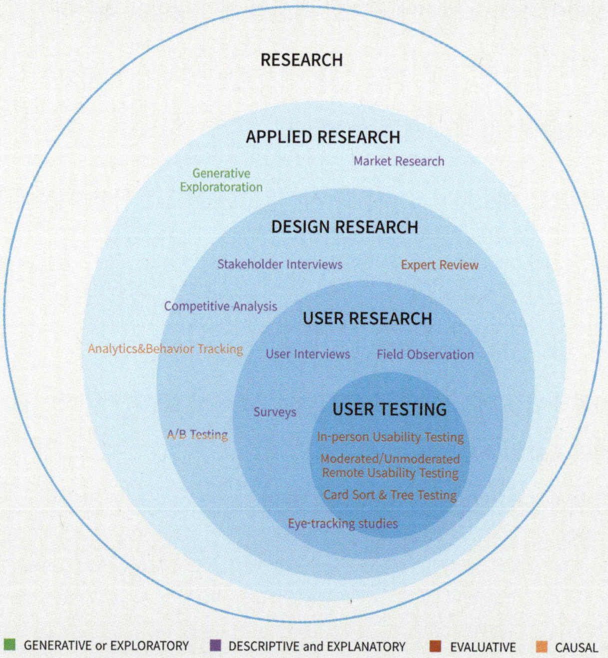

그림 185. 리서치의 종류 (출처: Curt aledge, Viget)

모든 조사 활동은 '리서치'다. 숙제를 위해서든, 공공 업무를 위해서든 어떤 목표를 위해서 거기에 필요한 조사를 하는 활동은 리서치라고 할 수 있다.

이 중에서 기본적인 이론을 현장에 적용하여 검증하는 것을 응용연구(Applied Research)라고 하며, 그 중 디자인 목적으로 진행하는 것이 디자인 리서치다.

실제 사용자를 대상으로 진행하는 리서치를 필드 리서치, 또는 사용자 리서치(User Research)라고 하며, 그중에서도 테스트 형태로 진행하는 것이 사용성 테스트(Usability Test)다.

가트너 하이퍼 사이클(Gartner Hype Cycle)는 기술 변화 과정을 하나의 사이클로 시각화한 모델이다. 세계적인 조사 기관인 가트너(Gartner) 사가 처음 제시한 이 모델은 특정 기술이 시장에 등장해 대중화되기까지 거치는 다섯 단계를 그래프로 표현한다.

이 사이클의 다섯 단계는 다음과 같다.

- 기술 촉발(Innovation Trigger): 기술이 처음 공개되거나 혁신적인 제품, 개념이 등장해 관심과 기대가 생기는 시기이다.
- 과대 기대의 정점(Peak of Inflated Expectations): 언론과 시장에서 과도한 기대가 형성되어 기술에 대한 관심이 극에 달하는 단계이다.
- 환멸의 골짜기(Trough of Disillusionment): 기대에 미치지 못하는 성과나 문제점들이 드러나면서 관심이 급격히 줄어드는 시기이다.

- 계몽의 경사(Slope of Enlightenment): 초기 사용자들이 기술의 진정한 가치와 한계를 이해하고, 구체적이고 현실적인 활용 사례가 나타나기 시작하는 단계이다.
- 생산성의 고원(Plateau of Productivity): 기술이 안정적으로 자리 잡고 광범위하게 도입되어 실질적 가치 창출이 이루어지는 성숙 단계이다.

가트너 하이퍼 사이클은 가로축으로 시간의 흐름을, 세로축으로는 기술에 대한 기대 수준을 표시하여 기술이 성장하는 과정을 시각적으로 보여준다.

라이트브레인 CX컨설팅그룹에서 'AR 글래스'를 대상으로 만든 사례는 이 모델을 활용해 AR 글래스의 시장 도입 현황과 기술 성숙 과정을 분석했다. 특히 AR 글래스가 각 업종에서 어떻게 도입되고 있는지, 5단계 사이클 어디쯤에 위치하는지를 보여줌으로써 해당 기술이 현재 어떤 발전 단계에 있고 앞으로 어떤 방향으로 성장할지를 한눈에 파악할 수 있도록 했다.

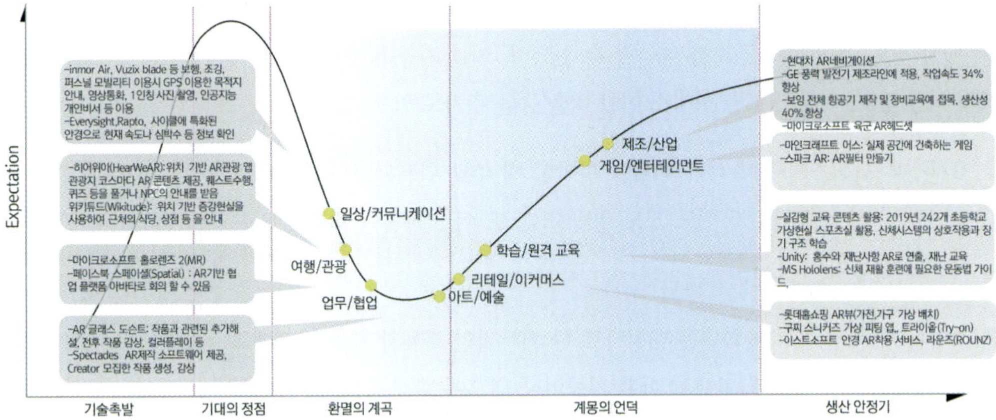

그림 186. AR 글래스 업종별 기술 흐름 (출처: 라이트브레인)

이렇듯 데스크 리서치는 프로젝트와 관련된 이슈를 조사하고, 이를 디자인에 활용할 수 있도록 필요한 부분만 선별 · 정리하는 활동이다. 보통 'UX 디자인'이라고 하면 필드 리서치를 먼저 떠올리지만, 의외로 데스크 리서치가 차지하는 비중도 크다. 필자가 속한 라이트브레인 CX컨설팅그룹에는 때때로 '데스크 리서치만 수행해 달라'는 의뢰가 들어온다. 이 경우 의뢰한 고객사는 UX의 관점에서 데스크 리서치를 진행해 주기를 요청한다.

통계 분석

통계 분석은 숫자(number) 같은 정형화된 데이터를 가지고 의미 있는 발견을 찾아내는 활동이다. '사용자들이 해당 기능에 얼마나 관심이 많은가?'라는 이슈는 심층인터뷰나 관찰조사 같은 필드 리서치보다는 통계 분석이 가장 정확한 답을 줄 수 있다. 반면에 '사용자들이 해당 기능에 왜 관심이 적은가?'라는 이슈는 통계 분석을 통해서 알 수 없다. 숫자 같은 정형화된 데이터는 '왜'라는 질문에 답을 줄 수 없기 때문이다.

User#	성별	나이	요금제	세션시작시간	세션#	소요단계수	마이비디오	그외	시청횟수	체류시간	체류시간(s)				
1	M	43	2	2015-07-17T20:07:19.000+09:00	1	61			1	0:23:17	1397		2.989		15.548
1	M	43	2	2015-07-18T17:56:52.000+09:00	2	12			1	0:13:40	820		6.366		10.77
1	M	43	2	2015-07-18T20:36:07.000+09:00	3	14			2	0:13:46	826		2.764		7.408
1	M	43	2	2015-07-19T22:33:20.000+09:00	4	8			1	0:18:36	1116		3.527		12.73
1	M	43	2	2015-07-20T07:06:49.000+09:00	5	15			2	0:13:30	810		4.746		9.041

그림 187. 이용 로그 데이터 원본

UX/UI에서의 통계 분석은 사용자들이 웹이나 모바일 앱을 이용하면서 남기는 이용 로그 데이터를 가지고 진행하는데 이를 로그 분석이라고 한다. 이용 로그 데이터로 세션별 방문 수, 페이지뷰, 체류 시간, 이동 경로, 유입/유출경로를 파악할 수 있으며, 이를 가공하면 선호하는 메뉴/콘텐츠, 특정 화면까지의 이동 경로, 이동 경로별 서비스 이탈 비율 등을 추가로 알 수 있다.

로그 분석은 서비스의 전체 이용 현황을 파악할 때 주로 활용된다. 이를 통해 서비스가 얼마나 활성화되어 있는지, 사용자 참여가 어느 정도 활발한지, 또 어느 메뉴나 화면에 사용자의 관심이 집중되는지를 확인할 수 있다.

뿐만 아니라, 특정 메뉴나 화면을 대상으로 한 세부적인 사용자 행동 분석에도 로그 분석이 쓰인다. 예를 들어, 사용자가 해당 화면에서 어떤 기능이나 태그에 관심을 가지는지, 얼마나 아래로 스크롤하는지, 그리고 주요 활동 버튼과 보조 활동 버튼을 어떻게 누르는지 등을 분석한다.

이처럼 로그 분석은 서비스 전체의 건강 상태와 사용자 참여도를 전반적으로 진단하는 동시에, 개별 화면이나 기능 단위의 상세한 사용자 인터랙션까지도 면밀히 살펴볼 수 있는 중요한 도구다. 이를 통해 UX 개선 방향 설정이나 서비스 운영 전략 수립에 효과적으로 활용할 수 있다.

전체적인 이용현황	
유입, 유출 경로	어느 채널, 터치포인트를 통해서 들어오고 나갔는지
이동 경로	순차적인 이용흐름, 맥락에 따른 이용흐름, 특정 화면까지의 이용흐름
관심사	특정 메뉴에 머문 시간, 내비게이션에서 선택한 메뉴/기능/정보
탐색 행위	자주 이용한 검색어, 필터 옵션, 해시태그

세부적인 행동(화면 내 활동)	
스크롤	화면내 관심도
체류시간	콘텐츠에 대한 주목도
인터랙션	하위 콘텐츠 별 몰입도 측정

세부적인 행동(주/보조활동)	
주활동	구매, 신청, 가입 등
보조활동	찜, 공유, 임시저장 등
기타	취소, 다른 정보로의 이동

그림 188. 로그분석의 목적: 전체적인 이용현황 vs 세부적인 사용자 행동

사용자들의 이용흐름도 파악이 가능하다. 예시에서 보듯이 사용자들이 서비스 이용 시 남기는 흔적은 이용 로그 데이터로 기록되는데, 왼쪽 이미지와 같이 각 이동 경로별 서비스 이탈 비율(어디에서 앱을 종료하는지)을 알 수도 있고, 오른쪽과 같이 사용자들이 어느 경로를 통해서 특정화면으로 접근하는지도 알 수 있다.

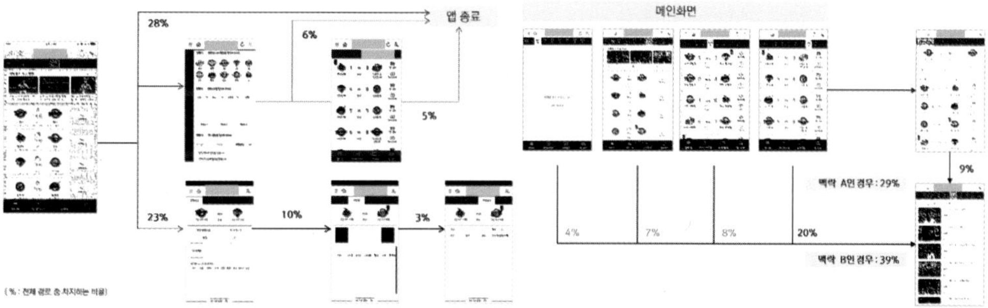

그림 189. 통계 분석 결과

통계 분석은 사용자들이 서비스를 이용하는 행동을 파악할 수 있게 해준다. 주로 연속적인 이동 단계를 파악하며, 별도의 솔루션을 이용하면 단계별 구체적 행위를 파악하는 것도 가능하다. 그러나 통계 분석은 사용자들이 왜 그렇게 행동하는지에 대한 이유를 알려주지는 못한다.

구글 애널리틱스(Google Analytics)와 같은 통계 분석 서비스는 웹사이트에 간단한 3줄의 코드만 삽입하는 것으로 다양한 로그 분석 결과를 쉽게 확인할 수 있다. 기본적인 방문자 수(Unique Visit)와

페이지뷰(Page View)는 물론, 복잡한 사용자 이동경로 분석, 퍼널 분석, 코호트별 분석 등 고급 분석 기능도 제공한다. 이를 통해 서비스의 전반적인 사용자 행동과 참여 패턴을 체계적으로 파악하고, 구체적인 UX 개선 전략 수립에 활용할 수 있다.

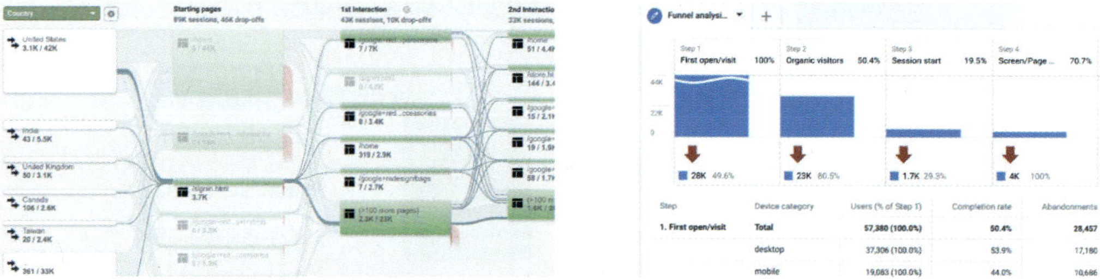

그림 190. 구글 애널리틱스의 대표적인 기능인 이동경로 분석(Path Analysis)과 퍼널 분석(Funnel Analysis) (출처: 구글)

통계 분석은 서비스 운영과 개선에 매우 중요한 역할을 한다. 하지만 기능이 다양하고 복잡하여 분석의 목적이 명확하지 않으면 데이터를 제대로 활용하지 못하고 결국은 귀찮다는 이유로 진행하지 않는 경우가 많다. 반면, 정기적으로 통계를 분석하고 이를 서비스 개선에 적극 반영하는 기업들은 새로운 상품 출시나 이벤트가 있을 때 통계 분석을 통해 의미 있는 인사이트를 얻어내기도 한다.

예를 들어, 통계 분석은 주요 전환율의 교차분석을 통해 서로 다른 변수 간의 상관관계를 파악할 수 있고, 사용자의 몰입도나 구매율 같은 중요 지표를 측정함으로써 서비스의 핵심 성과를 객관적으로 평가한다. 또한 유입경로, 검색어, 구매 여부 등 다양한 데이터 포인트를 분석하여 고객 행동 패턴을 구체적으로 이해하고, 전략적으로 마케팅과 서비스 운영에 반영할 수 있다.

이처럼 통계 분석은 단순한 수치 제공을 넘어서, 서비스 내 사용자 행동과 경험을 깊이 있게 탐색하고, 개선 방향을 과학적으로 설계하는 데 필수적이다. 분석 목적이 분명하고 관련된 핵심 지표를 중심으로 데이터를 해석할 때, 비로소 실질적인 서비스 혁신과 고객 만족 증대로 이어질 수 있다.

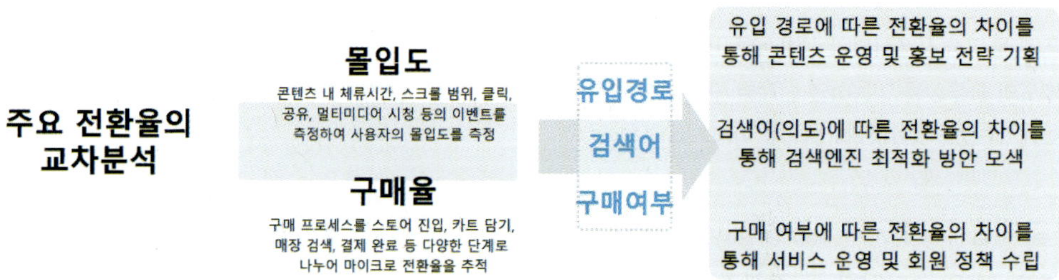

그림 191. 통계 분석 사전 기획 예시

UX 프로젝트 초반에 제기된 이슈들 중에는 통계 분석으로 해소할 수 있는 것이 많다. 통계는 거짓말을 하지 않기 때문에, 서비스 이용 현황이나 사용자 행동에 대해 정확한 결과를 얻을 수 있다. 그러나 통계 분석 준비가 미리 되어 있지 않으면, 꼭 확인이 필요한 이슈를 아쉽게 놓치는 경우가 종종 발생한다.

마치 '소 잃고 외양간 고치는' 상황처럼 뒤늦게 통계 분석 서비스를 도입하더라도, 장기간 누적된 데이터가 없다면 아무리 좋은 통계 분석 서비스라도 당분간은 유용하게 쓰기 어렵다.

경쟁분석

경쟁분석은 UX 품질 측면에서 자사와 경쟁사의 수준을 상호 비교 분석하는 활동이다. 보통 자사 서비스의 UX 품질은 세밀하게 분석하고, 타사는 주요 장/단점만 참고하는 식으로 진행한다.

출/퇴근 경로 즐겨찾기 확인

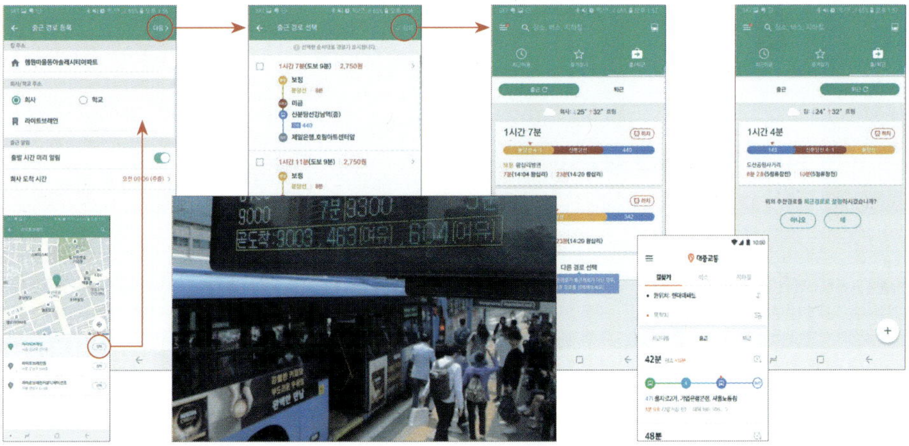

- 출/퇴근 경로 등록 과정은 직관적인 편으로 어렵지 않았음. 복수의 경로를 비교해 볼 수 있는 것도 좋은 UX라고 판단됨
- 다만 적극적인 출/퇴근 경로 추천이 필요해 보임. agony, near future prediction. 예를 들어 비가 많이 내릴 경우, 예상되는 정체를 감안하여 조금 더 걸리더라도 버스 대신 지하철을 추천
- 또한 출/퇴근과 같은 반복적인 경로 이용 시 사용자가 중요시 여기는 대중교통 내 혼잡도 정보를 제공하는 것도 필요해 보임 (서울시 BIT 참조)

그림 192. 경쟁분석 예시

사용성 평가는 경쟁분석에서 많이 활용하는 방법이다. 그러나 굳이 사용성에 한정하지 않고 UX 디자인 영역별로 어림 평가(Heuristic Evaluation)를 하거나 이슈별로 비교 분석하는 경우도 있다.

사용성 평가

사용성 평가는 정해진 사용성의 원칙을 가지고 진행하기 때문에 체계적으로 평가를 진행할 수 있다는 장점이 있다.

반면 프로젝트 이슈나 서비스 경험요소와 그다지 상관없는 부분까지 다룰 수 있고, 시간과 노력이 다소 많이 소요된다는 단점이 있다.

상품 상세

사용자가 선택한 옵션, 찜에 대한 시각적인 피드백이 없어 사용자가 기억해야 할 요소 증가,
사용자 편의 기능을 다방면으로 제공하지만 인지하기 어렵고 페이지 이탈 발생

Ⓔ 유연성 > 대체성 | Ⓕ 정확성 > 오류발생감지성 | Ⓖ 의미성 > 이해가능성 | Ⓗ 효율성 > 단축성

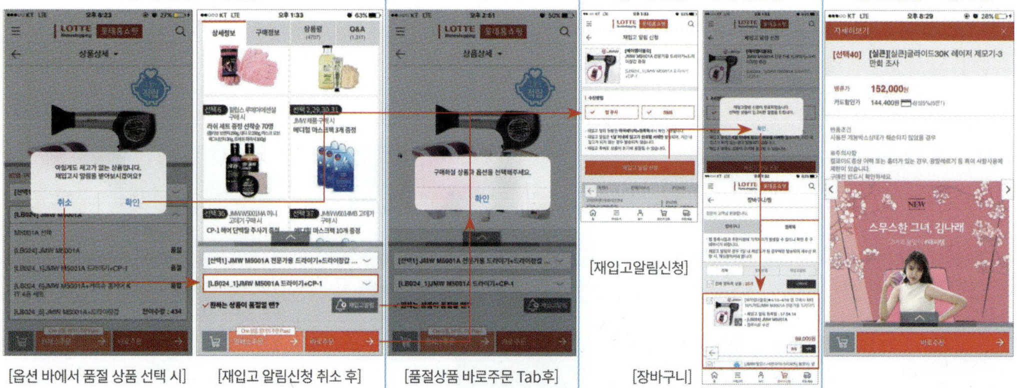

[옵션 바에서 품절 상품 선택 시] [재입고 알림신청 취소 후] [품절상품 바로주문 Tab후] [재입고알림신청] [장바구니]

- 품절 상품 선택 시, 재입고 알림 신청 권유 pop up 열림 -> 취소 Tab시, 선택했던 품절상품이 옵션 선택창에 선택됨 -> 그 상태로 바로 주문 선택 시, 옵션을 선택하라는 pop up 열림
- 품절상품에 대한 2가지 대안을 제시하지만, 옵션바 내의 재입고 알림신청은 인지하기 미미함

- 품절된 상품을 선택 후 바로 주문 선택 시, pop up 제공하지만 해당 상품이 품절 상품임을 알리는 팝업이 아님
- 상세 옵션 선택 창에서 품절된 상품이라는 것을 인지하기 어려움 -> 해당 상품을 구매할 수 없다는 것을 인지하기 어려움

- 재입고 알림 신청 완료 후 장바구니 > 찜 목록으로 이동
- 상품상세에서 구매로 이어질 수 있는 flow에서 페이지 이탈 발생

- 다양한 옵션을 가진 상품의 경우 상품 상세 정보를 전면 팝업으로 제공하여 긴 세로 스크롤 방지

그림 193. 사용성 평가 예시

아래는 가전제품 디스플레이의 사용성을 평가하기 위한 계획이다. 먼저 구체적인 평가 대상을 지정하고, 어떤 경험 요소를 중심으로 평가를 진행할지 제시한 뒤, 마지막으로 평가에 적용할 '사용성 기준'을 재확인하고 있다.

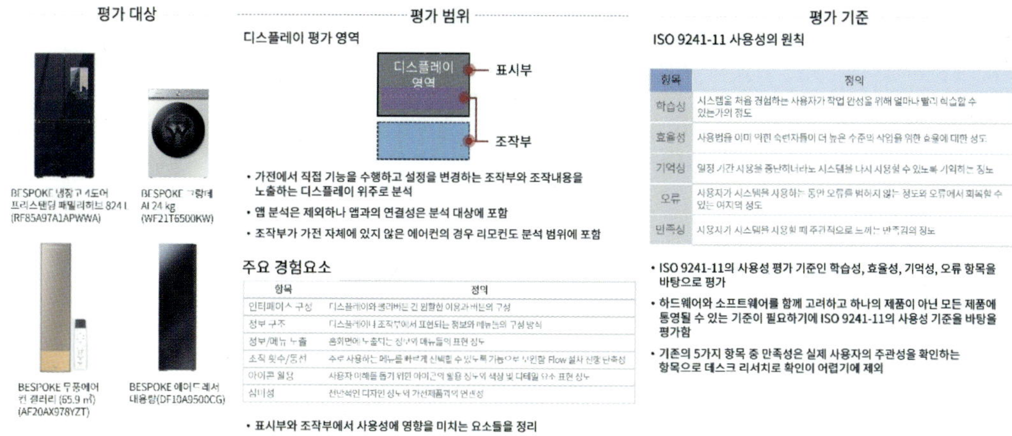

그림 194. 가전제품 디스플레이에 대한 사용성 평가 계획

앞에서 언급한 3가지 요소(대상, 경험 요소, 평가 기준)가 결합된 실제 사용성 평가 결과는 내용이 매우 구체적이다. '사용성'이라는 범주 내에서만 평가했기 때문에 한계가 없지는 않지만, 적어도 '고충'이라는 경험과 관련해서는 대부분의 문제점을 찾아낼 수 있다.

대부분의 제품 · 서비스는 형태(Form Factor)나 경험 요소 측면에서 크게 다르지 않으므로, 사용성을 기준으로 비교하여 '경쟁 분석'을 수행할 수 있다. 예를 들어, 삼성전자는 메뉴가 숨겨져 있어 '단축성'과 '예측 가능성'이 떨어지는 반면, LG를 비롯한 다른 경쟁사들은 메뉴를 모두 노출해 전체 구조를 쉽게 파악할 수 있다고 분석했다.

삼성

✓ 전체 메뉴가 숨겨져 있어 단축성과 예측가능성이 부족하나, 비스포크 시리즈 간에는 통일된 조작방식이기 때문에 시리즈 구매 고객에게는 친숙성을 더함

✓ 타브랜드 제품과 달리 서랍 조작부가 서랍에 있지 않고 냉장고 전체 조작부에 포함되어 있어 직관성과 효율성이 부족하나, 전체 조작부 자체가 서랍 가까이에 위치하여 부족한 직관성을 보완함

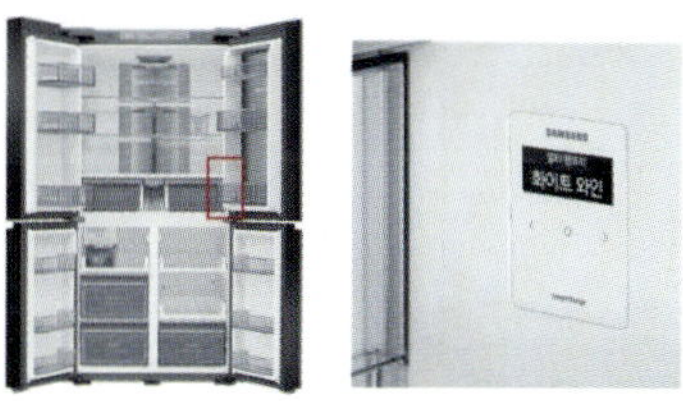

삼성 비스포크 냉장고 내부 조작부

LG / Haier / GE / Bosch / Electrolux

✓ 메뉴를 모두 노출하여 전체 구조가 보이고, 그로 인해 조작 절차가 단축되고 직관적이나 일부는 위계나 레이아웃이 논리적이지 못함

✓ 고사양으로 갈수록 온도를 조절하는 서랍이나 정수기 기능이 있으며, 각 기능의 조절부는 해당 부분 앞에 위치하여 조작에 직관적임

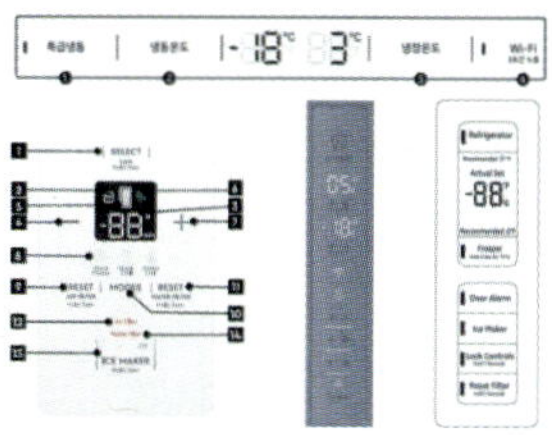

LG/Haier/GE/Electrolux 냉장고 주요 조작부

Bosch의 기능성 서랍

그림 195. 가전제품 디스플레이에 대한 사용성 평가 결과

개별 경험 요소에 대한 평가가 취합되면, 최종적으로 제품 전반에 걸친 사용성의 장점과 단점을 도출한다. 사용성 평가를 통한 경쟁 분석은 제품 · 서비스의 다양한 면모를 명확한 기준(사용성)에 따라 세밀하게 분석할 수 있다는 장점이 있다. 이는 맨손으로는 아무것도 만들 수 없지만, 망치를 들면 무엇이든 만들 수 있는 상황에 비유할 수 있다.

그림 196. 사용성 평가의 최종 결론 예시

어림 평가(Heuristic Evaluation)

IA부터 GUI에 이르는 UX 디자인 영역별로 평가를 진행하기 때문에 프로젝트 이슈나 서비스의 특징적인 경험 요소들을 반영할 수 있고, 평가 수위를 상황에 맞게 조절할 수 있으며, 정량적인 결과(점수)로도 산출이 가능하다는 장점이 있다.

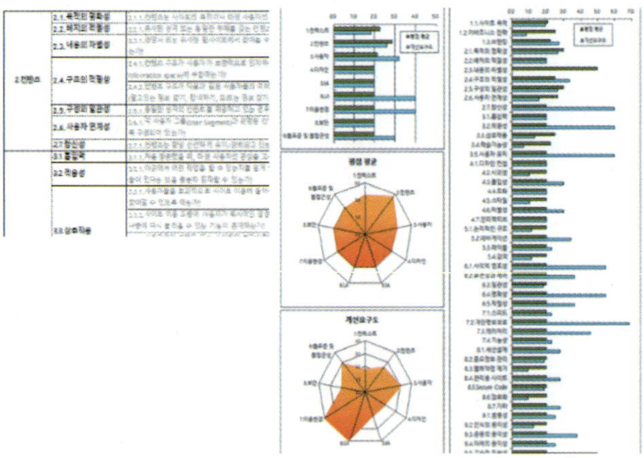

그림 197. 어림 평가 예시

반면 신뢰할 수 있는 전문가들을 참여시켜야 하고, 평가 양식을 만드는 데 많은 시간이 소요된다는 것이 단점이다. 한편, 평가 양식을 한 번 만들어 놓으면 주기적으로 이용할 수 있다는 장점도 있다.

어림 평가에는 문제가 있는지 여부를 진단(O, X)하는 방법과 수준을 평가하는 방법이 있다. 그러나 단순한 문제 진단 방식은 인사이트를 제공하기 어렵기 때문에 실무에서는 주로 수준 평가 방식을 많이 활용한다.

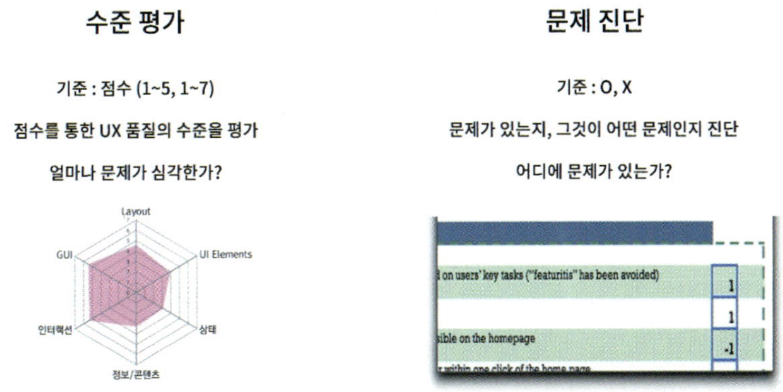

그림 198. 어림 평가의 두 가지 방식

아래는 문제 진단 방식의 어림 평가 예시이다.

서비스	평가 항목	A서비스	B서비스	C서비스	D서비스
Main Home	Main Home 화면은 사용자의 이용목적에 대응하는 정보를 제공하고 있는가?	O	Δ	X	Δ
	사이트 어느 위치에서든 개별 서비스 홈(Submain)으로 원활히 접근할 수 있는가?	O	O	Δ	O
	Main Home 화면은 LG 전자만의 차별성을 충분하게 전달하고 있는가?	O	O	Δ	X
	사이트 내 어느 위치에서든 Main Home으로 원활히 접근 할 수 있는가?	O	X	O	Δ
통합 검색	통합 검색 시 필터, 태그, 최근 검색어 등 다양한 검색 방식을 제공하는가?	Δ	Δ	O	O
	통합 검색으로 사용자가 원하는 결과를 얻을 수 있었는가?	Δ	Δ	O	Δ
스토어	구매를 목적으로 진입한 사용자가 스토어 Home의 구성을 쉽게 파악할 수 있는가?	O	O	Δ	Δ
	스토어 PLP는 필터와 같이 제품 탐색에 유용한 도구를 지원하고 있는가?	O	O	O	X
	스토어 PDP는 제품 이해에 필요한 필수 정보들을 제공하고 있는가?	Δ	Δ	O	Δ
스토리	스토리 Home의 구성을 쉽게 파악하고, 흥미를 가질 수 있는 구조와 레이블링인가?	X	O	Δ	Δ
	스토리의 각 메뉴/정보들은 맥락이나 내용에 따라 상호 연계되고 매끄럽게 탐색할 수 있는가?	O	O	O	O
AR	AR 시연이 매끄럽게 진행이 되고 사용자가 원하는 제품으로 변경할 경우 어려움이 없는가?	Δ	X	O	Δ
주문 결제	주문 과정은 직관적이며, 이해하기 쉬운 안내를 제공하고, 정보 입력/선택 과정이 매끄럽게 진행되는가?	O	Δ	Δ	Δ
	주문 결제 과정에서 불필요한 요소는 없는가?	O	O	X	X
마이페이지	마이페이지 Home은 사용자가 사이트내에서 관리하고자 하는 정보들을 빠짐없이 제공하고 있는가?	X	X	Δ	O
	마이페이지 Home에서 진행 현황 정보가 일목요연하게 제공되고 있는가?	O	Δ	X	O
멤버십	멤버십은 과정이 사용자의 기대에 부합하며 필요한 기능이나 정보가 모두 제공되고 있는가?	Δ	O	Δ	X

그림 199. 문제 진단 방식의 어림 평가

이와 달리, 수준 평가 방식은 각 항목(휴리스틱)을 점수로 평가하고, 그 평균값이나 총합으로 결과를 산출한다. 또한 평가자가 점수에 대한 구체적인 근거를 함께 기술하므로, 점수가 낮거나 높은 이유를 명확히 확인할 수 있다.

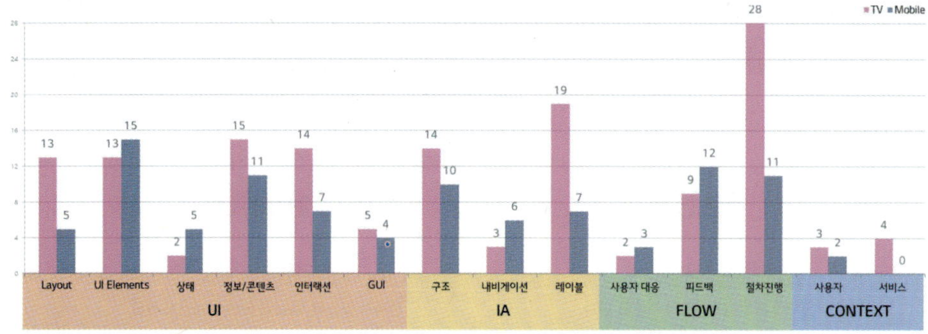

그림 200. 수준 평가 방식의 어림 평가

아래는 모 은행의 모바일 앱 홈 화면을 같은 업종 내 선진사(Leading Company)와 비교해 어림 평가한 예시다. 이러한 어림 평가는 해당 은행이 다른 선진사 대비 각 항목(휴리스틱)별로 얼마나 경쟁력을 갖추고 있는지를 보여준다. 어떤 항목은 경쟁사와 거의 근접해 있으나, 어떤 항목은 매우 큰 격차를 보인다. 이 어림 평가 결과를 통해 해당 은행이 어떤 개선 방향이 필요한지 쉽게 파악할 수 있다.

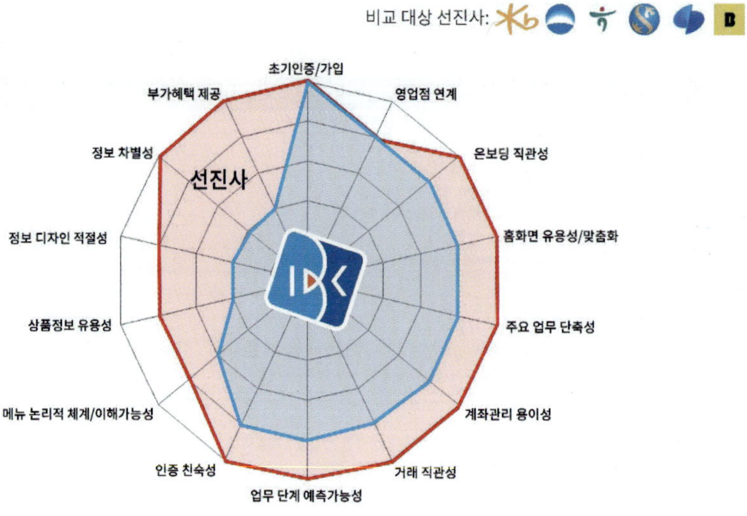

그림 201. 경쟁분석 예시: 모 은행의 모바일 앱 홈 화면을 같은 업종내 선진사들과 어림 평가

이슈별 비교 분석

프로젝트 이슈에 따라서 보고 싶은 부분만 분석할 수 있는 방법이다. 분석 항목을 임의로 선택할 수 있으며, 형식이나 내용 조절이 자유롭다는 장점이 있다.

단점은 주로 정성적인 장단점을 비교 분석하기 때문에 분석자의 능력에 많이 의존하고 근거를 명확하게 제시해야 한다는 점이다.

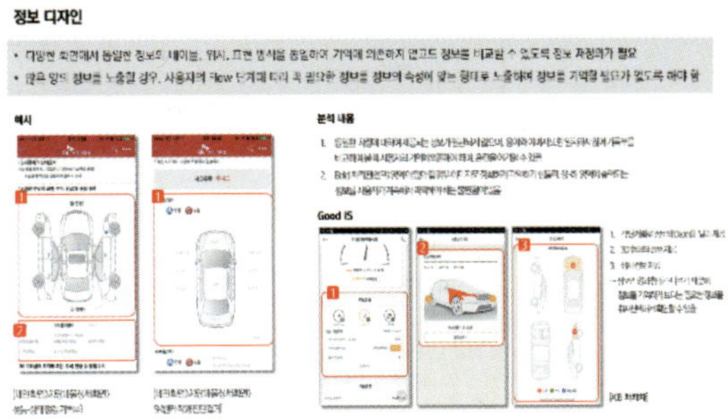

그림 202. 이슈별 비교 분석 예시

자사와 경쟁사들을 항목별로 그대로 비교하기도 한다. 아래는 장보기몰들의 콘셉트, 배송 정책, 상품 판매 정책, UX 특징들을 사실 그대로 비교한 것이다.

		SSG(이마트몰)	마켓컬리	오아시스	쿠팡프레쉬	헬로네이처	배민B마트	
컨셉		오픈마켓, 온/오프라인 매장연계	프리미엄 쇼핑, 큐레이션	유기농 식품, 온/오프라인 매장연계	오픈마켓, 초다품종, 로켓배송	큐레이션, 음식의 컨텐츠화 (레시피 등)	집근처 마트 상품 빠른(30-1시간 이내)배달	
배송	1시간내 배송	X	X	X	X	X	O	
	원하는 시간에 배송	O	X	X	X	X	O (당일 예약배달, 30분 단위로 설정)	
	새벽배송	O	O	O	O	O	X (오전 9시-자정)	
	정기배송	O	X	O	O	X	X	
	배송 최소기준금액	-	-	-	15,000원	14,800원	10,000원	
	무료배송 기준금액	새벽배송 : 4만원 쓱배송 : 4만원 택배배송 : 3만원	4만원 컬리패스: 월 4,500원, 최소 15,000원이상 구매시 무료배	30,000원	로켓회원 : 월 4,990원	헬로패스 : 월 4,500원	30,000원	
상품	품목개수 (SKU)	8만 (새벽배송은 3만)	3만	6000여개	신선식품 8200여개, 이중 로켓프레시 2400여개	3000여개	7000여개	
	상품 가격	중저가	고가 (마케팅 전략)	유기농/국산인데 저렴한 편	가장 저렴함 (그러나 묶음 단위가 큰 경우가 있음)	중고가	대중없음	
	상품 퀄리티	중상	상	상	중하	상	대중없음	
	유기농 옵션	O	O (친환경)	O (주력컨셉)	O (유기농관)	X	O (유기농·친환경관)	
	PB상품	O	O	O	O	X	X	
UX 특징		초다량 상품수 표시, 배송시간 설정, 도착알림시간 설정	큐레이션을 강조하여 상품별 별점 없음, 보관상태 별 장바구니 구성, 사	소상공인 탭, 배송조회 플로팅버튼, 여러곳으로 배송	잘쓴 구매후기에 보상을 해주어 리뷰가 많음	상품 뿐만 아니라 레시피 등 컨텐츠의 제공	퀵커머스의 초기 강자	여

그림 203. 장보기몰의 정책 비교

아래는 주요 커피숍 프랜차이즈 앱의 홈과 주문(오더) 기능을 상호 비교한 것이다.

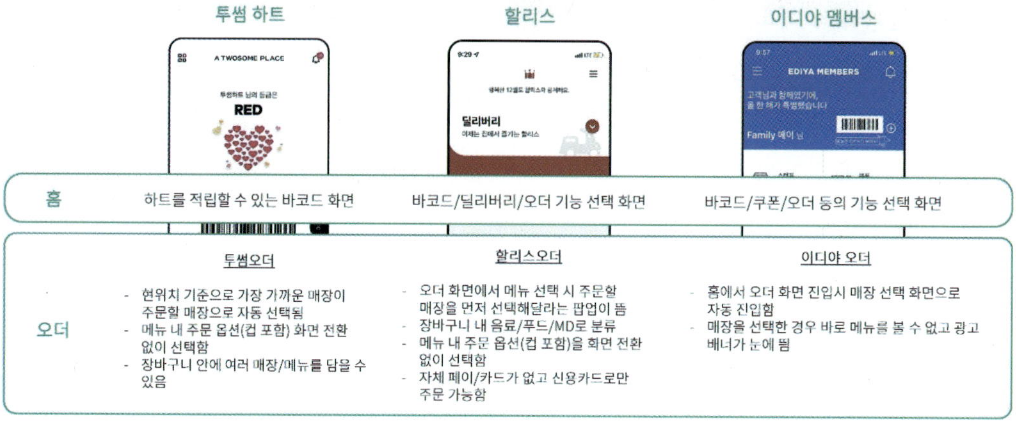

그림 204. 주요 커피숍 프랜차이즈 앱의 홈과 주문(오더) 기능 비교

네이버페이와 카카오페이의 '사용처 목록 확인' 경험요소 비교는 간편결제 서비스 사용자들에게 실제로 어디에서 해당 서비스를 사용할 수 있는지 직접 확인하는 행동과는 다르다. 데스크 리서치 단계에서는 이 경험요소를 중립적인 입장에서 분석해 UX적인 장단점을 탐색하는 데 집중한다.

이는 사용자들이 '사용처 목록'을 실제로 찾아보는지 여부를 확인하고, 그 필요성을 검증하는 필드 리서치와는 차별화된다. 데스크 리서치는 서비스나 기능을 객관적으로 평가하고, 개선할 점을 파악하는 데 유용하며, 필드 리서치는 실제 사용자 행동과 맥락을 심도 있게 이해하는 데 적합하다.

따라서 이 과정에서는 '사용처 목록 확인' 요소의 디자인, 접근성, 정보 제공의 명확성, 사용 편의성 등 UX 요소를 비교 분석해 어느 쪽이 더 직관적이고 효과적인지, 어떤 부분이 개선되어야 하는지를 찾아내는 것이 핵심이다. 이후 실제 사용자의 필요성과 행동 패턴을 확인하기 위해 필드 리서치가 보완적으로 진행될 수 있다.

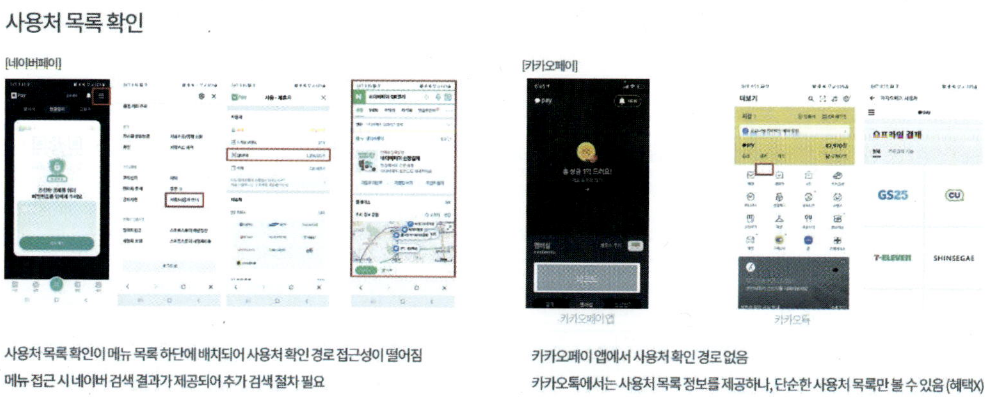

그림 205. 간편결제 서비스에서의 경험요소 비교 분석 예시

문헌조사

UX/UI 프로젝트에서는 서비스와 관련된 지식이나 사례를 조사해야 할 때가 있다. 디자인 영역이 아닌, 서비스 내용과 가까운 조사가 이루어지는 것이다. 지식은 해당 산업의 비즈니스적인 특성이나 당면한 이슈, 사회경제적 현안 등을 다룰 때도 있지만, 대부분의 경우에는 기술과 관련된 문헌들을 조사한다.

그림 206. 문헌조사 예시

위 예시는 '음성인식 스피커' 프로젝트 진행 시 라이트브레인에서 수행했던 문헌조사를 보여준다. 이 프로젝트를 진행했던 2015년 당시는 아마존 에코를 제외하고는 아직 '음성인식 스피커'라는 것이 대중화되기 전이었으므로 스마트폰 음성비서를 제외하고는 참조할 만한 게 없었다. 그 때문에 언어학을 조사하고, 콜센터 자동응답기를 기준으로 쓰인 책이나 논문들도 살펴봤다.

그 결과 점차 '음성인식'의 UX에 다가갈 수 있었다. 다음은 문헌조사를 통한 내부 논의 과정의 하나이며, 이 내용은 후에 구체적인 음성인식 UX[주: VUX(Voice User Experience)라고 한다.]로 발전했다.

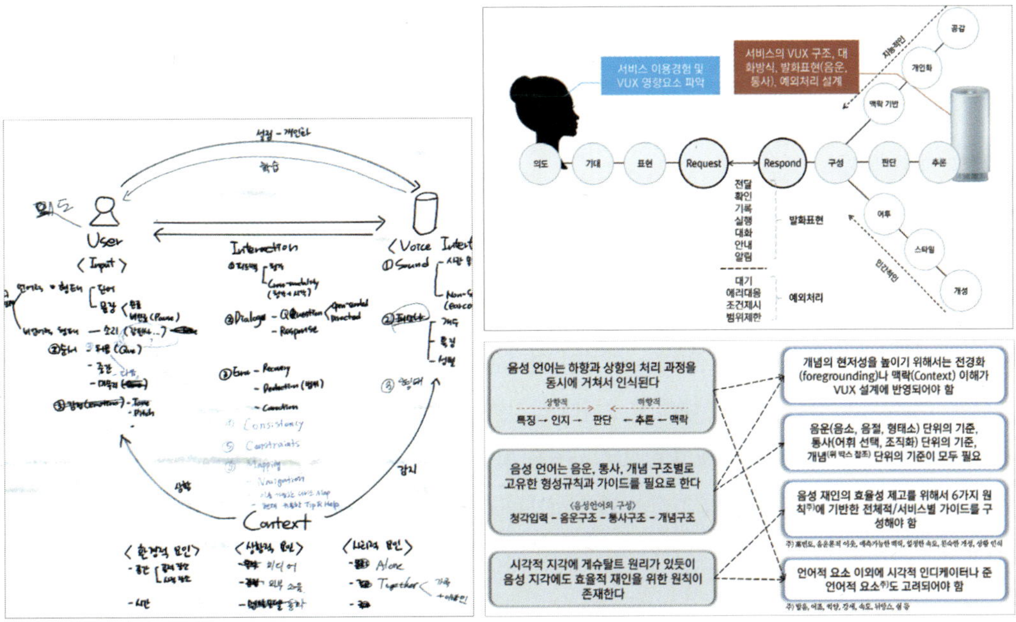

그림 207. 음성인식 UX를 위한 문헌조사 결과

사례 분석은 서비스와 관련된 특허, 논문, 기술 요소 등을 찾는 작업을 말한다. SF 영화에 나온 미래 생활환경이나 UI, 인터랙션 방식을 참고하는 방법도 있다. 주: 이를 Diegetic Prototyping이라고 한다.

제목	Google Translate	Woebot	Samsung Simband를 이용한 감정 인식
대표 이미지	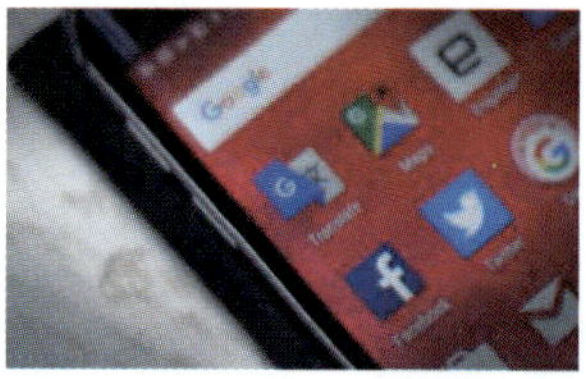		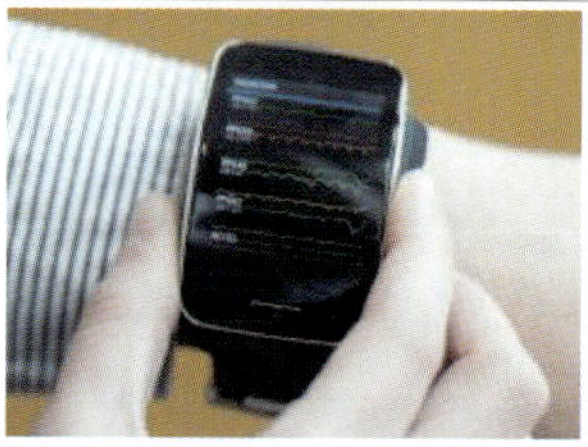
소개	해당 언어에 대한 학습을 별도로 하지 않아도, 다른 언어 간 연결점을 이용해 번역이 가능함. 예를 들어, A-B, A-C 번역이 가능하면 B-C 번역이 가능함	페이스북 메신저를 통해 인터랙티브한 인지행동치료를 교육하고 진행함으로써 우울한 사람들을 도움	문자 내역과 대화 톤(음정/음 높이/음 강도), 심박 수, 혈압, 혈류 등의 신체 신호를 활용하여 감정 파악
관련 기술	언어이해 기술(자연어 처리, 음성처리, 자동통번역), 학습 및 추론 기술(지식베이스)	언어이해 기술(자연어 처리, 질의응답, 음성처리), 상황이해 기술(감정이해)	상황이해 기술(감정이해)
착안점	증폭 AI 기술이 발달하며, 새로운 학습을 하지 않아도, 기존 학습을 통해 새로운 언어의 번역 서비스를 제공할 수 있게 됨. 이러한 학습 방식은 사람의 학습 방식과 많이 닮아있어 발전 가능성이 높으며, 이를 통해 빅스비 번역 서비스 외에도 사용자에게 필요한 전문 지식 서비스(의학, 약학 등)를 제공할 수 있을 것임	증폭 음성대화 방식으로 더 실제적인 인지행동치료를 시행할 수 있어 약간의 우울감을 가진 사람들에게 도움이 될 수 있음. 현재 삼성 헬스가 제공하고 있는 신체건강 케어와 기본적인 스트레스 측정 외에 정신건강 관리 측면으로까지 헬스케어 서비스를 넓힐 수 있음. 특히 Hearable Device의 경우 즉각적인 음성 피드백이 가능하므로 효과가 더 클 것으로 예상됨	확장 증폭 Wrist Wearable 형태보다 생체 데이터 외에 음성 데이터의 수집이 더 원활한 Hearable Device/Clip Accessory 형태가 목소리 톤을 이용한 감정 인지가 더 수월할 것이며, Hearable Device의 경우 즉각적인 피드백이 가능하여 사용자의 감정 케어에 도움을 줄 수 있음

Total Recall(1990)

IoT 역할	가전기기 작동의 자동화
제어방식	디스플레이 터치 조작 및 음성입력을 통해 가전 기기 제어 및 자동화(온도, 냉장고 식재료 관리)
외부제어	차량 내 제어 가능

Equals(2015)

IoT 역할	집안 환경 관리
제어방식	정해진 시간, 거주자의 일상에 따라 가구 배치 자동 변경
외부제어	사용자 직접 제어 지원하지 않음(관리자 중앙통제)

A Day Made of Glass(2011)

IoT 역할	생활 편의 및 구성원 간의 커뮤니케이션 보조 도구
제어방식	가전기기의 외부를 디스플레이로 활용, 터치 인터랙션을 통해 조작
외부제어	모바일 기기를 이용한 정보 전송(공유) 및 스위치 제어

그림 208. 사례 분석 예시

동향조사

동향조사는 두 가지가 있다. 첫 번째는 디자인 영역에 대해 경쟁사나 시장의 동향을 조사하는 활동을 말한다. 다음은 라이트브레인이 매해 1~2차례 발간하는 UX Discovery 중 '2020 UX/UI Trend' 내용의 일부다. 최근의 모바일 검색 방법으로 사진을 직접 찍어서 검색하는 'Visual Search'가 뜨고 있다는 내용과 넷플릭스의 새로운 AI 추천 방법을 소개하고 있다.

그림 209. 라이트브레인 발간 UX Discovery 8호

동향조사는 조사 대상을 굳이 경쟁사로 한정 짓지 않는다는 특징이 있다. 최근의 모바일 GUI 디자인 트렌드, 검색 트렌드 등과 같이 디자인 영역에 초점을 맞춰서 참고할 만한 내용을 찾는 것이다.

두 번째 동향조사 방법은 사회적 트렌드를 조사하는 것이다. 특히 서비스가 특정 세대를 대상으로 하거나 사회적 트렌드와 민감하게 반응하는 경우에는 사회적 트렌드를 조사하는 것이 매우 중요하다.

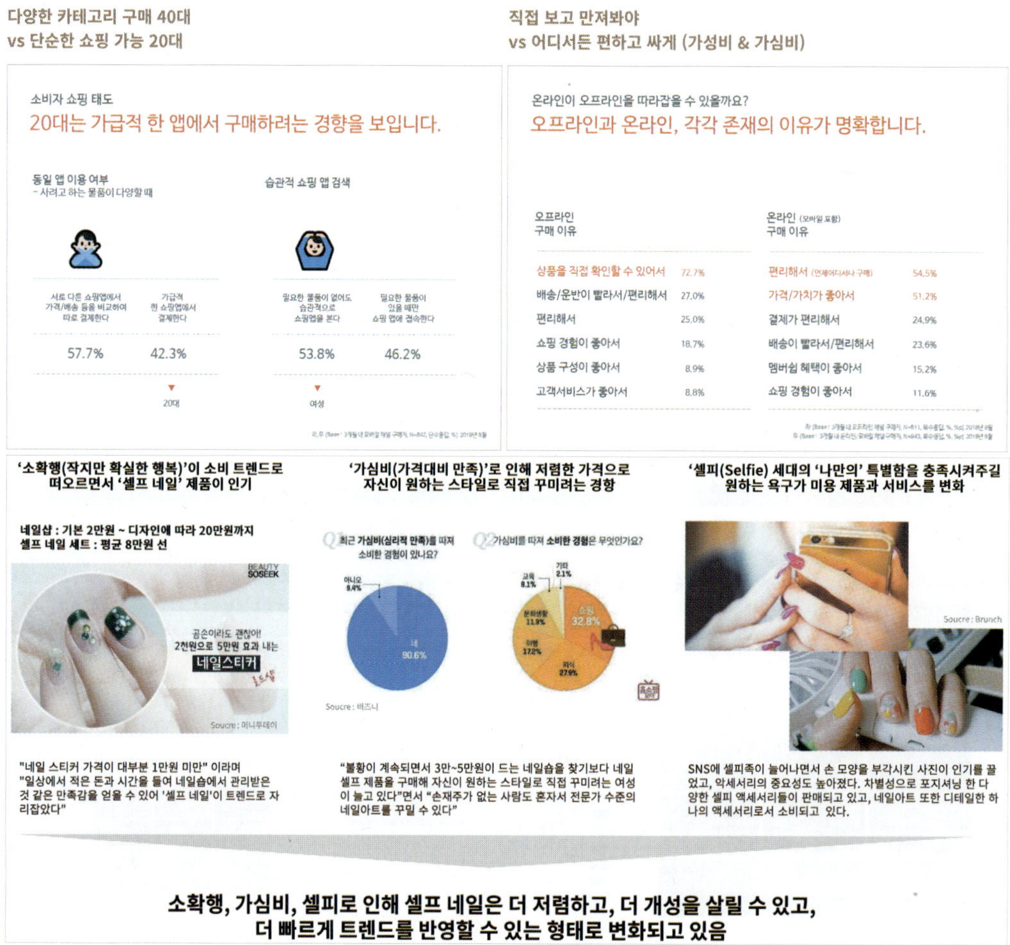

그림 210. 사회적 트렌드 조사

사회적 트렌드 조사는 특정 서비스 군으로 한정되는 경우도 있고, 전체적인 사회적 변화나 특정 세대층의 문화적인 동향을 겨냥해서 조사할 때도 있다.

요즘 가장 관심을 끄는 것은 Z세대에 대해 분석하는 것이다. Z세대는 그 이전 세대인 밀레니얼 세대와 비슷하면서도 다른 면이 많다. 밀레니얼 세대가 오프라인보다 온라인을 선호하는 디지털 원주민(Digital Native)이라고 불린다면, Z세대는 아예 온/오프라인 경계가 모호한 포노사피엔스라고 불린다. 가치 기준이 다면적이고 SNS 채널마다 다른 모습을 보이며, 유튜브나 틱톡, 라인을 통해서 전 세계와 소통하는 파워 신인류라고 불린다.

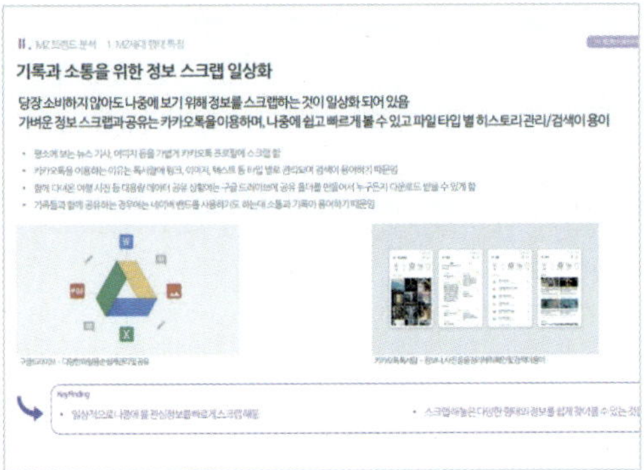

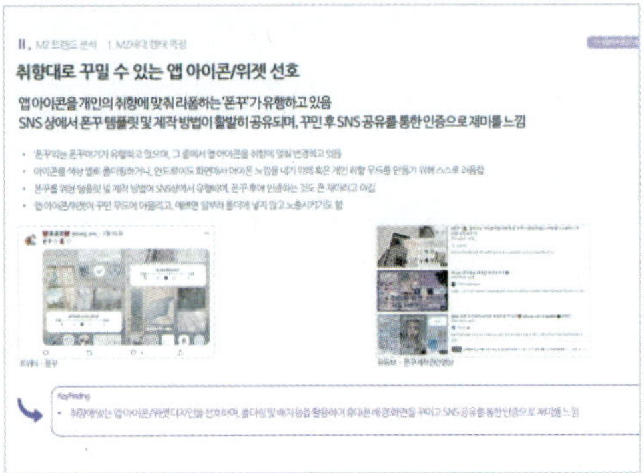

그림 211. MZ세대에 대한 동향조사 예시

VOC/WOM 조사

VOC(고객의 소리, Voice of Customer)와 WOM(입소문, Word of Mouth)은 모두 사용자가 제품이나 서비스에 대해 제기하는 의견, 불만, 요청을 뜻한다. 하지만 수집 방식과 대상 채널 면에서 중요한 차이가 있다.

- VOC는 주로 서비스 내에 마련된 공식 채널(콜센터, 게시판, 챗봇 등)을 통해 수집된다. 즉, 사용자가 직접 서비스 운영자가 마련한 창구에 의견을 남기는 방식이다.
- WOM은 서비스 외부의 다양한 플랫폼(포털, 커뮤니티, 앱스토어, SNS 등)에서 자유롭게 발생하는 사용자 반응이다. 공식 채널을 거치지 않아 더욱 자발적이고 자연스러운 의견이 올라온다.

디지털 서비스 환경에서는 사용자가 간편하게 자신의 불만이나 요청을 올릴 수 있기 때문에 VOC와 WOM을 통한 사용자 의견 수집이 더욱 용이하다. 특히 애플 앱스토어 등에 올라온 리뷰는 WOM의 대표적인 예로, 관련 기관이나 기업이 외부 여론을 모니터링하여 서비스 개선에 중요한 인사이트를 얻을 수 있다.

예를 들어, 어떤 은행 앱의 애플 앱스토어 리뷰에서는 인증과 관련된 오류와 불만이 반복적으로 나타난다. 이런 WOM 데이터는 VOC와 함께 분석하여, 인증 시스템의 문제점을 조기에 발견하고 우선적으로 개선하는 데 큰 도움이 된다.

따라서 VOC와 WOM은 채널과 발생 맥락에서 차이가 있으나, 둘 다 고객 경험 개선을 위해 반드시 함께 고려해야 할 중요한 사용자 의견 자원이다.

> 잘 쓰고 있다가 얼마 전에 핸드폰을 바꿔서 앱 설치하고 신분증 인증하라고 해서 하는데 아무리해도 촬영이 되지 않습니다. 가이드선이 노란색으로만 바뀌고 촬영이 안되는데 운전면허가 없어서 모바일신분증 인증도 안되고… 당장 써야 하는데 큰일이네요.
>
> - 애플 앱스토어, JuK***0님

> 업데이트를 어떻게 했길래 왜 앱 접속 할때마다 모바일인증서를 계속 다시 발급받아야 합니까? 계속 보안카드 들고 다닐 수도 없고 앱 사용할 때마다 인증서를 발급받으라니 인증서는 제대로 처리하고 있는건 맞는지 믿고 쓸 수가 없네요… 급여 통장이라 안쓸수도 없고 원인 파악 제대로 하세요
>
> - 애플 앱스토어, 팅김 *** 님

> 사용하는 사람이 편하도록 해야지 만드는 사람 편하자고 지우고 업데이트 시키고 인증 계속 다시 해야하고 기업은행 때문에 폰 집어 던질뻔했네요. 청약통장만 아니었음 벌써 거래끊었다. 진짜 일 그렇게 하지마세요들
>
> - 애플 앱스토어, L *** 기힘들다님

그림 212. 모 은행에 대한 앱스토어 WOM 예시

VOC/WOM 조사는 아무런 계획 없이 사용자의 목소리를 수집해 분석할 수도 있다. 그러나 UX 프로젝트를 진행할 때는 프로젝트의 목표와 이슈를 고려해, 수집 대상과 방법을 미리 계획하는 것이 좋다. 또한 제품이나 서비스의 특성에 따라 별도의 블로그, 카페, SNS, 유튜브 등 다양한 채널을 통해 데이터를 수집하기도 한다.

그림 213. VOC/WOM 조사 프로세스

VOC/WOM 조사는 이미 존재하는 사용자의 불만과 요청을 단순히 수집하는 데서 그치지 않는다. 이를 분석해 의미 있는 인사이트와 발견을 도출하는 것이 중요하다.

아래는 한 자동차 브랜드 영업점에 대해 수집한 VOC/WOM과 이를 분석해 도출한 핵심 발견(Key Finding) 사례다. 사용자들이 두서없이 표현한 VOC/WOM을 논리적이고 체계적으로 해석하고, 표면적인 내용 뒤에 숨어 있는 진짜 고충이나 잠재적 니즈, 태도를 찾아내는 과정이 필요하다.

VOC/WOM 수집 내용	Key Finding
-정보가 전혀 없는 상태에서 대리점에 가면 모든 것을 안내받을 수 있을 것으로 예상함 -카마스터가 안내에 소극적이고 저에게 관심도 없어서 물어보기 민망했어요. -카페에서 만난 딜러가 합리적 견적과 서비스, 옵션 안내를 상세히 해주기를 기대함	차에 대해 잘 모르기 때문에 상담을 통해 차근차근 안내받고 싶어하나 현재의 대리점에서는 기대한 만큼의 서비스를 받지 못하고 있고, 이러한 경험이 차 구매 방해요소로 작용
-카마스터에게 물어봤는데 모르는 척을 하는 건지 모르는 건지... -대리점 방문 때마다 비슷한 설명이 반복되어 귀찮음 -대리점에서 이것저것 물어본 뒤에 계약을 안 하고 나오면 뻘쭘하겠죠?	보편적으로 대부분의 소비자들이 대리점 판매자(영업사원)와 대면할 때 부담감, 압박감, 불편함을 느끼며, 그러한 경험이 없는 사람조차도 그럴 것이라고 예상하고 있음
-알아야 할 게 너무 많아서 힘들고 피로해요. -산발적인 정보를 직접 엑셀에 정리해서 비교해 봄 -실물이 궁금해서 동네 주차장을 돌아다니며 색상과 옵션 정보를 비교함	정보가 산발적이어서 하나하나 파악하기 귀찮고, 복합적인 정보는 수집하는 것조차 번거로운 것이 차량 구매를 막는 방해 요소가 되고 있음
-시승 시 어디서, 누구와, 무엇을, 얼마큼 할 수 있는지 자세한 정보를 찾을 수 없음 -급하게 차가 필요해 대리점마다 전화를 돌리며 막막함을 느낌	온라인을 통해서 접근할 수 있는 정보에 한계가 있고, 자신의 상황과는 괴리되어 있는 정보들이 많아서 답답함을 느낌

그림 214. 모 자동차 브랜드의 영업점에 대한 VOC/WOM 분석 예시

아래는 신한은행 슈퍼SOL에 대해서 진행한 VOC/WOM 조사 결과이다. 카테고리별로 어떤 대표적인 고충이 있는지를 한눈에 볼 수 있다.

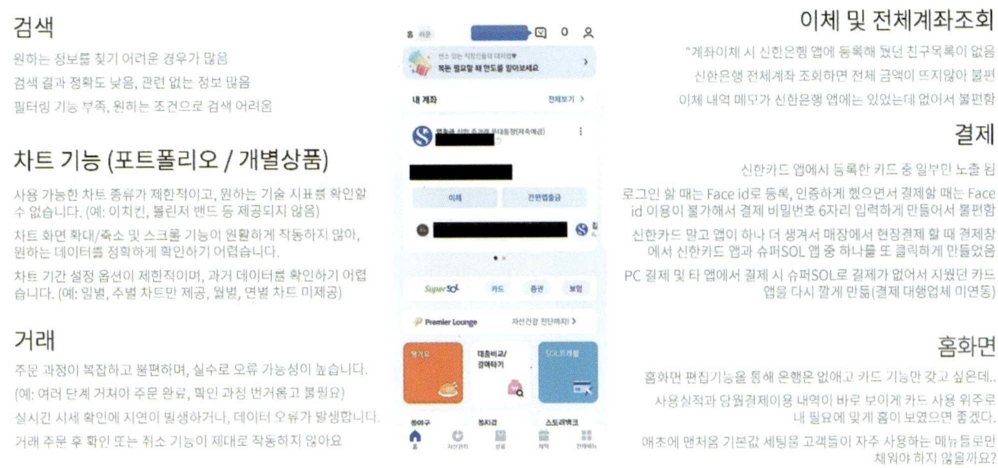

그림 215. 신한은행 슈퍼SOL에 대해서 진행한 VOC/WOM 조사 예시

필드 리서치

필드 리서치는 실제 사용자를 대상으로 직접적이거나 간접적인 방법을 통해 그들의 경험 전반을 조사하는 활동이다. 여기서 중요한 점은 단순한 의견이나 불만이 아니라, 사용자가 실제로 겪는 경험을 깊이 있게 살펴보는 데 초점을 맞춘다는 것이다.

최근 VOC/WOM 조사의 효용성이 높아졌음은 사실이다. 서비스에 적극적으로 의견을 개진하는 사용자가 늘면서 다양한 고객의 소리와 입소문 데이터를 쉽게 수집할 수 있게 되었다. 하지만 VOC/WOM 데이터는 주로 심각한 고충에 관한 내용이 많고, 상대적으로 작은 불편이나 아직 명확히 드러나지 않은 니즈 같은 부분은 쉽게 찾아보기 어렵다는 한계가 있다. 즉, VOC/WOM 조사 결과는 전체 사용자 경험 중 일부, 즉 빙산의 일각에 해당한다.

또한, 디지털 전환과 AI 기술 발달로 사용자 데이터가 풍부해지고 통계 분석도 진화했음에도 불구하고, 통계 분석은 결국 '수면 위에 드러난' 명확한 경험과 행동만 파악할 수 있다. 따라서 사용자가 내면에 품고 있는 기대, 불안, 갈등, 우려, 태도, 잠재적 니즈 등 '수면 아래'에 있는 깊은 경험을 이해하려면 필드 리서치가 반드시 필요하다.

필드 리서치는 사용자와의 직접적인 접촉을 바탕으로 그들의 실제 상황, 맥락, 감정 등을 포착하여 데이터로 드러나지 않는 근본 원인과 숨겨진 요구를 발견할 수 있는 강력한 방법이다. 이를 통해 UX 개선과 혁신에 필요한 진정성 있는 인사이트를 확보할 수 있다.

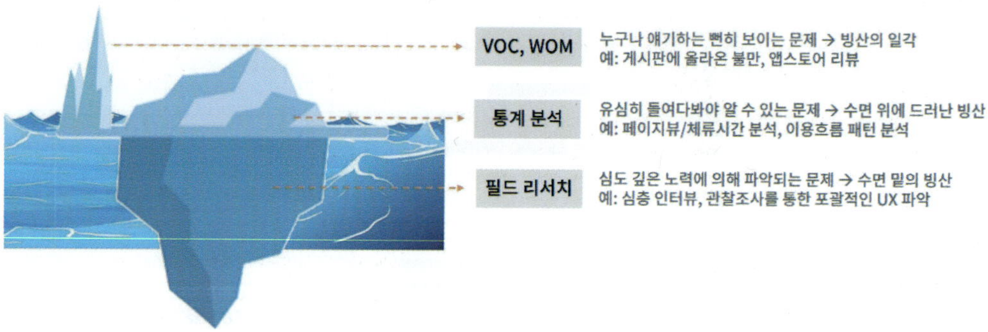

그림 216. UX 리서치 방법들을 빙산 모형(Iceberg Model)에 대입한 그림

이 책에서는 리서치를 단순히 데스크 리서치와 필드 리서치로 구분하지만, 실제로는 다양한 관점에 따라 더 세분화할 수 있다.

- **정량적 리서치와 정성적 리서치로 나누는 방법**

  1. 정량적 리서치는 수치나 통계 데이터를 중심으로 한 조사로, 설문조사, 로그 분석, 통계 분석 등이 대표적이다.
  2. 정성적 리서치는 사용자의 경험, 태도, 감정 등을 심층적으로 이해하려는 조사로, 인터뷰, 관찰, 에스노그라피 등이 포함된다.

- **필드 리서치 내 세부 구분**

  필드 리서치는 단지 정성적 리서치에 국한되지 않고, 실제 사용자 현장이나 맥락에서 이루어지는 다양한 방법론을 포함한다. 구체적으로는 다음과 같은 방법이 있다.

  1. 심층 인터뷰, 관찰 조사 같은 전통적 정성적 방법
  2. 설문조사처럼 정량적 요소가 포함된 방법
  3. UX 테스트(사용성 테스트)를 통해 제품이나 서비스를 실제 사용하며 발생하는 문제와 반응을 측정
  4. 에스노그라피(Ethnography) 방식으로 사용자의 일상과 환경을 문화적 · 사회적 맥락 속에서 분석하는 방법

따라서 데스크 리서치와 필드 리서치라는 큰 분류 외에도, 프로젝트의 목적과 조사 대상에 따라 적합한 정량적 · 정성적 방법을 혼합하거나 선택하여 진행하는 것이 일반적이다. 이렇게 다양한 리서치 방식을 적절히 활용함으로써 사용자 경험의 여러 층위를 깊이 있고 폭넓게 이해할 수 있다.

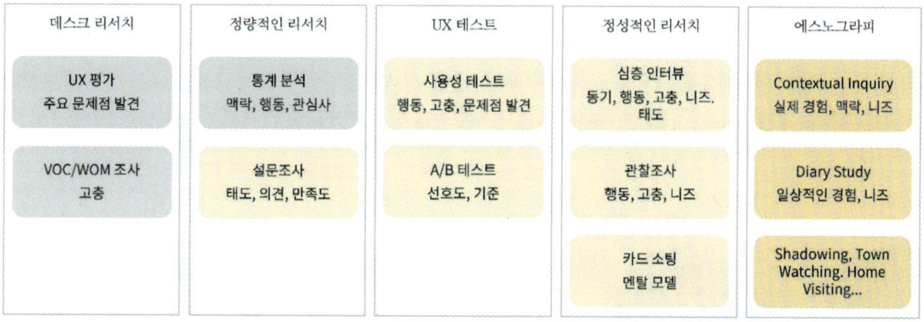

그림 217. UX 리서치 방법 구분 (회색은 데스크 리서치, 노란색은 필드 리서치임)

필드 리서치는 제기된 이슈들에 대해서 실제 사용자들의 경험을 UX 경험요소 단위로 파악하는 작업이라고 할 수 있다. 데스크 리서치를 통해서 아직 해결되지 못한 이슈들은 설문조사, 심층 인터뷰, 관찰조사 등을 통해서 파악하고 그 결과가 이슈에 대한 해답인 키파인딩으로 연결된다.

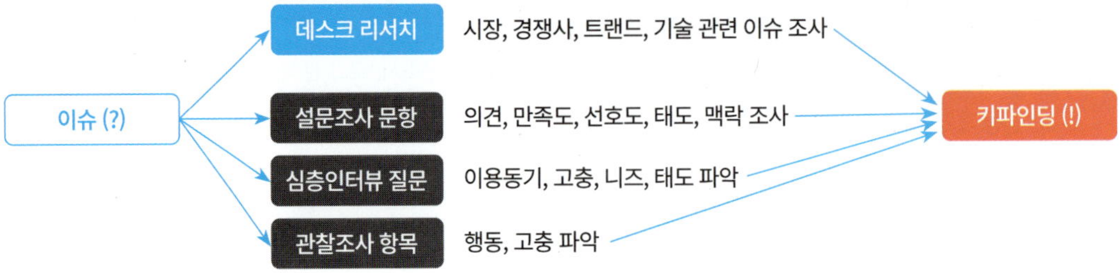

그림 218. 필드 리서치와 전후 활동 간의 관계

사용자 경험에 대해서 의미 있는 발견(키파인딩)을 얻기 위해서는 필드 리서치가 잘 진행돼야 한다. 이미 알고 있던 뻔한 사실만 확인할 거라면 굳이 필드 리서치를 할 필요가 없지 않는가? 이때 명심해야 할 것은 사용자의 경험을 공감하는 것이다. 진심으로 그들 입장에서 서비스를 바라봐야 한다.

UX/UI 디자인의 목적은 '리서치'가 아닌 '디자인'

UX/UI 디자인의 목적은 당연히 좋은 디자인에 있다. 우리는 '좋은 디자인 = 좋은 UX'라고 믿고 있을 뿐이다. 디자인 리서치는 학문을 위한 리서치나 조사 자체가 목적인 리서치와는 달라야 한다. UX가 전 세계적으로 붐을 일으키면서 우후죽순처럼 UX 리서치 업체가 생겨나고 있는데, 디자인적인 고민을 담지 않은 리서치는 공감 능력이 떨어질 수밖에 없다. 따라서 실제 UX/UI를 디자인할 사람이 리서치도 진행하는 것이 가장 좋다.

필드 리서치는 제기된 이슈를 가지고 '누구(Who)를 만나서 어떤 방식(How)을 사용해 언제까지(When) 관련된 사용자경험(What)을 수집할지'를 계획하고 실행하는 것을 말한다.

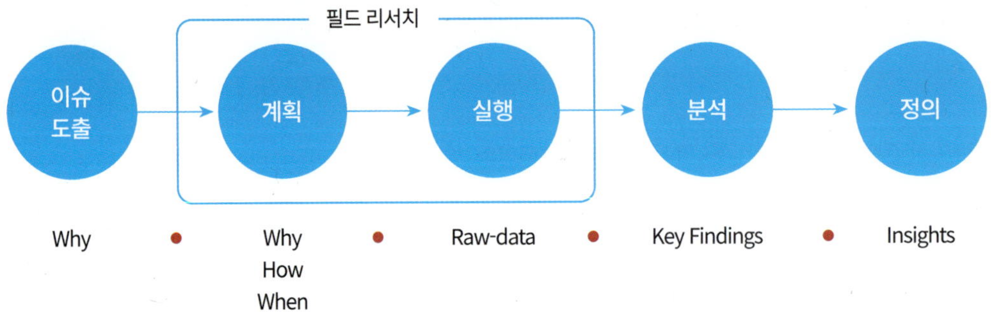

그림 219. 필드 리서치와 그 전후의 진행 절차

필드 리서치의 계획, 실행 활동에 대해 하나씩 살펴보자.

설문조사

설문조사는 충분히 신뢰할 수 있는 규모의 사용자를 대상으로, 서비스에 대한 의견 · 만족도 · 태도 등을 묻는 방법이다. 필드 리서치의 한 형태이지만, 다른 필드 리서치 방법들과 달리 정량적인 성격을 띤다.

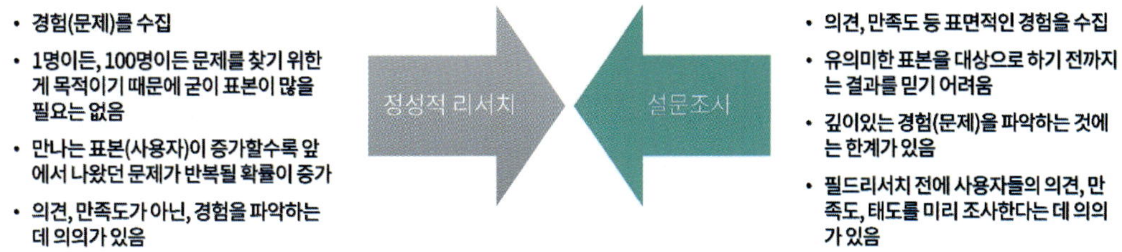

그림 220. 정성적 리서치와 설문조사의 비교

응답 결과에 대해서 '왜 이럴까?'를 고민하기보다는 신뢰도, 분포, 비율, 평균, 표준편차, 상관관계 등을 구한다. 그런 면에서 통계 분석과 유사하다.

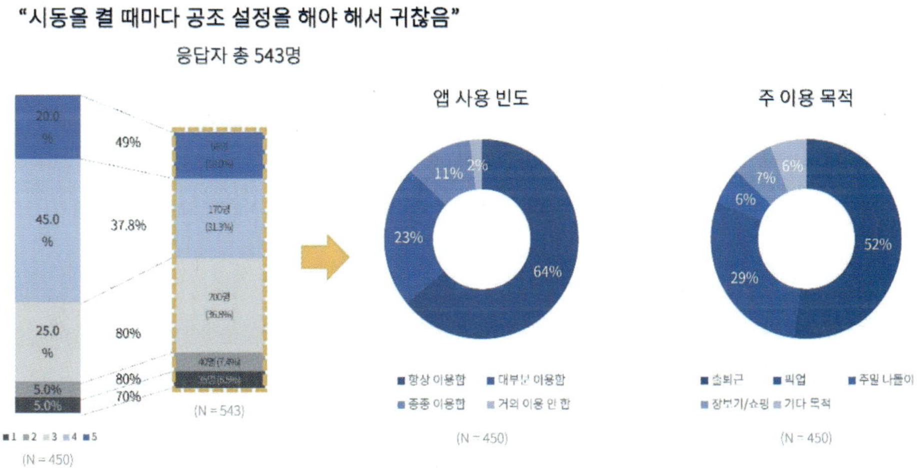

그림 221. 설문조사 결과 예시

표면적인 경험을 수집하는 방법이라고 해서 정성 리서치(Qualitative Research)에 비해 '열등하다'거나 '해도 그만, 안 해도 그만'인 것은 절대 아니다. 설문조사는 다른 정성 리서치가 수행하기 어려운 역할을 할 수 있다.

예를 들어, 정성 리서치는 충분히 많은 사용자를 대상으로 조사하기 어렵지만, 설문조사는 가능하다. 정성 리서치에 참여한 10명 전원이 특정 경험 요소에 불만을 표시했다고 하더라도, 이를 곧바로 전체 사용자의 불만으로 일반화할 수는 없다. 그러나 설문조사에서는 응답자 과반수가 불만이라고 답했다면, 이를 보다 객관적으로 전체 사용자 집단의 경향으로 일반화할 수 있다.

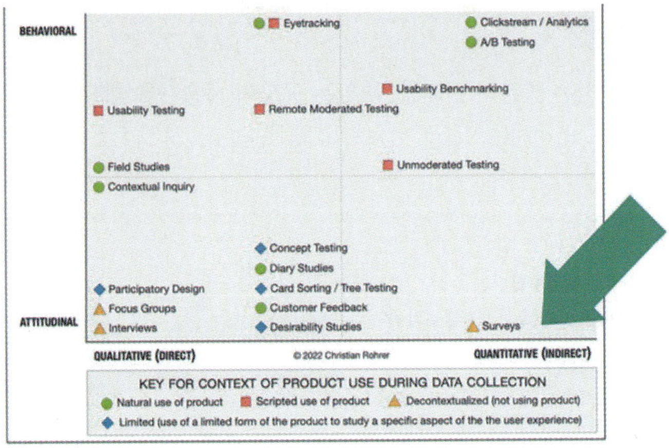

그림 222. 다양한 필드 리서치 방법들

대상자 선정

설문조사 결과를 전체 사용자 집단에 대해 일반화하려면, 표본 크기와 신뢰도가 매우 중요하다. '표본에 대한 신뢰도'란 통계적으로 설문 결과를 얼마나 확실하게 믿을 수 있는지를 나타내는 개념이다. 일반적으로 신뢰도 95%를 기준으로 설정하는데, 이는 95% 확률로 결과가 실제 전체 사용자 반응을 잘 대표한다는 의미다. 이때 오차범위(신뢰구간)가 몇 퍼센트냐에 따라 필요한 대상자 크기가 결정된다. 오차범위가 작을수록(예: 1~2%) 더 많은 대상자가 필요하며, 이는 매우 민감하고 정밀한 분석이 요구되는 경우에 해당한다. 예를 들어 선거 출구조사처럼 중요도가 높은 사안에 적용할 수 있다.

반대로 디자인 리서치에서는 보통 3~5% 오차범위를 설정하는데, 이는 현실적이며 비용과 시간 면에서 효율적이다. 결과를 100% 신뢰하는 것은 전체 사용자를 모두 조사하는 '전수 조사'에 해당하는데, 대부분의 경우 현실적으로 불가능하다. 따라서 표본 조사를 통해 적절한 신뢰도와 오차범위를 설정해 효율적으로 데이터를 수집하고 해석하는 것이 일반적이다.

이러한 통계적 근거를 바탕으로 설문조사 결과를 적절히 일반화할 수 있으며, 이는 UX 리서치에서 사용자 경험과 태도를 객관적으로 파악하고 서비스 개선 방향을 신뢰할 수 있게 수립하는 데 필수적인 과정이다.

표 9. 설문조사 모집단 크기, 신뢰도, 오차범위, 표본 간의 상관관계

모집단 크기	신뢰도	오차범위	표본
100,000명	95%	5%	383명
10,000,000명	95%	5%	383명
100,000명	95%	2%	2,401명

위 표에서 보듯이 모집단 크기가 100,000명일 때 오차범위가 5%인 경우에는 383명을 조사해야 하지만, 2%인 경우에는 2,401명을 조사해야 한다. 모집단 크기가 10,000,000명이고 오차범위가 5%인 경우, 100,000명일 때와 표본 크기가 변하지 않는 것은 오차범위의 영향이 그만큼 크기 때문이다.

대상자를 불특정 다수가 아닌, 특정 조건에 해당하는 사람으로 지정하려면 설문조사 전문 업체를 이용해야 한다. 아래는 서베이몽키(Survey Monkey)라는 세계적인 설문조사 업체에서 제공하는 Audience라는 응답자 리쿠르팅 서비스다. 성별, 나이, 직업, 소득, 거주지역 등의 조건과 오차범위를 설정하면 비용을 받고 설문조사를 대행해준다. 라이트브레인 CX컨설팅그룹은 중국, 유럽, 미국 등 해외 사용자를 대상으로 설문조사를 진행할 때 이 서비스를 종종 이용하는 데 비용이 들기는 하지만 매번 기대한 결과를 가져다줬다.

그림 223. 서베이몽키의 응답자 리쿠르팅 서비스인 Audience (출처: 서베이몽키)

설문조사만으로 필드 리서치를 대체하겠다는 생각은 금물

설문조사는 명확한 역할과 장점이 있지만, 동시에 분명한 한계도 지니고 있다. 설문 내용은 가볍고 빠르게 답할 수 있는 간단한 질문 위주로 설계하는 것이 바람직하다. 복잡하거나 깊이 있는 사고를 요구하는 질문은 사용자가 응답을 꺼리거나, 설령 응답하더라도 그 진위 여부를 신뢰하기 어려운 경우가 많다.

예를 들어, 미국미생물학회가 실시한 설문조사에서 "화장실 다녀온 뒤 손을 씻느냐"는 질문에 95%가 '그렇다"고 답했다. 그러나 실제 현장 관찰 결과는 달랐다. 여성은 67%, 남성은 58%만이 손을 씻는 것으로 나타났다. 이는 설문 응답과 실제 행동 사이에 차이가 있음을 보여주는 대표적인 사례다.

이처럼 설문조사는 응답자의 자기보고에 의존하기 때문에 사회적으로 바람직한 답변을 하는 경향(사회적 바람직성 편향)이나 기억 왜곡 등의 영향을 받을 수 있다. 따라서 설문 결과를 해석할 때는 이런 한계를 고려하고, 가능하면 필드 리서치나 관찰 등 다른 방법과 병행하여 실제 행동과 경험을 보완적으로 파악하는 것이 중요하다.

그러나 실제 그들이 손을 씻는 지 관찰해보니 여성의 67%, 남성의 58%만이 손을 씻었음

설문조사 내용 설계

설문조사는 비교적 짧은 기간 안에 사용자의 맥락, 행동, 의견, 만족도, 태도 등을 조사할 수 있는 방법이다. 직접 참여해 본 경험이 있다면 알겠지만, 설문조사에서는 복잡하고 많은 생각을 요구하는 질문은 피하는 것이 좋다. 질문하는 것은 자유지만, 응답자가 성실하게 답하지 않을 가능성이 높다. 설문은 간단하고 부담 없이 답할 수 있는 내용으로 설계해야 한다.

설문조사 문항은 다음 네 가지 뼈대를 기반으로 구성된다.

1. 사용자 본인에 대한 질문이다. 단순히 성별, 나이, 직업을 물을 수도 있고, 서비스 특성에 맞춘 질문(예: 일주일에 우리 쇼핑몰을 몇 번 방문하며, 그중 구매 빈도는 어느 정도인지)을 할 수도 있다.
2. 서비스 이용 맥락에 대한 질문이다. 장소, 시간, 상황 등 일반적인 항목을 물을 수도 있고, 더 구체적으로 가격 비교 사이트를 거쳐 쇼핑을 시작하는 경우와 우리 쇼핑몰로 바로 접속하는 경우의 차이를 묻는 식으로 설계할 수도 있다.
3. 행동에 대한 질문이다. 사용자의 서비스 이용 여정을 세부적으로 묻는 방식이 가능하지만, 전체 문항 수가 지나치게 많아지지 않도록 주의하면서 조사 목적에 꼭 맞는 핵심 질문만 포함한다.
4. 마지막으로, 태도에 대한 질문이다. 만족도, 선호도, 서비스나 그 안의 특정 영역이나 경험 요소에 대한 이미지, 관심, 우려 사항 등을 다룬다.

사용자 (Segment)	**사용자의 일반적인 정보, 서비스 이용과 관련된 특징** 예) 성별, 나이, 직업은?, 쇼핑몰 이용시 주로 구매하는 상품은? 빈도는?
맥락 (Context)	**사용 장소, 시간, 상황에 대해서 파악** 예) 쇼핑몰에는 어떤 장소(시간대)에 주로 이용하시나요?
행동 (Behavior)	**현재 해당 서비스(군)을 어떻게 사용하고 있는지 파악** 예) 주로 사용하시는 쇼핑몰은 어딘가요?, 어떤 경로를 통해서 쇼핑몰에 들어가시나요?
태도 (Attitude)	**해당 서비스(군)의 만족도나 선호도 파악** 예) 제일 선호하시는 쇼핑몰은? A 쇼핑몰에 대한 만족도를 내린다면? **해당 서비스(영역)에 대한 정서적 이미지, 관심 또는 우려사항** 예) A 쇼핑몰에 대해서 딱 떠오르는 이미지는? 어떤 부분이 가장 좋다고 생각하시나요?

그림 224. 설문조사 내용의 4가지 항목 기준

설문조사의 목적에 따라 앞서 제시한 4가지 항목 기준의 비중은 달라진다. 예를 들어, 서비스 전반의 만족도 현황을 파악하려는 경우에는 행동과 태도 항목 위주로 질문을 구성한다. 반면, 특정 영역이나 경험 요소에 대한 만족도나 선호도를 상세히 조사하고자 할 때에는 태도 중심으로 문항이 설계된다. 또한 맥락 · 행동 · 태도 간의 상관관계를 분석하려는 경우나 채널 간 비교, 경쟁사 간 비교를 목적으로 하는 경우에도 각 항목의 비중은 상황에 따라 조정된다.

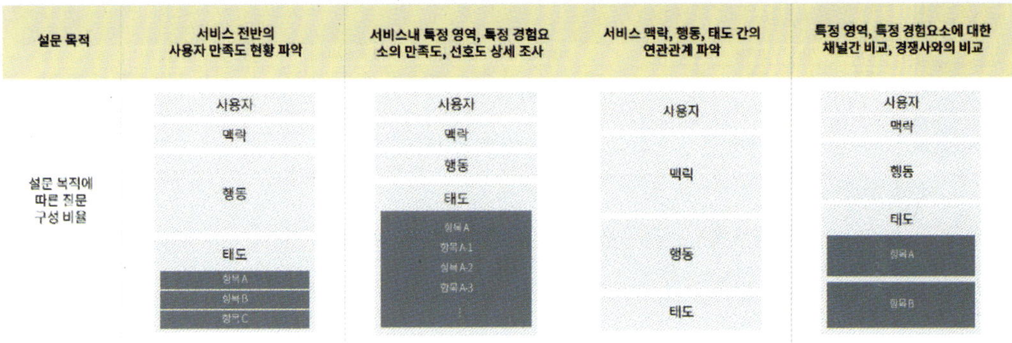

그림 225. 설문조사 목적에 따른 4가지 항목 기준의 비중 변화

설문조사 문항은 보통 20~30개 정도로 구성하는 것이 바람직하므로 모든 항목 기준을 세부적으로 묻기는 어렵다. 따라서 설문 목적에 따라 각 항목의 비중을 조정하는 것이 필요하다.

설문조사에 포함되는 내용 (출처: H Locke)

- 우리 서비스를 방문하는 〈사용자 그룹〉은 누구이고, 그들은 어떤 사람들인가?
- 〈여정〉의 〈어느 단계〉에서 문제가 발생하는가?
- 〈여정〉의 〈이 단계〉 동안 고객들이 〈이것〉을 하는지 알고 싶다.
- 〈경험〉의 〈이 측면〉에 대해 사용자들이 어떻게 느끼는지 이해하고 싶다.
- 〈이 사용자 그룹〉이 왜 〈서비스〉를 떠나서 다른 〈서비스〉로 갔는지 알고 싶다.
- 〈이 사용자 그룹〉이 이 〈서비스〉를 거부할 수도 있는 이유를 파악하고 싶다.

아래는 태도에 대해서 실제 설문조사 내용을 설계한 예시이다. 주로 특정 경험요소에 대한 만족도나 보기 중에서 어느 것이 가장 좋은지 선호도를 물어보는 형식이다.

구분

Segment

Context

Behavior

Attitude

서비스 만족도 평가 및 선호도 분석을 위한 질문

[설계 고려 요소]

- 대상에 따른 5점 기준의 만족도 평가, 제공되는 기능 및 서비스의 선호도 평가의 객관식형 질문 구성
- 유저 플로우 평가를 위한 Task 안내 형태의 질문 구성
- 객관식 질문 답변의 이유를 묻는 후속형 주관식 질문을 통한 상세 답변 유도

[상세 구분]

- 설문 대상 서비스 관련 서비스, 화면, 세부 기능 및 메뉴 등의 다양한 범위의 파악할 평기 기준, 유저 Journey에 따른 질문 설계 *차량APP 서비스 대상 예시

대상 | 제공서비스 | 화면 | 네비게이션 메뉴 | 검색 기능 | 조작 기능 | ···

평가 기준 | Contents | IA | UI | GUI | ··· | 상세 기준 | 유용성 | 적절성 | 심미성 | 인지 가능성 | 직관성 | ···

Journey | 진입 | 탐색 | 이용 | 결과 | ···

상세 구분				질문 예시	선택지 예시
대상	평가 기준		Journey		
	대표	상세			
화면	기능	만족도	입력	차량 시동 걸기 기능에 대해서 얼마나 만족하시나요?	1. 전혀 아니다. ~ 5. 매우 그렇다.
화면	UI	적절성	진입	원격제어 기능 화면 진입 시 전달되는 분위기에 만족하시나요?	1. 매우 불만족 ~ 5. 매우 만족
컨트롤 Tool	UI	직관성	이용, 결과	표시되는 정보는 시각적인 형태와 숫자, 텍스트, 음성 언어 중 어느 것이 가장 좋으신가요?	1. 시각, 2. 숫자, 3. 텍스트, 4. 음성
				왜 그렇게 생각 하시나요?	(주관식)
서비스	Conents	유용성	X	해당 기능이 본인에게 유용하다고 생각하시나요?	1. 매우 불만족 ~ 5. 매우 만족

그림 226. 설문조사 내용 설계 예시

갱 서베이(Gang survey)

갱 서베이(Gang Survey)는 설문조사의 장점과 정성 리서치의 장점을 결합한 UX 리서치 방법이다. 일반적으로 30~50명의 사용자를 특정 장소에 초대해 먼저 설문조사를 진행하고, 그 이후 그룹 인터뷰를 실시한다. 여기서 의미 있는 인사이트를 제공할 수 있는 일부 참가자를 선정해 심층 인터뷰까지 이어가는 방식이다.

이 방법의 특징은 비교적 많은 사용자로부터 시작해, 다층적이고 깊이 있는 데이터를 얻을 수 있다는 점이다. 설문조사를 통해 전체 사용자 집단의 경향성과 객관적 데이터를 확보하고, 그룹 인터뷰와 심층 인터뷰를 통해 사용자 경험과 태도, 숨겨진 니즈 등을 정성적으로 심도 있게 파악할 수 있다.

특히 우리나라 IT 기업들 사이에서 선호도가 높은 UX 리서치 방법으로, 실무에서 다양한 규모의 표본을 효과적으로 활용하여 실질적이고 구체적인 인사이트를 도출하는 데 적합하다. 따라서 갱 서베이는 정량적 데이터와 정성적 이해를 조합해 UX 설계와 개선 방향을 효율적이고 체계적으로 마련하는 데 유용한 방법론이다.

그림 227. 갱 서베이 진행 모습. (제미나이를 이용하여 이미지 생성)

장점

- 실시간으로 사용자들을 모아 현장에서 즉시 피드백을 받을 수 있다.
- 진행 과정을 임의로 조정하며, 상황에 맞게 유연하게 조사 과정을 이끌 수 있다.
- 참가자 중 적합한 사용자를 선별해 심층 인터뷰를 진행할 수 있다.
- 참가자 간의 대화나 상호 교류를 관찰함으로써 의도치 않게 다양한 사실을 발견할 수 있다.

단점

- 30~50명의 참가자는 정량적 리서치로서 '표본에 대한 신뢰도'를 확보하기에는 애매한 규모다. (통계적 신뢰보다는 정성 리서치보다 조금 더 많은 인원을 모은 수준에 해당)
- 정성적 리서치의 깊이를 확보하기에는 현장 진행자(Moderator)의 역량에 지나치게 의존하게 된다.
- 설문조사 → 그룹 인터뷰 → 심층 인터뷰 순으로 진행하는 과정에서 일부 참가자가 대기하는 시간이 길어질 수 있다.
- 참가자 간의 교류가 오히려 집중력을 떨어뜨리거나 자신의 실제 경험을 모호하게 표현하도록 만들 수 있다.

필드 리서치 계획

실제 사용자를 그들이 제품을 사용하는 현장에서 만나 경험을 듣거나 관찰하는 활동을 '필드 리서치'라고 한다. 다만 디지털 서비스는 장소의 영향이 크지 않기 때문에 굳이 물리적인 '현장'을 고집하지 않는다. 대신 사용자가 평소와 같은 경험을 할 수 있도록 편안한 환경에 초대하고, 긴장감을 완화하기 위한 노력을 기울인다.

좋은 질문이 좋은 답변을 얻는다는 말이 있다. 이것은 필드 리서치에서도 마찬가지다. '뭐가 불편하세요?', '어떤 것을 고치면 좋을까요?'와 같은 피상적인 질문은 '글쎄요, 생각해본 적이 없어서, 그냥 편리하게 해주세요'와 같은 뻔한 대답을 얻을 뿐이다. 앞에서 제기한 이슈에 대해서 실제 사용자들의 경험(맥락, 동기, 행동, 고충, 니즈, 태도)을 수집할 수 있는 구체적인 계획을 수립해야 한다.

필드 리서치는 대상자 선정, 진행 방식 정의, 내용 설계, 리쿠르팅 및 일정 계획 순으로 전개된다.

표 10. 필드 리서치 계획 단계의 진행 절차

1. 리서치 대상자 선정 WHO	2. 리서치 진행 방식 정의 HOW	3. 리서치 내용 설계 HOW'	4. 리쿠르팅 및 일정 계획 WHEN
▪ 사용자 분류 기준 정의 ▪ 사용자 표본 선정 ▪ 참여자 선정	▪ 필드리서치 기법 정의 ▪ 진행 방식 계획 ▪ 사전 서베이 실시	▪ 이슈 리스트 협의 ▪ 구체적인 질의 내용 설계 ▪ 필드리서치 가이드 작성	▪ 필드리서치 참여 요청 ▪ 필드리서치 진행 방식 설명 ▪ 구체적인 대상자 선정 ▪ 필드리서치 일정 계획
1~2일	1~2일	4~5일	7~10일
▪ 사용자 분류 테이블	▪ 진행 시 필요한 여러 가지 보조도구	▪ 리서치 질의 내용 ▪ 필드리서치 가이드	▪ 리서치 계획서 ▪ 필드리서치 참여 요청서 ▪ 필드리서치 사전 교육자료

조사포인트 설계

조사포인트란 필드 리서치를 통해 해소하고자 하는 질문에 대한 답변을 사용자로부터 이끌어 내기 위한 확인사항을 말한다.

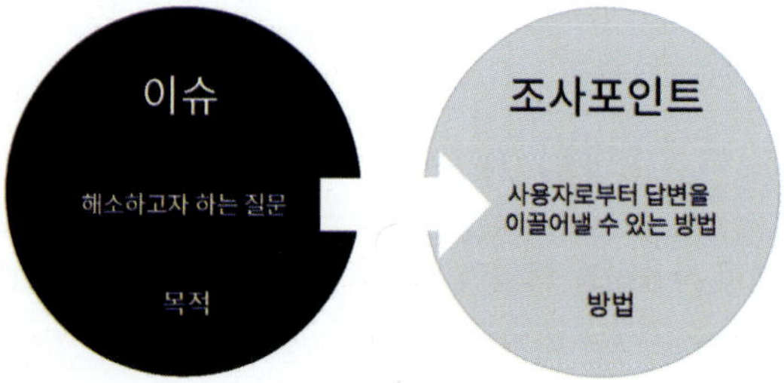

그림 228. 이슈와 조사포인트 간의 관계

가령 "사용자는 홈 화면에 어떤 내용이 담겨 있기를 원하는가?"라는 이슈를 그대로 사용자에게 묻는 것은 바람직하지 않다. 그런 질문은 사용자가 쉽게 답하기 어렵고, 설령 답변을 얻더라도 우리가 의도한 정보와 다를 가능성이 높다.

따라서 이 이슈에 대한 답을 얻기 위해서는 '홈 화면에 대한 기대', '홈 화면에 반드시 포함되어야 한다고 생각하는 경험 요소', '앱에 접속했을 때 가장 먼저 보고 싶은 정보', '홈 화면에서의 개인화 · 맞춤화 · 추천의 필요성' 등을 조사포인트로 설정하는 것이 좋다.

데스크 리서치에서는 조사포인트가 없던 이유

데스크 리서치는 우리가 알고자 하는 이슈를 연구자가 단독으로 조사하기 때문에 굳이 조사포인트를 세울 필요가 없다. 반면, 필드 리서치는 누군가를 직접 상대해야 하므로 반드시 상대방의 눈높이에서 접근해야 한다. 그가 원하는 바를 단도직입적으로 물어 정확히 알 수 있다면 좋겠지만, 경험상 이런 질문은 심리적 당황과 생각의 잡음을 유발한다는 것을 우리는 알고 있다.

정말로 원하는 바를 알아내려면, 그 사람이 평소 어떤 것에 관심이 있는지, 세상을 어떻게 바라보는지, 무엇을 잃었을 때 가장 큰 상실감을 느끼는지 등을 단계적으로 파악해 나가야 한다. 이처럼 필드 리서치에서는 이러한 과정을 가능하게 하는 조사포인트 설계가 반드시 필요하다.

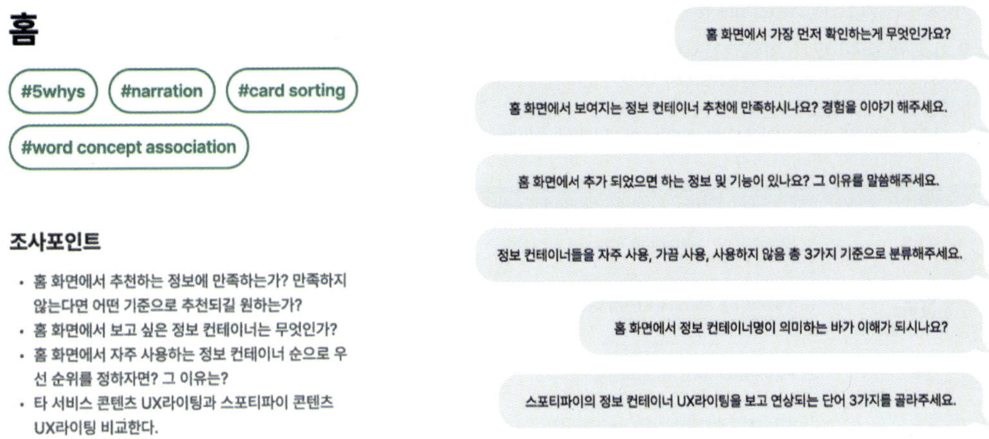

그림 229. 홈 화면에 대한 조사포인트 설계 예시 (출처: 라이트브레인 UX아카데미 24기 스포티파이조)

아래는 '캐치테이블'이라는 예약 서비스의 '검색' 여정에 대해서 어떤 것을 조사할 것(조사포인트)이며, 구체적으로 어떻게 질문하고 행동을 요청할 것인지 정리한 예시이다.

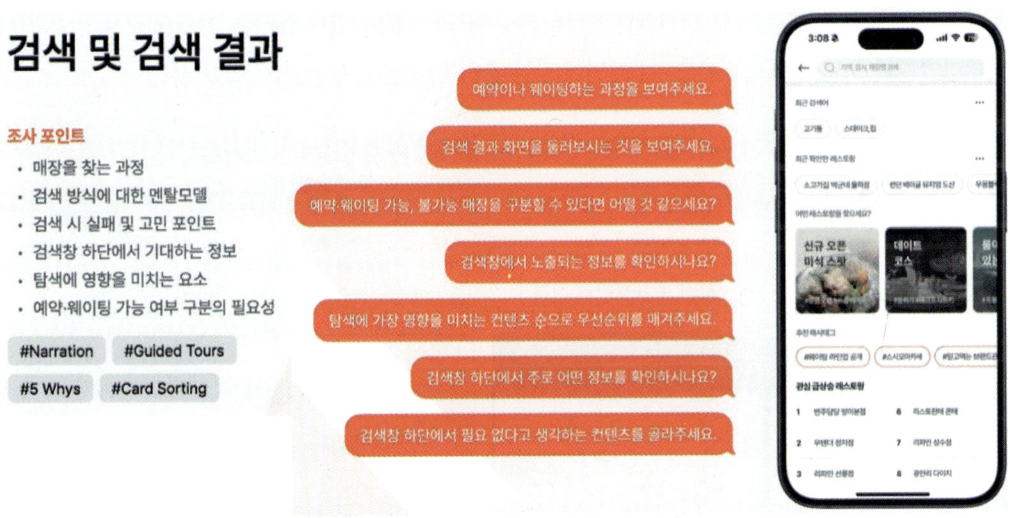

그림 230. 조사포인트와 심층 인터뷰/관찰조사 스크립트 예시 (출처: 라이트브레인 UX아카데미 24기 캐치테이블조)

아래는 라이트브레인 UX 아카데미 19기 '이케아조'에서 작성한 이슈와 조사포인트 설계 예시이다. 먼저 사용자 여정의 각 항목을 설정한 뒤, 항목별로 확실하지 않아 조사가 필요한 이슈를 도출하고, 그 이슈별로 조사포인트를 세분화했다.

다시 강조하지만, 이슈는 우리가 디자인을 위해 반드시 알아야 하는 것이고, 조사포인트는 해당 이슈를 사용자에게 확인받기 위한 질문이나 접근 방법이다.

표 11. 이슈와 조사포인트의 관계를 엿볼 수 있는 예시 (출처: 라이트브레인 UX아카데미 19기 이케아조)

여정	항목	확실하지 않은 이슈	조사포인트
접근	온보딩	• 온보딩의 가이드가 이후의 앱 이용 과정에서 큰 도움이 되었는가?	• 어떤 온보딩이 이케아 서비스의 특징을 잘 이해할 수 있는가? • (타 서비스 중) 어떤 온보딩이 이해에 도움이 되는가?
탐색	홈화면 (검색탭)	• 사용자가 홈에서 가장 보고 싶은 정보는 무엇인가? • 홈화면에서 제품 카테고리 항목 전체를 다 노출하는 것이 꼭 필요한가?	• 앱에 진입 시 사용자가 가장 먼저 원하는 정보 및 최초 행동은 무엇인가? • 원하는 정보를 얻지 못한다면, 어떤 추가적인 노력을 취하는가? • 현재의 제품 카테고리 노출 방식에 만족하고 있는가? 원하는 카테고리에 빠르게 접근할 수 • 사용자가 홈에서 기대하는 콘텐츠 구성은 어떠한가?
	검색	• 사용자가 검색 기능에서 가장 기대하는 정보는 무엇인가?	• 검색을 어떤 방식으로 하고 있는가? 검색하면서 겪었던 어려움이 있으면 무엇인가? • 자동완성될 때 어떤 식으로 보여줘야 하는가? • 원하는 상품을 검색으로 잘 찾기 위해, 필요한 보조 정보는 무엇인가?
	필터	• 필요하지만 없어서 불편했던 필터 기능이 있는가? • 상품 가격대를 직접 입력할 수 있는 필터 기능이 필요한가?	• 이케아 앱 사용 시 필터가 필요한 시점은 언제인가? • 사용자가 원하는 필터의 위치, 항목, 단순함과 복잡함 정도, 색, 배치는 무엇인가?
	추천	• 사용자가 과거 검색 내역에 기반한 제품 추천을 원하는가?	• 앱에서 제품 추천을 한다면 어떤 내용에 기반해서 추천받고 싶은가?
조회	갤러리 보기 (홈탭)	• 사용자는 갤러리 보기 서비스를 이해하고 자주 사용하고 있는가? • 갤러리 보기 서비스를 이용한 뒤 구매로 이어지는가?	• 사용자는 여러 개의 갤러리를 style에 기반하여 선택하고 싶은 니즈가 있는가? • 쇼룸의 인테리어별로 키워드(카테고리, style, 가구 정보 등)를 제공한다면 어떤 키워드로 제 싶은가?
	상품조회	• 상품 선택 후 조회되는 상세페이지에서 구매를 결정하도록 하는 요소는 무엇인가? • 바로 구매로 이어지지 않을 경우, 위시리스트에 저장을 하는가? • 상품 페이지에서 추가되었으면 하는 기능은 무엇인가?	• 구매 전에 상품페이지에서 주로 어떤 정보를 확인하는가? 어떤 정보에서 신뢰도를 얻는가? • (상품페이지에서 찾지 못한) 부족한 정보는 보통 어떤 방식으로 추가로 확인하는가?

조사포인트는 다시 상/중/하로 우선순위를 나누는 한편, 스크립트(인터뷰 질문, 관찰조사 요청사항)나 머티리얼(카드소팅에 사용할 카드, 각 기법에 맞는 준비물)을 만드는 것으로 이어진다.

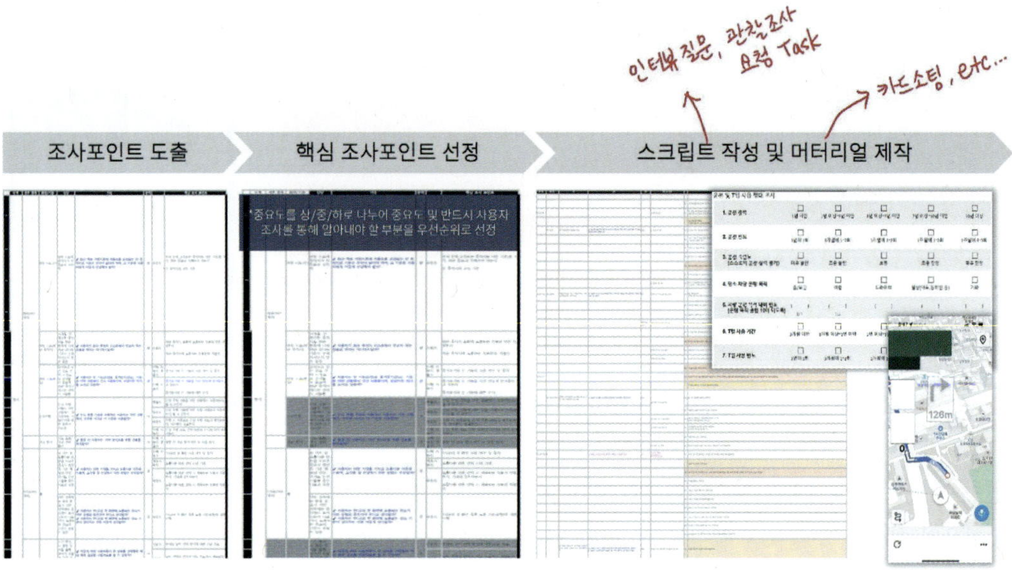

그림 231. 조사포인트, 핵심 조사포인트 선정, 스크립트 작성 및 머티리얼 제작

리서치 대상자 정의

조사포인트를 설계한 다음에는 리서치 대상자를 정의한다. 대상자 선정이 먼저 진행되는 이유는 실제 사용자를 찾는 데(리쿠르팅) 시간이 많이 소요되기 때문이기도 하고, 선정된 대상자에 따라 리서치 진행 방식이나 내용이 달라질 수 있기 때문이다.

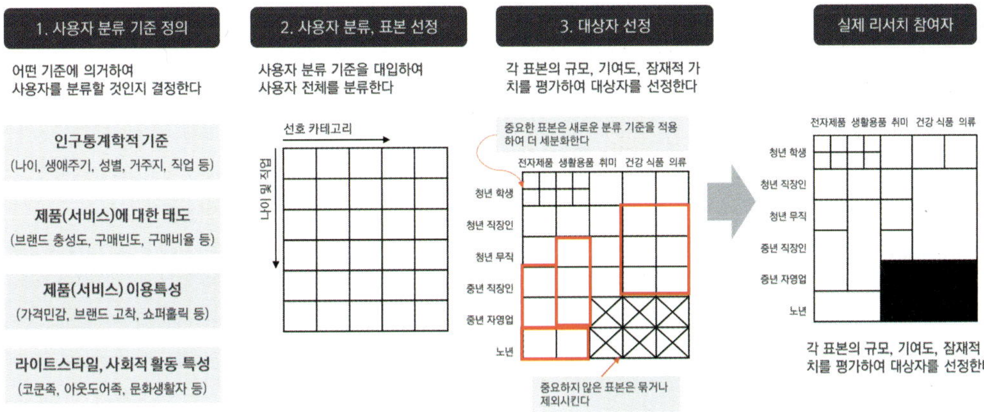

그림 232. 필드 리서치와 참여자 선정 방법

위 예시를 보면 여러 가지 사용자 분류 기준 중에 '나이 및 직업'과 '선호하는 쇼핑 카테고리'로 사용자를 분류했다. 분류하면 여러 개의 표본이 만들어지는데, 그중에서 중요한 표본은 더 나누고, 중요하지 않은 표본을 묶거나 제외하고 나니 마지막에 보는 것과 같은 리서치 대상자 선정 결과가 나왔다. 리서치 대상자 선정은 꽤 까다로운 일이며, 리서치 결과의 신뢰도를 가르는 중요한 작업이기도 하다.

최근에는 생성형 AI를 활용해 특정 서비스나 제품에 대해 전형적인 사용자(Archetype)를 정의하는 사례가 늘고 있다. 전형적인 사용자는 서비스가 목표로 하는 대표적인 사용자 유형을 구체화한 것으로, UX 설계와 리서치에서 사용자 이해를 돕는 중요한 도구다.

예를 들어, 자율주행 자동차 프로젝트와 Z세대를 위한 개인 금융 앱을 대상으로 각각 전형적인 사용자를 AI에 물어보면, 다음과 같은 결과물을 얻을 수 있다.

- 자율주행 자동차 프로젝트의 전형적인 사용자는 운전을 자주 하거나 장거리 출퇴근을 하는 중장년층, 첨단 기술에 관심이 많고 편리함과 안전성을 중시하는 사용자로 설정할 수 있다. 이들은 자율주행 시스템에 대한 신뢰도와 조작 편의성, 예외 상황 대응 능력에 높은 기대를 갖는다.

- Z세대를 위한 개인 금융 앱의 전형적인 사용자는 모바일과 디지털 서비스에 익숙하고, 간편함과 빠른 정보 제공을 중시하며, 투자와 소비에 능동적인 20대 초중반을 중심으로 하며, 자신의 금융 관리를 직관적으로 할 수 있는 경험을 선호한다.

이런 AI 기반의 전형적 사용자 모델은 사용자 리서치 초기 단계에서 빠르고 폭넓은 사용자 인사이트를 확보하는 데 유용하며, 실제 현장 리서치나 심층 인터뷰와 병행해 보완하는 것이 바람직하다. 또한, 조사 설계 시 조사포인트를 구체화하고 사용자 경험 요소를 구분하는 데 참고 자료로 활용된다.

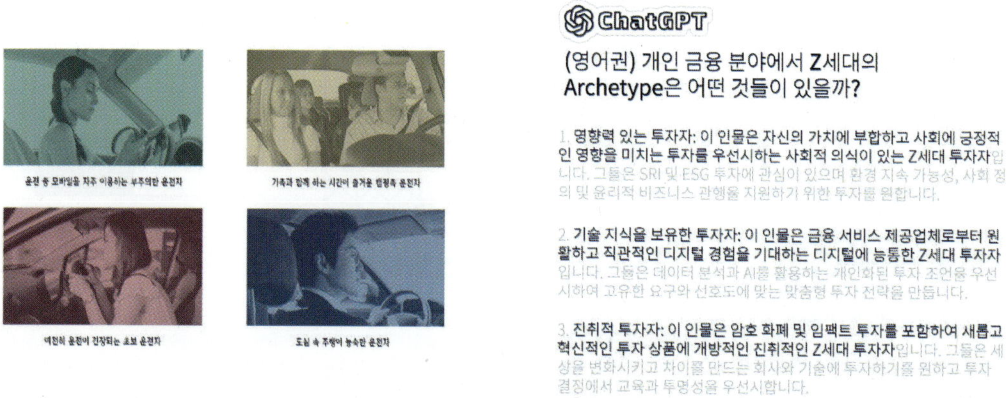

그림 233. 생성형 AI를 이용한 전형적인 사용자 도출 예시 (왼쪽: 자율주행 자동차, 오른쪽: Z세대를 위한 개인 금융 앱)

리서치 대상자를 선정했다면 실제 사용자를 찾기 위해서 리쿠르팅을 시작한다. 예를 들어 '전자제품을 좋아하는 청년 직장인'이 대상자 중 하나라면 실제 그런 사람을 찾아야 하는 것이다.

리서치 기법 정의

대상자를 선정한 다음에는 사용자를 대상으로 어떻게 경험을 수집할 것인지 진행 방식을 정한다. 사용자들을 1:1로 대면해서 심층 인터뷰(In-depth Interview)를 하거나 서비스 이용 과정을 지켜보는 관찰조사(Observation), 서비스의 메뉴나 주요 기능을 카드로 제시하고 사용자가 직접 분류하게 해보는 카드소팅(Card Sorting)이 가장 중요한 진행 방식이라고 할 수 있다.

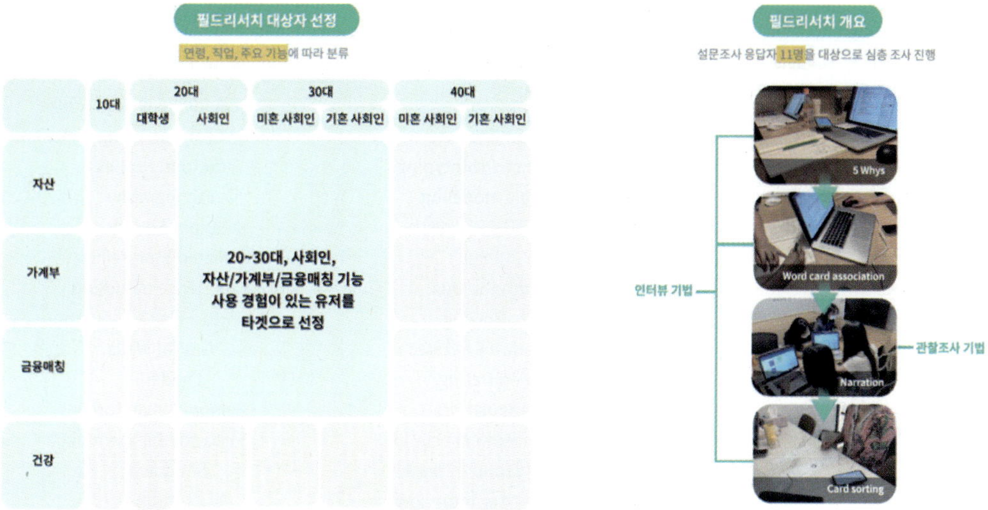

그림 234. 리서치 대상자 선정 및 기법 정의 예시 (출처: 라이트브레인 UX아카데미 19기 뱅크셀러드조)

필드 리서치에는 설문조사나 표적그룹인터뷰(FGI)도 포함되지만, 이 둘은 보조적인 도움은 받을 수 있어도 구체적이고 심층적인 UX를 조사하는 데는 터무니없이 부족하다. 방법이 쉬운 만큼 얻을 수 있는 것도 한계가 있다. 의견이나 전체적인 서비스 만족도를 파악하는 데는 나름대로 유용하지만, 구체적으로 어떻게 사용하고, 왜 그런 행동을 보이는지를 심층적으로 파악하기 위해서는 의견이나 만족도가 아닌, 경험을 수집할 방법을 동원해야 한다.

이를 위한 필드 리서치 기법은 수십 가지가 넘는다. 크게 현 서비스 평가용 기법, 콘셉트 만들기용 기법, 선행연구용 기법이 있는데, 대부분 심리학이나 시회 과학, 문화인류학의 조사방법론들을 응용해서 만든 것들이다.

기법 자체가 중요한 것은 아니지만, 사용자들의 일상생활이 전보다 더 디지털에 편중된 요즘에는 그에 맞는 새로운 리서치 기법이 나오고 있다. 빅데이터 분석이나 AI를 활용하는 리서치 기법도 있다. 1년에 대소 2~30여 차례의 필드 리서치를 수행하는 글쓴이의 회사도 아직 못해 본 기법이 있을 정도다.

현 서비스 평가

Cognitive Mapping
A/B Test
Artifact Analysis
Remote Research
Cognitive Walkthough
Desirability Testing
Time-aware Research
Usability Testing
Guided Tour

콘셉트 만들기

Card Sorting
Design Charette
Experience Prototyping
Flexible Modeling
Generative Research
Collage
Design the Box
Role Playing
Simulation Exercises
Speed Dating
Triangulation
Word-Concept Association
UnFocus Group Interview
Extreme User Interview
Social Network Mapping

선행 연구

Critical Incident Technique
Crowdsourcing
Cultural Probes
Ethnography
Diary Studies
Directed Storytelling
Experience Sampling
Fly-on-the-Wall Observation
Graffiti Walls
Laddering
Personal Inventories
Semantic Differential
Shadowing
Triading
Long-range Forecast
Wizard of Oz

그림 235. 필드 리서치 기법들

아무리 최신 기법이 등장했다고 하더라도 앞서 말한 3가지 기본 진행 방식인 심층 인터뷰, 관찰조사, 카드소팅이 제일 중요하고 많이 활용된다.

오즈의 마법사(Wizard of Oz) 기법

가짜 제품/서비스를 가지고 사용자에게 진짜처럼 속인 다음 사용자가 어떻게 반응하는지를 관찰하는 기법. 주로 선행연구에 쓰인다.

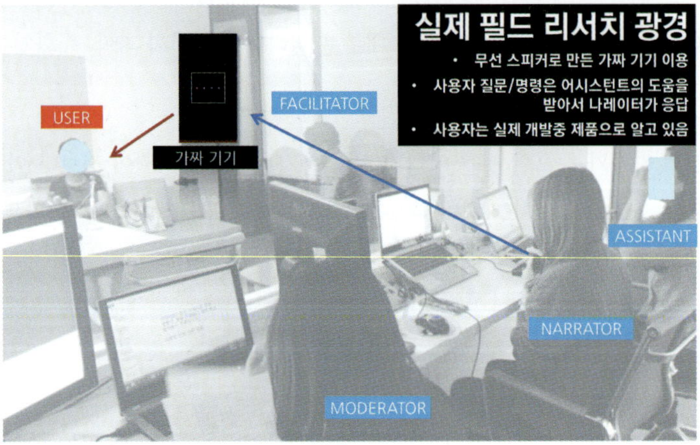

그림 236. 오즈의 마법사를 활용한 필드 리서치 장면

서비스 이미지 조사 기법

서비스 이미지를 구성하는 여러 기준을 제시하고 사용자에게 해당 서비스와 경쟁 서비스들의 이미지를 조사하는 기법.

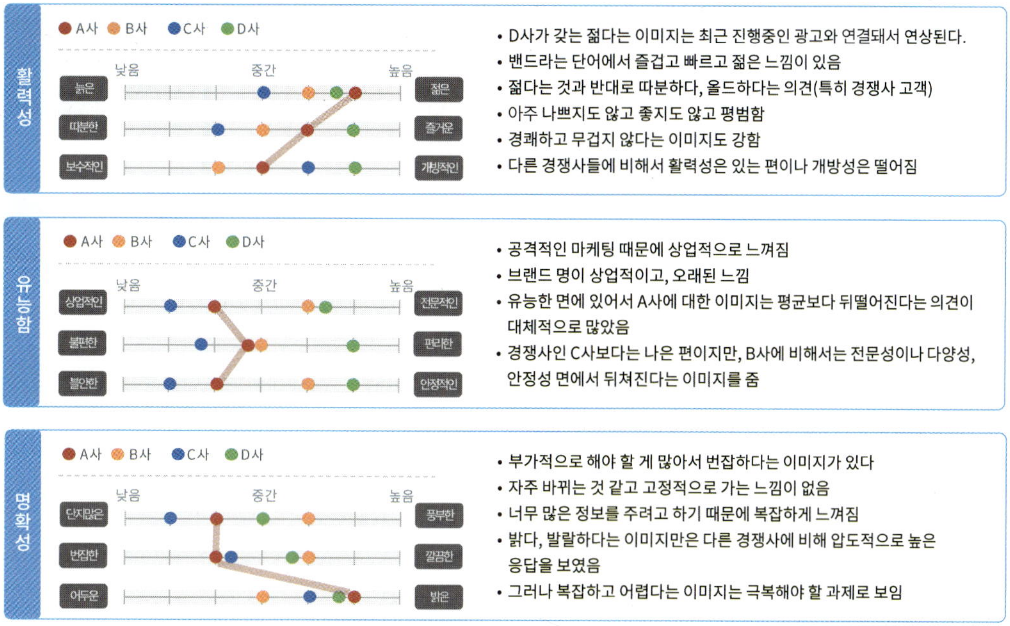

그림 237. 서비스 이미지 조사 예시

스크립트 및 머티리얼 준비

리서치 대상자와 진행 방식이 정해진 다음에는 실제 사용자들에게 물어보거나 확인할 리서치 내용 설계가 필요하다. 필드 리서치 계획 단계에서 세운 조사포인트는 심층 인터뷰의 경우 질문으로, 관찰 조사나 카드 소팅의 경우에는 요청 사항으로 변환해 스크립트를 작성한다.

아래는 '캐치테이블'의 맞춤화/개인화 이슈에 대해 설정한 조사포인트를 각 필드 리서치 기법에 맞춰 스크립트로 작성한 예시다. 몇 가지를 자세히 살펴보자.

- 심층 인터뷰/기존 경험 파악: "'내 취향 선택하기'를 해본 적 있으신가요?"
- 심층 인터뷰/What If(만약에 이런 경우라면): "추천하는 이유가 함께 공유된다면 어떻게 느끼실 것 같나요?"
- 카드 소팅/우선순위 배열: "매장 추천의 다양한 기준 중에서 우선적으로 반영되길 원하는 순서대로 나열해주세요."

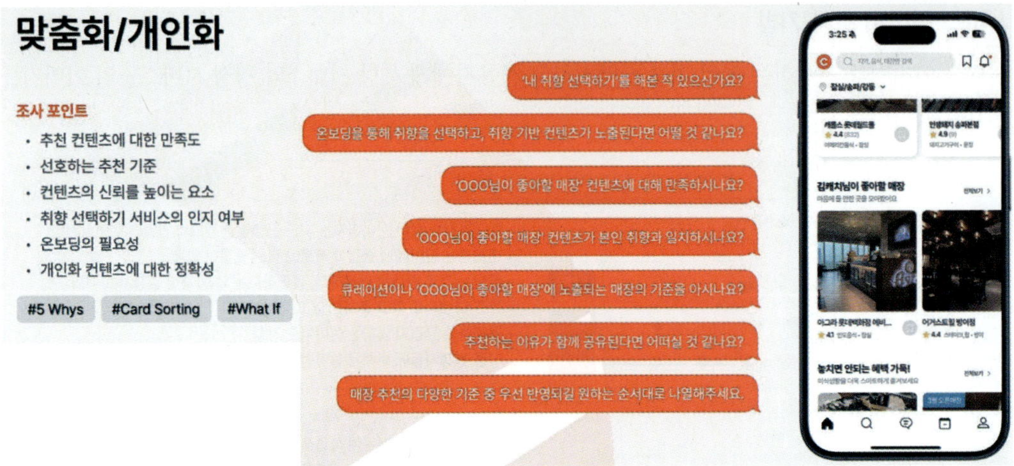

그림 238. 맞춤화/개인화 이슈에 대한 조사포인트와 스크립트 작성 예시 (출처: 라이트브레인 UX아카데미 24기 캐치테이블조)

실제 리서치 시에는 여러 가지 변수가 발생할 수 있기 때문에 지나치게 상세한 질문/요청보다는 대략적인 조사포인트가 오히려 도움이 될 수 있다.

표 12. 구체적인 질문으로 작성한 리서치 내용 (출처: 라이트브레인 UX 아카데미 6기 CERA조)

이슈	세부이유	질문
컨디션체크	▪ 신체적/정신적 피로도 느끼는 상황 및 대처 방법 ▪ 자신의 신체적 / 정신적 피로도를 표현 or 숨김	회사에서 신체적 피로도를 언제 느끼시나요? 신체적 피로를 느끼신다면 대처방법은 무엇인가요? 회사에서 정신적 스트레스를 언제 느끼시나요? 정신적 스트레스를 어떻게 극복하시나요? 자신의 신체적/감정적 컨디션을 다른사람에게 겉으로 표현하고 싶으신가요?, 혹은 숨기고 싶으신가요?
업무 스케줄	▪ 출근 직후 업무에 들어갈 때까지의 행동 ▪ 출근 후 드는 생각 ▪ 업무 효율을 위한 스마트기기/소프트웨어 활용 여부 ▪ 스케줄 기록 방법 ▪ 스케줄에 차질이 생겼을 때 대처행동 ▪ 다시 스케줄을 짤 때 하는 태도/행동	Cognitive Maps ▪ 출근을 한 직후부터 일을 본격적으로 시작할때 까지의 구체적인 행동을 그려주세요. (예: 메신저 접속 – 이메일 확인– 주간회의록 작성) Five whys ▪ 출근을 했을 때 어떤 생각을 하시나요? 혹은 어떻게 하루가 진행됐으면 좋겠나요? (예: 오늘은 몇시까지 ~를 끝내겠다 등.) ▪ 업무 효율을 위해 사용하는 스마트기기(pc, 모바일 등)의 소프트웨어가 있으신가요? ▪ 사용하신다면 보통 어느 상황에서, 어떻게 사용하시나요? ▪ 스케줄을 어떻게 기록하시나요? (수첩에 직접 기록, 메모장, 엑셀 등) ▪ 스케줄을 빠뜨리신적이 있나요? 있다면 왜 빠뜨린 것 같나요? (예: 적어놔야지 하고 깜빡함) ▪ 스케줄에 차질이 생겼을 때 어떻게 하시나요? Cognitive Maps ▪ 리스케줄링을 하신다면 어떤 방법으로 하시나요? 구체적인 과정/방법을 설명해주십시오. (예: 수첩에 볼펜으로 여러번 그어서 수정, 상사와 협의 등)

이슈	세부이유	질문
업무 컨펌	업무 컨펌 방법과 이유 ▪ 컨펌이 늦어질 때 태도/행동 ▪ 업무 우선순위 판단 방법 ▪ 바쁜 상황에서 추가업무요청이 들어올 때 태도/행동 ▪ 커뮤니케이션 협업 툴? ▪ 현재 이용하는 협업툴에 대한 장/단점 ▪ 커뮤니케이션시 발생하는 문제점/태도/행동 ▪ 문제 대처 방법과 행동	업무 컨펌 시 주로 이용하는 방법이 무엇이 있나요? (예: 대면, 메신저, 카카오톡,전화 등) ▪ 가장 선호하는 방법이 있으신가요? 이유는 무엇인가요? ▪ 업무 컨펌이 늦어질 때는 어떻게 하시나요? 대처 행동은? (예: 상사에게 바로 요구, 기다림, 다른 일부터 처리 등) ▪ 업무의 우선순위를 어떻게 판단하시나요? (예: 상사에게 질문, 스스로 판단 등) ▪ 바쁜 스케줄인데도 불구하고 추가 업무 요청을 받을 때 어떻게 대처하시나요? (예: 자신의 의견 표현, 그냥 묵묵히 수행함 등) ◆ 다른 부서와의 커뮤니케이션 시 ▪ 커뮤니케이션 시 사용하는 협업툴이 있으신가요? 장단점? (예: 잔디, 트렐로) ▪ 커뮤니케이션 시 발생하는 문제점이 무엇인가요? (예: 작업이 까다로운 업무인데, 10분만에 완성될 것이라고 생각한다.) ▪ 문제가 있다면 어떻게 해결하시나요? (예: 서로의 업무 과정에 대해 잘 모른다.)

표 13. 이슈와 조사포인트 위주로 작성한 리서치 내용 (출처: 라이트브레인 UX 아카데미 10기 메가박스조)

구분	이슈	조사포인트
영화 상세 정보 탐색	• 현재 메가박스 앱은 영화 관련 정보들 간의 위계에 따른 적절한 배치와 표현방법을 사용하고 있는가? 영화 예매 전 사용자가 관심있어할 만한 가장 주요한 정보들은 무엇인가? 영화 관객수 등의 정보 제공이 사용자에게 신뢰를 줄 수 있을까?	• 영화 상세정보 탐색 단계에서, 사용자가 주요하게 보는 영화 상세 정보들(예매율, 평점, 한줄평, 감독/출연자, 줄거리 등) 간의 우선순위는? • 줄거리, 누적관객수, 감독/출연자, 스틸컷, 예고편, 리뷰, 예매율, 평점 등 영화정보 내용이 가독성 좋게 구성되어 있는가? 현재 누적관객수, 일별 관객 수, 성별분포도, 연령별 분포도의 정보가 신뢰도를 주는지? 그렇지 않다면 신뢰도를 높여주는 기준은 무엇일지?
	• 영화 예매 전 평점과 한줄평은 사용자들의 영화 선택에 얼마나 많은 영향을 미치고 있는가? 영화 선택에 도움이 되는 다른 사전 정보나 더 나은 정보 제공방식은 없을까?	평점/한줄평의 척도가 예매에 영향을 미치는 이유와 원인 • 영화 선택시 평점/한줄평이 영화선택에 어떠한 영향을 미치는가? • 영화 예매시 평점/한줄평에 영향을 많이 받는 사용자-> 주로 확인하는 사항은? 어떤 기준으로 영화 예매를 할지 안할지 정하는지와 그 이유
영화관별 상영 시간대 선택	• 마케팅 정보, 연령제한 안내가 제공되는 시점이 적절한가? 적절하지 않다면 언제 어떻게 제공하는 것이 좋을까? 그리고 팝업의 형태가 가장 적절한 방법인가?	• 연령제한 안내 팝업을 자세히 보는지 유무. 해당정보가 그 시점에 제공되어 유용한지? • 광고(마케팅)제공 팝업을 자세히 보는지 유무. 해당 정보가 그 시점에 제공되어 유용한지?
	• 위치, 교통, 주차 등 장소와 관련된 부가정보는 영화관 예매에 있어 얼마만큼 영향을 주는가? 해당 정보는 언제 사용자에게 제공하는 것이 적절할까?	• 위치,교통,주차 등의 부가 정보는 각각 예매 플로우 중 언제(시점)확인하는지? • 위치, 교통, 주차정보를 보통 어느 플랫폼에서 확인하는지? • 어떤 형태로, 어느 영역에 제공되길 바라는지? (ex. 주차권-> 영화 예매 내역에 함
인원/좌석 선택	• 정보(info)와 버튼(button)이 혼동되지 않기 위한 UI구성 방법은?	• 인원선택 후 좌석선택 화면으로 진입하여 선택 중 인원 변경 가능함을 쉽게 인지 가능한지? 아니라면, 그 이유와 어떤 UI를 기대하는지
	• 좌석 선택시 사용자가 고려하는점은 무엇일까? • 좌석 선택 시 어느 좌석에 앉을지 고민하는 시간을 줄여주고 원하는 좌석선택 실패를 방지하는 방안은 무엇인가?	• 어떤 상황에서 선택하는 좌석이 달라지는가? • 예매 후 영화관 실제 방문시 생각했던 좌석환경과 달랐던 경험이 있는지? 그 이유는 무엇인지. • 좌석선택시 사용자가 필요한 유용한 정보는 무엇인지?

아래는 라이트브레인 UX 아카데미 20기 '애플건강' 조의 관찰 조사(왼쪽)와 카드 소팅(오른쪽) 진행 과정이다. 관찰 조사는 사용자에게 요청할 스크립트(예: "애플건강 홈 화면에서 평소처럼 정보를 탐색하는 과정을 보여주세요")만 준비하면 된다. 반면, 카드 소팅처럼 머티리얼이 있어야 진행할 수 있는 경우에는 필요한 자료를 사전에 마련해 두어야 한다.

그림 239. 라이트브레인 UX 아카데미 20기 애플건강 조의 관찰조사(왼쪽)와 카드소팅(우측)

필드 리서치 실행

모든 준비가 갖춰지면 일정에 맞춰 필드 리서치를 실행한다. 한 조가 하루에 진행하는 건수는 2건 이하로 잡는 것이 좋다. 실제 인터뷰나 조사가 진행되는 시간은 1~2시간에 불과하지만, 준비하고 기다리고 인사하며, 중간에 잠시 휴식을 취하다 보면 2시간이 훌쩍 넘는 경우가 많다.

여기에 더해, 필드 리서치는 초대받은 사용자뿐 아니라 진행자에게도 많은 에너지를 요구하는 작업이다. 하루 2건을 마치고 나면 상당히 지치게 된다. 또한 사용자가 약속 시간에 늦거나 비협조적인 태도를 보여 난처한 상황이 발생할 때도 있다.

그림 240. 필드 리서치 실행 모습 (출처: 라이트브레인 UX아카데미 20기 네이버지도조)

필드 리서치를 실행할 때는 예상치 못한 상황이 발생할 수 있으므로 사전에 긴급 상황에 대비한 대안을 마련하는 것이 좋다. 대표적인 경우로, 사용자에 대한 사전 정보가 실제와 다른 경우(예: 헤비 유저라고 알고 있었는데 실제로는 그렇지 않은 경우)나 사용자가 바쁘다며 조사를 서둘러 끝내 달라고 요청하는 경우가 있다.

심층 인터뷰 (In-depth Interview)

심층 인터뷰는 필드 리서치에서 가장 많이 하는 활동으로 사용자의 경험을 면밀하게 파악하기 위해서 리서치 대상자들을 개별적으로 만나서 질문과 답변을 주고받는 방법이다.

보통 '심층 인터뷰'는 개인 인터뷰를 의미하지만, 인터뷰 대상에 따라 다양한 형태로 나뉜다. 여기에는 그룹 인터뷰, 간접 인터뷰, 전문가 인터뷰, 그리고 극단적인 사용자 인터뷰(Extreme User Interview)가 포함된다.

그중에서 FGI(Focus Group Interview)라고 하는 그룹 인터뷰는 특히 신속하게 타깃 사용자층의 의견을 수렴해야 할 때 활용된다. FGI는 설문조사와 함께 진행되어 빠르고 다양한 사용자 의견을 얻는 데 효과적이다. 설문조사에서 얻은 양적 데이터에 대해 그룹 인터뷰를 통해 보다 깊이 있는 질적 인사이트를 보완하는 식으로 사용한다.

이처럼 심층 인터뷰의 다양한 유형 중 그룹 인터뷰는 다수의 사용자를 모아 대화를 이끌어내면서 집단 내 상호작용을 통해 풍부한 정보와 새로운 아이디어를 도출할 수 있다는 장점이 있다. 반면, 개인 심층 인터뷰는 한 명의 사용자를 깊이 있게 이해하는 데 초점을 맞춘다.

따라서 UX 리서치 상황과 목적에 따라 적절한 인터뷰 유형을 선택해 활용하는 것이 중요하다.

개인 인터뷰

처음에는 열려 있는 질문(Open question)으로 시작해서 점차 구체적이고 세부적인 질문(Closed question)으로 나아가는 것이 좋다.

- 처음 5분은 가벼운 잡담을 하면서 친밀한 관계(Rapport)를 형성한다. 인터뷰를 시작하기 전에 사용자의 긴장감을 누그러뜨리는 것은 매우 중요하다.
- 인터뷰가 시작되면 사용자의 기본 정보를 먼저 확인한다. 인적 정보, 서비스에 대한 관심, 서비스 이용경험, 서비스 이용 맥락 등으로부터 시작한다.

- 그다음 자연스러운 대화 과정을 통해서 서비스에 느끼는 가치, 선호도, 태도를 파악한다. 처음에는 사용자를 고민하게 만드는 '왜(Why)'라는 질문을 가급적 적게 하는 것이 좋다.
- 본격적인 심층 인터뷰는 서비스 이용 동기부터 시작된다. 먼저 서비스 사용 동기가 무엇인지를 하나씩 확인하고, 그 다음으로 준비해간 인터뷰 질의서에 의거하여 질문을 이어 나간다.
- 답변을 무리하게 끌어낼 필요는 없다. 사용자가 지나친 부담감이나 스트레스를 받으면 제대로 된 경험 파악이 어려워진다.
- 준비해 간 머티리얼을 가지고 사용자의 참여를 요청할 경우, 어떻게 하면 되는지 미리 예시를 보여준다.

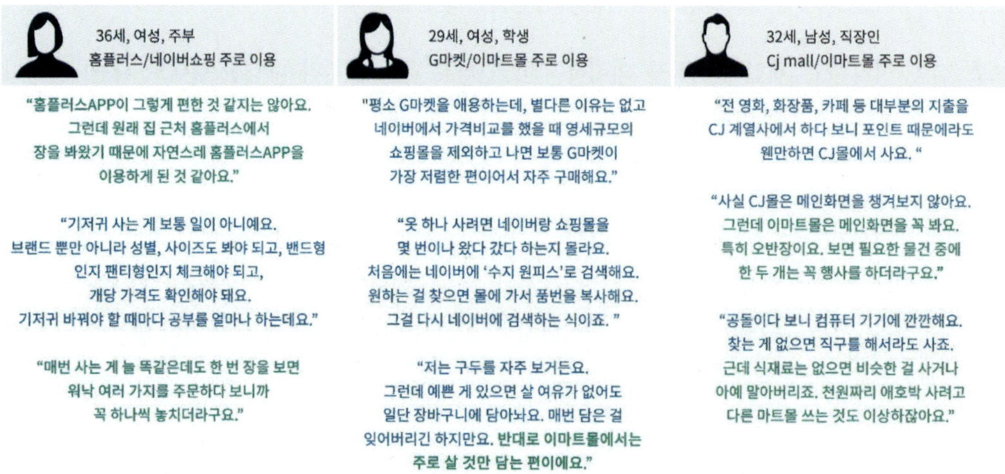

그림 241. 심층 인터뷰 진행 결과 예시

심층 인터뷰는 보통 50분가량 진행된다. 처음 만나는 사람에게 매끄럽게 자신의 경험을 전달할 수 있는 사람은 많지 않다. 대부분의 리서치 참여자들은 모르는 사람과의 분위기를 서먹해하고 괜히 잘못 말하면 어떡하지 하는 걱정도 하기 마련이다. 진행자는 이 점을 잘 이해하여 처음 얼마간은 답변이 늦게 나오더라도 인내심을 갖고 기다려주고, 사용자가 하는 이야기를 귀담아들으면서 '말씀 잘하시네요'와 같은 가벼운 칭찬이나 '저런. 그런 일이 있으셨군요'와 같이 공감을 표시한다. 그렇게 10여 분이 지나면 점차 본격적인 이야기가 나오기 시작하는데, 이때부터는 인터뷰의 주도권이 사용자에게 있다는 인상을 심어 주면서 템포를 점점 빠르게 가져가는 것이 좋다.

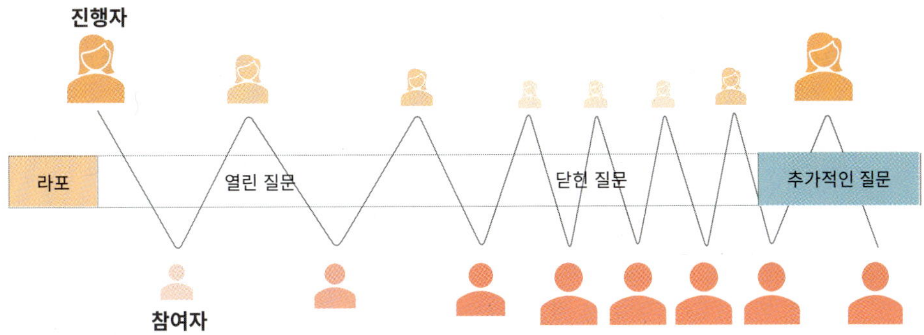

그림 242. 심층 인터뷰 진행 패턴

열린 질문에서 닫힌 질문으로 넘어가는 것은 대부분의 사람이 그러한 사고방식에 익숙하기 때문이다. 세부적인 것을 먼저 생각했다가 큰 그림으로 나아가는 것은 무척 어려운 일이다.

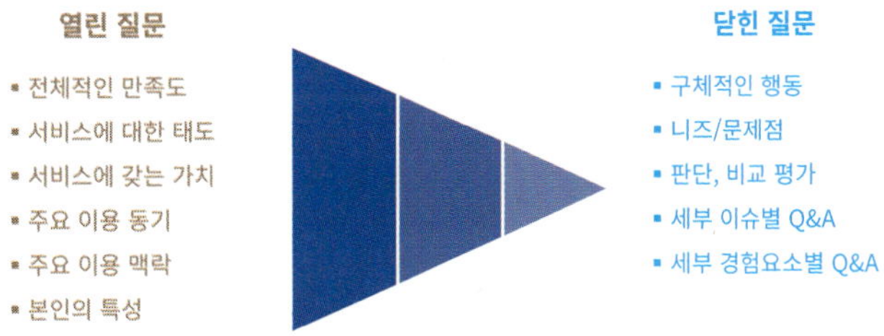

그림 243. 열린 질문에서 닫힌 질문으로 전개

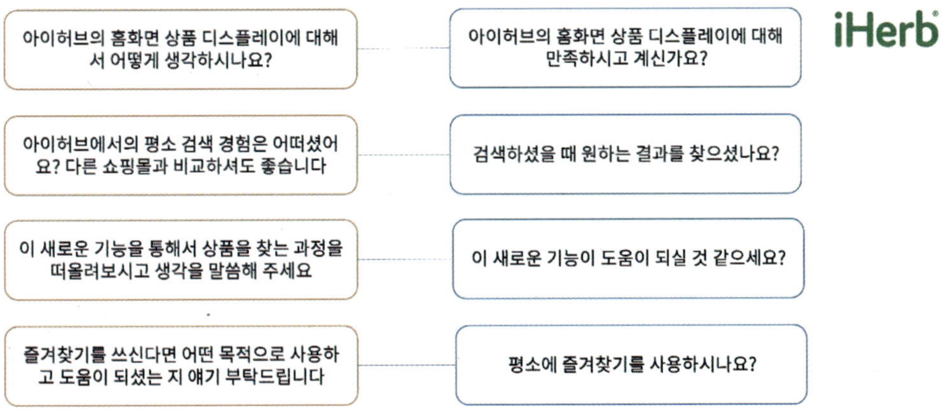

그림 244. 열린 질문(왼쪽)과 닫힌 질문(오른쪽)의 차이

심층 인터뷰에서 가장 중요한 것은 5 Whys라고 불리는 재질문 기법과 생각하게 만드는 질문(Thick question)을 던지는 것이다. 글쓴이가 20여 년 동안 이 일을 해오면서 느끼는 것이지만, 이 둘보다 더 중요한 인터뷰 기법은 없는 것 같다. 필드 리서치뿐만 아니라 비즈니스 인터뷰 어디에서나 활용될 수 있다.

5 Whys는 리서치 참여자들이 간단한 답변이나 의견, 느낌, 만족도를 이야기했을 때 왜 그렇게 얘기했는지를 연속해서 물어봄으로써 근본적인 사용자 니즈나 태도를 밝히는 기법이다. 무조건 '왜요?'라고 물어보기보다는 다음과 같은 유형을 참고하여 어떤 유형의 '왜요?'를 물어보는 게 좋을지 판단하기 바란다.

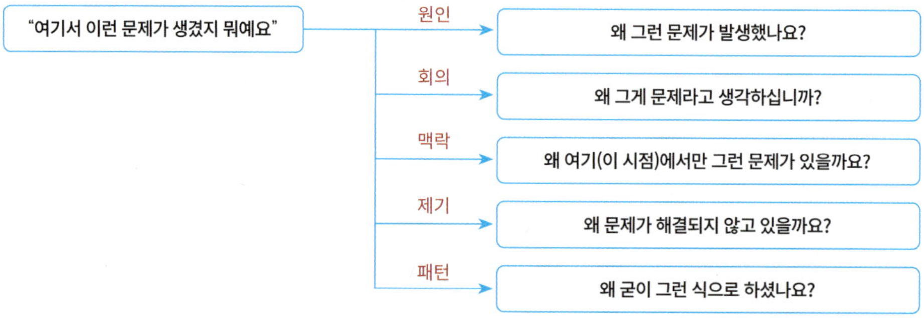

그림 245. 5 Whys 유형들

아래는 캐치테이블 사용자 인터뷰 답변에 대해 5 Whys 기법을 적용한 예시이다. 사용자가 "세부 지역 설정이 가능했으면 좋겠다"라고 답했을 때, 이를 곧바로 '니즈'라고 단정 짓고 끝내 버리면 실제 디자인 과정에서 많은 잡음이 발생할 수 있다. '세부 지역 설정'을 도입하면 기존보다 사용 과정이 복잡해질 것이 뻔한데, 왜 한 사람의 의견을 서비스에 반영해야 하는지, 과연 이런 니즈를 가진 사용자가 얼마나 되는지 의문이 생길 수밖에 없다.

그러나 '왜요?'라는 질문을 반복해 물으면, '지역 설정이 너무 넓으면 구체적인 약속 장소 선택과 괴리될 수밖에 없다'는 근거까지 파악할 수 있다. 이런 이유라면 누구도 쉽게 반박하기 어렵다. 그것이 바로 많은 사람들이 공감할 수 있는 경험이기 때문이다.

이처럼 개별 사용자의 의견에서 출발해 다수가 공감하는 본질적 이유를 도출하는 과정을 '일반화'라고 부른다. 이 일반화 과정은 뒤에 이어질 '키파인딩(Key Finding)' 단계에서 더 자세히 살펴볼 것이다.

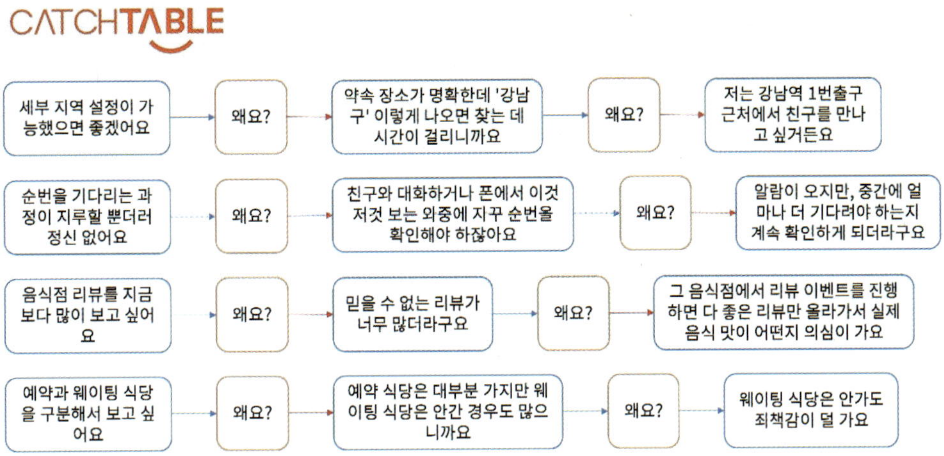

그림 246. 심층 인터뷰에서 5Whys를 적용한 예시

생각하게 만드는 질문(Thick question)은 단답식으로 답변할 수 있는 질문(Thin question)의 반대다. 5W1H라고 불리는 질문들은 단답식 답변이 가능하다. 그와 달리, 다음과 같은 질문은 리서치 참여자를 생각하게 만든다. '만약 그렇다면 어떻게 할 것인가요?', '당신이라면 어떻게 다르게 했을까요?', '운영자들은 왜 이런 실수를 범하고 있을까요?', '왜 그렇게 생각하시죠?', '이게 다르게 바뀐다면 기분이 어떨 것 같으세요?'

사용자가 '좋아하는 아티스트와 소통하고 싶다'고 말했을 때, 리서치 질문을 어떻게 던지느냐에 따라 사용자의 답변과 깊이가 매우 달라진다. 특히 질문이 왜(WHY)나 어떻게(HOW)로 시작되면, 사용자는 자신의 경험과 감정을 더 깊이 생각하고 설명하게 된다. 반면 어디에서(WHERE), 무엇을(WHAT) 같은 질문은 상대적으로 사실적이고 구체적인 정보를 얻는 데 집중한다.

- **왜(WHY)와 어떻게(HOW) 질문**

  이 질문들은 사용자가 느끼는 동기, 이유, 가치, 그리고 경험의 맥락을 탐색하는 데 효과적이다. 예를 들어, '왜 좋아하는 아티스트와 소통하고 싶나요?', '어떻게 소통하는 것이 가장 만족스러울 것 같나요?' 같은 질문은 사용자를 자신의 내면과 경험에 집중하도록 유도하고, 서비스 설계에 필요한 심층적인 인사이트를 얻는다. 이런 질문들은 사용자가 자신도 몰랐던 니즈나 감정을 자각하게 하고, 더 창의적이거나 본질적인 답변으로 이어지기 쉽다.

- **어디에서(WHERE)와 무엇을(WHAT) 질문**

  이 질문들은 사용자의 행동이나 상황, 구체적 내용에 초점을 맞춘다. 예를 들어, '어디에서 아티스트와 소통하나요?', '어떤 방식으로 소통하고 싶나요?' 같은 질문은 구체적이고 현실적인 정보 수집에 유리하다. 이 질문들은 기능 요구사항과 사용 패턴을 이해하는 데 도움이 되지만, 감정이나 동기라는 깊은 층위까지 파고드는 데에는 한계가 있다.

요약하면, WHY/HOW 질문은 사용자를 생각하게 하고 의미 있는 인사이트 도출에 유리하며, WHERE/WHAT 질문은 구체적 사실을 확인하는 데 유리하다. 효과적인 사용자 리서치는 이 두 가지 질문 방식을 적절히 조합하여 사용자의 내면적 경험과 외부 행동 양쪽을 모두 이해하는 데 초점을 맞춘다.

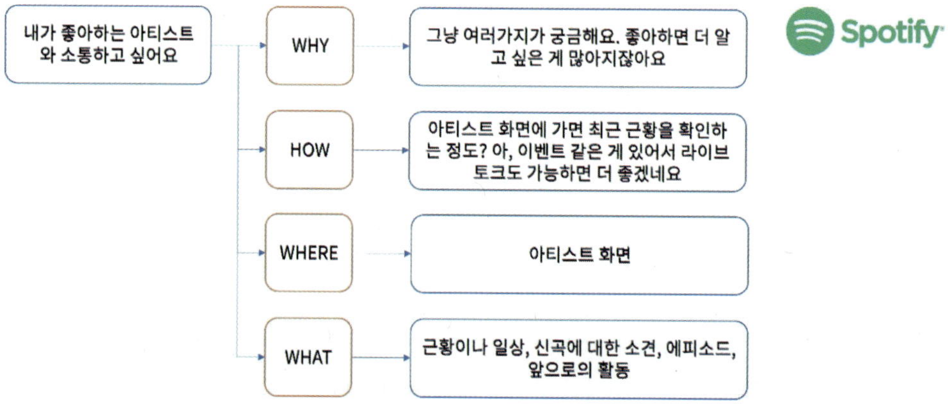

그림 247. 심층 인터뷰에서 생각하게 만드는 질문과 단답식으로 답변할 수 있는 질문의 차이

감정의 정도 파악 – 심층 인터뷰에서 사용자가 서비스나 서비스 내 여정, 경험 요소에 대해 감정을 드러냈다면 반드시 그 강도를 함께 파악하는 것이 좋다. 같은 감정이라도 사람마다 표현하는 세기와 의미가 다르기 때문이다. 예를 들어, 어떤 사람에게 '괜찮다'는 긍정 의미일 수 있지만, 다른 사람에게는 부정적으로 받아들여질 수 있다.

감정뿐만 아니라 시 · 공간적인 거리감(예: '멀게 느껴져요'), 개인적 의미(예: '소중해요') 등의 표현에서도 개인차가 크다. 따라서 이러한 표현이 실제로 어느 정도의 강도와 함의를 갖는지, 사용자의 맥락 속에서 해석하는 과정이 필요하다.

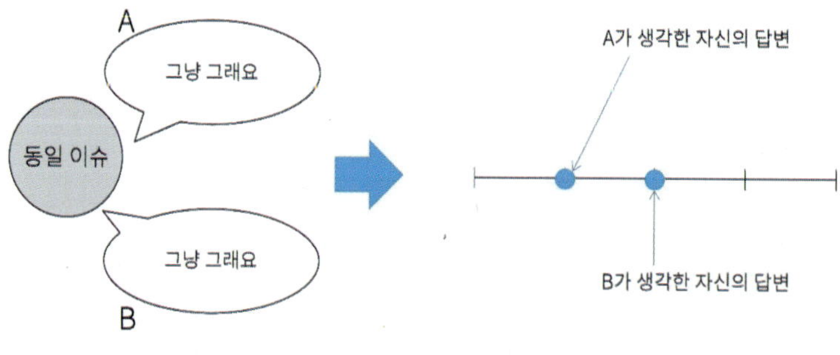

그림 248. 심층 인터뷰 시 사용자가 표현한 '정도의 세기'를 리커트 척도로 표시한 그림

심성 모형 파악 – '생각의 지도 그리기(Cognitive Maps)'는 인터뷰의 Q&A가 모두 끝난 뒤, 마지막에 인터뷰 내용을 정리할 때 활용하기 좋은 기법이다. 사용자에게 빈 종이를 주고, 왼쪽부터 서비스 사용 동기 → 동기별 이동 단계 → 단계별 구체적인 행위 → 행위 시 겪는 고충 · 니즈를 적게 한다. 한마디로, 해당 사용자의 전체 경험을 종이 한 장에 시각적으로 정리하는 과정이라고 할 수 있다.

표 14. 생각의 지도 그리기 진행 절차

구분	내용
1. 서비스 사용 동기	사용자가 서비스를 이용하게 된 이유나 계기 (예: "시간 절약 위해", "친구 추천으로")
2. 동기별 이동 단계	사용자가 동기에 따라 거치는 주요 단계들 (예: 검색 → 비교 → 선택 → 구매 → 후기 작성)
3. 단계별 구체적 행위	각 단계에서 사용자가 실제로 수행하는 구체적인 행동 (예: '로그인하기', '필터 설정', '장바구니 담기')
4. 행위 시 겪는 고충·니즈	각 행동 수행 시 겪는 불편함이나 개선되었으면 하는 점, 숨겨진 니즈 (예: '검색 결과가 너무 많아 혼란스럽다', '결제 방식이 다양했으면 좋겠다')

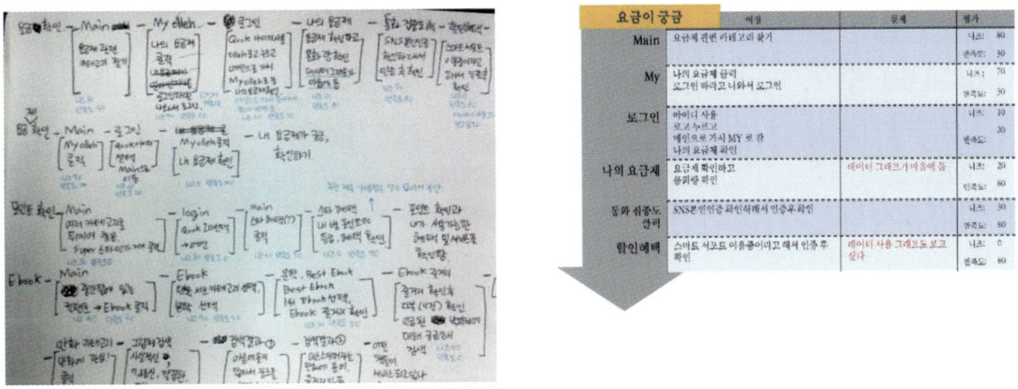

그림 249. 생각의 지도 그리기(Cognitive Maps) 예시

그룹 인터뷰

그룹 인터뷰는 여러 참가자가 동일한 질문에 대해 공통된 의견을 내거나 의견 차이를 보이는 과정을 관찰하기 위해 진행한다. 특히, 유사한 성향이나 특성을 가진 사용자들을 모아 진행하는 그룹 인터뷰를 FGI(Focus Group Interview)라고 한다. FGI는 특정 타깃 사용자층의 집단적인 의견을 신속하게 수집하고, 사용자 간 상호작용을 통해 깊이 있고 다양한 인사이트를 얻는 데 유용하다.

반면, 서로 이질적인 사용자들을 모아서 진행하는 그룹 인터뷰를 UnFGI(Unfocus Group Interview)라고 부른다. UnFGI는 다양한 배경이나 경험을 가진 사람들의 상이한 관점과 반응을 비교하고 분석하는 데 적합하다. 이를 통해 보다 폭넓은 사용자 경험과 태도를 이해하고, 예상치 못한 문제나 요구를 발굴할 수 있다.

따라서 그룹 인터뷰는 참여자들의 특성에 따라 FGI와 UnFGI로 구분하며, 조사 목적과 사용자 유형에 맞춰 적절한 방식을 선택해 진행하는 것이 중요하다.

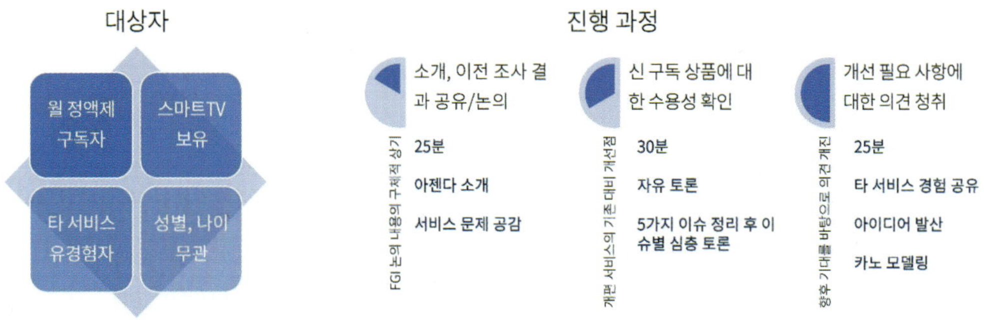

그림 250. 그룹 인터뷰(FGI)에 대한 계획 예시

그룹 인터뷰는 여러 사람이 함께 참여하는 만큼 집중력이 쉽게 떨어질 수 있다. 따라서 30분 내외로 진행하고 휴식을 취하는 것을 반복하거나 참여자 각자가 직접 자신의 의견을 밝힐 기회를 제공하는 것이 좋다. 여기에 게임적인 요소를 곁들이면 분위기를 더욱 활발하게 조성할 수 있다. 또한 참가자들이 가벼운 마음으로 인터뷰에 임할 수 있도록 다과를 준비하거나 흥미를 유발할 수 있는 사전 활동을 제공하는 것도 도움이 된다.

아래 예시는 JTBC 방송국의 〈차이나는 클라스〉 '유시민 작가 편'이다. 그룹 인터뷰에서 가장 중요한 것은 참가자들이 공통의 주제에 몰입하도록 만드는 것이다. 몰입을 유도하는 방법은 다양하지만, 다수가 모인 자리에서는 직접 참여를 유도하는 방식이 가장 효과적이다. 누구나 자신의 생각을 밝히고 싶어 하기 때문이다.

실제로 유시민 작가는 패널들에게 '민주주의 하면 떠오르는 두 가지'를 적도록 요청했고, 각자가 적은 내용을 바탕으로 토론을 이끌었다. 어떤 주장에는 패널들끼리 공감이 형성되기도 했지만, 어떤 주장은 은근한 반대 의견이 제시되기도 했다. 동일한 주제라도 이를 바라보는 시각과 생각의 깊이는 사람마다 다르기 때문이다.

이럴 때 사회자는 상황을 조율하며 보다 열띤 토론이나 합리적인 결론으로 이끌어내는 리더십이 필요하다. 사회자가 지나치게 분위기를 통제하려 해도 안 되고, 반대로 논쟁이 격화되는데 방치하는 것도 위험하다. 또한 즉흥적으로 분위기를 맞추려다 의견 차이를 얼버무려서도 안 된다. 우리는 이 모임을 단순한 친목을 위해 만든 것이 아니기 때문이다.

그림 251. 자유로운 분위기의 그룹 인터뷰 (출처: JTBC 차이나는 클라스)

간접 인터뷰

간접 인터뷰는 실제 사용자(End-User)가 아니라, 평소에 사용자를 많이 상대하는 채널 담당자를 대상으로 진행하는 인터뷰 방법이다. 이 방법은 '고객 입장에서 말하기(Be Your Customer)'라고도 불린다.

인터뷰에서는 해당 담당자가 자신이 고객이 된 것처럼 서비스 전반에 대한 불만과 기대, 그리고 여러 경험 요소들에 대한 평소 경험을 설명하도록 한다. 또한, 가장 전형적인 불만 · 니즈 · 이용 행태를 연기해 보게 하는 경우도 있다.

사용자를 자주 상대하는 담당자들은 고객들이 어떤 불만이나 요청 사항을 가지고 있는지 잘 알고 있기 때문에 이들의 입을 통해 VOC(Voice of Customer)나 WOM(Word of Mouth) 정보를 들을 수 있다고 봐도 좋다. 예로는 매장 판매 직원, 콜센터 상담원, 영업 사원 등이 있다.

관찰조사 (Observation)

관찰조사는 말이 아닌 행동을 통해서 사용자 경험을 파악하는 방법으로 사용자가 서비스를 이용하면서 자연스럽게 몸에 밴 습관과 암묵적인 기억을 끄집어내는 데 유리하다. 관찰조사와 통계분석은 모두 사용자 경험 중 행동에 초점을 맞춘다는 공통점이 있다. 그러나 관찰조사는 숫자로 된 데이터가 아니라, 실제 눈앞에서 벌어지는 정성적인 경험을 관찰하면서 사용자의 생각과 감정까지 함께 파악할 수 있다는 점에서 차이가 있다.

관찰조사는 다음과 같은 사용자들의 경험을 조사한다

- 어디에서 접근하는 지
- 무엇을 주목하는 지 (보는 지)
- 무엇을 행동하는 지 (구체적인 행위)
- 어떤 문제를 겪는 지 (갈등, 불안, 우려, 혼동, 주저)
- 어떻게 포기하는 지
- 어디에서 나가는 지
- 그 이유가 무엇인 지

그림 252. 관찰조사는 심층 인터뷰와 달리 눈으로 사용자 경험을 관찰한다. (이미지 출처: Adaptive Path)

관찰조사는 겉으로 보기에는 심층 인터뷰보다 단순해 보일 수 있다. 그러나 실제로는 사용자의 머릿속 생각과 감정을 읽어내야 하기 때문에 오히려 더 복잡한 면도 있다. 우리가 직접 관찰하는 것은 사람들의 행동이지만, 생각과 감정은 조용히, 눈에 띄지 않게 이루어진다. 행동 속에 담긴 생각과 감정을 모르고서는 그들의 경험을 온전히 이해했다고 할 수 없기 때문에 관찰조사는 이러한 한계를 극복하는 데 초점을 맞춘다.

행동 이면에 깔려 있는 생각과 감정을 어떻게 함께 파악할 수 있는지를 두고, 지난 수십 년 동안 UX와 인류행동 연구 분야에서는 끊임없이 고민해 왔다.

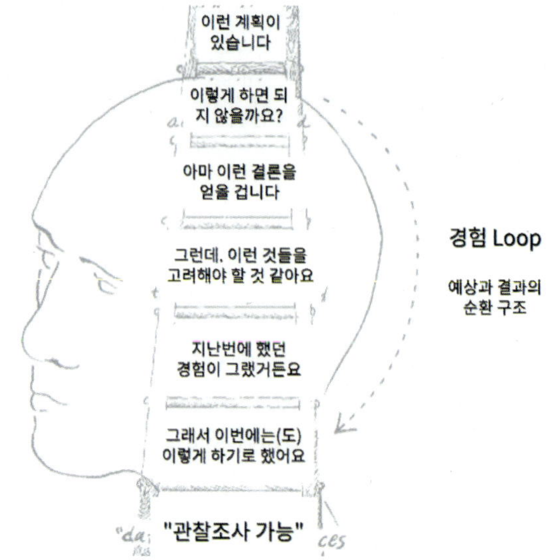

그림 253. 실제 행동이 벌어지기 전 과정의 사용자 생각 (목표, 계획, 고려사항, 우려)

물론, 사람의 행동을 통해 심리를 읽는 방법도 있다. 손끝이나 눈 밑의 떨림, 동공의 크기와 움직임 등을 유심히 살피면 그 사람이 지금 망설이고 있는지, 불안해하는지, 갈등하는지, 당황하는지를 알아차릴 수 있다. 잘 훈련된 포커 선수나 범죄 심리학자는 이런 식으로 상대방의 심리를 간파한다. 꼭 전문 훈련을 받지 않았더라도 기본적인 표정이나 제스처는 대부분 사람들이 그 의미를 직관적으로 알아챌 수 있다.

아래 이미지는 대표적인 관찰조사 기법들을 '자유로운 분위기에서 진행되는지' 또는 '통제 가운데 진행되는지'에 따라 구분한 것이다.

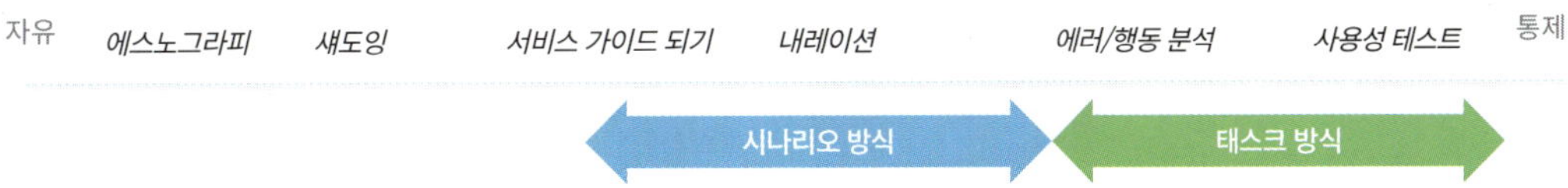

그림 254. 대표적인 관찰조사 기법들

민속지학이라는 뜻의 에스노그라피는 '오랜 기간 다른 문화 속에서 같이 살면서 해당 문화를 관찰한다'는 것이 원래 뜻이지만, UX에서는 사용자의 일상생활 전반을 끼어들지 않으면서 묵묵히 관찰한다는 뜻으로 쓰고 있다. 에스노그라피와, 사용자를 조용히 뒤따르면서 어떤 행동을 하는지 관찰하는 섀도잉(Shadowing)은 매우 자유로운 진행 방식이다.

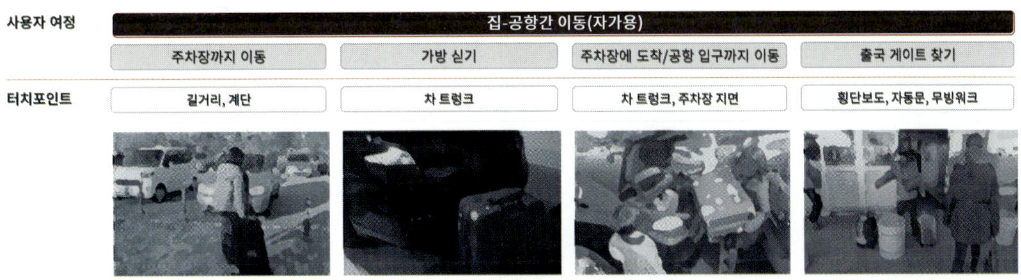

그림 255. 섀도잉 예시

서비스 가이드 되기(Guided Tour)나 내레이션 기법은 사용자가 리서치 진행자에게 본인이 서비스를 이용하는 경로와 행동을 주도적으로 설명하게 하는 기법이다. 진행자는 처음에 자신에게 서비스를 하나씩 알려준다고 생각하고 말해달라고 요청한다. 이 기법은 사용자가 평소에 가까운 상황을 떠올림으로써 인터뷰보다 맥락에 따른 이용흐름과 고충, 니즈를 더 구체적으로 설명하게 해준다.

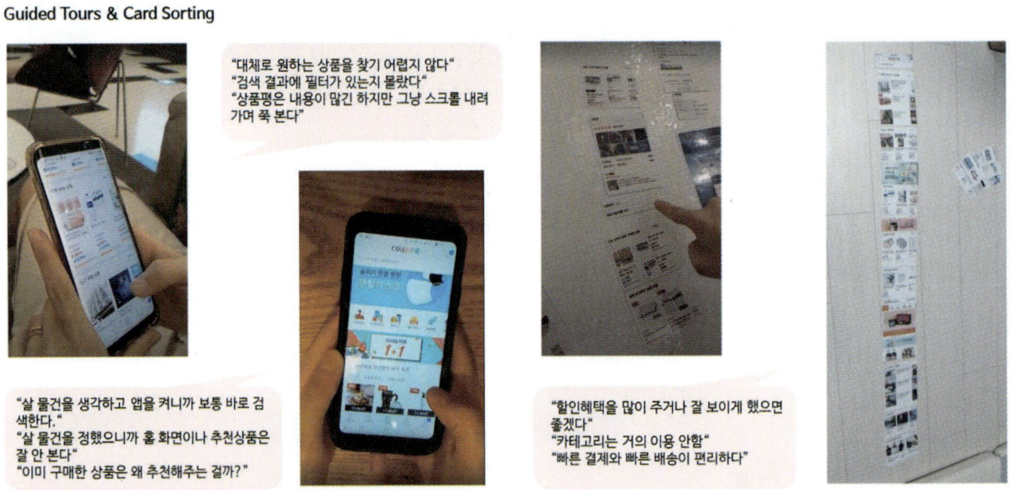

그림 256. 서비스 가이드 되기 예시 (출처: 라이트브레인 UX아카데미 11기 쿠팡조)

에러/행동 분석이나 사용성 테스트는 사용자가 범하는 실수를 미묘한 이상 행동이나 표정 변화, 불편한 듯한 제스처 등으로 읽어서 그것이 무엇 때문인지를 파악하는 기법이다(사용성 테스트는 뒤에서 다루는 'UX 테스트'에서 자세히 설명한다).

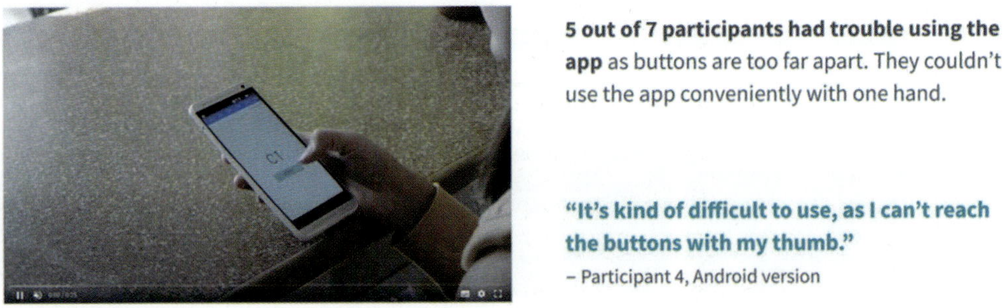

그림 257. 에러/행동 분석 예시. 7명 중 5명이 우측 상단 버튼 누르는 것을 힘들어 한다는 결과 (출처: 닐슨 노먼 그룹)

자유로운 관찰조사 기법들은 사용자의 자연스러운 일상생활이나 서비스 이용 과정을 아무런 조건 없이 관찰하지만, 통제적인 관찰조사 기법들은 사용자에게 이런저런 요청을 하는데, 예를 들어 '최근에 내비게이션 앱을 통해서 대중교통 길 찾기를 한 적이 있다면 그 과정을 보여 달라', 'OTT 서비스에서 A라는 영화를 찾아서 댓글을 달아라'라는 식으로 어떤 시나리오를 제시하거나 작업(Task)을 요청한다.

차트를 조금 전까지 봤는데. 어디 갔죠? – 간호사
우리 모두 미칠 것 같다구요. 그만두기 일보직전이요.

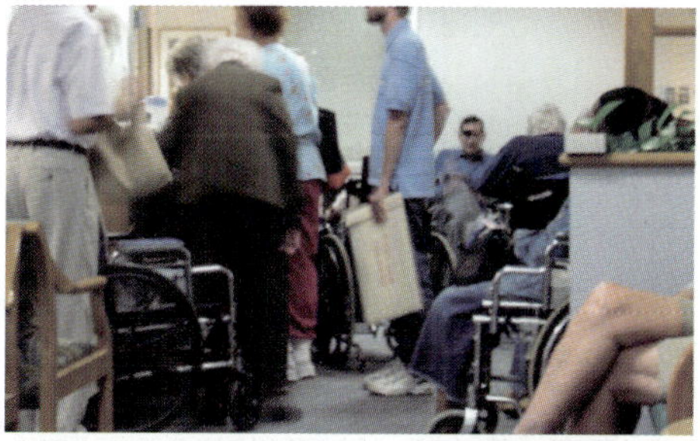

대기실이 너무 꽉 차서 엄마의 휠체어를 놀 자리도 없어요 – 베테랑 환자 가족
많은 일들이 있을 거랍니다. 그래서 조용히 생각하고 싶어요 - 수술대기환자

프론트 데스크 직원들은 어쩔 줄 몰라해서 항상 대화하는 데 소극적이에요.
나는 혼자 옵니다. 가족들을 더 이상 데리고 오지 않죠 – 베테랑 환자

닥터카삼이 거기 있길 바래요. 벌써 한시간반째 기다리고 있어요 – 전공의
이런 큰일이네. 벌써 한시간 반이나 지났단 말야 - 간호사

그림 258. 미국 UPMC 병원을 대상으로 한 자유로운 관찰조사 예시 (출처: 카네기멜론 대학)

통제적인 관찰조사는 진행자(Moderator)가 리서치 참여자의 옆에 있기 마련이다. 관찰조사는 심층 인터뷰보다 지켜야 할 원칙이 많지 않은 편이다. 기록에 치중하라, 작은 뉘앙스도 놓치지 마라 등의 여러 가지 조언이 있지만, '생각 구술법(Think Aloud)'만큼 중요한 원칙은 없다.

그림 259. 생각 구술법

- 생각, 감정, 행동을 모두 말하게 한다
- 처음에는 사용자가 어색해하지만 예시를 들어주고 가볍게 지적을 하다 보면 쉽게 익숙해진다
  - **현재의 행동**
  - **앞으로 하려고 하는 행동**
  - **행동 시 겪는 문제점**
  - **결과에 대한 본인의 생각/감정**
- Think Aloud를 통해서 사용자의 갈망, 우려, 습관, 사회적인 태도 등을 파악하는 것도 가능하다

여정 단위로 진행되는 관찰조사는 주로 이용흐름상에서 운영자가 인지하지 못하는 변수가 무엇인지 파악하고, 사용자가 어떤 지점에서 갈등하거나 당황하는지를 관찰하는 데 초점을 맞춘다. 또한, 그러한 상황에서 사용자가 스스로 문제를 어떻게 해결하는지도 함께 살핀다.

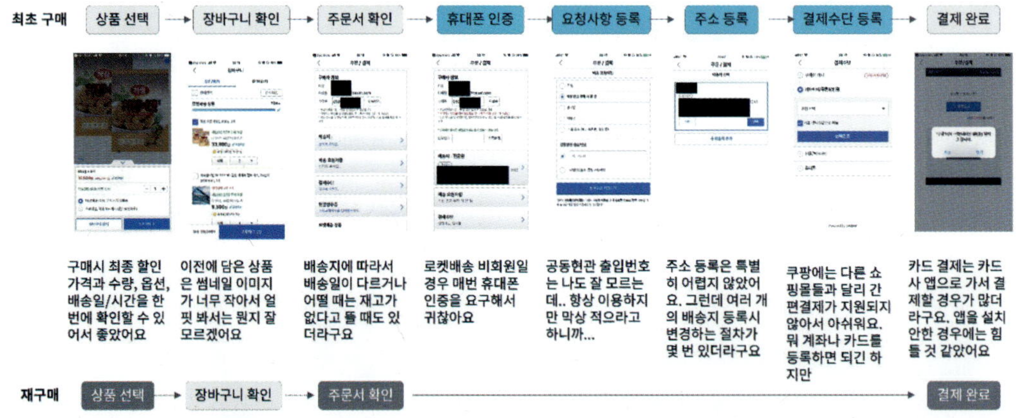

그림 260. 여정 단위로 진행되는 관찰조사 예시

행위 단위로 진행되는 관찰조사는 참가자인 사용자가 조사 대상에 포함된 경험 요소를 원활하게 인지하고 이해하고 있는지, 그리고 서비스가 요구하는 행위를 매끄럽게 수행할 수 있는지를 확인하는 데 목적이 있다.

아래 예시는 관찰조사를 통해 참가자 중 몇 명이 각 경험 요소를 인지 · 이해했으며, 요구하는 행위를 원활히 수행했는지를 숫자로 나타낸 것이다.

그림 261. 행위 단위로 진행되는 관찰조사 예시 (출처: Teisanu Tudor)

일기 방식 조사(Diary Study)는 에스노그라피(Ethnography)에 속하지만, 일반 관찰 조사에서도 자주 활용하는 기법이다. 이 방법은 사용자에게 자신 또는 자신과 유사한 친구의 일상, 서비스 이용 환경, 서비스 이용 시 자주 나타나는 행동이나 특징 등을 사진이나 영상으로 기록하게 하여, 마치 일기처럼 작성하게 한다. 즉, 서비스와 관련된 자신의 일상생활을 일정 기간 동안 직접 기록하고 보고하게 하는 것이다.

진행 측에서 리포트 템플릿을 미리 제공해 그 양식에 맞춰 작성하게 하기도 하고, '언제, 어디서, 무엇을 했는지' 간단히 기록하도록 도표 양식을 제공하거나, 고충이나 아이디어가 생길 때마다 메시지나 이메일을 통해 실시간으로 전달받는 방식도 있다.

이 방법은 사용자의 시선에서 서비스와 관련된 실제 컨텍스트와 이용 행태를 생생하게 파악할 수 있게 한다.

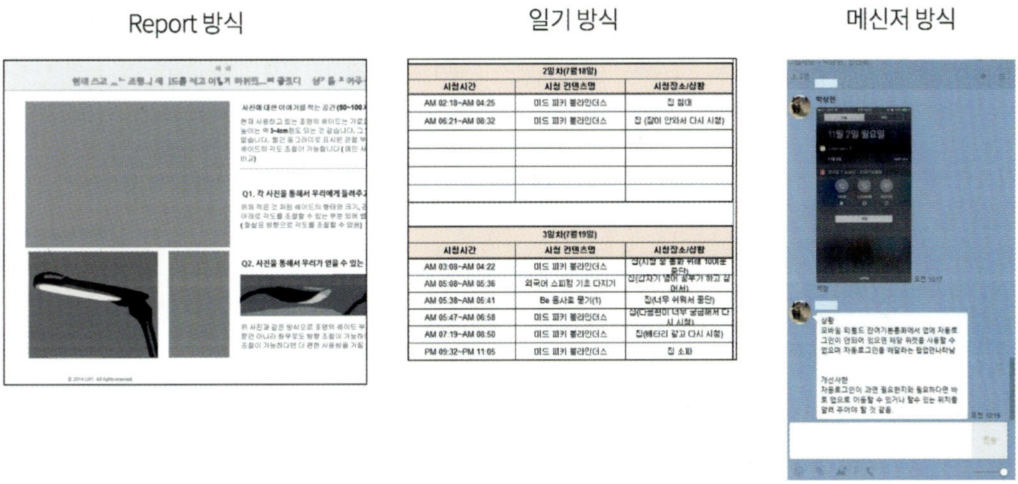

그림 262. 일기 방식 조사(Diary Study) 예시

카드소팅 (Card Sorting)

카드소팅은 사용자의 머릿속에 든 서비스에 대한 생각을 끄집어내는 방법이다. 사용자들의 머릿속에는 서비스에 대한 심성 모형(Mental model)이 담겨 있다. 서비스의 구조나 이용흐름, 주요 기능들이 각자 나름대로 담겨 있는 것이다. 이것을 끄집어내기만 하면 매우 유리한 위치에 서게 된다. 사용자들이 생각하는 서비스 구조, 흐름, 가치를 알면 많은 디자인 영감이 나올 수 있기 때문이다.

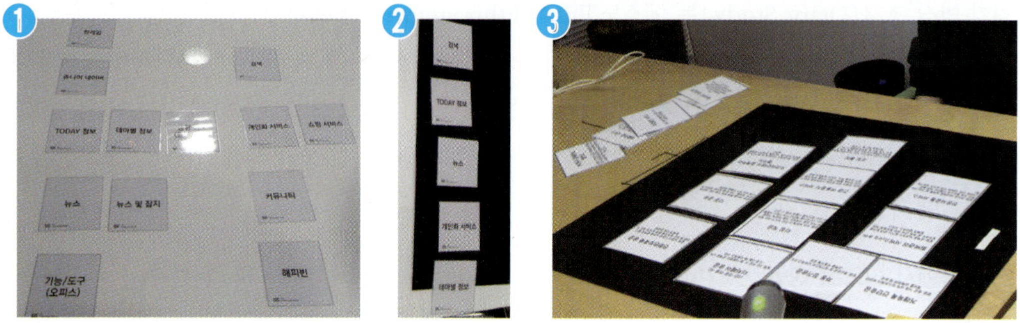

그림 263. 카드 소팅의 3가지 방법

❶ 구조: 서비스 메뉴나 기능들을 카드로 만들어서 섞어 놓고 유사하다고 생각하는 대로 묶은 다음에 이름을 붙이는 카드소팅 방법. 구조적인 심성 모형과 관련이 있다.

❷ 흐름: 서비스 메뉴나 이용 여정을 카드로 만들어서 섞어 놓고 본인이 이용하는 순서대로 나열하라고 하는 카드소팅 방법. 맥락별로 순서를 다르게 구성해도 좋다. 기능적인 심성 모형과 관련 있다.

❸ 가치: 서비스의 특징적인 정보, 기능들을 카드로 만들어서 섞어 놓고 선호하는 것과 그렇지 않은 것을 분류한 다음에 선호하는 것들은 다시 3단계로 구분하라고 하는 카드소팅 방법. 가치적인 심성 모형과 관련 있다.

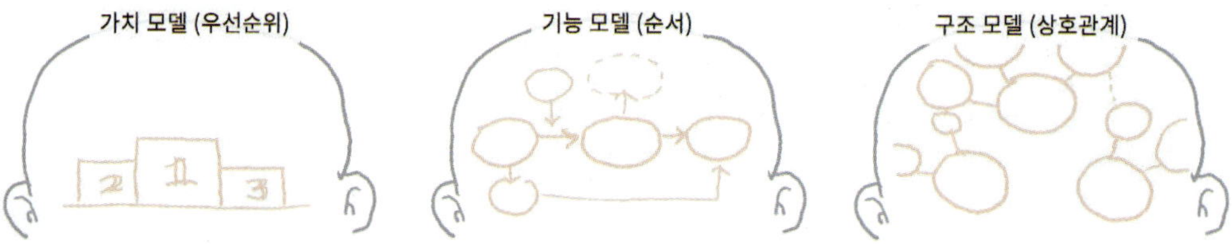

그림 264. 심성모형의 3가지 유형

아래는 음악 스트리밍 서비스 '스포티파이'에 대한 카드소팅(Card Sorting) 진행 예시다. 이 과제를 수행한 교육생들에 따르면, 스포티파이의 홈 화면은 지나치게 복잡하며, 정보 컨테이너들이 구분이나 위계 없이 나열되어 있어 실제 사용자의 심성 모형에 맞게 개선할 필요가 있었다. 이에 따라 이를 개선하기 위한 목적으로 카드소팅을 진행했다.

왼쪽 실습은 '홈 화면 구성 요소'를 사용 빈도 기준으로 세 가지 범주(자주 사용, 가끔 사용, 사용하지 않음)로 구분하는 방식이다. 오른쪽 실습은 '모두 둘러보기' 영역에 있는 약 20개의 정보 카드를, 참가자 본인이 생각하기에 연관성이 있는 항목끼리 그룹화(Grouping)한 뒤, 각 그룹에 적합한 이름(Label)을 붙이는 방식으로 진행한 예시다.

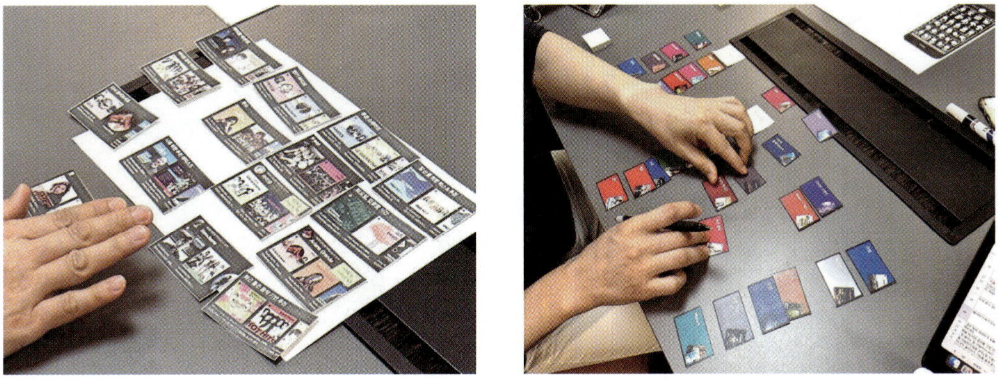

그림 265. 스포티파이에 대한 카드소팅 예시 (출처: 라이브레인 UX아카데미 24기 스포티파이조)

위 왼쪽 예시에서 사용자들의 사용 빈도에 일정한 공통점이 발견되었다고 하더라도, 그것을 곧이곧대로 신뢰하기는 어렵다. 그 이유는 카드소팅이 정성적 리서치이지, 정량적 리서치가 아니기 때문이다.

통계적으로 신뢰할 수 있는 결과를 원한다면 통계 분석이나 설문 조사를 통해 각 정보 컨테이너의 사용 빈도를 객관적으로 파악하는 것이 더 적합하다. 반면, 카드소팅은 실제 사용자를 대면하여 진행하기 때문에 사용 빈도를 파악한 직후 곧바로 그 이유를 물어볼 수 있다는 장점이 있다.

이렇게 카드소팅은 심층 인터뷰와 함께 사용할 경우 더 큰 효과를 발휘할 수 있는 방법이다. 카드소팅이 가장 많이 진행되는 대상은 메뉴, (특정 화면에서의) 상단 내비게이션, 필터, 홈 화면, 목록 화면, 검색 화면, 상세 화면이다.

- 메뉴: 메뉴의 분류, 위계, 메뉴명 정의
- (특정 화면에서의) 상단 내비게이션: 노출할 메뉴 선택, 순서
- 필터: 필터 항목 선택, 순서, 그루핑
- 홈 화면, 상세 화면: 구성요소 선택, 순서, 그루핑
- 목록 화면, 검색 화면: 상단 구성요소 선택, 기능 배치

아래는 런데이 홈 화면에 대한 카드소팅 예시이다. 필요한 구성요소와 불필요한 구성요소를 선택하게 하고, 그 이유를 5 Whys로 물어보고 있다.

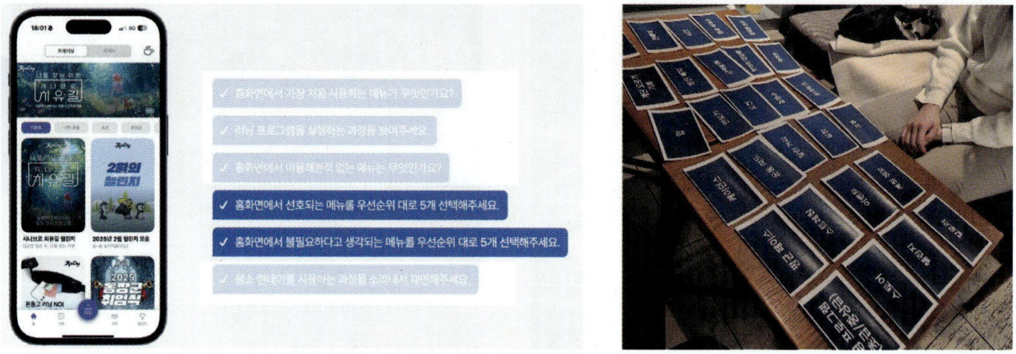

그림 266. 런데이 홈 화면에 대한 카드소팅 예시 (출처: 라이브레인 UX아카데미 25기 런데이조)

정량적 리서치와 정성적 리서치는 상호 보완적이다

정량적 리서치는 통계적인 신뢰도를 통해 객관적인 검증이 가능하다. 얼마나 많은 사람들이 사용하는지/사용하지 않는지를 알고 싶다면 통계분석이나 설문조사가 제격이다. 반면에 그것을 왜 사용하는지/사용하지 않는지를 알고 싶다면 정성적인 리서치에 의존할 수밖에 없다. 이러한 둘의 특성을 잘 이해하는 것이 UX 리서치를 효과적으로, 현명하게 진행할 수 있는 출발점이다.

03

도출(Define) 단계

도출(Define) 단계는 발견(Discover) 단계에서 찾은 경험이나 단서를 가지고 서비스의 문제를 정의하는 작업을 수행한다. 또한 정의된 문제들을 분류하고 우선순위를 결정하면서 문제를 어떻게 해결할지 다각도로 방법을 모색한다. 도출 단계는 크게 3부분으로 나뉜다.

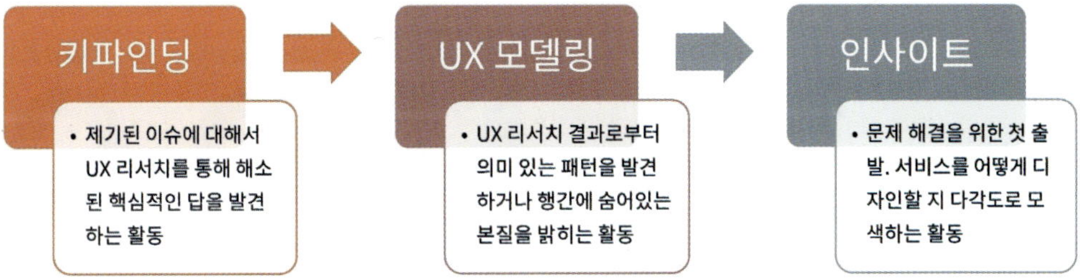

그림 267. 도출단계에서 하는 3가지 활동

키파인딩

키파인딩은 리서치에서 얻은 데이터 중에서 이후 진행될 디자인에 의미 있는 발견만 간추린 것이다. UX 디자인은 '문제 해결의 방법론'이기 때문에 키파인딩 결과가 어떻게 나오느냐에 따라 디자인 방향도 달라진다. 다시 말해, UX 프로세스에서 키파인딩은 그만큼 중요한 단계다. 어쩌면 가장 중요한 요소라고 해도 과언이 아니다.

그림 268. 뻔한 키파인딩은 뻔한 디자인을 만든다. (이미지 출처: Opera propria)

키파인딩은 말 그대로 핵심 문제를 발견하는(Key Finding) 활동이기 때문에 초반에 제기한 이슈를 기준으로 정량적 · 정성적 리서치 결과를 종합적으로 분석해야 한다.

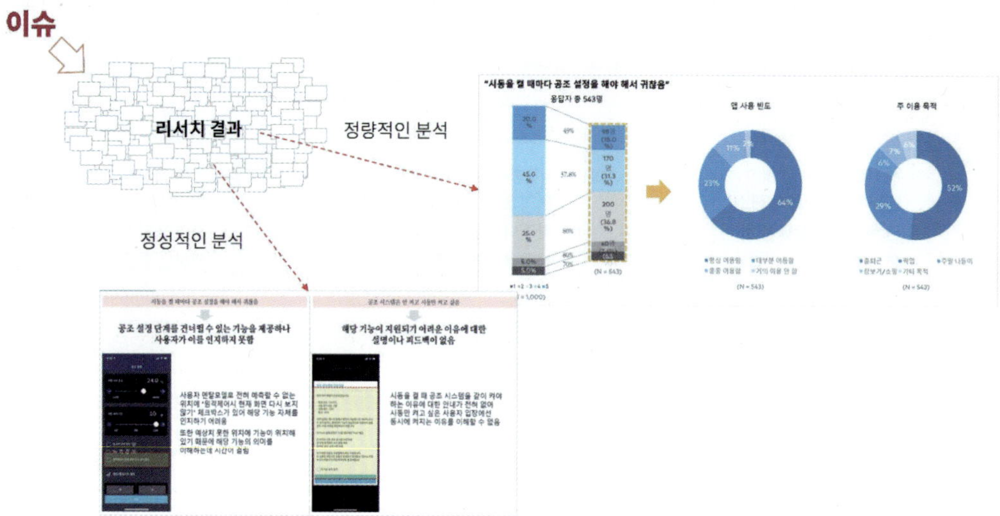

그림 269. 키파인딩은 초반에 제기한 이슈를 기준으로 정량적/정성적으로 분석하는 활동이다.

아래는 한 금융 서비스의 'AI 추천'에 대한 사용자 태도를 보여주는 키파인딩이다. 이 결과를 보면, 아직까지 사용자는 AI가 제공하는 추천보다 다른 사람들의 이야기에 더 큰 신뢰를 보이고 있음을 알 수 있다.

키파인딩은 우리가 알고 싶어 하는 이슈에 대한 결론이므로, 이 결론을 바탕으로 '그렇다면 우리 서비스는 어떻게 디자인할 것인가?'라는 고민을 시작할 수 있다.

AI가 제공하는 추천과 다른 사용자의 추천 중 어느 게 더 믿음이 가는가?

AI가 제시하는 추천보다 나와 유사한 다른 사람들의 얘기에 아직은 더 믿음이 감

"AI는 어떤 의도가 포함될 수 있으므로 믿음이 잘 안가기도 하지만, 무엇보다 나와 비슷한 다른 사람들의 이야기가 진솔하고 더 구체적이므로 그들과 소통하면서 정보를 얻는 게 더 신뢰가 감"

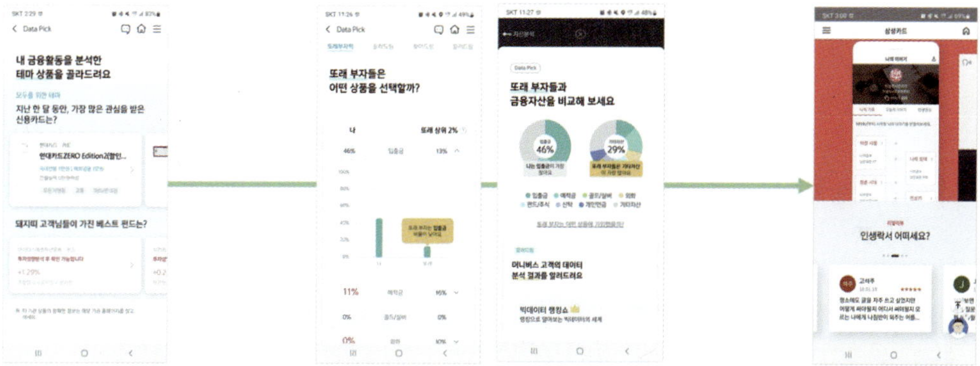

그림 270. AI 추천에 대한 키파인딩 예시

리서치에서는 불가피하게 의미가 적거나 신뢰하기 어려운 데이터도 수집되는데, 그런 것들을 제거하고 명확하게 문제로 정의할 수 있는 것들만 정리한 것이 키파인딩이다.

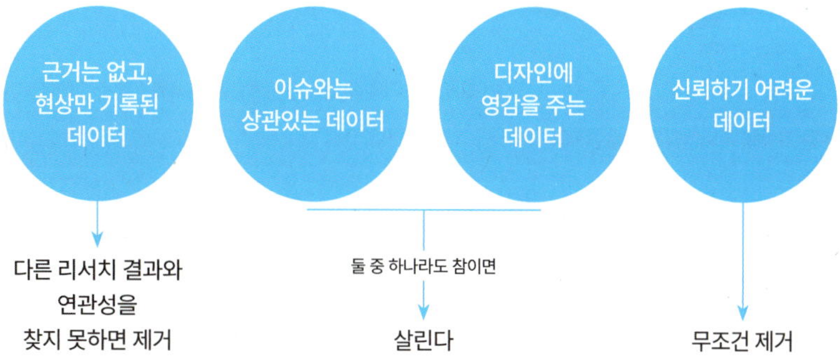

그림 271. 리서치 데이터를 제거하는 기준

중요한 리서치 결과가 키파인딩이 되기도 하지만, 리서치 결과를 유추/재해석하거나 여러 가지 리서치 결과를 종합, UX 이용흐름 속에서 리서치 결과를 조망해서 키파인딩이 도출되는 경우도 있다.

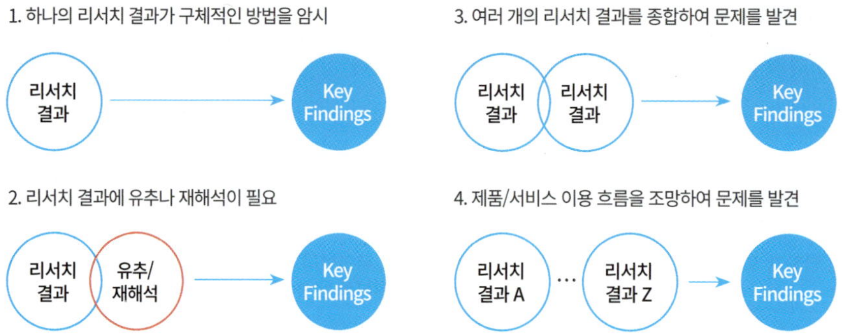

그림 272. 키파인딩 도출 유형

다음은 이용흐름을 조망하여 키파인딩을 도출한 예시다.

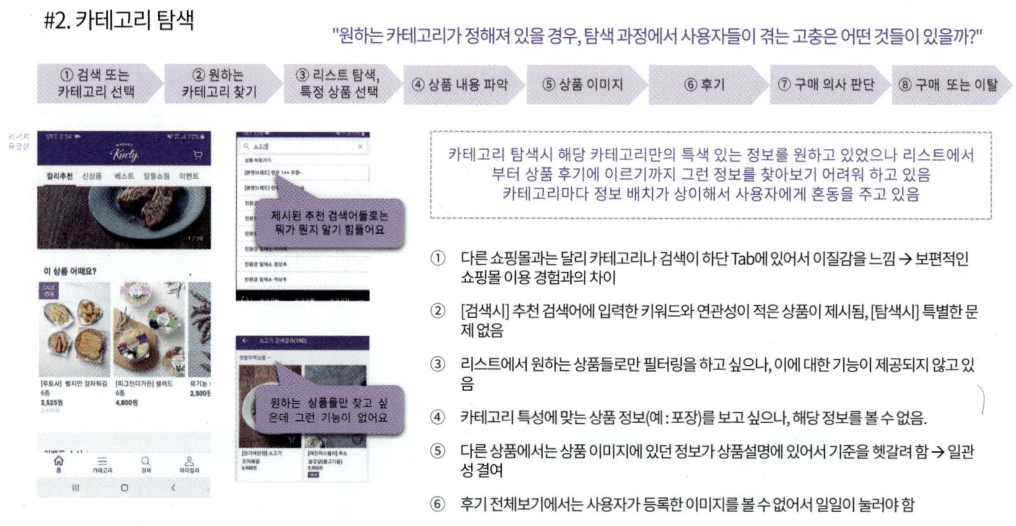

그림 273. 이용흐름을 조망해 키파인딩을 도출한 예시

'마켓컬리에서 원하는 카테고리(예: 육류)를 탐색할 때 어떤 고충을 겪을까?'하는 게 이슈였는데, 리서치 결과를 이용흐름 측면에서 조망하니까 '카테고리만의 특색을 찾기 어렵다, 카테고리마다 정보 배치가 상이해서 혼돈을 겪는다'와 같은 키파인딩을 얻을 수 있었다.

아래는 스타벅스 앱에 대해서 도출한 키파인딩 예시이다. 많은 리서치 결과가 있지만, 개선이 필요한 문제는 28개였다.

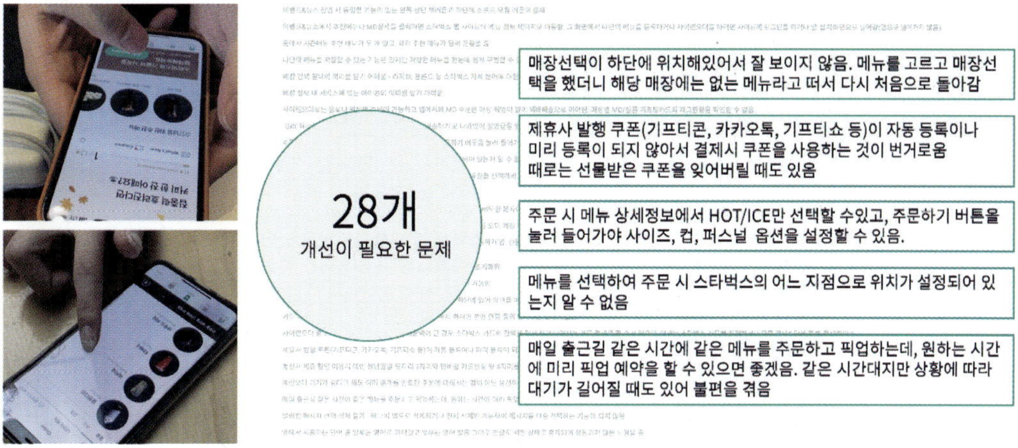

그림 274. 스타벅스 앱에 대한 키파인딩 예시 (출처: 라이트브레인)

키파인딩은 제한된 사용자 조사 결과를 전체 사용자 경험으로 '일반화'하는 과정이다. 즉, 정량적 리서치와 정성적 리서치 결과를 종합해 다음과 같이 결론을 일반화해야 한다.

- "사용자 누구나 이런 경험을 한다"
- "이런 문제를 겪고 있다"
- "이런 태도를 지니고 있다"

해당 키파인딩을 사용자 저변으로 일반화할 수 없다면 그 키파인딩은 문제 해결을 위한 실질적인 단서가 될 수 없다.

공감

공감은 키파인딩의 가장 대표적인 형태다. 리서치 결과가 보편적인 사용자 심리, 트렌드, 서비스 특성을 감안했을 때 '충분히 그럴 수 있다'고 느껴진다면, 그것은 보편적인 경험으로 일반화할 수 있다.

현실에서 충분히 공감할 수 있는 경험은 특별한 근거를 제시하지 않아도 된다.

- 보편적인 사용자 심리: 금방 까먹었다, 비싸서 망설였다, 처음이라 다소 생소했다 등
- 트렌드: 왜 추천 정보가 없죠, 생체 인증이 안되네요, SNS로 공유하고 싶었는데 등
- 서비스 특성: 이전/다음 곡 이동이 어렵다, 지도 주변 정보에 업종 표시가 함께 나타나면 좋겠다, 영양제 섭취 시간을 알려주면 좋겠다 등

공감되는 경험은 그것이 우리에게 의미 있는지 여부만 따져 보면 된다. 아무리 공감이 간다고 해도, 우리 디자인에 의미를 주지 않는다면 소용없기 때문이다. 아래는 GS25 '나만의 냉장고' 서비스에 대한 키파인딩 예시다. 한눈에 봐도 수긍이 가며, 각 키파인딩의 개연성이 높아 쉽게 공감할 수 있다.

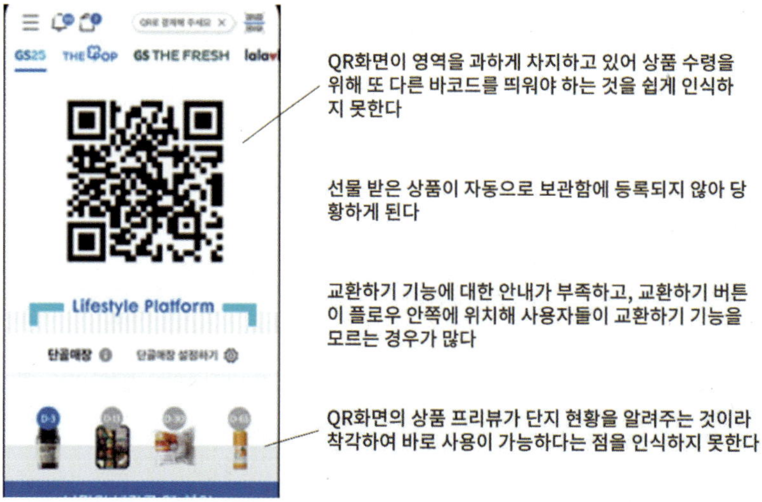

그림 275. 공감과 관련된 키파인딩 예시 (GS25 나만의 냉장고)

인과 관계

두 번째 방식은 인과 관계를 밝히는 것이다. 즉, 사용자의 경험 결과(불만족, 어쩔 수 없는 선택, 서비스 이탈, 포기 또는 취소)에 영향을 미친 원인이 무엇인지 명확히 밝혀내는 것이다. 이를 통해 사용자들이 '무엇 때문에 이런 불만족을 느꼈는지', '왜 그런 선택을 할 수밖에 없었는지', '어떤 이유로 서비스를 이탈하거나 포기할 수밖에 없었는지'에 대한 인과 관계를 파악한다.

일반적으로 다음과 같은 원인들이 인과 관계 분석에서 자주 도출된다.

- 사용성 문제: 인터페이스가 복잡하거나 이해하기 어려워서 사용자가 원하는 행동을 원활하게 수행하지 못하는 경우
- 기능 부족: 사용자가 필요로 하는 기능이나 정보가 없어 불편을 겪는 경우
- 기대 불일치: 사용자가 서비스에 기대했던 바와 실제 경험이 크게 차이나 실망하는 경우
- 시스템 오류 및 불안정성: 앱이나 서비스가 자주 오류가 나거나 느리게 작동하여 사용 경험을 해치는 경우

- 정보 전달 미흡: 중요한 정보가 제대로 안내되지 않거나, 혼동을 초래할 때
- 개인화 및 맞춤화 실패: 사용자 특성이나 상황에 맞춘 서비스 제공이 부족하여 불만족이 생기는 경우
- 외부 환경 요인: 인터넷 연결 문제, 기기 호환성 문제 등 사용자의 통제가 어려운 외부 요인

이처럼 경험 결과에 영향을 준 원인을 체계적으로 밝히고 인과 관계를 분석하면 단순히 불만족이나 이탈이 발생했다는 사실을 넘어서 그 원인까지 정확히 이해할 수 있으므로, 이를 바탕으로 실질적이고 효과적인 서비스 개선 및 디자인 전략 수립이 가능해진다.

어느 하나가 원인으로 작용할 때도 있지만, 여러 가지 원인이 복합적으로 작용하기도 한다.

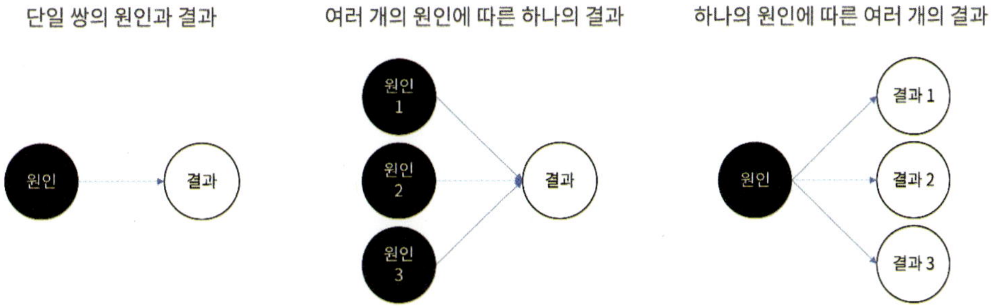

그림 276. 인과관계와 관련된 키파인딩의 3가지 유형

아래는 부동산 서비스 '호갱노노'의 매물 필터에 대한 키파인딩 예시이다. 대부분 인과관계(무엇 때문에 이런 결과가 나왔다) 방식이다.

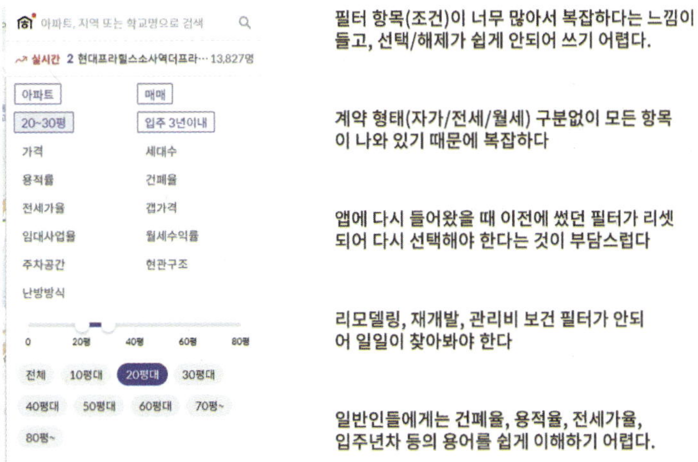

그림 277. 인과관계와 관련된 키파인딩 예시 (호갱노노)

표 15. 위 호갱노노 키파인딩의 인과관계 구조

원인	결과
필터 항목(조건)이 너무 많아서	복잡하다
계약 형태(자가/전세/월세) 구분없이 모든 항목이 나와 있기 때문에	복잡하다
이전에 썼던 필터가 리셋되어	다시 선택해야 한다는 것이 부담스럽다
리모델링, 재개발, 관리비 보건 필터가 안되어	일일이 찾아봐야 한다

변수

키파인딩의 세 번째 방식은 경험에 영향을 미치는 변수들을 정의하는 것이다. 이때 변수 정의는 두 가지 형태로 나눌 수 있다.

- 특정 시점 중심: 주로 의사결정 시점에서 어떤 변수들이 사용자 경험에 영향을 미쳤는지를 규명한다. 예를 들어, 결제 직전 단계에서 가격, 혜택, 신뢰도, 시간 압박 등이 어떤 영향을 주었는지를 분석하는 방식이다.
- 이용흐름 중심: 서비스 이용 전 과정에서 각 단계별로 어떤 변수들이 차례대로 영향을 미쳤는지를 정의한다. 예를 들어, 탐색 단계에서는 정보량과 탐색 편의성이, 비교 단계에서는 옵션의 명확성이나 개인화 정도가 영향을 주는 식이다.

이렇게 변수를 정의하면 단순히 무엇이 문제인지뿐만 아니라 어떤 상황에서 어떤 요인이 영향을 미치는지까지 구체적으로 파악할 수 있어, 이후 디자인 개선 시 우선순위 설정과 맞춤형 해결책 수립에 큰 도움이 된다.

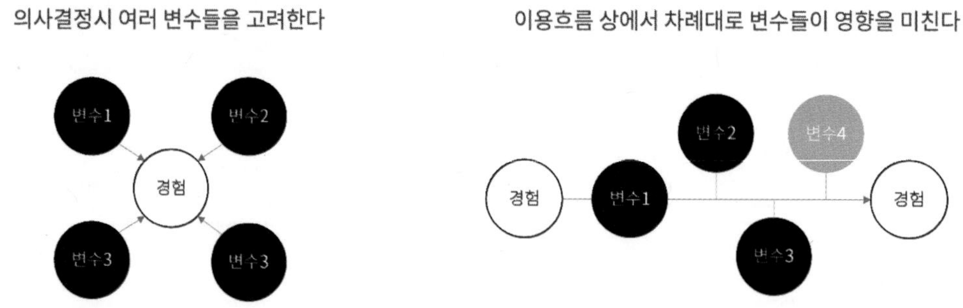

그림 278. 변수와 관련된 키파인딩의 2가지 유형

아래는 스카이스캐너 항공권 검색 결과 및 필터 화면에 대한 키파인딩 예시이다. 사용자가 항공권을 선택하는 과정에서 어떤 변수들이 영향을 미치는지를 보여준다.

항공권 검색시 출-도착일자, 출-도착지, 인원으로 먼저 검색하고 사용자에 따라 가격만 고려하는 경우와 직항 유/무, 좌석 크기, 판매처 등을 고려하는 경우로 나뉜다

여행을 많이 다니는 사람일수록 수화물 허용 용량, 취소 및 환불 규정, 경유지 공항에 대한 정보, 경유시 스탑/레이오버 가능 여부 등을 중요하게 생각한다

수화물, 기타 부대비용이 제외된 순수 항공권 가격과 포함된 가격이 함께 제공되어 명확한 선택이 어려울 때가 있다

목록 상단에 있는 정렬 기준 중 최저가, 최단 시간 등은 이해하기 쉬우나, 추천순의 정확한 기준은 알기 어렵다

일부 사용자는 모든 필터 창에서 경유, 출도착시간, 항공사 외에 수화물 가능 여부, 무료 취소 가능 여부, 기내식 제공 여부 등을 선택할 수 있기를 바란다

그림 279. 변수와 관련된 키파인딩 예시 (스카이스캐너)

표 16. 위 스카이스캐너 키파인딩에 나오는 변수

사용자 구분	시점	변수
일반 사용자	항공권 선택	가격, 직항 유/무, 좌석 크기, 판매처
헤비 여행자	항공권 선택	수화물 허용 용량, 취소 및 환불 규정, 경유지 공항에 대한 정보, 경유시 스탑/레이오버 가능 여부
일반 사용자	가격 인지	수화물, 기타 부대비용의 포함 여부

유형화

키파인딩의 네 번째 방식은 사용자나 문제를 유형화하는 것이다. 경험이 유사한 사용자들을 묶어 유형화하는 것은 흔히 페르소나(Persona)라고 부르지만, 키파인딩 단계에서도 필요에 따라 사용자 유형을 정의할 때가 있다.

그러나 실제로는 문제를 유형화하는 경우가 더 자주 발생한다. 예를 들어, 특정 서비스에서 발견된 문제들을 '사용성 문제', '기능 부재 문제', '정보 전달 문제', '신뢰도 문제' 등으로 분류하는 식이다. 이렇게 유형화하면 문제를 보다 체계적으로 이해할 수 있고, 이후 디자인 개선이나 우선순위 설정 시에도 효율적으로 활용할 수 있다.

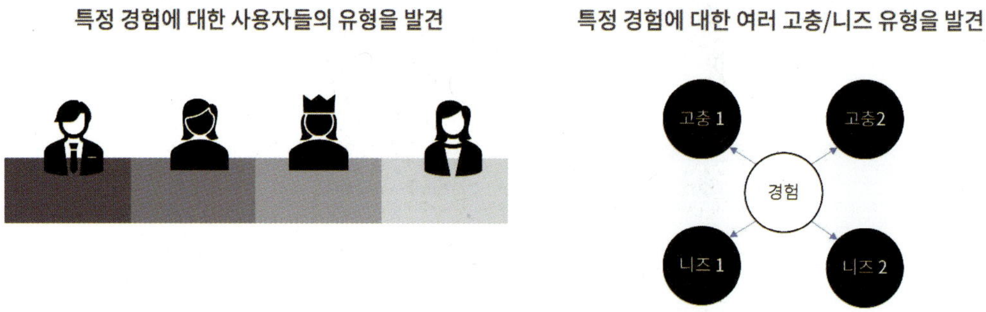

그림 280. 유형화와 관련된 키파인딩의 2가지 방식

아래는 사용자 유형화에 대한 키파인딩 예시이다. 열차 예매 과정에서 각 시점별로 여러 유형들을 정의하고 있다.

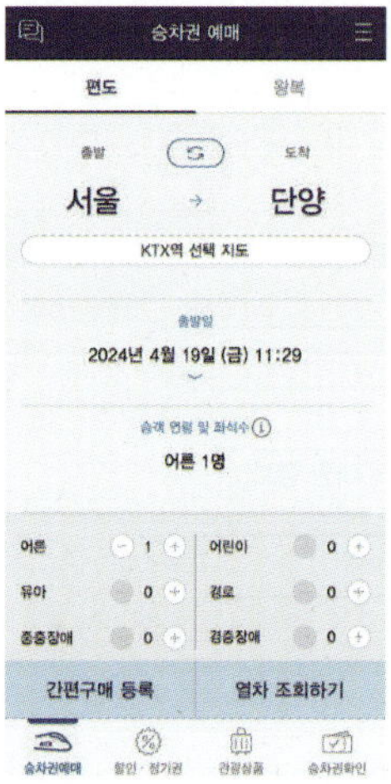

매번 행선지가 정해져 있어서 도착 역명을 구체적으로 알고 있는 사용자가 있는 반면, 행선지가 달라서 목적지는 알지만 역명은 모르는 사용자들도 있다

매번 행선지가 정해져 있는 사용자들은 돌아오는 시간도 정해져 있는 경우가 많아서 왕복으로 예매하지만, 행선지가 다른 사용자들은 편도 예매후 다시 돌아오는 기차편을 예매하거나 다른 대중교통 수단을 이용한다

출장 목적의 사용자들은 가격보다는 시간을 중요시 여기며 가장 빠른 KTX를 선호하지만 도착지가 소도시인 경우에는 다른 열차 편도 비교하기 원한다

고속버스나 항공기와 달리 열차는 검표 절차가 없어서 편할 때도 있지만, 제대로 탄 건 지 불안한 마음도 든다

그림 281. 유형화와 관련된 키파인딩 예시 (코레일톡)

표 17. 위 코레일톡 키파인딩에 나오는 사용자 유형

구분	사용자 유형
도착 역명 인지 여부	알고 있는 사람(행선지가 매번 동일) vs 모르는 사람(목적지만 알고 있음)
왕복/편도 여부	행선지가 정해진 사람(돌아오는 시간도 정해짐) vs 행선지가 다른 사람(다른 교통 수단 이용)
여행 목적	출장(시간을 중요시, 목적지가 소도시인 경우 환승 가능한 다른 열차편도 알아봄)

키파인딩이 UX/UI에서 중요한 이유

UX는 문제해결의 방법론이라는 점을 앞에서 얘기했다. 여기서 얘기하는 '문제'가 바로 키파인딩이다. 키파인딩 이후 단계부터는 '문제를 어떻게 해결할지' 찾는 과정이라고 보면 된다.

UX/UI 디자인에서 이렇게 중요한 키파인딩을 잘 도출하기 위해서는 UX에 대한 이해가 높아야 하고 사용자들의 경험을 충분히 공감해야 한다. 거듭 이야기하지만, 피상적인 의견, 반응, 만족도를 놓고서 '문제를 찾아냈다'고 얘기하는 것은 실패로 가는 지름길이다.

UX 모델링

모델링은 복잡한 세계의 현상을 단순화하여 표현하는 것을 말한다. UX 디자인에서는 사용자의 복잡다단한 경험을 단순화하면서, 그 속에 내재된 특징을 부각하고, 행간의 의미를 파악하며, 이를 유형화하기 위해 모델링을 활용한다.

모델링은 대부분의 분야 · 방법론 · 프로젝트에서 공통으로 나타나는 절차다. 예를 들어, IT 분야에서는 데이터, 프로세스, 업무, 기능과 같은 현상을 아키텍처 중심으로 구조화하고자 모델링을 사용한다. 경제학에서는 복잡한 경제 현상을 설명하고 정책의 효과를 예측하기 위해 시장의 움직임을 수학적 모형으로 표현한다.

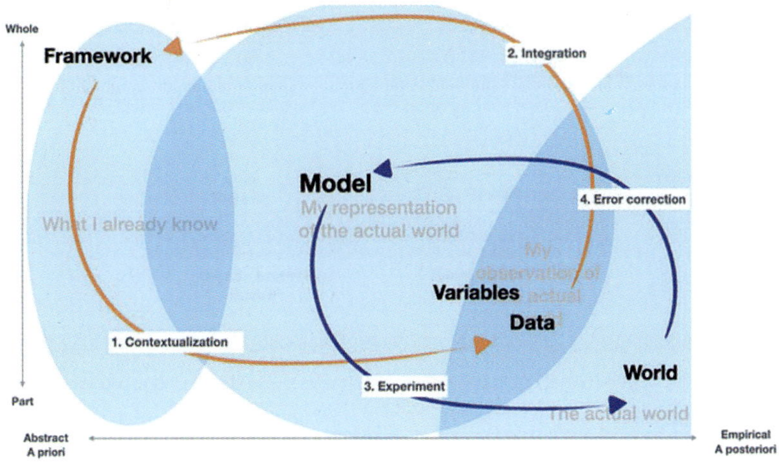

그림 282. 모델링의 개념을 잘 보여주는 이미지. 우측 하단이 현실세계의 복잡한 현상을 의미하며, 좌측 상단으로 올라가면서 변수를 발견하고 이를 모델로 표현한 다음, 구조화된 프레임워크로 더 나아갈 수 있다는 것을 보여준다. (출처: The full hermeneutic model of problem solving on the PSM, Jonathan Kahan)

UX 디자인은 초기부터 다양한 모델링 기법을 사용해 왔다. 하향식(Top-down) 접근법과 달리, UX 디자인은 상향식(Bottom-up) 방법론의 특성을 갖고 있어 여러 출처와 유형의 데이터를 바탕으로 의미 있는 패턴을 추출하는 과정이 필수적이었다. 이를 'Noise to Signal'이라 하는데, 이는 데이터 속에 섞여 있는 잡음(noise)에서 핵심 신호(signal)을 찾아내는 작업을 의미한다.

실제로 사용자 경험은 복잡하고 다층적인 정보와 맥락으로 이루어져 있으므로, 모델링은 이 복잡성을 단순화하는 동시에 중요한 패턴과 인사이트를 드러내는 역할을 한다. 예를 들어, 사용자 행동 데이터, 설문 응답, 인터뷰 내용, 관찰 결과와 같은 다양한 정성적 · 정량적 자료를 통합해 구조화된 형태로 가공함으로써, 난해한 데이터를 이해하기 쉽게 만들고 UX 문제 해결과 디자인 방향 설정에 활용할 수 있게 한다.

따라서 UX 디자인에서 모델링은 단순히 정보를 정리하는 절차를 넘어, 여러 데이터 포인트를 통합하고 핵심 인사이트를 도출하는 전략적인 과정으로 자리 잡았다. 이 과정을 통해 디자이너와 연구자는 산만한 데이터 사이에서 본질적 문제와 사용자 요구를 명확히 파악할 수 있다.

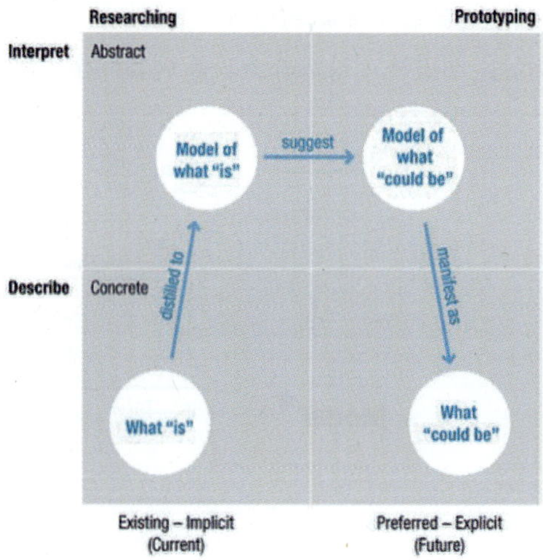

그림 283. UX 디자인에서 모델링의 필요성을 잘 보여주는 이미지. 구체적인 현실세계(What is)를 추상화한 다음, 그것을 프로토타입으로 표현하고, 다시 현실세계에 적용한다(What could be). (출처: The Analysis-Synthesis Bridge Model by Hugh Dubberly, Shelley Evenson, Rick Robinson)

모든 UX 프로젝트에서 모델링이 반드시 사용되는 것은 아니다. 대부분의 경우, UX 프로젝트는 키파인딩만으로도 충분히 인사이트를 도출한다.

그러나 복잡한 현상(리서치 결과) 속에 숨어 있는 패턴을 추출해, '나무가 아닌 숲을 봐야' 할 필요가 있을 때는 모델링을 활용한다. 이렇게 하면 키파인딩만으로는 드러나지 않는 구조적 흐름이나 관계를 파악할 수 있어 키파인딩의 한계를 보완할 수 있다.

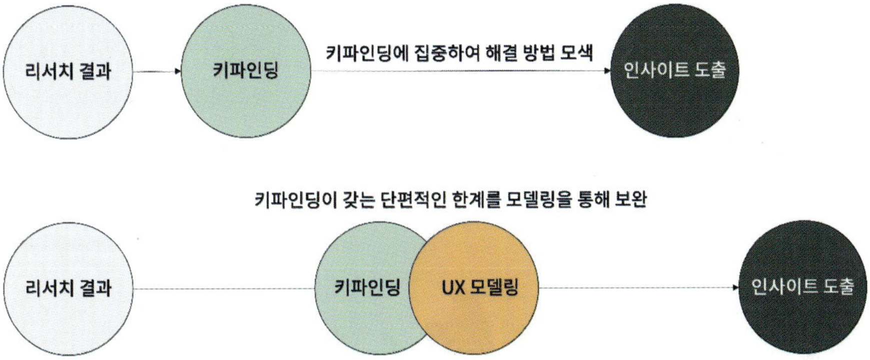

그림 284. UX 프로젝트에서 모델링이 필요한 경우

아래는 키파인딩만으로 인사이트를 도출하는 예시다. UX 방법론에는 이러한 기법들도 존재한다.

왼쪽의 이슈 카드(Issue Card)는 1차적으로 도출한 키파인딩과 그 대표 사례를 여러 장의 카드로 제작한 뒤, 진행자들이 모여 하나씩 살펴보면서 이를 어떻게 해결할지 논의하는 활동이다. 참여자들은 각자의 의견을 서로 주고받으며 문제에 대한 새로운 해석이나 다른 관점에서의 가정을 도출할 수 있다.

오른쪽의 스크린샷 검토(Screenshot Forensics)는 1차적으로 도출한 키파인딩을 화면 단위로 구분해 벽에 붙이고, 각 화면별로 사용자의 경험(동기, 행동, 고충, 니즈, 태도, 맥락)을 논의하며 해결 방법을 모색하는 활동이다. 이때 규칙을 정해 카드마다 색상을 다르게 지정해 활용하기도 한다.

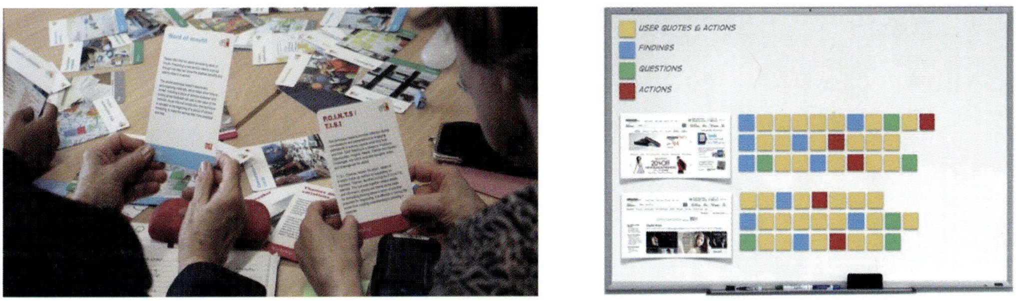

그림 285. 이슈 카드(왼쪽)와 스크린샷 검토하기 (출처: servicedesigntools.org, Universal Methods of Design)

처음에는 심리학이나 사회과학 조사 방법론에서 사용되던 모델링 기법들(예: Concept Mapping, Means-End Model, Cognitive Mapping)이 UX 디자인에 도입되었다. 이후 UX 디자인 특성에 맞게 이러한 기법들이 변형되거나 발전하면서 UX 고유의 모델링 기법들이 등장하기 시작했다.

예를 들어, 기존의 인지적 모델링을 바탕으로 사용자 환경에 초점을 맞춰 변형된 심성 모형(Mental Model)이 그러하며, 사용자 유형과 특성을 구체적으로 묘사하는 페르소나 같은 기법도 UX 디자인 특화 모델링으로 확대된 사례다. 이들 기법은 복잡한 사용자 경험을 단순화하고, 사용자 행동과 심리를 구조화해 디자인 전략 수립에 도움을 준다.

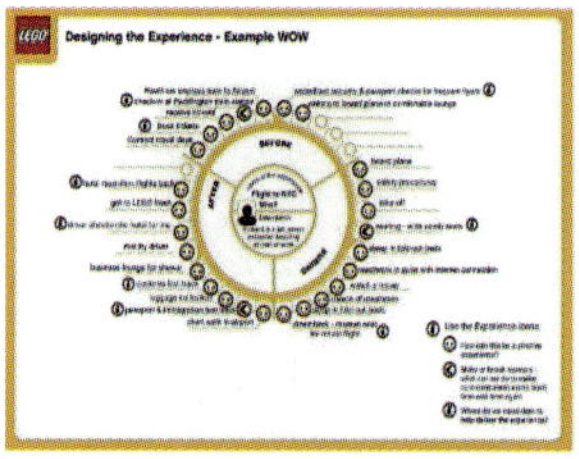

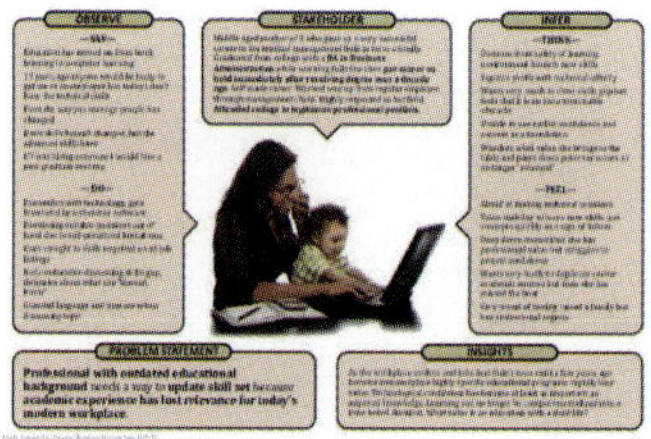

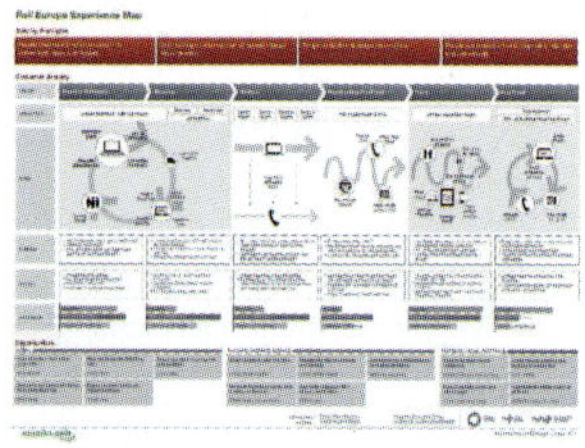

그림 286. UX 디자인에서의 모델링 예시들. 좌측부터 여정지도, 페르소나, 고객여정캔버스 (출처: Lego, Mark Congiusta, Adaptive Path)

일반인들에게 가장 잘 알려진 UX 모델링 기법은 페르소나(Persona)다. 사용자들을 나이나 성별로 구분하지 않고 경험의 공통성으로 유형화하는 방법으로, 실제 UX/UI 프로젝트에서도 빈번하게 쓰인다.

페르소나 다음으로는 여정지도(Journey Map)나 친화도법(Affinity Diagram)이 유명한데, 2010년대 중반에는 공감모델(Empathy model)이나 가치제안캔버스(Value proposition canvas)가 미국에서 잠깐 인기를 끌기도 했다. 이 외에도 20가지 정도 되는 UX 모델링 기법이 있는데, 이들은 다음과 같이 구분된다.

공감 및 유형화
(Empathy model)

시스템적 표현
(Mental model)

본질 밝히기
(Means-End model)

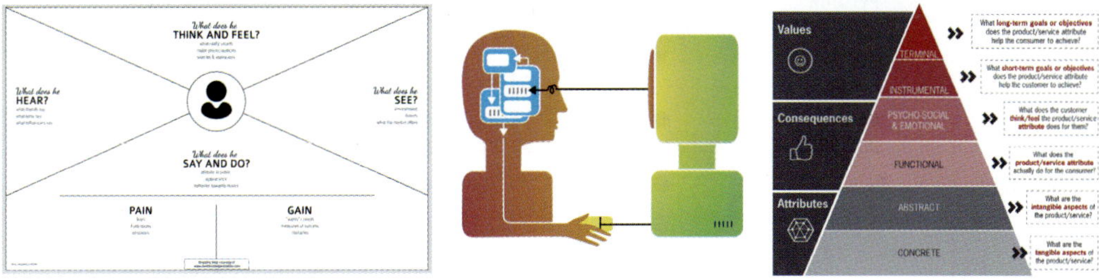

사용자를 공감하고 유형화

Persona
Issue Card
Motivation Matrix

사용자의 경험을 도식화 표현

Journey Map
Concept Mapping
Value proposition canvas

흩어진 단서들에서 해답 찾기

Affinity diagram
Elito Method
Means-End Model

그림 287. UX 모델링 기법 분류

UX 모델링의 목적 (모델링 방법마다 약간씩 다름)

- 사용자들을 경험이 유사한 사람끼리 묶자 그들을 이렇게 구분할 수 있었다: 페르소나
- 사용자들의 UX 여정을 순차적으로 살펴보니 문제는 여기에 있었다: 여정지도
- 사용자들의 경험을 유사한 것끼리 묶자 보이지 않던 이런 인사이트를 찾을 수 있었다: 친화도법
- 사용자들이 서비스에서 지각하는 것(SEE), 주목하는 것(HEAR), 느끼고 바라는 것(THINK AND FEEL), 말하고 행동하는 것(SAY AND DO)을 공감하고 이를 고충(PAIN)과 니즈(GAIN)으로 정리: 공감모델
- 사용자들의 특성(ATTRIBUTE), 고충(PAIN)과 니즈(GAIN)로부터 고충 해결방안, 니즈 충족방안을 도출하고 서비스의 새로운 특징을 찾자: 가치제안캔버스

앞에서 말했듯이 '모델링'이란 현상을 유형화하는 작업이다. UX 모델링은 특정 서비스에 대한 사용자 경험을 유형화하는 것이다. 다시 말해 경험을 공감 및 유형화하거나 시스템적으로 도식화하거나 현상 뒤에 숨겨진 진짜 본질을 찾음으로써 한눈에 좀 더 명확하게 이해하려는 것이다.

아래는 가장 대표적인 UX모델링 기법 4가지의 난이도, 사용 빈도, (상대적인) 소요시간, 특징, 핵심 포인트를 보여준다.

표 18. 대표적인 UX모델링 기법 4가지

	Persona	Journey Map	Affinity Diagram	Mental model
난이도	★★☆☆☆	★☆☆☆☆	★★★★☆	★★★☆☆
빈도	●●●●○	●●●●○	●●○○○	●○○○○
소요시간	●○○○○	●●●○○	●●●●○	●●●○○
특성	새로운 컨셉 개발	기존 문제 개선	모두	모두
핵심	행위변수	여정	발견	구조화

위 표에서 보듯이 가장 많이 사용되는 것은 페르소나와 여정 지도이며, 둘 다 (다른 모델링 기법과 비교했을 때) 그렇게 어렵지 않은 편이다. 심성 모형 그리기(Mental Modeling)는 그렇게 어렵지는 않으나, 최근에 디지털 서비스가 복잡해지면서 그 쓰임새가 점점 약해지고 있다. 자주 사용되는 페르소나, 여정 지도, 어피니티 다이어그램에 대해 자세하게 살펴보자.

LISS(Linearly Independent Spanning Set)적인 분석

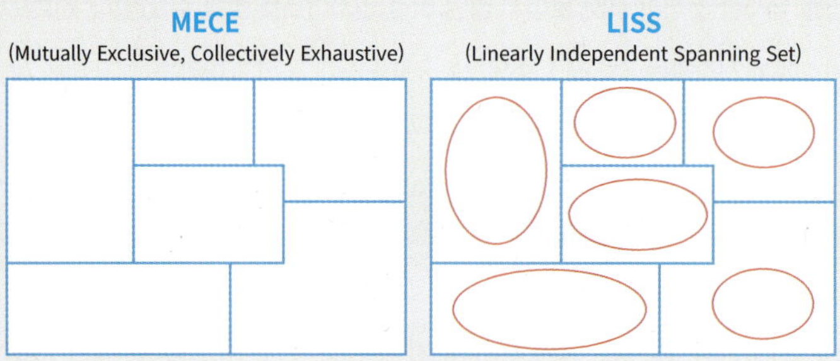

그림 288. MECE적 분석과 LISS적 분석의 차

MECE가 모든 현상을 겹치지 않으면서도 빠짐없이 수용하는 게 목적인 분석 방법이라면, LISS는 다소 빠지는 게 발생하더라도 중요한 부분을 명확하게 하는 게 목적인 분석 방법이다. UX 방법론에서 LISS적인 분석 방법을 취하는 이유는 사용자 경험이 지나치게 복잡할뿐더러 실제 중요한 사용자 경험을 밝히는 것만으로도 문제해결이 가능하고, 복잡한 현상들을 담으면 담을수록 완성도는 올라갈 수 있어도 반대로 이해도 및 활용도는 더 떨어지게 된다는 역설[주: 이를 복잡함의 역설, Bonini's Paradox라고 한다.] 때문이다.

페르소나(Persona)

사용자들을 경험에 따라 분류하는 모델링 기법이다. 모든 분류에는 기준이 필요하다. 페르소나는 '행위 변수'를 기준으로 사용자들을 구분한다. 그러나 알 수 없는 불특정 사용자를 구분할 수는 없으므로, 필드 리서치를 통해 실제로 만난 사용자들을 행위 변수에 따라 구분하고(비록 표본 수는 적더라도) 유형을 추출한다. 이는 '제대로 추출된 표본(sample)은 전체 모집단(population)의 특성을 잘 반영한다'는 통계학 원리가 반영된 사례로 볼 수 있다.

페르소나 분류를 위한 기준(행위 변수)은 동기, 행동, 태도에서 선정한다. 고충이나 니즈는 경험의 결과이며, 중복될 가능성이 있으므로 분류 기준으로 적합하지 않다.

- 태도: 적극적/부정적, 수용적/배타적, 흥미/무관심, 믿음/불안, 편안/부담
- 동기: 거래 · 이체, 상품 가입, 단순 조회, 현황 파악 등
- 행동: 검색 · 메뉴 · 홈 화면 위주, 여러 화면 이동, 단순 이용, 복잡한 탐색

페르소나 작업 순서를 정리하면 다음과 같다.

1. 후보가 될 만한 행위 변수들을 생각해본다.
2. 5~10가지로 행위 변수를 압축한다. 사용자 분류에 도움이 되지 않는 변수는 제거하고, 대표성을 가진 변수만 남긴다. 이 과정은 주성분 분석(Principal Component Analysis, PCA)과 유사하다.
3. 각 행위 변수를 구간 데이터(Interval Data) 형태로 나타낸다. 예를 들어 '아주 약함–약함–보통–강함–아주 강함' 또는 '완전 검색만 씀–검색 많이 씀–검색/메뉴 둘 다 씀–메뉴 많이 씀–완전 메뉴만 씀' 등으로 표현할 수 있다.
4. 필드 리서치에서 만난 각 사용자를 구간 데이터에 대입한다. 예를 들어 방문 목적, 탐색 방법, 충성도 등을 구간별로 표시한다. 이 작업은 실제 사용자와 직접 만나 리서치를 진행한 사람이 하는 것이 바람직하다.
5. 사용자별로 구간 데이터 값을 연결해 선으로 시각화한다. 사용자 A, 사용자 B 등의 선을 구분하기 위해 색깔을 다르게 하면 좋다.
6. 시각화된 선 패턴 중 유사한 패턴을 찾아낸다. 완전히 동일하지 않아도 전체적인 흐름과 경향이 유사하면 된다.
7. 유사한 패턴을 가진 사용자 그룹의 특징을 파악하고 별명을 붙여 페르소나로 완성한다. 예를 들어, 혜택에 민감하고 가격 비교에 회의적인 사용자를 '깐깐한 스마트 쇼퍼'라고 부르는 식이다.

이 과정을 통해 실제 경험과 행위 중심으로 사용자 유형을 도출할 수 있다.

다음은 네이버쇼핑 서비스를 대상으로 한 페르소나 도출의 좋은 예시다. 행위 변수를 7가지(충성도, 방문 목적, 탐색 방법, 정보 추구 특성, 혜택에 대한 태도, 가격 비교에 대한 태도)로 설정하고, 필드 리서치에서 실제 만난 사용자 데이터를 바탕으로 3개의 대표적인 페르소나를 도출했다.

도출된 페르소나는 다음과 같다.

- 검색을 자주하는 가성비 쇼퍼
- 나만의 노하우가 있는 쇼핑 전문가
- 필요한 것만 빠르게 – Cool한 쇼퍼

이 중에서 서비스의 목적과 가장 잘 부합하는 '검색을 자주하는 가성비 쇼퍼'를 타깃으로 지정했다. 이 사례는 행위 변수를 구체적으로 설정하고, 실제 사용자 경험에 기반해 유형을 추출하며, 서비스 목표에 맞는 페르소나를 선정하는 전형적인 작업 순서를 잘 반영한다. 이를 통해 명확한 타깃을 설정하고 그에 맞는 맞춤형 서비스 기획을 할 수 있다.

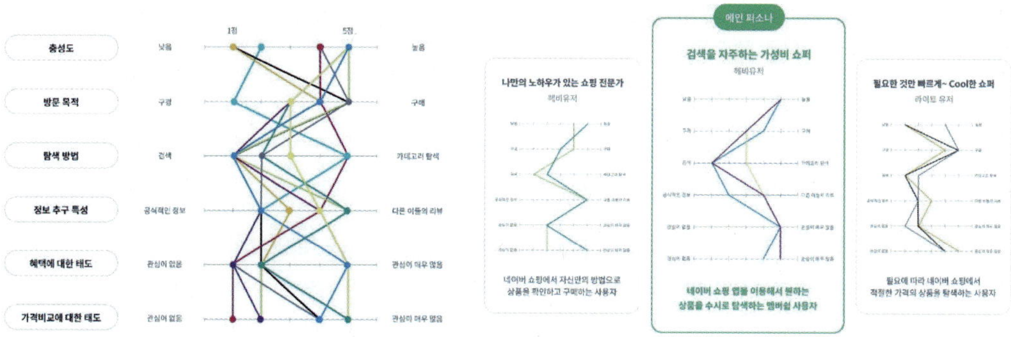

그림 289. 페르소나 도출 예시 (출처: 라이트브레인 UX 아카데미 18기 네이버쇼핑조)

행위 변수에서 동일한 패턴을 보이는 사용자들을 '사용자 A, D, F'와 같이 부르지 않고 별명(페르소나)으로 부르는 이유는 그들이 나이 · 성별 · 직업과 관계없이 서비스 내에서 거의 동일한 경험을 보이기 때문이다. 페르소나를 분류한 다음에는 각 페르소나를 서술하고, 어떤 페르소나를 타깃으로 할지 정한다.

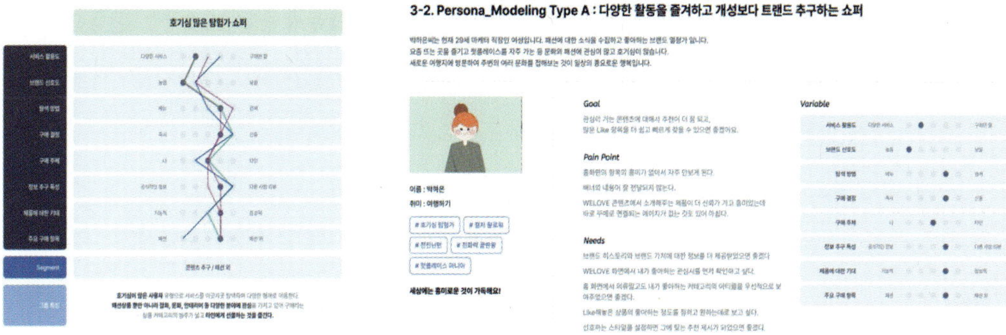

그림 290. 페르소나 서술 예시 (출처: 라이트브레인 UX 아카데미 23기 29초조)

여정 지도(Journey Map)

여정 지도는 리서치 결과를 토대로 사용자가 제품이나 서비스를 이용하는 흐름을 전체적으로 바라보고, 그 과정에서 발생하는 문제점을 발견하는 기법이다. UX에서 가장 중요한 지표는 '만족도'이며, 이는 서비스 전반을 포괄할 수도 있지만, 문제를 정확히 진단하려면 '어떤 여정의 어떤 행동 시점에서 만족도가 얼마인지' 구체적으로 표현하는 것이 디자인에 더 효과적이다.

여정 지도는 특정 사용자가 각 여정 단계나 행동 시점에서 느끼는 만족도를 수치나 그래프로 표시하고, 그 만족도의 원인이나 이유까지 함께 나타내어 분석하는 도구이다. 이를 통해 사용자 경험 중 어느 부분에서 긍정적이거나 부정적인 반응이 있는지 명확히 파악할 수 있어, 개선점 도출과 서비스 최적화에 큰 도움을 준다.

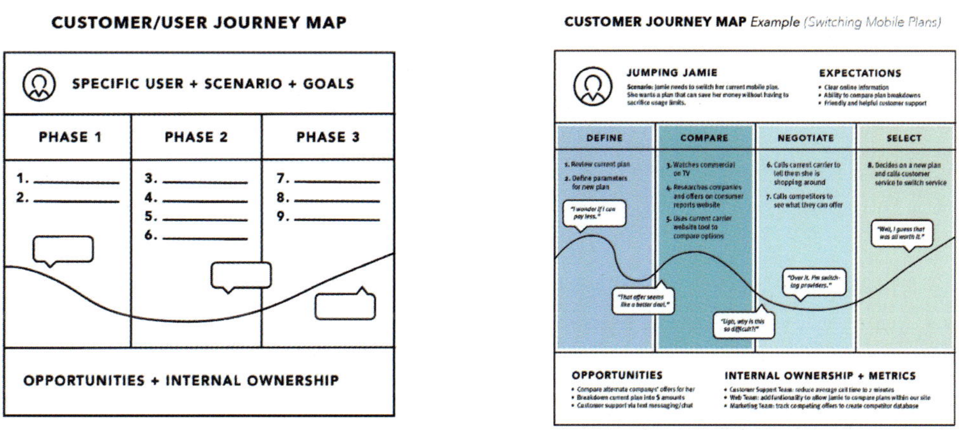

그림 291. 여정 지도의 모델링 양식 (출처: 닐슨노먼그룹)

여정 지도의 장점과 단점, 작업 순서, 그리고 사례에 대해 정리하면 다음과 같다.

장점

- 매우 간단하면서도 구체적으로 특정 사용자의 경험을 표현할 수 있다.
- UX에서 가장 중요한 지표인 만족도를 기반으로 하기 때문에 중요도가 높다.
- 만족도뿐만 아니라 그 시점에서 왜 만족하거나 불만족하는지 이유도 함께 확인할 수 있어 문제 진단에 유용하다.

단점

- 만족도 지표가 지나치게 단순하게 표현될 수밖에 없어, 사용자 경험의 복잡하고 다양한 양상을 모두 담기 어렵다.
- 시간의 흐름에 따라 표현되다 보니, 경험에 영향을 미치는 여러 요소 간 상호 관계를 나타내는 데 한계가 있다.

작업 순서

1. 서비스 여정을 구분하고, 각 여정 내에서 발생하는 사용자 행동을 세분화한다. (x축)
2. 만족도를 y축에 표시한다. 보통 5점 또는 7점 척도를 사용한다.
3. 만족도가 아닌 다른 지표를 사용할 경우에도 동일하게 표시한다.
4. 특정 사용자 그룹이나 페르소나별로 여정이나 행동 시점에 따른 만족도(또는 선정한 지표) 변화를 표시한다.
5. 만족도 옆에 그 수치를 나타낸 이유를 설명한다.
6. 필요하면 각 여정이나 행동이 이루어지는 접점(Touch Point)을 별도 표기한다.
7. 완성된 여정 지도가 해당 사용자의 경험을 정확히 표현하고 있는지 점검한다.

사례(인터파크 티켓 예약 서비스)

- 접근 단계에서 사용자는 무분별한 알림과 팝업에 불만을 표시한다.
- 탐색 단계에서는 예약 오픈일자 알림 기능이 없고, 티켓 캐스트 설정도 큰 도움이 되지 않아 불만으로 작용한다.

이와 같이 여정 지도는 개별 사용자 혹은 페르소나별로 시간의 흐름 속 경험 만족도를 시각적으로 분석하고 문제점을 파악하는 데 효과적이다. 다만 복잡한 경험 관계를 다층적으로 분석하는 데는 한계가 있으므로 보완적인 기법과 함께 사용하는 것이 좋다.

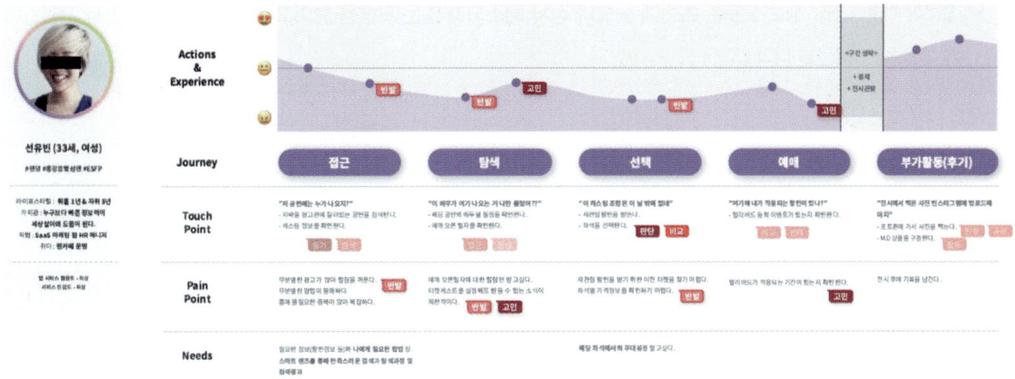

그림 292. 여정 지도 예시 (출처: 라이트브레인 UX 아카데미 18기 인터파크 티켓조)

여정 지도의 지표는 대부분 만족도를 사용하지만, 간혹 서비스 특성상 다른 지표를 사용하는 경우도 있다. 아래는 '필드 리서치〉 관찰조사'에서 살펴봤던 미국 UPMC 병원을 대상으로 한 여정 지도이다. 이 여정 지도는 4가지 지표를 활용하고 있다.

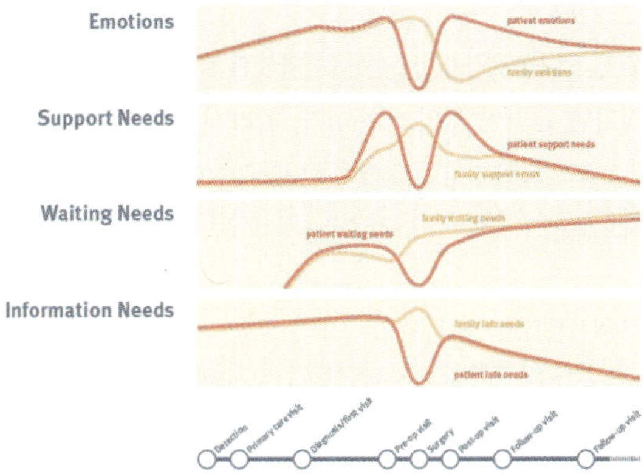

그림 293. 미국 UPMC 병원을 대상으로 한 여정 지도 예시 (출처: 카네기멜론 대학)

위 여정 지도의 주어진 4가지 지표는 병원 방문에서 수술 후 퇴원까지 환자와 가족의 경험 변화를 잘 설명하고 있다.

- 감정: 환자는 병원 방문 초기부터 수술 전까지 조금씩 긍정적으로 변화하다가, 수술 시점에서 긍정적인 감정이 크게 하락한다. 이후 회복 단계에서 급격히 좋아지지만, 퇴원에 가까워질수록 다시 점차 하락하는 모습을 보였다. 반면 환자 가족은 수술 후 회복 시점에서 감정이 급격히 악화되었다가 점차 회복되어 퇴원 시점에는 상승하는 감정 흐름을 보인다.
- 도움에 대한 니즈: 환자는 수술 전과 수술 직후에 가장 큰 도움의 필요를 느꼈고, 환자 가족은 수술 시점에 도움에 대한 니즈가 가장 크게 나타났다.
- 기다림에 대한 니즈: 환자는 수술 시점이 다가올수록 기다림에 대한 요구가 증가하다가 수술 시점에 감소하며, 퇴원할 때까지 다시 점차 늘어나는 경향이 있다.

- 정보에 대한 니즈: 정보 요구는 초반에 높으나 점차 해소되지 않는 모습을 보이고, 퇴원이 가까워지면서 자연스럽게 감소하는 패턴을 나타냈다.

이 지표들은 환자와 가족의 병원 경험 전반에서 감정과 니즈가 어떻게 변화하는지를 구체적으로 나타내어 의료 서비스 디자인 개선과 환자 지원 전략 수립에 유용하게 활용할 수 있다.

어피니티 다이어그램(Affinity Diagram)

어피니티 다이어그램은 흩어져 있는 리서치 결과를 바탕으로 유사한 점을 묶거나 자료 속에 숨겨진 의미를 발견하는 기법이다. 설명으로만 들으면 간단해 보이지만, 실제로 수행해 보면 상당히 어려운 모델링 방식이다.

이 기법이 어려운 이유는 '유사한 내용을 묶는다'는 지침만 있을 뿐, 무엇을 기준으로 묶어야 하는지에 대한 명확한 규칙이 없기 때문이다. 따라서 단순히 직관에만 의존하면 결과가 주관적으로 흐르기 쉽다. 그나마 묶는 과정에서 키파인딩 단계에서 언급했던 다음과 같은 관점을 참조하면 보다 일관성 있는 분류가 가능하다.

- 공감(사용자들이 공통적으로 느끼는 점)
- 인과관계(어떤 요인이 어떤 결과를 불러왔는지)
- 변수(행동, 태도, 동기 등 구분 요소)
- 유형화(특징이 비슷한 사례끼리 그룹화)

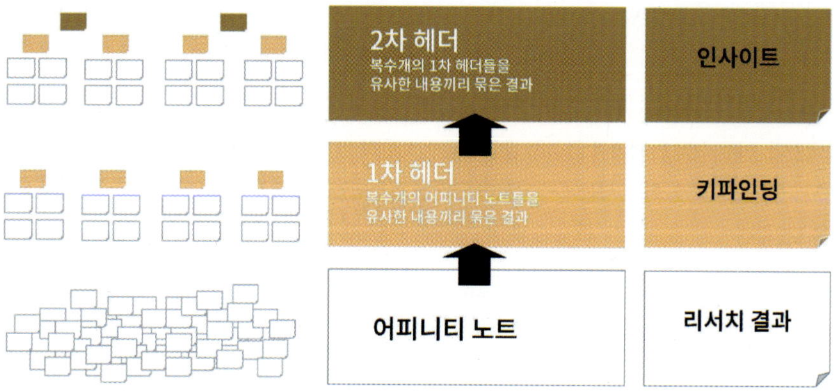

그림 294. 어피니티 다이어그램의 작업 순서

어피니티 다이어그램 작업 순서는 다음과 같다.

1. 리서치 결과를 하나씩 카드에 문장으로 적는다(어피니티 노트).
2. 전체 어피니티 노트를 바라보며 유사한 내용을 찾아 2~5개 정도씩 묶는다. 너무 많이 묶으면 내용이 추상적으로 변질될 수 있으므로 적절한 묶음 크기를 유지한다.
3. 묶은 이유를 각 그룹에 대해 반드시 적는다(1차 헤더).
4. 다른 사람이 이미 묶은 1차 헤더와 그 하위 노트에 대해 이의를 제기해도 괜찮다. 합당한 이유가 있다면 해체 후 다시 묶을 수 있다.
5. 1차 헤더가 완성되면 작업자들이 모여 전체 결과를 검토하며 과도한 묶음이나 개연성 떨어지는 부분이 없는지 점검한다.
6. 1차 헤더들과 그 하위 노트들을 다시 유사한 내용끼리 묶어 2차 헤더를 만든다.
7. 2차 헤더를 묶는 과정도 1차 헤더 때와 같은 원칙을 적용한다.
8. 이 과정을 거쳐 1차 헤더는 키파인딩(연구에서 중요 포인트 추출), 2차 헤더는 인사이트(깊이 있는 이해 또는 해결 아이디어)를 나타내는 결과물이 된다.
9. 묶는 도중 아이디어가 떠오르거나 추가 조사 필요성이 나타나면 새 노트에 적어 발상지에 표시하며 붙여둔다.

어피니티 다이어그램은 시각적 도구가 아니며, 모든 과정은 문장 단위로 이루어진다. 문장 구성은 같아 보이지만, 포함된 내용이 구체적 또는 추상적, 사실 서술, 증명, 해결책 등 다양하다. 이 때문에 작업 과정도 어렵고, 처음 보는 사람은 결과물을 파악하기 어려울 수 있다.

예를 들어 스타벅스 관련 어피니티 다이어그램에서는 2차 헤더(인사이트)에서 스타벅스 홈 화면에 필요한 구성요소(반가운 인사, 자주 쓰는 기능 접근성, 오프라인 이용 시 개인화/추천 등)를 제시하고 있으며, 1차 헤더(키파인딩)와 어피니티 노트(리서치 결과)들이 이를 근거로 뒷받침하고 있다. 이런 체계적 묶음이 인사이트 도출의 근간이 된다.

스타벅스의 홈 화면은 사용자를 반갑게 그리팅하면서도 자주 사용하는 기능들에 접근이 쉬워야 하고, 오프라인 이용에 대한 개인화/추천이 이뤄져야 함

홈 상단에 제공되는 멘트가 자신을 반겨주며, 더 개인화 되기를 원함

홈화면 상단의 멘트가 바뀌는 것을 트렌디하고 센스있다고 여김
홈화면에 대한 관여도가 높지 않은 사용자도 상단의 웰컴 메시지가 주는 따뜻한 말 한마디에는 관심을 가짐
스타벅스 매장에 입장할 때, 직원들이 건네는 인사를 앱에 접근했을 때마다 느끼고 싶다는 설문조사 결과 (65%)

홈에서 페이(충전, 잔액), 쿠폰, 리워드, 알림, 오더, 신메뉴 추천기능을 사용하길 원함

사용자들은 홈화면에서 주로 페이(충전, 잔액), 쿠폰, 알림을 보고싶어 하며 바로 오더를 하고 싶어함
스타벅스 카드 잔액 충전 시점은 주문 전/후로 다양하며 각 시점에 대한 태도도 다양함
별을 쌓기 위해서 스타벅스를 찾는 건 아니지만 리워드 상태를 확인하는 것에 긍정적임
주문 의도가 없을 때는 스타벅스 카드 잔액에 관심이 없음

가장 가까운 매장이 혼잡할 경우 근처의 다른 매장 방문을 제안해야 함

일정 시간 이상의 대기가 예상되면 근처의 다른 매장을 추천해주기를 기대함
매장 이용 예정일 경우 매장 혼잡도를 알면 주변에 다른 매장을 미리 선택할 것임

홈에서 가장 가까운 매장과 대기 정보를 보여주고 오더로 진입할 수 있어야 함

홈 화면에서 매장정보를 확인하고 싶은 사용자들이 있음
매장정보와 관련된 개인화에 대한 기대가 있음

그림 295. 스타벅스 앱에 대한 어피니티 다이어그램 예시 (출처: 라이트브레인)

이전에는 어피니티 다이어그램을 위해 회의실의 넓은 벽을 사용했지만, 최근에는 미로(Miro)나 피그마(Figma Canvas)와 같은 도구를 이용하여 작업하는 경우가 늘고 있다.

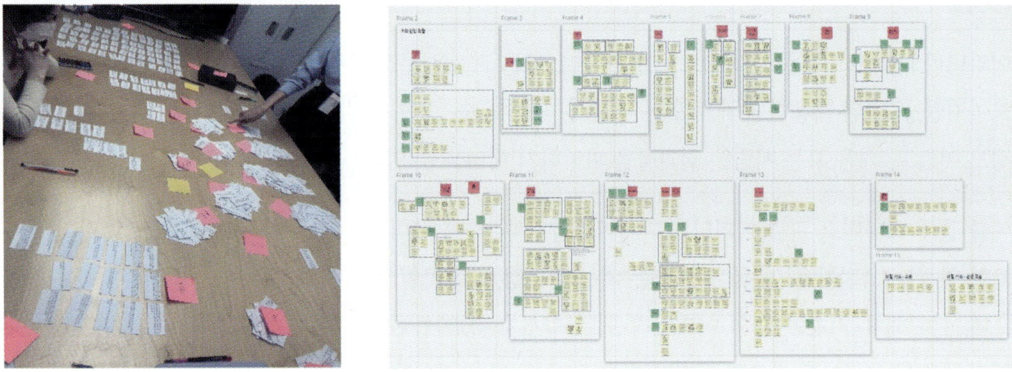

그림 296. 어피니티 다이어그램 작업 모습. 회의실(좌측), 미로(우측)

인사이트

인사이트란 앞으로 서비스가 취해야 할 변화를 자각하는 것을 말한다. 키파인딩이 현재의 문제를 자각하는 것이었다면 인사이트는 앞으로 취해야 할 변화를 자각하는 것이다. 그래서 인사이트에는 'So

What?'이라는 말이 자주 쓰인다. 인사이트는 모델링 과정에서 자연스럽게 도출되는 경우도 많지만, 모델링 이후 또는 모델링과 관계없이 키파인딩으로부터 바로 도출되는 경우도 많다.

키파인딩은 현재의 문제 vs 인사이트는 앞으로 취해야 할 변화

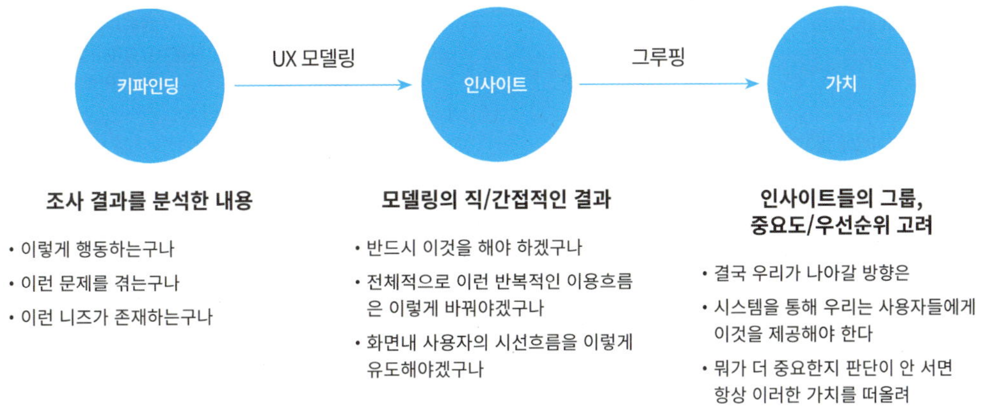

그림 297. 키파인딩, 인사이트, 가치 간의 관계

인사이트부터 본격적으로 서비스에 대한 UX/UI 디자인 고민이 시작된다. 따라서 각 디자인 영역은 물론 UX 여정, UX 피라미드를 계속 염두에 두면서 작업을 진행해야 한다. 인사이트는 아이디어와 달라서 세부적인 구현 방법을 상세하게 검토할 필요는 없으나, 무엇을 어떤 식으로 해야 하는지에 대한 방향은 명확하게 드러나야 한다.

- 수단: 문제 해결을 위해 어떤 수단을 사용할 것인지가 드러나야 한다. UX/UI에서 수단은 서비스를 의미하며, '~을 가지고 해결하겠다'에서 목적어에 해당한다. 콘텐츠, 기능, 개인화, 맞춤화, 추천, 정보 간 연결 등이 여기에 포함된다.
- 방법: 문제 해결 수단을 어떤 방식으로 사용할 것인지가 드러나야 한다. '~을 가지고 ~하게 해결하겠다'에서 '~하게'에 해당한다. 예를 들어 새로운 메뉴를 추가하는 것은 콘텐츠가 추가되는 것이므로 수단에 해당하지만, 메뉴 순서를 변경하거나 메뉴명을 수정하는 것은 방법에 해당한다.
- 조건: 문제 해결이 가능한 조건이나 유효한 상황을 설정한다. 특정 사용자 유형에만 해당하거나, 특정 여정에 한정되거나, 특정 맥락에서만 작동되는 등 조건을 붙여 인사이트가 충분히 고려되었고 현실성이 있음을 보여야 한다.

그림 298. 인사이트에 들어가야 하는 내용

표 19. 인사이트 도출 예시

문제	해결 (인사이트)			
키파인딩	수단	과정	조건	인사이트
주기적으로 서비스를 사용하는 사용자들은 매번 시간 설정을 조정해야 하는 것에 번거로움을 느낀다	최근 또는 자주 사용하는 설정을 자동으로 기억	매번 별도 조작 X	이전에 서비스를 사용한 경우, 서비스를 쓰면 쓸수록	서비스를 자주 사용할수록 최근 또는 자주 사용하는 설정을 자동으로 기억해서 매번 똑같은 작업을 하지 않도록 해야 한다
목록 화면에서 특정 아이템 선택 시, 상품 상세 화면을 갔다가 돌아오는 과정이 반복될 수밖에 없어 혼란스럽다	현재 화면 이탈 최소화	메인 Task와 서브 Task 간 맥락 유지	메인 Task 화면을 중심으로 정보를 탐색하는 경우	목록 중심으로 탐색과 조회를 번갈아 하는 화면들은 화면전환이 아닌, 오버레이 형태로 UI를 제공해야 한다

인사이트는 키파인딩의 대척점에 있다. UX 디자인이 '문제 해결의 방법론'이라고 수차례 말했는데, 문제는 키파인딩으로 결론 나고, 해결은 인사이트로부터 시작한다.

Analysis	TO-BE Direction
01	**축소**
• 한 화면, 다양한 기능 혼재로 불필요한 정보 노출	• 상세, 입력/수정, 삭제 등 기능별 화면 분리
• 기능에 따라 화면 분리 및 취한 필요	• 코드 등록, 의뢰 등록 등 유사 기능 통합
• 업무 Flow에 따른 메뉴 통합	• 다중 입력, 다중 선택 등 일괄처리 기능
• 간단한 작업을 여러 절차를 거쳐 수행	• Pre-View 기능으로 Flow 축소
02	**재배치**
• Flow와 일치하지 않는 화면 구성	• Task 순서에 따라 조회→목록→상세 순으로 Layout 재배치
• 업무 Flow에 맞는 Layout/사용 Pattern 반영	
• 우선순위가 없는 정보	• Hierarchy에 따른 정보 및 기능의 재구성
• 빠른 판단을 위한 기능	• 업무별 가장 중요한 정보는 Floating UI를 적용하여 항상 확인 가능하도록 함
03	**가변**
• 업무에 따른 주요 기능의 차별화	• 업무에 가장 중요한 기능의 취사선택(통계: 엑셀 다운로드, 전송: 메일 기능 등)
• 많은 정보, 고정된 좁은 영역으로 확인 불편	• Folding UI를 통한 가변적 Layout
• 영역, 미활용, 정보 인지 불가 영역 발생	• 모니터를 100% 활용할 수 있는 Layout
• 실수를 막는 Validation Check	• 권한별 사용 가능/불가능 항목 구분 노출

그림 299. 키파인딩 및 인사이트 예시

위 그림은 어느 사내 인트라넷 서비스의 예시다. 왼쪽은 키파인딩, 오른쪽은 인사이트를 각각 나타낸다.

'한 화면, 다양한 기능 혼재로 불필요한 정보 노출'이라는 키파인딩에 대해 '상세, 입력/수정, 삭제 등 기능별 화면 분리'라는 인사이트를 도출했다. 이런 식으로 키파인딩은 현재의 문제를, 인사이트는 그 문제에 대한 해결책(변화)을 명확하게 나타내야 한다.

위 예시의 문제와 해결 사이에는 '어떻게 그것을 해결할 수 있을까?(How might we solve this problem?)'라는 과정이 중간에 포함된다. 더 정확히는 '어떻게 그것을 해결하여 사용자에게 문제 해결의 가치를 제공할 수 있을까?'를 고민하고, 그 결과로 인사이트를 도출하는 것이다.

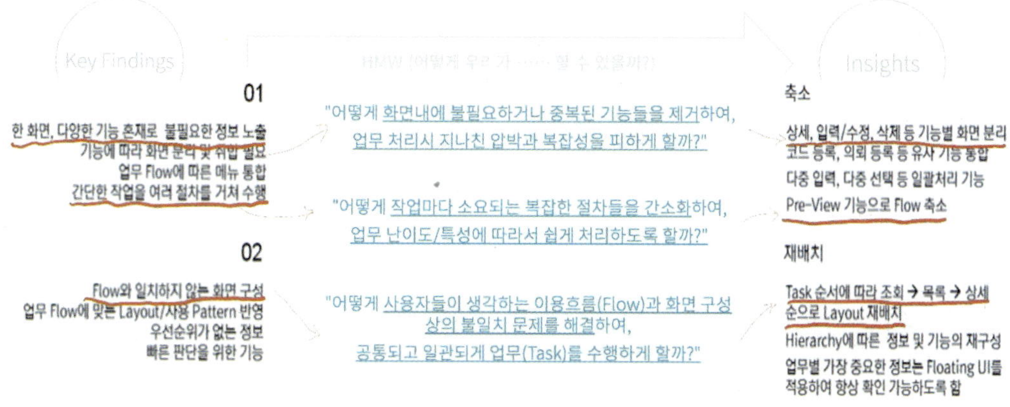

그림 300. 문제를 더 구체적으로 기술하고 파고들수록 HMW 기법은 좋은 해결책을 산출한다.

쿠팡 홈화면

키파인딩	HMW	인사이트
▪ 타 서비스 대비 메뉴선택에 대한 뎁스가 적어서 접근성과 조작적이 더 좋음 ▪ 추천 상품이 중복적임. 한번 상품을 보고 홈화면에 오면 도배되어 있음 ▪ 본인 의도보다는 광고성 추천이 많음 ▪ 자주 구매하는 카테고리가 몇년째 그대로인데도 반영되지 않고 있음	어떻게 홈화면 추천 상품이 중복적이고 의도를 파악하지 못하고 있다는 불만을 잠재워서, 좀 더 많은 반응을 하도록 만들 수 있을까?	**현재 경험(조회, 구매) 외에 이전 구매 이력, 장바구니, 유사한 다른 사용자 추천, 선호 카테고리 등을 랜덤하게 제공하다가, 사용자가 가장 많이 반응하는 추천방식으로 제한해 나간다**

그림 301. 쿠팡 홈 화면에 대한 인사이트 예시

아래는 네이버 지도 대중교통 경로 검색에 대한 인사이트 예시이다. 반복적인 일상 속에서 동일한 대중교통을 이용하는 사용자에게 매번 똑 같은 검색 작업을 하지 않도록 자동으로 그 시간대에 맞는 교통수단 및 이동시간을 화면 하단에 추천하자는 인사이트이다.

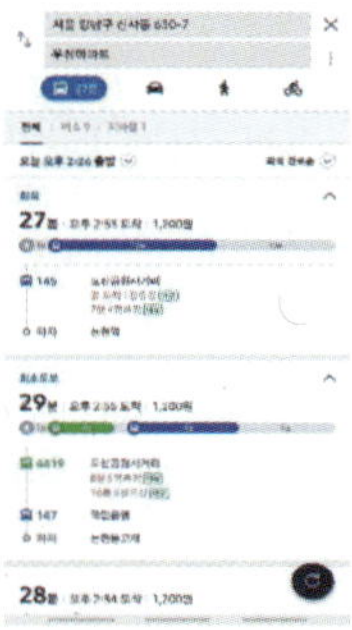

네이버 지도 대중교통 경로 검색

키파인딩	HMW	인사이트
▪ 퇴근시간이 되서 집에 가려고 네이버 지도 앱을 실행. 매번 타는 버스가 정해져 있고 빨리 오는 버스를 그냥 타게 됨 ▪ 매 시간마다 같은 출발/도착 장소를 설정하는 게 번거로운 일임 ▪ 매번 똑같은 경로를 이용한다면 그 시간에 맞춰 자동 제공이 좋지 않을까?	어떻게 사용자가 일상에서 루틴하게 이용하는 교통수단을 추천해서, 똑같은 작업을 매번 반복하지 않게 할 수 있을까?	**시간대별 루틴에 따른 교통수단과 이동시간을 홈 화면 하단에 바텀시트로 추천하여 그것을 바로 선택하거나 아니면 무시하고, 새로운 경로를 검색할 수 있게 한다**

그림 302. 네이버 지도 대중교통 경로 검색에 대한 인사이트 예시

UX 여정을 조망하면서 인사이트를 도출해야 할 때도 있다. 연속된 맥락 속에서 키파인딩을 보는 게 인사이트를 도출하는 데 유리하기 때문이다.

	접근	탐색	조회	구
키파인딩	• 주로 식품을 구매하기 위해 방문함 • 필요로 하는 상품, 자주 구매하는 상품의 특가 행사 소식을 기대함 • 포인트, 마일리지 등의 회원혜택이 쇼핑몰 초기 접근 시 가장 큰 관심사임	• 자주 구매 상품을 탐색하는 경우가 잦음 • 행사 상품, 추가 증정 상품에 대한 탐색 니즈가 큼 • 리스트에서 상품명, 가격 등 간단한 정보만으로 상품 파악이 가능함 • 계획한 물품을 장바구니에 담은 후 추가로 구매할 상품을 브라우징함 • 상품 품절 시 대체 상품을 구매하거나 구매를 다음으로 미룸	• 유통기한, 원산지, 성분, 이미지 등 상품의 품질 정보 외에는 콘텐츠에 대한 기대가 적음 • 단위별 가격 표시를 통해 상품을 비교 • 재탐색을 위해 자주 구매하는 상품을 보관함 • 한 번에 여러 상품을 보관하고 구매함 • 품질 정보와 함께 상품의 효용과 내력 등의 부가적인 콘텐츠를 통해 구매를 결정함	
인사이트	할인보다는 자주구매 상품 추천 접근시 회원별 혜택 바로 제시	추천을 통한 손쉬운 상품 접근 리스트에서 기본적인 상품 이해 도움	식품 품질에 대한 상세한 정보 제공 메타포를 통한 손쉬운 상품 정보 접근 문의, 요청에 대한 피드백	적절한 손쉬운

그림 303. UX 여정별 인사이트 예시

인사이트와 아이디어의 차이

인사이트 = 서비스가 나아가야 할 대략적인 방향. 구체적인 디자인 방법을 고민하지는 않는다.

아이디어 = 인사이트가 UX 전략을 거치면 옥석이 가려지는데, 그 과정 후에 구체적인 기능이나 디자인 방법(How-To)을 고민하는 것이 아이디어다.

위 예시는 UX 여정별로 키파인딩을 살펴보고 인사이트를 도출한 것이다. 각 키파인딩을 별개로 보기보다는 각 단계의 특징과 전후 과정을 같이 살펴봄으로써 더 효과적으로 인사이트를 도출할 수 있다.

앞서 UX 모델링을 진행했다면 인사이트 도출은 그 결과와 긴밀하게 맞물린다.

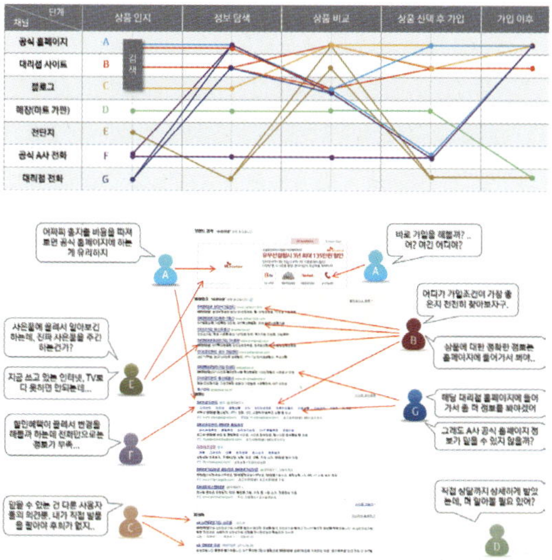

- B나 G, F와 같은 페르소나들에게는 상품을 좀 더 쉽게 찾아볼 수 있는 접근성을, A, E와 같은 페르소나들에게는 가입한 상품과 요금조회의 편의성을 제공해야 한다.
- 서비스 외부에서 정보를 찾는 B, G, F들을 위해서 고객 커뮤니케이션은 외부의 블로그, SNS, 유튜브 등을 활용해서 지금보다 활성화할 필요가 있다.
- 외부 채널을 거쳐서 서비스로 진입하는 사용자들을 위해서 이용 목적에 맞게 메뉴를 구성하고, 최종 화면(Destination Page)까지의 이동 단계를 최소화시킨다.
- 기존에 오프라인 채널 의존도가 높은 E, F, G들을 위해서 간단 명료한 배너광고로 주목성을 강화하고, 디지털 채널에서만 가능한 서비스 연계성을 홍보한다.
- 외부 SNS 채널과의 연계를 강화하여 SNS에 올라오는 이벤트나 고객과의 커뮤니케이션 내역들이 홈페이지에 활력을 불어넣고 사용자들에게 추가적인 정보를 제공하도록 한다.
- 상품 간 비교가 쉽고 이용 흐름을 끊김없이 이어주거나 현재의 경험을 보완할 수 있는 서비스를 제시하는 IA 방식이 필요하다.
- 이해하기 어려운 고유명사 위주의 메뉴 레이블들을 쉽게 연상이 가능한 일반명사 위주로 변경.

그림 304. UX 모델링 결과에 기반한 인사이트 예시

위 예시는 각 페르소나의 경험 특성에 따라 서비스가 어떻게 대응해야 하는지를 인사이트로 얘기하고 있다. 여정지도나 친화도법의 결과를 가지고 했다면 아마 다른 방식으로 인사이트가 도출됐을 것이다.

> 인사이트는 IA, 이용흐름, 인터랙션, UI, GUI와 같은 기본적인 UX/UI 디자인 영역 이외에도 서비스, 콘텐츠, 기능, 데이터, 채널 및 디바이스 연계방안까지 나오기도 한다.
>
> 인사이트 단계에서 구체적인 아이디어가 나오는 경우도 흔하지만, 가급적 UX 전략을 먼저 거치고 난 다음에 아이디어로 넘어가는 게 좋다. UX/UI에 대한 기준이나 사용자에게 제공할 핵심가치, 시장 대응 방안 등을 세우고 아이디어를 도출하는 게 더 효과적이기 때문이다.

04

구체화(Develop) 단계

구체화(Develop) 단계부터는 본격적인 UX/UI 디자인이 시작된다. 서비스의 UX 전략에서 콘셉트와 서비스 모델을 정의하는 것에서 출발하여 아이디어 도출(Ideation) 및 평가, 시나리오 설계가 진행된다. 서비스의 전체적인 윤곽이 드러나며 이후 이어질 상세설계(Deliver) 단계에서의 IA 설계, 이용흐름 설계, 인터랙션 설계, UI/GUI 프로토타이핑에 대한 필요조건을 갖추게 된다.

UX 전략

두 개의 인사이트가 서로 다른 방향을 제시한다면 어떤 것을 선택해야 할까? 인사이트가 너무 많다면 뭘 먼저 해야 할까? 시장에서 우리 서비스는 어떻게 차별화돼야 할까? 앞으로 우리 서비스는 사용자들에게 어떻게 인식돼야 할까? 이 질문들에 답을 하기 위해서는 전략이 필요하다.

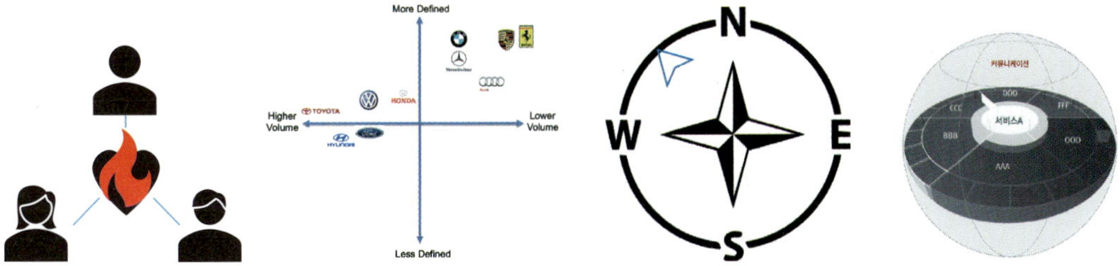

핵심가치 포지셔닝 콘셉트 서비스 모델

그림 305. UX 전략의 4가지 조건

전략은 4가지 조건이 갖춰져야 한다. 첫째, 서비스를 통해서 사용자들에게 어떤 핵심가치를 전달할 것인가? 둘째, 시장 내에서 다른 경쟁자들과는 어떤 차별화된 위치를 차지할 것인가? 셋째, 새로운 서비스 모델은 무엇인가? 마지막으로, 앞으로 서비스가 지향하는 방향은 어디인가?

실제 UX 프로젝트에서는 위와 같이 4가지 조건을 모두 만족하는 전략을 수립하는 경우는 별로 없다. 현재 추진 중인 전략의 연속성 면에서 UX/UI를 개선하는 경우가 많기 때문이기도 하고, 시간에 쫓겨 서비스 모델이나 방향 정도만 겨우 내놓는 경우도 많기 때문이다.

UX 전략의 순서

- 인사이트를 기반으로 가치를 도출한다.
- 현재 서비스와 관련된 비즈니스 목표와 기술적인 타당성을 검토한다.
- 가치들의 우선순위를 정하고, 그중에서 가장 중심이 되는 핵심가치를 선정한다.
- 다른 경쟁사들과의 차별화 방안을 찾고 그에 따른 포지셔닝을 새롭게 정한다.
- 새로운 방향을 따라 콘셉트를 정한다.
- 새로운 서비스 모델을 정의하고 관련된 실행방안(set of activities)을 마련한다.
- 이후 서비스 모델 및 실행방안에 기초해 상세화된 아이디어 단계가 전개된다.

가치 도출

가치란 서비스가 사용자에게 제공할 유무형의 결과다. 사용자는 서비스로부터 가치를 얻기 위해서 돈, 시간, 정보를 투자한다. 결국 사용자에게 가치 있다고 느껴지려면 사용자가 투자한 돈, 시간, 정보보다 서비스가 제공하는 효익이 더 높아야 한다.

가치 = 서비스가 사용자에게 제공하는 결과와 그로부터 사용자가 체감하는 효익(Benefit)

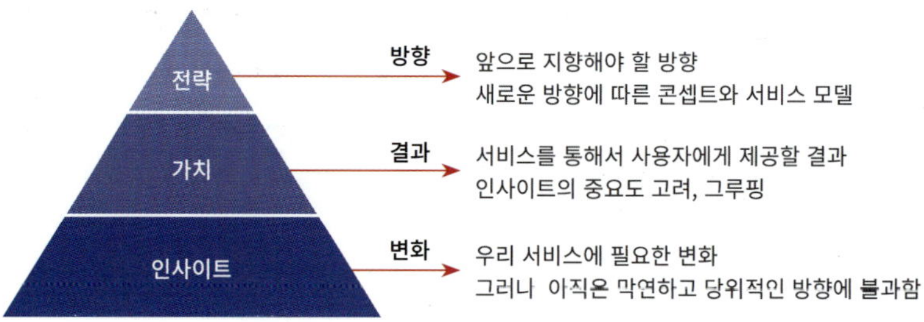

서비스 규모가 작고 이슈가 한정적인 경우에는 인사이트에서 바로 아이디어 도출로 넘어가도 큰 무리는 없다. 큰 이슈가 없는 한 가치나 전략 단계를 생략해도 서비스를 개선하는 데 전혀 어려움이 없기 때문이다. 그러나 이슈가 많고 서비스 규모도 어느 정도 있을 경우에는 인사이트만 가지고 바로 아이디어나 UX/UI 디자인 단계로 넘어가기가 어렵다. 앞장에서 얘기했듯이, 인사이트는 당위성에 의해서만 주장된 가공되지 않은 원석이기 때문이다.

새로운 서비스가 사용자에게 제공할 결과인 가치는 인사이트들을 내용의 유사성이나 내용 밑에 감춰져 있는 패턴에 기반해 묶음으로써 도출하게 된다.

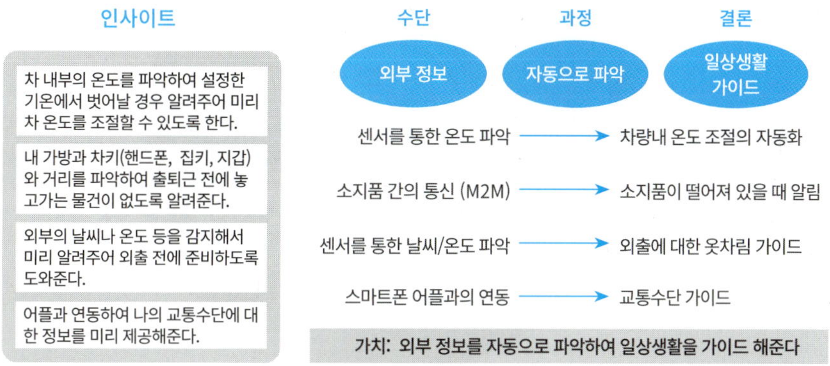

그림 306. 가치 도출 예시

위 예시는 유사한 수단, 방법, 결론을 가진 인사이트를 묶어서 가치를 도출하는 것을 보여준다.

이와 다르게 하나의 인사이트가 하나의 가치로 치환되는 경우도 있다. 이럴 때는 인사이트 내용에 사용자에게 제공할 결과를 포함해 내용을 교정하는 게 필요하다.

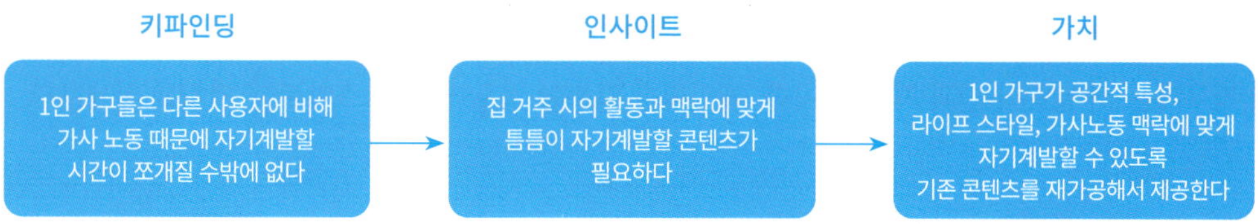

그림 307. 가치 도출 예시 2

핵심가치

가치 가운데서 비즈니스 목표나 기술적인 타당성을 고려했을 때 가장 우선순위가 높은 가치를 핵심가치로 선정한다. 핵심 가치는 최우선으로 달성해야 할 서비스의 중요한 목표이며, UX 전략의 중요한 출발점이 된다.

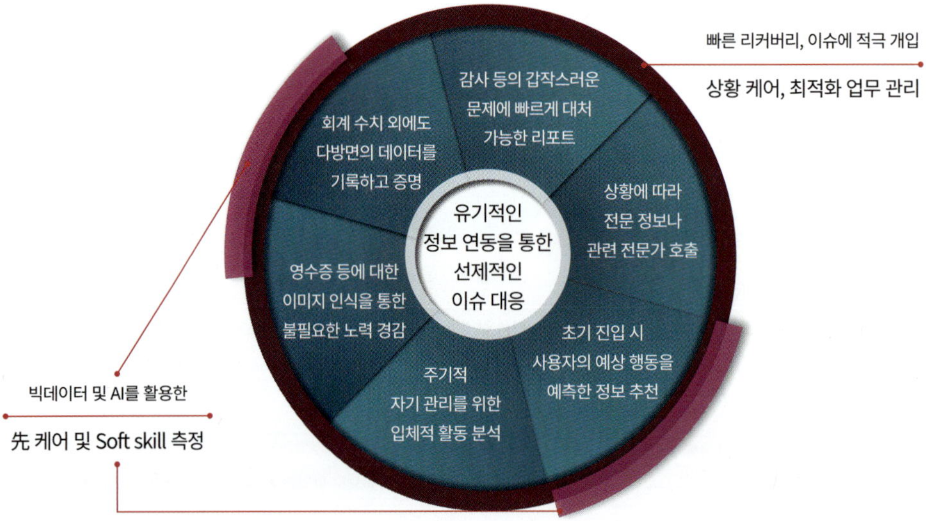

그림 308. 핵심가치 예시

위 사례는 어떤 B2B 솔루션에 대한 가치 도출 사례다. 여러 가지 가치가 있지만, 가운데에 적혀 있는 '유기적인 정보 연동을 통한 선제 이슈 대응'을 핵심가치로 정했다.

이렇게 핵심가치를 정하고 나면 나머지 가치들은 핵심가치에 기반해 재해석되고 우선순위도 조정된다.

일반적으로 서비스 주도권을 강조할 경우에는 '더 세심하게, 잘 고려된' 가치를, 사용자 주도권을 강조할 경우에는 '더 많은 권한과 자유' 가치를, 개인화를 강조할 경우에는 '더 스마트한' 가치를 앞세운다.

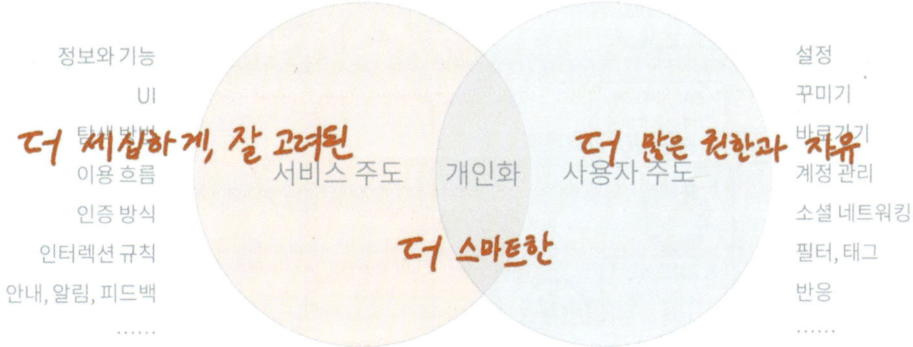

그림 309. 서비스 형태(서비스 주도권, 사용자 주도권, 개인화)에 따른 가치 선택

포지셔닝

모든 서비스는 시장 내에서 경쟁한다. 설령 경쟁이 필요 없는 서비스라도 업종 내 다른 서비스들을 참고하지 않는 경우는 거의 없다. 따라서 '우리 서비스가 현재 시장 내에서 어떤 위치에 있고, 앞으로는 어떤 위치로 나아가야 하는지'를 정의하는 포지셔닝은 시장 경쟁을 고려할 때 꼭 필요한 일이다.

다음 사례는 차량 내 내비게이션 장치가 자동차 브랜드별로 현재 어떻게 포지셔닝 되었는지를 나타내면서 향후 우리 서비스는 '기술적인 진보에 초점을 맞추되 차량별 적용은 다양성을 추구하는 방향'으로 나아가야 한다는 점을 나타내고 있다.

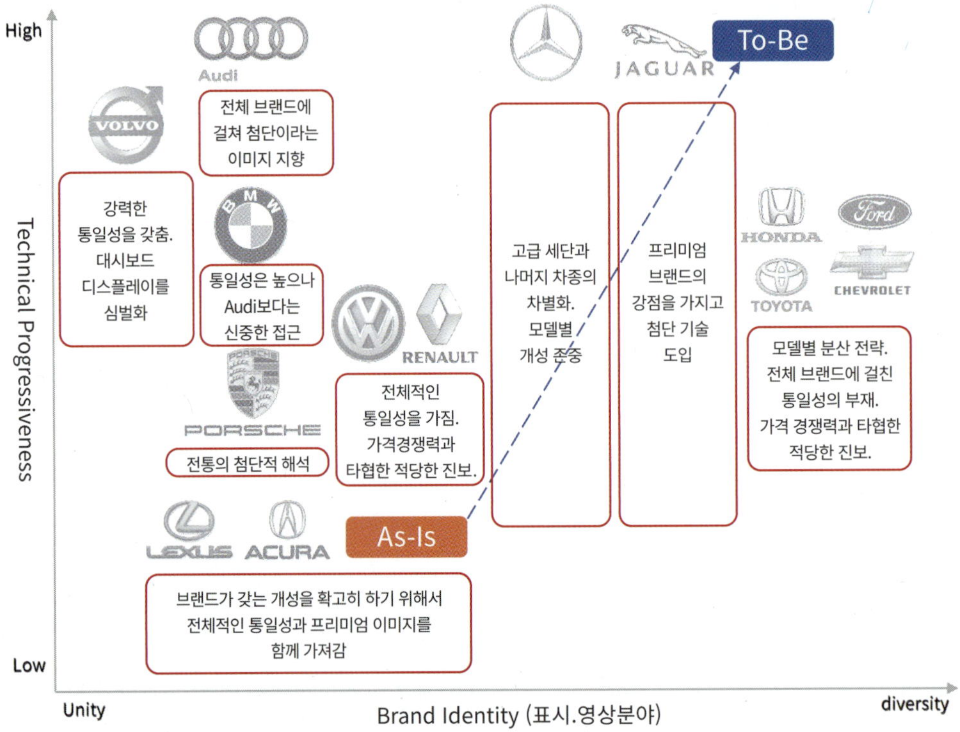

그림 310. 포지셔닝 예시

아래 이미지는 이상적인 포지셔닝의 영역(Positioning Zones)을 보여준다. 우리가 제공하는 서비스 가운데 고객은 원하지만 경쟁사는 하지 못하는 영역이 가장 이상적인 영역(Winning Zone)이다.

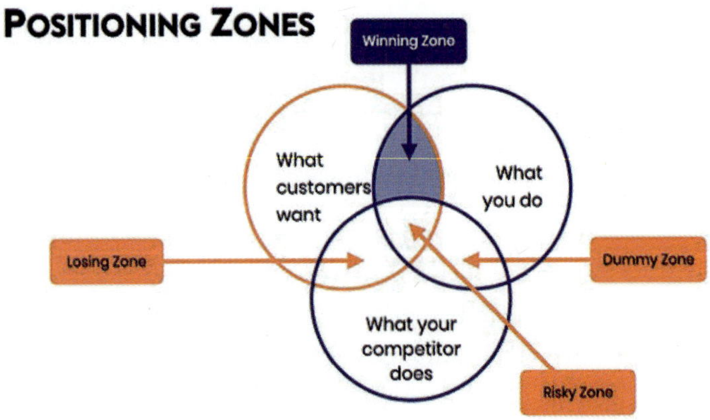

그림 311. 포지셔닝의 가장 이상적인 영역을 나타낸 이미지 (출처: Brain Kraft)

콘셉트

핵심가치와 포지셔닝을 기반으로 서비스의 정체성과 사용자들이 인식하게 될 콘셉트를 정한다.

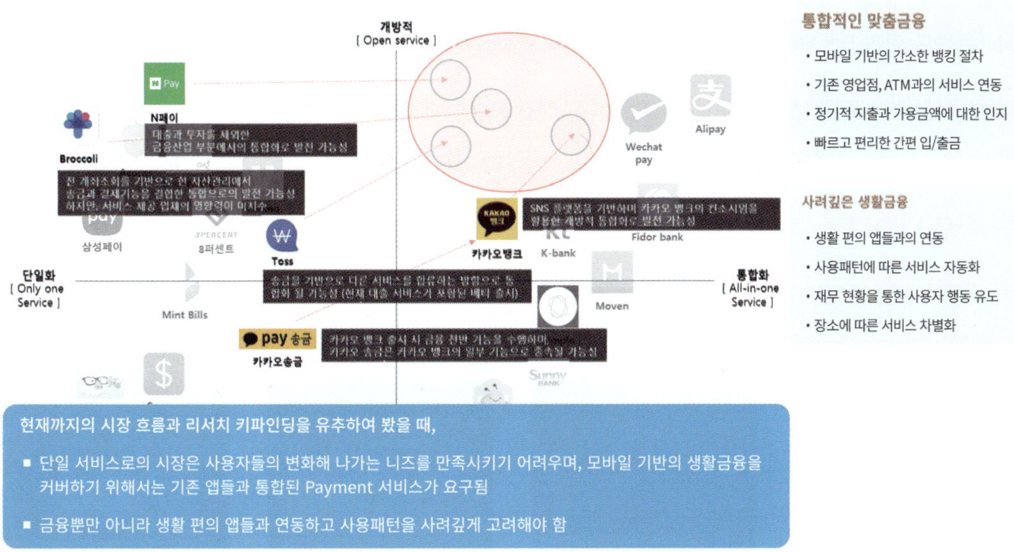

그림 312. 방향 및 콘셉트 예시

콘셉트는 어떻게든 표현이 가능하지만, 보통 휠 형태로 많이 표현한다. 이것을 콘셉트 휠(Concept Wheel)이라고 부르는데, 서비스 내 사용자 경험의 순환이나 전후관계, 위계(내부에서 외부로), 상호 작용 등을 나타낼 수 있다.

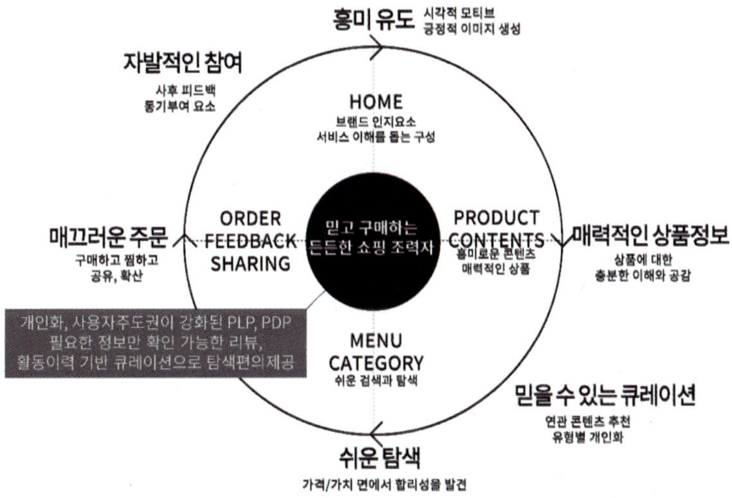

그림 313. 콘셉트 휠 예시

대부분의 콘셉트는 전체 사용자 또는 사용자 다수를 포괄하되, 그중 타깃 사용자를 염두에 두고 세워진다. 사용자 다수를 대상으로 하는 콘셉트에서는 쉽고 편리한 사용성이 늘 강조된다. '쉽지만 평범한 것'과 '조금 어렵지만 흥미로운 것'이 상충관계(Trade-off)에 있을 경우, 다수를 포괄하는 콘셉트는 보통 사용자들의 평균적인 수행 능력보다 다소 낮은 수준에 맞춘다. 다만 무조건 쉽게만 만들 수는 없으므로, 수행 능력이 떨어지는 취약 계층을 위한 별도의 방안을 마련해 둔다(예: 큰 글씨 모드).

반면, 타깃 사용자에 맞춘 콘셉트는 쉽고 편리한 사용성을 배제하지는 않지만, 그보다는 타깃 사용자에 부합하는 특징적인 UX/UI를 지향한다. 예를 들어, '너, 사만다'라는 정신건강 서비스는 무슨 말을 꺼내야 할지조차 모르는 '정서적 어려움을 겪는 사용자'에게 "일단 말해봐. 어떤 얘기든 들어줄게"라는 메시지를 전달하는 콘셉트를 가지고 있다. 일반 사용자는 호기심에 이용해 볼 수는 있지만, 서비스 내용에 쉽게 공감하지 못하고 굳이 사용할 이유도 찾기 어려울 것이다.

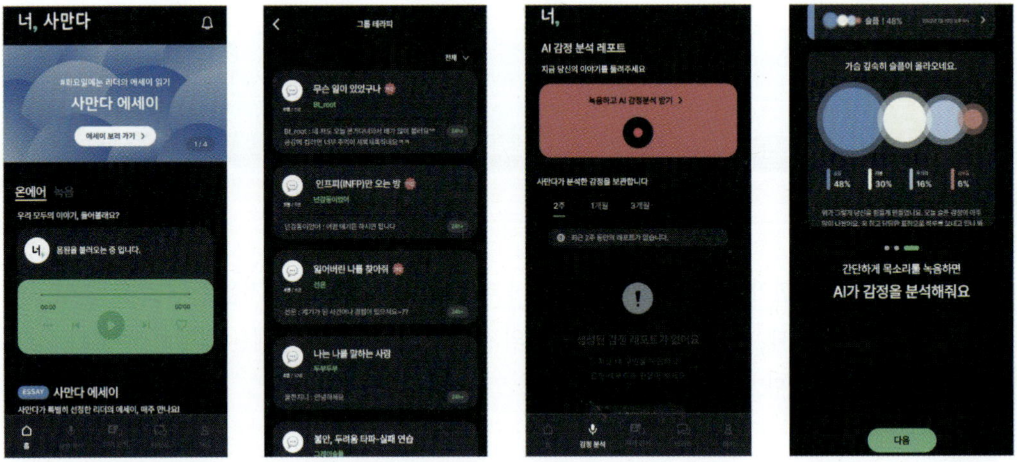

그림 314. 정서적으로 문제를 겪고 있는 사용자들을 대상으로 한 서비스 (출처: 너, 사만다)

사용자 다수를 포괄하는 서비스라고 하더라도 시장 내 독자적인 포지셔닝을 선점하고, 그에 따라 다양한 서비스주도권을 발휘하면서 자신만의 독특한 콘셉트를 구축하는 사례는 얼마든지 찾아볼 수 있다.

- 압도적으로 풍부한 콘텐츠(Amazon)
- 경쟁사에서는 찾아보기 힘든 차별화된 고객 케어 서비스(Zappos)
- 독특한 사용자 커뮤니티(Instagram)
- 친근하고 흥미로운 방식의 UX/UI(토스)
- 매우 빠르고 간편한 이용절차(쿠팡)

여기서 정한 방향과 콘셉트는 이후 서비스의 내용과 정책은 물론, UX/UI 디자인 설계에 지대한 영향을 미친다.

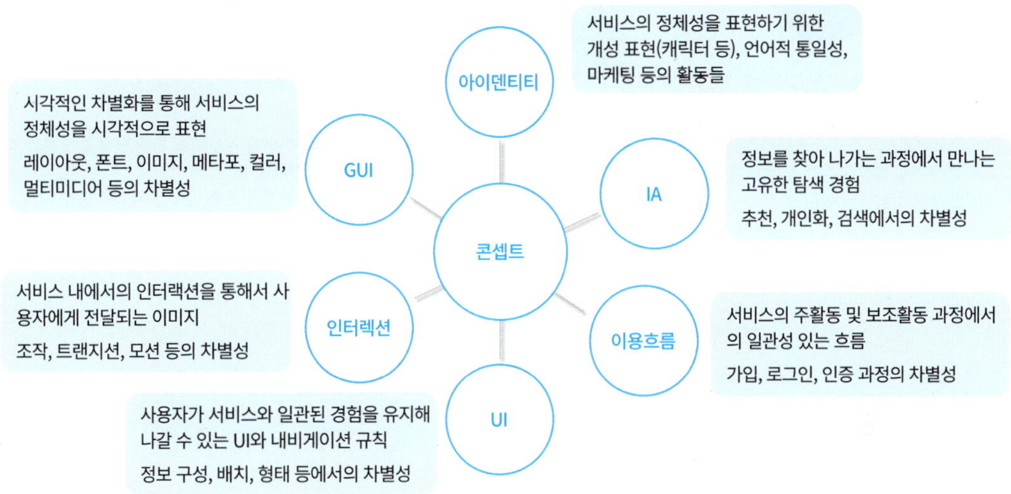

그림 315. 콘셉트가 UX/UI 디자인에 미치는 영향

콘셉트에 따라 UI 프레임워크를 선택하는 예시는 다음과 같다.

- 모든 계층을 대상으로 '쉽고 편리함'을 추구할 경우, 단일 레이어 방식 UI 프레임워크가 적합하다. 단일 레이어 UI는 구조가 단순하여 사용하기 쉽고 접근성이 좋지만, 서비스가 복잡해지면 화면 이동이 잦고 메뉴 의존도가 높아지는 단점이 있다.
- 가상의 멀티 레이어 방식 UI는 역동적인 변화와 맥락 유지를 필요로 하고, 다양한 정보 형태를 동시에 보여줘야 할 때 유리하다. 다만, 디지털 취약계층에게는 복잡하고 정신없는 경험으로 느껴질 수 있다.
- 물리적 멀티 레이어 방식 UI는 목적 의식적인 작업이 이뤄지는 금융 서비스나 B2B 업무 시스템에 적합하다. 복잡한 업무 흐름과 다수의 작업 단계를 체계적으로 관리할 수 있는 구조를 제공한다.

이처럼 서비스의 성격과 대상 사용자, 그리고 추구하는 경험에 따라 UI 프레임워크를 적절히 선택해야 사용자 만족도와 효율성을 높일 수 있다.

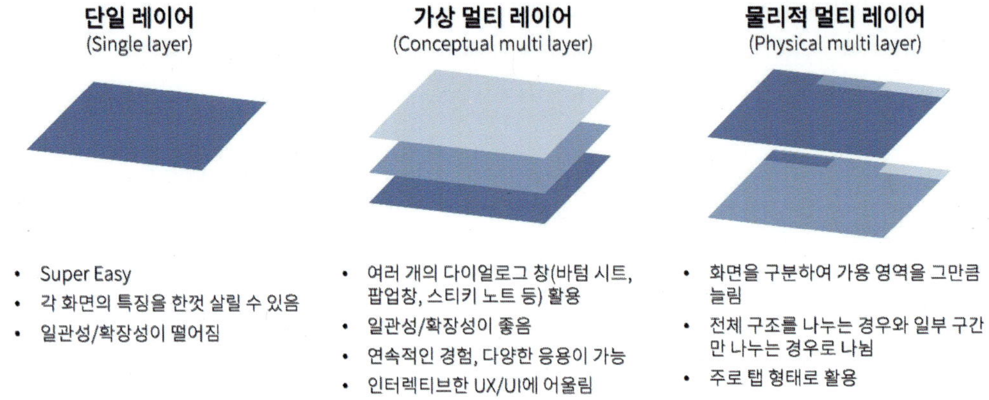

그림 316. 콘셉트에 따라 선택할 수 있는 3가지 UI 프레임워크

서비스 모델

서비스 모델은 새로운 서비스의 전체적인 구조와 내용을 한눈에 알아볼 수 있게 한 모형도다. 서비스 모델은 한눈에 굵직굵직한 변화를 확인하고 핵심가치를 포함한 가치들이 어떻게 접목됐는지를 보여줄 수 있어야 한다.

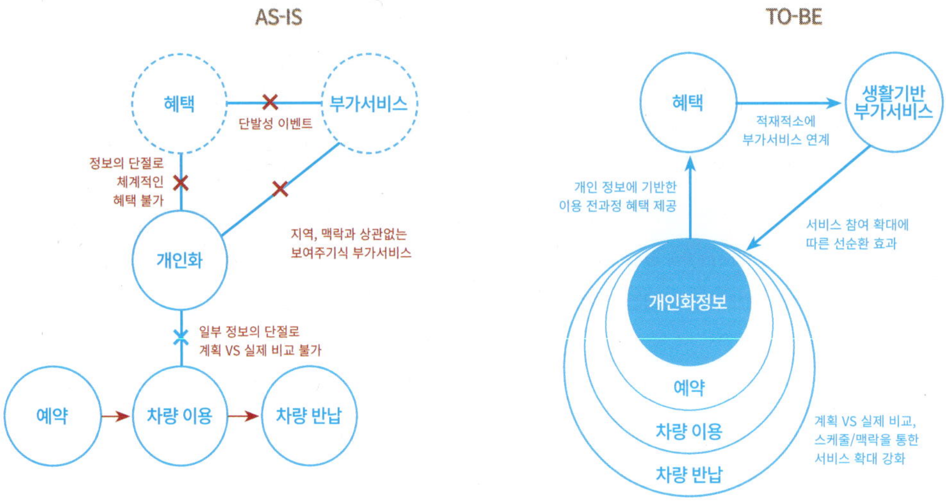

그림 317. 서비스 모델 예시

UX 전략은 항상 필요할까?

개선을 목적으로 하는 프로젝트들은 굳이 현재의 전략이나 서비스 모델, 콘셉트를 바꿀 필요가 없기 때문에 UX 전략 수립 없이 진행하는 경우가 많다. 이에 비해 현재의 비즈니스를 확장하거나 서비스 콘셉트를 새롭게 바꾸려는 목적의 UX 프로젝트에서는 UX 전략에 많은 시간과 노력이 할애돼야 한다. UX 전략이 사용자에게 직접 보이는 것이 아니라고 대충 넘어갔다가 일관성 없는 UX/UI와 경쟁사 대비 특징 없는 서비스 모델로 인해서 사용자로부터 외면받는 서비스도 많다.

아이디어 도출

UX 전략 단계에서 핵심가치, 포지셔닝을 기반으로 전체적인 큰 그림(서비스 모델)과 서비스의 성격(콘셉트)을 정의했으므로 이제는 그 구체적인 실행 방안인 아이디어를 도출할 차례다. 무작정 모여서 목표를 공유하고 그 방안을 고민하는 것도 아이디어 도출의 방법일 수는 있겠으나, 그것이 현명하거나 효과적이라고 말하기는 어렵다. 이에 비해 UX 방법론에서는 체계적인 접근을 통해서 아이디어를 도출한다.

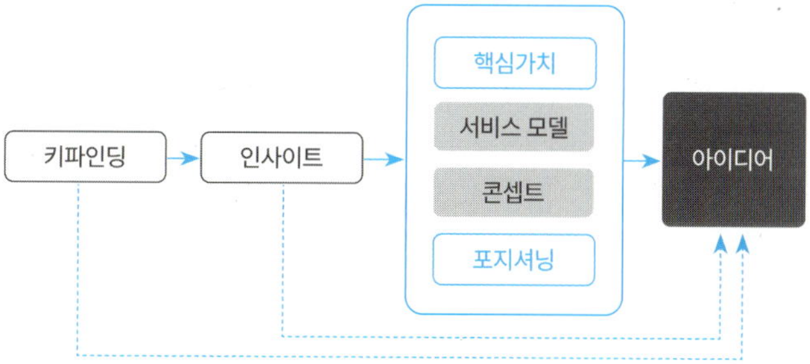

그림 318. 이전 단계 활동과 아이디어 도출 간의 관계

아이디어 도출에 가장 직접적인 영향을 미치는 것은 서비스 모델과 콘셉트다. 그러나 핵심가치를 포함한 가치나 포지셔닝은 물론, 그 전 단계에서 수행했던 인사이트나 키파인딩도 아이디어 도출에 영향을 미친다.

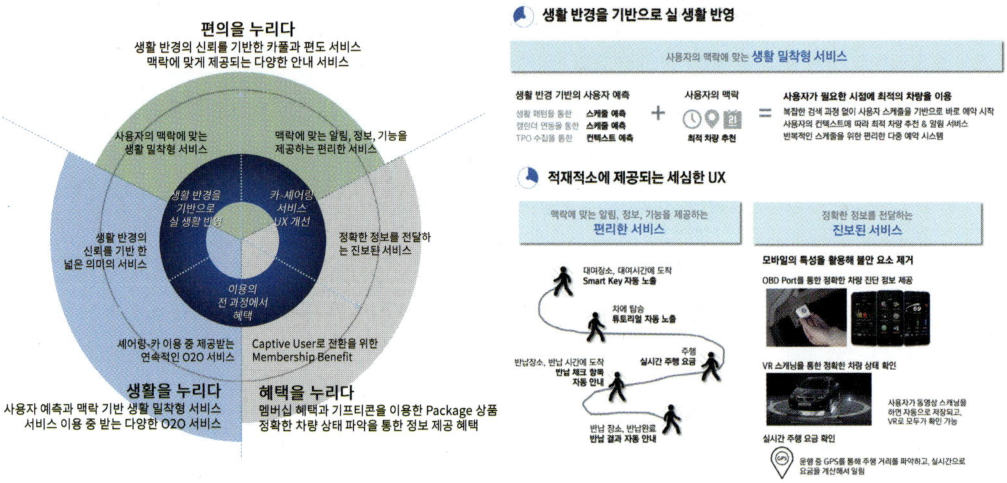

그림 319. 콘셉트에 기반한 아이디어 도출 예시

위 예시는 모빌리티 교통 서비스에 대한 콘셉트와 그에 기반한 아이디어 도출 일부를 보여준다. '편의/생활/혜택을 누리다'라는 3가지 콘셉트별로 그 구체적인 실행 방안을 오른쪽에서 표현하고 있다.

아이디어 도출 과정에서는 다른 사례나 최신 트렌드를 참조하는 경우도 많다. 데스크 리서치 단계의 문헌조사, 동향조사 결과를 참조해 구체적인 실행 방안을 검토하는 것이다.

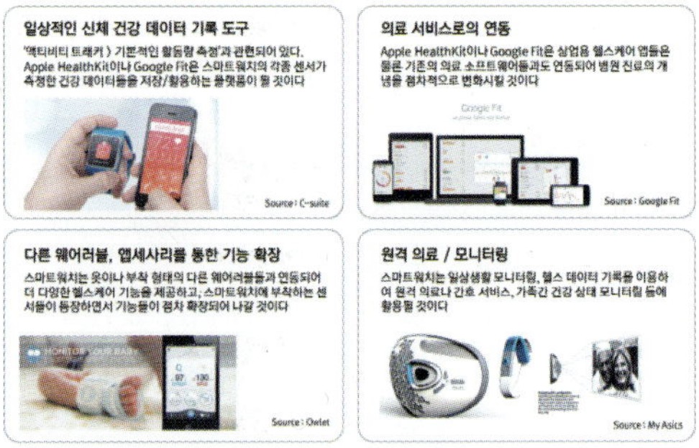

그림 320. 동향조사를 참조한 아이디어 도출

그림 320은 스마트워치의 동향조사 결과를 참조해 아이디어를 도출하는 과정을 보여준다.

아이디어 도출은 가급적 여러 사람이 모여서 자유롭게 토론할 수 있는 워크숍 형태로 진행하는 것이 좋다. UX 전략까지의 작업을 주도한 UXer뿐만 아니라 서비스와 관련된 이해관계자들이 다 같이 모여서 인사이트와 UX 전략을 함께 공유하고 그 실행 방안을 자유롭게 토론하면서 진행하는 것이다.

그림 321. 아이디어 워크숍에 함께 쓰이면 좋은 라이트브레인 디자인씽킹 툴킷과 그 활용 사례들

도출된 아이디어들은 적합성 검토와 우선순위 선정과 같은 정제 과정을 거친다. 그리고 선정된 아이디어들은 콘텐츠나 기능으로 상세하게 정의되기도 한다.

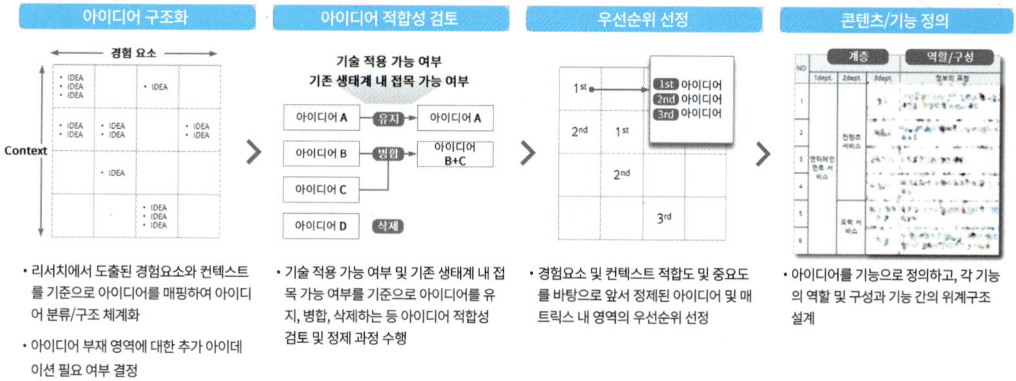

그림 322. 아이디어 정제 과정

아이디어 도출 시 가장 염두에 둬야 하는 점은 '새로운 경험을 디자인한다'는 자세다. 하나의 기능이나 콘텐츠, UI에 얽매이지 않고 새로운 경험을 만든다는 관점에서 아이디어를 도출하는 것이 필요하다.

또 한편으로는 열린 자세가 필요하다. '어떤 게 가능하지?(What can we?)'라는 제약이나 '어떻게 해야만 할까?(How should we?)'라는 당위성이 아니라, '어떻게 할 수 있을까?(How might we?)'라는 열린 자세로 접근하는 것이 좋다. How might we는 약어로 HMW라고 부르며 구글이나 페이스북은 자신들의 성공비결이 HMW적인 접근 때문이라고 얘기한다. HMW는 특정 콘셉트를 구현하기 위한 구체적인 아이디어를 도출할 때 제약이나 당위성에 얽매이지 않고 다각도로 모색한다.

아이디어를 도출할 때 다음과 같은 일반적인 패턴들을 아는 것도 도움이 될 수 있다.

표 20. 일반적인 아이디어 패턴

아이디어 패턴	설명
암묵적으로 포기하고 있던 고충을 해결한다.	암묵적으로 포기하고 있었지만, 무의식적으로 아쉬워하던 경험에 변화를 줘서 색다른 가치를 전달한다.
수동적이었던 것을 능동적으로 바꾼다.	눈에 잘 안 띄거나 정적으로 멈춰 있는 경험요소에 활력을 불어넣어 능동적으로 변화시킨다
새로운 매개체를 중간에 투입하여 기존에 있던 갈등을 해소한다.	서비스에 존재하는 갈등이 어떻게든 해결되지 않을 경우에는 갈등하는 두 대상을 이어주는 매개체를 추가하여 기존의 갈등을 해소한다.
기존의 경험에 살며시 끼어든다.	기존 제품, 경험, 환경을 대체하거나 크게 변화시키지 않고 있는 듯 없는 듯 살며시 끼어들어서 조화를 이루면서도 기존 경험을 보완한다.
이게 어떻게 가능하지 하는 찬사를 불러일으킨다.	디자인 결과에 대한 노력과 전문성에 감탄하게 만들어서 서비스에 대해서 공경하는 마음을 불러일으킨다.
기본적인 가치에 집중하여 사용자를 안심시킨다.	다양한 기능/정보/서비스를 제공하는 경우, '적어도 은 확실하잖아'라는 안정감을 사용자들에게 전달해야 한다.
사용 후 겪게 될 문제를 최소화한다.	서비스 이용 후 겪게 될 문제를 미리 걱정하지 않게 알려주거나 사용자가 직접 대처할 수 있는 경험요소를 제공한다.
사용 중에 의도를 정정할 여지를 부여한다.	탐색이나 주 활동 과정에서 사용자는 자신의 의도를 변경하고 싶은 경우가 많기 때문에 이를 정정할 여지를 부여한다.
평범한 일을 특별한 경험으로 바꾼다.	매번 반복하는 무미건조한 행동이 특별한 경험이 되게 소박하지만 이채로운 감성을 부여한다.
서비스 밖에서 답을 찾는다.	서비스 내에서만 답을 찾지 않고, 평소에 사용자가 자주 쓰는 SNS, 클라우드, 포털 등의 다른 외부 서비스와 연계하여 경험이 이어지게 한다.
기존 경험의 지평을 넓힌다.	서비스 내에서의 주 활동과 연계된 추가적인 활동들을 끌어안음으로써 행동 범위를 넓힌다.
경험하는 과정에서의 즐거움을 증대시킨다.	결과는 물론 진행 과정에서도 즐거움을 느낄 수 있게 한다.
경험요소 간의 관계를 재정의한다.	서비스를 구성하는 각 경험요소 간의 관계를 새롭게 정의해서 접근성을 증대시키거나 이용 맥락을 더 뒷받침하게 한다.
개별적인 행위들의 본질에 소구한다.	지나친 일관성 적용으로 인해서 불필요한 행위를 유발했던 경험요소들의 본질을 소구함으로써 과정을 간소화한다.
부조화와 조화 간의 긴장감을 이용한다.	일반적으로는 어울리지 않는 두 가지 경험요소를 매칭해 '하긴 왜 안 되겠어?'라는 질문과 더불어 긴장감을 자극한다.
한계를 거스른다.	주어진 환경/조건/한계에 얽매이는 게 아니라, 그것을 최대한 이용하여 새로운 발상으로 승화시킨다.

아이디어 패턴	설명
물리적인 해결책이 어려울 경우, 인식의 전환을 도모한다.	해결책을 알고 있지만 여러 가지 제약으로 인해서 그것을 적용할 수 없을 때 인식의 전환으로 물리적인 해결책을 대신한다.
리얼리티를 모티브로 진실을 호소한다.	있는 그대로의 리얼리티를 과감하게 드러내 사용자에게 진정성 있게 호소한다.

아이디어 평가

도출한 아이디어들은 타당성 검증이라는 절차를 거쳐야 한다. 아이디어 평가는 아직 시도해 보지 않았거나 적용 시 투자나 실패 부담이 큰 아이디어에 대해 주로 진행한다. 따라서 아이디어 평가는 기존 문제 개선보다는 새로운 콘셉트를 도출하는 프로젝트에서 많이 진행된다. 평가를 위해서는 측정 가능한 내용과 지표, 척도가 있어야 한다. 이 3가지 요소를 모두 갖춰야 아이디어 평가가 가능하다.

UX 아이디어 도출 시 지켜야 할 두 가지 접근 방법

새로운 경험을 디자인한다 + 어떻게 할 수 있을까? (How might we)

예시〉 '생활반경의 신뢰에 기반한 카풀과 편도 서비스'라는 '새로운 경험'을 어떻게 제공할까?

먼저 각 아이디어는 평가가 가능한 수준으로 상세화되어야 한다.

표 21. 평가를 위한 아이디어 상세 내용

항목	설명
사용자 경험과의 연관성	해당 아이디어와 연관된 키파인딩을 기술한다.
상세 콘텐츠, 데이터, 기능	해당 아이디어를 구성하는 콘텐츠, 데이터, 기능 등을 상세하게 정의한다.
필요 기술	해당 아이디어를 구현하는 데 필요한 기술을 적는다.
개발 제한사항	현재의 운영환경, 플랫폼, 개발방식 대비 감수해야 할 투자 및 리스크
구축 시 소요되는 자원	해당 아이디어를 구현하는 데 소요되는 인력, 비용 등의 자원
운영 시 소요되는 자원	해당 아이디어를 운영하는 데 소요되는 인력, 비용 등의 자원

그다음으로는 평가 지표와 척도를 마련해야 하는데, 일반적으로 UX/UI 디자인에서의 서비스 평가 지표와 척도는 다음과 같다.

표 22. 아이디어 평가 지표

평가 지표	평가 척도
비즈니스 중요도	1~5점
시급성	1~5점
개발 난이도	1~5점
개선 효과	1~5점 또는 기존 대비 %
투입 자원	참여인력 공수(M/M) 또는 금액

위에서 얘기한 개선 효과는 좀 더 세분화될 수 있다. 서비스 유입률, 구매/예약 전환율(Conversion rate), 만족도, 문의/불만 접수율, 다른 채널 대체율[주: 보통 콜센터, A/S 처리와 같은 것을 기준으로 그것을 얼마나 줄일 수 있는지로 판별함] 등이 그것이다. 물론 이들 대부분은 통계에 기반한 예상치다.

위와 같은 체계적인 방식 대신에 핵심적인 지표 2가지를 기준으로 사분면을 만든 다음에 도출된 아이디어를 배치하고 선정하는 경우도 있다. 이 방식은 개별 아이디어 하나하나를 보기보다는 전체 배치도 속에서 어떤 아이디어 집단을 선택할지를 결정하는 것이다.

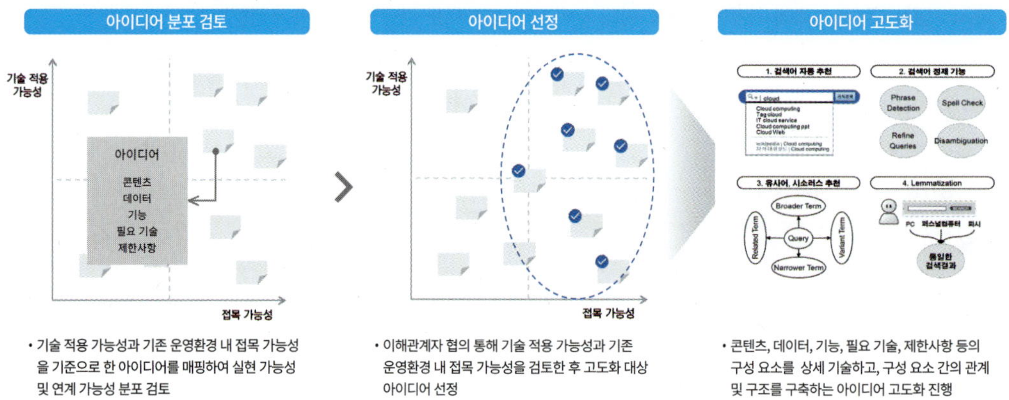

그림 323. 핵심 지표를 활용한 아이디어 선정 과정

시장 규모가 큰 서비스의 경우에는 아이디어 평가 과정에만 몇 주가 소요된다. 새로운 경험과 HMW를 접목하여 나온 아이디어를 상세화하고 지표를 선정해 평가하고, 다시 그 결과를 정리하는 과정이 매우 까다롭게 진행되기 때문이다.

사용자 시나리오에 들어가야 할 조건

- 사용자: 시나리오의 주인공. 일반적인 사용자를 주인공으로 삼기도 하지만, 특정 페르소나를 주인공으로 하는 경우도 있다.
- 향후 겪게 될 경험: 필드 리서치 키파인딩을 가지고 실제 사용자의 동기, 행동, 고충, 니즈, 태도 등을 맥락과 더불어 이야기 형태로 서술한다.
- 우리의 아이디어: 사용자가 경험 과정에서 부딪히는 문제를 해결할 아이디어를 등장시킨다.
- 결과: 우리 아이디어가 문제를 해결함으로써 제공하게 될 가치를 마지막에 적는다.

사용자 시나리오

사용자 시나리오는 향후 서비스를 이용하는 과정에서 사용자가 겪게 될 경험을 이야기 전개 방식으로 풀어 놓는 작업이다. 비교적 형식이 자유로운 편이지만, 다음과 같은 조건을 갖춰야 한다.

경험은 특정한 목표나 맥락에서 출발하기 때문에 위에서 언급한 조건 외에 목표와 맥락이 추가된다. UX 디자인의 뜻이 '새로운 UX를 디자인한다'라는 점을 앞에서 얘기했다. 사용자 시나리오는 향후 겪게 될 경험을 아이디어 및 결과(가치)와 더불어 나타내는 것이기 때문에 새로운 UX가 그대로 반영되어 있다고 할 수 있다.

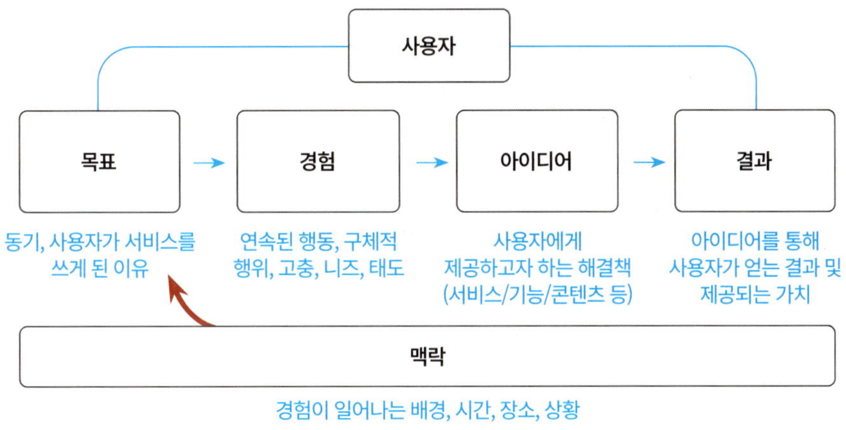

그림 324. 사용자 시나리오의 구성요소

위 조건들을 만족한다면 사용자 시나리오는 어떤 형식이든지 가능하다. 형식보다 중요한 것은 시나리오 형태로 새로운 사용자 경험을 검토함으로써 아이디어를 좀 더 정교하게 가다듬고, 각 아이디어가 어떤 UX/UI 디자인 영역으로 설계돼야 하는지를 살펴보는 것이다.

유스케이스(Use Case)와 사용자 시나리오의 차이

기존의 IT 프로젝트에 익숙한 분들이 가장 흔히 물어보는 질문 하나가 유스케이스와 사용자 시나리오 간의 차이다. 둘 다 사용자가 보이는 패턴을 규정한다는 측면에서 유사한 면이 있다. 그러나 유스케이스가 서비스 이용 시 예상되는 행위들을 단순하게 나열하는 데 비해, 사용자 시나리오는 특정한 맥락에서 동기, 고충, 니즈, 태도 등의 경험 요소들을 이야기 형태로 서술한다는 측면에서 차이가 있다.

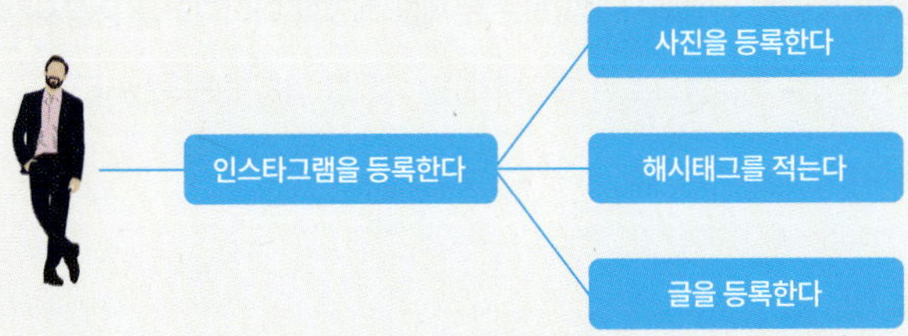

그림 325. 유스케이스 예시

다음 3가지 예시는 사용자 시나리오를 표현하는 가장 대표적인 형식들이다. 서비스 콘셉트나 아이디어의 특성에 따라 3가지 중에서 적당한 형식을 선택하는 것이 필요하다.

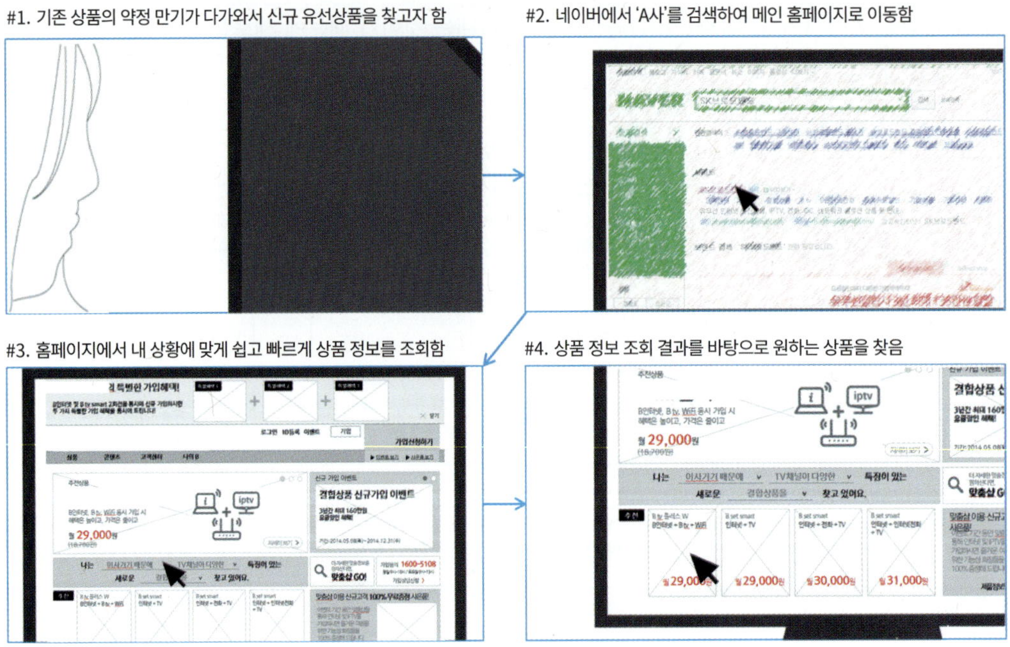

그림 326. UI를 중심으로 한 사용자 시나리오 예시

그림 327. 정황 서술 방식의 사용자 시나리오 예시 (오른쪽 이미지 출처: Elena Marinelli, elenamarinelli.org)

위 예시는 UI를 중심으로 한 사용자 시나리오다. UX 여정에 따라 사용자가 겪게 될 경험과 그에 따른 아이디어 및 결과를 UI 중심으로 표현했다.

서비스 이용 정황을 중심으로 한 사용자 시나리오도 있다. 이러한 방식은 구체적인 경험요소보다는 서비스가 제공할 콘셉트와 가치를 보여주는 데 중점을 둔다.

마지막으로 UX 여정을 중심으로 앞에서 얘기한 사용자 시나리오의 4가지 조건을 명시하는 방식이 있다. 이 방식은 서비스 이용흐름이 다소 복잡한 경우에 주로 사용된다.

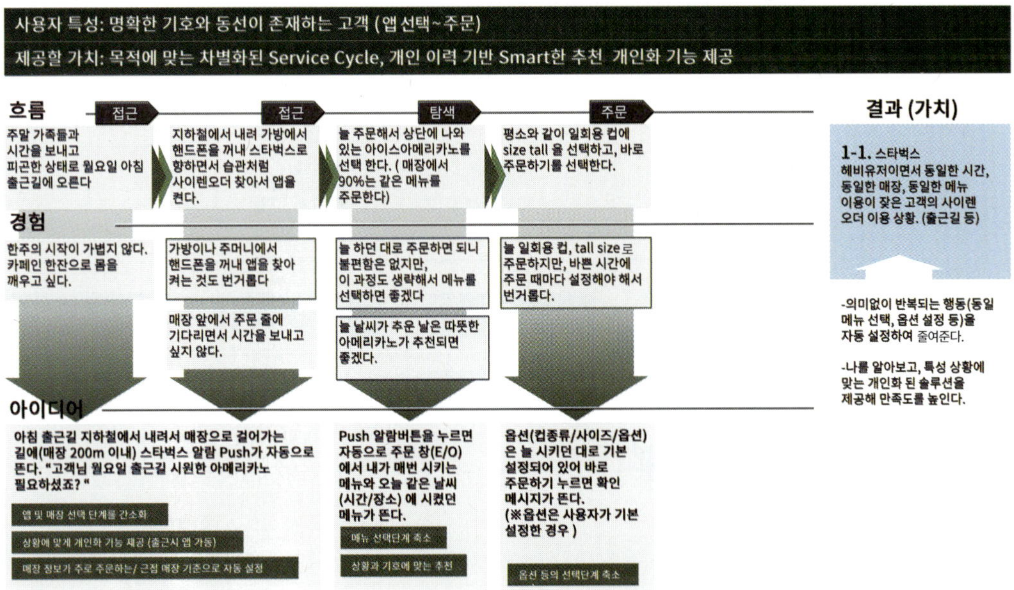

그림 328. UX 여정 중심 사용자 시나리오 예시 (출처: 라이트브레인 UX 아카데미 8기 스타벅스조)

05

산출(Deliver) 단계

구체화(Development) 단계에서 나온 전략, 아이디어, 시나리오를 가지고 산출(Deliver) 단계에서는 IA, 이용흐름, 인터랙션, UI, GUI 등의 각 UX/UI 디자인 영역을 상세하게 설계하는 작업을 진행한다. 키파인딩에서 시작하여 구체화 단계를 거쳐서 산출 단계까지 이어지는 흐름을 살펴보면 다음과 같다.

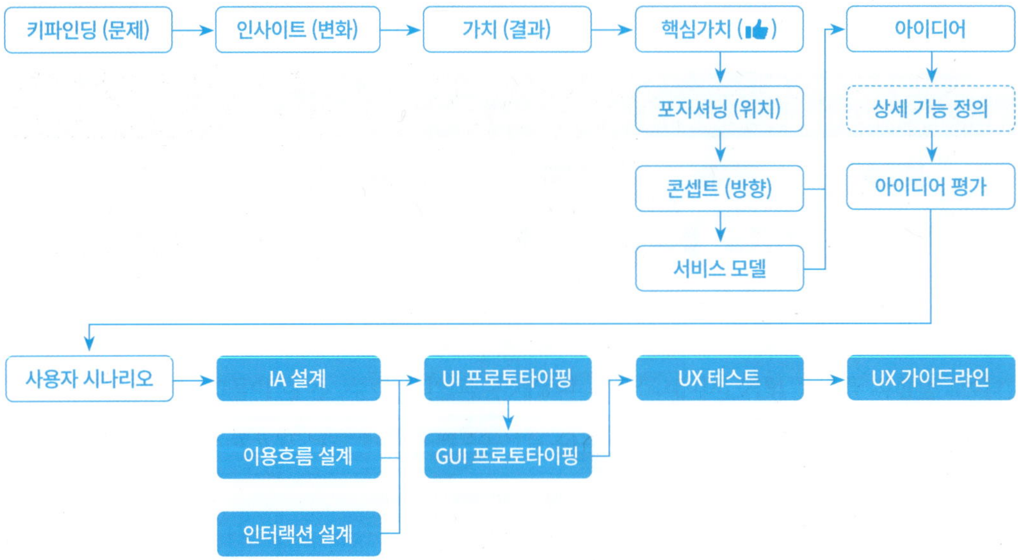

그림 329. 키파인딩에서 산출 단계까지의 흐름

산출 단계에 직접적으로 영향을 미치는 것은 사용자 시나리오다. 사용자 시나리오에 기반해 IA, 이용흐름, 인터랙션 설계가 이루어지며, 이러한 설계 내용은 다시 UI 프로토타이핑과 GUI 프로토타이핑으로 이어진다.

사용자 시나리오의 중요성

산출 단계에서 설계하는 IA, 이용흐름, 인터랙션, UI 프로토타이핑은 모두 사용자 시나리오에 기반하여 만들어진다. 사용자 시나리오는 향후에 있을 새로운 경험을 이야기 형태로 풀어나간 것이기 때문에 그 자체로 보면 서비스를 만드는 데 직접적인 도움이 되지 않아 보인다.

그러나 사용자 시나리오에서 정의한 순차적인 흐름과 아이디어는 새로운 서비스가 지향해야 할 일종의 청사진 역할을 하기 때문에 산출 단계에서 자주 활용된다.

IA 설계

IA는 정보의 체계, 구조, 동선을 만들어내는 작업이다. 건물로 치면 공간을 구획하고 계단과 복도를 설계하는 작업이라고 볼 수 있다. IA가 설계돼야 이용흐름이 설계되고, 인터랙션에서의 상호작용, 조작, 상태변화(Transition)와 UI에서의 정보 구성, 배치가 설계될 수 있다.

IA는 UX 여정 중 탐색과 많이 맞물려 있다. 어떤 시작점(보통 홈 화면)에서 메뉴 선택이나 검색, 링크 등을 통해 원하는 목적지까지 가는 과정을 설계하는 작업이다. 중간에 목록에서 필터링을 하거나 태그를 활용해서 다른 콘텐츠로 이동하는 것도 IA가 다루는 중요한 항목들이다.

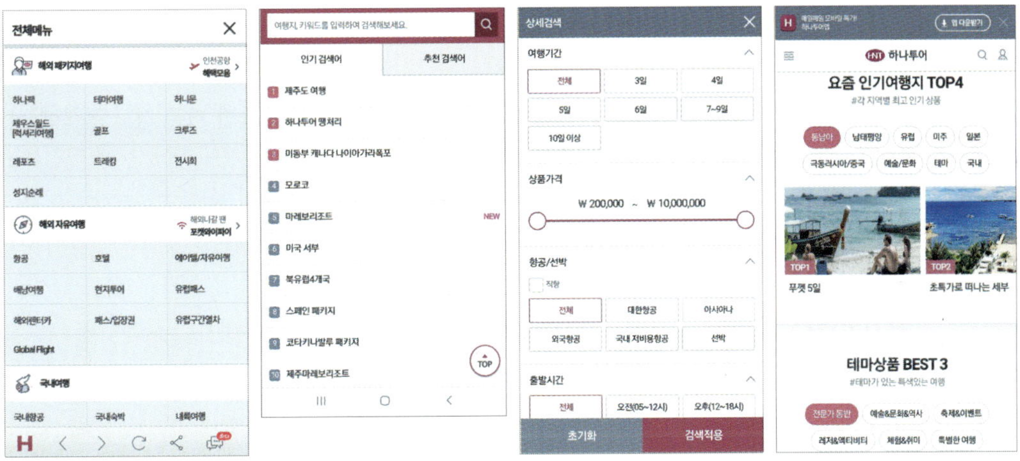

그림 330. (왼쪽부터) 메뉴, 검색, 필터, 해시태그 (출처: 하나투어)

메뉴는 정보의 논리적 계층구조, 상호 연관성에 기반해 상위 메뉴부터 하위 메뉴까지 점차 탐색해 들어가는 정보구조를 설계하는 것이다. 메뉴 탐색 시 사용자가 원활하게 정보를 찾아 나갈 수 있게 내비게이션 설계가 필요하다. 검색은 정보의 키워드나 날짜, 속성 등의 메타데이터를 사용자가 직접 입력하여 결과를 찾는 과정에서의 자동입력, 검색어 추천, 연관 검색어, 검색 결과 구성 등을 설계하는 것이다. 이들은 서비스 초기부터 경험이 진행되기 때문에 전체 서비스에 걸쳐서 설계가 이루어진다.

반면 필터나 태그는 서비스 초기가 아닌 중간 탐색 과정에서 경험이 진행되기 때문에 각 세부 메뉴나 정보의 속성에 기반해서 설계되며, 좀 더 세밀한 탐색을 하게 하거나 현재 정보와 연관된 다른 정보로 이동하는 것을 돕는 설계가 이루어진다.

마지막으로 실제 사용자들이 이름을 보고 어떤 내용인지 판단하기 때문에 이를 돕기 위해 메뉴명, 정보명, 검색 조건명, 필터명, 태그명 등에 대한 이름을 지정하는 레이블링 설계가 필요하다.

IA 설계 순서는 다음과 같다.

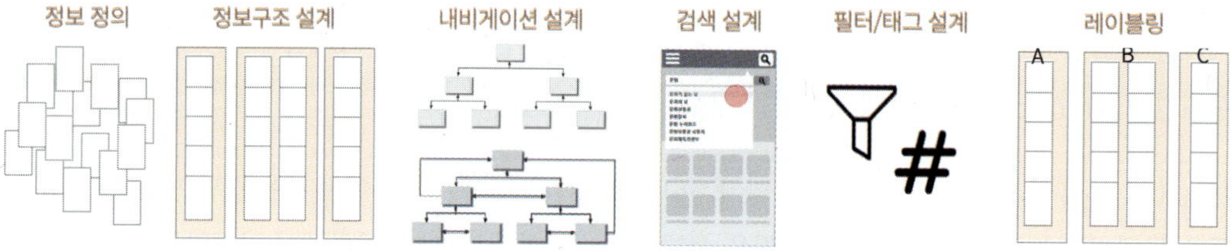

그림 331. IA 설계 순서

정보 정의

서비스에서 제공할 정보를 정의하는 작업이다. 기존에 운영 중이던 서비스였다면 기존 정보 목록에 신규로 추가되거나 갱신되는 정보를 덧붙인다.

구분	대상	컨텐츠 유형	현황 or 과제	단위	구성	비고
스토리	목표	text, image	인터내셔널 사이트 기준으로 재구성. 및 브랜드 대표 이미지 요구됨	하위 X	who we are, our reason for being	인터내셔널 사이트 who we are, our reason for being
	사	text, image	인터내셔널 사이트 기준으로 재구성	하위 X	연혁개요, 70, 80, 90, 2000	인터내셔널 사이트 where we come from
	스	text, image	인터내셔널 사이트 기준으로 재구성	하위 X	business as unusual	인터내셔널 사이트 business as unusual
		text, image				
샵 이념		text, image	인터내셔널 사이트 기준으로 재구성	하위 O	이슈, 우리의 믿음, 캠페인 발자취, 당신이 할 수 있는 일	인터내셔널 사이트
	이드	text, image	인터내셔널 사이트 기준으로 재구성	하위 O		인터내셔널 사이트
	인	text, image	인터내셔널 사이트 기준으로 재구성	하위 O		인터내셔널 사이트
	인	text, image	인터내셔널 사이트 기준으로 재구성	하위 O		인터내셔널 사이트
	인	text, image	인터내셔널 사이트 기준으로 재구성	하위 O	우리의 믿음, 캠페인 발자취, 캠페인 활동	인터내셔널 사이트
		text, image	현재 올라가 있는 컨텐츠 업데이트	하위 O	캠페인 발자취, 캠페인 활동	
샵 코리아		text, image	현재 올라가 있는 컨텐츠 업데이트	하위 X		
보	th	text, image	현재 올라가 있는 컨텐츠 업데이트		기능별 제품 소개 첫번째 리스트페이지에 나올 소개글, 카피	예)
	th	text, image	해당 섹션(바쓰&샤워 등)에 대한 안내글 필요		기능별 제품 소개 두번째 리스트페이지에 나올 소개글, 카피	예)
	th	text, image	현재 올라가 있는 컨텐츠 업데이트		라인별 제품 소개 첫번째 리스트페이지에 나올 소개글, 카피	예)
	th	text, image	현재 올라가 있는 컨텐츠 업데이트		라인별 제품 소개 두번째 리스트페이지에 나올 소개글, 카피	예)
		text	기존 컨텐츠 보완	제품별	제품설명, 사용방법	
		image	기존 이미지 중 일부 교체	제품별		
		text, image	기존 컨텐츠 보완 (※ 화장품 원료사전)	원료별	기존 DB 보완	
	이드	text, image	신규 컨텐츠 구성	CT별	신규 DB 구축	
내	운 지점	DB	각 지점별 할당 Area DB 구축 필요		신규 DB 구축	
멤버쉽		text	온오프 회원통합에 따른 변경된 정책 반영	하위 O		
스터	내	text, image	신규 컨텐츠 구성		활동, 신청방법 등	
	청	form	신청 폼		온라인 신청서 폼	회원가입시 입력정보 이외의 추가정보
카데미	안내	text, image	신규 컨텐츠 구성		오프라인 아카데미 안내 정보	
	신청	form	신청 폼		온라인 신청서 폼	회원가입시 입력정보 이외의 추가정보
샵 이달의 테마		text	이달의 테마' 서비스 소개 문구	하위 X	참여안내, 테마 선정방법 등	
샵 매니아		text	매니아' 서비스 소개문구, 인터뷰 질문	하위 X		
드바이스		text, image	기존 컨텐츠 검토 필요	하위 O		

그림 332. 정보 정의 예시 1

정보 정의서에는 정보 계층구조, 유형, 현황, 정보 단위, 구성, 출처, 디지털 가공 여부, 제공방식, 담당자, 업데이트 주기, 사용자 참여방식, 기타 참고할 만한 정보가 들어간다. 정보 정의에서 이미 어느 정도 정보 간 계층구조가 나오기도 한다. '식품〉 과일〉 사과'와 같이 말이다. 정보 정의는 만드는 것도 중요하지만, 관리하는 게 더 중요하다. 추가/수정/삭제되는 정보가 있을 경우에는 담당자가 이를 꾸준히 반영해야 한다.

정보구조 설계

정보구조 설계는 대〉 중〉 소로 이어지는 정보의 계층구조를 만드는 것이 가장 주된 일이다. 홈 화면에서 출발해 첫 번째 만나는 게 대 메뉴다. 그 하위에 중 메뉴와 소 메뉴가 있는데, 그보다 메뉴의 깊이가 깊을 경우에는 더 작은 이름을 붙이기가 애매하므로 숫자를 써서 1단계(depth), 2단계, 3단계, 4단계…와 같이 부르기도 한다. PC 웹과 달리, 모바일에서는 단계가 지나치게 깊은 설계를 지양한다.

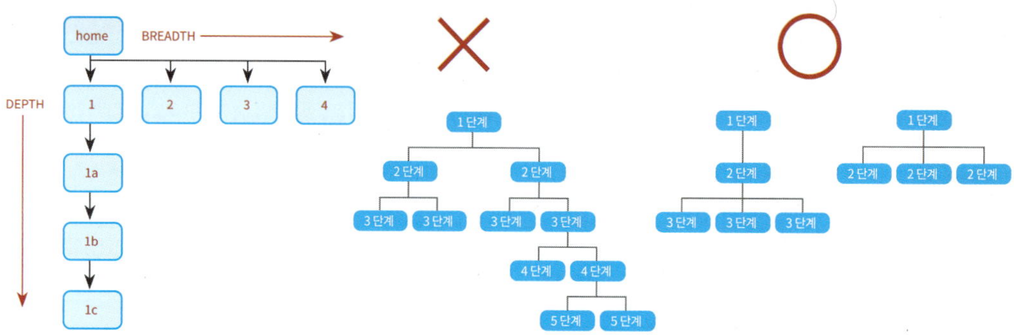

그림 333. 메뉴 단계와 폭

PC에서의 정보구조 설계는 대부분이 계층구조(Hierarchy) 방식이다. 이와 달리, 모바일은 화면이 작은 한계로 인해서 다양한 정보구조 방식이 나타났다. 모바일에서는 일반적인 계층구조를 벗어나다 보니 메뉴의 위치보다는 자연스러운 탐색이 더 중요해졌다. 모바일에서의 가장 대표적인 정보구조는 다음 4가지다.

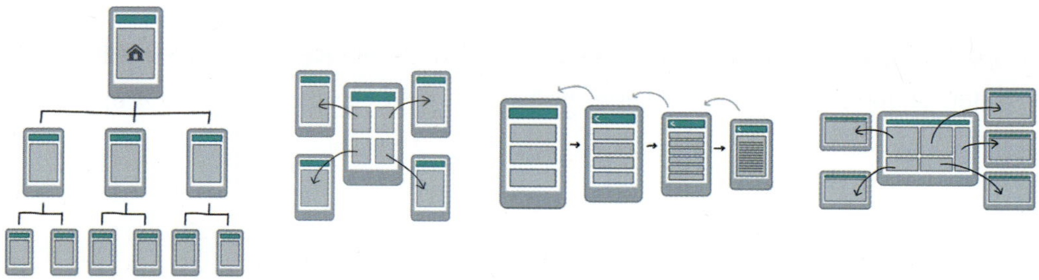

그림 334. 모바일 정보구조 설계의 4가지 방식 (출처: Elaine McVicar, UX Booth)

왼쪽부터 차례대로 계층구조, 허브&스포크(Hub&Spoke), 중첩인형(nested doll), 대시보드(dashboard) 방식이다. 계층구조는 정보 규모가 크고 단계적으로 정보를 탐색하는 경험이 많은 서비스에서 사용된다. 보통 ≡ 모양의 전체 메뉴[주: 삼선 메뉴라고도 한다.]를 배치해 순차적으로 원하는 정보에 접근할 수 있다. 그러나 모바일의 특성상 정보를 단계적으로 탐색하는 게 실제로는 까다롭다는 점과 정보가 하나의 분류로만 표현된다는 한계가 있다.

허브&스포크는 홈 화면이 허브 역할을 하고 개별 정보를 왔다 갔다 하는 방식이다. 홈 화면은 전체 정보를 중계해주는 역할을 하기 때문에 메뉴 링크(개인화, 추천, 바로가기, 목록 등)로 구성되어 있다. 정보 규모가 작고 홈 화면의 의존도가 높은 서비스에서 주로 사용한다. 넷플릭스나 유튜브, 틱톡 같은 미디어 서비스에서 주로 이 방식을 채택한다.

중첩인형은 정보 규모도 작지만, 이용흐름이 단선적인 서비스에 적합하다. 메인에서 출발해 탐색, 조회, 주 활동 등을 거치며 마지막까지 단선적으로 진행되는데, 중간에 이전 단계로 돌아갈 수 있다. 날씨나 일정, 지도와 같은 소규모 서비스나 단일상품 예약 위주 서비스(항공, 숙박 등)에서 이 방식을 주로 채택한다.

대시보드 방식은 홈 화면에서 요약 정보를 보여준다는 차이를 제외하면 허브&스포크 방식과 유사하다. 그러나 홈 화면의 역할이 훨씬 더 크다는 점에서 다르다. 대시보드 방식은 헬스케어나 파일 관리, 스케줄, 간단한 핀테크 앱에서 많이 채택한다.

정보 계층구조를 만드는 것보다 앞서 정해야 할 것은 어떤 분류 체계로 메뉴를 나눌 것인가다. 정보 정의 시에는 대부분 주제에 의해 분류하지만, 정보구조 설계에는 주제 외에 여러 가지 방식이 더 존재한다.

표 23. 정보 분류 체계

방식	분류 체계	설명	예시
하향식 (Top–down)	업무 기반	서비스상에서 사용자들이 행하는 업무를 기준으로 분류	결제, 주문, 조회, 문의
	주제 기반	정보의 성격/주제에 따른 분류	사회, 정치, 경제, 스포츠
	속성 기반	정보의 형식적인 속성에 따른 분류	산업 동향, 최신뉴스, 인기/추천글, 커뮤니티
	사용자유형 기반	메뉴를 찾는 사용자들의 유형에 따른 분류	영유아, 아동청소년, 청년, 중장년, 노년
상향식 (Bottom–up)	메타데이터 기반	메뉴가 아닌 메타데이터 선택에 의해서 정보를 탐색	서비스의 주요 정보와 관련된 메타데이터를 선택해서 탐색이 시작됨
	태그 기반	사용자들이 만든 태그에 기반해서 정보를 탐색	콘텐츠는 시간순으로 나열되어 있으며, 정보 탐색은 태그를 선택해야만 가능
	Q&A 기반	사용자 상호 간, 또는 서비스–사용자 간 Q&A에 의해 정보를 탐색	주고받는 Q&A가 주된 탐색 방법임

왼쪽의 정부24 홈페이지에는 여러 가지 정보 분류 체계가 적용되어 있다.

최상단에는 속성 기반 대 메뉴가 있고, 중앙에는 업무 기반 바로가기, 그 하단에는 사용자유형 기반 서비스, 마지막으로는 태그 기반 서비스가 위치한다.

사용자층이 넓고 제공하는 서비스가 다양한 경우에는 이렇게 여러 정보 분류 체계를 적용해 사용자들의 서로 다른 탐색 동기를 맞추려고 한다.

그림 335. 정부24 PC 웹

이와는 달리 배달의 민족 앱에서는 주제별 분류가 중심이면서도 1인분, 테이크아웃과 같이 주제와 상관없는 메뉴가 몇 가지 끼어 있다. 대부분 메뉴가 주제(음식 종류)와 관련이 있으므로 분류 체계가 다른 메뉴를 별도로 떨어뜨려 놓는 것보다 같이 제공하는 선택을 한 것으로 보인다. 그런데도 사용자들이 큰 불편을 느끼지 않는 것은 메뉴 배치를 3열로 단순화해서 각 메뉴의 위치가 쉽게 익숙해지게 했기 때문이다.

그림 336. 배달의 민족 앱

분류 체계가 정해진 다음에는 실제 정보를 분류해 계층 구조를 설계한다.

1Depth	2Depth	3Depth	4Depth
전화	전화 부가 서비스	통화	부가 서비스팩
			발신번호표시
			착신전환
			착신거절
			통화 중 대기
			변경번호 자동안내
			지정시간 통보
			평생번호
			수신자 부담
		엔터테인먼트	뮤직링
		무료 서비스	자동 연결 서비스
			발신제한 서비스
			단축 다이얼 서비스
			부재중 안내 서비스
			발신번호 보호 서비스
			리모콘
	인터넷 부가 서비스	무료 서비스	통화 중 대기
			지정시간 통보
			리모콘
			발신제한 서비스
			부재중 안내 서비스
			발신번호 보호 서비스

1Depth	2Depth	3Depth
상품	모바일	3G요금제
		SIMple/선불요금제
		모바일 부가서비스
		모바일 단말
	인터넷	인터넷 요금제
		인터넷 부가서비스
	TV	TV 요금제
		TV 부가서비스
	전화	인터넷전화 요금제
		집전화 요금제

그림 337. 정보구조 예시

위 왼쪽의 정보구조 예시는 메뉴가 마지막 단계에서 지나치게 세분화됐고, 정보 속성에 따라서 단순하게 나열했기 때문에 상품 탐색 시 동기 부여가 약하다. 이런 정보구조에서는 원하는 정보를 찾기까지 품이 많이 든다는 단점이 있다. 2, 3단계 메뉴를 재구성하여 4단계에 가중된 부담을 줄이고 원하는 서비스를 찾기 위해 마지막에 헤매지 않게 해야 한다.

반면에 오른쪽의 정보구조는 복잡하지 않아 보이지만, 실제로는 메뉴에 나타나지 않은 상품과 서비스를 UI를 통해서 탐색해야 하기 때문에 UI에 과중한 부담을 전가하는 문제를 안고 있다. 그러나 UI에서 필터나 추천 등을 잘 활용하면 정보구조의 단순함이 장점으로 부각될 수 있다.

정보구조 설계 시에는 수시로 이전에 정의된 사용자 시나리오가 새로운 정보구조상에서 실제로 잘 작동하는지를 점검하는 것이 필요하다. 정보구조 설계의 결과인 사이트맵을 놓고서 시나리오대로 이용흐름을 따라갔을 때 문제가 없는지를 살펴본다.

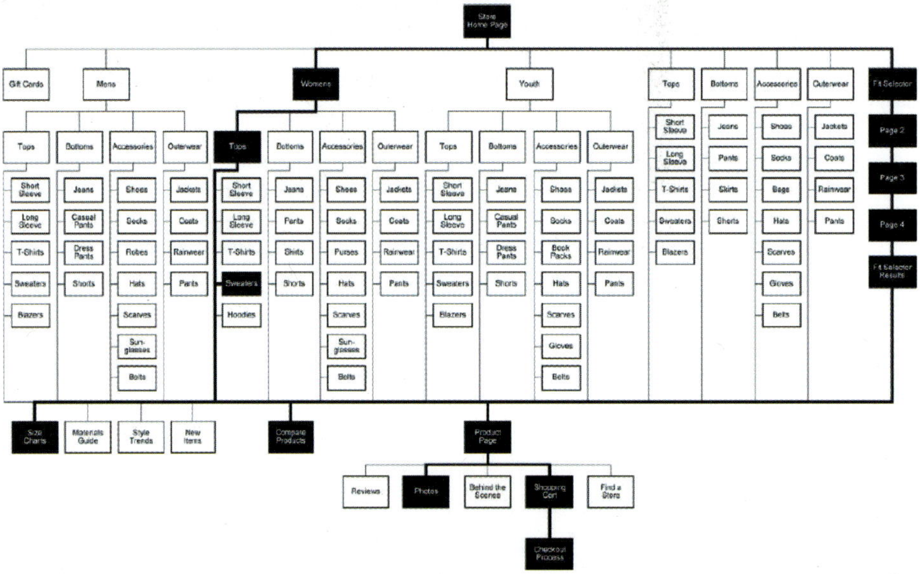

그림 338. 사이트맵에서 시나리오 검증 (출처: MulderMedia)

내비게이션 설계

PC와 모바일은 스크린의 크기와 조작 방식의 차이가 있기 때문에 메뉴를 탐색(Browsing)할 때 쓰는 도구인 내비게이션도 아주 다르다. 단적으로 말해서 모바일에서는 내비게이션이 차지하는 비중이 PC보다 적고, 그 대신 제스처(Gesture)와 상태변화(Transition)가 더 중요하다.

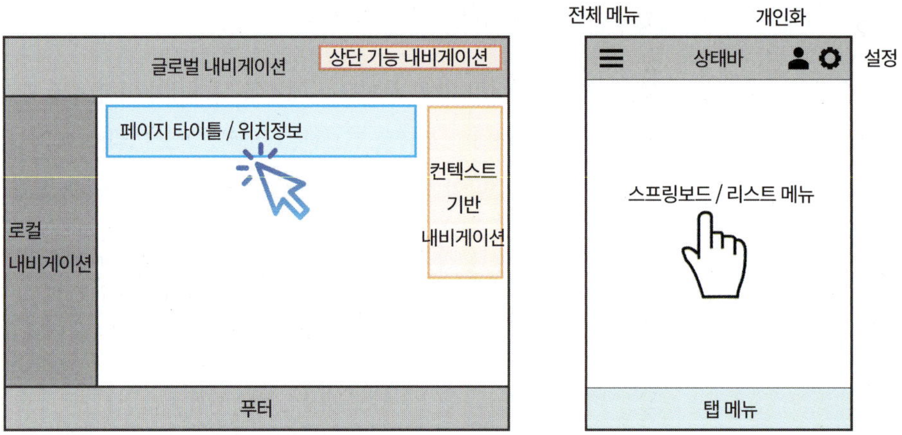

그림 339. PC와 모바일의 내비게이션 차이

PC에서의 조작은 마우스 클릭, 올리기, 잡아끌기, 키보드 입력 등으로 제한되어 있다. 이에 비해 모바일은 조작 방법이 매우 다양하기 때문에 제스처를 내비게이션의 한 요소로 활용할 수 있다. 가령 스와이프(옆으로 밀기)를 하면 옆에 숨겨진 다른 화면이 나타난다거나 목록에서 롱 탭(길게 누르기)을 하면 감춰 있던 옵션 메뉴가 등장하여 메뉴나 기능을 선택할 수 있다.

PC에서의 내비게이션은 UI에서 큰 비중을 차지하는 데 비해 모바일에서의 내비게이션은 거의 감춰져 있는 경우가 많아서 UI에서 눈에 잘 띄지 않는다.

PC에서의 내비게이션 설계는 상단의 글로벌 내비게이션(GNB)에서의 1, 2단계 메뉴와 왼쪽 로컬 내비게이션(LNB)에서의 3~5단계 메뉴 설계를 위주로 이뤄진다. 이 둘이 중심이라고 보면 되며, 마우스를 클릭하거나 올렸을 때 하위 메뉴가 어떻게 나타나는지, 마우스를 이동했을 때 어떤 변화가 나타나는지를 설계한다.

그 외 상단 기능 내비게이션과 푸터(Footer)에 위치할 메뉴를 정하는 작업과 페이지 타이틀/위치 정보의 기능, 오른쪽 컨텍스트 기반 내비게이션에 어떤 성격의 정보를 놓을지에 관한 정의가 뒤를 잇는다.

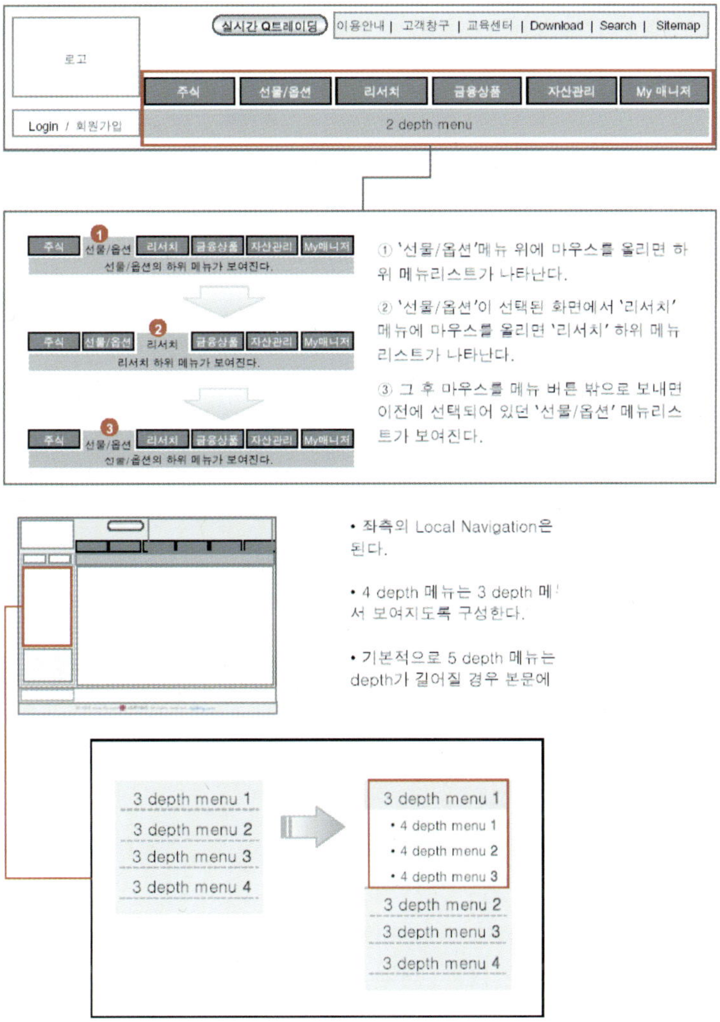

그림 340. PC에서의 내비게이션 설계 예시

모바일에서의 내비게이션 설계는 전체 메뉴만 놓고 보면 PC와 유사하다. 그러나 PC에서는 찾아보기 힘든 탭 메뉴나 개인화 메뉴, 설정, 화면 안에서의 스프링보드, 목록 메뉴 설계 등이 추가로 필요하다.

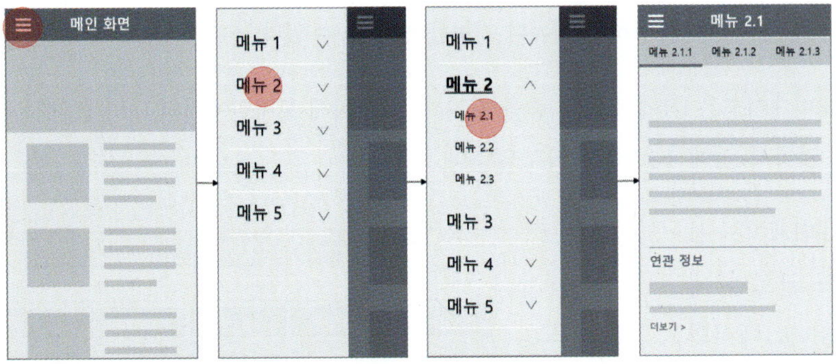

그림 341. 모바일 내비게이션 설계

내비게이션 설계 시 지켜야 할 원칙

- 내비게이션에는 탐색뿐만 아니라 현재 위치 확인, 이전으로 돌아가기, 처음으로 돌아가기에 대한 고려가 반영돼야 한다.
- PC에서는 웹 브라우저의 주소, 뒤로가기 등의 내비게이션 기능을, 모바일에서는 백(back) 키, 기능키, 웹과 앱의 상호 이동 등도 고려해야 한다.
- 현재 정보와 관련된 다른 정보를 요약하거나 하이퍼링크로 노출하면 계층적 메뉴 구조가 갖는 일방향적인 한계를 보완할 수 있다.
- 하위 메뉴가 적을 경우에는 전체 메뉴를 한 번에 보여줘도 되지만, 하위 메뉴가 많을 경우에는 한 번에 하나씩만 열리게 한다.
- 화면과 상관없이 일관된 내비게이션과 홈으로 돌아갈 수 있는 링크를 제공한다.

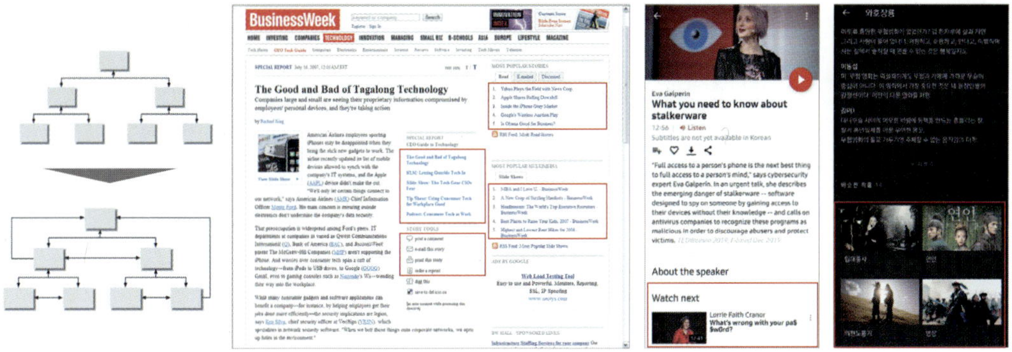

그림 342. PC와 모바일에서 관련 정보 하이퍼링크를 통해서 탐색의 유연성을 확보한 사례

내비게이션 설계 시에는 단순히 정보구조로의 접근 외에 개인화나 알림, 추천, 설정, 검색, 핵심 정보로의 바로가기 등도 고려해야 한다. 따라서 로그인 전후에 내비게이션이 달라지거나 사용자에게 전달할 알림, 혜택, 추천을 강조해서 보여주는 것도 내비게이션 설계에서 고려해야 한다.

다음 그림은 모바일 내비게이션 설계의 예시다. 로그인한 사용자들의 개인정보와 개인화된 메뉴를 상단에 보여주고 전체 메뉴는 그 아래에 배치했는데, 이 서비스의 특성상 본인의 정보나 가입한 상품으로의 이동은 쉽게 하고, 메뉴 탐색은 상대적으로 비중을 낮게 했다.

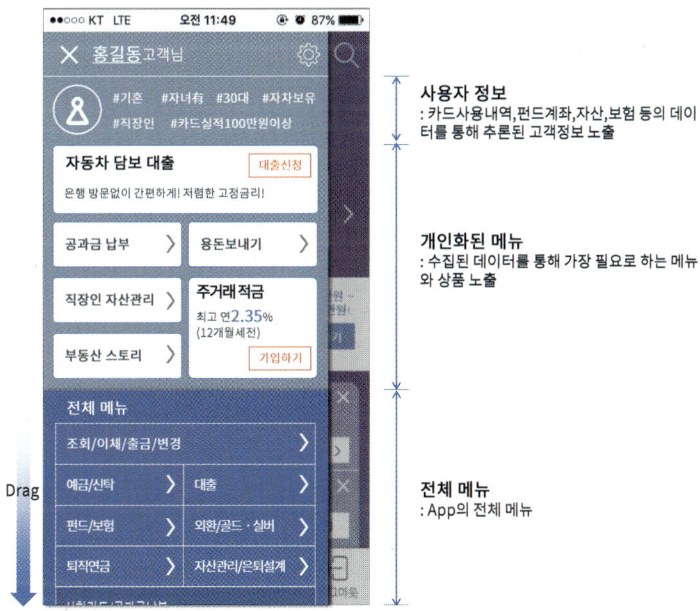

그림 343. 모바일 내비게이션 설계 예시 1

모바일 웹과 모바일 앱 간의 차이점

	모바일 웹	모바일 앱
OS 제한	없음	안드로이드, iOS 앱 별도 개발 필요
인터넷 제한	온라인에서만 사용 가능	오프라인에서도 사용 가능
설치	설치 단계 없음 (웹 브라우저 접속)	스토어를 통해 구매 및 설치
구축 비용	적은 비용, 적은 시간 (한 번의 개발 비용)	큰 비용, 많은 시간 (OS별로 개발)
업데이트 주기	긴 편. 웹 표준 업데이트 시 개편	짧은 편. OS 업데이트마다 개발 필요
업데이트 배포 과정	쉬움 (웹 접속 시 자동 반영)	어려움 (사용자가 스토어에서 업데이트)
준수 사항	웹 표준, 웹 접근성 등	OS별 가이드
인터페이스 구현 범위	좁음 (웹 브라우저 내 간단한 인터페이스)	넓음 (애니메이션, 동작 인식 등 다양)
실행 속도	느림	빠름
용량	일정 기간 쿠키 사용	삭제 전까지 늘 일정 용량을 차지
적합 콘텐츠	블로그, 뉴스, 스포츠 콘텐츠, 제품 리뷰, 비디오	소셜 미디어, 음악, 게임
내부 기기 연동	제한적	자유로움

이 내비게이션 설계 예시에서는 전체 메뉴를 온에어, 편성표, 마이페이지로 구분하고 일반적인 정보구조에 해당하는 온에어가 기본으로 노출되게 설계했다.

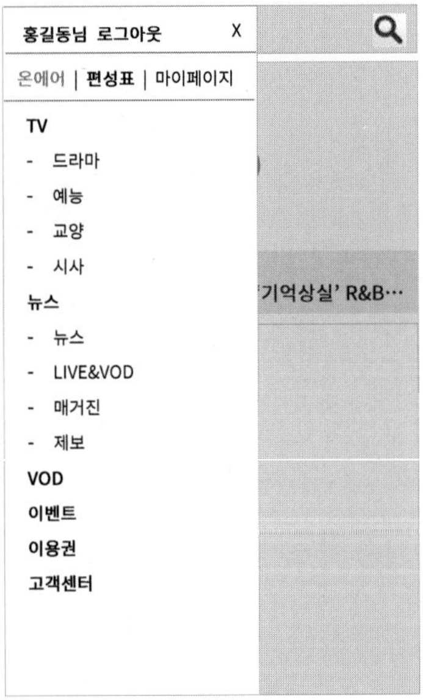

그림 344. 모바일 내비게이션 설계 예시 2

이렇게 원래의 정보구조를 하나로 제공하지 않고 전체 메뉴 상단을 통해서 구분해서 제공할 경우, 일반적인 메뉴에 대한 접근성은 유지하면서 주요 콘텐츠(이 경우에는 편성표, 마이페이지)로도 빠르게 접근할 수 있다.

오른쪽 내비게이션 예시는 전체 메뉴를 2단으로 나누어 1단계 메뉴를 왼쪽에 배치하고 그 하위 메뉴를 오른쪽에 배치한 설계다. 이러한 설계는 1단으로 메뉴를 배치한 것보다 1단계 메뉴들에 대한 접근성을 높일 수 있다는 장점이 있다.

상위 메뉴 간에 이동성이 좋아져서 사용자가 원하는 메뉴를 더 빠르게 찾을 수 있다는 장점이 있다. 전체 메뉴가 중요한 메뉴 탐색 방법인 서비스에서 이러한 방식을 채택한다.

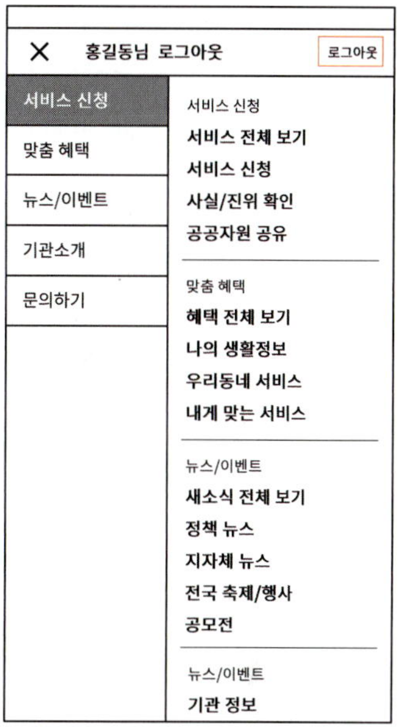

그림 345. 모바일 내비게이션 설계 예시 3

검색 설계

검색은 메뉴 탐색(Browsing)과 달리 키워드를 직접 입력하거나 조건을 여러 개 선택해서 원하는 정보로 빠르게 접근할 수 있는 탐색 방법이다. 길 안내나 예약 서비스 등에서는 아예 메뉴 탐색 없이 검색에 의해서만 정보를 탐색할 수 있게 되어 있다.

정보 탐색 패턴

- 전체 정보를 탐색 (예: 오늘의 새 소식)
- 특정 정보 범위만 탐색 (예: 경제 뉴스)
- 특정 정보 하나만 탐색 (예: 키워드 검색)
- 어떤 정보를 반복 탐색 (예: 날씨)

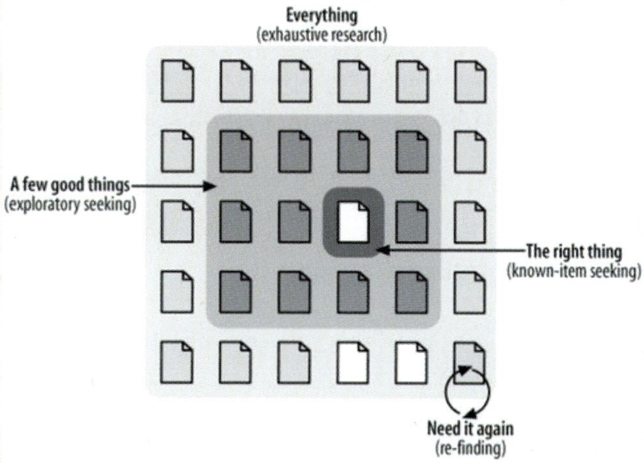

그림 346. 정보 탐색 패턴(출처: Peter Moville, Information Architecture)

검색 설계라고 하면 보통 작은 검색어 입력창 하나를 생각하기 마련이지만, 그 외에도 생각보다 디자인할 게 많다. 일단 눈에 보이는 것만 따져도 검색어 입력창과 옵션, 검색 결과 화면을 설계해야 하고, 눈에 보이지는 않지만 검색 리소스를 어디로 한정할 것인지, 연관 검색어나 추천 검색 결과는 어떤 식으로 보여줄 것인지를 고려해야 한다.

검색에서 설계해야 할 항목은 다음과 같다.

검색어 입력

- 검색 입력창의 위치
- 자동 완성
- 자동 추천
- 검색 기록

검색 옵션

- 검색 카테고리 선택
- 상세 검색 옵션
- 검색 결과 필터링

검색 결과 기능

- 연관 검색
- 추천 검색결과
- 검색결과 카테고리화
- 검색 결과 정렬

검색 리소스

- 소셜 검색
- 외부 리소스 검색
- 메타데이터/시소러스

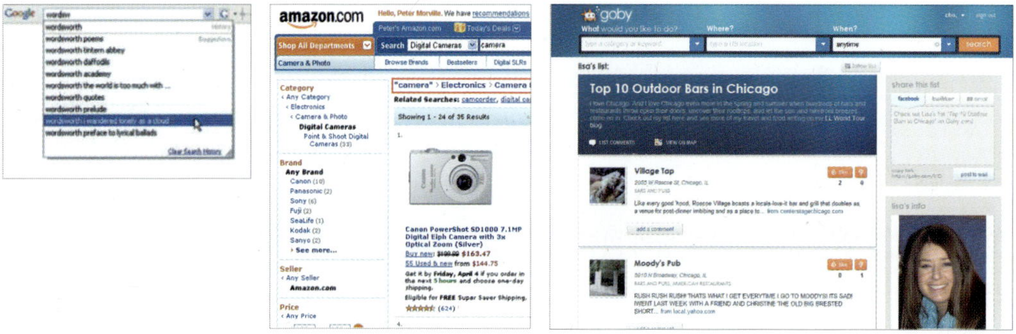

그림 347. 검색 설계 항목

검색어 입력창은 어디에 배치하는 것이 좋은가? 검색창은 비워 둔 채 놔두는 게 좋은가? 아니면 안내 문구나 추천 검색어를 미리 띄워 놓는 게 좋은가? 검색어 추천은 어떻게 작동돼야 하는가?

검색어 입력창은 처음 서비스 진입 시에 쉽게 접근할 수 있는 위치에 배치돼야 한다. 홈 화면의 상단 오른쪽이나 전체 메뉴 상단 영역이 좋다. 검색을 자주 하는 서비스가 아니라면 굳이 검색창을 완전히 보여줄 필요 없이 검색 아이콘만 보여줘도 충분하다.

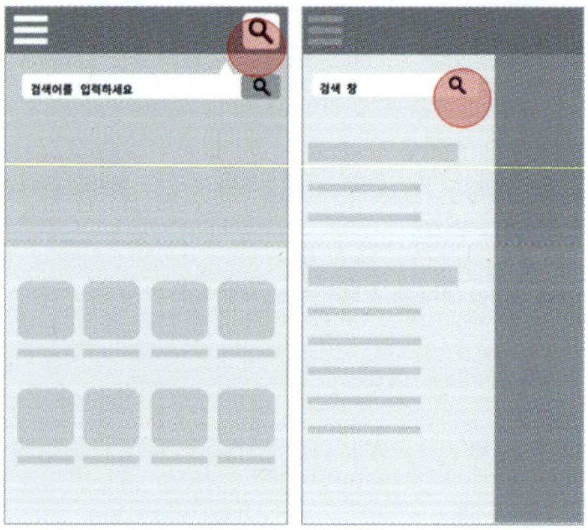

그림 348. 검색 입력창 위치

검색어 입력창 내에는 안내 문구를 제공해 검색어 예시나 입력 안내를 미리 알려주는 것이 좋다.

검색어를 잘못 입력했을 때는 검색 입력란에서, 검색 결과가 없을 때는 검색 결과 화면 내에서 검색 결과가 없음을 알리는 편이 좋다.

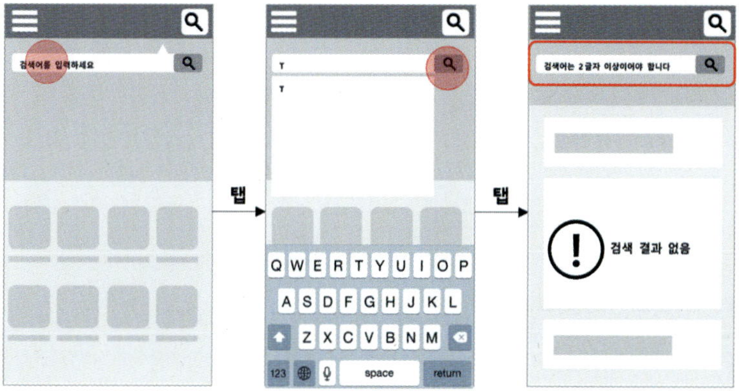

그림 349. 검색 시 안내 문구

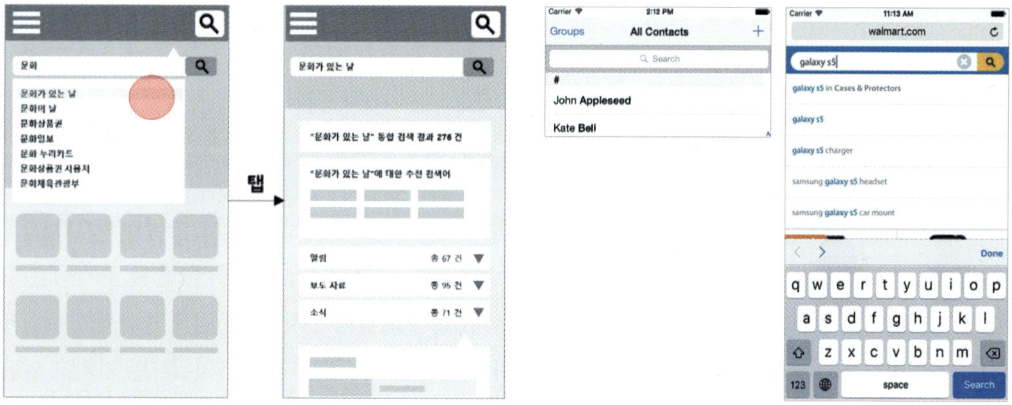

그림 350. 검색어 추천

'UX 여정〉 개인화'에서 얘기했듯이 처음에 빈 검색창을 탭 하면 사용자가 최근에 검색한 검색어들이 먼저 뜨고, 입력하는 키워드에 따라서 사용자의 이전 검색 기록(Search history)이나 키워드와 관련된 검색어를 추천하는 것이 좋다. 검색어 추천은 검색어 입력창은 물론, 검색 결과 화면에서도 '연관 검색어' 형태로 보여주는 것이 좋다.

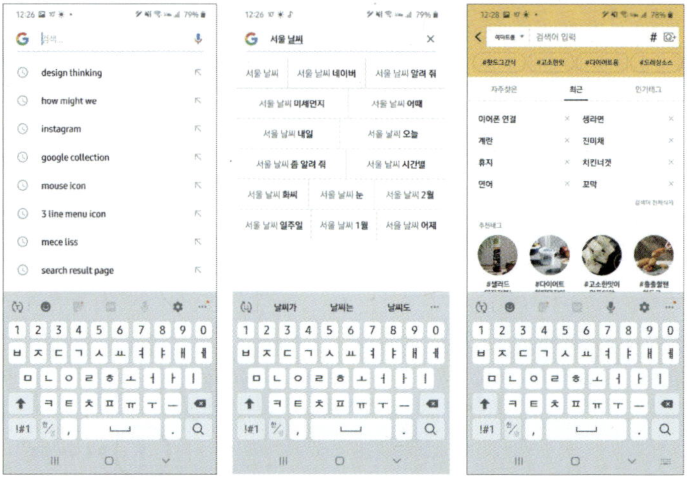

그림 351. 검색어 추천 예시. 구글, 이마트몰 앱

검색어 입력창에 안내 문구는 서비스 특색이 반영되어야 한다

'주문하려는 음식을 입력하세요', '어디의 날씨를 알려드릴까요?', '주식 종목명 또는 코드명'

위 구글 앱 예시를 보면 처음 검색어 입력창을 탭 했을 경우에 이전 검색어들이 나타나지만, 검색어('서울 날씨')를 입력하면 연관된 다른 검색어들이 밑에 나타난다. 오른쪽의 이마트몰은 검색어 입력창을 탭 했을 때 인기 검색어 태그, 최근, 인기 태그, 자주 찾는 등으로 연관 검색어를 구분해서 보여준다.

검색 옵션은 특정 정보 범위만 좁혀서 검색하고자 할 경우에 효과적이다. 키워드를 여러 개 결합할 경우에도 검색 결과 범위를 좁힐 수 있지만, 서비스가 제공하는 검색 옵션들을 선택하면 더 효과적일 수 있다. 모바일에서는 PC와는 다르게 검색 옵션을 검색어 입력창 옆에 두지 않고, 검색 결과화면에서 제공한다. 서비스 특성상 조건 검색을 제공하는 경우가 아니라면 대부분의 검색은 키워드만 가지고 일단 시작한다.

검색 결과 화면의 구성요소

- 검색 결과: 검색 결과는 검색어와의 연관도 순으로 단순 나열하는 것보다는 카테고리 구분이나 추천 검색 결과 형태로 제공되는 것이 바람직하다.
- 연관 검색어: 검색어와 의미가 연관된 다른 검색어를 보여주면 사용자는 재검색이나 추가적인 탐색을 쉽게 할 수 있다.

- 검색 옵션: 검색 결과가 너무 많을 경우에 사용자의 관심사에 따라서 그 범위를 좁힐 수 있는 기능을 제공하는 것이 좋다.
- 카테고리 구분: 서비스 구조나 정보의 속성에 따라서 검색 결과를 카테고리로 구분하면 원하는 결과에 좀 더 빠르게 접근할 수 있다.
- 추천 검색 결과: 검색 결과 중 가장 신뢰도가 높고 사용자가 반드시 알아야 할 정보를 말한다.

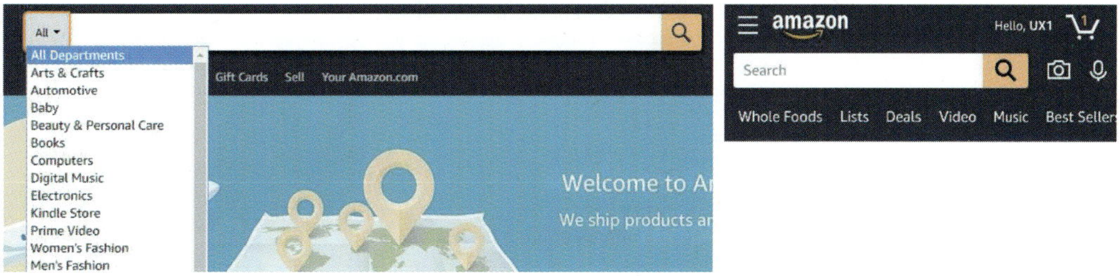

그림 352. PC와 모바일에서의 검색 옵션 차이

검색 결과 화면에서는 검색 결과, 연관 검색어 외에 검색 옵션, 추천 검색 결과(Best Bet), 검색 결과 카테고리를 제공해 재검색이나 추가적인 탐색을 돕는다.

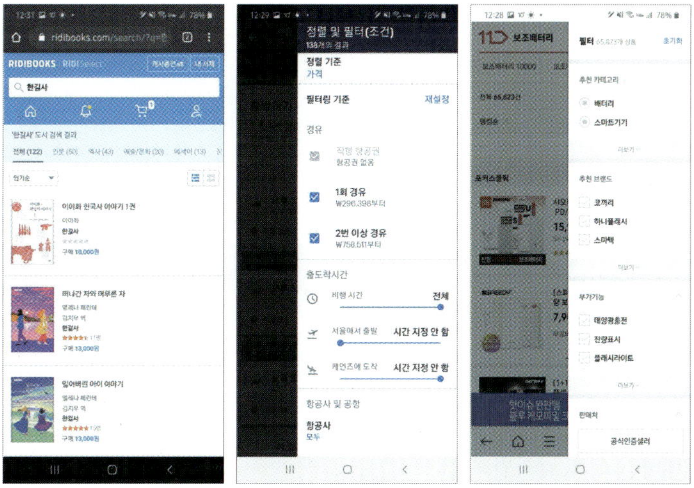

그림 353. 검색 결과 화면 예시. (왼쪽부터) 리디북스, 스카이스캐너, 11번가

위 예시들은 검색 결과 화면에서 카테고리 구분이나 검색 옵션을 제공한다.

최근에는 검색어 입력창 하단에서 바로 결과를 알려주거나 검색어의 맥락을 검색 결과에 반영하고, 검색어에 대해서 단계를 거치지 않고 바로 결과로 제시하는 사례도 있다.

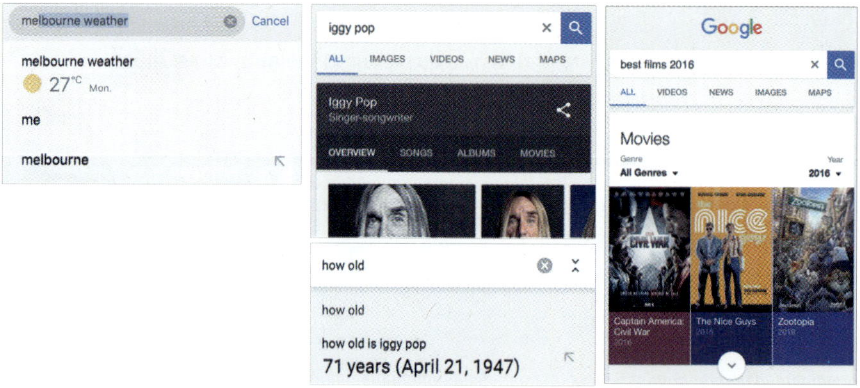

그림 354. 구글이 최근에 선보인 검색 UX

필터/태그 설계

필터나 태그는 특정 정보 범위 또는 특정 정보 하나에 바로 접근할 수 있게 돕는 중요한 경험요소다. 필터는 사용자들이 원하는 조건을 직접 선택해야 하지만, 태그는 정보와 관련된 키워드를 단순히 선택만 하면 바로 이용할 수 있다는 점에서 차이가 있다.

> 필터는 원하는 정보를 찾는 조건을 사용자가 직접 고민하고 제스처해야 한다는 측면에서 목적의식적인 동기에 적합하고, 태그는 미리 제시된 것 중에 하나를 선택만 하면 된다는 측면에서 비 목적의식적인 동기에 더 적합하다.

TodayTix 앱은 검색창 하단에 드로어패널(drawer panel) 형태의 필터를 제공해 공연들을 날짜, 장소, 유형별로 실시간 검색할 수 있게 했다.

지나친 복잡성을 피하기 위해 날짜별 시간대를 구체적으로 정하지 않고 낮과 밤으로만 제한한 점이나 티켓 가격을 자주 검색하는 조건으로 선택하게 한 점은 UX 측면에서 높이 살 만하다.

그림 355. TodayTix

인스타그램에서의 쇼핑 포스트(shopping post). 인스타그램상에서 태그된 상품 이미지를 보다가 특정 아이템을 선택하면 구매로 이어질 수 있다.

목적의식적인 동기보다는 우연적인 발견에 의한 비 목적의식적인 동기가 더 강하다.

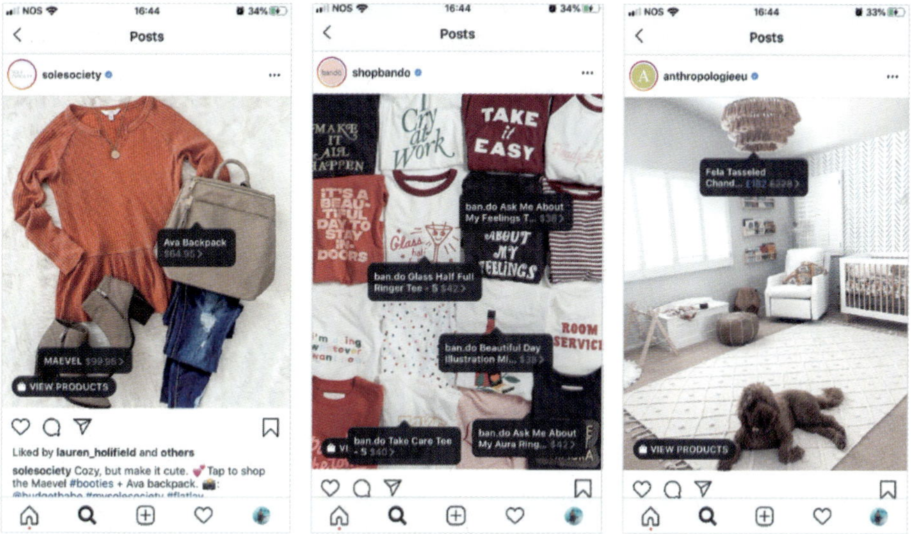

그림 356. 인스타그램 쇼핑 포스트 (출처: Nikki Canning, Later)

포스퀘어는 기본 필터링과 상세 필터링을 둘 다 제공하여 주변 장소를 대충 빠르게 찾거나 느리지만 상세하게 찾는 것이 모두 가능하다.

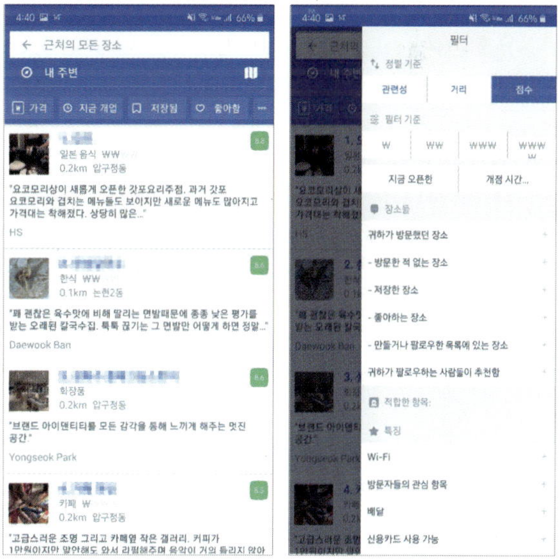

그림 357. 포스퀘어

필터는 선택한 조건을 모두 만족하는(AND 조건) 결과만 보여주는 방식과 선택한 조건에 해당하는 (OR 조건) 결과는 모두 보여주는 방식이 있다. 어떤 로직(Logic)이 UX적으로 더 적합한지 선택해야 한다.

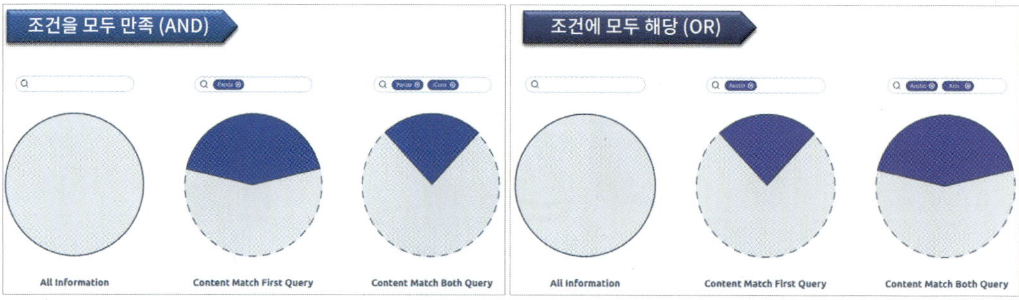

그림 358. 필터 로직 (출처: Zhiyu Xue, UX Collective)

필터를 설계할 때는 필터 이후 맥락도 함께 고려해야 한다. 이러한 맥락은 특정 결과만 찾고자 할 때와 목록 중에서 원하는 결과만 보고자 할 때, 전체 목록 가운데 조건에 맞는 결과를 확인하고자 할 때로 나눌 수 있다.

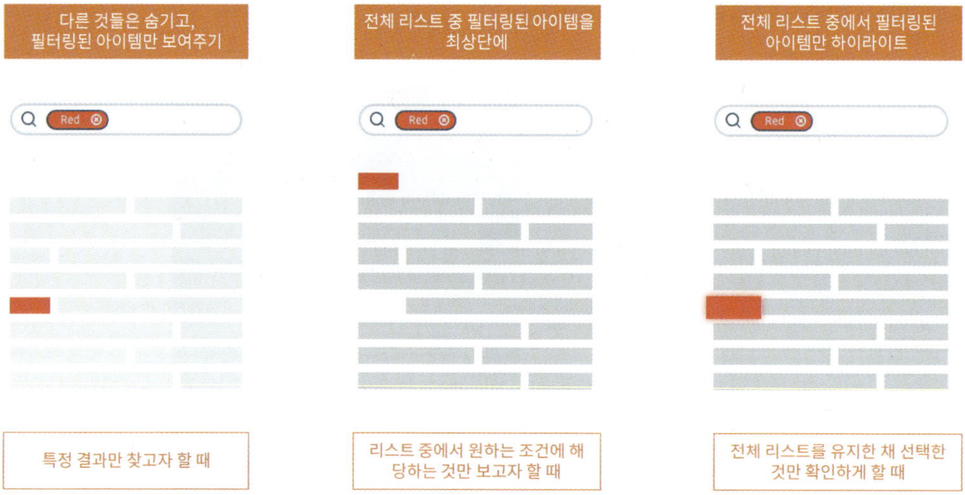

그림 359. 필터 이후 맥락 고려 (출처: Zhiyu Xue, UX Collective)

필터는 탐색뿐만 아니라 개인화와도 밀접하게 맞물려 있다. 사용자들은 관여도가 높은 서비스에서 같은 행동을 반복할 경우 불만이 높아질 수 있다. 매번 필터링하지 않아도 처음에 설정한 조건들이 자동으로 적용되면 좋은 UX를 제공할 수 있다.

오른쪽은 부킹닷컴의 필터 화면인데, 장소나 일정을 다르게 검색할 때마다 매번 같은 조건을 필터링해야 하는 피곤함이 따른다. 사용자들이 자주 찾는 조건들이 기본으로 세팅돼 있다면 이러한 수고가 줄어들 것이다.

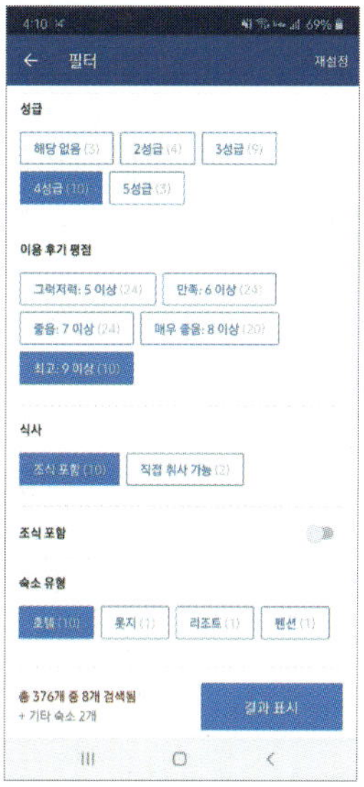

그림 360. 부킹닷컴

태그에서도 개인화가 필요할 수 있다. 일반적인 태그가 아니라 사용자의 성향이나 이전 활동 이력, 관심사에 기반해서 태그를 제공하면 사용자들을 좀 더 서비스에 깊이 참여(Engaging)시킬 수 있다.

다음 예시는 필터와 검색이 결합된 디자인이다. 키워드를 몇 개 입력하면 관련된 조건들이 검색어 입력창 아래로 제시되는데, 이 가운데 선택을 하면서 필터 조건을 완성해 나가는 UX다.

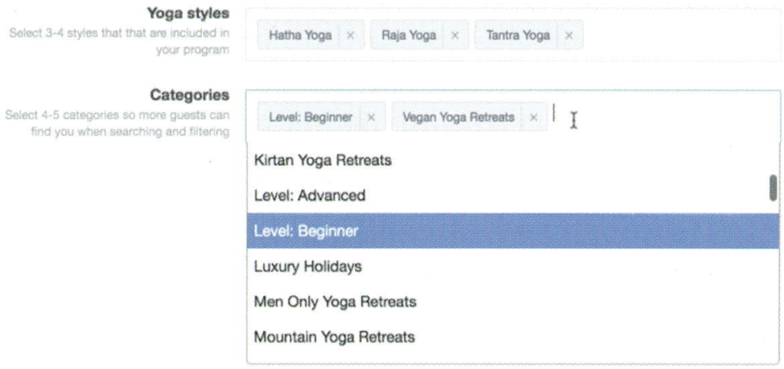

그림 361. 필터와 검색이 결합된 예시

오른쪽 예시는 필터와 태그가 결합된 디자인이다. 사용자가 제시된 태그 중에서 몇 가지를 선택하면 그와 관련된 결과에 접근할 수 있는 UX다.

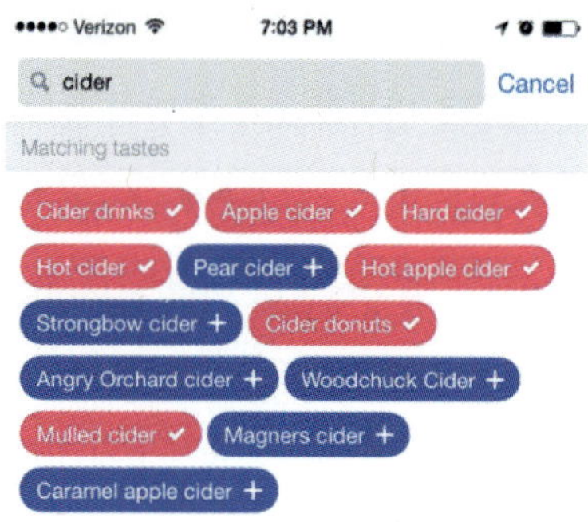

그림 362. 필터와 태그가 결합된 예시
(출처: Zina Szőgyényi, Medium)

레이블링

레이블링은 서비스의 메뉴명, 정보명, 검색 조건명, 필터명, 태그명 등을 설계하는 작업이다. 이미 실체가 존재하는 정보에 이름만 붙이는 작업이다 보니 자칫 간과되기 쉬운데, 사용자 관점에서 봤을 때 정보의 레이블은 서비스를 구성하는 정보이자 기능이자 구조다. 내비게이션이 탐색을 돕는 가이드 역할을 맡는다면 레이블은 정보 자체를 대표하므로 레이블링은 중요한 작업이다.

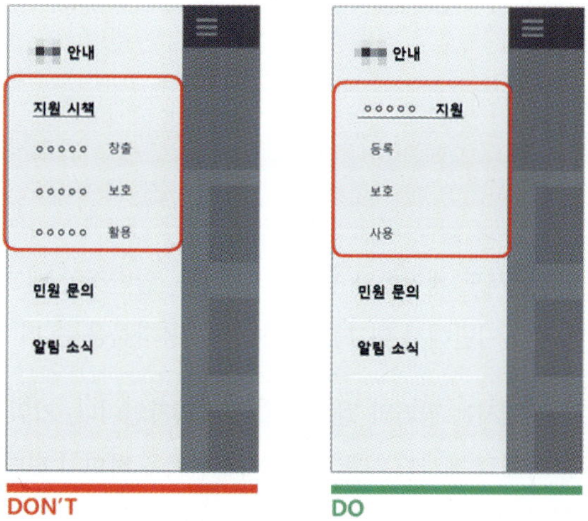

그림 363. 레이블링의 좋은 예시와 나쁜 예시

레이블링의 원칙

- 모든 레이블은 정보를 대표해야 한다. 레이블만 봐도 정보가 연상돼야 한다.
- 사용자 입장에서 레이블을 정한다.
  - 운영자들이 사용하는 전문 용어를 피한다.
  - 사용자들이 잘 모르는 기술적인 용어를 피한다.
  - 함축적인 뜻을 지닌 용어나 유행어를 피한다.
  - 생략된 용어를 피한다.

- 사용자가 해야 할 행동을 제시하는 서술적인 레이블이 좋다.
- 한 서비스에서 중복되는 레이블은 피한다.
- 일관된 레이블의 원칙
  - 하위 정보로 들어갈수록 보다 세밀화된 레이블을 적용하라.
  - 같은 내비게이션에 배치된 레이블은 문법적으로도 동일하게 하는 것이 좋다.
  - 레이블의 일관된 폰트, 크기, 스타일은 단일하게 구성됐다는 인상을 준다.
  - 특정 정보에 대한 레이블은 사이트 어느 곳에서든지 동일한 이름을 가져야 한다.
- 레이블 길이에 주의하라. 너무 길면 좋지 않다.
- 품사를 통일한다(예: 가입, 신청하기 등 품사를 혼용하지 않고 가입, 신청으로 통일).
- 되도록 영어, 우리말 사용 등 사용하는 언어도 통일한다(예: E 뉴스 대신 인터넷 뉴스).
- 메뉴명 관리를 하나의 시스템으로 생각하고 전체적인 가이드를 미리 수립한 후 설계한다. 예를 들어 단계(Depth)별로 원칙을 수립해 메뉴명에 대한 가이드라인을 만든다(예: 1단계: 4자 이내/일반적인 단어, 2단계: 6자 이내/개성을 허용하여 키워드, 부호 사용).

이용흐름 설계

이용흐름 설계란 사용자가 특정한 작업(Task)을 완료하기 위해서 서비스 내에서 움직이는 경로를 정리하는 것이다. 사용자 시나리오보다 더 구체적이며 UI, 행동, 판단으로 표현된다.

이용흐름의 구성요소

- 목표(User goal): 사용자가 서비스를 통해서 얻고자 하는 결과
- 작업(Task): 목표를 위해서 실제 사용자가 취한 방법
- UI: 서비스가 사용자에게 정보를 제시하기 위한 접점
- 행동: 사용자가 작업을 완료하기 위해 UI상에서 보이는 주 활동 및 보조 활동
- 판단: 사용자 행동 후 그 결과가 분기될 경우 그 분기점을 표시한 것

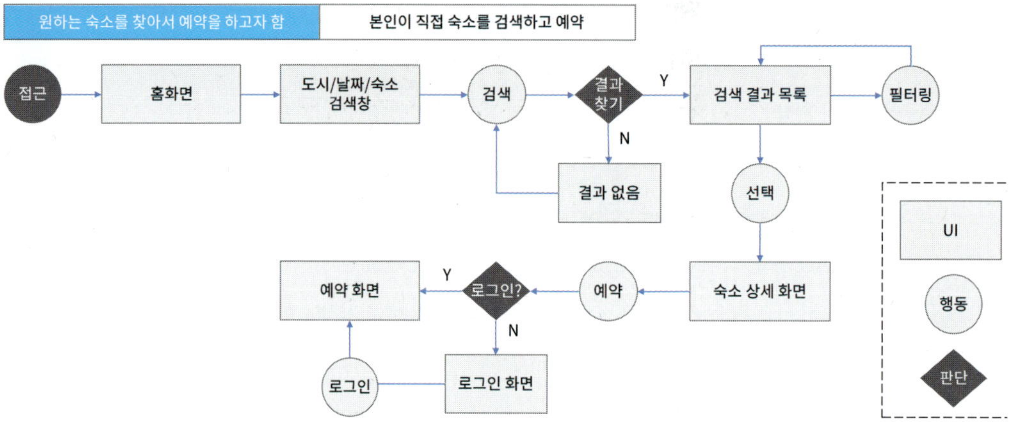

그림 364. 이용흐름 예시

위 예시는 숙소 예약 서비스를 예로 든 이용흐름이다. 네모상자는 UI를 나타내며 한 개의 화면일 수도 있고, 화면 내 특정 부분일 수도 있다. 동그라미는 사용자들이 작업을 완료하기 위해서 취하는 행동이다. 마름모는 판단으로 사용자의 행동 후 결과 유무나 로그인 여부에 따라서 다른 UI, 행동으로 이어진다.

이용흐름은 작업흐름(Task flow)과 화면흐름(Wire flow)으로 나뉘며, 최종적인 이용흐름(User Flow)은 UI 설계 과정에서 완성된다. 다음 이미지는 이용흐름 설계 과정을 보여준다.

1. 사용자 시나리오로부터 목표와 작업을 추출한다.
2. 작업흐름을 설계한다.
3. 화면흐름을 설계한다. 여기서 이야기하는 화면은 와이어프레임 수준으로 대략적인 정보 구성과 배치만 나타낸 것이다.
4. UI 설계 과정에서 최종적인 이용흐름을 완성한다. UI뿐만 아니라 제스처(gesture)나 상태 변화(transition)와 같은 인터랙션도 이용흐름에 반영된다.

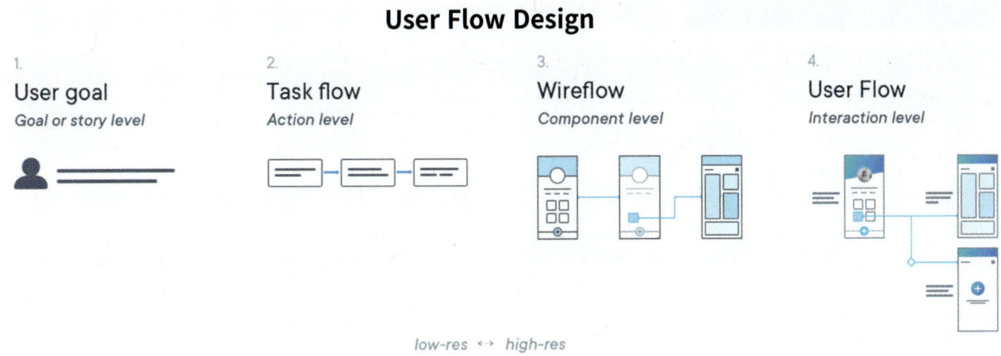

그림 365. 이용흐름 설계 과정 (출처: Alexander Handley, UX Collective)

다음은 작업흐름과 화면흐름 예시다.

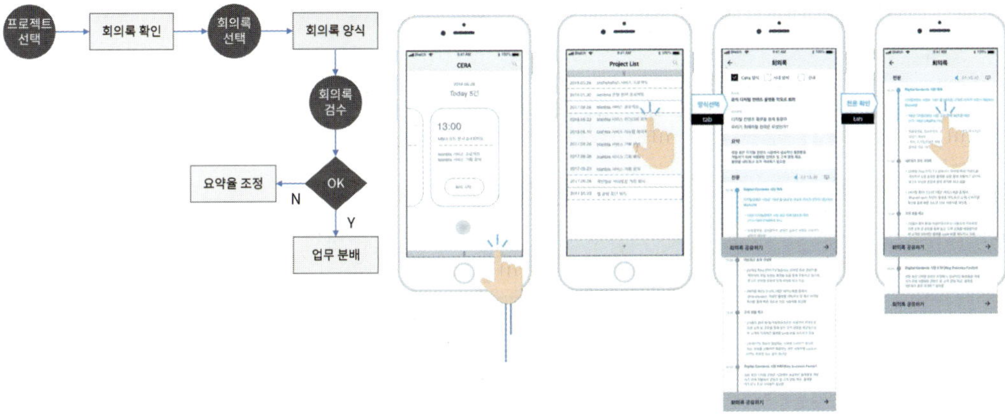

그림 366. 작업흐름(좌)과 화면흐름(우) (출처: 라이트브레인 UX 아카데미 6기 CERA조)

UX/UI 디자인의 대상인 디지털 서비스에는 하나가 아닌 여러 개의 화면이 들어가 있고 각 화면은 특정 작업에 따라 순차적으로 연결된다. 이용흐름 설계의 목적은 그러한 과정을 목적 및 작업에 따라 명시적으로 나타내는 것이기 때문에 작업흐름은 이용흐름에서도 가장 중요하다. 화면흐름부터는 '흐름'보다는 UI나 인터랙션에 대한 설계가 더 중요해지기 때문에 이용흐름 설계는 사실상 작업흐름 설계라고 봐도 무방하다.

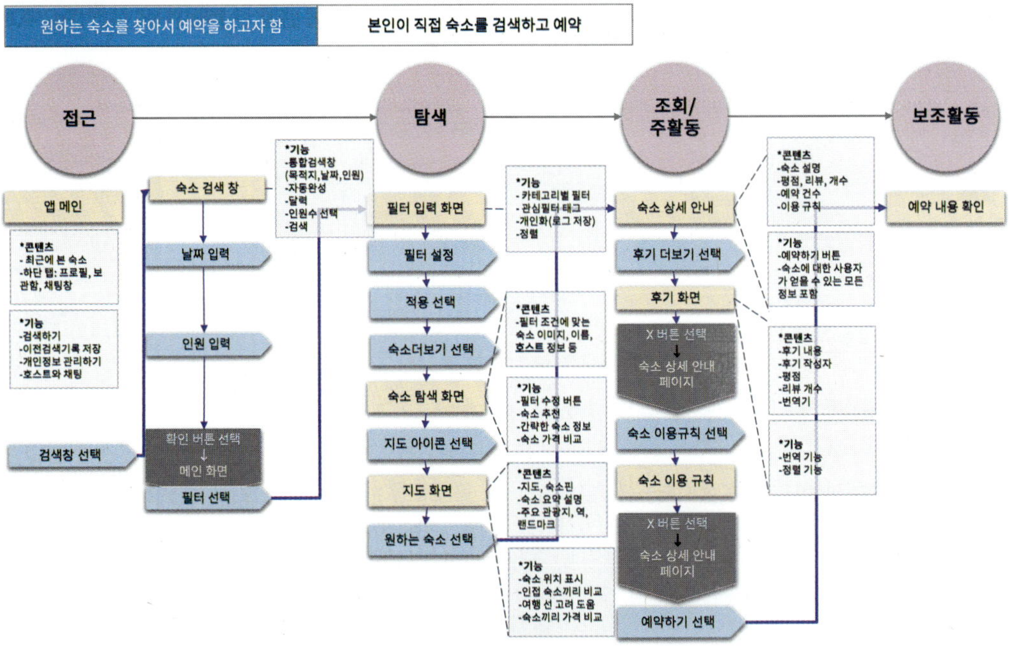

그림 367. 작업흐름 예시 (출처: 라이트브레인 UX 아카데미 8기 AirBnB조)

위 예시는 에어비앤비에서의 새로운 숙소 검색 및 예약 과정에 대한 작업흐름이다. 이용흐름의 요소뿐만 아니라 각 UI에 필요한 콘텐츠와 기능도 별도로 명시되어 있다(회색 사각형). 이것만 있으면 각 화면이 어떻게 구성되는지, 어떻게 연결되는지를 어느 정도 파악할 수 있다.

잘 만들어진 작업흐름 설계서는 이후 진행될 UX/UI 디자인에 큰 역할을 한다.

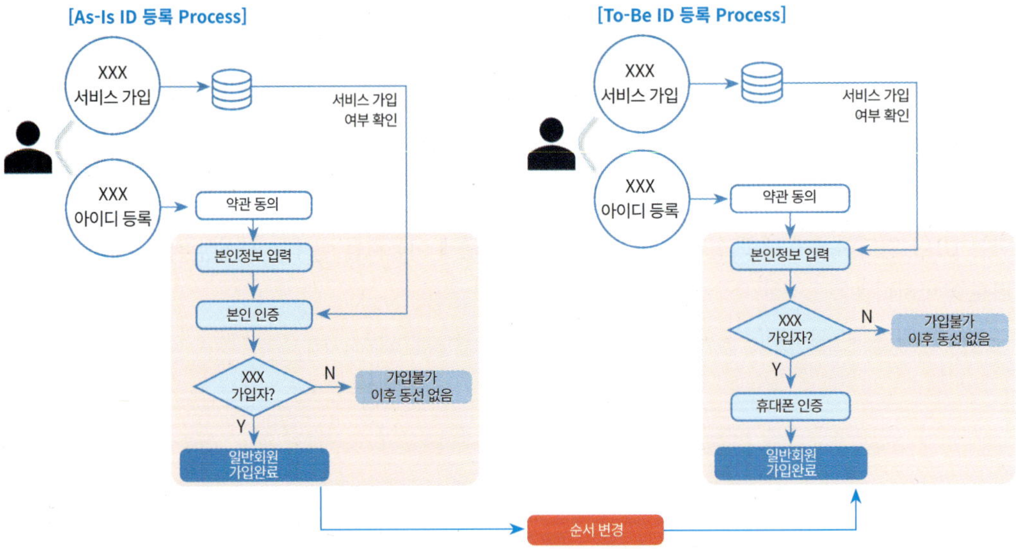

그림 368. 기존(As-is)과 신규(To-Be)를 대비한 작업흐름 예시

인터랙션 설계

좋은 인터랙션은 서비스 UI를 생동감 있게 만들고 이용흐름을 보다 매끄럽게 이어주며, 딱딱한 정보 구조의 바다를 원활하게 탐색할 수 있게 도와준다. 이렇게 인터랙션이 UX/UI 디자인에서 매우 중요한데도 불구하고 그 중요성은 최근 들어서야 주목받기 시작했다. 그 선봉에는 구글의 머티리얼 디자인(Material Design)이 서 있다.

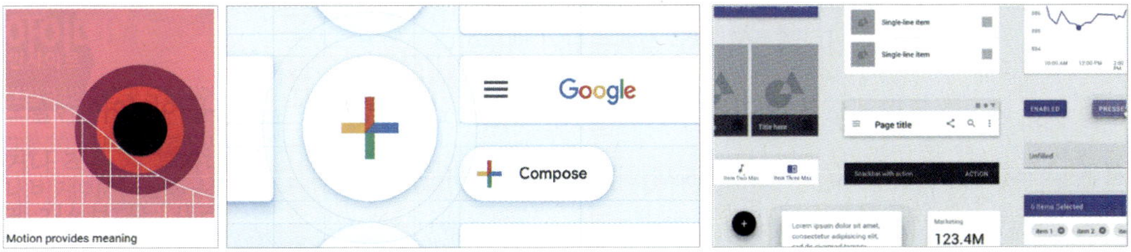

그림 369. 구글 머티리얼 디자인 콘셉트

구글 머티리얼 디자인에는 정적인 UI 요소에 동적 움직임이나 제스처에 따른 매끄러운 상태변화를 통해서 UI의 생동감을 넣는다는 콘셉트가 있다. 머티리얼 디자인은 구글 서비스뿐만 아니라 대부분의 모바일 앱에 영향을 미쳤다.

누군가 '서비스는 훌륭해. 그런데 이용하는 데 익숙해지기 힘들더라고'라고 말했다면 그것은 인터랙션과 관련됐을 확률이 높다. 인터랙션은 주로 동작과 관련이 있기 때문이다. 정보의 현재 상태를 표시하고 동작을 유도, 실행하는 것도 인터랙션의 한 영역이다. 인터랙션은 사용자가 서비스를 제어하는 상호작용 전반을 의미한다.

UX/UI 디자인에서의 인터랙션 구성요소

- 제스처(Gesture): 모바일과 같이 직접 손으로 제스처하는 NUI(Natural User Interface) 환경에서는 어떤 제스처로 UI를 조작하는지가 중요하다. 가장 일반적으로 쓰이는 탭 외에도 스크롤(위아래로 움직이기), 패닝(전 방향으로 움직이기), 스와이프(옆으로 움직이기) 등 다양한 제스처 방식이 있다.
- 선택/실행(Selection/Action): 제스처를 통해 UI상의 특정 요소를 선택하거나 실행, 또는 실행을 위한 도구를 불러오는 것이다.
- 상태(States): 현재 상태를 알리는 것은 UX에서 큰 의미를 갖는다. 선택 여부, 실행 가능 여부, 진행 중 여부를 알림으로써 사용자의 제스처나 선택/실행에 대한 피드백을 제공하는 것이다.
- 상태변화(Transition): 사용자의 제스처에 따라서 UI 요소의 상태가 변화되는 움직임을 말한다. 처음 상태에서 마지막 상태로 변화되는 과정이라고 볼 수 있다.

제스처

제스처는 가장 기본적인 인터랙션 요소다. 사용자들은 제스처를 통해 무언가를 선택하고 실행하며, 상태를 변화시킨다. 제스처가 매끄럽다는 의미는 사용자가 기대한 동작-결과 간 조합이 잘 맞아떨어졌다는 것이다. 메시지 목록 가운데 하나를 꾹 누르면(Long tab) 저장/삭제/스팸 처리/공유 등의 기능이 나올 줄 알았는데, 아무런 변화가 없거나 이동/검색/카메라와 같은 엉뚱한 기능이 나왔다면 인터랙션이 잘못 설계된 것이다. 살짝만 옆으로 움직여서 다른 이미지를 볼 의도였는데, 화면 전체가 움직여 버리는 것도 제스처에 대한 인터랙션이 잘못 설계되었기 때문이다.

여러 개의 이미지를 옆으로 늘어놓고서 사용자가 제스처하면서 보는 방식에서는 작은 스와이프(Small Swipe)가 적용된다. 이와 달리 화면 전체를 움직일 때는 큰 스와이프(Large Swipe)를 적용한다.

그림 370. 작은 스와이프(Small Swipe) 예시

표 24. 모바일에서의 대표적인 제스처 방식

조작	방식	설명
탭		화면의 일정 부분을 눌렀다가 떼는 동작
더블 탭		화면의 같은 부분을 일정시간(1초) 이내에 2회 눌렀다가 떼는 동작
롱 탭		화면의 같은 부분을 일정시간(1초) 이상 누르고 있는 동작
스크롤		화면의 위아래로 움직이는 동작
패닝		화면의 한 지점을 누른 상태에서 자유롭게 움직이는 동작
작은 스와이프		화면의 두 지점을 옆으로 작게 이동하였다가 떼는 동작
큰 스와이프		화면의 두 지점을 옆으로 크게 이동하였다가 떼는 동작
드래그&드롭		화면의 한 UI 요소를 누른 상태에서 이동하였다가 떼는 동작
핀치 인		떨어진 두 손가락을 누르면서 반대 지점으로 벌리는 동작
핀치 아웃		떨어진 두 손가락을 누르면서 동일 지점으로 모으는 동작

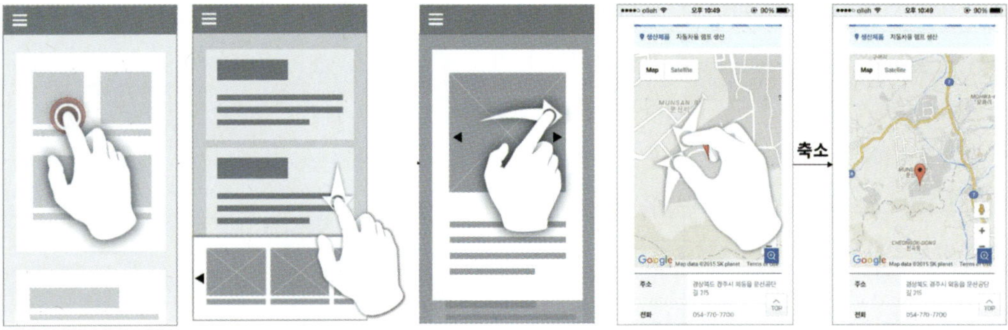

그림 371. (왼쪽부터) 롱 탭, 스크롤, 큰 스와이프, 핀치 아웃 예시

제스처 방식은 UI 개발 과정에서 자동으로 입혀지는 게 아니다. UXer가 사용자의 동작-결과 간 기대와 해당 시점에서의 맥락을 고려해 신중하게 설계해야 한다.

넷플릭스 왓챠플레이

그림 372. 넷플릭스와 왓챠플레이의 동영상 플레이 화면

위 예시는 유명 OTT 서비스인 넷플릭스와 왓챠플레이의 동영상 플레이어 화면이다. 동영상 감상 시 사용자들이 많이 하는 동작은 재생 구간 이동, 소리 조정, 밝기 조정, 자막 설정, 다음 에피소드 보기 등이 있을 것이다. 이러한 기능들을 플레이어 화면 위에 표시해 UI적으로 해결할 수도 있지만, 빠르게 탭을 하거나 스와이프와 같은 제스처 방식으로도 해결이 가능하다. 넷플릭스는 화면 좌우를 탭 해서 10초 간격으로 이동하거나 왼쪽 화면을 위아래로 움직여서 밝기 조절을 할 수 있게 했다. 왓챠플레이는 밝기 조절은 없지만, 빨리 감기의 제스처 편의성은 넷플릭스보다 뛰어나다. 빠르게 누를 경우 정해진 10초보다 더 건너뛸 수 있다. 그러나 둘 다 소리를 조정하려면 하드웨어 볼륨 버튼을 쓰거나 UI상에서 볼륨 기능을 찾아야 한다.

그에 비해 왼쪽 네이버 시리즈온 서비스는 제스처를 통한 볼륨, 밝기, 재생 구간 이동이 훨씬 편리하다. 제스처는 대략적인 위치 내에서 상하좌우와 같은 단순한 동작을 취하는 것만으로도 기능을 실행할 수 있기 때문에 UI나 하드웨어의 관련 기능을 이용하는 것보다 훨씬 편리할 수 있다.

그림 373. 네이버 시리즈온의 플레이 제스처 방식

선택/실행

제스처가 인터랙션의 기본이라면 제스처를 통해서 특정한 기능을 불러와서 선택하거나 실행하는 활동들은 인터랙션의 중심이라고 할 수 있다. 제스처가 화면 내 이동을 주로 다루는 데에 비해서 선택/실행은 화면과 화면을 이어주거나 화면 내에 숨겨진 기능을 호출하고 화면의 상태를 변화시키는 것과 관계가 있다.

> 제스처를 통해 특정 UI 요소의 선택/실행이 동작되고, 그 결과로 UI의 변화가 일어난다.

표 25. 모바일에서의 선택/실행 방식

선택/실행 방식	설명	관련된 제스처
맥락 도구 (Contextual tool)	선택한 항목을 조작할 수 있는 기능들이 나타난다.	롱 탭
목록 내 활동 (In-line Action)	해당 목록에 직접 기능이 표시되거나 제스처에 따라서 숨겨져 있던 기능들이 나타난다.	탭, 작은 스와이프
툴바 (Tool Bar)	화면 하단이나 화면 위에 화면내 정보를 조작할 수 있는 기능이 표시된다.	탭
옵션 메뉴 (Option Menu)	화면을 탭하면 서비스 상태나 서비스를 제어할 수 있는 기능이 화면 상하단에 표시된다.	탭, 더블 탭
주활동 버튼 (Call to Action Button)	서비스의 주활동에 관련된 버튼으로 현재 화면을 다른 화면으로 이어준다.	탭
상태변화 버튼 (Multi-state Button)	하나의 버튼이 사용자의 조작이나 맥락에 따라 상태가 변화된다.	탭, 롱 탭

위 표는 모바일에서의 선택/실행 방식을 보여준다. 특정 제스처로 항목 하나를 선택/실행하는 것에서부터 기본으로 표시된 상태에서 화면 전체를 제어하거나 다른 화면으로 이어주는 것까지 모바일에서는 다양한 선택/실행 방식이 존재한다.

롱 탭은 특정 목록을 선택하는 모바일만의 독특한 제스처 방식이다. 롱 탭이 있기 때문에 UI상에서 굳이 체크 박스를 둘 필요가 없어졌다. 선택하려는 항목을 꾹 누르면 해당 항목이 선택되면서 UI 전체가 선택 모드로 전환되기 때문이다.

그림 374. 모바일에서 롱 탭은 체크박스를 대신한다.

선택/실행 도구들은 처음부터 UI상에 고정된 방식과 사용자 제스처 이후에 나타나는 방식이 있다. 맥락 도구나 옵션 메뉴가 사용자 제스처 이후에 나타나는 선택/실행 방식이고 나머지는 대부분 처음부터 UI상에 고정되어 있다.

맥락 도구(Contextual Tool)는 롱 탭을 했을 때 선택/실행 도구가 나타나는 방식이다. 서비스에 따라서 상하단에 도구가 나타나는 경우와 선택한 항목의 위에 나타나는 경우가 있다.

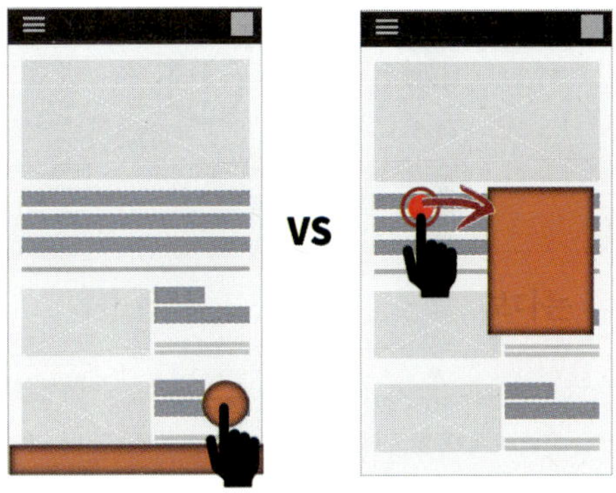

그림 375. 처음부터 선택/실행 도구가 고정된 방식과 제스처 이후 나타나는 방식

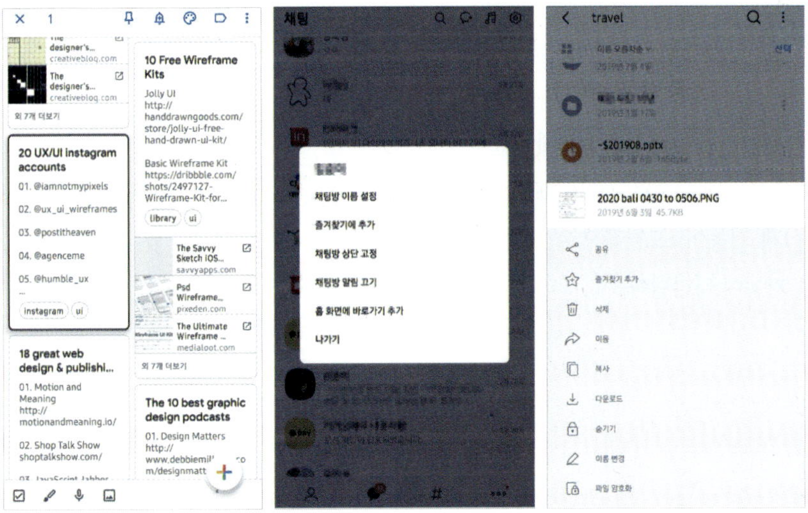

그림 376. 맥락 도구 예시. (왼쪽부터) 구글 Keep, 카카오톡, 클라우드베리

여러 항목에 대해 선택/실행이 되는 경우에는 화면 상하단에 도구가 나타나는 게 맞으며, 한 건에 대해서만 실행되는 경우에는 상하단보다는 선택 항목 위에 나타나는 게 더 바람직하다. 위 오른쪽 예시처럼 롱 탭이 아닌 더보기(⋮) 클릭 시 맥락 도구가 뜨는 경우도 있다.

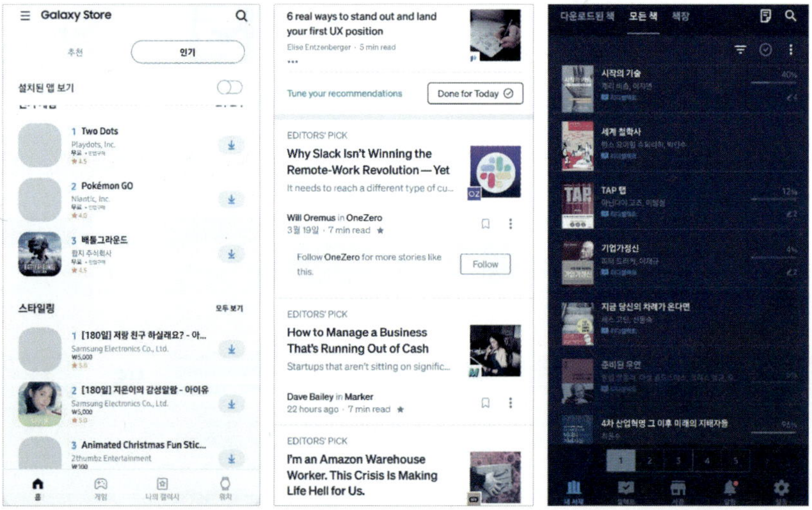

그림 377. 목록 내 활동 예시. (왼쪽부터) 갤럭시 스토어, 미디엄, 리디북스

목록 내 활동(In-line Action)은 각 목록 옆에 기능이 자리 잡고 있는 방식이다. 탭 하기만 하면 바로 실행되기 때문에 사용자의 행위를 단축해주는 효과가 있다. 주로 재생, 다운로드, 즐겨찾기 등이 나타난다.

목록에서 작은 스와이프(Small Swipe)로 숨겨진 기능을 호출하는 것도 목록 내 활동에 속한다. iOS 메일 서비스에서는 왼쪽으로 스와이프를 하면 더보기/플래그/삭제 기능이, 오른쪽으로 스와이프를 하면 아카이브 기능이 나타난다.

그림 378. 작은 스와이프를 이용한 목록 내 활동 (출처: Tim Hardwick, MacRumors)

툴바는 처음부터 UI상에 고정되어 화면이나 화면 내 정보를 조작하는 방식이다. 보통 하단에 바 형태로 있거나 화면 위에 (+) 아이콘 형태로 떠 있다. 주: 이를 플로팅 버튼(Floating button)이라고 한다.

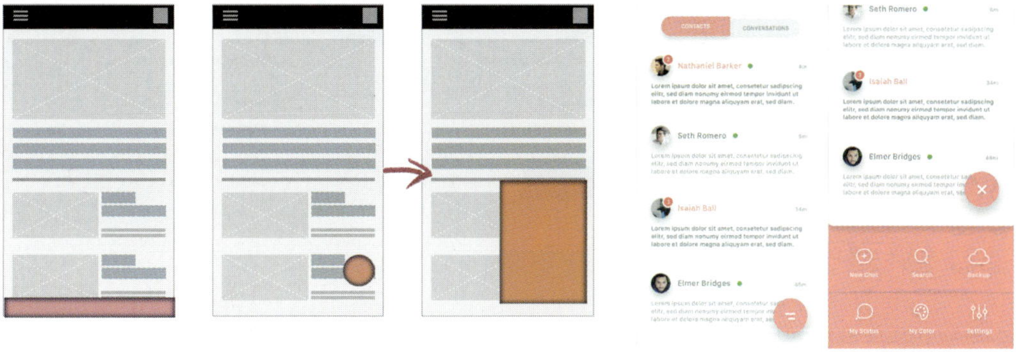

그림 379. 툴바 유형(하단 고정형, 플로팅형), 플로팅형의 예시 (출처: Eike Drescher, dribbble)

위 오른쪽 예시는 화면에 떠 있는 툴바를 탭 하면 위가 아닌, 아래에 기능이 열려서 현재의 화면 이용 맥락을 유지하면서 필요한 기능을 불러올 수 있는 좋은 UX다.

옵션 메뉴는 콘텐츠 화면에서 화면 아무 데나 탭 하면 열리는 선택/실행 방식이다. 보통 독서, 웹툰, 음악 앱에서 이 방식을 많이 활용한다.

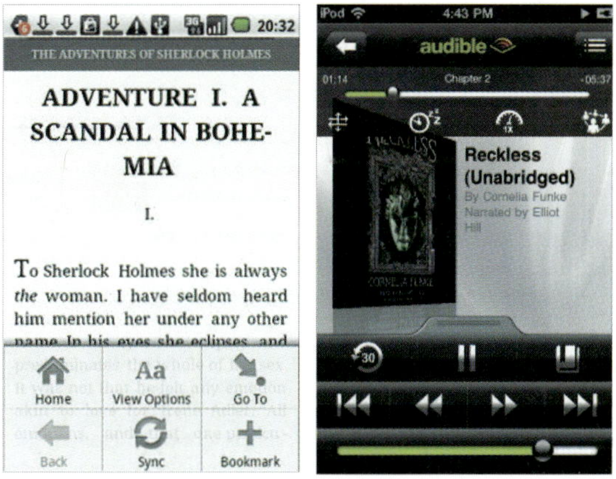

그림 380. 옵션 메뉴 예시 (출처: Designing Mobile Interface)

옵션 메뉴는 이용 중에 탭이라는 간단한 동작 하나만으로 콘텐츠 조작과 관련된 기능을 불러올 수 있다는 장점이 있다.

주 활동 버튼은 UX 여정상 주 활동을 마무리 짓거나 특정 작업(Task)을 완료하는 중요한 버튼이며, 다른 버튼보다 강조된다.

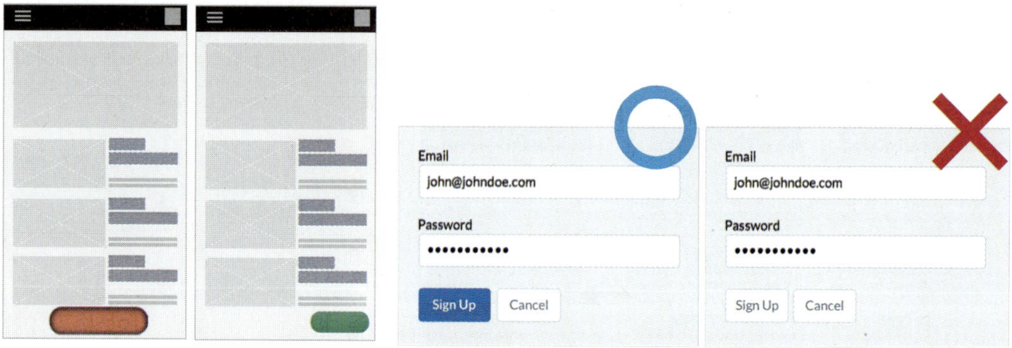

그림 381. 주 활동 버튼 예시

주 활동 버튼은 다른 버튼보다 강조돼야 하며 보통 가운데 위치한다. 오른쪽에 위치하는 것은 다음 화면이 이어질 경우에는 적합하지만, 주 활동 버튼에는 적합하지 않다. 다른 보조 버튼이 있을 경우에는 해당 버튼보다 시각적으로 시선을 끌어야 한다.

상태변화 버튼은 조작이나 이용 맥락에 따라서 달라지는 버튼을 말한다.

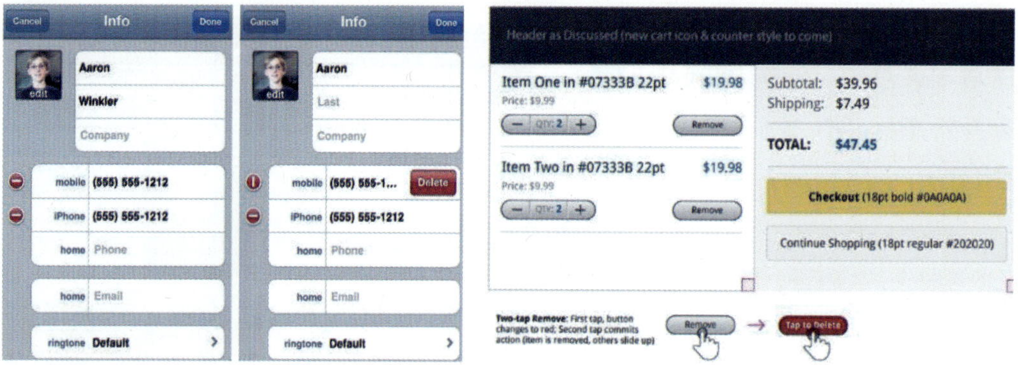

그림 382. 상태변화 버튼 예시 (출처: designing mobile interfaces)

상태변화 버튼은 이름 그대로 상태변화(Transition)와 관련이 있다. 사용자가 제스처를 하면 그 변경 과정은 물론 결과까지 하나의 버튼에서 상태를 알려주므로 화면 전환이나 팝업창 없이 간편하다는 장점이 있다. 최근 들어 많은 서비스에서 상태변화 버튼을 적용하고 있다.

상태

서비스, 화면, 정보의 현재 상태를 알리고 사용자의 행동에 따라 피드백을 주는 것은 UX에서 매우 중요한 일이다. 상태는 다음과 같이 나눠진다.

- 서비스가 사용자 행동과 무관하게 자신의 상태를 일시적으로 안내하는 것 (예: 알림, 안내, 공지)
- 사용자 행동에 따라 피드백을 주는 것 (예: 에러 체크, 결과 피드백)
- 서비스의 진행상태를 알려주는 것 (예: 모래시계, 진행상태 바(Progress bar))

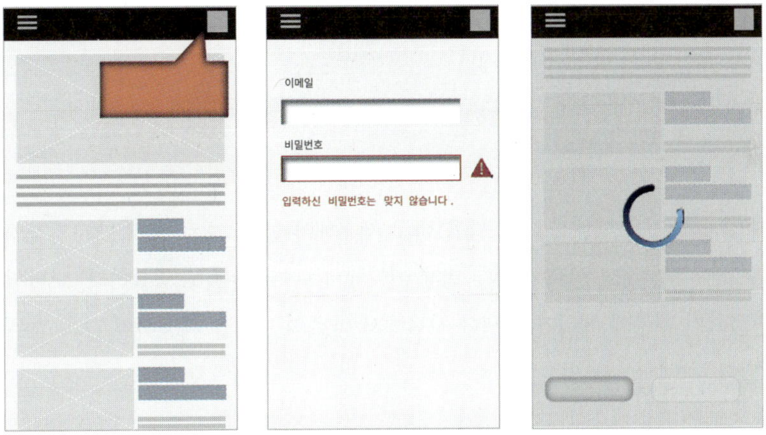

그림 383. 3가지 상태 방식

모바일은 집중이 분산되기 쉬운 특성이 있으므로 상태 표시가 사용자의 시선을 잘 끌어야 한다. 예를 들어 알림이 있는 경우에는 서비스 접근 시 알림이 있다는 풍선 문구를 보여줘야 하고, 입력 시 에러가 났을 경우에는 에러가 난 위치에서 어떤 유형의 에러가 났는지를 전달해야 한다.

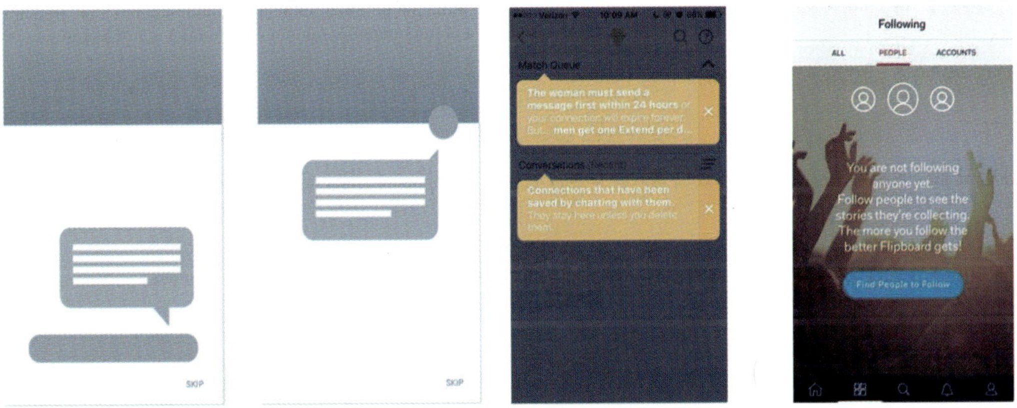

그림 384. 풍선 문구와 전체 화면 안내의 차이 (출처: emilydarby.com, Flipboard)

위 왼쪽 3개의 예시는 서비스 상태를 풍선 문구로 보여주는 데 비해 오른쪽 예시는 전체 화면을 통해서 보여준다. 왼쪽 3개는 안내나 해당 메뉴, 기능에 대해서 사용자가 알아야 할 내용을 전달하는 목적을 지녔지만, 오른쪽 예시는 사용자가 선택한 메뉴에 콘텐츠가 아직 하나도 없다는 점을 안내하려는 게 목적이기 때문이다.

이용안내는 고정된 방식으로 직접 드러내서 보여주는 것이 좋다. 모바일은 PC에서 마우스를 올렸을 때 툴팁[주: 이용방법을 안내하는 것]을 적용하는 것이 불가능하다. 감춰진 툴팁이 있다면 탭을 해야만 볼 수 있기 때문에 불필요한 행위가 유발된다. 따라서 모바일에서의 이용안내는 고정된 방식으로 제공해야 한다.

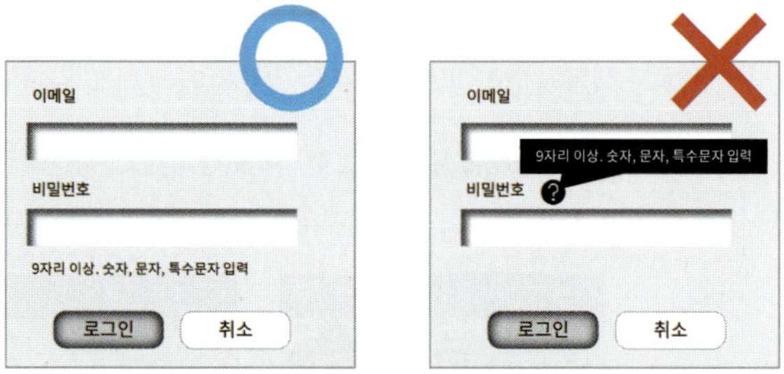

그림 385. 안내 문구의 고정 방식과 툴팁 방식

사용자 행동에 문제가 있을 때는 그 피드백을 바로 제시해야 한다. 주로 에러 메시지가 여기에 해당하는 데 피드백을 보여주는 것도 중요하지만, 언제 어디에서 보여주는지도 중요하다. 모바일은 그 특성상 인터랙션이 빈번하기 때문에 에러가 발생한 시점에서 바로 피드백을 제공하지 않을 경우에는 큰 불만을 불러올 수 있다.

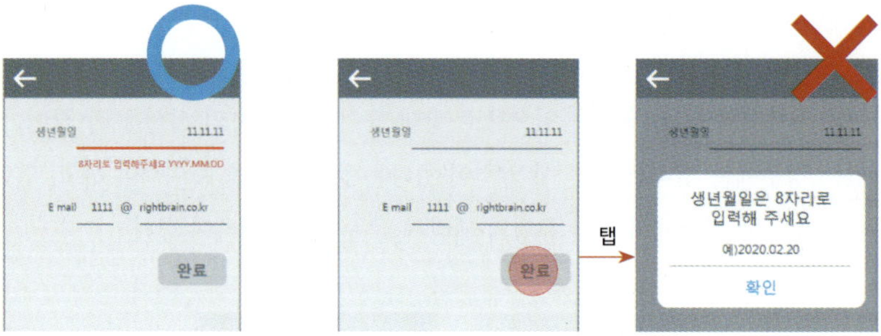

그림 386. 즉시적인 피드백의 중요성

에러 메시지를 보여주는 위치는 입력상자(Form)의 아래쪽이 제일 좋다. 그다음으로 오른쪽 옆이 좋으며, 위에 에러 메시지를 보여주는 것은 불필요하게 시선을 오가게 만들기 때문에 지양해야 한다.

그림 387. 에러 메시지 표시 위치

피드백을 연속으로 제시했는데도 사용자가 계속해서 에러를 낼 경우에는 몇 차례 뒤에(보통 5차례) '도움이 필요하신가요?'와 같은 안내를 제시한다.

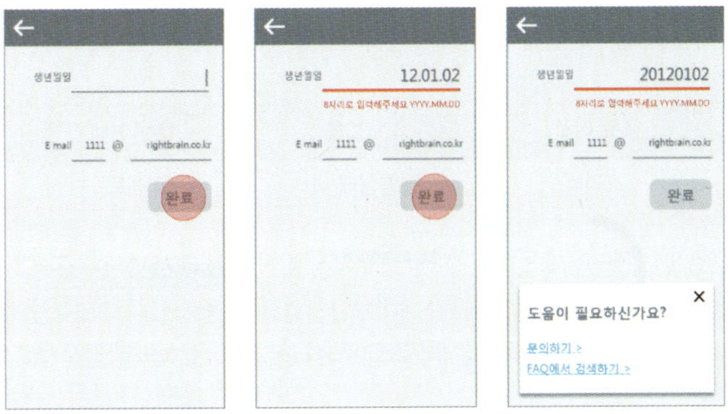

그림 388. 계속된 에러에 도움 안내 메시지 표시

다음 예시는 PC와 모바일에서 에러 메시지 표시 방식의 차이를 잘 보여준다. PC에서는 입력상자의 오른쪽에 표시한 반면, 모바일에서는 아래쪽에 표시하며, 에러 문구도 더 짧다.

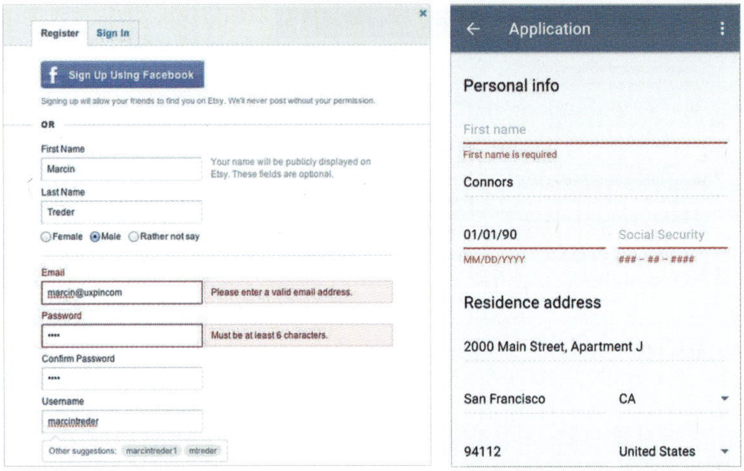

그림 389. 에러 메시지 표시 예시

진행상태를 알려줄 때는 예상 대기 시간에 따라서 표시 방식을 다르게 한다.

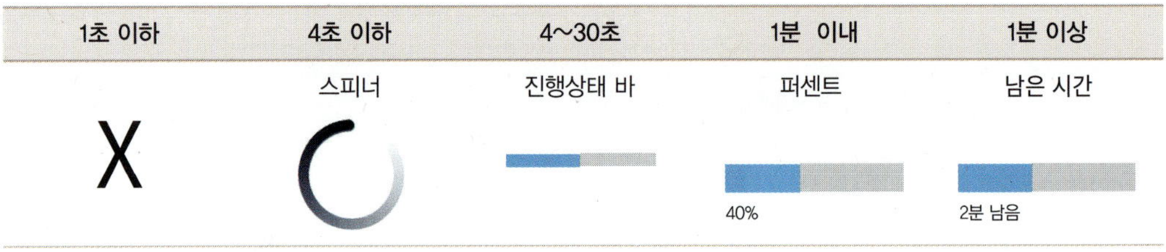

그림 390. 진행상태 표시 방식

진행상태 바에 펄싱 효과를 주거나 서비스와 관련된 가벼운 읽을거리를 제공하면 지루함이 줄어든다.

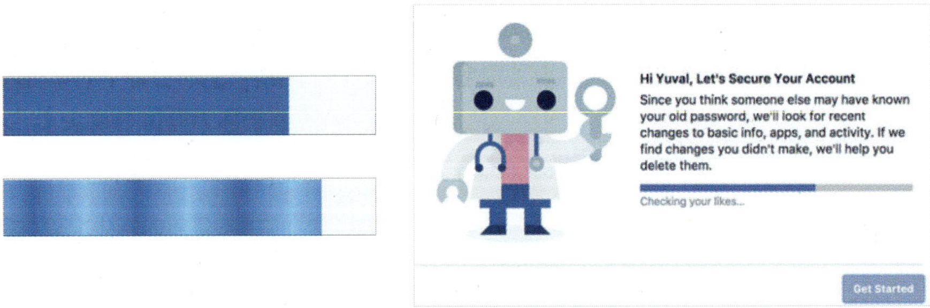

그림 391. 로딩 시 지루함을 덜어주는 진행상태 디자인 예시 (출처: facebook)

상태변화

상태변화(Transition)는 최근 모바일 트렌드를 이끄는 주요한 인터랙션 구성요소다. 구글을 비롯한 많은 서비스가 매끄럽고 움직임이 강조된 상태변화를 UX/UI에 적용하고 있다.

표 26. 모바일에서의 상태변화 방식

상태변화 방식	설명
빠른 변화 (Quick Change)	A화면에서 B화면으로 바로 바뀌는 것
뒤집기 (Flip)	A화면이 뒤집어지는 움직임 효과와 더불어 B화면으로 바뀌는 것
확장하기 (Expand)	A화면 내 B영역이 점점 커지면서 다른 영역까지 확장되는 것 (여전히 A화면)
전체 화면으로 열리기 (Open to Full Screen)	A화면 내 B영역이 점점 커지면서 전체를 뒤덮는 것 (B화면으로 변경)
수평적 움직임 (Horizontal slide)	A와 B화면을 서로 오갈 때 화면이 부드럽게 움직이는 효과를 주면서 바뀌는 것
변환하기 (Transformation)	화면내 UI요소가 부드럽게 움직이면서 다른 형태, 크기, 위치로 변환되는 것

빠른 변화는 모바일에서 가장 기본적인 상태변화 방식이다. 메뉴나 링크, 버튼을 누르면 다른 화면으로 바로 변경된다.

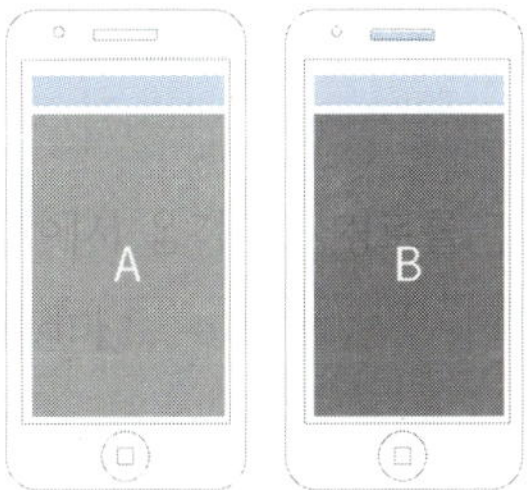

그림 392. 빠른 변화 방식

뒤집기는 빠른 변화보다 화면 전환이 더 극적이다. 처음 화면이 뒤집어지는 효과와 더불어 다음 화면으로 변경되기 때문이다. 두 화면이 목적은 동일한데 형식이나 형태가 다를 경우에 이러한 상태변화 방식을 사용한다.

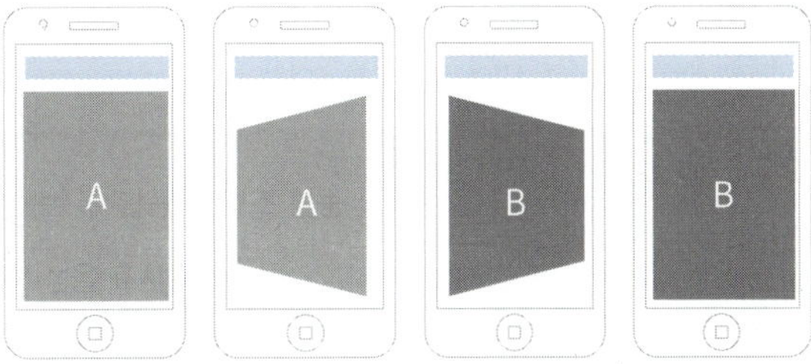

그림 393. 뒤집기 방식

확장하기는 동일 화면 내에서 한 UI 요소가 다른 영역으로 점차 확장되는 방식으로 주로 목록화면 내에서 해당 목록의 숨겨진 내용을 화면 전환 없이 더 보여주려는 목적으로 사용한다.

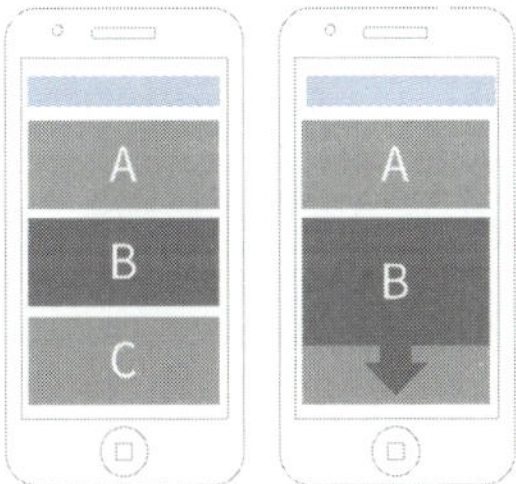

그림 394. 확장하기 방식

전체 화면으로 열리기는 화면 내 한 UI 요소가 점점 커지면서 완전히 다른 화면으로 대체되는 방식이다. 맥락상 다른 요소는 감춘 채 해당 UI 요소에만 집중하게 만들려는 목적으로 사용된다.

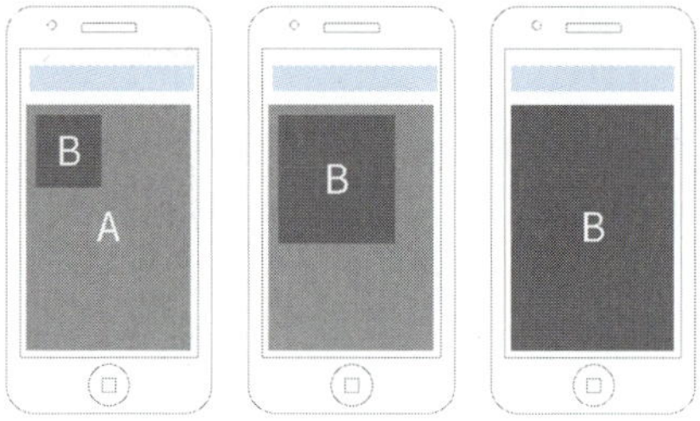

그림 395. 전체 화면으로 열리기 방식

수평적 움직임은 사용자가 큰 스와이프(Large Swipe)를 했을 때 화면이 좌우로 부드럽게 움직이면서 전환되는 방식이다. 전체 메뉴를 열거나 여러 개로 나뉜 메인 화면을 상호 오갈 때, 한 탭에서 다른 탭으로 이동할 때 주로 사용된다.

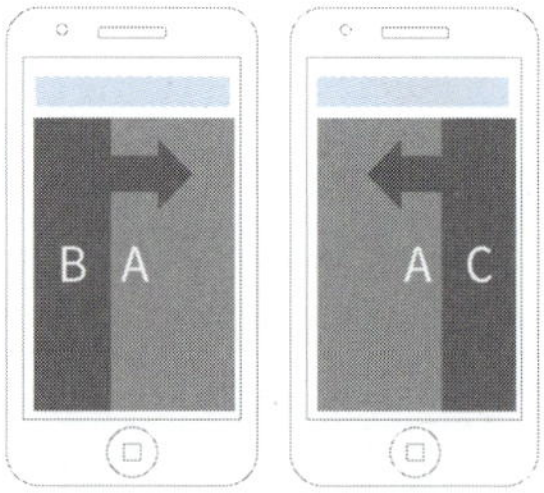

그림 396. 수평적 움직임 방식

변환하기는 화면 내 UI 요소가 사용자의 제스처에 따라서 그 형태, 크기, 위치를 서서히 변화시키면서 완전히 다른 것으로 대체하는 방식이다. 사용자 선택/실행에 따른 변화를 화면 전환이나 팝업창 없이 그 자리에서 바로 보여주고자 할 때 사용한다. 상태변화 버튼(Multi-state button)이 변환하기를 이용한 예시다.

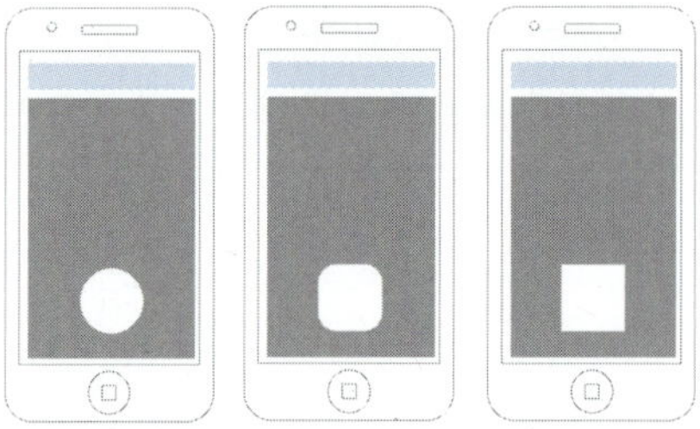

그림 397. 변환하기 방식

위 6가지는 기본적인 상태변화 방식이며, 움직이는(Motion) 효과에 따라서 다양한 응용이 가능하다.

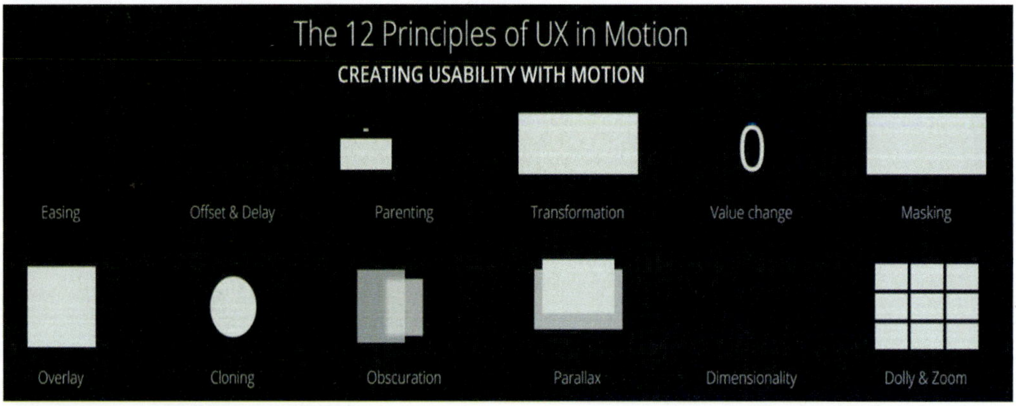

그림 398. 12가지 모션 효과 (출처: uxinmotion.net)

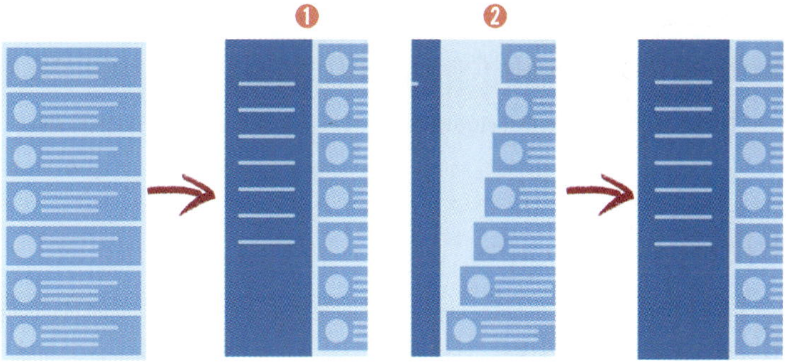

그림 399. 수평적 움직임에서의 2가지 모션 효과

위 예시는 시작과 결과만 놓고 보면 똑같은 수평적 움직임(Horizontal slide)이지만, 중간에 움직이는 효과가 다르다. 1번과 같이 UI 모듈들이 한 덩어리처럼 나타나고 사라지는 방식과 달리, 2번은 UI 모듈에 약간의 시차를 두고서 움직이게(Offset&Delay 모션 효과) 해서 UI 모듈들을 따로 인식하게 했다.

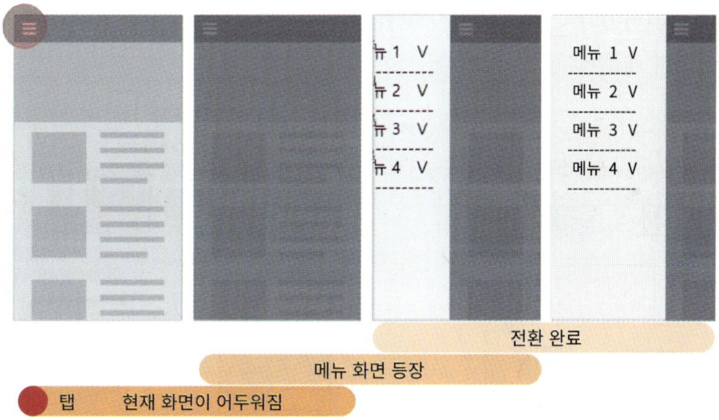

그림 400. 화면 전환 시 어두워지는 효과 적용

화면 전환 시에 어두워지는 효과(fade-out)를 주면 사용자에게 상태변화를 좀 더 확실하게 암시할 수 있다. 확장하기, 전체화면으로 열리기, 수평적 움직임 등에서 주로 사용되는데, 사용자가 어떤 행동을 했을 때 먼저 화면이 어두워지고 난 다음에 상태변화가 진행되면 사용자는 변화된 결과를 좀 더 명확하게 인식할 수 있다.

움직임은 색상이나 모양, 크기 같은 것보다 사용자에게 큰 감성을 전달할 수 있다. 지면의 한계로 다양한 상태변화 디자인을 여기서 보여주지는 못하지만, 구글 머티리얼 디자인을 비롯한 다양한 사례를 꼭 접해보기를 바란다(https://material.io/design/).

UI 프로토타이핑

앞에서 작업한 서비스, IA, 이용흐름, 인터랙션이 모두 진행되었다면 UI 프로토타이핑을 진행하기 위한 준비는 모두 끝난 셈이다. 이제 사용자가 실제 UX를 보고 느끼고 경험하게 될 UI와 GUI를 설계하는 일이 남았다. UI와 GUI는 프로토타이핑 및 테스트 과정을 거쳐 설계가 이루어진다.

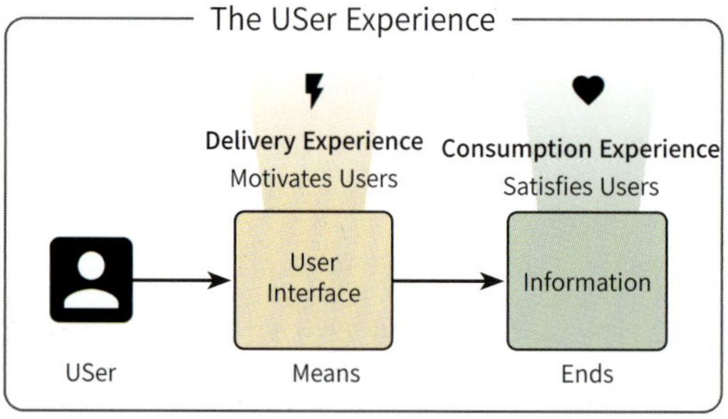

그림 401. UI는 수단이지, 목적이 아니다.

이 책의 초반에서 UX/UI 디자인은 UI뿐만 아니라 다른 구성요소도 다루지만, 그중에서 UI가 가장 중요하기 때문에 UX/UI라고 부른다고 이야기했다. UI가 중요한 것은 사용자들이 실제 서비스를 만나는 접점(Interface)이기 때문이다.

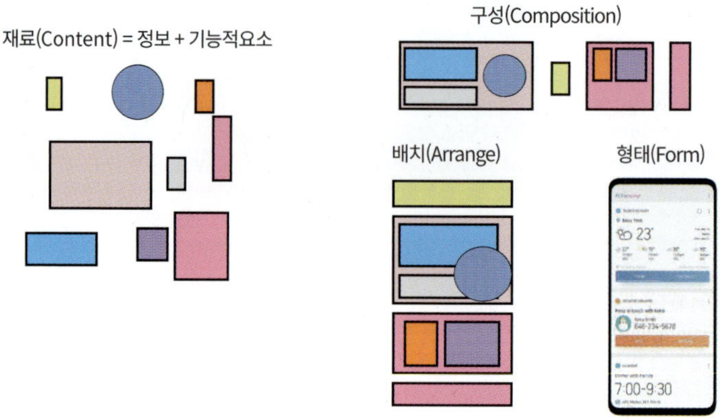

그림 402. UI 설계=정보/기능의 구성, 배치, 형태를 만드는 일

UI는 서비스의 재료(Content)인 정보와 기능적 요소들을 목적(UX)에 따라 구성하고, 제한된 공간 내에서 상하좌우로 배치하며, 마지막으로 그 구체적인 형태를 설계하는 것이다. 정보를 구성할 때도, 정보를 배치할 때도, 정보의 형태를 설계할 때도 우리는 항상 UX를 고민한다. 그래서 UX/UI인 것이다.

앞에서 작업했던 IA, 이용흐름과 인터랙션 설계는 UI 프로토타이핑으로 종합된다. 특히 아직 작업흐름(Task Flow)에 머물던 이용흐름은 UI가 결합되어 비로소 완전한 이용흐름(User Flow)이 되며, 여기에는 인터랙션 설계에서 정한 제스처, 선택/실행, 상태, 상태변화 원칙도 결합된다.

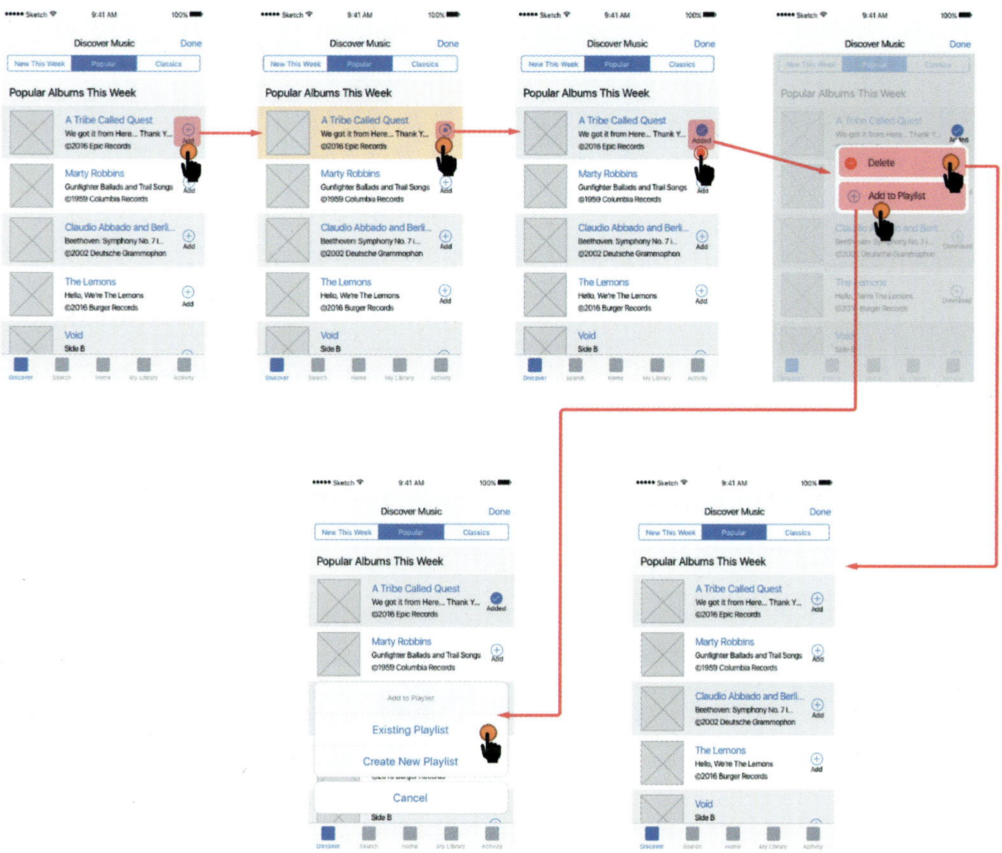

그림 403. UI를 통해 이용흐름 완성, 인터랙션 설계 내용 적용

UI 설계 시 지켜야 할 원칙

- 사용자를 생각하게 만들지 않는다. UI 안에 담긴 정보는 물론, UI도 정보 안내자 역할을 해야 한다.
- 사용자에게 부득이하게 정보 입력이나 동의, 인증 과정을 요청할 때는 그것을 최소화해야 한다.
- UI의 어떤 요소들은 의도적으로 강조하여 사용자의 눈길을 끌고, 주의를 환기할 수 있어야 한다.
- 블록이나 구분선 같은 UI 장치를 통해 정보의 구조가 암묵적으로 전달돼야 한다.
- 가급적 단순하고 하향적(Top-down)으로 콘텐츠를 배치한다.

- 일관된 레이아웃과 내비게이션 장치들을 통해서 사용자에게 명확한 개념 구조를 전달한다.
- 타깃 사용자의 능력을 고려해 폰트나 텍스트 난이도, 정보 디자인, 아이콘 등을 설계한다.

UI는 단지 정보를 담는 그릇이 아니다. 블록, 구분선, 제목 계층, 글머리 기호 등은 사용자가 정보를 직관적으로 파악할 수 있게 돕는 중요한 장치들이다.

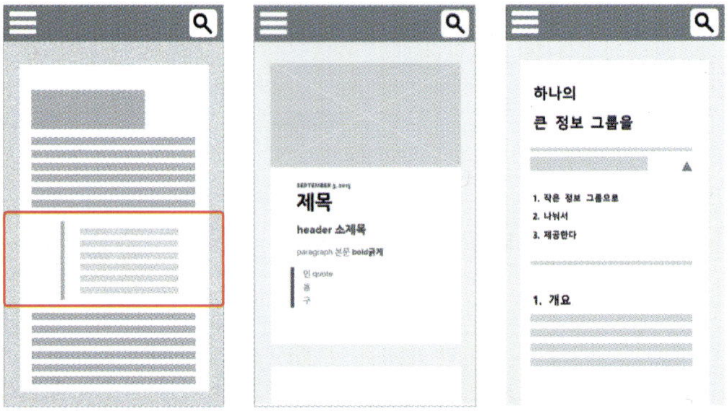

그림 404. 블록, 구분선, 제목 계층, 글머리 기호의 사용

가급적 단순한 레이아웃과 일관된 규칙을 적용하는 것이 정보를 전달하는 데 더 효과적이다. 레이아웃은 가급적 1단이나 2단으로 구성하고, 3단 이상이 필요할 경우에는 인터랙션을 통해서 해결하는 것이 좋다.

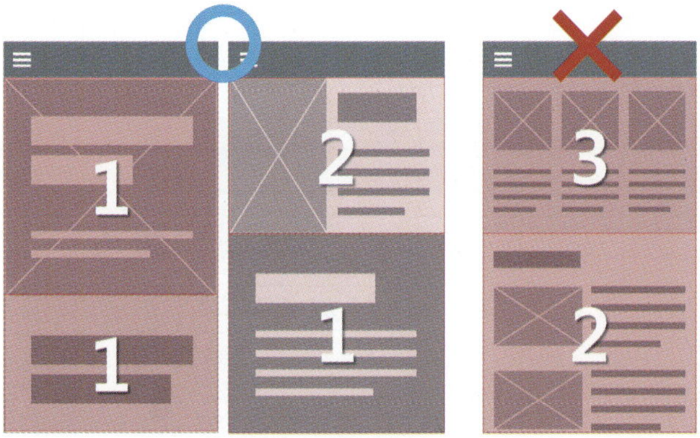

그림 405. 2단 이상 레이아웃은 모바일에서 지양한다.

무엇보다 가장 중요한 UI 설계 원칙은 사용자를 생각하게 만들지 말라는 것이다. 사용자가 스스로 어떤 순서로 봐야 하는지, 무엇을 해야 하는지를 생각하게 하는 것은 반드시 지양해야 한다. 사용자에게 정보의 순서(Visual Hierarchy)를 직관적으로 안내하고, 명확한 행동을 제시하는 것이야말로 가장 중요한 UI 설계 원칙이다.

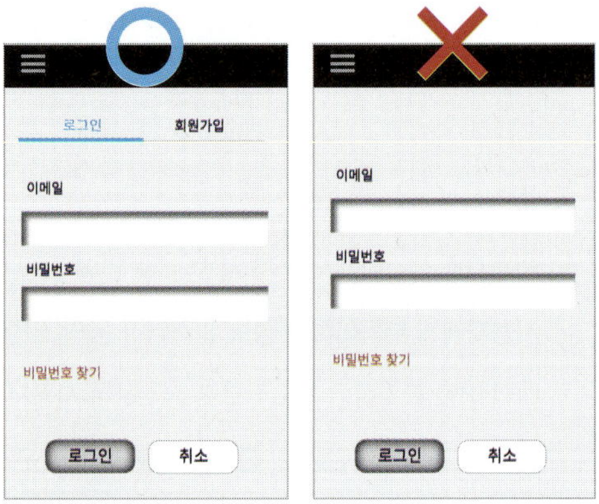

그림 406. 명확한 행동 제시

UI 설계에는 정보 외에 다음 이미지와 같은 기능적 요소들이 반영된다.

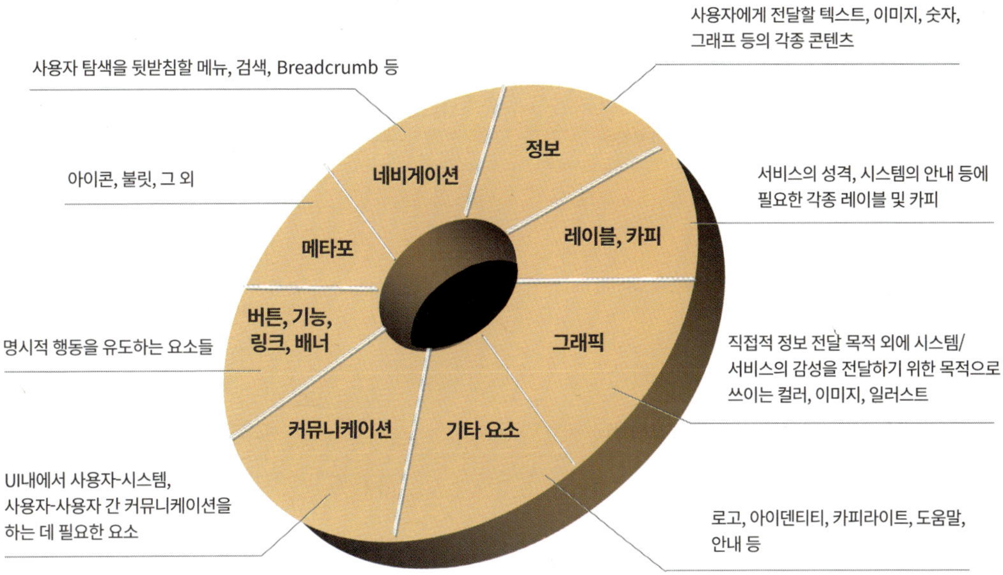

그림 407. UI 설계 요소

- IA 설계로부터 가져오는 것들: 내비게이션, 레이블, 커뮤니케이션 요소
- 인터랙션 설계로부터 가져오는 것들: 버튼, 기능, 링크, 배너, 도움말, 안내 등
- GUI 디자인과 함께 작업하는 것들: 그래픽 요소, 메타포, 로고, 아이덴티티 등

위에서 언급한 각 요소는 조각이 모여 전체를 이루듯이 차츰 구성을 이루는데, UI 설계에서의 이러한 구성단위는 다음과 같다.

UI 기본 요소

- UI를 구성하는 기본요소로 화면을 구성하는 최소의 단위다.

UI 복합 구성

- 여러 개의 UI 기본 요소가 조합되어 단독적인 의미와 특징을 갖는 하나의 독립 개체가 된다.

UI 화면 설계

- 여러 개의 UI 복합 구성이 조합되어 화면을 이루는데 있어서 필요한 정렬 방식 및 공통 화면을 설계한다.

이용흐름 설계

- 하나의 작업을 구성하기 위해서 여러 개의 화면간 연계방식에 대한 구성을 설계한다.

전체적인 고려사항 (정책)

- 서비스 전체적으로 고려되어야 하는 사항들을 설계한다.

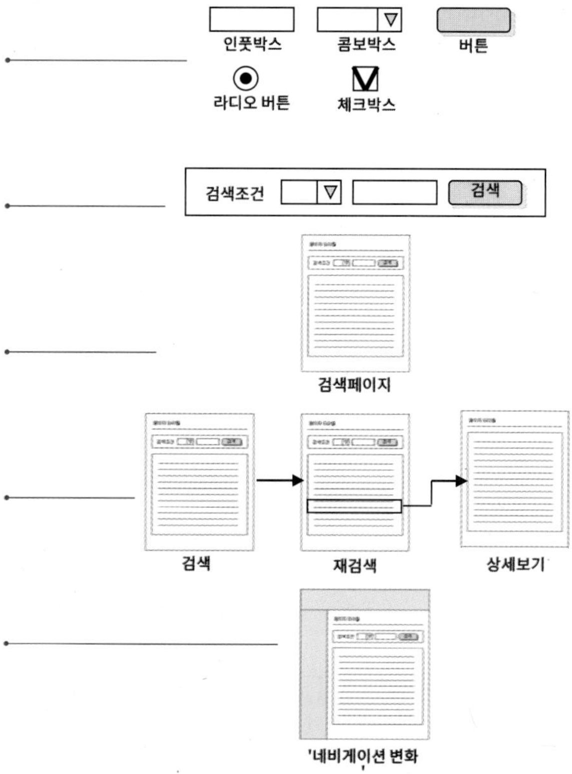

그림 408. UI 설계 구성 단위

UI 설계 대상

- 레이아웃: 서비스의 메뉴 계층 구조에 따라서 일관된 레이아웃을 설계한다. (홈, 목록, 조회, 입력 등)
- 내비게이션 UI: 내비게이션이 화면상에 어떻게 나타나는지 설계한다. (열렸을 때, 선택했을 때 등)
- UI 기본 요소: 입력 요소(form), 아이콘, 버튼, 링크, 도움말, 안내 등의 기본 요소를 설계한다.
- UI 복합 구성: 서비스 전체에서 쓰이는 공통 UI 복합 구성을 설계한다. (검색, 약관 동의, 상품 목록 등)
- UI 화면 설계: 앞에서 정의한 레이아웃에 내비게이션, UI 복합 구성을 종합한다. (목록, 검색화면 등)
- 이용흐름 설계: 기설계된 작업흐름(Task Flow)을 참고해 실제 화면을 이용흐름으로 구성한다.

레이아웃 설계 결과는 와이어프레임이라고 불리며, 서비스의 주요 화면들을 일관되게 설계하기 위한 주춧돌을 놓는 작업이라고 볼 수 있다.

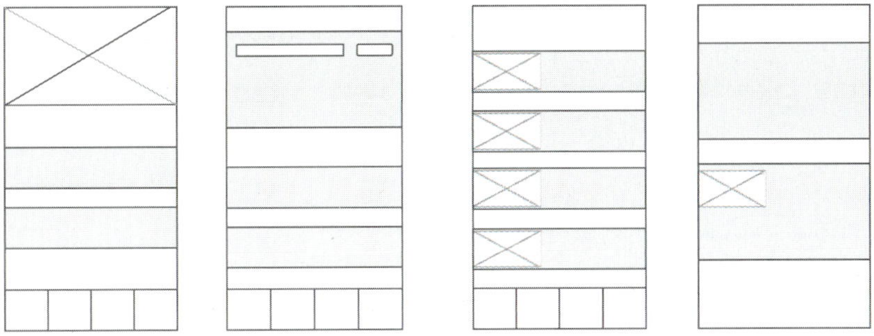

그림 409. 주요 화면 레이아웃 정의

처음에는 주요 화면이 어떻게 구성되는지만 대략 구상한다. 처음부터 상세하게 접근할 경우에는 큰 그림(전체적인 일관성 및 UI 체계)을 놓칠 수 있다. 아직 배치나 정보 형태에 대해서는 고민하지 말고, 주요 화면이 어떻게 구성되는지만 생각하는 것이 좋다.

레이아웃 설계 단위

❶ 내비게이션 UI: 메뉴바, 탭, 검색, 필터/태그

❷ 미디어: 이미지, 동영상, 이벤트, 배너

❸ 콘텐츠 설명: 화면 설명문, 상품/정보 설명문

❹ 목록: 반복되는 이름이나 제목의 순서

❺ 실행: 버튼, 맥락 도구, 툴바

❻ 안내/피드백: 화면 안내, 결과 피드백

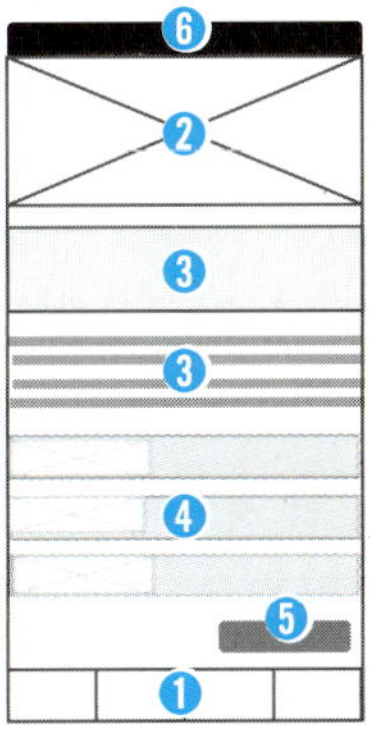

그림 410. 레이아웃 설계 단위

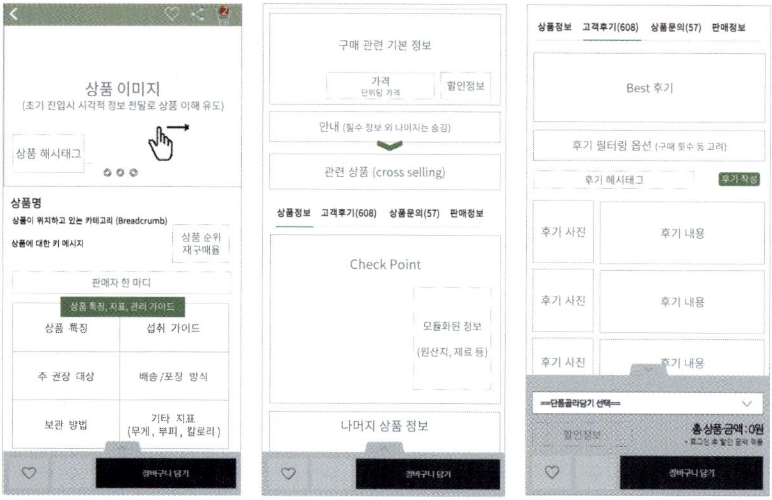

그림 411. 와이어프레임 설계

그 다음으로는 정보나 기능의 배치를 내비게이션 및 인터랙션 방식과 더불어 설계한다. 이 결과를 와이어프레임이라고 하는데, UI에서 UX의 좋고 나쁨이 정보 구성/배치에서 사실상 판가름 나기 때문에 와이어프레임은 UI 설계에서 가장 중요한 부분이라고 할 수 있다.

레이아웃을 통해서 정보를 어느 정도 구성했기 때문에 와이어프레임은 정보와 기능적 요소의 배치가 중요하다. 예를 들어 가운데에 콘텐츠 설명을 두기로 했다면 어떤 식으로 그 내용을 나타내고 다른 정보와의 균형이나 대비, 강조를 할 것인지 염두에 두어야 한다. 제스처나 선택/실행, 상태, 상태변화와 같은 인터랙션 반영도 꼭 필요하다. 와이어프레임에는 사용자 행동에 따라서 UI가 어떻게 동적으로 달라지는지 드러나야 한다.

그림 412. 상세 화면 설계

마지막으로 정보의 형태를 설계하면서 아이콘이나 버튼, 링크 등의 내비게이션 장치들을 구체화하면 UI 화면 설계가 끝난다. 여기에 작업흐름을 반영하면 이용흐름(User Flow)이 완성된다.

UI 화면 설계에 이르러서는 실제 콘텐츠나 그에 준하는 예시 콘텐츠가 담겨야 한다. 가령 상품에 대한 소개를 긴 텍스트로 하지 않고, 짧은 요약문과 더불어 직관적으로 이해 가능한 메타포로 표현하기로 했다면 그 예시가 잘 표현돼야 한다. UI는 설계자의 설명 없이도 내용이 전달돼야 한다. 특히 UI 프로토타입은 서비스 전체에 걸쳐서 핵심적인 내용을 담는 것이기 때문에 정보의 표현 방식이나 형태가 의도대로 반영돼야 한다. 그렇지 않으면 그것을 구현할 GUI 디자이너나 UI 개발자가 제대로 이해를 못 할 수 있기 때문이다.

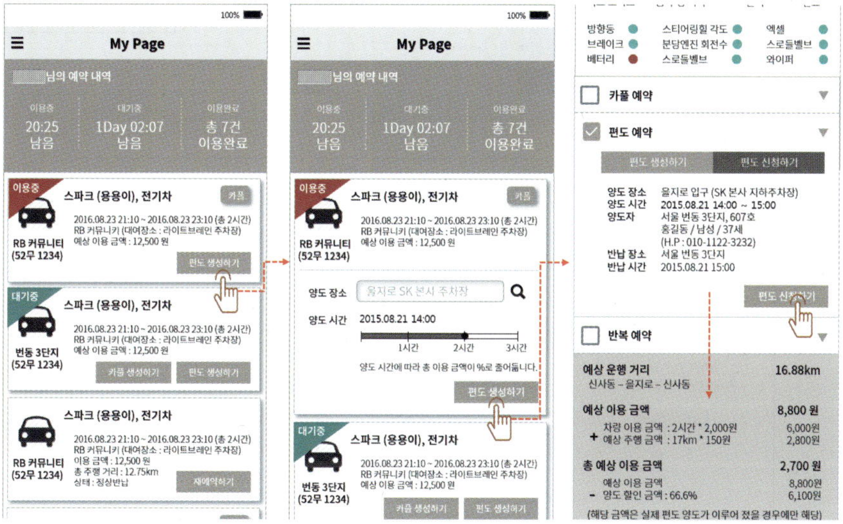

그림 413. UI와 작업흐름의 결합

UI 화면 설계가 끝나면 작업흐름대로 화면 내 상태변화나 화면 간 이동을 표시한다. 사용자가 버튼을 탭 하거나 필터를 선택하는 등의 제스처를 취했을 때 현재 화면에서 어떤 상태변화가 이뤄지는지, 혹은 현재 화면에서 다른 화면으로 어떻게 이어지는지를 나타낸다. 이것이 이용흐름 설계이며, 이 결과는 GUI 디자인은 물론 UI 개발 단계에 이르러서도 계속 활용하는 서비스의 청사진이라고 할 수 있다.

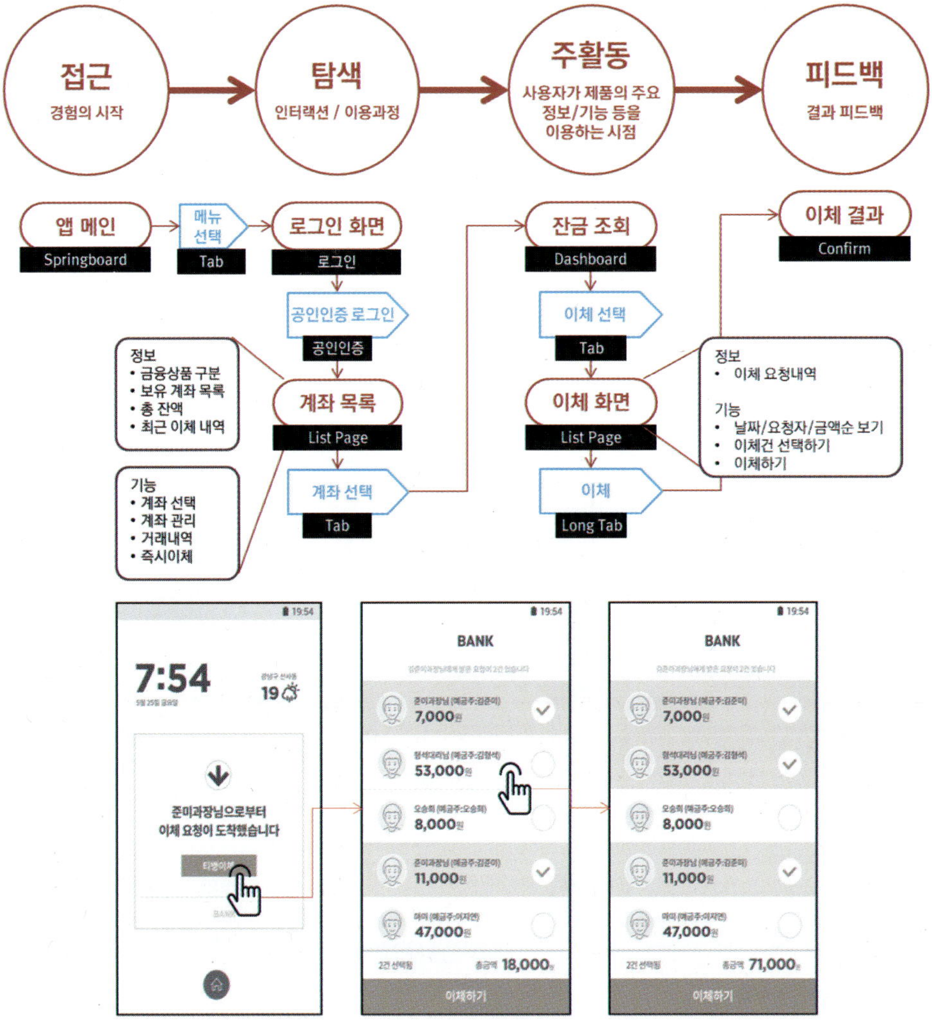

그림 414. 작업흐름와 이용흐름의 비교

앞에서도 말했듯이 UI 프로토타이핑에는 IA, 이용흐름, 인터랙션 설계가 모두 반영되기 때문에 UX/UI 디자인에서 가장 상징적인 작업이라고 할 수 있다.

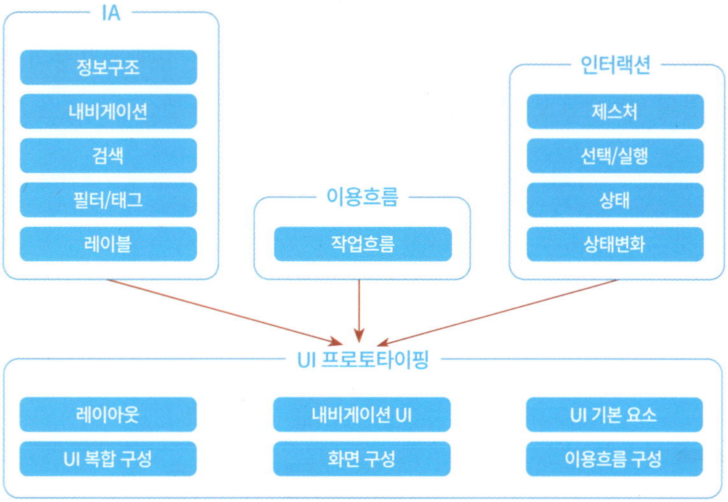

그림 415. 이전 작업과 UI 프로토타이핑 간의 관계

UI 프로토타이핑은 UX/UI 방법론 산출단계(Deliver)의 핵심적인 결과물이다. UI 프로토타이핑은 테스트를 거쳐서 UX 가이드라인과 상세 UI 설계서로 이어진다.

최근에는 UI 프로토타이핑을 프리젠테이션 툴로 만들지 않고 어도비XD나 ProtoPie와 같은 프로토타이핑 툴을 이용하여 작업하는 경우가 늘고 있다. 프로토타이핑 툴들은 재사용 가능한 UI 요소들을 미리 지정해 놓을 수 있어서 UI 화면 설계가 더 효과적이며, 툴 자체에서 인터랙션이나 이용흐름을 표현하는 기능이 지원되어 UI 개발을 모르는 사람이라 할지라도 실제와 가까운 서비스 모형을 만들 수 있다.

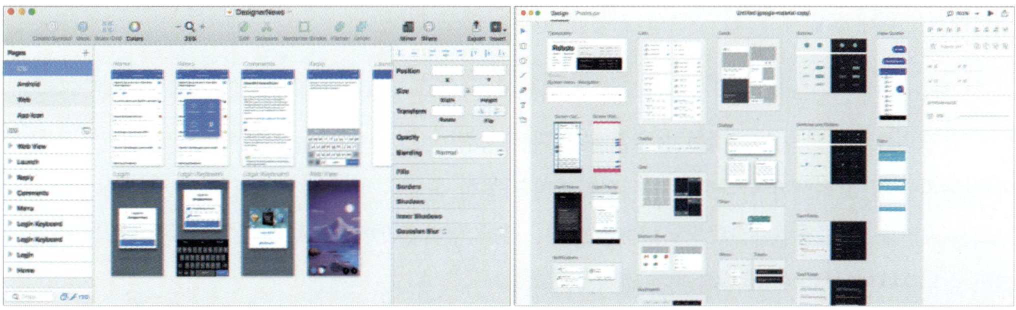

그림 416. 대표적인 프로토타이핑 툴인 어도비 스케치와 XD (출처: Yuval Keshtcher, Prototypr.io)

대부분의 프로토타이핑 툴은 직관적인 UI 설계를 위해서 프로토타이핑의 대상 기기/운영체제 선택, UI 기본 요소 라이브러리, UI 요소에 패턴/스타일 적용, UI 요소의 크기/형태/위치 등의 편집, UI 요소에 제스처/상태변화 등의 인터랙션 부여, 화면 내 또는 화면 간 이용흐름 연결 기능 등을 제공한다.

UI 프로토타이핑 툴들은 크게 봐서 와이어프레임까지 가능한 툴과 UI 상세설계까지 가능한 툴로 구분할 수 있다.

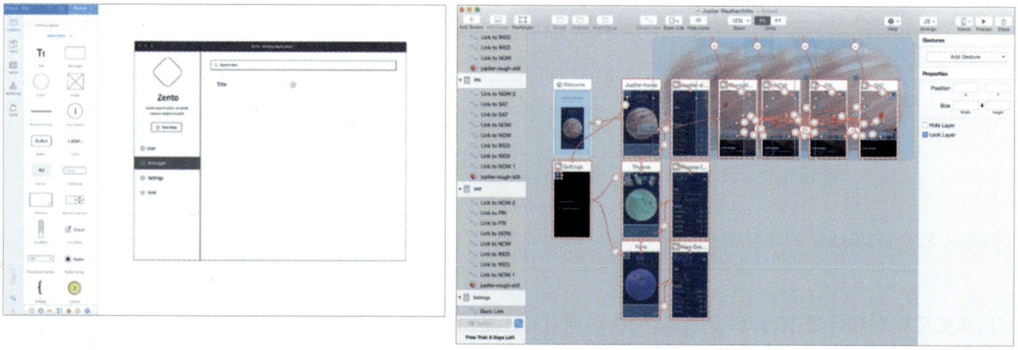

그림 417. (좌) 와이어프레임까지 가능한 툴(MockFlow)과 (우) UI 상세설계까지 가능한 툴(Flinto)

와이어프레이밍(Wireframing) 툴들은 간단하고 신속하게 UI 프로토타입을 만드는 것이 목적이다. UI 기본 요소 라이브러리 및 간단한 편집, 인터랙션 부여, 이용흐름 연결이 가능하지만, 세부적인 형태 표현이나 편집, 패턴/스타일 적용, 인터랙션/이용흐름 기능은 제한적이다.

그에 비해 UI 상세설계 프로토타이핑 툴들은 세부적인 UI 편집이나 스타일 적용이 가능하고, 매우 정교한 인터랙션/이용흐름 기능을 제공한다. UI에 포함된 이미지 등을 직접 편집하거나 좀 더 사실적인 인터랙션을 위해 작업자가 스크립트를 코딩할 수 있는 툴도 있다.

프로토타이핑 툴은 프리젠테이션 문서(예: 파워포인트)보다 좀 더 사실적이고, 작동하는(탭 했을 때 다른 화면으로 이동하는 등) UI를 설계할 수 있다는 장점이 있다. 어떤 툴이 서비스나 프로젝트의 목적에 맞는지를 잘 고려해야 한다. UI 상세설계까지 가능한 툴들은 배우기가 힘들고, 프로토타이핑에 소요되는 시간도 많이 걸린다. 반면 와이어프레이밍 툴들은 이용방법이 간단하고, 작업에 걸리는 시간도 짧아서 누구나 30분만 익히면 쉽게 쓸 수 있다.

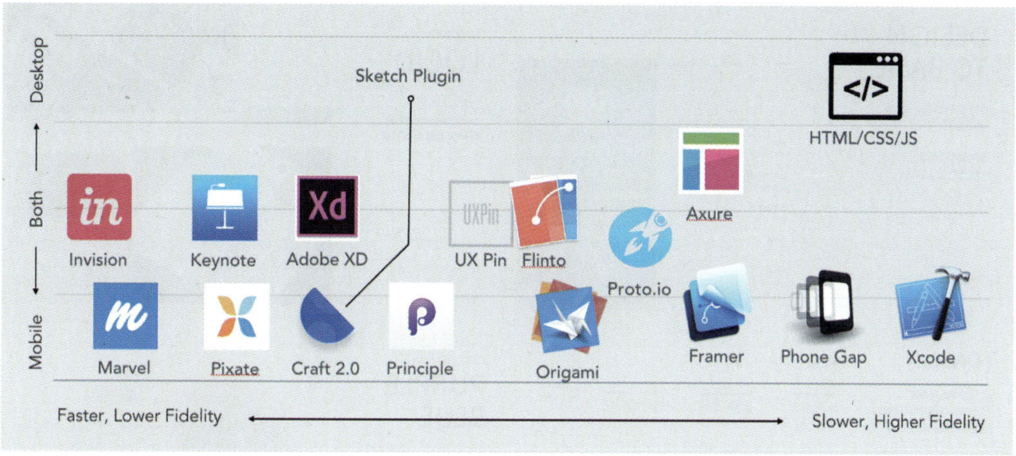

그림 418. 프로토타이핑 툴 분류 (출처: prototypr.io)

최근 좋은 프로토타이핑 툴이 많이 나왔으며 구글, 페이스북, 네이버 같은 경우에는 자체 프로토타이핑 툴을 만들어서 사용하고 있기도 하다. 프로토타이핑 툴이 좋다는 것을 판별하는 기준은 사용 및 학습이 어렵지 않고 쉬워야 하며, 인터랙션을 간단하게 적용할 수 있고, 필요에 따라 정교한 구현도 가능해야 한다는 것이다.

좋은 프로토타이핑 툴이 갖춰야 할 조건

- 단시간에 빠르게 배울 수 있게 쉬워야 함
- 어떤 형태로 작업한 화면이더라도 쉽게 인터랙션을 적용할 수 있어야 함
- 실제와 비슷할 정도의 정교한 구현이 가능해야 함
- 튜토리얼 영상 같은 학습에 도움을 주는 자료가 있어야 함
- 수정이 빠르고 쉬워야 함
- 포토샵이나 파워포인트와 같은 다른 툴들과 쉽게 연동되어야 함

GUI 프로토타이핑

UI 프로토타이핑과 GUI 프로토타이핑은 거의 동일한 시점에 진행된다. 서비스의 콘셉트와 IA, 이용 흐름, 인터랙션을 가지고 GUI 디자이너들은 서비스 톤앤매너[주: 서비스의 시각적인 분위기, 전달하고자 하는 감성적인 느낌]를 구상하고 UI 프로토타입을 전달받아서 본격적인 GUI 프로토타이핑 작업을 시작한다.

그림 419. GUI 톤앤매너 예시

프로토타이핑은 UI에만 국한되는 경우도 있지만, GUI 프로토타이핑까지 작업하는 것이 일반적이다. 컬러나 폰트, 이미지 등이 적용돼야만 실제와 같은 경험이 비로소 전달될 수 있기 때문이다.

UI와 GUI 프로토타입은 다음에서 보는 것과 같이 큰 차이가 있다. 왼쪽의 UI 프로토타입을 가지고 작업한 결과물이라는 점을 믿기 힘들 정도로 오른쪽의 GUI 프로토타입 단계에서는 UX의 가치가 배가된다.

UI가 기능적/논리적인 영역이라면 GUI는 감각과 무의식이 작용하는 영역이다. 사용자들의 시선을 끌고 정보와 정보를 서로 구분하거나 이어지게 만드는 것은 백 마디 말보다 컬러, 폰트, 이미지 등이다.

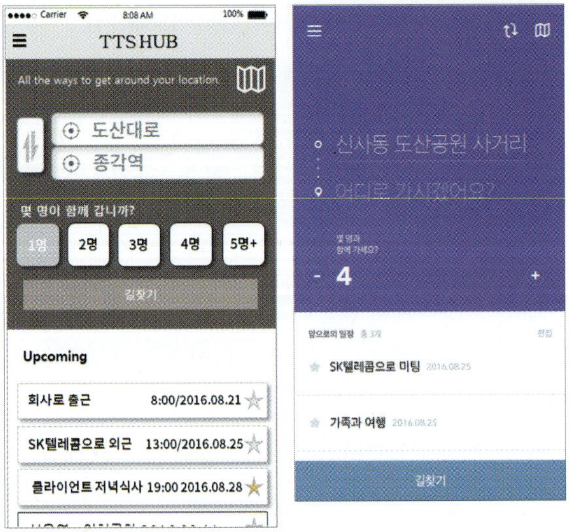

그림 420. 동일 화면에 대한 UI와 GUI 프로토타이핑의 차이

게슈탈트 원리

독일어로 지각(perception)을 뜻하는 게슈탈트 원리는 1900년대 초반 독일의 심리학자들에 의해 발견되었다. 인간이 사물이나 주변 환경을 지각할 때 몇 가지 패턴이 존재하는데, 그것이 게슈탈트 원리다. 게슈탈트 원리를 잘 알면 GUI 프로토타이핑 작업에 큰 도움이 된다.

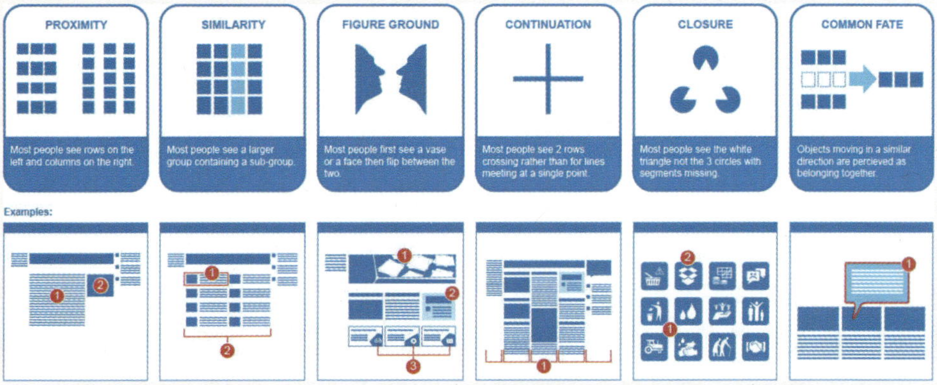

그림 421. . 6가지 게슈탈트 원리 (출처; inkedjedi)

- 근접성의 원리: 거리상으로 가까운 요소와 떨어져 있는 요소를 구분하려는 경향 (예시 설명: 1과 2는 가까이 있기 때문에 사용자가 둘 사이에 어떤 연관성이 있다고 생각한다.)
- 유사성의 원리: 색상, 모양, 크기가 동일한 요소를 하나로 지각하려는 경향 (예시 설명: 1과 유사한 형태가 반복해서 나열돼 있을 때 사용자는 그것을 개별적으로 인식하기 전에 전체로 먼저 인식한다.)
- 전경/배경 원리: 전면에 드러난 개체와 후면에 깔린 배경에 동시에 주목하는 경향 (예시 설명: 짙은 배경 위에 놓인 1번 요소들은 배경이 짙고 전경/배경 간 대비(contrast)도 크기 때문에 주목성이 가장 높다. 옅은 배경에 놓인 2번은 배경이 옅고 전경/배경 간 대비도 약해서 상대적으로 주목성이 약하다. 흰색 바탕에 놓인 3번은 전경/배경 간의 대비가 강하기 때문에 주목성이 높다.)
- 연속성의 원리: 어떤 선이나 운동 방향을 인지하면 그것을 하나로 인식하는 경향 (예시 설명: 사용자들은 개별 요소에 앞서 전체적인 윤곽을 먼저 인식하는 경향이 있어서 예시에서 5개 열을 먼저 인식한다.)
- 폐쇄성의 원리: 여러 요소가 단일한 패턴을 보일 경우, 그것을 하나의 개체로 인식하는 경향
- 공동 운명의 원리: 개별 요소가 동일한 방향으로 움직이면 그것을 하나로 인식하는 경향

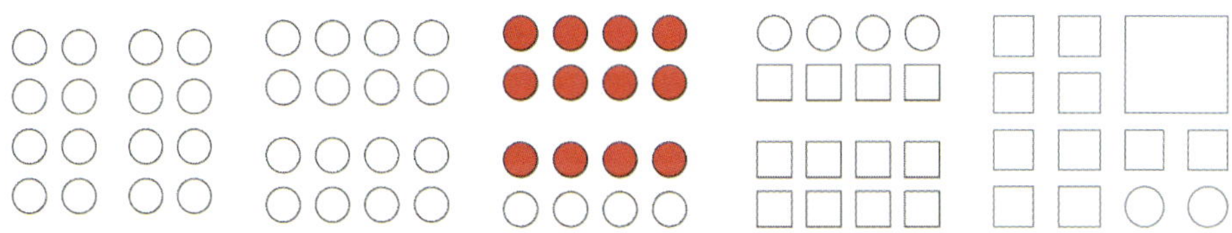

그림 422. 컬러, 간격, 모양, 크기 간의 지각 우열관계를 보여주는 예시

위 이미지에서 왼쪽 첫 번째 이미지는 열(column)로 인식되지만, 두 번째 이미지는 줄(line)로 인식된다. 16개의 동그라미가 첫 번째 이미지에서는 각 8개씩 좌우 간격으로 떨어져 있고 두 번째 이미지에서는 상하 간격으로 떨어져 있기 때문이다. 반면 세 번째 이미지에서는 상하 간격으로 8개씩 공이 떨어져 있지만, 빨간색 동그라미와 흰색 동그라미로 구분이 된다. 간격보다 컬러가 더 강렬하게 인식되기 때문이다. 그와 달리 네 번째 이미지에서는 동그라미와 네모로 구분되지 않고 위아래 8개씩으로 구분된다. 모양보다는 간격이 더 강렬하기 때문이다. 마지막 이미지에서는 네모와 동그라미가 섞여 있고 네모는 크기가 작은 것과 큰 것이 있지만, 우리 눈에는 크기보다는 모양이 먼저 구분된다.

결과적으로 크기보다는 모양이, 모양보다는 간격이, 간격보다는 컬러가 사용자의 지각에 더 강하게 작용한다.

게슈탈트 원리를 알고 있다면 GUI 프로토타이핑에서 더 좋은 UX를 만들 수 있다. 왼쪽의 예시에서 먼저 눈에 띄는 것은 짙은 배경 위에 유사한 크기/모양의 정보를 일정한 간격으로 나열했다는 점이다. 사용자는 자연스럽게 전체 목록을 한눈에 인식하고 개별 정보를 하나씩 살펴보게 된다. 각 정보는 가격, 거리, 유종 등의 주요 정보를 각 배경색 위에 흰 글씨로 표시해 주목성을 높였고, 흰색 바탕에는 더 자세한 정보를 표시했으며, 두 경계 위에 차량 이미지를 놓아서 두 정보를 하나로 이어주고 있다.

오른쪽은 전체적으로 흰색 배경 위에 강조하려는 부분인 대여/반납 시간만 짙은 파란색으로 강조하여 표시했고, 차량 상태를 눈에 띄게 하기 위해서 폰트 크기를 키우고 다른 색상과 확연하게 구분되는 녹색을 적용했다.

UX/UI에서 GUI는 정보를 기능적/감성적으로 잘 표현하는 것도 중요하지만, 실제 UI상에는 여러 개의 정보와 기능적 요소가 뒤섞여 있기 때문에 전체적으로 일관된 시각적 분위기(톤앤매너)를 유지하면서 각 정보의 구분, 대비, 강조, 리듬을 효과적으로 구현하는 것이 중요하다.

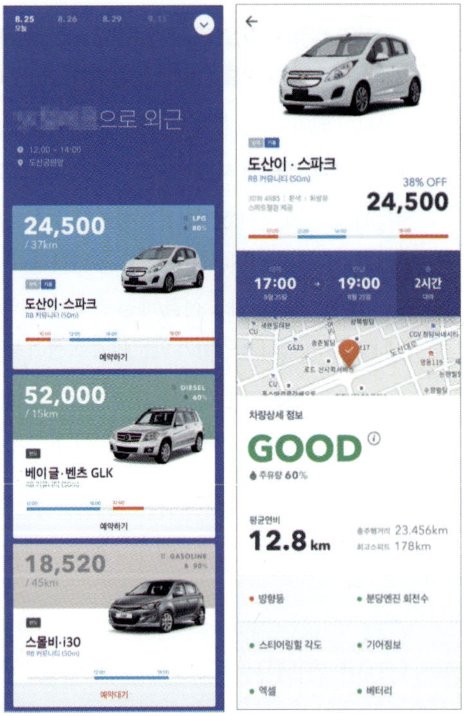

그림 423. GUI 프로토타이핑 예시

구분

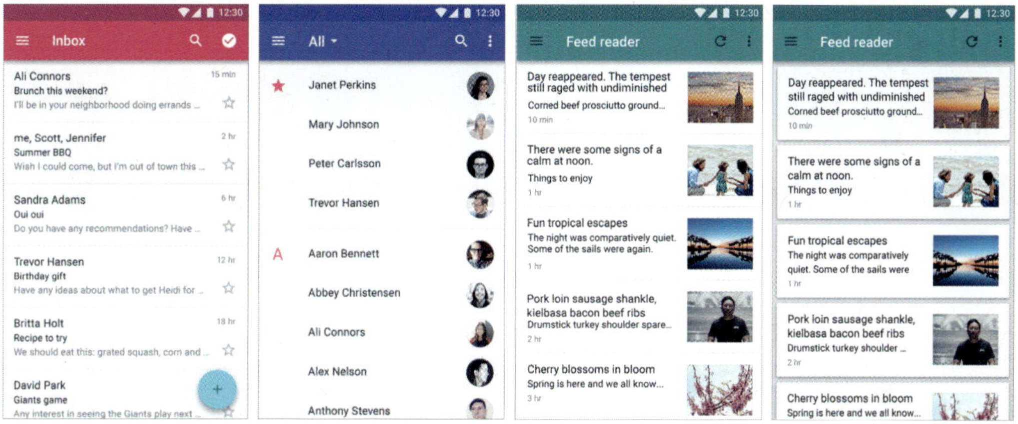

그림 424. 간격, 선, 면을 이용하여 정보를 구분한 예시 1 (출처: material.io)

복수 개의 정보를 구분하는 가장 기본적인 방법은 간격이다. 두 정보의 거리가 떨어져 있을 경우, 사용자들은 근접성의 원리에 의해 그것을 따로 인식하기 때문이다. 그러나 목록 화면처럼 동일 속성의 정보가 연속해서 나열된 경우, 간격만으로는 구분이 불명확할 때가 있다. 이때는 구분선을 사용해 목록 간의 구분을 좀 더 명확하게 한다. 위 예시에서 왼쪽 2개는 선만으로 구분한 경우와 간격과 선을 같이 사용하는 경우를 보여준다. 간격과 선을 같이 사용하면 이중 구분(선=1차 구분, 간격=2차 구분)이 가능해진다.

선(line)이 아닌 면(face)으로 구분할 때도 있는데, 면은 선보다 좀 더 강하게 구분이 인식되기 때문에 맥락을 잘 고려해야 한다. 위 예시 오른쪽 2개는 동일한 정보인데, 하나는 선으로, 하나는 면(카드)으로 구분하고 있다. 어느 게 맞는 방법일까? 이럴 때는 UX의 맥락을 읽어야 한다. 위 예시의 경우에는 '전달된 피드를 쭉 훑어보는 맥락'이다. 목록 하나하나를 주의 깊게 읽어보는 맥락이라면 면으로 구분하는 게 맞겠지만, 전체 목록을 쭉 훑어보는 맥락이라면 선을 통해서 가볍게 구분하는 것이 맞다.

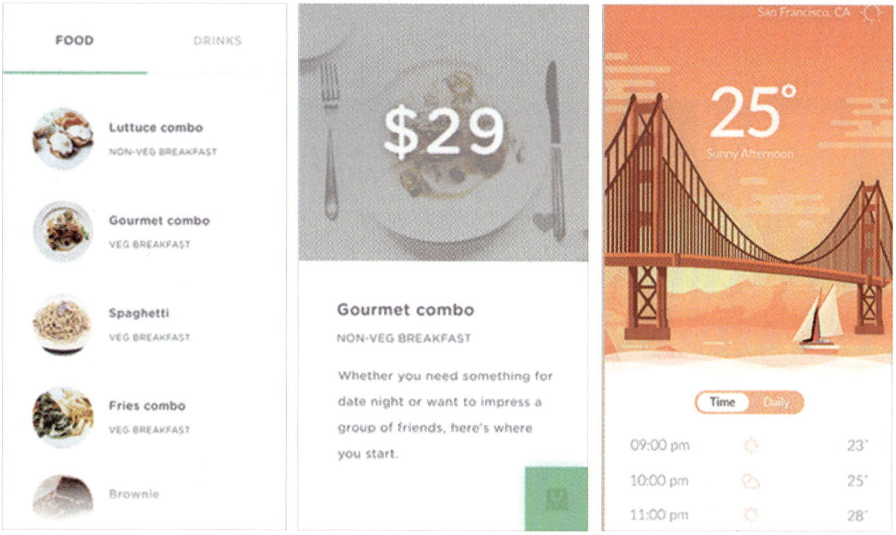

그림 425. 간격, 선, 면을 이용하여 정보를 구분한 예시 2 (출처: Goutham, dribbble)

위 왼쪽 예시는 선을 통해서 내비게이션 영역(FOOD, DRINKS)과 음식 목록을 구분하고 음식은 간격으로 가볍게 구분하고 있다. 선만으로는 내비게이션 영역과 하단 목록 영역이 뚜렷하게 구분되지 않아 보이는데, 그렇다고 이러한 시각적인 가벼움이 UX를 크게 저해하는 것은 아니다. 디자이너가 의도적으로 가벼운 시각적 분위기를 추구했을 수도 있다.

오른쪽 2개 예시는 배경 이미지가 들어간 상단과 흰색 배경의 하단 콘텐츠 영역이 뚜렷하게 구분된다. 상단은 화면에서 가장 중요한 요약 정보를 서비스 분위기에 맞게 강조하고, 하단은 정보의 세부적인 내용을 차분하게 전달하고 있다.

대비

때로는 복수 개의 정보나 기능적 요소를 서로 대비시켜서 '그것이 서로 다르다, 반대다'라는 점을 사용자들에게 인식시킬 필요가 있다. 이럴 때 쓰이는 방법이 대비(Contrast)다. 대비는 구분만큼 GUI 디자인에서 중요하다. 대비를 잘못 적용할 경우 사용자는 버튼을 잘못 누르거나 옵션을 잘못 선택하는 것처럼 같은 실수를 반복할 수 있다. '왠지 모르게 껄끄러운 경험'이 만들어질 수 있는 것이다.

오른쪽 예시는 에어비앤비 로그인 화면의 2가지 서로 다른 프로토타입이다. 크게 다른 점은 이메일 로그인 버튼에 적용된 컬러다. 페이스북 아이디 또는 이메일 주소로 로그인할 수 있는데, 하나는 컬러 대비가 뚜렷하지만, 다른 하나는 대비가 뚜렷하지 않다. 이 경우에는 어떤 게 더 UX적으로 맞을까?

그림 426. 에어비앤비 로그인 버튼 대비 (출처: Nick Babich, Smashing magazine)

당연히 컬러 대비가 뚜렷한 게 맞다. 둘 중 하나를 선택해야 하는 상황이기 때문에 시각적으로 명확하게 대비시키는 게 필요하다.

그림 427. 대비를 잘 활용한 예시 (좌: OCEAN, 우: 카카오뱅크)

뛰어난 GUI 디자인은 대비를 교묘하게 이용한다. 위 왼쪽 예시는 무채색과 유채색, 사람과 물결의 이미지를 서로 대비시키면서 그 위에 로고를 띄워서 이 브랜드가 가지고 있는 양면성을 효과적으로 드러내고 있다. 오른쪽의 카카오뱅크 이체완료 화면은 노란색 주 활동 버튼과 회색으로 된 보조 활동 버튼을 대비시켜서 주 활동에 더 시선이 가게 유도하고 있다.

다음 예시는 켜진 알람과 꺼진 알람을 색상을 통해 명확하게 대비시키고 있다. 군더더기 설명 없이도 누구나 다 현재 어떤 알람이 켜져 있고, 그게 어떤 주기로 동작하는지를 쉽게 알 수 있다.

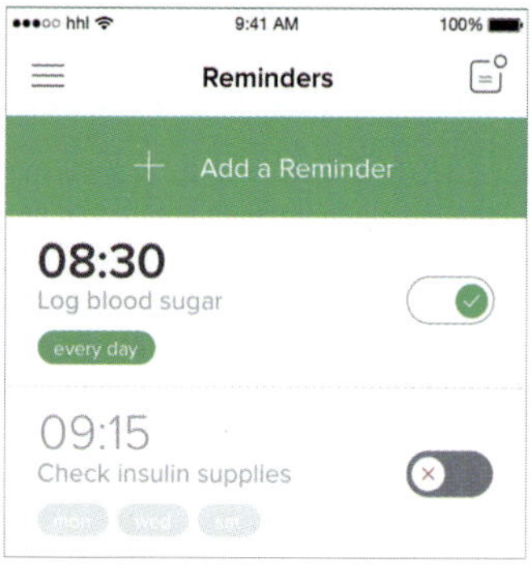

그림 428. 알람(Reminders) 앱의 대비 활용

강조

GUI는 서비스의 특징을 드러내거나 현재 화면의 중요 요소를 더 두드러지게 보이기 위해서 강조를 사용한다. 강조는 여백, 크기, 컬러, 배경 등에서 주변과는 다른 디자인 언어를 사용하거나 크기나 시각적 효과를 과장하는 방식으로 구현된다.

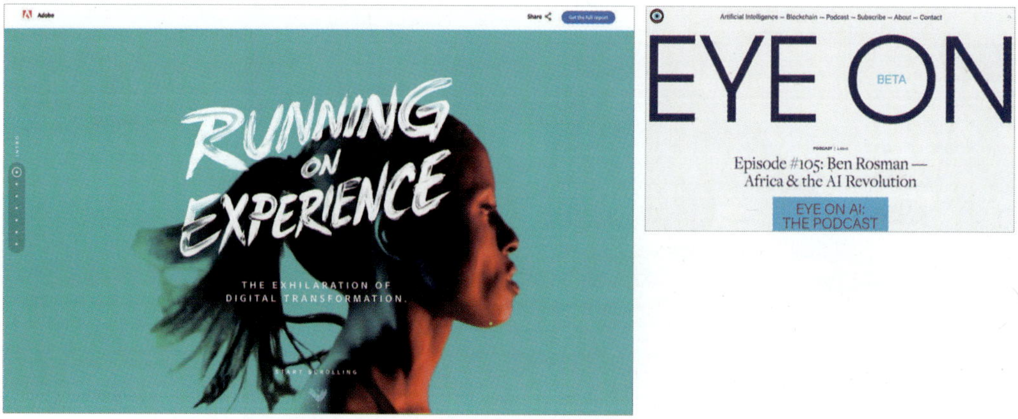

그림 429. 강조를 사용한 예시 1 (좌: 어도비 Running on Experience, 우: Eye on AI)

위 왼쪽 어도비사의 'Running on Experience' 사이트는 청록색 배경 위에 페인트로 휘갈겨 쓴 듯한 캘리그래피[주: 글자를 눈에 띄게 쓰는 서체 필기 기술]로 사용자의 시선을 사로잡고 있다. 오른쪽 'Eye on AI' 사이트는 서비스명이기도 한 'EYE ON'의 글자 크기를 극단적으로 크게 해서 사용자의 시선을 사로잡고 있다.

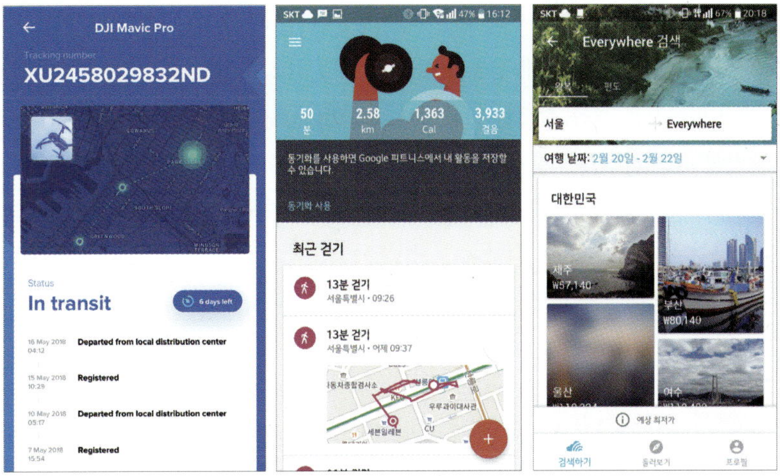

그림 430. 강조를 사용한 예시 2 (왼쪽부터 DJI, 구글 피트니스, 스카이스캐너)

전경/배경의 원리를 활용하는 것은 특정 요소를 강조하는 데 효과적인 방법이다. 위 왼쪽 예시는 파란 배경색이 전체 UI를 감싸는 프레이밍(Framing) 기법을 활용하여 상단 제목과 지도 영역을 강조하고 있다. 그 옆의 구글 피트니스나 스카이스캐너도 배경을 이용해서 상단 또는 메시지 영역에 시선을 주목시키고 있다.

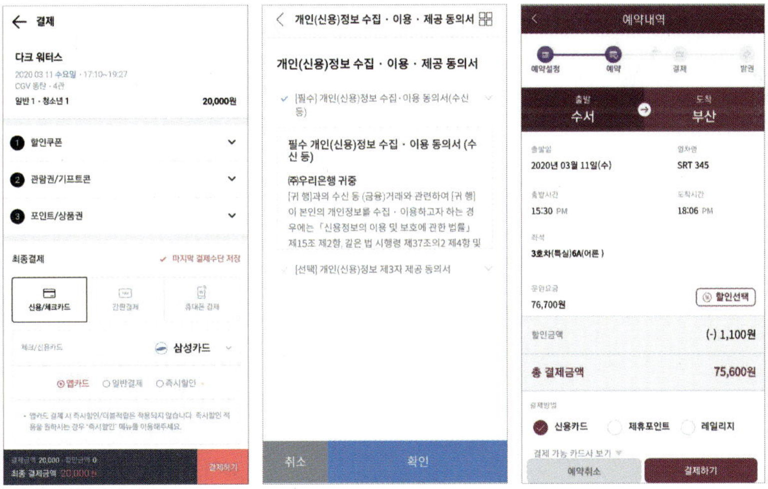

그림 431. 주 활동 버튼에 강조를 사용한 예시 (왼쪽부터 CGV, 우리은행, SRT)

주 활동 버튼을 강조하는 것은 항상 중요하다. 주 활동 버튼은 다른 UI 요소보다 더 눈에 두드러져야 한다. 강조를 위해서는 여백, 크기, 배경 등을 사용할 수도 있으나, 좁은 모바일 화면에서는 그렇게 하는 게 어려울 때가 많으므로 보통 컬러를 이용해서 강조한다. 위 예시에서 CGV와 우리은행은 화면 내 다른 부분과는 차이 나는 컬러를 적용해서 주 활동 버튼을 강조하고 있다. 반면 오른쪽 SRT 앱은 주 활동에 적용한 컬러가 다른 요소에도 적용되어 있어 강조가 다소 약하게 느껴진다.

리듬

리듬은 어떤 시각적 연결고리를 통해서 정보의 연관 관계를 푸는 방법으로 하나의 정보를 일목요연하게 보여주는 상품소개와 같은 화면에서 특히 중요하다. 리듬감이 없을 경우, 사용자들은 정보 조회 시 연결고리를 잃어버리거나 시각적 단서 없이 이성적으로만 정보를 해석해야 하는 불상사가 벌어진다.

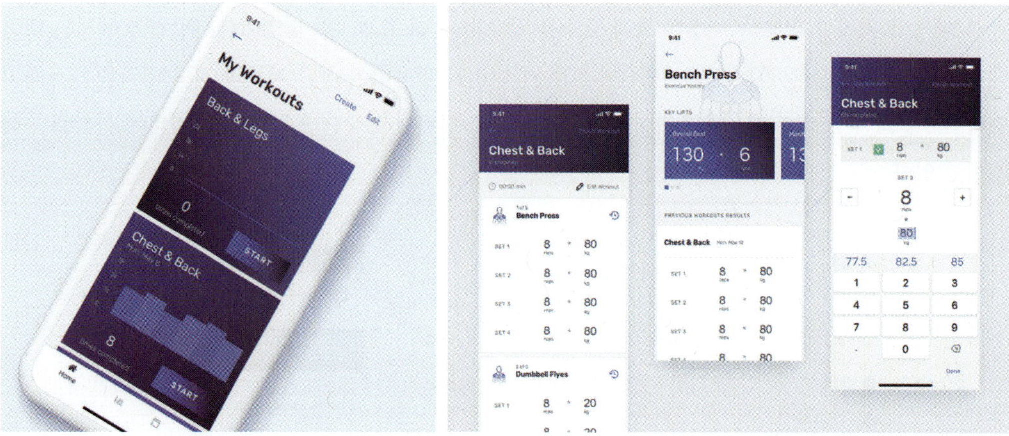

그림 432. 리듬감을 잘 나타낸 예시 (출처: Vitaly Rubtsov, dribbble)

리듬감을 주는 가장 좋은 방법은 동일한 디자인 요소(컬러, 이미지, 폰트, 그래픽, 메타포)들을 서비스 이용 시 계속해서 만날 수 있게 하는 것이다. 위 Kenno 앱은 파란색 배경 박스가 화면 상단이나 그래프, 주요 정보 표시에 시선을 주목시키고 폰트나 콘텐츠 배치, 구분선이 적절하게 반복되면서 정보 조회 시 리듬감이 자연스럽게 이어진다.

상태변화(Transition)를 통해서 리듬감을 부여하는 것은 최근 많이 등장하는 트렌드다. 서비스 전체적으로 일관된 상태변화를 적용하여 그 움직임을 통해서 리듬감을 느끼게 하는 것이다.

왼쪽 예시에서는 스와이프를 통해서 보유한 신용카드를 찾다가 그중 하나를 선택하면 세로에서 가로로 움직이는 상태변화를 보이면서 자세한 카드 정보를 볼 수 있다.

카드를 선택할 때마다 보이는 일정한 패턴을 가진 움직임이 사용자에게 매끄러운 리듬감을 전달한다.

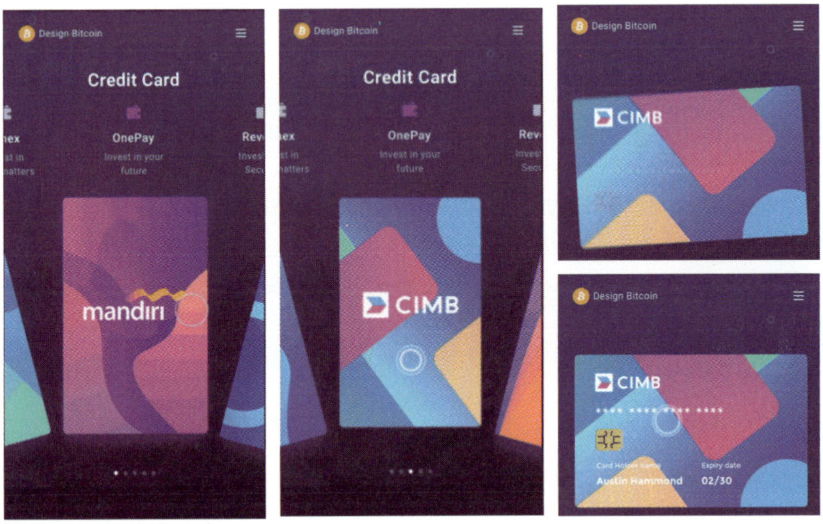

그림 433. 상태변화를 통한 리듬감 부여

GUI 디자인은 위에서 얘기한 원칙 외에도 각 서비스만의 고유한 아이덴티티를 반영하고 서비스의 특징을 창의적으로 표현해야 하며, 최근의 GUI 트렌드 반영 등도 맞물려 있다. 이러한 점들이 같이 고려되어 GUI 프로토타입을 만들게 되며, 최종적으로 완성된 프로토타입은 UX 테스트를 통해서 검증하게 된다.

GUI 프로토타이핑 시 참고사항

프로토타이핑하려는 화면은 콘텐츠가 명확해야 하고 그 목적이 사용자들에게 명확하게 이해돼야 한다.

프로토타이핑하려는 화면의 UX 맥락을 먼저 고려한다. 사용자는 현재 화면에서 무엇을 하려고 하는가?

한 화면 내에서 정보나 기능적 요소들이 시각적인 계층구조를 따라서 자연스럽게 시선이 이어져야 한다.

UI의 어떤 요소들은 강조나 대비를 통해서 시선을 끌거나 그 성격을 분명하게 드러내야 한다.

시각적인 화려함보다는 정보의 명확성을 잘 드러낼 수 있게 짧은 카피 문구, 숫자, 아이콘, 그래프 등 다양한 정보 디자인을 활용하는 것이 좋다.

최대한 단순 간결하게 콘텐츠를 드러내고 각 콘텐츠들을 시각적으로 연결할 수 있는 단서를 부여한다.

PC와 모바일에서의 시선 흐름 차이

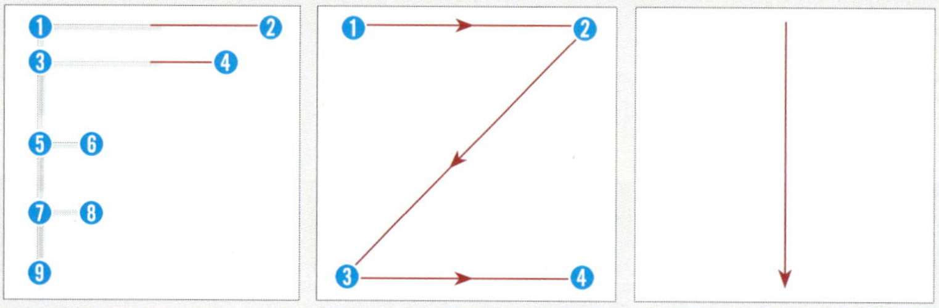

그림 434. PC와 모바일에서의 시선 흐름 차이

PC에서는 F형 또는 Z형 시선 흐름이 일반적이지만, 모바일에서는 시선흐름이 위에서 아래로 단순하게 떨어진다. PC는 스크린이 넓기 때문에 왼쪽 상단에서 시선 흐름이 시작하여 오른쪽으로 수평 이동하고 다시 원래의 위치로 회귀하여 같은 패턴을 반복하거나 대각선으로 왼쪽 하단으로 내려가는 데 비해, 모바일은 스크린이 작기 때문에 위에서 아래로 단순하게 시선이 움직인다.

UX 테스트

프로토타이핑이 완성된 다음에는 의사결정권자에게 이를 보고하거나 실제 사용자들에게 검증하기 위해서 UX 테스트를 진행한다. 아직 한국에서는 UX 산출물의 검증을 의사결정권자들이 하는 경우가 많으나, 엄밀히 말해서 UX 산출물, 그중에서도 가장 핵심적인 결과물이라고 할 수 있는 프로토타이핑의 검증은 사용자들을 통해서 하는 게 맞다.

UX 테스트에는 사용성 테스트, AB 테스트, 원격 테스트 등이 있으나, 원격테스트나 AB 테스트는 거의 사용되지 않거나 방법이 간단해서 이 책에서는 가장 보편적인 사용성 테스트를 중심으로 설명하겠다.

UX 테스트의 종류

- 사용성 테스트: 현재 운영 중인 서비스 또는 새로운 프로토타입에 사용성의 문제가 없는지 검증하는 방법. 정량적인 지표(시간, 이동단계, 에러율 등)를 측정하여 그 수치를 분석한 다음 서비스의 문제를 진단한다.
- AB 테스트: 기존 서비스 vs 새로운 프로토타입 또는 새로운 프로토타입 A/B 안을 가지고 어떤 것이 더 UX 품질이 높은지를 사용자들에게 평가받는 방법.
- 원격 테스트: 원격 테스트 툴을 사용하여 불특정 다수나 이미 선정된 패널들을 대상으로 새로운 프로토타입을 검증받는 방법. 툴에 따라 프로토타입은 물론 IA나 이용흐름을 검증받을 수도 있다.

사용성 테스트란?

사용성은 'UX 피라미드'에서 논의했듯이 사용자들이 얼마나 쉽고, 편리하고, 효율적으로 서비스를 이용할 수 있는지를 판단하는 척도다.

모든 테스트는 측정이 가능해야 하고, 누가 해도 동일한 결과가 나와야 하며, 신뢰할 수 있는 평가 지표가 있어야 한다. 사용성 테스트는 사용성을 측정할 수 있는 장비가 갖춰진 환경에서 실제 사용자들을 대상으로 사용성과 관련 지표를 평가해 사용성 항목별로 서비스의 문제를 진단하는 과정이다.

사용성 테스트는 사용성 전문가(UXer)들이 작업 수행 시간, 작업 이동 단계, 에러율, 성공률, 기억 가능성, 학습 소요 시간, 만족도 등의 지표를 측정하여 직관성, 효율성, 기억성, 만족도 등의 사용성 항목들을 평가한다.

사용성 테스트는 작업(Task) 단위로 진행된다. '상품을 찾아서 장바구니에 담아보세요', '공인인증서를 새롭게 갱신해 보세요'처럼 이번 테스트에서 진단하고 싶은 작업을 정해서 그것을 사용자에게 요청하고 사용자가 실행하면 추가 질의를 하는 식으로 진행된다.

보통 하나의 사용성 테스트에서는 5~10개의 작업이 반복해서 테스트된다.

그림 435. 사용성 테스트 흐름

그림 436. 도널드 노먼의 행동 7단계

도널드 노먼의 행동 7단계에 대입해서 보자면 사용성 테스트는 '실행〉 결과지각〉 상태 해석〉 만족도 판단'의 후반 4단계를 평가하는 것이라고 할 수 있다. 사용자가 평소처럼 특정 작업을 실행하고, 본인이 진행한 결과를 지각하고, 그 상태를 해석한 다음, 만족도를 판단하는 과정을 관찰하면서 직관성, 효율성, 기억성, 만족도 등의 사용성 항목을 평가하는 것이다.

표 27. 사용성 테스트 항목, 내용, 지표

항목	테스트 내용	테스트 지표
쉬운, 직관성	사용자들이 Task 수행 시 얼마나 에러를 일으키는가? 에러는 어떤 유형인가?	에러율, 성공률
효율성	Task 수행에 얼마나 시간이 걸리며, 몇 개의 단계를 거치는가?	시간, 이동 단계
기억성	서비스 사용 후 얼마나 많은 것들을 회상할 수 있는가?	기억 가능성, 학습 소요시간
만족도	Task 완료 후 사용자들이 받은 감성적인 만족도는 어떠한가?	감성적인 만족도

사용성 테스트는 비교적 간단한 방법을 통해서 서비스 이용 시 사용자들이 겪는 행동과 고충을 이해할 수 있는 방법이다. 설문조사나 표적인터뷰(FGI)는 표면적인 의견이나 만족도 파악에 그친다는 단점이 있지만, 사용성 테스트는 구체적인 행동과 고충을 직접 눈으로 확인하면서 필요하다면 사용자가 고충을 겪는 이유를 직접 물어볼 수 있다는 장점이 있다.

사용성 테스트를 이용하면 서비스 개선은 어떤 식으로 가능할까?

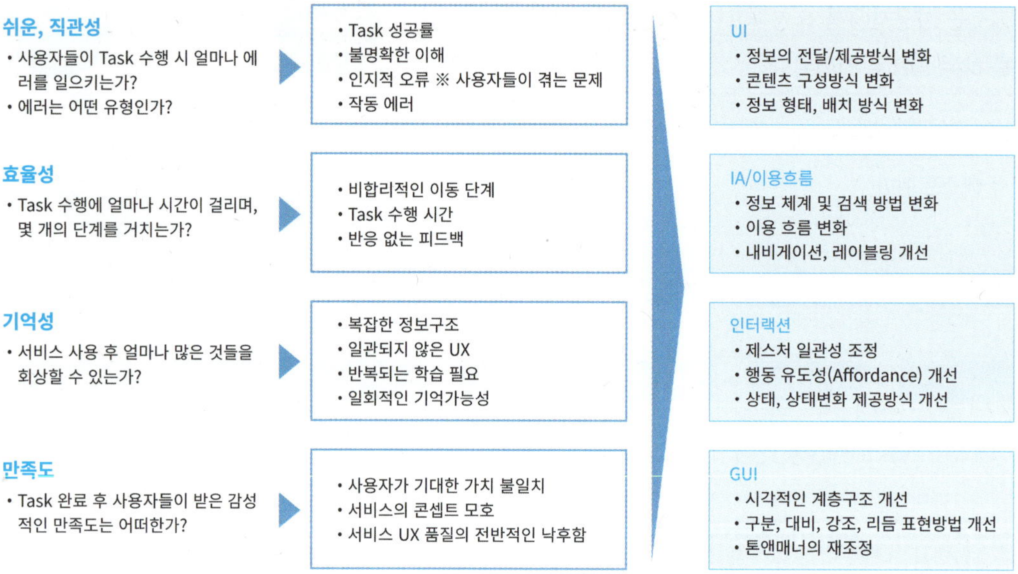

그림 437. 사용성 테스트를 통한 디자인 개선 방식

사용성 테스트는 필드 리서치와 순서가 유사하다. 먼저 테스트 계획을 세우고 사용자를 모집한 다음, 테스트를 진행하고 나서 그 결과를 분석하는 것이다. 그러나 필드 리서치가 사용자경험 전반을 조사하는 데 비해서 사용성 테스트는 사용성에 국한해서 평가를 진행한다는 차이가 있다.

그림 438. 필드 리서치와 사용성 테스트의 차이점

사용성 테스트는 다음과 같은 순서로 진행된다.

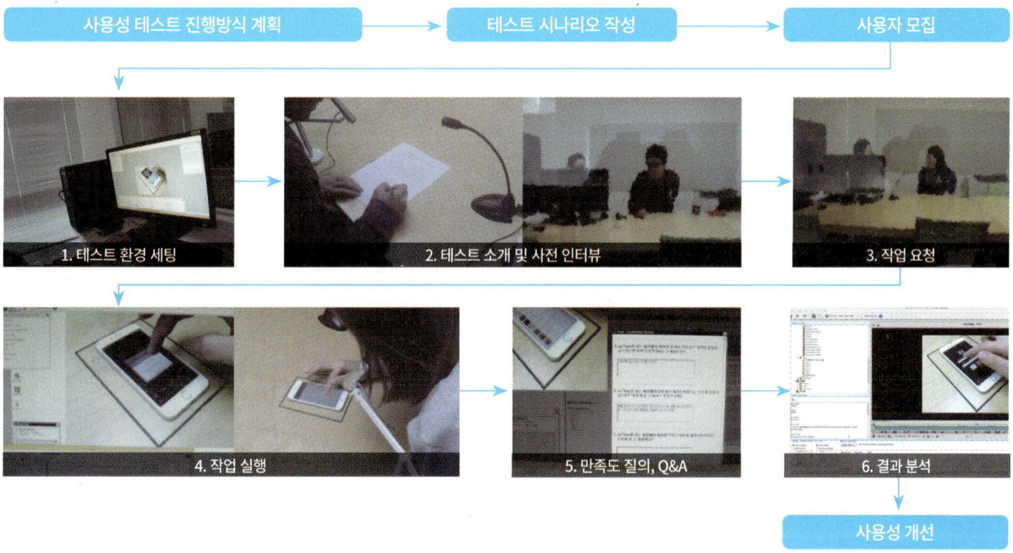

그림 439. 사용성 테스트 진행 순서

사용성 테스트는 별도의 시설이 필요하다. 일단 2개의 룸이 필요하다. 하나는 실제 테스트가 진행되는 테스트 룸이고, 다른 하나는 테스트 진행 상황을 모니터링하는 관찰 룸이다. 두 룸은 한쪽에서만 투명하게 보이는 유리(One way glass)를 비롯하여 각종 카메라 및 통신 장비로 서로 연결되어 있다.

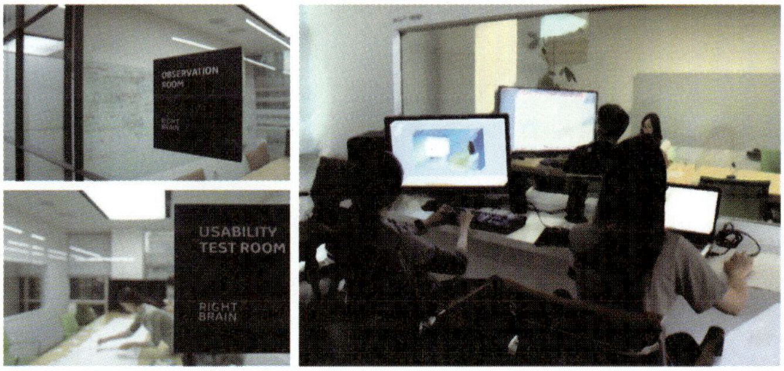

그림 440. 라이트브레인의 사용성 테스트 시설

테스트 룸에는 CC 카메라, 캠코더, 웹캠, PC나 모바일의 화면 촬영 프로그램 등 여러 대의 영상 촬영 시설이 갖춰져 있다. 테스트 룸에서 벌어지는 상황은 편향 유리를 통해 육안으로도 관찰이 가능하지만, 소프트웨어를 통해서도 관찰자들에게 전달된다. 이 소프트웨어는 테스트 장면을 기록/전송하기도 하지만, 에러율, 시간, 이동 단계와 같은 테스트 지표를 기록하는 역할도 수행한다. 물론 이것은 관찰자들에 의해서도 기록된다. 특히 사용자가 범하는 에러나 이상 행동을 주로 기록한다.

사용성 테스트에서의 역할은 크게 진행자(Moderator), 관찰자(Observer), 준비자(Facilitator) 등으로 나뉜다. 이 중 가장 중요한 역할은 사용자 옆에서 테스트를 이끌어 나가는 진행자다. 관찰자는 직접 사용자를 만나는 일은 없으며, 테스트 과정을 기록하고 분석하는 일을 담당한다. 준비자는 사용성 테스트 시설, 특히 필요한 하드웨어와 소프트웨어를 세팅하는 일을 담당한다. PC냐 모바일이냐에 따라서, 모바일이라도 운영체제에 따라서, 서비스나 테스트 목표에 따라서 세팅이 달라질 수 있다.

대상자 선정

사용성 테스트는 누구나 보편적으로 겪게 되는 일반적인 문제를 찾는 게 목적이기 때문에 필드 리서치보다 대상자 선정 과정이 까다롭지 않다.

처음 몇 명까지는 새로운 문제가 계속 나타나지만, 4명을 넘어서면서부터는 앞에서 나왔던 문제가 다시 나오는 경우가 점차 늘어나다가 7명을 전후해서는 그러한 중복 확률이 급격하게 증가한다.

그래서 사용성 테스트에서는 보통 7명으로 대상자를 선정한다.주: 이를 '7룰(Seven Rule)'이라고 부른다.

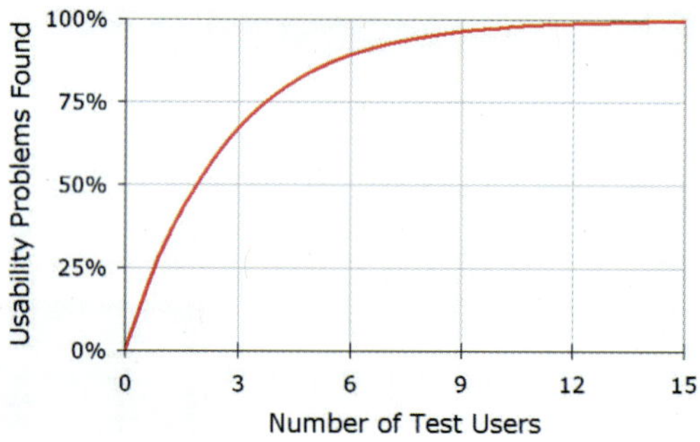

그림 441. 7룰 (출처: Nielsen Norman Group)

경우에 따라 자사와 타사 사용자를 구분해서 테스트하거나 연령층, 라이프스타일이 서로 다른 대상자를 선정할 때는 7명을 넘어서는 경우도 간혹 있다. 여기서 중요한 점은 사용성 테스트의 목적이 사용성이라는 일반적인 문제를 찾는 데 있기 때문에 대상자 선정 기준이 까다롭지 않다는 점이다.

테스트 시나리오 작성

테스트 시나리오는 필드 리서치의 이슈별로 사용자에게 요청할 Task, 예상 이동 경로, 조사포인트, (예상) 소요 시간 등을 정의한 문서를 말한다.

분류	작업명	작업 (Task)	예상 이동경로	조사 포인트	소요 시간
앨범	앨범에 곡 담기	원하는 곡을 검색/선택하여 재생한 후 새로운 폴더를 만들어 담아보세요.	홈→재생버튼→더보기→담기→앨범 추가→새앨범 만들기→새앨범 선택→확인	- 기능 인지 및 접근 경로 파악	60초
	앨범에서 곡 재생	새로운 폴더에 저장했던 노래를 재생해 주세요.	메뉴→마이뮤직→앨범 선택→곡 선택→듣기	- 메뉴의 위치 및 '마이뮤직' 레이블 인지 가능한지 파악	30초
좋아요	내 좋아요 만들기	내 음악 방송 방을 만들어 주세요.	좋아요→친구 선택→내 좋아요 가기→나만의 좋아요 설정→확인	- 메뉴 레이블 및 위치 인지 가능한지 파악	30초
재생목록	재생목록 편집	노래 목록에서 5번째 곡을 1번째로 이동해 주세요.	재생목록→편집→곡명→우측 바 선택하여 이동	- 이동을 위한 우측 버튼 기능 인지 파악 - 순서정렬과 이동에 대한 구분 가능한지 파악	60초
아티스트	아티스트 소개보기	관심 있는 아티스트 소개보기를 찾아봐 주세요.	검색→아티스트→아티스트 선택→아티스트 소개보기	- 이동 경로 및 버튼의 위치 인지 파악	30초

그림 442. 테스트 시나리오 예시

사용성 테스트는 필드 리서치의 일환이기 때문에 방법이 비교적 간소하다. 어떤 기업에서는 평가 지표 매트릭스를 복잡하게 설계하는 경우도 있는데, 대부분의 경우에는 테스트 시나리오만 잘 작성해도 좋은 결과를 얻을 수 있다.

테스트 진행

사용자 모집과 환경 세팅이 끝나면 일정에 따라 실제 사용성 테스트가 진행된다. 보통 일별로 3~4명을 테스트하며 1회에 40~50분 정도가 소요된다. 실제 사용성 테스트는 다음과 같은 순서로 진행된다.

1. 테스트 소개 및 사전 인터뷰: 테스트의 목적을 소개하고, 사용자의 이용 환경 및 동기, 태도 등을 파악한다.
2. 작업 요청: 테스트 시나리오 순서대로 작업을 요청한다. 관찰자는 관찰 소프트웨어로 기록을 시작한다.
3. 작업 실행: 참여자가 작업을 수행하는 과정은 영상으로 기록되며, 관찰자는 작업 관찰 내용을 기록한다.
4. 질문/만족도 평가: 모든 작업이 끝나면 전반적인 질문과 서비스에 대한 만족도 평가를 요청한다.

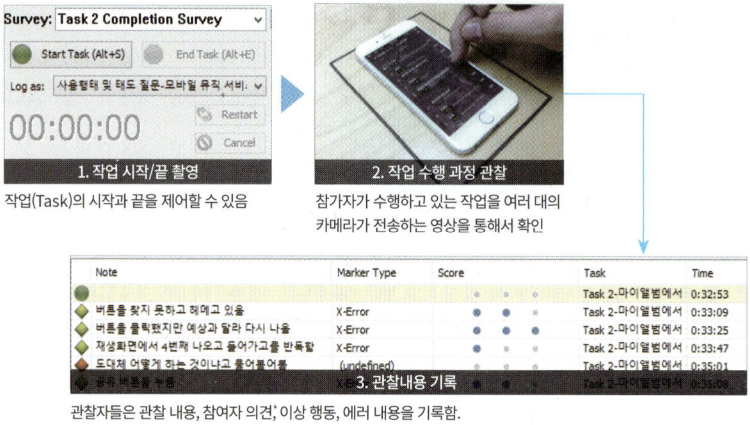

그림 443. 작업 관찰 및 기록 모습

테스트는 편향 유리를 통해서 육안으로 관찰할 수도 있지만, 카메라를 통해서 기록 소프트웨어에 기록되고 연결된 분석 소프트웨어에서도 실시간으로 관찰이 가능하다. 관찰자들은 관찰 내용, 참여자가 구두로 말한 의견, 머뭇거림이나 같은 행동 반복 등의 이상 행동, 잘못 누르거나 원하는 UI 요소를 찾지 못하는 등의 에러 내용을 기록한다.

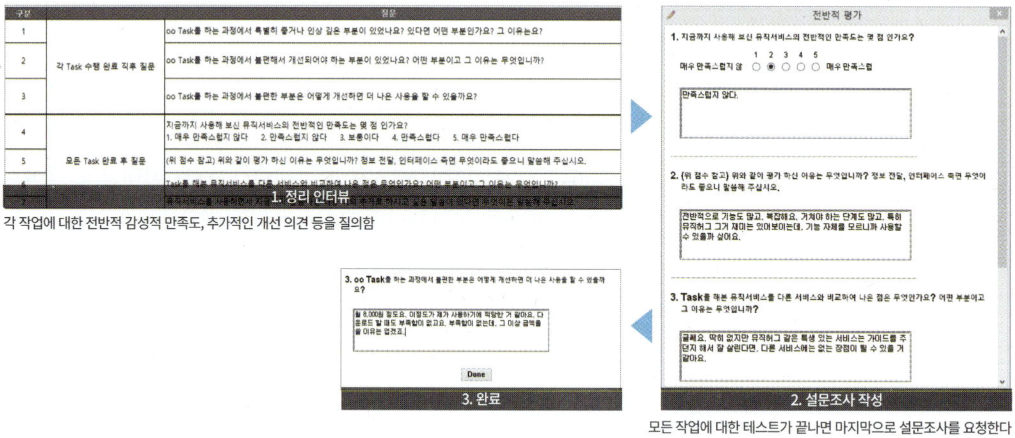

그림 444. 작업별 정리 인터뷰, 최종 설문조사

각 작업의 테스트가 끝날 때마다 참여자에게 간단한 정리 인터뷰를 진행한다. 모든 작업에 대한 테스트가 끝나면 마지막으로 테스트 전반, 서비스 전반에 대한 평가를 진행하면서 테스트가 완료된다.

테스트 분석

사용성 테스트가 끝나면 작업별 테스트 수행 시간, 이동단계, 성공률, 에러율과 같은 지표는 물론, 사용자로부터 받은 인터뷰나 평가 내용도 있고, 관찰자가 테스트 과정에서 기록한 관찰 내용도 있다. 이런 여러 가지 데이터를 분석해 어떤 디자인 영역에 문제가 있고, 구체적으로 그 문제가 무엇인지를 밝히는 게 최종적인 목표다. 테스트가 끝난 다음 문제 유형을 분석하는 과정은 총 4단계로 진행된다.

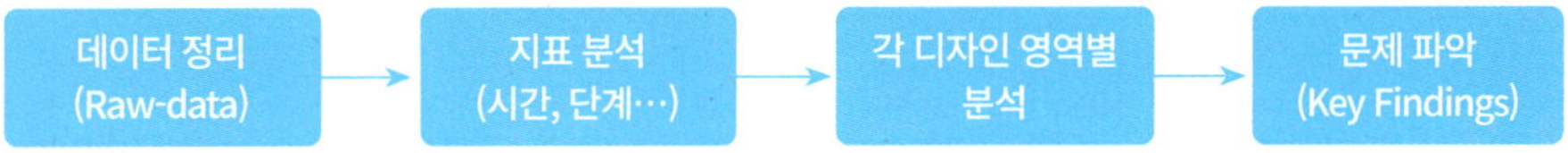

그림 445. 테스트 분석 과정

테스트 소프트웨어를 통해서 기록한 영상뿐만 아니라 각종 지표나 관찰기록과 같은 데이터를 정리한다.

Morae 분석 기록

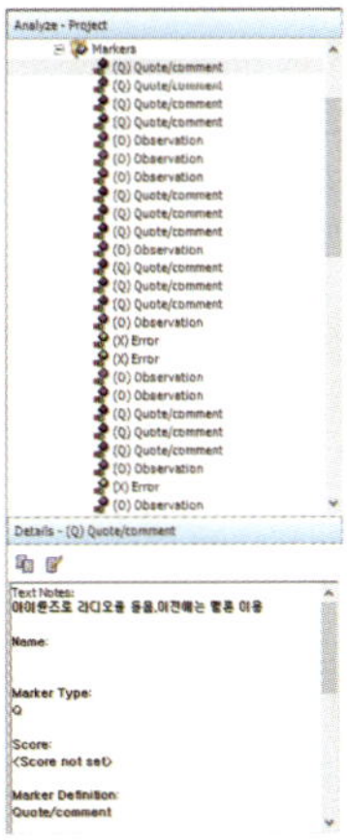

작업 성공률

		P1	P2	P3	P4	합계	시행 수	성공률
		1	1	1	1	4	4	100%
		1	1	1	0	3	4	75%
		0	0	1	1	2	4	50%
		1	1	1	1	4	4	100%
		1	1	1	1	4	4	100%

작업 수행 시간

Subject	TASK 항목	테스트 시간	사용자별 TASK 소요시간					소요시간 오차 (테스터, 사용자)	TASK 순서
			P1	P2	P3	P4	평균		
		60	50	37	39	58	46	74	검색→담기→마이앨범 추가→새앨범 만들기→앨범명 입력/확인
		30	20	23	26	33	26	35	마이뮤직→마이앨범 선택→앨범 선택→곡 선택→듣기
		180	350	335	285	290	315	45	메뉴→뮤직허그→만들기 버튼 선택→방명 입력/확인
		60	12	22	46	26	27	94	재생버튼→재생목록 선택→편집→이동 바→선택 이동
		30	21	21	24	30	24	36	검색→아티스트 선택→곡정보→아티스트→아티스트 소개보기

작업 에러 발생수

		UI	IA	레이블링	인터랙션	수행횟수	에러 발생수
		0	2	0	0	4	2
		3	0	1	0	4	4
		1	5	6	1	4	13
		1	4	0	0	4	5
		1	1	0	0	4	2

전반적 감성적 만족도

	user1	user2	user3	user4	평균
감성적 만족도	4	4	2	4	3.5

그림 446. 데이터 정리 예시

데이터 정리 후 가장 먼저 할 일은 데이터 내 각종 지표를 분석하는 것이다. 작업별로 성공률, 에러율, 수행 시간, 이동 단계, 만족도와 같은 지표들을 분석해 어디에 문제가 있는지를 파악한다.

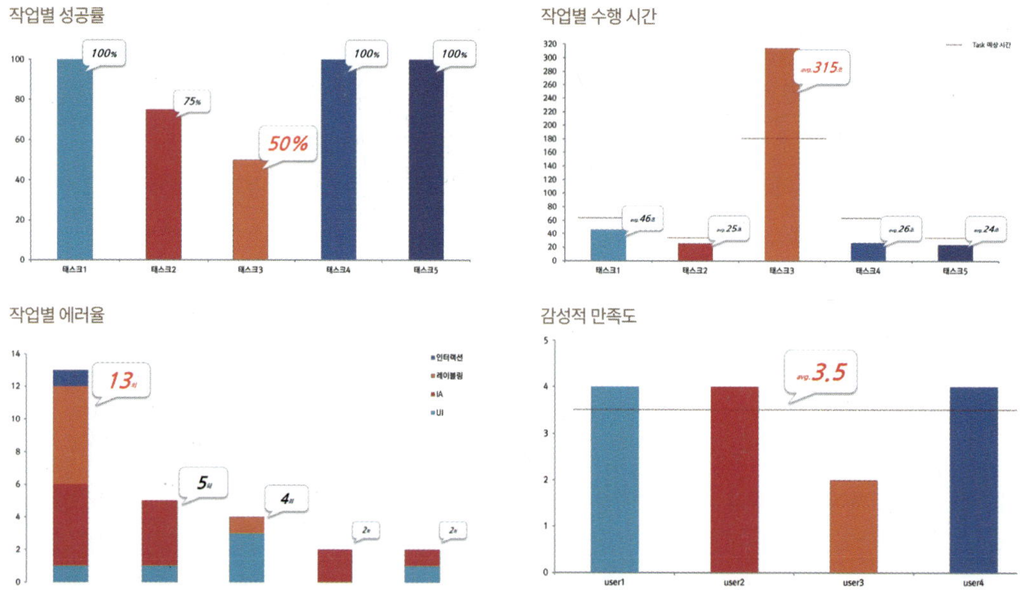

그림 447. 지표 분석 예시

테스트 분석에서 가장 중요한 일은 디자인 영역별로 문제를 분석하는 것이다. 이 과정은 테스트 지표들이 일차적인 기준이 되기는 하지만, 관찰자들이 기록한 관찰 내용에도 많이 의존한다.

마지막으로 디자인 영역별 문제들이 구체적으로 어떤 내용인지를 테스트 기록 영상을 예시로 들면서 설명한다.

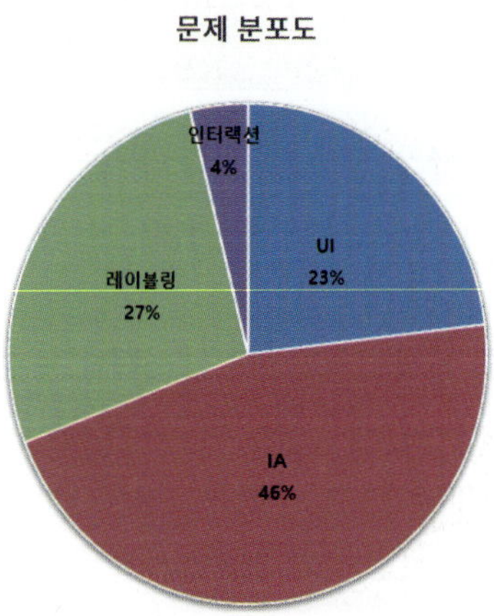

1. IA(정보 구조 설계) 문제 46%
   - 시스템 정보구조와 사용자의 기대 간의 차이 (34%)
   - 작업 연결성이 떨어짐 (8%)
   - 복잡한 작업 수행 절차 (4%)
2. 레이블링 문제 27%
   - 명확하지 않은 버튼명 (19%)
   - 의미 구분의 모호함 (8%)
3. UI(사용자 인터페이스) 문제 23%
   - 작업 유도성이 떨어지는 인터페이스 (8%)
   - 작업 수행에 필요한 버튼 배치 부적절 (7%)
   - UI 통일성 결여 (4%)
   - GUI 문제 (4%)
4. 인터랙션 문제 4%
   - 작업 가이드 제시 부족 (4%)

그림 448. 각 디자인 영역별 분석 예시

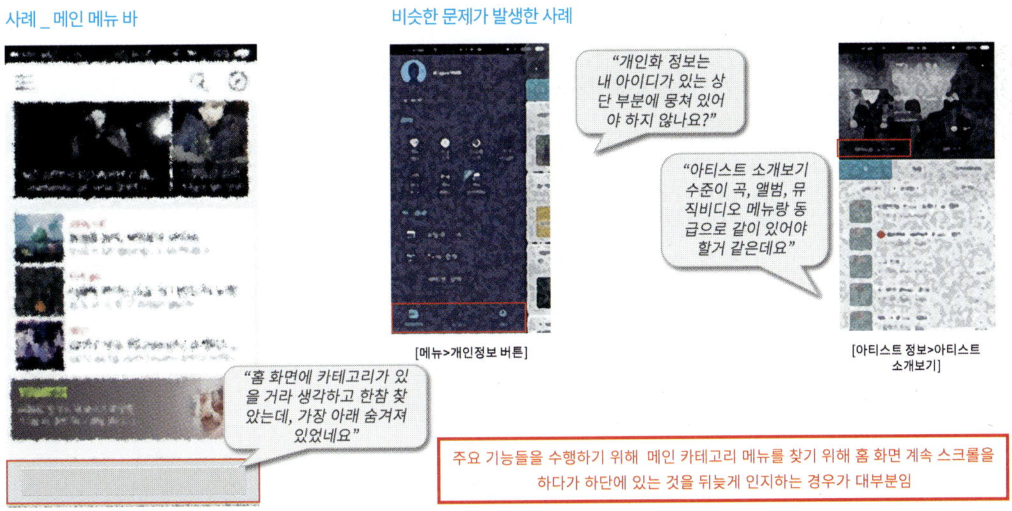

그림 449. 문제 파악 예시

UX 가이드라인

테스트를 통해서 프로토타이핑을 검증 및 수정하고 나면 UI 기획자, GUI 디자이너, UI 개발자 등이 구축 업무를 진행할 수 있게 그동안의 산출물을 정리해서 전달해야 하는데, 그것이 UX 가이드라인이다.

그림 450. UX 가이드라인의 역할

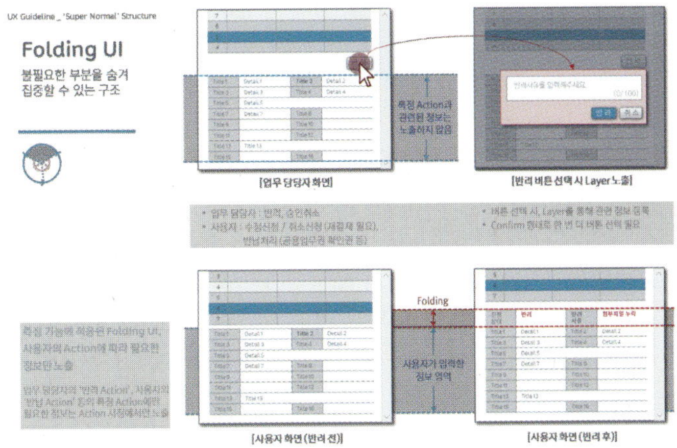

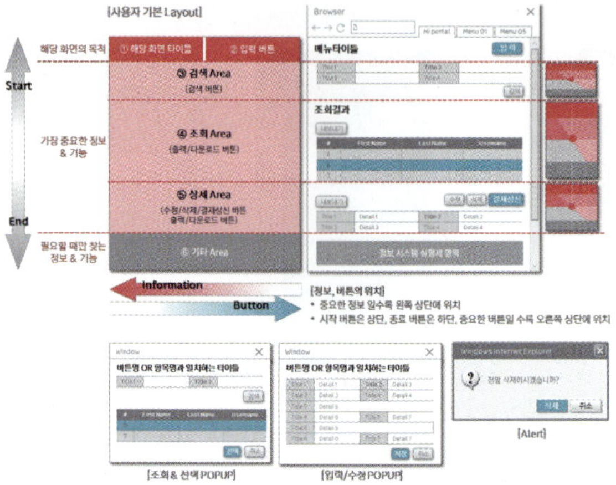

그림 451. UX 가이드라인 예시

UX 가이드라인은 새로운 산출물이라기보다는 산출단계(Deliver)에서 작업했던 결과를 하나로 묶은 패키지라고 할 수 있다.

UX/UI 디자인 단계에서는 서비스 전체가 아닌, 일부분만 다루기 때문에 구축 업무에서 이를 확대 적용할 수 있게 일목요연하게 정리해 전달할 필요가 있다. IA, 이용흐름, 인터랙션, UI, GUI에서 산출한 각종 결과를 디자인 영역별로 상세화한다.

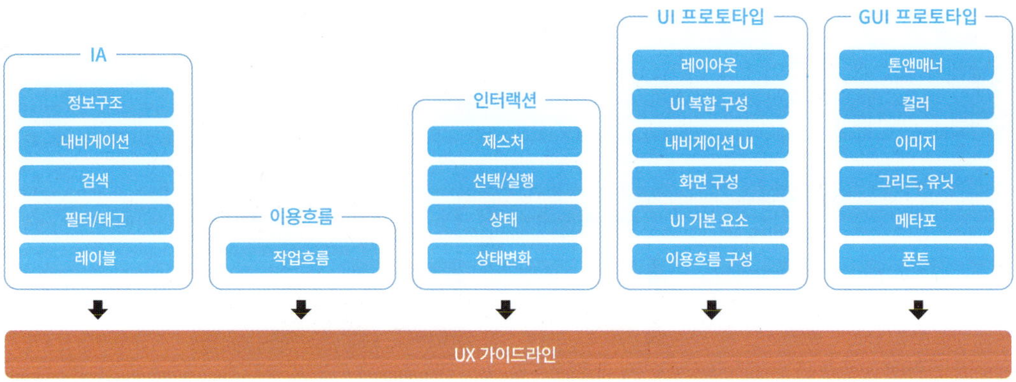

그림 452. UX 가이드라인 = 각 디자인영역 결과물의 묶음

UX 가이드라인 작업 시에는 일관된 용어나 정보 표시 등을 미리 정해 놓을 필요가 있는데, 특히 규모가 큰 서비스나 기업에서는 모든 메뉴, 앱, 채널에 공통으로 적용될 일관된 체계를 마련하는 것이 꼭 필요하다.

구글 디자인(https://design.google/resources/)이나 애플이 제공하는 iOS human interface guidelines(https://developer.apple.com/design/human-interface-guidelines/)도 도움이 되지만, 유명 UX 블로거인 Chenghan Ke가 제공한 UI terms(https://uxdesign.cc/cheat-sheets-ui-terms-cadf9dc49689)를 보는 것도 적극적으로 권장한다.

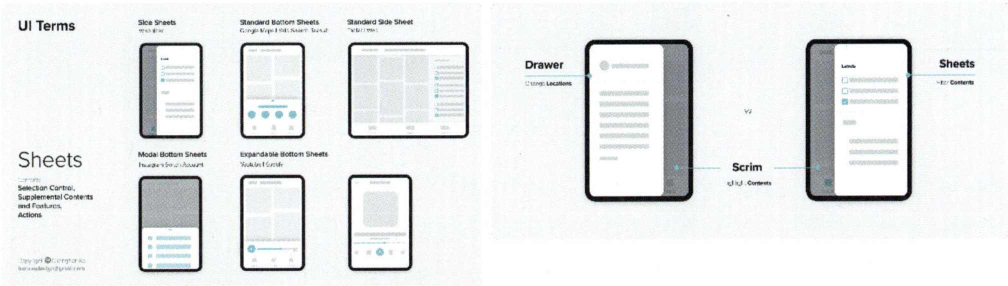

그림 453. UI Terms 예시 (출처: Chenghan Ke, UX Collective)

왼쪽 그림은 라이트브레인의 UX 가이드라인 카테고리다. 다양한 UX 프로젝트에서 활용하기 위해 용어나 각 디자인 영역의 계층구조를 정리했다.

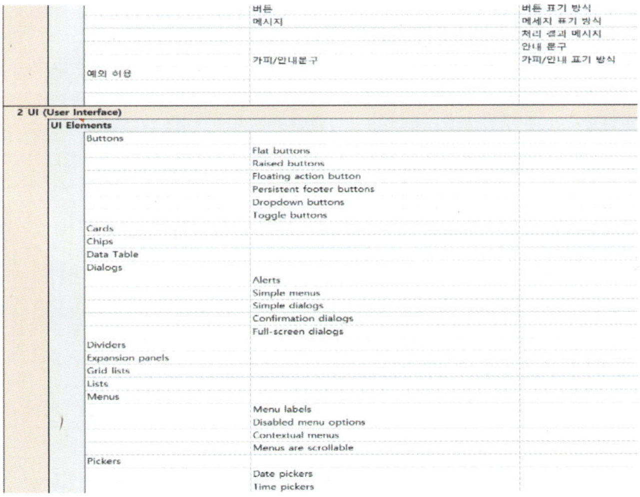
버튼 | 버튼 표기 방식
메시지 | 메세지 표기 방식
처리 결과 메시지
안내 문구
가피/안내문구 | 가피/안내 표기 방식
예외 허용
2 UI (User Interface)
UI Elements
Buttons
Flat buttons
Raised buttons
Floating action button
Persistent footer buttons
Dropdown buttons
Toggle buttons
Cards
Chips
Data Table
Dialogs
Alerts
Simple menus
Simple dialogs
Confirmation dialogs
Full-screen dialogs
Dividers
Expansion panels
Grid lists
Lists
Menus
Menu labels
Disabled menu options
Contextual menus
Menus are scrollable
Pickers
Date pickers
Time pickers

그림 454. 라이트브레인 UX 가이드라인 카테고리 중 일부

Part 03

생성형 AI를 활용한 UX 디자인

01

생성형 AI와 AI 에이전트

생성형 AI가 가져온 변혁

챗GPT의 등장은 AI 산업의 큰 변곡점이었다. 이전의 AI 프로젝트는 주로 머신러닝 기반으로, 모델 설계 · 데이터 준비 · 알고리즘 선택 · 트레이닝 · 테스트 등 복잡하고 시간이 많이 드는 과정을 거쳤다. 이러한 절차는 농사에 비유될 만큼 고됐다. 그러나 생성형 AI는 이러한 복잡하고 지난한 과정을 생략한 채 이미 서비스가 준비되어 우리 앞에 나타났다. 우리가 할 일은 좋은 질문(프롬프트)을 던지는 것뿐이었다.

그림 455. 머신러닝과 생성형 AI 비교. 머신러닝은 열심히 밭을 갈구고 농사를 짓는 과정이었다면, 생성형 AI는 동전(프롬프트)만 넣으면 알아서 결과가 나오는 자판기에 비유할 수 있다. (그림은 제미나이를 이용하여 만듦)

챗GPT는 오픈AI가 GPT-3.5를 기반으로 2022년 11월 출시한 생성형 AI로, 인간과 유사한 자연어를 생성하는 대규모 언어 모델이다. 짧은 기간에 폭발적인 사용자를 확보했고, 뒤이어 발표된 GPT-4는 손글씨 인식, 이미지 해석, 법률 시험 합격 등 다양한 영역에서 높은 성능을 보였다.

챗GPT를 시작으로 마이크로소프트, 메타, 구글, xAI를 비롯한 주요 빅테크 기업들이 경쟁적으로 생성형 AI 기반 서비스를 내놓았다.

마이크로소프트는 애저(Azure) 플랫폼을 통해 오픈AI의 GPT 모델들을 포함한 다양한 대규모 언어 모델과 AI 툴을 제공하며, 고객이 쉽고 빠르게 생성형 AI를 활용할 수 있도록 지원하고 있다.

메타는 생성형 AI를 이용해 광고 콘텐츠 제작을 자동화하고 개인화하는 도구들을 출시했다. 브랜드 로고, 색상, 글꼴을 자동 적용하는 기능, 이미지 기반의 동영상 자동 생성, 주요 장면 발췌 등 AI를 통해 광고 성과를 높이고 제작 시간을 단축하는 데 중점을 두고 있다. 또한, 왓츠앱(WhatsApp) 내 AI 챗봇 등 다양한 채팅 AI 경험을 제공하며 음성 AI(실험 중) 등 신기능도 개발 중이다.

구글은 자사의 구글 클라우드(Google Cloud)에서 제미나이(Gemini)라는 멀티모달 대규모 언어 모델을 핵심으로 하여, 텍스트, 이미지, 영상, 코드 생성 기능을 제공하면서 개발자들이 AI 기반 애플리케이션을 쉽게 만들 수 있도록 플랫폼을 확장했다. 구글 워크스페이스(Google Workspace)와 연동해 업무 생산성 향상에 중점을 둔 AI 도구들을 제공하는 동시에, 스타트업 지원 프로그램을 통해 혁신을 촉진하고 있다.

xAI는 최근에 그록(Grok) 3와 3 미니 모델을 공개하며, 금융, 의료, 법률, 과학 분야에 특화된 생성형 AI 솔루션을 제공한다. 경량 모델부터 심층 전문 지식 기반 모델까지 다양한 선택지를 제공하며, 엔터프라이즈용 맞춤형 AI 서비스 시장에서 경쟁력을 키우고 있다.

이외에도 수많은 스타트업이 생성형 AI 기술을 바탕으로 텍스트-영상 변환, 맞춤형 챗봇, 프로그래밍 지원, 의료 데이터 분석 등 다양한 영역에서 혁신적인 서비스를 출시하며 시장을 확대하고 있다. 이처럼 2022년 이후 생성형 AI는 빅테크 기업과 스타트업 모두의 핵심 경쟁력으로 자리 잡으며, AI 생태계 전반에 걸쳐 급속한 발전과 변화를 이끌고 있다.

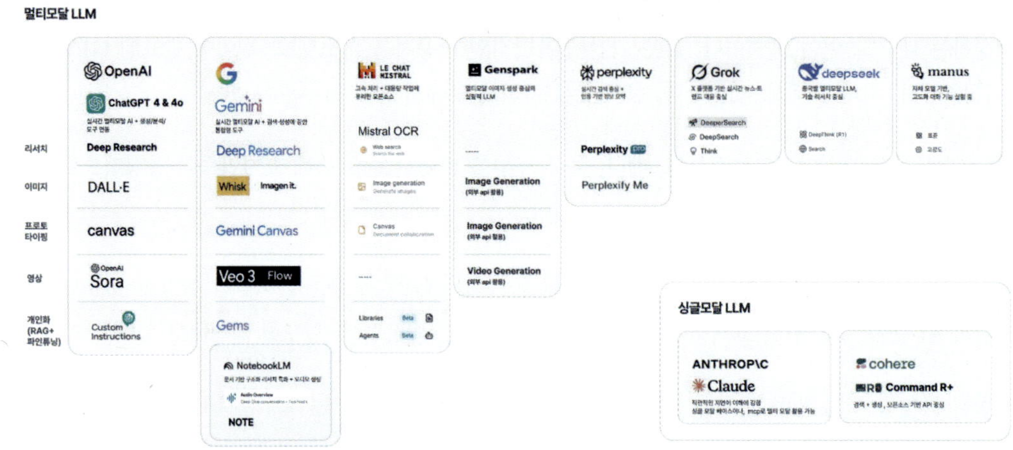

그림 456. 각 기업별 생성형 AI 분류. 2025년 8월 현재 (출처: 라이트브레인)

생성형 AI 서비스들은 대화 기반의 언어 모델에서 시작해 이미지와 동영상 생성으로 영역을 확장해왔다. 초기에는 텍스트 생성에 집중했으나, 이제는 이미지, 영상, 음성 등 멀티모달 콘텐츠 생성과 인간의 의사결정에 도움이 될 수준의 복잡한 추론도 가능하다.

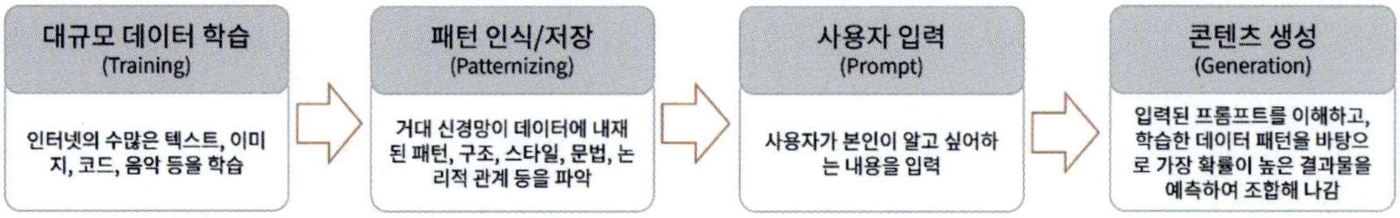

그림 457. 생성형 AI의 작동 원리

또한 AI 모델에 자신의 사진, 영상, 데이터를 입력하여 맞춤화된 결과를 제공받거나 메신저, 메모장, 캘린더와 같은 애플리케이션을 연결하여 업무를 자동화할 수도 있다. 이를 기업 입장에서 활용하면 업무 시간 단축, 창의적 협업, 자동화된 의사결정 지원 등이 가능해진다.

이러한 발전은 멀티모달 AI, 강화학습, 에이전트형 AI 등 혁신적 기술을 바탕으로 이루어지고 있으며, 빅테크 기업과 스타트업 모두 생성형 AI를 핵심 경쟁력으로 삼아 빠르게 시장을 확대하고 있다. 생성형 AI는 단순한 지식 분석을 넘어 실시간 데이터나 상황에 맞춰 대응하고, 복잡한 작업을 능동적으로 수행하는 플랫폼으로 진화하고 있다.

생성형 AI, AI 에이전트의 현 주소

요즘 AI 업계 관계자들을 만나면 '정신없다, 다 내려놨다, 어떻게 대응해야 좋을지 모르겠다'는 얘기를 종종 듣는다. AI 기술이 너무 빠르게 발전하고 있어서 마땅한 대응 방법을 찾기가 애매하기 때문이다.

2024년 겨울에 RAG(Retrieval-Augmented Generation, 검색 증강 생성)가 AI 업계에서 붐을 일으켰다. RAG는 대규모 언어 모델(LLM)이 외부 지식 베이스에서 최신 정보를 검색하여 보다 정확하고 상황에 맞는 답변을 생성하도록 돕는 기술이다. 이 방식은 LLM의 환각 문제와 최신 정보 반영 한계를 극복하며, 모델 전체를 재학습하지 않고도 특정 도메인에 맞춘 정보를 활용할 수 있게 한다. 2024년은 RAG가 AI 활용의 새로운 패러다임으로 주목받는 해였다.

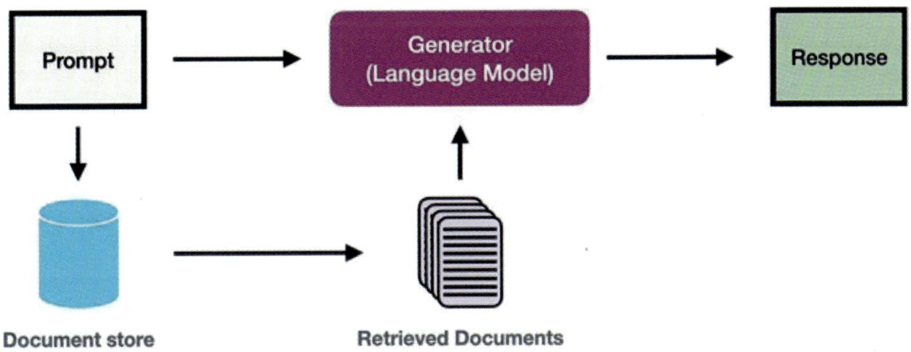

그림 458. RAG는 생성형 AI에 프롬프트와 자료를 같이 입력하여 결과의 정확성을 높이고, 응답 범위를 좁힐 수 있는 방법이다. (출처: GoPenAI)

2025년 초에는 MCP(Model Context Protocol)가 화두로 떠올랐다. MCP는 앤트로픽(Anthropic)이 2024년 11월에 공개한 개방형 표준 프로토콜로, AI 모델이 외부 데이터 소스와 도구를 표준화된 방식으로 연결하여 실시간으로 정보를 주고받을 수 있게 한다. MCP를 통해 AI 에이전트들은 다양한 API, 데이터베이스, 파일 시스템과 통합되어 더 풍부하고 정확한 응답을 제공하며, 개발자의 반복적인 맞춤형 연동 작업을 줄여 생산성을 높인다. 2025년 초부터 여러 빅테크 기업들이 MCP 지원에 나서며 빠르게 업계 표준으로 자리 잡아가고 있다.

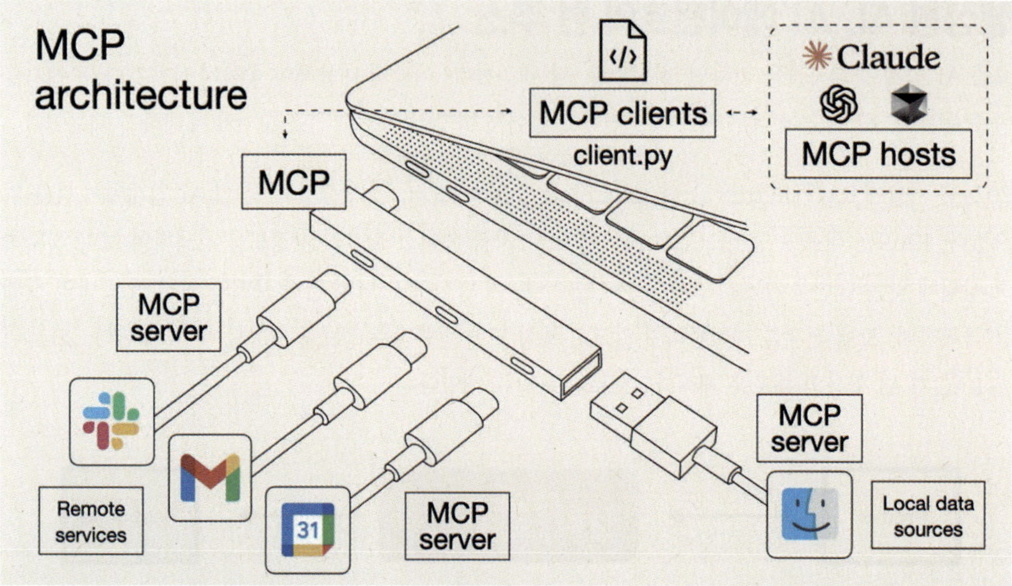

그림 459. MCP 개념을 설명한 그림. AI가 외부 데이터나 도구(예: 이메일, 캘린더, 문서, API 등)에 안전하게 접근하고 연동할 수 있도록 해주는 표준화된 연결 규약 (출처: 앤트로픽)

그리고 2025년 봄부터는 멀티 AI 에이전트(Multi AI Agent)가 AI 업계의 중요한 화두가 되었다. 멀티 AI 에이전트는 역할별로 분화된 여러 AI 에이전트들이 협력하거나 분업하며 복잡한 작업을 수행하는 시스템을 의미한다. 예를 들어, 오픈AI가 선보인 '오퍼레이터(Operator)'는 웹 브라우저 환경에서 복잡한 업무를 최소한의 인간 개입으로 수행하는 자율적 AI 에이전트로 주목받았다. 이러한 멀티 AI 에이전트는 생산성 향상, 자동화, 그리고 UX/UI 디자인 혁신에 큰 영향을 미치고 있으며, 빅테크 기업들과 스타트업들이 경쟁적으로 관련 기술과 서비스를 개발 중이다.

마누스(Manus AI), 젠스파크(GenSpark) 같은 AI 서비스는 기존 생성형 AI 대비 더 높은 자율성과 다양성을 바탕으로 차별화되고 있다.

마누스는 복잡한 작업을 단계별로 자율 실행하는 범용 AI 에이전트다. 사용자가 명령하면 여러 하위 AI 에이전트를 동원해 계획 수립, 웹 탐색, 정보 수집, 코딩, 데이터 분석 등 필요한 모든 단계를 수행한다. 중간 작업 과정을 실시간으로 보여주고, 사용자가 개입해 수정하는 것도 가능하다. 피드백을 학습해 지속 개선하며, 다양한 실생활과 업무 과제에 걸쳐 폭넓은 지원을 제공한다.

젠스파크는 여러 대규모 언어 모델(LLM)을 통합하고 80개 이상의 자체 개발 도구, 다수의 데이터셋을 활용해 복잡한 문제를 내부적으로 계획 · 분석 · 실행한다. API 직접 호출로 실시간 데이터 수집과 고속 처리 능력을 갖추었으며, 멀티미디어 콘텐츠 생성, 실시간 음성 자동화 등 다양한 기능도 포함한다. 고급 멀티모델 AI와 도구 통합으로 업무 자동화와 연구 지원에 강점을 보인다.

이들 서비스는 스스로 목표를 설정하고 실행 계획을 세우며, 다양한 외부 데이터와 애플리케이션을 연결해 활용할 수 있는 멀티 에이전트 시스템으로서 기존 생성형 AI보다 실생활과 업무에 밀접한 맞춤형 솔루션을 제공한다는 점에서 공통된 경쟁력을 가진다. 사용자 개입 없이도 복잡한 문제를 해결하는 자율성이 강화되며, 실시간 정보 반영과 멀티태스킹 능력까지 갖춰 AI 서비스의 새로운 표준을 만들어가고 있다.

그림 460. 구글의 노트북LM과 싱가포르 스타트업이 만든 젠스파크 (출처: 노트북LM, 젠스파크)

아래는 생성형 AI와 AI 에이전트 간의 차이를 비교한 표이다. 생성형 AI는 사용자 프롬프트를 기반으로 결과물을 즉시 만들어내는 도구(tool)에 가깝다. 생성형 AI를 잘 사용하기 위해서는 사람이 원하는 목표를 정교하고 구체적으로 지시해야 한다. 예를 들어 "이 데이터로 그래프 만들어줘"보다는 "이 데이터를 그래프로 만들어주되, 그래프 형태는 이렇게 해주고, 색감은 이렇게 해줘"라고 구체적인 요청을 입력하면 그에 걸맞은 결과를 생성한다.

AI 에이전트는 사용자가 상위 수준의 목표를 제시하면, 이를 달성하기 위한 세부 계획을 AI가 스스로 수립하고 필요한 도구와 데이터를 찾아 활용한다. 즉, 결과 생성뿐만 아니라 목표 달성 과정 전반을 대리 수행하는 '대리인(agent)' 역할을 한다. 예를 들어 "지난 주 사용자 방문 통계자료 분석해줘"라고 하면, 자료 수집, 분석, 보고서 제작까지 필요한 작업들을 AI가 자율적으로 처리한다.

표 28. 생성형 AI와 AI 에이전트의 차이 (제미나이를 이용하여 만듦)

구분	생성형 AI (Generative AI)	AI 에이전트 (AI Agent)
핵심 정의	주어진 데이터를 학습하여 새로운 텍스트, 이미지, 코드 등 **콘텐츠를 생성**하는 AI 기술임.	목표가 주어지면 자율적으로 계획을 세우고, 도구를 사용해 **과업을 완수**하는 지능형 시스템임.
주요 역할	인간의 창의성과 생산성을 보조하는 '도구(Tool)'의 역할에 가까움.	인간을 대신하여 작업을 수행하는 '**대리인**(Agent)' 또는 '가상 직원'의 역할에 가까움.
작업 범위	콘텐츠 생성, 요약, 번역, 질의응답 등 비교적 **단일하거나 명확한 작업**을 수행함.	이메일 발송, 예약, 데이터 분석 및 보고서 작성 등 여러 단계를 포함하는 **복합적이고 다단계적인 과업**을 수행함.
사용자 상호작용	사용자가 **구체적인 프롬프트(명령어)를 입력**하여 원하는 결과물을 직접 얻음.	사용자가 **상위 수준의 목표를 제시**하면, 중간 과정은 AI가 자율적으로 처리함.
핵심 기술	거대언어모델(LLM), 멀티모달 모델, 생성적 대립 신경망(GAN)	생성형 AI(판단/추론), 외부 API 및 도구 연동 기술, 자율 계획 및 실행 루프
대표 사례	ChatGPT(텍스트 생성), DALL-E, Midjourney(이미지 생성), GitHub Copilot(코드 생성)	Microsoft 365 Copilot(업무 자동화), 여행 예약, 상품 비교 자동화 봇, 자율적인 데이터 분석 에이전트
미래 방향	더욱 정교하고 사실적인 멀티모달 콘텐츠 생성, 특정 산업/분야에 특화된 모델로 발전함.	개인화된 AI 비서의 보편화, 에이전트 간 상호작용을 통한 'AI 에이전트 경제'를 형성하는 방향으로 발전함.

젠스파크(Genspark)는 생성형 AI와 AI 에이전트 서비스의 현주소를 잘 보여주는 대표적 플랫폼이다. 다음과 같은 특징과 기능을 갖추고 있다.

- 젠스파크는 여러 대형 AI 모델(GPT, Claude, Gemini 등)을 동시에 활용해 다양한 관점에서 답변을 수집하고, 이를 비교, 요약해 구조화된 문서로 자동 정리한다. 이를 통해 더욱 균형 잡힌 정보와 심층적인 분석 결과를 제공한다.
- AI 문서 생성 도구를 내장해, 사용자 요구에 따라 HTML 형식으로 전문 문서, 보고서, 설문조사, 메뉴판, 일정표, 계약서, PPT, 동영상, 애니메이션 등 다양한 형태의 콘텐츠를 자동 생성한다. 생성된 문서는 즉시 편집 가능하며, MS Word나 PDF 등으로도 다운로드 받을 수 있다.
- 빠른 응답 속도와 멀티모달 출력 능력, 그리고 주제별 위키 형식 정보 정리 기능(Spark Page) 등이 뛰어나 반복적이고 일상적 작업을 신속하게 처리한다.
- 사용자는 웹 기반 UI에서 실시간으로 생성된 맞춤형 페이지를 확인하고, 검색, 심층연구, 분석 등 복잡한 작업을 AI에게 맡길 수 있다. 최신 정보 반영을 위해 실시간 웹 검색 기능도 포함한다.

젠스파크는 생성형 AI의 '도구' 기능을 넘어서 AI 에이전트적 자율성과 복합 기능을 갖춘 서비스로 발전해왔다. 이 플랫폼은 단지 텍스트 답변만 하지 않고, 다양한 멀티미디어 콘텐츠 제작과 현실 업무 대행 기능까지 갖추면서, 업무 생산성과 사용자 경험을 크게 향상시키고 있다. 생성형 AI 기반 서비스가 진화하는 현재, 젠스파크는 AI 서비스 개발과 활용의 최첨단을 보여주는 사례라 할 수 있다.

이처럼 젠스파크는 조사한 세 가지 관점(멀티 AI 모델 통합, AI 에이전트 자율성, 문서 생성 및 편집 도구)과 실제 생성된 HTML 문서 기능을 통해 생성형 AI와 AI 에이전트 서비스의 최신 동향과 현주소를 드러내고 있다.

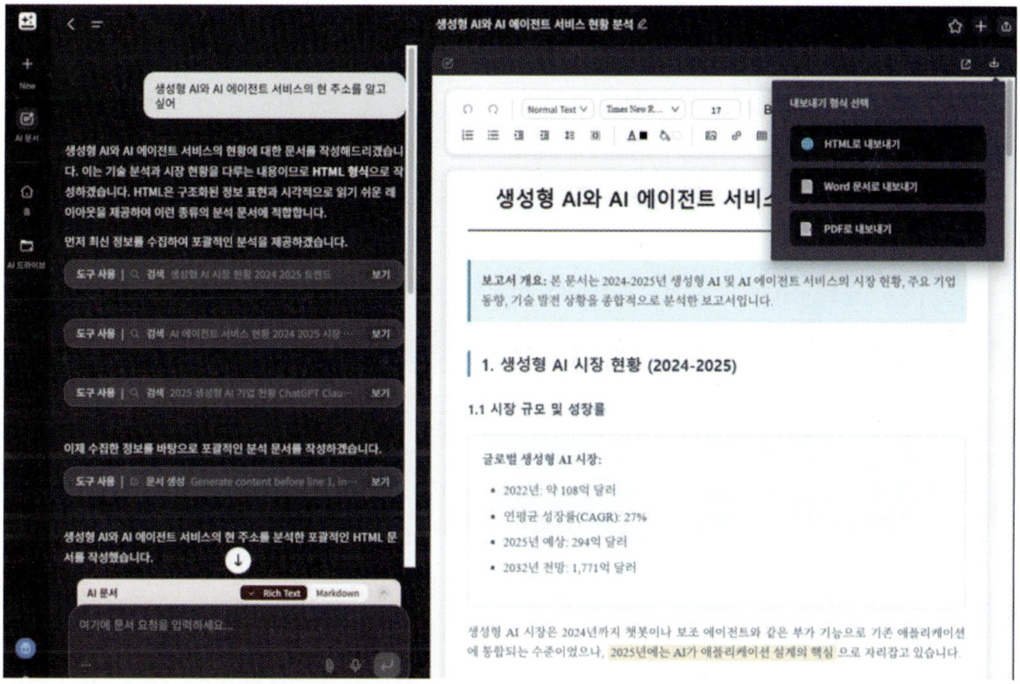

그림 461. 젠스파크를 이용해 생성한 생성형 AI와 AI 에이전트 서비스에 대한 문서 (출처: 젠스파크)

노트북LM이 생성형 AI와 AI 에이전트의 현주소에 대해 만든 마인드맵은 데이터 환각(Hallucination) 문제를 줄이기 위해 사용자가 직접 데이터 선택 또는 업로드를 할 수 있도록 설계된 점이 특징이다. 이로 인해 AI가 부정확하거나 허구의 정보를 생성할 가능성을 최소화하며, 신뢰성과 정확성을 높인다.

또한 노트북LM은 오디오 콘텐츠, 마인드맵, 학습 가이드 생성 등 교육 및 강연, 기업용 지식 관리 분야에 특화된 기능을 갖추고 있어, 생성형 AI와 AI 에이전트의 지식 구조화와 전달 측면에서 강점을 보인다. 이를 통해 복잡한 AI 기술과 동향을 시각적이고 체계적으로 표현하며, 조직 내 지식 공유와 학습을 효율적으로 지원한다.

결과적으로 노트북LM 기반 마인드맵은 생성형 AI와 AI 에이전트의 최신 동향을 신뢰성 있게 정리하고, 교육 · 업무 현장에 맞춤화된 정보 전달 도구로서 역할을 하며, AI 기술의 실용적 활용과 이해를 돕는 중요한 수단으로 자리잡고 있다.

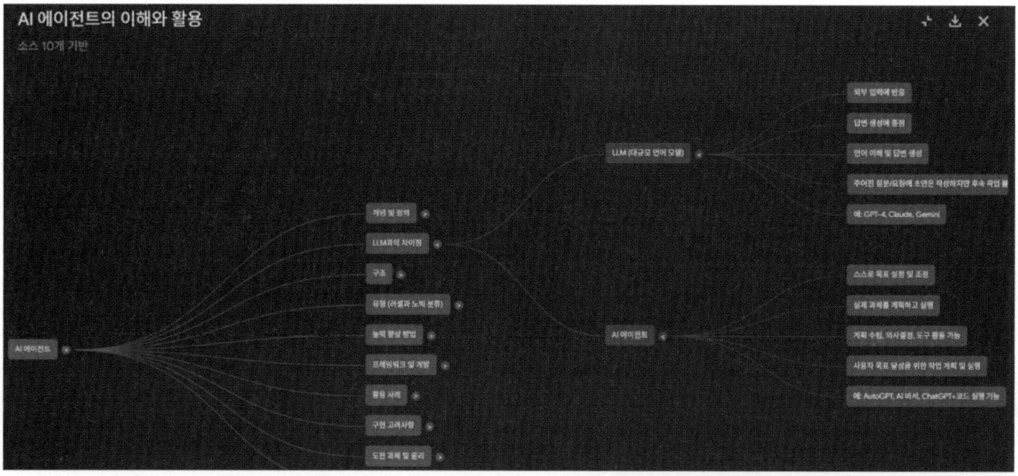

그림 462. '생성형 AI와 AI 에이전트의 현주소' 주제에 대해서 노트북LM을 이용해 만든 마인드맵 (출처: 노트북LM)

생성형 AI와 AI 에이전트 사이의 틈바구니를 파고드는 서비스들이 점차 등장하고 있다. 초기에는 이미지 생성 중심의 미드저니(Midjourney)와 동영상 생성 중심의 소라(Sora) 같은 멀티미디어 AI 저작 도구들이 주목받았다. 미드저니는 자연어 텍스트 프롬프트를 기반으로 미술적이고 다양한 스타일의 이미지를 생성하는 AI 툴로, 최근에는 5초 길이의 동영상 생성 기능도 추가되어 멀티모달 콘텐츠 제작이 가능해졌다. 소라는 텍스트 설명만으로 현실적이고 상상력 넘치는 영상 장면을 생성하는 AI로, 장면 구성의 정확성과 감정 표현까지 고려하는 고도화된 영상 생성 모델이다.

표 29. 분야별 특화된 AI 에이전트(Vertical Agent) (퍼플렉시티를 이용하여 만듦)

분야	서비스/제품명	주요 기능 및 특징
헬스케어/의료	Abridge, Suki	의사 문진 대화 실시간 기록 및 의료 노트 자동 변환, 진단/치료 기록 정리, 상담 내역 분석
	IBM Watson Health	방대한 의료 데이터 학습을 통한 암 진단 및 치료 방법 제안 등 의사결정 지원

분야	서비스/제품명	주요 기능 및 특징
법률/계약	EvenUp	소송/법률 문서 자동 작성, 분쟁 사례 분석, 계약서 리뷰, 케이스 결과 예측 등 변호사 지원
	JP모건 COiN	대량의 금융 및 법률 계약서 분석, 위험 요소 및 불일치 사항 자동 검출
금융/투자	로보어드바이저 (Wealthfront)	투자 성향 및 시장 변동성 분석을 통한 자산 포트폴리오 관리 및 투자 전략 자동 설계
	사기 탐지 에이전트	실시간 거래 데이터 분석을 통한 의심거래 탐지 및 예방
제조/산업	Axion Ray, MakinaRocks 산업 에이전트	센서/IoT 데이터 분석을 통한 설비 고장 예측, 이상 징후 감지, 공정 최적화
	WiseConvey	물류 현장에서 선적 예약, 관세 정리 등 특정 물류 업무 자동화
영업/마케팅	Lindy, Regie.ai	고객 분석, 잠재고객 발굴, 이메일/메시지 자동 작성, CRM 데이터 관리
	Clay	마케팅 캠페인 현황 요약, 잠재 고객 세분화 등 자동화
고객지원/CS	Zendesk AI, Forethought	고객 문의 자동 응답, 이슈 태깅, FAQ 응대 및 이슈 분류
	Salesforce Einstein Agent	고객 행동 분석, 이탈 감지, 이슈 접수 및 지원 티켓 자동 생성
교육	Duolingo Max, Khanmigo	실시간 학습 대화, 개인 맞춤형 튜터링, 문법 교정 등 대화형 학습 코치
	Noteable	데이터 분석 실습과 과학 실험을 지원하는 연구/교육 보조 에이전트
IT 인프라 및 데이터 관리	DevAI Solutions - Neo	이벤트 감지, 보안 대응, 시스템 모니터링 등 IT 인프라 자동화
	DEEP OCR+ (한국딥러닝)	종이/이미지 문서 데이터 추출, 분류, ERP 업로드 자동화
전자상거래/유통	SkinSeoul	K-뷰티 이커머스에서 동적 가격 책정, 개인화 추천, 재고 관리 자동화

이후, 빅테크 기업들이 대표하는 생성형 AI들이 본격적으로 멀티모달 기능을 흡수하며 발전하는 과정에서 특정 산업이나 분야에 특화된 AI 에이전트, 즉 버티컬 에이전트(Vertical AI Agent)들이 나타났다. 이들 에이전트는 의료, 금융, 리테일, 법률 등 특정 도메인의 업무 요구사항과 데이터에 맞춘 맞춤형 AI로, 일반 생성형 AI가 제공하지 못하는 깊이 있는 전문성과 최적화된 워크플로우 자동화를 제공한다. 예를 들어, 의료 영상 분석, 금융 리스크 평가, 맞춤형 마케팅 자동화 등이 해당된다. 버티컬 AI 에이전트는 도메인 특화 데이터, 사전 정의된 작업 흐름, 정밀한 자동화를 결합해 복잡한 산업 과제를 효과적으로 해결하며, 기존 일반 AI와는 차별화된 높은 정확도와 업무 적합성을 보인다.

결국, 미드저니와 소라 같은 멀티미디어 생성형 AI가 AI 기능의 범위를 확장하는 데 기여했고, 그 위에 특정 분야에 최적화되고 자율성이 강화된 버티컬 AI 에이전트가 등장해 생성형 AI와 AI 에이전트 사이의 간극을 메우면서 AI 서비스의 전문화와 심화가 진행되고 있다. 이러한 경향은 2025년 현재 AI 생태계에서 중요한 흐름으로 자리잡고 있으며, 멀티모달 생성과 도메인 특화 자율 수행의 결합이 앞으로도 AI 혁신을 이끄는 핵심 축이 될 전망이다.

생성형 AI 시대, 우리가 당면한 과제

생성형 AI와 특화된 AI 에이전트가 소프트웨어 개발자 등 전문직종의 일자리를 위협하는 현상은 21세기판 러다이트 운동을 우려하게 할 만큼 심각한 사회적 이슈로 떠오르고 있다. 산업혁명 당시 영국 노동자들이 기계 도입에 반대하며 벌인 러다이트 운동(Luddite Movement)주: 19세기 초 산업혁명 시기 영국의 노동자들이 기계 도입에 반대하여 벌인 사회 운동처럼, AI 자동화가 인간 노동을 대체하는 흐름에 대한 저항과 불안이 커질 수 있다는 점은 충분히 예상 가능한 현상이다.

특히 가장 활발하게 AI 에이전트가 도입되고 있는 분야가 바로 'AI를 탄생시킨' 소프트웨어 산업이라는 점이 아이러니하다. 한 조사에 따르면 소프트웨어 개발자의 83%가 깃허브 코파일럿(GitHub Copilot), 제미나이 코드 어시스트(Gemini Code Assist) 같은 AI 기반 개발 도구를 활용하고 있으며, 이들 도구는 단순 코드 작성에서 벗어나 디버깅, 반복 작업 자동화, 단위 테스트 계획과 실행 등으로 기능 범위를 넓혀 개발 생산성을 최대 55%까지 끌어올리고 있다(출처: World Journal of Advanced Research and Review, 2025년 3월).

이는 소프트웨어 개발자들이 AI와 협업을 통해 업무 효율성을 크게 높이고 있다는 긍정적 측면도 있으나, 동시에 AI가 점차 개발 업무의 핵심 역할을 대체할 가능성을 보여준다. 변호사, 의료인 등 다른 전문직종에서도 AI 자동화에 따른 직무 변형과 일자리 감소에 관한 우려가 커지고 있다.

이러한 변화는 AI 기술 발전에 따른 산업 구조와 노동 시장의 전반적인 변화를 가속화하며, 사회적 합의와 재교육, 직업 전환 지원 등 새로운 대응 전략을 절실히 필요로 한다. 따라서 AI가 인간의 역할을 완전히 대체하기보다는, 인간과 AI가 공존하며 각자의 강점을 살리는 방향으로 사회 시스템을 재설계하는 것이 중요하다. 동시에 AI로 인한 일자리 충격을 완화하고 지속 가능한 노동 환경을 마련하기 위한 정책적 준비도 시급하다.

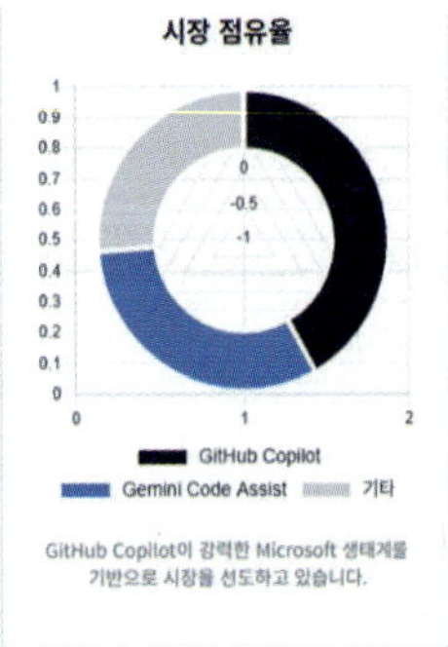

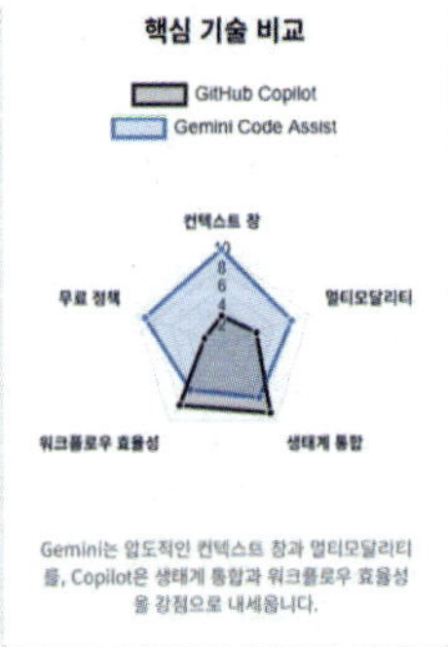

기능	GitHub Copilot	Gemini Code Assist
기반 모델	OpenAI GPT-4 Turbo	Google Gemini 1.5/2.5 Pro
컨텍스트 창	128,000 토큰	**1,000,000 토큰**
무료 등급 (월)	2,000회 완성	**180,000회 완성**
핵심 차별점	'편집' 창을 통한 구조화된 변경	'에이전트 혼합' 아키텍처
주요 생태계	GitHub, VS Code, Azure	Google Cloud, Workspace

그림 463. AI 기반 개발 도구의 양대 산맥 GitHub와 Gemini 비교 (제미나이를 이용해 만들어짐)

미국에서만 약 20만 개에 이르는 IT 일자리가 AI 자동화로 인해 사라지고 있으며, 소프트웨어 개발의 47%가 이미 AI로 대체된 상황이다. 이 흐름은 앞으로 더욱 가속화될 것으로 전망된다. 하지만 이와 동시에 숙련된 IT 엔지니어들은 AI 기반 개발 도구들과 협업하며 살아남아 이전보다 훨씬 높은 개발 생산성을 유지하고 있다.

- 한 연구에 따르면, 83%의 개발자가 일상 업무에 GPT-4, 구글 제미나이, 깃허브 코파일럿 같은 생성형 AI 도구를 사용하며, 이들 도구를 활용해 코드 생성 생산성이 55.8% 향상되고, 디버깅 시간은 37.2% 단축되며, 코드 리팩터링 작업은 41.6% 개선됐다. 표준 기능 구현 시간은 기존 평균 18.3시간에서 7.9시간으로 크게 줄었다. 이로 인해 한 명의 숙련된 개발자가 AI 도구와 협업하면서 과거 여러 명이 하던 작업을 대체하며 높은 생산성을 발휘하는 사례가 늘고 있다.
- 맥킨지 조사에서도 생성형 AI 도구가 단순 및 반복 작업을 자동화하고, 처음 코드 작성이나 기존 코드 수정 시간을 크게 단축시켜 숙련된 개발자 1명이 AI의 도움으로 대규모 업무를 수행할 수 있는 환경이 되고 있음이 밝혀졌다. 특히 AI가 일상적인 코딩, 문서화, 테스트 생성 등을 처리해 개발자가 더 창의적이고 복잡한 아키텍처 설계나 비즈니스 요구사항 대응에 집중할 수 있도록 지원한다.

과거에는 여러 명의 개발자가 담당하던 작업들이 이제는 한 명의 숙련된 엔지니어와 AI 코드 어시스턴트, 자동화 플로우, AI QA 및 테스트 도구 등이 함께 수행하는 형태로 대체되고 있다. 이로 인해 단순 반복 작업은 줄어들고, 인재 한 명이 AI의 도움을 받아 놀라운 수준의 생산성을 이끌어내고 있다. 이는 AI에 의한 자동화가 단순히 일자리를 줄이는 것뿐 아니라, 뛰어난 숙련 인재와 AI의 협력을 통해 새로운 형태의 고효율 개발 환경을 만들어가고 있음을 보여준다. 동시에, 이러한 변화가 일자리 축소라는 측면에서는 슬픈 현실로 받아들여지고 있음을 인지할 필요가 있다.

그림 464. 여러 명의 개발자들을 이제는 1명의 숙련된 엔지니어와 AI 기반 개발 도구가 대체하고 있다. (그림은 제미나이를 이용해 만듦)

다만 생성형 AI 코드는 여전히 보안, 맥락 이해, 복잡한 아키텍처 결정 등에서는 한계가 있어 인간 개발자의 감독과 전문성이 필수적이다. 따라서 AI가 개발자를 완전히 대체하기보다는 인간의 역량을 증강하여 생산성과 효율을 극대화하는 방향으로 역할이 진화하고 있다.

여러 기업의 사례를 보면, AI를 적극 활용하는 개발자들은 반복 작업을 AI에게 맡기고 한층 고도화된 업무에 집중함으로써 한 명의 개발자가 이전보다 수배에서 수십 배 효율적으로 업무를 수행하는 것이 가능해졌다.

글쓴이 또한 요즘 들어 혼자서 일하는 시간이 많아지고, 많은 업무를 동료나 팀에 맡기지 않고 생성형 AI를 활용해 해결하는 상황이 자연스러워지고 있다. 현재 시점에서도 충분히 AI를 통해 여러 업무를 처리할 수 있지만, 팔란티어(Palantir)가 UX 디자인에 맞춘 온톨로지 AI를 출시하거나 라이트브레인이 RAG와 MCP를 활용해 AI 에이전트를 개발하고, 피그마 메이크(Figma Make) 같은 도구가 더욱 발전한다면 가까운 미래에 UX/UI 관련 모든 업무를 혼자서 처리하는 것도 가능해 보인다.

이러한 가능성은 AI가 단순히 보조 도구를 넘어서 자율성과 전문성을 갖춘 AI 에이전트로 진화하고 있기 때문이다. 온톨로지 AI는 UX 디자인에서 복잡한 개념, 관계, 규칙을 이해하고 체계화하는 데 유용하며, RAG와 MCP는 외부 데이터와 애플리케이션을 실시간으로 연결하여 최신 정보와 기능을 빠르게 통합할 수 있게 한다. 피그마 메이크와 같은 AI 기반 디자인 툴은 기존의 반복적이고 수동적인 작업들을 자동화하면서도, 사용자가 원하는 맞춤형 디자인을 즉각적으로 구현할 수 있도록 돕는다.

결국 이러한 도구와 기술들이 결합되면, 개별 사용자가 AI와 협업하며 UX/UI 설계부터 프로토타입 제작, 사용자 피드백 반영에 이르기까지 전 과정을 효율적으로 혼자 수행할 수 있는 환경이 현실화될 전망이다. 이는 작은 조직이나 개인 개발자가 빠르게 시장 변화에 대응하고 혁신적인 사용자 경험을 창출하는 데 큰 힘이 될 것이다. 동시에, AI의 자율성과 전문성을 최대한 활용하는 새로운 업무 방식과 협업 모델이 더욱 확산될 것으로 보인다.

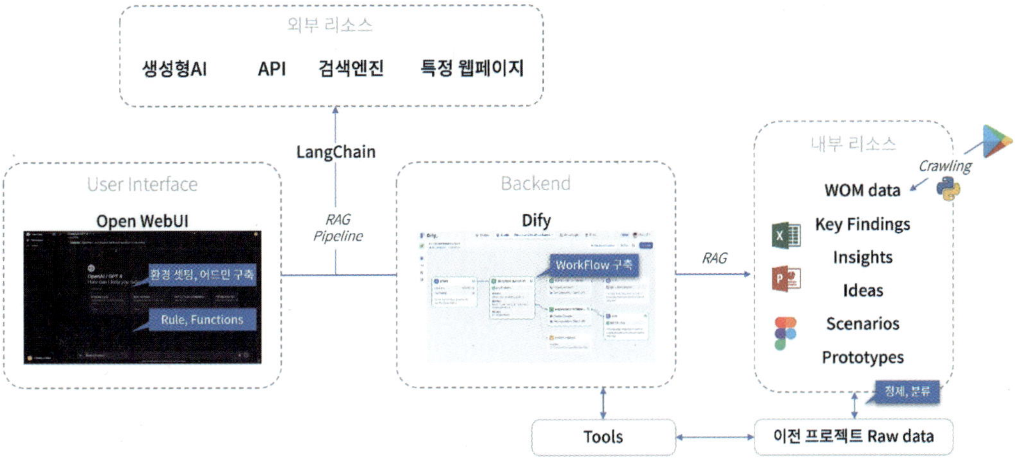

그림 465. 2025년 초에 만든 라이트브레인 AI Agent 구성도. MCP가 등장하면서 폐기되었다.

생성형 AI 활용이 먼 미래의 이야기가 아닌 지금 현장 실무에 바로 적용 가능한 단계에 이르렀다. UX 디자이너(UXer)들이 실제 업무에서 생성형 AI를 활용할 수 있는 방법들은 다양하다. 다음 섹션에서는 그 구체적인 활용법들을 살펴본다.

주요 내용으로는 다음과 같은 생성형 AI의 실무 적용 방법들이 포함될 수 있다.

- 사용자 리서치 자동화: 인터뷰 요약, 사용자 의견 분석, 페르소나 작성 지원 등 AI를 활용해 데이터 분석과 인사이트 도출 시간을 단축하는 방법
- UX 아이디어 및 콘텐츠 생성: UI 텍스트, 버튼 라벨, 에러 메시지 등 다양한 UI 요소의 텍스트 자동 생성과 A/B 테스트용 카피 다양화
- 프로토타입 및 디자인 지원: Figma, Adobe XD 같은 디자인 툴과 연동해 디자인 초안 생성, 스타일 제안, 자동 레이아웃 조정 등
- 사용자 피드백 분석 및 리포팅: 사용자 행동 데이터 및 피드백을 AI가 분석해 UX 개선 포인트를 체계적으로 정리하고 우선순위를 제시
- 데이터 및 앱 연계: RAG, MCP 같은 최신 AI 에이전트 기술을 활용해 외부 데이터와 앱을 유기적으로 연결하며 실시간 정보 반영과 복합적 업무 자동화

이 밖에도 AI가 UX 전 과정에 걸쳐 협업자로서 역할하며 작업 효율과 창의성을 동시에 높일 수 있는 다양한 활용 사례가 준비될 수 있다. 이어지는 섹션에서는 실무에 적용 가능한 실제 사례, 도구, 사용하는 법 등을 구체적으로 다루며, UXer들의 AI 도입과 활용에 실질적 도움이 될 내용을 제시할 것이다.

02

UX 디자인에서의 생성형 AI 활용

AI가 소프트웨어 산업에서 인간이 하던 업무를 대체하는 것은 분명한 현실이며, UX 디자인 분야에서도 이에 따른 변화가 크고 불가피하다는 점 역시 확실하다. AI 자체가 매우 빠르고 지속적으로 진화하기 때문에 구체적인 방법론이나 툴 사용법은 시간이 지남에 따라 변할 수 있다. 그러나 AI 활용의 방향성과 UX 디자인에 AI를 적용하는 절차는 본질적으로 크게 달라지지 않을 것으로 판단된다.

따라서 현재 시점에서 UX 디자인에 AI를 어떻게 활용하고 있는지 살펴보는 것은 중요하다. 실제로 AI는 사용자 리서치 자동화, 아이디어 및 콘텐츠 생성, 프로토타입 디자인 지원, 사용자 피드백 분석, 최신 AI 에이전트 기술을 접목한 복합 업무 자동화 등 다양한 방식으로 UX 실무에 적용되고 있다. 이런 기법들은 앞으로도 계속 발전하며 변화하겠지만, UX 디자이너가 AI를 도구로 삼아 창의성과 효율성을 높이는 기본 흐름은 유지될 것이다.

UX 분야가 AI가 가져올 변화에 빠르게 적응하고 발전하기 위해서는 AI의 현재 활용법을 정확히 이해하고 적극 수용하려는 노력이 필수이며, AI와 UX 디자인이 앞으로 어떻게 함께 진화할지 주의 깊게 관찰하면서도 현실적인 AI 활용 전략을 수립하고 실무에 적용하는 것이 가장 효과적인 접근법이라 할 수 있다.

그림 466. UX 디자인에서의 생성형 AI 활용 (더블다이아몬드 모델)

UX 디자인 단계별로 생성형 AI를 활용하는 업무들은 기본적인 데이터 처리와 분석 과정은 비슷하지만, UX 디자인에 특화된 업무는 사용자의 심리적 경향, 고충, 니즈 등을 다룬다는 점에서 다른 분야와 차별화된다.

시장조사나 동향조사처럼 정보 수집 · 분석 · 요약 업무는 다양한 분야에서 공통적으로 활용될 수 있다. 반면, UX 디자인 특화 업무인 페르소나 작성, 사용자 여정 지도 설계, 피드백 분석 및 개선안 도출에는 사용자의 경험 · 감정 · 행동 패턴을 이해하고 심층적인 인사이트를 발굴하는 과정이 필요하다. 따라서 같은 생성형 AI라도 입력 데이터와 목표에 따라 활용 방식이 달라지며, UX 디자인에서는 사용자 중심의 정성 · 정량 분석과 감성적 요소 반영에 중점을 두기 때문에 절차와 접근 방식에서 고유한 특징이 나타난다.

이런 이유로 생성형 AI는 UX 디자인에서 단순한 정보 처리 도구를 넘어, 경험과 만족도를 높이는 창의적 · 맞춤형 솔루션 개발에 필수적인 기술이 된다.

표 30. UX 디자인 단계별 AI 적용 가능 업무

구분	데스크 리서치	필드 리서치, UX 모델링	인사이트/전략/아이디어	설계/프로토타입/테스트
업무	**시장/동향조사** 뉴스/리포트 요약, 키워드 트렌드 수집, 신기술 탐색 및 기술 비교 자료 요약	**필드 리서치 계획** 데스크 리서치 결과를 바탕으로 이슈/조사포인트 도출, 조사 계획	**인사이트 도출** 정성적 데이터를 기반으로 행동 패턴, 니즈, 맥락 해석 및 인사이트 도출	**IA/이용흐름 설계** 기존 IA 분석, 신규 IA 설계
	이슈 도출 시장 및 서비스 상황, 프로젝트 목적 등을 감안한 디자인 이슈 도출	**키파인딩** 필드 리서치 결과 분석, 공감/인과관계/변수/유형화 등 키파인딩 생성	**가치 도출/평가** 인사이트 기반 가치 도출, 가치 상세 설명, 도출된 가치에 평가 기법 적용	**시나리오 설계/상세화** 인터뷰 기반 맥락별 시나리오 구분, 시나리오 흐름 시각화/ 단계별 설명

구분	데스크 리서치	필드 리서치, UX 모델링	인사이트/전략/아이디어	설계/프로토타입/테스트
업무	**어림(휴리스틱) 평가** 평가 항목 도출, 평가, 평가에 대한 UX적 근거 제시, 경쟁사 비교 평가	**페르소나 생성** 인터뷰나 기록 기반으로 사용자 유형화 및 목표 설정 문서화	**전략/콘셉트 도출** 가치/인사이트 기반 전략 방향성 제시, 컨셉 및 서비스 모델 생성	**프로토타이핑** 캔버스 기능 활용한 시각화, 피그마 등의 전문 툴 이용한 프로토타이핑
	VOC/WOM 조사 생성형 AI를 이용한 VOC/WOM 수집, VOC/WOM 분석	**여정 지도 작성** 사용자의 Pain Point, Goal 등을 여정 단위 시각적 흐름 형태로 설명	**아이디어 도출/개선** 키파인딩/인사이트/가치 입력후 상세한 아이디어 도출, 기존 아이디어 개선	**UX 테스트** 테스트 계획 수립, 테스트 지표 및 항목 설정, 테스트 결과 분석

이 책에서는 UX 디자인에만 특화되어 있으면서 생성형 AI의 잠재력을 가장 효과적으로 활용할 수 있는 업무들 위주로 살펴보겠다. 위에서 제시한 표에서 '시장/동향조사'를 제외한 나머지 15개 업무를 하나씩 살펴보고자 한다.

이슈 도출

'이슈'는 생성형 AI 입장에서는 '질문'에 해당한다. AI는 질문에 답하는 것이 본질인데(Answering Machine), 과연 질문을 만드는 데도 익숙할까? 게다가 그 질문은 시장과 서비스의 상황을 잘 반영하고, 디자인적으로 의미 있는 것이어야 한다.

모바일 대출 시장을 조사해 달라는 프롬프트에 대해 생성형 AI(제미나이 Deep Research 사용)는 조사 계획 승인을 먼저 요청했다. '조사 계획 승인 요청'은 심층 연구(Deep Research) 활용 시 의례적으로 거치는 절차다. 조사 계획은 프롬프트 요청에 대응하여 세 가지 내용으로 구성된다.

- 시장 조사: 한국 모바일 대출 시장의 현황 및 각 서비스별 비즈니스 모델과 그 특징을 파악하겠다.
- 경험 파악: 대출 신청/실행 과정에서의 구체적인 문제점을 알아보겠다.
- 이슈 도출: 영역별로 주요 이슈들을 미리 언급하면서 더 구체적으로 찾아보겠다.

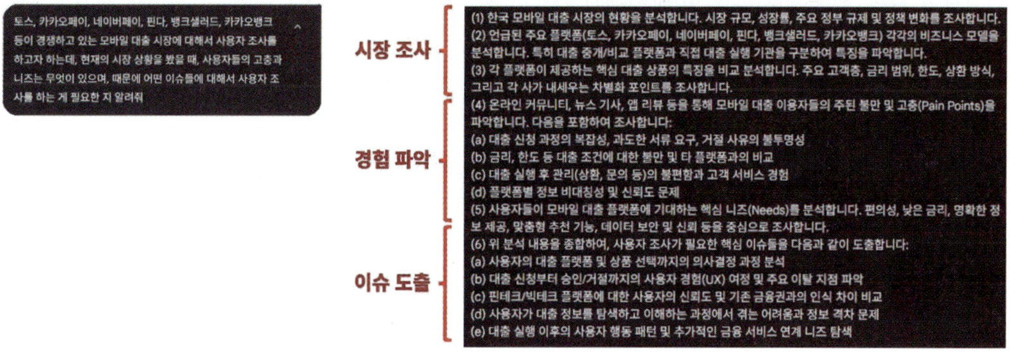

그림 467. 좌측은 프롬프트, 우측은 AI가 확인 요청한 조사 계획이다. (제미나이를 이용하여 만듦)

먼저 시장 조사 결과를 보면, 프롬프트에서 언급한 5개 서비스의 공통점인 '모바일 대환대출 서비스'의 시장 현황을 소개하며, 핵심 경쟁력이 과거의 접근성에서 현재는 최적화로 옮겨가고 있다고 말하고 있다. 또한 대출 시장은 정부 규제가 강한 영역이라는 점에서 규제의 줄타기 속에 있고, '신뢰'야말로 가장 중요한 경쟁력임을 강조하고 있다.

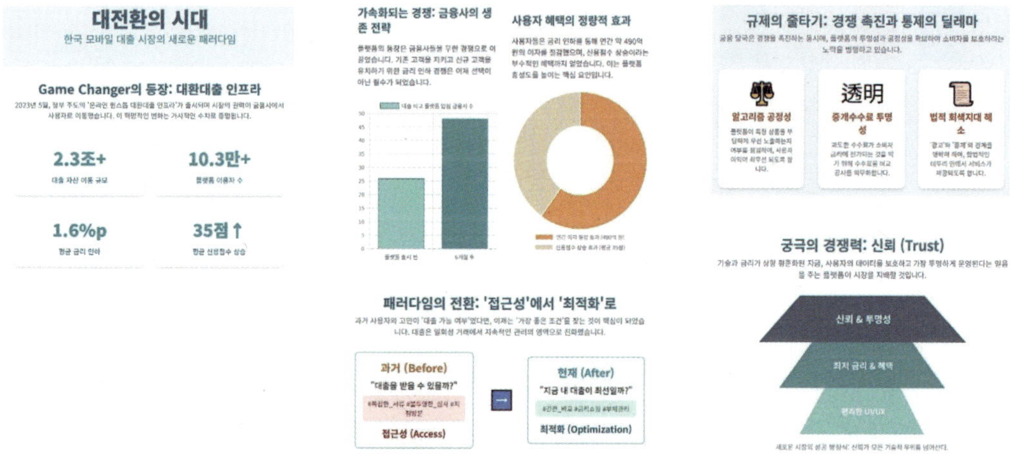

그림 468. 모바일 대출 시장 조사 결과 (제미나이를 이용해 만듦)

두 번째로 모바일 대출시장 경험 파악 결과, 전체적으로 가장 큰 문제로 '신뢰 결핍'이 지적되었다. 세부적으로는 대출의 여러 단계별로 사용자가 겪는 고충과 충족되지 않은 요구(Unmet Needs)가 구체적으로 드러났다. 이러한 신뢰 결핍은 대출 과정에서의 투명성 부족, 정보 비대칭, 절차의 복잡성 및 불확실성에서 비롯되며, 사용자들은 각 단계에서 더 명확한 안내와 안정감을 원하고 있다. 이와 함께, 대출

심사부터 실행, 상환에 이르는 전 과정에서 사용자 경험을 개선할 수 있는 세밀한 지원과 맞춤형 서비스 제공이 필요한 상황으로 파악되었다.

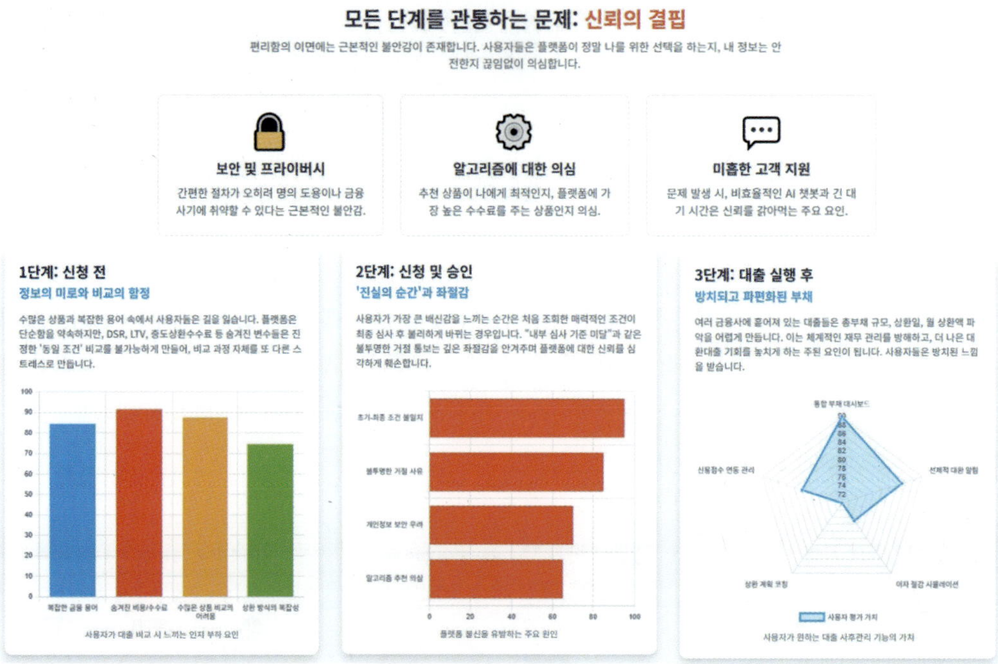

그림 469. 모바일 대출에 대한 경험 파악 결과 (제미나이를 이용해 만듦)

이를 실제 증명하기 위해 이슈로 환원해보면 다음과 같을 수 있다.

- 신뢰 결핍(보안, 프라이버시, 알고리즘, 고객 지원): 태도의 문제 → 설문조사
- 복잡한 용어(DSR, LTV…): 명확한 문제로 판단됨 → 조사 불필요
- 숨겨진 비용/수수료: 심도 있는 사용자 경험 청취 필요 → 심층 인터뷰
- 상품 비교의 어려움: 실제 어려움이 있는지 파악 → 설문조사
- 상황 방식의 복잡성: 실제 어려움이 있는지 파악 → 설문조사
- 초기, 최종 조건의 불일치: 심도 있는 사용자 경험 청취 필요 → 심층 인터뷰
- 불투명한 거절 사유: 심도 있는 사용자 경험 청취 필요 → 심층 인터뷰

- 개인정보 보안 우려: 실제 어려움이 있는지 파악 → 설문조사
- 알고리즘 추천 의심: 심도 있는 사용자 경험 청취 필요 → 심층 인터뷰
- 통합 부재 대시보드: 해당 맥락에서의 사용자 경험 관찰 → 관찰조사
- 선제적 대환 알림: 해당 맥락에서의 사용자 경험 관찰 → 관찰조사
- 이자 절감 시뮬레이션: 실제와 유사한 프로토타입을 통한 검증 → 관찰조사
- 상환 계획 코칭: 실제와 유사한 프로토타입을 통한 검증 → 관찰조사
- 신용점수 연동 관리: 해당 맥락에서의 사용자 경험 관찰 → 관찰조사

위 내용은 '경험 파악' 결과를 그대로 활용해 글쓴이가 그 필요성과 리서치 방법을 고찰한 것이다. 각 항목은 '모바일 대출 경험'을 잘 반영하고 있으며, 쉽게 공감이 가고 필드 리서치로 이어지기에도 적절하다고 판단된다. 그렇다면 생성형 AI는 스스로 어떤 이슈를 도출했을지 아래에서 살펴보자.

표 31. 생성형 AI가 도출한 모바일 대출 경험 리서치의 이슈 및 조사포인트 (제미나이를 이용하여 만듦)

이슈	목적	조사포인트
의사결정 및 비교 과정	사용자의 대출 상품 선택 및 비교 과정에서의 정신 모델(Mental Model) 이해	▪ 최초 상기도(Top-of-mind) 브랜드와 채널 선호도 파악 ▪ 사용자의 정보 위계질서 및 비교 과정에서의 고충 파악 ▪ 핵심 서비스인 '대환대출' 경험 심층 탐색 ▪ 플랫폼과 금융사 브랜드 간 신뢰도 역학 관계 분석
거절과 금융 소외	대출 거절 및 씬파일러(Thin-filer) 사용자의 감정적/실질적 경험 탐색	▪ 거절 경험의 감정적 영향과 후속 행동 탐색 ▪ 대안신용평가에 대한 수용도 및 신뢰도 측정 ▪ 처방적(Prescriptive) 조언에 대한 수요 검증
사후관리와 신뢰 구축	통합 부채 관리 및 장기적 신뢰 관계 구축의 핵심 동인 파악	▪ 기존 부채 관리 방식과 잠재적 고충 발견 ▪ 통합 관리 및 선제적 코칭의 가치 제안 평가 ▪ 추상적인 '신뢰'의 개념을 구체적인 기능 또는 커뮤니케이션 사례로 전환 ▪ 신뢰의 결정적 순간인 고객 지원 경험 탐색
플랫폼별 가치 검증	주요 플랫폼의 핵심 차별점이 사용자에게 실제로 인지되고 있는지 검증	▪ 혜택 인식 및 대출 상품 결정 시 영향도 ▪ '전문가/높은 승인율' 브랜딩의 공명 여부 테스트 ▪ 일상 금융 생태계 통합 전략의 유효성 검증

위 결과를 보면 다음과 같은 특징들이 발견된다.

- (다소 어렵게 표현되어 있지만) 내용이 뜻하고 있는 의미는 대부분 유효 적절하다.
- 일부 조사포인트는 더 작게 쪼개면 충분히 활용할 가치가 있다. (예: 혜택 인식 및 대출 상품 결정 시 영향도)
- 일부 조사포인트는 디자인 리서치보다는 마케팅 리서치에 가깝다. (예: 최초 상기도 브랜드와 채널 선호도 파악, 대안신용평가에 대한 수용도 및 신뢰도 측정)
- 경험 파악에서 지적했던 일부 고충이나 미충족 니즈가 반영되지 않았다. (예: 알고리즘 추천 의심, 상환 계획 코칭, 신용점수 연동 관리)

위 결과를 실제 사람이 작성한 것이라고 가정하고 그(녀)에게 글쓴이의 솔직한 의견을 말한다면 다음과 같을 것이다.

꽤 많이 고민했다. UX 디자인에 대해서 공부도 많이 했고, 모바일 대출 시장 및 사용자 경험도 연구를 많이 했다. UX 리서치를 이론적으로 잘 알고 있다. 그러나 실무 경험은 다소 부족한 듯싶다.

어림 평가(휴리스틱 평가)

UX 전문가가 포착하는 사용성 문제의 상당 부분은 이미 정형화되어 있고, 디지털 서비스는 공통적으로 큰 틀에서 비슷한 구성 요소와 사용성 원칙을 따르는 경향이 있다. 서비스 특성이나 프로젝트 목적에 따라 세부적인 차이는 있지만, 기본적으로 사용성 원칙들이 오랜 시간 검증되어 정립되어 있기 때문에 변동성은 크지 않다.

어림 평가는 평가를 위한 항목(휴리스틱)을 계획하고, 객관적이고 전문적인 시각으로 항목별 점수와 그 근거를 도출해야 한다. 어림 평가는 크게 2가지로 구분할 수 있다.

- 평가 항목(휴리스틱) 도출: 다양한 이슈 포착, 이슈 중 우선순위가 높은 것들을 추출, 휴리스틱 설계
- 평가: UX 전문성 필요, 객관성 담보, 실제 사용자의 다양한 경험이 반영되면 더욱 좋음

위에서 열거한 조건들은 특정 서비스에 대한 UX 전문성을 제외하면 인간보다 AI가 더 잘할 수 있는 영역들이다. 따라서 어림 평가는 인간 UX 전문가가 약간만 손을 보면 AI로 자동화하기 좋다는 얘기이다.

최근 연구인 "종합적 어림 평가: AI 기반과 인간 기반 사용성 평가의 비교, Synthetic Heuristic Evaluation: A Comparison between AI- and Human-Powered Usability

Evaluation"(arxiv.org, 2025년 7월)에서는 최신 생성형 AI가 UX 이슈 포착에서 인간 전문가 대비 뛰어난 성과를 보였다고 보고했다.

- 연구진은 제이콥 닐슨의 10가지 휴리스틱을 기반으로 GPT-4 등 최신 생성형 AI가 모바일 앱 화면 스크린샷을 분석하여 사용성 문제를 탐지하도록 했다.
- 두 개 모바일 앱(렌탈 앱과 언어 학습 앱)을 대상으로 AI 평가와 5인의 UX 전문가 평가를 진행했다. AI 합성 평가가 두 앱에서 각각 전체 사용성 문제의 73%와 77%를 발견해, 전문가 5인의 평균 탐지율(57%, 63%)보다 높은 성과를 보였다.
- AI 평가 결과는 전체 과제를 통틀어 일관된 성능을 유지했으며, 특히 화면 구성(layout) 관련 문제 탐지에서 강점을 드러냈다. 반면 일부 UI 컴포넌트 및 디자인 관례 인식, 다중 화면에 걸친 문제 탐지에는 제한이 있었다.
- AI는 각 휴리스틱 위반 사례에 대해 상세한 설명과 심각도 평가를 함께 제시하며, 반복 평가 시에도 신뢰성 있는 결과를 보여주었다.
- 인간 전문가 평가는 시간이 지남에 따라 평가 성과가 다소 감소하는 경향을 보인 반면, AI 평가는 안정적으로 유지되었다.
- 연구는 생성형 AI가 인간 전문가와 비교해 강점과 한계를 지니며, 향후 AI 기반 휴리스틱 평가 설계에 중요한 시사점을 제공한다고 밝혔다.

특히 AI 평가 방식은 전체 과제에 걸쳐 일관된 성능을 유지했고, 화면 구성 관련 문제 탐지에서 인간을 능가하는 결과를 보였다. 반면 일부 UI 구성 요소 인식과 다중 화면 위반 사항 파악에는 어려움이 있었다. AI 평가의 또 다른 강점은 동일한 절차로 반복 평가가 가능해 결과 편차가 적고 객관적 신뢰성이 높다는 점이다. 이런 특성 덕분에 AI는 다양한 경쟁사 제품이나 이전 버전 서비스와 현재 서비스를 비교 분석하는 데도 유용할 수 있다.

아래는 신한은행 슈퍼SOL 앱을 대상으로 진행한 AI 기반 어림 평가 과정이다. 작업에 사용된 AI는 구글 제미나이 2.5 Pro, 심층 연구(Deep Research)이다.

평가 항목(휴리스틱) 도출

신한은행 슈퍼SOL의 특징(여러 금융 서비스를 하나로 통합, 한 곳에서 빠른 업무 처리 지향, 다양한 기능을 융합한 시너지 효과 기대)에 기반하여 다음 4가지 영역에 걸쳐 이슈를 도출했다.

- 영역 1: 통합 자산 요약(Integrated Asset Summary) 화면 최상단에 위치하며, 은행 계좌 잔액, 카드 이용 금액, 증권 총자산, 납부 보험료 등 여러 계열사에 흩어진 핵심 자산 정보를 한눈에 볼 수 있도록 요약하여 제공한다.
- 영역 2: 빠른 실행 및 핵심 기능(Quick Actions & Core Functions) 사용 빈도가 높은 '이체', '결제'와 같은 핵심 기능을 버튼 형태로 전면에 배치하여 신속한 접근을 지원한다.
- 영역 3: 개인화 및 프로모션 콘텐츠(Personalized/Promotional Content) 개인 맞춤형 상품 추천, 이벤트 배너, 그리고 '스탁리그', '밸런스게임'과 같은 앱테크(App-Tech) 기능을 배치하여 사용자의 참여를 유도한다.
- 영역 4: 내비게이션 구조(Navigation Structure) 하단 내비게이션 바와 탭 기반 시스템을 통해 통합된 뷰와 각 금융 서비스별 '미니 브랜치' 뷰 사이를 전환할 수 있는 구조를 제공한다.

여기서 AI는 신한 슈퍼SOL의 단점도 조명한다. 여러 금융 서비스(은행, 카드, 증권, 보험)가 하나로 통합되면서 파편화된 사용자 경험을 제공하고, 인지적 부담을 가중시키며, 개별 기능들에 대한 접근성이 떨어진다는 일부 사용자들의 리뷰에 주목한다. 이점을 고려하여 4개 영역에 걸쳐 다음과 같은 14가지 휴리스틱을 도출했다.

표 32. AI를 통해 도출한 신한은행 슈퍼SOL의 휴리스틱 (퍼플렉시티를 이용하여 만듦)

평가 기준 (Heuristic)	정의
1. 정보 구조 및 가시성	정보가 얼마나 잘 정리되고 우선순위가 정해져 있는가? 사용자가 압도당하지 않고 핵심 정보를 빠르게 파악할 수 있는가?
2. 핵심 과업 효율성	잔액 확인, 이체 시작 등 주요 과업을 홈 화면에서 얼마나 빠르고 쉽게 완료할 수 있는가?
3. 개인화 및 맞춤 설정	사용자가 자신의 필요에 맞게 홈 화면을 조정할 수 있는가? 앱이 능동적으로 관련성 높은 맞춤형 콘텐츠를 제공하는가?
4. 일관성 및 표준	앱이 플랫폼 및 업계의 일반적인 관례를 따르는가? 앱 내외부의 경험이 일관되게 유지되는가?
5. 보안 및 신뢰성	로그인 과정과 홈 화면이 사용자에게 강력한 보안과 신뢰감을 전달하는가?
6. 오류 방지 및 제어	시스템이 사용자의 실수를 얼마나 잘 예방하는가? 사용자가 원치 않는 상태에서 쉽게 벗어나거나 작업을 취소할 수 있는가?
7. 미학적/미니멀리즘 디자인	홈 화면이 시각적으로 만족스럽고, 불필요한 정보 없이 깔끔하게 구성되어 있는가?
8. 피드백 및 시스템 상태	앱이 적절하고 시의적절한 피드백을 통해 현재 진행 상황을 사용자에게 명확히 알려주는가?
9. 유연성 및 바로가기	홈 화면이 초보자와 숙련된 사용자 모두를 만족시키는가? 자주 사용하는 기능에 대한 단축키를 제공하는가?
10. 자산 시각화 및 이해도	홈 화면이 금융 데이터를 얼마나 효과적으로 시각화하는가? 그래프나 차트가 단순한 숫자 나열을 넘어 이해를 돕는가?

평가 기준 (Heuristic)	정의
11. 통합 경험의 완결성	(맞춤 기준) 홈 화면이 서로 다른 금융 서비스를 얼마나 성공적으로 하나의 매끄러운 경험으로 통합하는가?
12. 탐색 및 검색 용이성	홈 화면에 없는 기능이나 정보를 사용자가 얼마나 쉽게 찾을 수 있는가?
13. 도움말 및 지원 접근성	홈 화면에서 문제가 발생했을 때 도움말이나 고객 지원을 얼마나 쉽게 찾을 수 있는가?
14. 앱테크/혜택 정보 제공	홈 화면이 금융 혜택, 리워드, 앱테크 기회를 사용자에게 얼마나 효과적으로 제시하는가?

전체적으로 제이콥 닐슨이 제기한 '10가지 휴리스틱 원칙'을 따르면서 은행 앱이라는 특성과 슈퍼SOL이 지향하는 통합 서비스의 기대효과, 사용자들이 체감하는 문제점 등을 적절히 반영하고 있다

어림 평가

평가의 객관성과 공정성을 기하기 위해 AI가 자체적으로 조사한 데이터 외에 앱스토어에 올라가 있는 사용자 리뷰도 AI에게 같이 제공했다. AI는 각 항목별 평가 결과를 매우 자세하고 구체적으로 설명했지만, 이 책에서는 그 결과만 요약해서 담는다.

표 33. AI를 통한 신한은행 슈퍼SOL 어림 평가 결과 (퍼플렉시티를 이용하여 만듦)

평가 기준 (Heuristic)	점수 (1–5)	평가 요약	주요 경쟁사 벤치마크
1. 정보 구조 및 가시성	2	정보의 포괄성은 높으나, 밀도가 높아 인지 부하 가중. 시각적 계층 구조가 약함.	토스/카카오뱅크의 간결한 정보 제시에 비해 복잡함.
2. 핵심 과업 효율성	3	빠른 실행 버튼은 긍정적이나, 앱 전환 문제로 전반적인 효율성은 저하됨.	토스/카카오뱅크의 극도로 최적화된 이체 흐름에 미치지 못함.
3. 개인화 및 맞춤 설정	2	사용자가 직접 설정하는 수동적 개인화에 그침. 능동적/지능적 개인화 부족.	KB(AI 추천), 카카오뱅크(AI 추천, 혜택탭)의 능동적 개인화에 비해 뒤처짐.
4. 일관성 및 표준	1	기능 수행을 위한 잦은 앱 전환으로 인해 경험의 일관성이 심각하게 훼손됨.	슈퍼앱을 표방하는 경쟁사 중 가장 파편화된 경험 제공.
5. 보안 및 신뢰성	5	다양한 간편 로그인 지원 및 강력한 보안 체계로 높은 신뢰감을 형성함.	업계 최고 수준의 보안 및 신뢰성 확보.
6. 오류 방지 및 제어	2	의도치 않은 앱 전환은 사용자 통제권을 박탈하는 심각한 오류 경험을 유발함.	사용자에게 완전한 작업 통제권을 제공하는 경쟁사에 비해 취약함.
7. 미학적/미니멀리즘 디자인	2	정보 중심의 대시보드 형태로, 미니멀리즘과는 거리가 먼 복잡한 디자인.	인터넷 전문은행의 간결하고 직관적인 디자인과 뚜렷이 대비됨.

평가 기준 (Heuristic)	점수 (1–5)	평가 요약	주요 경쟁사 벤치마크
8. 피드백 및 시스템 상태	4	로딩, 실시간 알림 등 기본적인 시스템 상태 피드백은 충실히 제공됨.	업계 표준 수준의 피드백 제공.
9. 유연성 및 바로가기	3	즐겨찾기 기능으로 숙련자 편의는 제공하나, 전반적인 복잡성이 초보자에게는 장벽.	초보자와 숙련자 모두를 위한 유연성 측면에서 개선의 여지가 있음.
10. 자산 시각화 및 이해도	2	단순한 숫자 나열에 그쳐 데이터에 대한 깊이 있는 이해나 인사이트를 제공하지 못함.	데이터 시각화를 통해 인사이트를 제공하려는 경쟁사 노력에 비해 부족함.
11. 통합 경험의 완결성	1	슈퍼앱의 핵심 가치인 '통합'이 기능적으로 구현되지 않아 경험의 완결성이 매우 낮음.	통합 앱의 약속과 실제 경험 간의 괴리가 가장 큰 문제점.
12. 탐색 및 검색 용이성	2	기능이 많아 원하는 메뉴를 찾기 어렵고, 효과적인 검색 기능이 부재함.	카카오뱅크의 강력한 통합 검색 기능과 비교 시 경쟁력이 떨어짐.
13. 도움말 및 지원 접근성	4	고객 지원 채널로의 접근성은 명확하게 제공되어 문제 발생 시 대응이 용이함.	업계 표준 수준의 지원 접근성 확보.
14. 앱테크/혜택 정보 제공	3	앱테크 기능은 제공되나, 부가 기능으로 취급되어 핵심 가치로 부각되지 못함.	카카오뱅크의 '혜택' 중심 전략에 비해 소극적인 접근.

예상했던 대로 전체적으로 점수가 낮게 나왔다. 평가 대상인 슈퍼SOL에 대해서는 상세하게 분석했지만, 주요 경쟁사에 대한 벤치마킹 결과는 다소 단편적이다. 다른 AI 서비스에 동일한 작업을 요청하면 결과가 어떻게 나올까? 챗GPT(GPT 5)와 퍼플렉시티(프로)를 이용한 결과, 여러 항목에서 차이가 있었다. 심도 있게 각 서비스를 분석한 결과, 휴리스틱 평가는 구글 제미나이가 가장 신뢰할 수 있었다

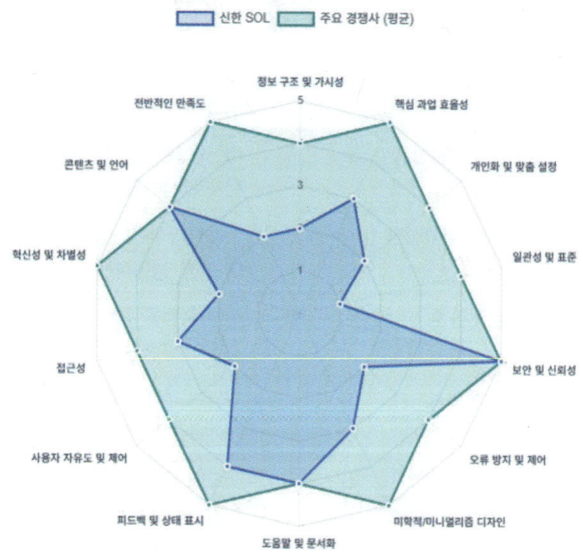

그림 470. 신한은행 SOL 앱 어림 평가 결과 (제미나이를 이용하여 만듦)

아래는 신한 슈퍼SOL의 어림 평가 결과를 주요 경쟁사 평균과 비교한 레이더 차트이다. 어떤 항목은 수준이 동일하지만, 어떤 항목은 차이가 크다는 점을 알 수 있다.

생성형 AI를 이용한 어림 평가는 비용 효율성이 매우 높았다. UX 전문가가 직접 진행했다면 더 정밀한 평가가 가능했을 것이다. 하지만 소요시간을 놓고 보면 비교가 되지 않는다. AI는 위 모든 과정이 20분밖에 걸리지 않았다.

결과적으로 생성형 AI 기반의 어림 평가는 AI 서비스만 잘 선택하면 꽤 쓸만하다. 그리고 다음 조건들을 고려해야 한다.

- AI가 평가 항목을 도출하면 UX 전문가가 서비스 특성을 반영했는지, 평가 목적에 충실한지, 지나치게 일반적인 항목만 도출하지는 않았는지 충분히 검토해야 함.
- 결과의 신뢰성을 높이기 위해서 AI의 조사에 전적으로 의지하기보다는 사용자 리뷰나 기존 평가 결과들을 입력하면서 진행하는 것이 좋음.
- 평가 결과를 간혹 그럴듯하게 지어내기도 하므로 냉정하게 검수해야 함.
- 가급적 심층 연구(Deep Research) 모드로 진행하기를 권함.

VOC/WOM 조사

VOC(Voice of Customer)와 WOM(Word of Mouth) 데이터 조사는 원래부터 데이터만 수집되면 빠르게 진행할 수 있었으나, 최근 생성형 AI를 활용하면서 훨씬 더 빠르고 효과적인 조사 방법으로 발전했다. 구글의 노트북LM 같은 AI 도구를 활용하면 VOC/WOM 데이터를 보다 손쉽게 추출하고 분석할 수 있다. 예를 들어, 파이썬(Python)과 같은 프로그래밍 도구를 이용해 구글 플레이스토어의 리뷰를 직접 수집하는 것이 가능하다. 수집된 데이터는 생성형 AI가 패턴 인식과 분석을 신속하게 수행할 수 있기 때문에 인간보다 더 빠르고 정밀한 인사이트 도출이 가능하다.

특히 구글 노트북LM은 사용자가 제공한 문서, 웹페이지, 유튜브 영상 등 다양한 출처에서 콘텐츠를 불러와 분석하고 질문에 답하는 AI 연구 도구다. 이 도구를 활용하면 복잡한 VOC/WOM 데이터도 자동으로 요약, 분류, 인사이트 도출이 가능하며, 음성으로 대화형 요약까지 지원해 실무 조사에 매우 유용하다.

또 파이썬 기반의 구글 플레이스토어 리뷰 크롤링 라이브러리(예: google-play-scraper)를 사용하면, 특정 앱에 대한 대량의 사용자 리뷰를 자동으로 수집할 수 있고, 이후 생성형 AI를 통해 감성 분석, 키워드 추출, 이슈 분류 등이 이루어진다. 이런 자동화된 분석 과정은 시간과 비용을 절감하는 동시에, 더 많은 데이터로 더 깊이 있는 고객 인사이트를 확보할 수 있게 한다.

결과적으로, 생성형 AI와 관련 도구를 조합하면 VOC/WOM 조사와 분석 속도 및 정확도를 크게 향상시킬 수 있다. AI는 거대한 데이터에서 빠르게 패턴과 핵심 이슈를 찾아내며, 반복적이고 대량의 작업도 견고하게 수행한다는 점에서 전통적인 인간 중심 분석 방식보다 뛰어난 효율성과 효과를 제공한다. 이 때문에 기업들은 AI를 활용한 VOC/WOM 조사를 점점 더 선호하고 있으며, 실무 현장에서도 그 활용도가 꾸준히 확대되고 있다.

VOC/WOM 데이터 수집

파이썬의 구글 플레이 스크래퍼[주: 구글 플레이에 올라온 사용자 리뷰를 수집하는 파이썬 플러그인]를 이용해서 VOC/WOM을 수집한다. 아래 코드만 알고 있다면 그다지 어려운 과정이 아니다. 아래는 자동으로 특정 앱에 대한 리뷰들을 수집해오는 파이썬 코드이다. 주피터 노트북(Jupyter Notebook)에서 실행하면 된다. 아쉽게도 애플 앱스토어 플러그인은 아직 없다.

토스 앱을 예시로 파이썬을 이용해 VOC/WOM 데이터를 수집하고 분석하는 과정을 살펴보겠다.

구글 플레이 스크래퍼를 접목한 파이썬 코드

```
import os
import pandas as pd
from google_play_scraper import Sort, reviews_all
from datetime import datetime, timedelta
# 수집할 앱 ID (토스)
app_id = 'viva.republica.toss'
# 오늘 날짜 기준으로 1년 전 날짜 계산
one_year_ago = datetime.now() - timedelta(days=365)
# 전체 리뷰 수집
reviews = reviews_all(
    app_id,
    sleep_milliseconds=2000,
    lang='ko',
    country='kr',
    sort=Sort.NEWEST)
# 최근 1년 이내 리뷰만 필터링
```

```
filtered_reviews = [
    review for review in reviews
    if review['content'] is not None and review['at'] >= one_year_ago
]
# DataFrame 생성
df = pd.DataFrame(filtered_reviews)
# 저장 경로 설정
download_path = r"D:\myfolder\토스_최근1년_리뷰.xlsx"
# 폴더 없으면 생성
folder = os.path.dirname(download_path)
if not os.path.exists(folder):
    os.makedirs(folder)
# 저장 또는 알림 출력
if not df.empty:
    df.to_excel(download_path, index=False)
    print(f"최근 1년 이내 리뷰 {len(df)}건이 {download_path}에 저장되었습니다.")
else:
    print("최근 1년 이내에 해당하는 리뷰가 없습니다.")
```

위 코드는 다음과 같은 뜻을 담고 있다.

- 수집할 앱: app_id = 'viva.republica.toss', 토스
- 기간: one_year_ago = datetime.now() – timedelta(days=365), 오늘 기준 1년 이내
- 수집 기준: reviews = reviews_all(, 전부
- 저장: download_path = r"D:₩myfolder₩토스_최근1년_리뷰.xlsx", myfolder 하위에 '토스_최근1년_리뷰.xlsx'이라는 파일명으로 저장

특정 주제만 수집하는 것도 가능하다(예: 'keywords = {홈, 인증, 개인화}'). 만약 실행 시 오류가 났다면 생성형 AI에 코드를 붙여 넣으면 자동으로 파이썬 코드라는 것을 인식하여 수정된 코드를 받아볼 수 있으니, 이 방법으로 재시도해 보기 바란다.

VOC/WOM 분석

수집이 성공적으로 진행되었다는 피드백을 받았다면 파일이 저장된 경로를 찾아가서 생성된 파일을 연다. 파일 안에는 실제 리뷰 데이터와 더불어 복잡한 칼럼들이 쭉 나올 텐데, 리뷰와 평점(Score)만 남기고 나머지는 필요 없으니 삭제해도 무방하다.

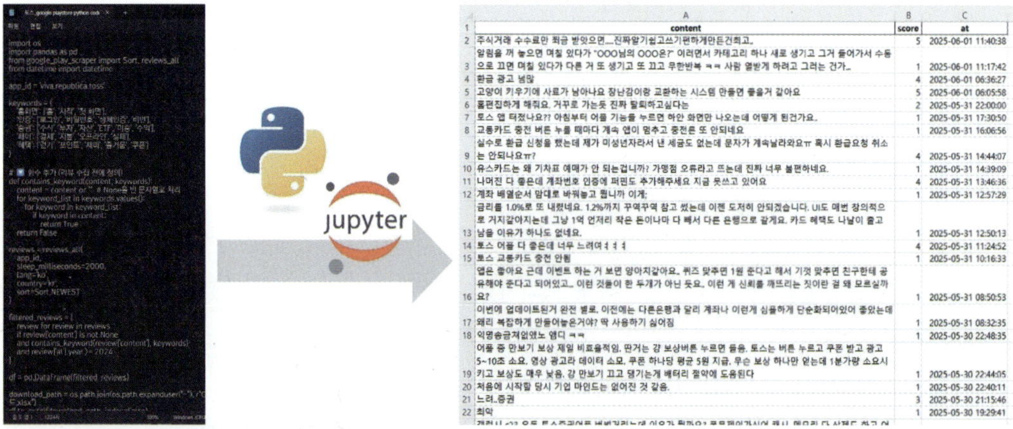

그림 471. 파이썬을 이용한 앱스토어 리뷰 수집

다시 생성형 AI를 열고, VOC/WOM 데이터를 첨부한 다음, 프롬프트를 입력한다. 반드시 심층 연구(Deep Research)로 하기 바란다. 일반 모드로 진행하는 것과 심층 연구로 진행하는 것 사이에는 큰 차이가 있다. 아래는 구글 제미나이를 이용한 예시이다.

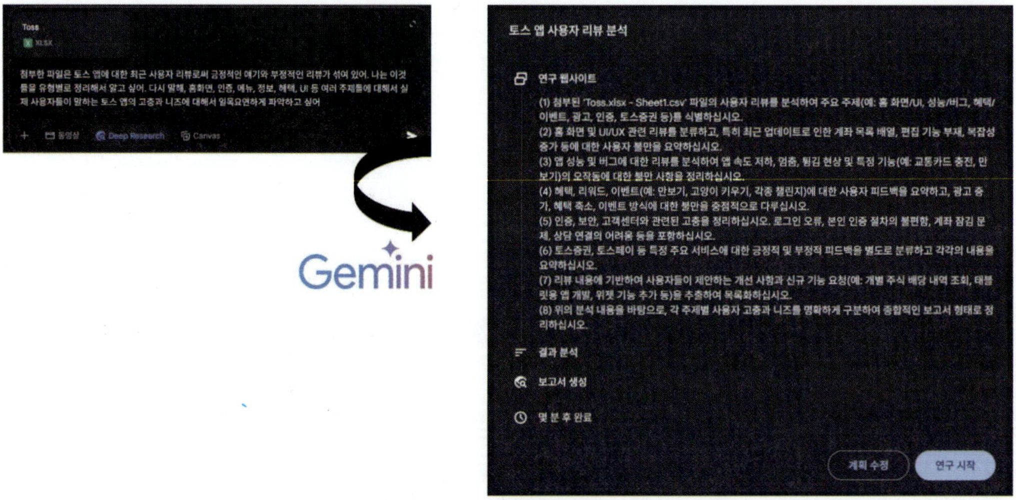

그림 472. 생성형 AI를 이용한 VOC/WOM 자료 분석 (제미나이를 이용하여 만듦)

VOC/WOM 분석 결과를 받으면, 꼼꼼히 내용을 검토하는 것이 중요하다. 텍스트로 된 빼곡한 분석 결과는 구체적이고 세부적인 인사이트가 담겨 있어 심층 이해에 도움이 된다. 동시에 주요 생성형 AI 서비스들이 제공하는 캔버스(Canvas) 기능을 활용해 시각화된 인포그래픽으로 변환하는 방법도 적극 권장한다.

인포그래픽은 복잡한 데이터를 한눈에 파악하기 쉽게 정리해 주고, 주요 패턴과 핵심 이슈를 직관적으로 보여주기 때문에 보고서나 프레젠테이션에 매우 유용하다. 특히 다양한 차트, 그래프, 아이콘, 색채 기반 시각화 요소가 결합돼 데이터의 의미 전달력을 높여준다.

다만, 변환 과정에서는 세부적인 내용이 일부 누락될 수 있다는 점에 항상 주의해야 한다. 시각화가 전체 맥락을 완벽히 대체하지 못할 수 있으므로 중요한 정성적 데이터나 미묘한 인사이트는 원본 텍스트 분석을 병행해 확인해야 최적의 이해와 활용이 가능하다.

따라서 분석 결과 활용 시에는 텍스트 데이터와 시각화 도구를 적절히 병행하며, 시각화에서 두드러지게 강조되는 중요 포인트가 원본과 대조해 다르지 않은지 점검하는 절차를 권장한다. 이렇게 함으로써 VOC/WOM 데이터가 주는 가치와 통찰을 최대한 실무에 반영할 수 있다.

아래는 '토스 사용자의 최근 1년 사이 불만사항'들을 캔버스로 변환한 결과이다. 어떤 것이 주요한 문제이고, 유형별 발생 빈도나 고충의 심각도가 어떤지 한눈에 파악할 수 있다.

이 외에도 여러분이 알고 싶은 질문들을 프롬프트로 입력해서 다양한 분석이 가능하다. (예: 평점이 3점대인 리뷰 중 탐색과 관련한 부정적인 의견들을 메뉴, 검색, 내비게이션, 필터 등으로 나눠서 정리해 줘.)

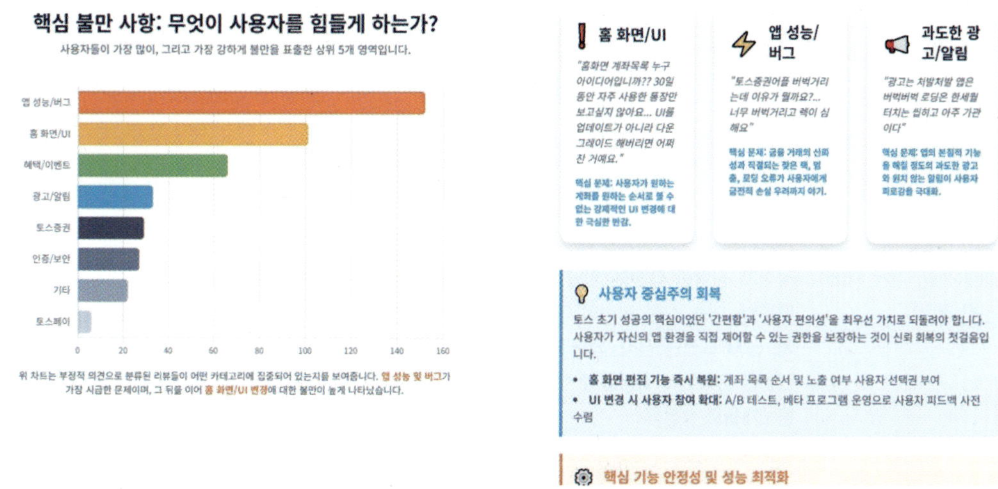

그림 473. 생성형 AI를 이용한 VOC/WOM 분석 최종 결과 예시 (제미나이를 이용하여 만듦)

필드 리서치 계획

필드 리서치는 UX 디자인 업무 전체에서 생성형 AI 활용 효과가 매우 높은 영역이다. 생성형 AI는 리서치 대상 분야 조사와 주요 이슈 도출부터 정성적 리서치에 적합한 조사포인트 선정, 대상자 선정, 조사 기법 선택, 결과 분석 및 키파인딩 도출까지 든든한 리서처(Researcher) 역할을 한다.

하지만 리서치 목표를 명확하게 제시하는 것이 필수적이다. AI가 제시한 결과를 면밀히 감독하면서 누락되거나 부정확한 내용을 중간에 수정하고 보완해야 한다. AI에 모든 과정을 자동으로 맡기면 뻔한 결과가 나오기 쉽다. 따라서 AI에게 개념을 충분히 이해시키고, 적절한 변수 값을 설정하며, 좁거나 중심이 흔들리는 추론의 한계를 지적해주는 작업이 필요하다.

AI는 시장 조사, 사용자 경험의 신뢰 결핍 문제, 대출 최적화, 규제 준수, 데이터 신뢰성, 경쟁 심화 등 다양한 이슈들을 도출할 수 있다. 하지만 이 과정에서 AI가 간과하거나 편향된 해석을 하지 않도록 사람이 중간 점검을 하며 조정해야 의미 있고 신뢰할 만한 연구 결과가 나온다.

결국 생성형 AI는 능숙한 리서처처럼 광범위하고 복잡한 데이터를 처리하고 분석할 수 있지만, 인간 연구자가 명확한 목표 설정과 지속적인 검토 감독을 병행해야 최적의 리서치 성과를 낼 수 있다. 이 협업이 필드 리서치에서 AI 활용의 가장 효과적인 방법이다.

다음 섹션에서 모바일 대출 시장을 예시로 살펴보겠다.

리서치 대상자 선정

아래는 생성형 AI가 제시한 리서치 대상자 선정 결과이다. 리서치 목적이나 이슈/조사포인트를 감안할 때 크게 나무랄 데 없는 선정이다.

표 34. 생성형 AI가 도출한 모바일 대출 리서치 대상자 (제미나이를 이용하여 만듦)

대상자	선정 사유	세부 그룹
최근 6개월 내 모바일 대출(신규, 추가, 대환) 신청 경험자	사용자의 기억이 생생할 때 가장 구체적이고 정확한 답변을 얻을 수 있기 때문임. 대출 신청 과정의 복잡한 절차, 당시 느꼈던 감정, 의사결정의 순간들을 명확하게 회상할 수 있는 기간을 6개월로 설정함.	▪ 신규 대출: 생애 첫 대출이거나, 특정 목적(주택, 자동차 등)을 위해 처음으로 큰 금액을 빌리는 사용자. ▪ 추가 대출: 기존 대출이 있는 상태에서 추가 자금이 필요했던 사용자. ▪ 대환대출(갈아타기): 더 좋은 조건(낮은 금리 등)을 찾아 기존 대출을 옮긴 경험이 있는 사용자. 이 그룹은 플랫폼 간 비교 경험이 풍부함.

대상자	선정 사유	세부 그룹
대출 승인/거절 경험을 모두 포함	성공과 실패의 경험을 비교 분석하여 전체 사용자 여정을 입체적으로 이해하기 위함임.	▪ 승인 경험자: 어떤 정보와 기능이 긍정적인 경험을 만들었는지, 만족의 핵심 요인이 무엇인지 파악할 수 있음. ▪ 거절 경험자: 사용자가 겪는 가장 큰 고충(Pain Point)과 부정적 감정을 파악하고, 이를 개선할 기회를 발견하는 데 결정적인 단서를 제공함. 특히 '거절 사유' 전달 방식과 이후 행동 패턴은 중요한 탐색 영역임.
주요 금융 플랫폼 중 2개 이상 사용 경험자	특정 플랫폼에 대한 충성도뿐만 아니라, 사용자들이 여러 플랫폼을 어떻게 비교하고 평가하는지에 대한 '비교 행동 모델'을 파악하기 위함임.	▪ 토스, 카카오뱅크, 네이버페이, 뱅크샐러드, 핀다 등 시장 점유율이 높은 주요 앱들
저신용/씬파일러 그룹과 중/고신용 그룹을 균형 있게 포함	신용도라는 결정적 변수에 따라 사용자의 니즈와 행동, 감정이 극명하게 달라지기 때문임.	▪ 저신용/씬파일러(Thin–filer): 사회초년생, 주부, 프리랜서 등 금융 이력이 부족한 사용자를 포함함. 이들은 '승인' 자체가 가장 큰 목표이며, 대안신용평가와 같은 새로운 기회에 대한 니즈가 강함. 거절에 대한 불안감과 정보 비대칭 문제를 깊게 경험하는 그룹임. ▪ 중/고신용자: 안정적인 직장과 소득을 가진 사용자. 이들은 '승인' 가능성보다는 '더 좋은 조건(금리, 한도, 편의성)'을 찾는 데 집중함. 이들의 경험을 통해 서비스의 완성도와 사후 관리, 신뢰 구축의 중요성을 파악할 수 있음.

여기에 직업, 가구 소득, 대출 목적, 기존 대출 여부 등을 추가적으로 고려할 수 있어 보이지만, 조사 대상자 수가 늘어나기 때문에 실제로도 (위 4가지 기준 외에) 추가할지 고민했을 것이다.

- 직업, 가구 소득: (직업 및 가구 소득으로 유추 가능한) 소득 안정성은 대출 심사 과정에서의 자격이나 상환 계획 수립에 영향을 미칠 수 있음
- 대출 목적: 대출 목적과 긴급성은 정보 탐색의 깊이, 의사결정 속도, 금리 민감도 등에 영향을 미칠 수 있음
- 기존 대출 여부: 대출 경험이 있는 사용자는 경험이 없는 사용자보다 절차에 대한 이해도가 높고, 더 빠른 의사결정이 가능. 둘 간의 '비교 행동 모델'을 파악하는 의미도 있음

리서치 내용 설계

아래의 인터뷰 스크립트는 생성형 AI를 통해 만든 것이다. 내용 면에서는 조사포인트에 충실하면서도 심층 인터뷰가 갖춰야 할 형식 면에서의 지침도 잘 따르고 있다. 열린 질문부터 시작해서 닫힌 질문으로(Open to Closed Question) 가는 것이나 열린 질문(Open ended question)과 닫힌 질문(Closed ended Question)을 적절하게 오가는 것, 긍정적인 질문에 이어 그 반대의 부정적인 질문을 하는 것은 좋은 방법이다.

- "평소 월급날 지출을 어떻게 관리하시는지 보여주시겠어요?"
- "대출 이자 나가는 날을 어떻게 확인하고 준비하시나요?"
- 과업 수행 요청: "평소 하시던 대로 편하게 해주세요."라고 요청하며 자연스러운 행동을 유도함.
- 관찰과 질문: 사용자의 행동을 먼저 충분히 관찰한 후, 궁금한 점을 질문함. (예: 행동을 멈추게 한 뒤 "방금 왜 멈칫하셨나요?", 과업 종료 후 "아까 메모장에 숫자를 적으시던데, 어떤 내용이었나요?")
- 산출물(Artifacts) 수집: 사용자가 과업 수행 중 활용하는 도구(가계부, 엑셀 파일, 메모장 등)를 사진으로 기록하거나 동의 하에 수집함.

리서치 내용 설계를 요청했을 때 처음에 인터뷰 질의서만 제공하여 관찰조사와 카드소팅에 대한 스크립트는 추가로 요청해야 했다. 다행히 생성형 AI가 관찰조사와 카드소팅을 정확하게 이해하고 있어서 결과를 받아볼 수 있었는데, 구체적인 내용보다는 가이드 수준이었다. 내용이 너무 많아서 전체 중 일부만 발췌했던 인터뷰 스크립트와 달리 관찰조사 스크립트는 소개하는 내용이 전부다. '이렇게 하면 돼'라는 예시에 불과하다.

1: 의사결정 및 비교 과정의 해부

- "최근에 대출을 받아야겠다고 생각하셨을 때를 떠올려주세요. 가장 먼저 어떤 앱을 켜셨나요? 그 앱을 선택한 이유는 무엇인가요? 그 외 다른 앱을 참고하셨다면 어떤 것들이었나요?"
- "여러 대출 상품을 보실 때, 가장 먼저 확인하는 정보 3가지와 이유는 무엇인가요? "
- "반대로, 상품 정보를 보면서 어떤 정보가 부족하거나 이해하기 어렵다고 느끼셨나요?"
- "'대출 갈아타기' 서비스를 이용해 보신 경험이 있으신가요? (경험이 있다면) 서비스를 이용하기 전 어떤 기대를 하셨고, 실제 결과는 어떠했나요? 예상치 못했던 점이나 실망스러웠던 부분이 있었다면 무엇인가요?"
- "플랫폼의 브랜드(예: '토스', '네이버')가 주는 신뢰도와, 실제 돈을 빌려주는 은행의 브랜드가 주는 신뢰도 중 어느 쪽이 고객님의 결정에 더 큰 영향을 미치나요?"

카드소팅도 마찬가지이다. 어떻게 카드소팅이 진행되며, 어떤 종류가 있는 지를 설명하는 게 대부분이고, 실질적인 내용이나 진행 방식은 찾기 어렵다.

- 카드 제작: 앱/웹사이트의 주요 기능, 콘텐츠, 메뉴명을 30~50개 내외의 카드(실물 또는 디지털 툴 활용)로 만듦. (예: 대출 한도 조회, 이자 계산기, 신용점수 올리기, 서류 제출 안내, 월 상환금 알림)
- 과업 설명: 사용자에게 명확한 가이드를 제공함. (예: "이 카드들을 보시고, 서로 관련 있다고 생각하는 것끼리 그룹으로 묶어주세요. 정답은 없습니다.")
- 사고 구술법(Think Aloud) 요청: "카드를 분류하시면서 왜 그렇게 생각하시는지 소리 내어 말씀해주시면 큰 도움이 됩니다."
- 관찰 및 기록: 사용자가 카드를 분류하는 과정, 망설이는 지점, 독특하게 분류하는 방식, 그룹에 붙이는 이름 등을 면밀히 관찰하고 기록함.

키파인딩

생성형 AI는 주어진 데이터를 분석해 패턴을 추출하고 핵심 내용을 정리하는 데 매우 뛰어나다. 특히 정성적 데이터나 복잡한 필드 리서치 결과를 다룰 때 단순한 요약을 넘어서 이슈나 조사포인트별로 구체적인 문제를 찾아내고, 행간에 숨겨진 의미를 해석할 수 있는 능력도 상당히 발전했다.

먼저 생성형 AI는 방대한 양의 텍스트 데이터를 빠르게 처리하면서도 주요 주제, 패턴, 반복되는 문제점을 분류하고 연결할 수 있다. 예를 들어, 사용자 인터뷰, 현장 관찰, 고객 피드백 등의 다양한 비정형 데이터에서 공통된 이슈를 추출하거나 특정 조사의 다양한 응답 사이에 내포된 감성이나 미묘한 뉘앙스를 감지하는 것이 가능하다. 또한, 최신 대규모 언어 모델들은 자연어 이해와 추론 능력을 갖추고 있어, 단순한 단어 빈도 분석을 넘어서 맥락과 상황에 기반한 의미 분석도 수행할 수 있다.

이와 함께, 생성형 AI는 분석 결과를 이슈별, 조사포인트별로 체계적으로 구조화하는 데 유용하다. 즉, 복잡한 리서치 결과를 여러 관점과 차원에서 나누어 문제를 세분화하고 각 문제의 핵심 원인과 연관 요소까지 파악해 제시할 수 있다. 그렇기 때문에 리서처가 놓치기 쉬운 숨겨진 인사이트나 잠재적 문제점도 발견할 가능성이 크다.

다만, 이러한 능력은 AI가 충분히 잘 훈련되고, 분석 대상 데이터가 질적으로 우수하며, 분석 목적과 맥락이 명확히 제시되었을 때 최대한 발휘된다. AI가 스스로 맥락 없이 막연한 텍스트를 분석하면 제한적이거나 추상적인 결과만 도출할 수 있으며, 실제 필드 리서치 결과의 복잡한 의미를 온전히 이해하기 위해서는 인간 연구자의 감독과 검토가 반드시 필요하다.

아래는 이마트몰에 대한 리서치 결과를 생성형 AI에 입력하여 분석해달라고 요청한 결과이다. 틀린 얘기는 없지만, 내용이 지나치게 함축적이고 구체적이지 못하다. 이 결과는 인사이트로 이어지지 못한다.

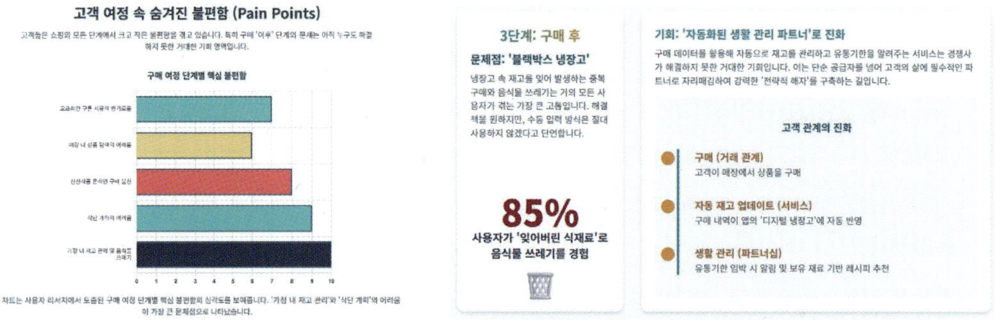

그림 474. 생성형 AI로 분석한 이마트몰 키파인딩 예시 (제미나이를 이용하여 만듦, 원본 데이터: 라이트브레인 UX아카데미 3기 S Mart조 제공)

아래에 사람이 직접 도출한 키파인딩과 비교하면 그 차이가 확실하게 느껴진다.

표 35. 사람이 직접 도출한 이마트몰 키파인딩 예시 (출처: 라이트브레인 UX아카데미 3기 S Mart조)

이슈 리스트			Key Findings
맞춤 제공 서비스	레시피 추천 서비스	제품 구매 시, 레시피 고려 여부	- 구매한 제품으로 조리할 수 있는 요리를 알려주는 서비스에 대한 선호도는 대체로 높은 것으로 나타났으나 표준화된 레시피 제공에 거부감 있음 - 특정 유통 업체만의 레시피가 아닌, 최대한 다양한 레시피 Pool을 제공할 필요가 있어 보임
		무엇을 먹을 지 정하는 데에 있어 몸 상태가 미치는 영향도	- 건강에 신경을 많이 쓰는 계층과 건강에 크게 신경을 쓰지 않는 계층이 확연하게 구분되고 있는 것으로 보임 - 음식의 맛이나 먹는 즐거움을 중시하는 사용자와 건강을 중시하는 사용자들에게는 확연하게 구분된 레시피와 쇼핑리스트를 제공할 필요가 있음 - 단, 건강이 더 중요한 사용자도 가끔은 맛있는 음식을 먹고 싶을 수가 있으며, 맛있는 음식을 먹는 것이 더 중요한 사용자도 컨디션에 따라 건강을 신경쓰게 될 수 있음에 주의해야 할 것
		레시피와 쇼핑리스트 연동 기능에 대한 선호도 파악	-식자재와 식자재 관련 상품들을 쇼핑리스트에 추가할 수 있다면 정확성이 중요하다고 생각한다. -냉장고 속 식자재의 양을 파악하고 싶어한다. -집에 있는 식자재를 바탕으로 레시피를 추천한다면 좋을 것 같다. -레시피와 연계된 식자재 뿐만 아니라 쇼핑 목적 별 체크리스트를 제공해주면 좋을 것 같다고 생각함
		레시피를 탐색할 때 어떠한 정보를 제공할 지를 결정하기 위함	-요리프로그램, 유명 쉐프가 추천한 레시피를 찾아보는 사람들이 많다. -인터넷 블로그를 통해서 레시피를 찾아보며, 찾은 정보 중 가장 간단, 간편한 레시피를 선호한다. -선호하는 재료를 사용한 레시피를 이용하여 요리한다.
		몸 상태에 맞추어 레시피 추천하는 기능 선호도 파악	-건강상태에 관심이 없기 때문에 필요 없다고 생각한다. -내 몸 상태, 날씨에 맞는 음식을 추천해주면 좋을 것 같다. -매번 어떤 음식을 해먹어야하는지 고민하는 경우가 있다.
	카트 내 스마트 폰 장착 및 충전기능	카트 거치대 기능 선호도 및 충전서비스 필요성 파악	-장바구니를 사용하거나 쇼핑시간이 짧아서 필요가 없다고 생각하는 경우가 있었다. -정보 입력 시 손으로 스마트폰을 들고 쓰는 것이 더 빠르고 편하기 때문에 필요 없을 것 같다. -마트에서 핸드폰을 굳이 꺼내보지 않기 때문에 필요없다. -거치대에서만 충전되기보다는 통화가능하도록 줄이 길게 나오도록 설정되어있으면 좋을것 같다.

이렇게 차이가 큰 이유는 생성형 AI가 한 분석은 이슈/조사포인트를 무시하고, 원론적인 사용자 경험(고충, 니즈 등)에만 초점을 맞췄기 때문이다. 글쓴이가 이슈와 조사포인트를 정확하게 지시해 줬음에도 불구하고 이런 결과가 나온 점은 아쉬운 부분이다.

다른 데이터로 테스트했을 때는 좀 더 나은 결과를 보여줬다. 아래는 생성형 AI로 도출한 유니세프 필드 리서치에 대한 키파인딩이다. 위에서 봤던 이마트몰 예시보다 더 구체적이고, 논리 정연하게 정리되어 있다. 구체적인 근거가 누락된 점이 다소 아쉽지만, 이 정도면 충분히 현장에서 활용 가능해 보인다.

- **최초 참여 계기:** "기부에 관심을 갖게 된 계기" 항목을 분석하면 다양한 계기가 드러난다.[1]
  - **사회적 영향:** 친구(P2, P12, P13, P14), 가족(P1, P6, P7), 동료(P12)는 강력한 촉매제 역할을 한다.
  - **개인적 삶의 사건:** 자녀의 출생(P3)이나 부모의 질병(P3)은 새로운 공감대를 형성한다.
  - **미디어 및 유명인의 영향:** '한비야' 이야기(P3, P12)는 행동을 이끌어낸 중요한 문화적 순간이었다.
  - **대의와의 근접성:** 해당 기관이나 관련 분야에서 일하는 것(P8, P17, P18)이 직접적인 계기가 되기도 한다.
- **기부의 철학:** "기부에 대한 생각" 항목 분석은 후원자들이 기부를 정당화하고 합리화하는 데 사용하는 사고 모델을 보여준다.[1]
  - **의무/당연함으로서의 기부:** 많은 이들에게 기부는 당연한 일이다. "사회생활을 하게 되면 기부를 해야 겠다는 막연한 생각"(P2)이나 "기부는 당연한 일"(P5)이라는 인식이 존재한다.
  - **합리적 행위로서의 기부:** 순수한 감정에서 벗어난 움직임이 나타난다. P8 참여자는 자신이 "선해서"가 아니라 "합리적인 사람"이기 때문에 기부한다고 말한다. P9 참여자는 기부를 "즐겁게 소비하는 취미"로 본다.
  - **전통적 서사에 대한 거부:** 낡은 모델에 대한 명백한 피로감이 존재한다. P6 참여자는 기부를 "선행"이라는 생각에서 벗어나 더 "캐주얼 하고 일상화"해야 한다고 주장한다. P7 참여자는 "천편일률적인 메시지"에서 벗어나기를 원한다.
- **만연한 사용성 문제:** "웹사이트 사용성에 대한 의견"은 압도적으로 부정적이며 시스템적인 결함을 지적한다.[1]
  - **부실한 정보 구조:** 사용자들은 원하는 정보를 찾지 못한다. P2는 "아우인형 자료"를 찾기 어렵다고 말한다. P12는 혼란스러운 UI, 길을 잃는 경험, 그리고 최상위 메뉴를 찾지 못하는 문제를 묘사한다. P18은 최상위 메뉴를 찾기 어렵고 상점의 카테고리 분류가 혼란스럽다고 지적한다.
  - **핵심 사용자 여정의 마찰:** 가장 중요한 경로가 제대로 작동하지 않는다. P14는 결제 정보 변경이 너무 "번거로워서" 기부를 포기했다.[1] P18은 단지 로그인을 하기 위해 하위 페이지로 이동해야 하는 불편함을 지적한다.
  - **혼란스러운 인터페이스:** P12는 홈페이지의 상호작용이 주의를 산만하게 하고 전체 구조가 "복잡해 보임"을 발견한다. P15는 중복된 "후원하기" 링크가 명확성보다는 혼란을 야기한다고 지적한다.
- **콘텐츠 및 유용성 격차:** "웹사이트 유용성에 대한 의견"은 제공되는 콘텐츠와 원하는 콘텐츠 사이의 단절을 강조한다.[1]
  - **구체성 및 피드백 부족:** P1은 "후원금이 어디에 쓰이고 있는 지에 대한 구체적인 정보"를 원한다. P10은 "생명을 구하는 선물" 프로그램에 대한 피드백이 없다고 지적한다. P18은 구매한 선물이 "제대로 전달되는지" 궁금해한다.
  - **진부하고 영감 없는 콘텐츠:** P7은 뉴스레터 내용이 "늘 같은 내용인 것 같아"라고 느낀다. P6은 유니세프 웹사이트가 그린피스처럼 "계속 머무르게 만들"지 못한다고 비판한다.

그림 475. 유니세프 키파인딩 예시 (출처: 라이트브레인)

이번에는 생성형 AI 모델을 바꿔봤다. 챗GPT나 퍼플렉시티는 제미나이와 큰 차이가 없었지만, AI 에이전트를 표방하고 있는 마누스(Manus)는 아예 차원이 다른 결과를 제공했다.

앞서 살펴본 유니세프 키파인딩 예시가 '생각보다 나쁘지 않았음. 손이 많이 가긴 하겠지만…' 정도였다면 마누스를 통해 얻은 '모 핀테크 앱'에 대한 키파인딩은 '사람이 작업한 결과와 거의 구분하기 어려운 수준'이었다.

챗봇 방식의 서비스에 대한 태도

사용자들은 정보 파악 측면에서 텍스트가 적어 파악하기 쉬운 점을 선호했습니다. 감성적인 측면에서는 캐릭터를 통해 흥미를 느끼거나, 챗봇 형식의 콘텐츠 표현이 눈에 잘 띈다는 의견이 있었습니다. 특히, 봇 타입으로 제공될 경우 캐릭터가 서비스의 아이덴티티를 확고히 하여 정보 이해를 돕고, 정성스럽게 운영되는 느낌을 준다는 긍정적인 인식이 있었습니다. 일부 사용자는 챗봇이 자신의 상황을 파악하여 추천 및 질문 기능을 제공하기를 기대했으며, 특정 요소를 클릭했을 때 바로 상품 페이지로 넘어가는 직관적인 연결을 선호했습니다. 전반적으로 정보의 명확성과 함께 서비스의 친근하고 신뢰감 있는 이미지를 형성하는 요소들이 중요하게 작용하고 있음을 알 수 있습니다.

자산(asset), 소비현황 표현에 대한 선호하는 형태

사용자들은 정보 파악 및 이해 측면에서 그래프를 가장 선호했습니다. 그래프는 정보를 한눈에 파악하기 쉽고, 정확하며, 신뢰감을 준다고 평가되었습니다. 특히 소비 비교와 같은 목적에 가장 부합하며, 객관적인 데이터 제공을 중요하게 생각하는 경향이 나타났습니다. 반면 웹툰은 재미있고 친근하며 감성적인 측면에서 긍정적인 평가를 받았으나, 정보 전달의 정확성이나 신뢰성 측면에서는 부족하다는 의견이 많았습니다. 일러스트는 추상적이거나 정보 전달력이 떨어진다는 평가가 지배적이었습니다. 일부 사용자는 그래프와 일러스트 또는 웹툰의 조합을 통해 정보 전달과 감성적 만족을 동시에 추구하는 방식을 선호하기도 했습니다. 이는 사용자들이 정보의 정확성과 함께 시각적인 흥미 요소를 중요하게 고려하고 있음을 시사합니다. 또한, 월급 대비 지출과 같은 정보는 지속적인 리마인드보다는 재미 요소로 소비될 가능성이 높다는 의견도 있었습니다.

사실 마누스가 더 뛰어난 키파인딩을 도출할 것이라는 기대는 '분석 과정'을 지켜보면서 어느 정도 예견할 수 있었다. 원본 데이터(엑셀 파일)가 복잡했음에도 마누스는 그 구조를 프롬프트에 맞게 해체하고 재구성하여 이슈 · 조사포인트 단위로 구체적인 내용을 만들어 갔다. 마치 사람이 능숙하게 작업하는 모습을 보면서 걱정을 내려놓는 듯한 기분이었다.

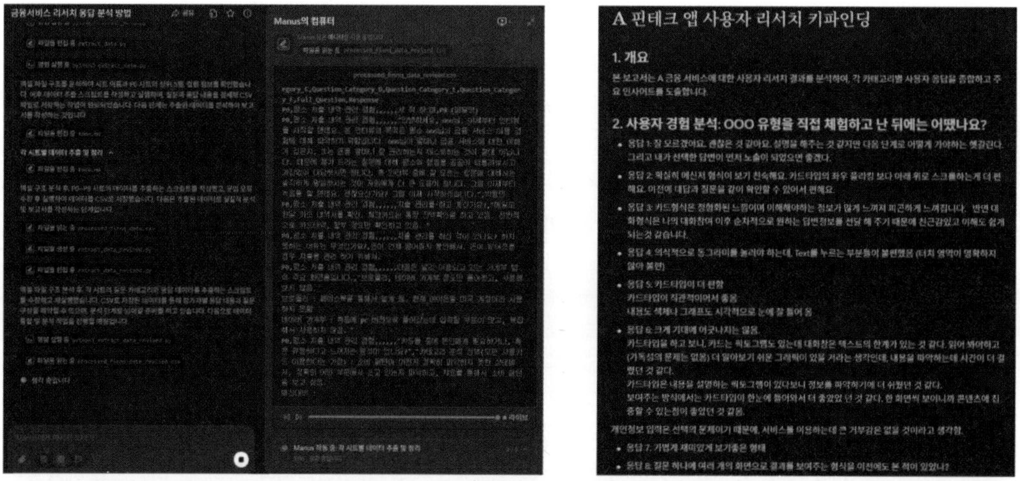

그림 476. 마누스 AI의 필드 리서치 결과 분석 과정(왼쪽) 및 그 결과(오른쪽) (출처: 마누스 AI)

마누스가 모든 분야에서 뛰어나지는 않다. 다만 복잡한 서식 구조를 가진 파일을 분석해 산재한 내용을 주제별로 체계화하는 작업에서는 현 시점에서 가장 우수한 성능을 보였다. 이는 AI 모델(Foundation Model)의 특성과 설계 방식에 따라 결과물에 차이가 발생하기 때문이다. 각 모델이 가진 학습 데이터, 알고리즘 구조, 최적화 방법의 차이가 분석 능력과 결과의 정교함에 직접적인 영향을 미치므로 특정 작업에 적합한 AI 모델 선택이 중요하다.

페르소나 생성

페르소나는 서비스 사용자들을 경험의 공통점에 주목하여 분류하는 방법이다. 간혹 페르소나가 세그먼트(Segment, 성별/연령/직업 등으로 구분한 사용자 유형)나 전형적인 사용자(Archetype, 핵심적인 특징만 주목하여 임의로 분류한 사용자 유형)인 경우를 종종 만나게 되는데, 'UX 모델링' 편에서 이미

봤듯이 페르소나는 '행위 변수 추출, 사용자 대입, 유사한 패턴 발견, 페르소나 정의'의 절차를 밟아야 페르소나로써 인정받을 수 있다. 생성형 AI에 무작정 페르소나 생성을 요청하면 대부분 '전형적인 사용자'가 결과로 나온다.

그러나 프롬프트를 다음과 같이 입력하면 진짜 페르소나를 만들어준다.

> 이 리서치 결과를 바탕으로 이 서비스의 Persona를 만들어 줄래? 리서치 결과로부터 행위 변수를 추출하고, 각 행위 변수에 실제 리서치한 사람들을 대입한 다음, 패턴이 유사한 사람들을 Persona로 정의해 줘. Persona 정의에는 별명, 이용 동기, 행동, 고충, 니즈, 서비스에 대한 태도가 반드시 포함되어야 해

아래는 제미나이에서 위와 같이 프롬프트를 입력하여 생성한 결과이다. 아래 4개의 행위 변수를 설정하고, 실제 리서치에 참여한 10명의 사용자들을 행위 변수에 대입하여 아래 표에서 보는 것과 같이 3개의 페르소나를 생성했다.

1. 쇼핑 계획성 (계획적/목적 지향 vs. 즉흥적/탐색 지향)
2. 디지털 활용도 (정보 탐색 및 혜택 최적화에 적극적 vs. 소극적)
3. 주요 동기 (가족 중심/예산 관리 vs. 개인 중심/편의성)
4. 구매 후 관리 (재고/유통기한 관리에 민감 vs. 둔감)

표 36. 이마트몰에 대한 페르소나 생성 결과 (제미나이를 이용하여 만듦)

Persona	대표적 목소리	사용자	동기	행동	고충
실용적인 가족 대표 장보기 선수	"자녀가 있기 때문에 꼭 필요한 것들은 리스트를 작성해서 가요. 하지만 마트에서 행사하는 걸 보면 또 사게 되죠."	2, 6, 7, 9	▪ 가족의 건강과 예산을 책임져야 한다는 사명감을 가짐. ▪ 효율적인 쇼핑으로 한정된 시간과 돈을 절약하는 것을 중요하게 생각함.	▪ 쇼핑 리스트를 작성하여 계획적으로 장을 보는 경향이 강함. 동시에 매장 내 할인 및 프로모션 상품에 따라 계획을 유연하게 수정 ▪ 가족의 취향과 건강을 고려해 신중하게 제품을 선택하며, 특히 신선식품은 반드시 오프라인 매장에서 직접 눈으로 보고 구매함.	▪ 매일 "오늘 저녁은 뭘 해 먹지?"를 고민하는 것이 가장 큰 스트레스임. ▪ 오프라인 매장의 쿠폰이나 멤버십 혜택을 일일이 찾는 것이 번거롭다 ▪ 냉장고에 있는 재료를 잊어버려 중복 구매하거나 유통기한을 넘겨 버리는 경우가 있음.

Persona	대표적 목소리	사용자	동기	행동	고충
퇴근길 편의점형 탐험가	"계획하고 장보는 스타일이 아니에요. 그냥 퇴근길에 들러서 둘러보다가 필요한 거 몇 개 사는 거죠."	3, 4, 5, 10	▪ '오늘 먹을 것'과 같은 즉각적인 필요를 해결하는 것이 주목적임. ▪ 쇼핑 과정 자체에서 새로운 상품을 발견하고 탐색하는 즐거움을 추구함.	▪ 별도의 쇼핑 리스트 없이 즉흥적으로 매장을 방문하여 구매 상품 결정 ▪ 한 번에 많은 양을 사기보다 필요한 것만 소량으로 자주 구매하는 패턴 ▪ 처음 보는 상품에 호기심이 많으며, 다른 사람 리뷰에 민감하게 반응함.	▪ 소량만 필요한데 온라인으로 주문하면 배송비가 부담스러움. ▪ 구매한 식재료를 다 활용하지 못하고 남겨서 버리는 경우가 잦음. ▪ 처음 보는 상품에 대한 정보(맛, 활용법 등)가 부족하여 구매를 망설임
온-오프라인 가치 사냥꾼	"온라인 쿠폰은 너무 잘 쓰는데, 이상하게 마트에서는 어떤 게 할인되는지 몰라서 제대로 써본 적이 없어요."	8, 9	▪ 기술을 적극적으로 활용하여 최상의 가성비(가격, 품질, 혜택)를 찾아내는 것 자체에서 만족감. ▪ 데이터에 기반한 합리적이고 똑똑한 소비 지향함.	▪ 쇼핑 전이나 쇼핑 중에 모바일로 가격 비교와 리뷰 검색을 하는 것이 습관화되어 있음. ▪ 온라인 쇼핑몰의 쿠폰과 앱 전용 혜택을 능숙하게 찾아내어 활용함.	▪ 온라인에서 확인한 정보나 획득한 쿠폰이 오프라인 에서는 적용되지 않는 단절된 경험에 불편함 느낌. ▪ 구매한 상품의 재고나 유통기한을 기억에 의존하거나 수동으로 관리해야 하는 것은 매우 비효율적

결과만 보면 페르소나로써 나무랄 데가 없다. 표기된 내용이 매우 구체적이고, 마치 실제 존재하는 사용자인 것처럼 각 페르소나의 특징이 잘 드러나 있다(지면 한계상 니즈, 태도 등은 생략했다.) 다만 페르소나 구분에 활용된 행위 변수가 4개라는 점은 아쉽다. 행위 변수는 5~10개 정도가 적정하기 때문이다. 너무 적으면 페르소나의 변별력이 떨어지고, 너무 많으면 페르소나 구분이 까다로워진다.

아래는 마누스에서 페르소나를 생성하는 과정을 보여준다.

그림 477. 마누스 AI에서의 페르소나 도출 과정 (출처: 마누스 AI)

행위 변수

1. 인터페이스_선호도 ["대화형_선호", "카드형_선호", "혼재"]
2. 정보_제공_방식_선호 ["그래프_선호", "웹툰_선호", "일러스트_선호", "텍스트_선호", "혼합_선호"]
3. 가계부_관리_경험 ["적극적_사용", "시도했으나_포기", "사용_안함"]
4. 금융_정보_신뢰도 ["높은_신뢰", "보통_신뢰", "낮은_신뢰"]
5. 개인정보_민감도 ["매우_민감", "보통_민감", "덜_민감"]
6. SNS_공유_태도 ["적극적_공유", "선별적_공유", "공유_거부"]
7. 저축_동기 ["구체적_목표", "추상적_다짐", "금리_혜택", "습관적_저축"]
8. 비교_분석_니즈 ["시간적_비교", "타인과_비교", "항목간_비교", "비교_불필요"]
9. 금융_알림_태도 ["필수정보만", "선별적_수용", "거의_차단"]
10. 서비스_이용_패턴 ["목적_중심", "탐색_중심", "습관적_이용"]

실제 사람이 작업했을 때와 거의 차이 없어 보인다. 다분히 리서치 이슈 위주로 도출되었으며, 일부 항목(개인정보 민감도, 비교 분석 니즈, 서비스 이용 패턴)은 원래 이슈는 아니었는데, 리서치 결과로부터 추출한 듯 보인다. 위의 각 행위 변수에 실제 사용자를 대입하여 분포를 분석한 다음, 유사도를 수학적으로 분석하여 (높은 유사도 = 0.7 이상) 3개의 그룹으로 나눴다.

아래는 그중 하나의 예시이다.

그룹 1: '정보 지향적 효율 추구자' (P0, P6, P7, P3, P4, P5)

```
# 이 그룹은 카드형 인터페이스와 그래프/차트 형태의 정보 제공을 선호하며, 가계부 관리 경험이 있거나 시도했으나 포기한 경우가 많습니다.
# 저축 동기는 구체적인 목표나 금리 혜택에 집중, 지출 비교 분석에 대한 니즈는 시간적 비교에 있습니다.
# 금융 알림은 필수 정보만 받거나 선별적으로 수용하는 경향이 있습니다.
# P0: 카드형 선호, 그래프 선호, 시도했으나 포기, 구체적 목표, 시간적 비교, 필수정보만, 목적 중심
# P6: 카드형 선호, 그래프 선호, 시도했으나 포기, 구체적 목표, 시간적 비교, 선별적 수용, 목적 중심
# P7: 대화형 선호 (재미), 그래프 선호, 사용 안함, 구체적 목표, 시간적 비교, 선별적 수용, 탐색 중심
# P3: 대화형 선호 (친근), 그래프 선호, 사용 안함, 금리 혜택, 타인과 비교, 거의 차단, 목적 중심
# P4: 대화형 선호 (터치), 그래프 선호, 사용 안함, 구체적 목표, 시간적 비교, 거의 차단, 목적 중심
```

페르소나 1: 정보 지향적 효율 추구자 (데이터 분석가)

- 참가자: P0, P6, P7, P3, P4, P5
- 이용 동기: 자신의 소비 패턴을 정확히 파악하고 효율적으로 관리하여 구체적인 재정 목표를 달성하고자 합니다. 금리 혜택이나 실질적인 이득에 민감합니다.
- 행동: 카드형 인터페이스나 그래프/차트 형태의 시각적인 정보 제공을 선호하며, 가계부 앱을 사용하거나 시도했던 경험이 있습니다. 금융 알림은 필수적인 정보 위주로 확인합니다.
- 고충: 복잡하거나 불필요한 정보, 부정확한 데이터(특히 현금 사용 내역)로 인해 가계부 관리를 포기한 경험이 있습니다. 타인과의 비교나 이질적인 항목 간의 비교는 불필요하다고 느낍니다.
- 니즈: 직관적이고 정확한 데이터 기반의 지출 분석, 개인화된 소비 패턴 인사이트, 구체적인 재정 목표 달성을 위한 실질적인 도움, 그리고 금리 혜택과 같은 명확한 보상을 원합니다.
- 서비스에 대한 태도: 정보의 명확성과 효율성을 중요하게 생각하며, 신뢰할 수 있는 데이터를 기반으로 한 서비스를 선호합니다. 개인 정보 공유에는 보통 수준의 민감도를 보입니다.

최종 결과(페르소나 정의)는 제미나이에 비해서 구체성이 떨어진다. 페르소나를 생성하는 과정은 마누스가 나았지만, 페르소나 정의는 제미나이가 더 나았다.

아래는 A 핀테크 앱에 대해서 마누스에서 생성한 페르소나를 구글 문서(Google Docs)로 저장하고, 이를 다시 제미나이에서 불러와서 만든 페르소나 정의이다.

표 37. 마누스에서 생성하고 제미나이에서 재작업한 페르소나 정의 (3개 중 1개만 예시로 듦)

Persona	특징	동기	행동	고충
정보 지향적 효율 추구자 (데이터 분석가)	자신의 재정 상태를 숫자로 명확히 파악하고, 데이터를 기반으로 최적의 효율을 찾아내려는 성향이 강함. 재무 관리를 '개선'의 대상으로 여기며, 감보다는 정확한 팩트에 의존	▪ 단순히 돈을 아끼는 것을 넘어, 자신의 소비와 자산을 '최적화'하려는 욕구가 강함. ▪ '외식비 10% 절감', '3년 내 주택 계약금 OOO원 마련' 등 측정 가능하고 구체적인 재정 목표를 설정하고 달성하는 과정에서 성취감을 느낌. ▪ 금리, 수수료, 포인트 적립률 등 숫자로 명확히 비교할 수 있는 실질적인 이득에 매우 민감하게 반응함.	▪ 앱 접속 시 대시보드의 요약 정보보다 상세 내역이나 월별/항목별 비교 분석이 가능한 그래프, 차트 화면으로 바로 이동하는 경향이 있음. ▪ 주기적으로 (매주 혹은 매월 말) 앱에 접속하여 자신의 소비 패턴을 분석하고 다음 달 예산을 계획함. ▪ 불필요한 푸시 알림은 대부분 꺼두지만, '0원 이상 결제 알림', '카드 대금 출금 알림' 등 필수 정보 알림은 적극적으로 활용함. ▪ 데이터를 내보내(export) 엑셀 등 자신만의 방식으로 재가공하려는 니즈가 있을 수 있음.	▪ 자동 분류된 카테고리가 부정확하거나, 현금 사용 내역이 누락되어 데이터에 '오차'가 발생하는 상황을 가장 큰 문제로 인식함. 이는 앱 자체의 신뢰도 하락으로 이어짐. ▪ '또래 평균 소비액'과 같은 소셜 비교 기능이나 '이번 달 OOO님은 절약왕!' 같은 감성적 문구는 불필요한 정보(noise)라고 느낌. ▪ UI/UX가 복잡하고 불필요한 기능이 많아 데이터 확인까지의 과정이 번거로운 것을 참지 못함.

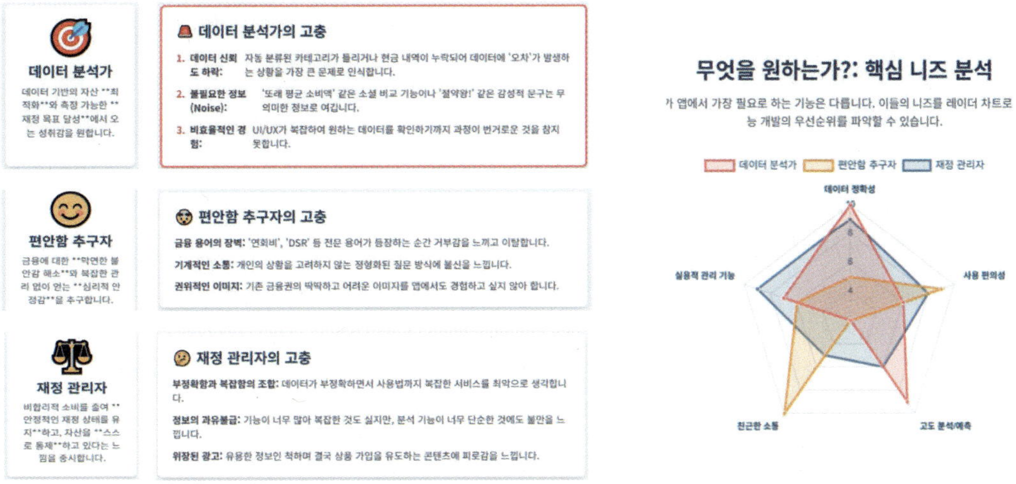

그림 478. 마누스에서 생성하고 제미나이에서 재작업한 페르소나 정의 (제미나이를 이용하여 만듦)

참고로 페르소나를 일단 생성하고 나면 그것을 바탕으로 심성모형(Mental Model)을 만드는 것은 그다지 어려운 일이 아니다. 소위 말하는 'OOO의 뇌구조'와 같이, 특정 페르소나의 생각과 행동을 도식화된 형태로 표현하는 게 가능하기 때문이다.

아래는 위에서 생성한 페르소나 중 '데이터 분석가'에 대한 심성모형이다. 이들이 서비스에 대해서 기대하는 핵심 가치는 '신뢰할 수 있는 데이터를 기반으로 내 자산을 완벽하게 통제하고 최적화해주는 정밀 분석 도구'이다.

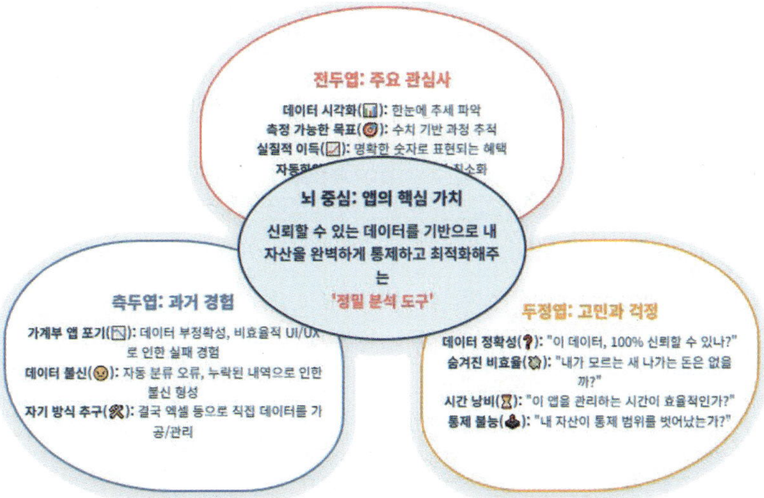

그림 479. A 핀테크 앱에 대한 데이터 분석가 페르소나의 심성모형 (제미나이를 이용하여 만듦)

여정 지도 작성

UX 디자인에서 여정 지도는 페르소나 못지 않게 자주 사용되는 기법이다. 특히 여정 흐름에 따른 만족도의 변화를 전체적으로 살펴볼 수 있으면서도, 개별 여정/행동 단위로 만족/불만족 사유를 구체적으로 찾아볼 수 있다는 장점이 있다.

아래는 앞서 살펴봤던 'A 핀테크 앱'에 대한 리서치 결과를 바탕으로 만든 여정 지도다. 여정 지도에 대한 검수 기준은 다음과 같다.

- 서비스 특성을 반영하여 얼마나 여정을 잘 구분했는가?
- 각 여정별 세부 행동들을 얼마나 잘 분기했는가?
- 각 행동별 만족도 점수와 그에 대한 근거가 명확하게 이해되는가?
- 근거 내용이 리서치 결과에 잘 부합하는가?

요청한 프롬프트는 다음과 같다.

> (첨부 파일) 이 리서치 결과를 바탕으로 Journey Map을 만들어줘. 먼저 여정을 구분하고, 각 여정별로 행동을 다시 구분한 다음, 조사된 사용자 경험을 각 행동 단위로 만족도를 5점 척도 내에서 지정하고, 왜 그런 만족도 점수가 나왔는지 이유를 같이 얘기해줘.

생성형 AI는 별도 요청이 있기 전까지는 결과를 텍스트 형태로 제시한다.

표 38. 생성형 AI가 작성한 여정 지도 (제미나이를 이용하여 만듦)

여정	행동	만족도	근거
탐색 및 인지	**1-1. 서비스 첫인상 형성** 앱 광고, 스토어 등에서 서비스를 처음 보고 느낌)	4	**(긍정적)** 사용자들은 '챗봇/대화형'에서 카카오톡 같은 익숙함을, '카드형'에서 설문조사 같은 익숙함을 느낌. (응답: "카톡같은 대화형식 같다는 느낌을 받음", "전형적인 설문형식이구나 라고 생각함") 낯선 경험이 아니기에 진입 장벽이 낮고 거부감이 적음.
	1-2. 인터페이스 유형 선택 (챗봇형과 카드형 중 하나를 먼저 체험하기로 결정)	4	**(긍정적)** 사용자들은 본인에게 더 편하게 느껴지는 방식을 직접 선택할 수 있다는 점에서 긍정적인 경험을 함. (응답: "메신저 형태가 익숙해서 챗봇 형식이 편해요", "카드 타입이 컬러나 익숙한 방식 때문에 눈에 더 잘들어옴") 선택권 자체가 만족도를 높이는 요소로 작용함.
정보 입력 및 분석	**2-1. 개인 금융 정보 입력** (월급, 소비 내역 등 기초 정보를 입력)	2	**(매우 부정적)** 이 단계는 사용자의 신뢰를 잃는 가장 큰 원인임. 월급의 변동성(상여금, 야근비 등)을 전혀 고려하지 않은 단순한 질문 방식으로 인해, 사용자는 "내 상황을 전혀 이해하지 못한다"고 느낌. (응답: "월급이 항상 고정되어 있는 것처럼 물어보는 것이 와닿지 않음", "정확하지 않은 결과가 노출됨, 이런 이유로 신뢰를 하지 않기 때문에 잘 안하게 됨")
	2-2. 서비스의 질문에 답변 (제시된 선택지 중 하나를 고르며 분석 진행)	3	**(중립/부정적)** 일부 사용자는 카드 형식의 단계별 진행 방식이 명확해서 좋다고 느끼지만, 결정적으로 **자신의 상황에 맞는 답변이 선택지에 없는 경우**가 많아 당황하고 부정확한 값을 선택하게 됨. (응답: "선택지에 원하는 답변이 없어 당황했다는 의견을 제시했습니다") 이는 분석 결과의 신뢰도를 떨어뜨리는 또 다른 요인임.
	2-3. UI/UX 조작 (버튼 터치, 스크롤, 화면 로딩 등)	2	**(부정적)** 터치 영역이 불명확하거나(응답: "Text를 누르는 부분들이 불편했음"), 반응 속도가 느리게 느껴지는(응답: "로딩되는 것이 반응이 느리게 느껴져서 더 불편 함") 등 기본적인 사용성(Usability) 문제가 사용자의 불편함을 가중시키고 부정적 경험을 증폭시킴.

표 형태의 여정 지도는 뭔가 어색해서 우리에게 익숙한 선그래프 형태의 여정 지도로 변경해달라고 다시 요청했는데, 이때는 캔버스(Canvas) 기능을 이용했다. 캔버스 기능 사용 시 시행착오를 줄이고 싶다면 샘플(전형적인 여정 지도) 이미지를 첨부하면서 참고해달라고 요청하면 AI가 우리 의도를 더 잘 이해한다. 결과가 마음에 들지 않는다면 계속 이런 저런 수정을 요청할 수 있다. 글쓴이는 그래프의 형태, x축 레이블의 크기, 만족도 보통은 굵은 가로선 추가 등을 요청했다.

그림 480. 생성형 AI를 이용해 만든 여정 지도 (제미나이를 이용하여 만듦)

제미나이 대신 '마누스'로도 여정 지도를 만들어 봤지만, 결과는 비슷했다. (둘 다 앞서 언급했던 검수 기준에 잘 부합했다.)

사용자 전체를 대상으로 한 여정 지도는 부정확할 수 있다. 페르소나에 따라서 경험이 달라지기 때문이다. 그래서 마누스한테는 특정 페르소나(데이터 기반 실용주의자)에 대한 여정 지도만 그려달라고 요청했다. 위에서 만든 템플릿을 그대로 유지했기 때문에 비슷해 보이지만, 안에 들어간 데이터는 전부 다르다.

그림 481. 특정 페르소나로 한정해서 만든 여정 지도 (마누스와 제미나이를 이용하여 만듦)

인사이트 도출

데스크 리서치에서 UX 모델링에 이르기까지의 과정은 개인적으로 상당히 만족스러웠다. 물론 일부 작업(예: 필드 리서치 실행)은 생성형 AI가 수행할 수 없으며, UX 전문가의 정확한 지시(프롬프트), 과정 모니터링, 결과 검수가 필요하다. 그럼에도 불구하고 생성형 AI의 도입이 UX 디자인 업무에 혁신을 가져올 수 있다는 점은 여러분도 느꼈을 것이다.

하지만 인사이트부터는 얘기가 다르다. 기존 것을 분석하는 작업이 아닌, 새로운 것을 디자인하는 것이기 때문이다. 챗GPT나 제미나이에 비해 키파인딩 도출에서 더 앞선 결과를 보여줬던 마누스로부터 시작했다. '라이트브레인 UX아카데미 24기 스포티파이조'의 실습 결과를 재료로 하여 두 가지 방식으로 실험해 봤다.

1. 리서치 원본 데이터와 키파인딩을 올리고, 인사이트를 도출해 달라고 함
2. 이전에 만든 인사이트를 올리면서 문제를 찾고 개선해 달라고 함

아래는 마누스가 요청을 처리하는 과정이다. 직접 인사이트를 도출하는 경우에는 첨부한 파일을 분석하고 인사이트를 도출하는 데 집중한 반면, 이전에 만든 인사이트를 개선해 달라고 한 경우에는 스스로 인터넷의 자료들을 조사하면서 기존 인사이트에 어떤 문제가 있는지를 찾아 나갔다. 가령 '음악 스트리밍 사용자의 심리적 특성'을 조사한 다음, 그 결과를 인사이트 개선에 반영했다.

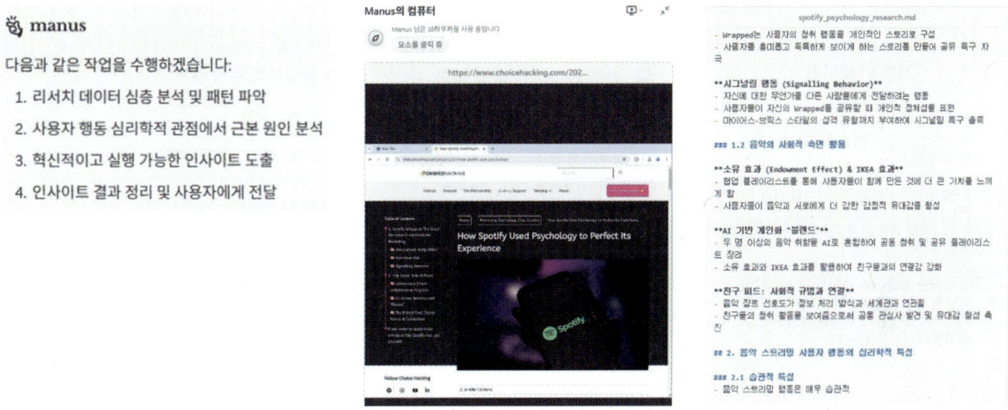

그림 482. 생성형 AI에서 인사이트 작업 계획을 제시하고, 그것을 실행하는 과정 (마누스를 이용하여 만듦)

아래는 생성형 AI가 직접 인사이트를 도출한 결과 중 일부이다. 마누스에서 만든 결과를 제미나이를 통해 다시 개선했다. 인사이트의 수준은 다소 진부했다. 예상 가능한 해결책이지만, 이게 과연 최선일까, 하는 의문을 자아냈다.

그림 483. 생성형 AI가 직접 만든 인사이트 (마누스와 제미나이를 이용하여 만듦)

예를 들어 '특정 장르/아티스트 편중 시 이미 알고 있는 곡 위주의 추천'이라는 문제에 대해서 '탐색 레벨 조절 기능 도입'과 '추천 다양성 사용자 작접 설정'으로 인사이트를 제시하는 것보다는 근본적으로 추천 알고리즘을 변화시킬 수 있는 촉매제를 도입하는 방법이 더 나았을 텐데, 하는 아쉬움이 든다.

이번에는 기존 인사이트를 개선해달라고 요청한 경우이다. 결과를 보기에 앞서 기존 인사이트와 생성형 AI가 그것을 분석한 결과를 먼저 살펴보자.

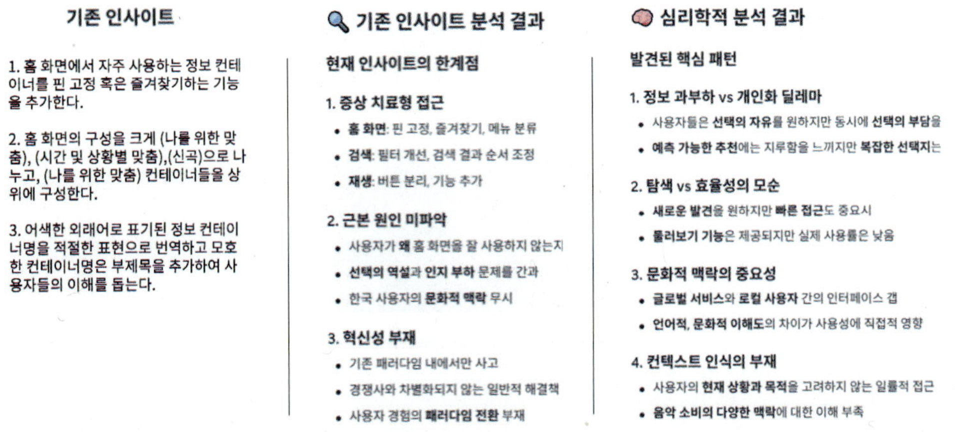

그림 484. 사람이 만든 인사이트를 생성형 AI가 분석한 내용 (마누스를 이용하여 만듦)

마누스는 사람이 만든 기존 인사이트에 대해서 '근본적인 원인이 아닌, 증상 치료형 접근이다'라고 말하고 있다. 그리고 관련된 심리학적 분석 결과를 토대로 아래와 같이 자신이 수정한 인사이트 결과를 제공했다.

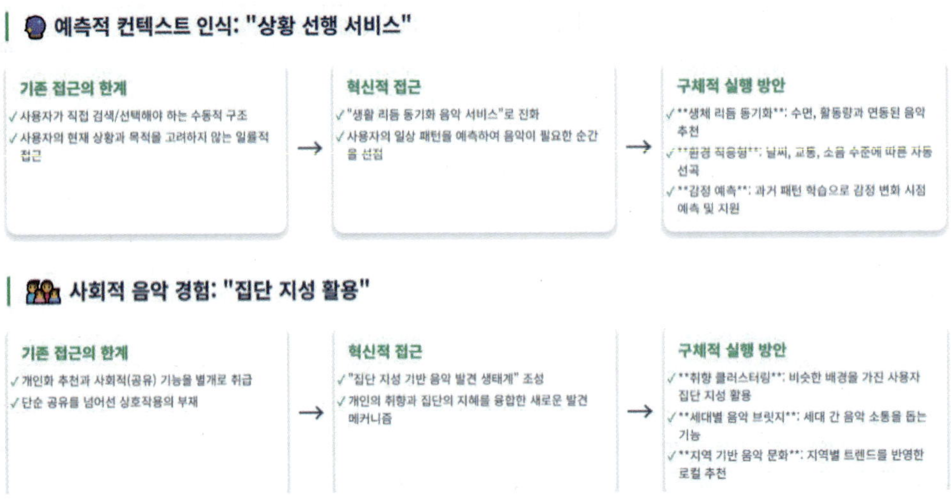

그림 485. 사람이 만든 인사이트를 생성형 AI가 개선한 결과 (마누스를 이용하여 만듦)

기대했던 것보다 개선된 인사이트 내용이 썩 괜찮다. 기존 인사이트의 취약점을 잘 간파하고 그에 대한 대안을 잘 제시하고 있다.

- 사용자가 직접 해야 하는 수동적 구조를 '생활 리듬 동기화'라는 개념으로 재접근하여 수면이나 활동량과 연동된 음악을 추천한다.
- 개인화 추천과 사회적 공유를 별개로 보지 않고, '취향 클러스터링'처럼 비슷한 사용자들 간의 집단 지성을 활용한 추천으로 이어지게 한다.

결론적으로 2가지 방식 중 AI가 직접 도출한 인사이트는 실망스러웠으나, 사람이 만든 인사이트를 AI가 개선하는 것은 그 과정이나 결과 모두 만족스러웠다. 키파인딩이나 모델링은 생성형 AI에 많이 의존할 수 있었으나, 새로운 해결방안을 모색하는 인사이트에서는 아직 한계가 있다는 점을 엿볼 수 있다.

가치 도출/평가

앞에서 만든 인사이트를 가지고 이번에는 가치를 도출해 보았다. 가치는 서비스가 사용자에게 전달하는 결과이다. '편리하다, 재미있다, 감동적이다'와 같이 서비스에 대해 각인된 기억이자, 다시 찾는 이유이고, 다른 서비스와 차이 나는 변별점이다.

하나하나의 인사이트는 무엇을 해야 하는지를 알려주지만, 가치는 서비스가 나아가야 할 방향을 알려준다.

아래는 제미나이를 이용해 만든 가치이다. 이전에 작업했던 '(개선된) 인사이트'를 바탕으로 작성한 것으로, 인사이트와는 다른 '가치'의 개념을 형식상 반영하긴 했지만, 내용은 거의 바뀌지 않았다.

> "당신의 고객이 진정으로 원하는 것을 파악하고, 그것에 가치를 더할 때 성공할 수 있다."
>
> – 스티브 잡스(Steve Jobs)
>
> "서비스의 진정한 목적은 고객에게 의미 있는 가치를 제공하는 것이다."
>
> – 군터 파울리(Gunter Pauli)

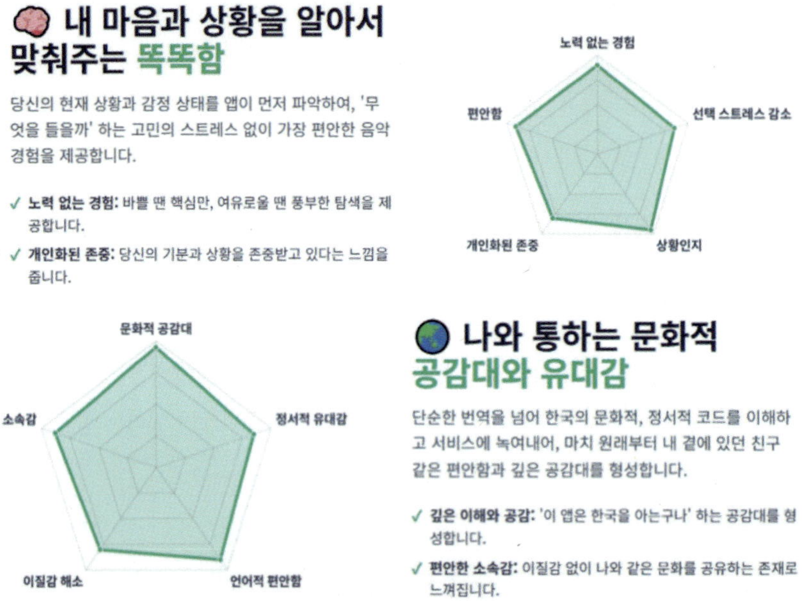

그림 486. 스포티파이 서비스를 대상으로 생성형 AI를 통해서 도출한 가치 (제미나이를 이용하여 만듦)

가치는 선후관계와 중요도를 효과적으로 전달하기 위해 피라미드 형태의 도식으로 표현하는 경우가 많다. 이 도식에서 아래에 위치할수록 기본적이고 필수적인 가치(Basic Value)를 뜻하며, 위로 올라갈수록 혁신적이고 핵심적인 동인 가치(Driver Value)를 의미한다.

이와 같은 피라미드 형태의 시각화는 단순히 내용을 나열하는 것을 넘어서, 정보 구조 자체가 메시지를 전달하는 중요한 수단이 된다. 즉, 도식화된 형태는 가치 간 위계와 관계를 직관적으로 보여 주어, 어떤 가치들이 토대가 되고 어떤 가치들이 그 위에 쌓여 발전하는지 한눈에 파악하도록 돕는다.

또한, 피라미드 도식은 이해관계자들이 가치의 우선순위를 명확히 인식하게 하며, 전략 수립이나 의사결정 과정에서도 핵심 가치를 중심으로 자원 배분과 실행 방안을 설계하는 데 유용하다. 따라서 도식에 포함된 내용뿐 아니라 그 시각적 구조 자체가 실질적 정보로 작용하여, 가치 전달과 커뮤니케이션에 강력한 역할을 한다.

아래는 챗GPT로 만든 스포티파이의 새로운 가치에 대한 피라미드 모형이다.

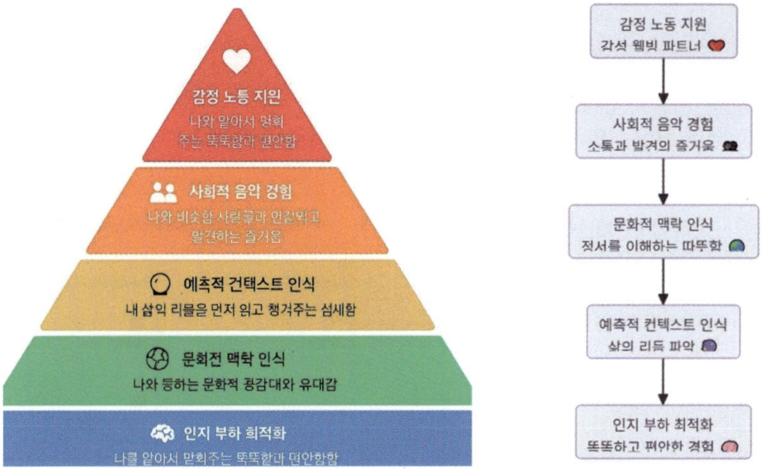

그림 487. 챗GPT로 만든 스포티파이의 새로운 가치 (챗GPT, GPTs ShowMe로 만듦)

챗GPT는 도식을 이미지로 만들어주기 때문에 편집에 대한 자유도가 떨어지고, 제미나이에 비해 작업 과정도 경직되어 있다. 이때 사용한 프롬프트는 다음과 같다.

> (인사이트 파일 첨부) 나는 이 내용을 가지고 피라미드 다이어그램을 만들고 싶어. 스포티파이의 5가지 가치를 기본적인 것(아래)부터 혁신적인 것(위)까지 피라미드로 나타내고, 각 가치를 표현하는 가장 중요한 문구만 표기하고 싶어

위 프롬프트를 마누스에도 써봤는데, 진행 과정은 매우 적절했으나 만들어진 도식은 실망스러웠다. 오히려 내용 면에서는 제미나이에 비해 더 설득력 있게 가치를 표현했다(아래 그림 빨간색 영역).

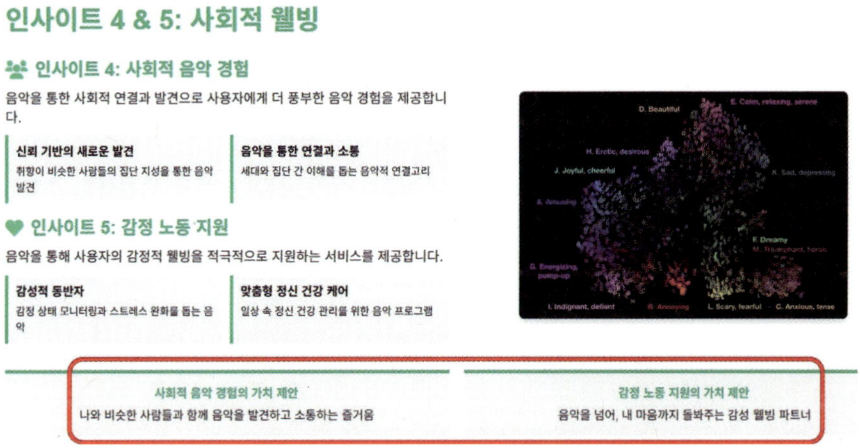

그림 488. 피라미드 도식을 원했는데 정작 문장의 표현력만 더 좋아졌다. (마누스를 이용하여 만듦)

이번에는 생성형 AI를 이용하여 가치를 평가해 보았다. MoSCoW 기법은 비교적 단순하면서도 각 가치의 중요도를 평가할 수 있는 좋은 평가 기법이다. 각각 M(Must have, 핵심 가치), S(Should have, 중요 가치), C(Could have, 선택 가치), W(Won't have, 제외 가치)를 의미한다. 평가 결과는 아래와 같다. 제미나이는 '인지 부하 최적화'를 핵심 가치로 선정했다.

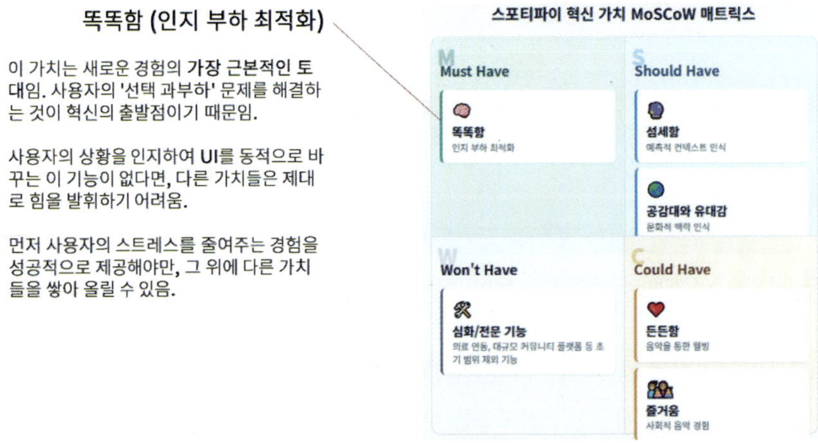

그림 489. MoSCoW 기법을 활용한 가치 평가 결과 (제미나이를 이용하여 만듦)

가치 평가는 다양한 관점과 판단 기준에 따라 결과가 달라질 수밖에 없다. 그렇기 때문에 AI가 제시하는 판단 근거가 매우 논리적이고 설득력이 있더라도, 최종적인 결론을 내리는 것은 인간의 몫이다. AI가 제공하는 분석과 평가는 종합 판단에 참고할 수 있는 중요한 자료로 활용하는 것이 바람직하다.

특히 AI의 평가와 인사이트는 방대한 데이터를 빠르게 처리하고 여러 요소를 체계적으로 연결하여 정보를 제공하므로, 사람의 판단 과정에서 착안하지 못한 세부 사항이나 패턴을 발견하는 데 도움을 줄 수 있다. 그러나 가치 판단에는 조직의 목표, 시장의 맥락, 사용자 요구, 윤리적 고려사항 등 다양한 요소가 반영되어야 하므로 AI 결과를 참고자료로 검토한 뒤, 인간 전문가의 경험과 지혜로 최종 의사결정을 내리는 것이 가장 바람직하다.

따라서 AI 판단 근거를 설득력 있고 논리적인 참고자료로 삼아, 사람의 주도적 판단과 조화를 이루어 가치 평가를 수행하는 접근법이 이상적이다. 이 과정에서 AI와 인간이 협력하며 각자의 강점을 살리는 것이 현명한 가치 평가 전략이라 할 수 있다.

전략/콘셉트 수립

전략이나 콘셉트를 수립하는 것은 사용자 경험뿐만 아니라, 비즈니스 현황이나 서비스에 적용될 기술적 수준에 이르기까지 다양한 상황 검토가 요구되는 일이다. 누구나 본인 주장을 '전략적'이라고 할 수는 있지만, 실제 그것이 전략이 되려면 3가지 조건이 필요하다.

- 시장에 가치를 제안해야 한다.
- 그 가치는 사용자가 체감할 수 있어야 하고, 다른 서비스들과는 차별화되어야 한다.
- 제안된 가치는 일련의 실행 계획으로 이어져야 한다.

앞에서 이미 핵심 가치를 도출했으므로, 그 연장선상에서 포지셔닝을 시도해 보았다. 입력한 프롬프트는 다음과 같다.

> (가치 평가 파일 첨부) 첨부한 스포티파이 가치 평가 결과를 참고하여 국내 음악 스트리밍 시장을 2x2 그래프로 나누고, 여러 경쟁자들의 위치, 그 속에서 과거 스포티파이와 새로운 스포티파이 위치를 포지셔닝해 줘. 2x2 그래프의 x축과 y축은 너가 판단하기에 중요하다고 생각하는 기준으로 해줘

이미 여러 작업을 통해 3개의 생성형 AI 모델(제미나이, 챗GPT, 마누스)을 충분히 학습시켰다고 생각했으나, 결과는 아래에서 보듯이 실망스러웠다.

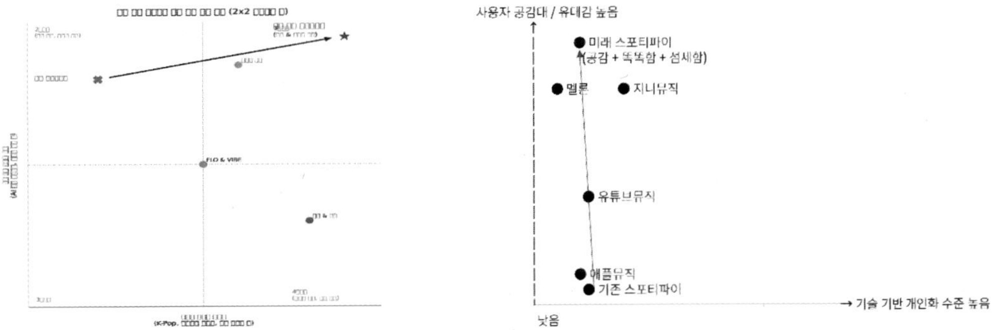

그림 490. 생성형 AI를 이용한 포지셔닝 결과 (제미나이, 챗GPT를 이용하여 만듦)

두 서비스 모두 처음에는 'X축=콘텐츠 현지화, Y축=개인화'로 제시했다. 그러나 스포티파이에 있어서 현지화는 국내 시장 진출 초기의 이슈이고 현재는 중요하지 않은 기준이므로, 그것을 사용자 공감대/유대감으로 변경했다. 제미나이는 텍스트로 된 포지셔닝 내용은 제법 충실했으나, 포지셔닝 맵 내의 한

글이 깨져서 나왔고, 챗GPT는 근거가 부족했고, 그래프를 텍스트로 표현하면서 포지셔닝 맵의 효과를 반감시켰다.

비록 그래프상에서 한글이 깨지는 문제는 동일하지만, 마누스는 다른 두 서비스보다 더 근거가 충실하고 시장 내 경쟁자에 대한 평가가 정확했다. 또한 포지셔닝 외에 전략과 관련된 다른 내용도 함께 제공한 점도 좋았다.

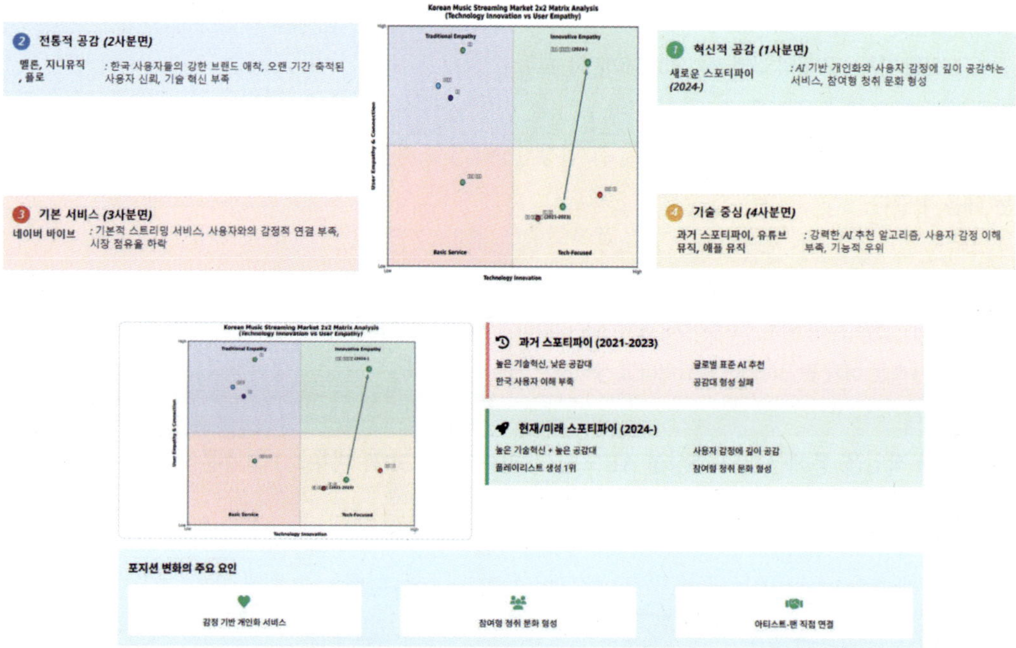

그림 491. 마누스로 만든 스포티파이 포지셔닝 맵 (마누스를 이용하여 만듦)

전략과 관련된 다른 내용은 나쁘지 않았으나, 타깃 페르소나를 설정하지 않고 내용이 전개되다 보니 다소 두루뭉실했고, 전략 실행 방안은 구체성이 떨어져 보여서 다시 프롬프트를 던졌다.

> 위 포지셔닝 결과에 맞춰 누구를 타깃 사용자(Persona)로 할지 설정하고, 그 타깃 사용자를 감안하여 어떻게 전략을 구체적으로 실행할 것인지도 포함해줘

아래는 마누스에서 다시 제공받은 타깃 사용자에 대한 내용이다. 생성된 페르소나 결과가 (페르소나보다는) 전형적인 사용자(Archetype)에 가깝다는 점은 둘째 치고, 타깃 사용자와 핵심 가치, 포지셔닝 맵 간에 연결점이 없다는 점이 아쉬웠다.

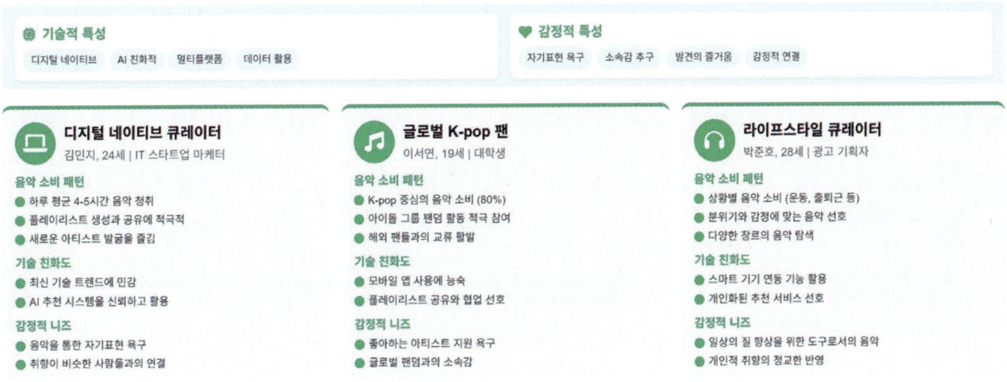

그림 492. 마누스로 만든 스포티파이 타깃 사용자 정의 (마누스를 이용하여 만듦)

반면에 전략 실행 방안은 기대보다 더 나았다. 기존에 제시한 '전략적 기회'에 이어 4가지 실행 방향을 제시하고, 각 방향별 실행 방안을 제시한 뒤, 세부 실행 계획과 단계별 구현 로드맵도 덧붙였다. 내러티브가 많이 부족하기는 하지만, 그것은 후속 작업을 통해서 충분히 보완 가능하다. 관건은 제시된 실행 방향/방안/계획/로드맵이 얼마나 전략적으로 충실하고, 일관되며, 가치를 표현하고 있는지다. 전략 실행 방안은 가치/인사이트와 내용 측면에서 연결되면서도 포지셔닝에서의 시장/경쟁상황이나 변수들을 고려해야 한다. 그런 면에서 마누스가 제시한 결과는 어느 정도 발전 가능성이 엿보인다.

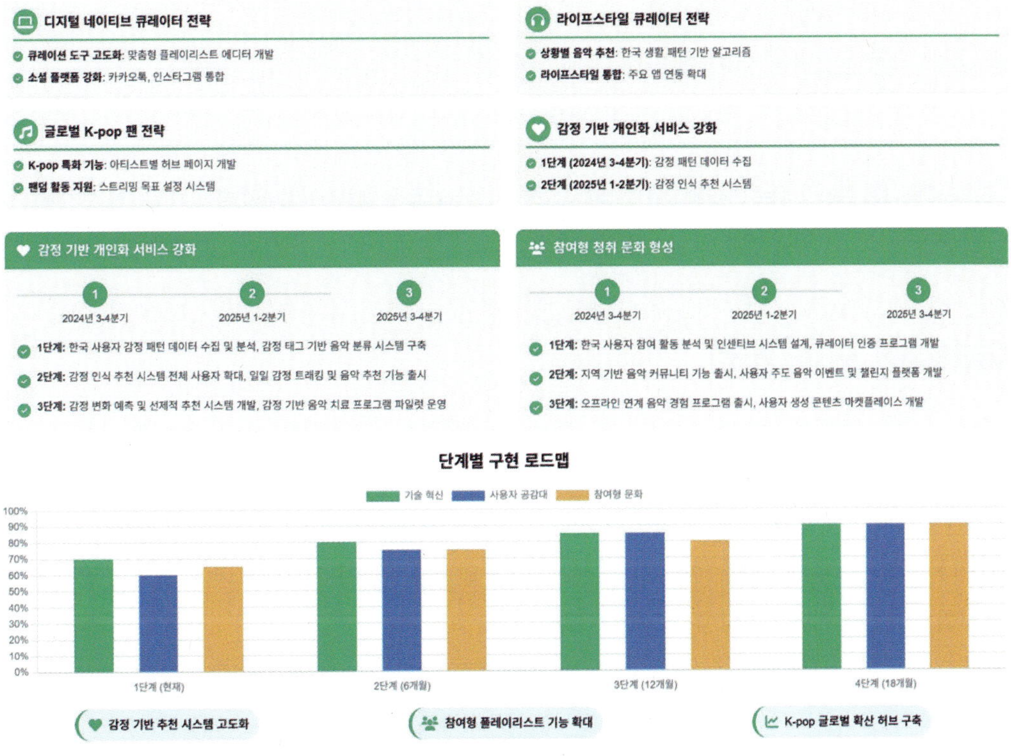

그림 493. 마누스로 만든 스포티파이의 전략에 대한 제안 (마누스를 이용하여 만듦)

제미나이의 장점은 다른 생성형 AI 모델들보다 더 유연한 상호작용이 가능하다는 데 있다. 만약 사람이나 다른 AI 모델이 만든 전략 초안이 있다면 그것을 제미나이에 첨부한 다음, '이러 이러한 점을 보완해 달라'고 하는 것도 괜찮은 방법이다. 마누스와는 다른 측면에서 '전략 수립 도구'로서의 가치를 지녔다.

그림 494. 마누스가 만든 결과를 더 개선해달라고 해서 나온 결과중 일부 (제미나이를 이용하여 만듦)

위 결과에 대한 프롬프트는 다음과 같다.

> (마누스로 만든 파일 첨부) 이것은 우리가 만든 스포티파이 전략 기획안인데, 타깃 사용자가 다른 내용들과 따로 놀고, 세부 실행 방안이 조금 부족해서 더 추가하고 싶어. 가급적이면 각 페르소나별로 전략 실행 방안을 추가해줬으면 좋겠어

아이디어 도출/개선

3가지 아이디어 도출 방식

아무런 데이터도 제공하지 않은 상태에서 생성형 AI에게 좋은 아이디어를 도출하라고 하는 것은 한계가 있다. '창의성이란 존재하는 여러 요소들을 새롭게 연결하는 것이다'고 한 스티브 잡스의 말은 생성형 AI를 활용한 아이디어 도출에서도 똑같이 적용된다.

아래는 생성형 AI에게 직접 아이디어 도출을 요청한 프롬프트이다. 대상은 쇼핑몰 검색 개선(검색어 입력창, 검색 필터, 검색결과 목록)이다.

> 나는 쇼핑몰의 검색 기능에 대해서 새로운 아이디어를 얻고 싶어. 검색 입력창, 검색 필터, 검색 결과 목록 3가지 카테고리에 걸쳐서 사용자들이 좋아할만한 새로운 아이디어를 도출해줘

아래는 앞의 프롬프트를 실행한 결과이다. 좋은 내용이지만 어느 서비스에나 갖다 붙여도 될 만한 다소 뻔한 내용이다. 아이디어 도출 결과라기보다는 '쇼핑몰 검색'에 대한 동향 조사 결과에 가깝다.

표 39. 생성형 AI가 직접 도출한 아이디어 결과 (챗GPT를 이용하여 만듦)

아이디어 명칭	주요 내용	특징	사용자 가치
완벽한 자동완성 경험	추천 검색어, 인기 검색어, 최근 검색어 제공. 썸네일 · 가격 · 재고 포함 상품 제안. 카테고리 · 브랜드 · 콘텐츠 제안 포함.	실시간 피드백, 오타/유의어 처리, 직관적 UI, 머천다이징 가능	검색 효율성 증가, 탐색 편의성, 구매 유도 강화
비주얼 검색	이미지 업로드로 유사 상품 탐색. 패션 · 홈데코 · 뷰티 중심 적용.	AI 이미지 인식, 유사 스타일 매칭, ROI 검증됨	명칭 모를 상품 탐색 가능, 영감 기반 쇼핑 경험 제공
음성 검색	음성 명령으로 상품 탐색 및 주문. 리뷰 · 특징 AI 음성 요약.	음성 인식 · NLU, 멀티태스킹 친화, 빠른 입력	손쉬운 검색, 비주얼 제한 없는 정보 접근
대화형 쇼핑 어시스턴트	AI가 질문을 통해 니즈 파악 후 맞춤 추천.	자연어 이해, 가이드형 판매, 챗봇 연계	개인 맞춤형 쇼핑 컨설팅 제공, 신뢰감 강화
동적 · 지능형 필터	검색어 · 재고 · 맥락에 따라 필터 옵션 자동 조정.	쿼리 인식 · 재고 인식 · 맥락 인식 필터링	불필요 클릭 감소, 맞춤형 탐색 경험 제공
라이프스타일 · 감성 필터	지속가능성, 친환경, 선물용 등 가치 기반 필터 제공.	감성적 UX 라이팅, 소셜 프루프 적용	가치관 · 상황 기반 쇼핑 지원, 공감대 형성
감성 기반 리뷰 필터	리뷰에서 속성 · 감성을 추출해 필터링 가능.	NLP · ABSA 기반 분석, 긍정 속성 강조	맞춤형 상품 추천, 구매 결정 신뢰도 향상
개인화된 검색 결과	과거 행동 · 선호 기반 랭킹 · 정보 표시 맞춤화.	AI 개인화, 동적 상품 정보 강조	관심 상품 우선 노출, 구매 확률 증가
발견 · 교차 판매 기능	유사 스타일, 코디 상품, 함께 구매 상품 추천.	AI 추천 · 시각 탐색 강화	추가 구매 유도, 쇼핑 재미 증대
AI 리뷰 · 상품 하이라이트	검색 결과에 장단점 요약 · 핵심 특징 표시.	AI 요약 · 정보 추출	비교 시간 단축, 정보 과부하 감소

이번에는 생성형 AI에게 아이디어 도출 요청 전에 리서치 결과를 입력했다. 그에 따라 프롬프트도 달라졌다.

(리서치 결과 첨부) 나는 첨부한 리서치 결과를 토대로 쇼핑몰의 검색 기능에 대해서 새로운 아이디어를 얻고 싶어. 검색 입력창, 검색 필터, 검색 결과 목록 3가지 카테고리에 걸쳐서 사용자들이 좋아할만한 새로운 아이디어를 도출해줘

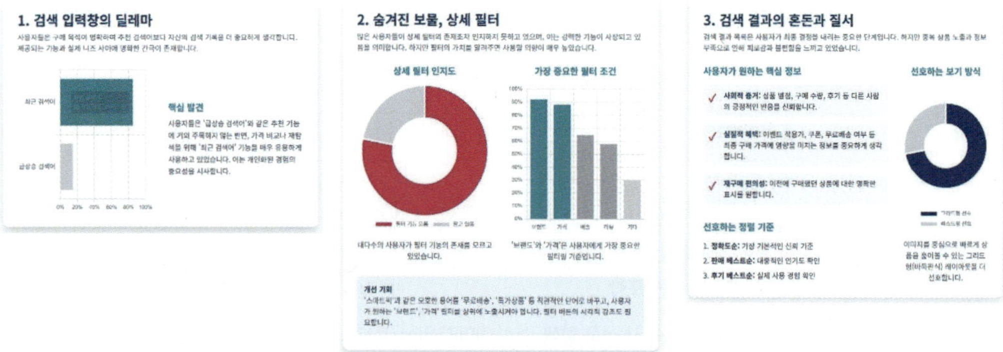

그림 495. 아이디어 도출 전에 입력한 리서치 결과 (제미나이를 이용하여 만듦)

리서치 결과 입력과 더불어 아이디어 도출을 요구하자, 결과가 보다 구체적이고 명확해졌다. 조사된 사용자 문제에 대한 해결방법으로 아이디어를 도출했기 때문에 그 근거도 더 확실하다. 그러나 리서치 결과로부터 더 나아가지 못했다는 단점도 있다.

표 40. 리서치 결과를 가지고 생성형 AI가 도출한 아이디어 결과 (챗GPT를 이용하여 만듦)

구분	아이디어 명칭	주요 내용	특징	사용자 가치
검색 입력창	스마트 최근 검색어 허브	최근 검색어를 단순 나열이 아닌, 카테고리별(브랜드, 카테고리, 이벤트)로 묶어서 시각적으로 제공	재탐색 편의성 강화, 직관적인 UI	사용자가 원하는 검색을 더 빠르게 재진입 가능
	실시간 가격 비교 바로보기	검색창에 상품명 입력 시, 주요 경쟁 쇼핑몰 가격을 함께 표시	가격 비교 정보 자동 제공	가격 비교 시간을 절약하고 합리적 구매 결정 가능
	검색어 연관 태그 추천	입력한 검색어와 관련된 인기 태그를 함께 제안	검색 확장 유도	사용자가 새로운 연관 상품 발견 가능

구분	아이디어 명칭	주요 내용	특징	사용자 가치
검색 필터	직관형 필터 메뉴	'브랜드', '가격' 등 주요 필터를 시각 아이콘과 함께 최상단에 배치	중요 필터 노출 강화	필터 사용률 증가 및 검색 효율 향상
	필터 툴팁 가이드	필터 항목에 마우스 오버/터치 시, 해당 필터가 어떤 기능을 하는지 간단 설명 제공	필터 인지 강화	필터 기능 이해도 향상, 재검색 감소
	조건저장형 필터	자주 쓰는 필터 조합을 저장하여 한 번에 적용 가능	개인화 기능 강화	반복 검색의 번거로움 해소
검색결과 목록	중복상품 자동 그룹핑	동일 상품의 옵션별/판매처별 노출을 하나로 묶어 제공	중복 제거, 깔끔한 결과	선택 혼란 감소, 탐색 효율 향상
	재구매 표시 배지	과거 구매 상품에 '재구매 추천' 배지 노출	재구매 상품 식별 용이	반복 구매 시간 절약
	반응 · 혜택 정보 집중 표시	별점, 구매수량, 이벤트가 적용된 최종가, 무료배송 여부를 한눈에 표시	중요한 구매 결정 정보 전면 배치	정보 탐색 시간 단축, 구매 결정 지원
	정렬모드 단축 전환	'정확도순', '판매순', '후기순' 등을 한 번에 전환 가능한 버튼 UI	정렬 편의성 강화	원하는 기준으로 빠르게 전환 가능

마지막으로 이미 만들어진 아이디어를 생성형 AI에게 개선해달라고 요청한 경우를 살펴보자.

표 41. 사람이 만든 아이디어를 생성형 AI에게 개선해 달라고 해서 나온 결과 (챗GPT를 이용하여 만듦)

구분	아이디어 명칭	주요 내용	특징	사용자 가치
검색 입력창	AI 기반 음성 검색	음성 명령으로 상품 검색 및 주문 가능	▪ 자연어 처리 기술 활용 ▪ 핸즈프리 쇼핑 경험 ▪ 실시간 음성 인식	▪ 편의성 극대화 ▪ 멀티태스킹 가능 ▪ 접근성 향상
	이미지 기반 검색	사진 업로드로 유사 상품 검색	▪ AI 이미지 인식 기술 ▪ 스타일, 색상, 구성 분석 ▪ 시각적 유사도 매칭	▪ 직관적 검색 경험 ▪ 정확한 상품 발견 ▪ 언어 장벽 해소
	생성형 AI 검색 어시스턴트	대화형 AI가 검색 의도 파악 후 맞춤 결과 제공	▪ 자연어 대화 인터페이스 ▪ 맥락 이해 및 학습 ▪ 개인화된 응답 생성	▪ 정확한 의도 파악 ▪ 개인화된 쇼핑 경험 ▪ 검색 시간 단축

구분	아이디어 명칭	주요 내용	특징	사용자 가치
검색 입력창	스마트 자동완성 시스템	AI 기반 개인화된 검색어 자동완성	▪ 개인 구매 이력 분석 ▪ 실시간 트렌드 반영 ▪ 오타 자동 교정	▪ 검색 효율성 증대 ▪ 오타로 인한 실패 방지 ▪ 새로운 상품 발견
	컨텍스트 인식 검색	시간, 위치, 날씨 등 상황 정보 활용 검색	▪ 상황 인식 알고리즘 ▪ 실시간 데이터 연동 ▪ 예측적 추천	▪ 상황에 맞는 상품 제안 ▪ 구매 결정 지원 ▪ 개인화 수준 향상
검색 필터	AI 추천 필터	개인 취향 분석 후 최적 필터 자동 제안	▪ 머신러닝 기반 취향 분석 ▪ 동적 필터 우선순위 ▪ 학습형 인터페이스	▪ 필터 설정 시간 단축 ▪ 개인화된 쇼핑 경험 ▪ 만족도 높은 결과
	시각적 필터 인터페이스	이미지 기반 직관적 필터 선택	▪ 비주얼 필터 옵션 ▪ 드래그 앤 드롭 인터페이스 ▪ 실시간 미리보기	▪ 직관적 사용성 ▪ 시각적 만족감 ▪ 빠른 선택 가능
	스마트 필터 조합	AI가 최적 필터 조합 추천	▪ 협업 필터링 활용 ▪ 유사 고객 패턴 분석 ▪ 자동 조합 생성	▪ 최적화된 검색 결과 ▪ 새로운 조합 발견 ▪ 검색 정확도 향상
	원터치 필터 리셋	복잡한 필터를 한 번에 초기화	▪ 필터 히스토리 관리 ▪ 즐겨찾기 필터 저장 ▪ 빠른 전환 기능	▪ 사용 편의성 증대 ▪ 실수 복구 용이 ▪ 반복 작업 효율화
	동적 필터 업데이트	검색 결과에 따라 필터 옵션 실시간 변경	▪ 실시간 데이터 반영 ▪ 적응형 인터페이스 ▪ 상황별 최적화	▪ 관련성 높은 옵션 제공 ▪ 불필요한 선택지 제거 ▪ 검색 효율성 향상
검색 결과 목록	AI 기반 결과 랭킹	개인 취향과 구매 패턴 기반 결과 순서 최적화	▪ 개인화 랭킹 알고리즘 ▪ 실시간 학습 시스템 ▪ 다차원 평가 지표	▪ 관심 상품 우선 노출 ▪ 구매 확률 증가 ▪ 만족도 향상
	소셜 증명 통합	실시간 구매/관심 정보 및 리뷰 요약 표시	▪ 실시간 활동 데이터 ▪ AI 리뷰 요약 ▪ 소셜 신호 통합	▪ 구매 신뢰도 증가 ▪ 빠른 의사결정 지원 ▪ 사회적 검증 효과
	AR/VR 미리보기	증강현실로 상품 착용/배치 미리보기	▪ AR 기술 활용 ▪ 3D 모델링 ▪ 실시간 렌더링	▪ 구매 전 확신 증대 ▪ 반품률 감소 ▪ 몰입감 있는 경험
	스마트 비교 도구	AI가 선별한 핵심 비교 요소 자동 정리	▪ 자동 비교 테이블 생성 ▪ 중요도 기반 정렬 ▪ 시각적 차이점 강조	▪ 비교 시간 단축 ▪ 객관적 정보 제공 ▪ 합리적 선택 지원
	예측 재고 알림	AI 기반 재고 소진 예측 및 알림	▪ 재고 예측 알고리즘 ▪ 실시간 알림 시스템 ▪ 대안 상품 제안	▪ 구매 기회 놓침 방지 ▪ 긴급성 인식 ▪ 대안 발견 기회

일단 도출된 아이디어의 양이 두 배로 늘어났다. 위 표는 그중 일부이다. 요청한 것은 물론, 그 외의 아이디어(개인화/추천, 신기술 활용, 접근성 향상)도 제공했다. 질적인 개선은 조금 판단이 애매하다. 생성형 AI가 사람이 만든 아이디어에 자체 조사한 데이터를 결합하면서 대부분 완전히 다른 아이디어들이 나왔다. 좋게 말하면 최신 트렌드가 반영된 신선한 아이디어라고 볼 수 있고, 나쁘게 말하면 원래 아이디어와 지나치게 동떨어져서 연관성을 찾아보기 힘들다고 볼 수 있다. 둘이 결합되면 더 좋은 조합이 될 수 있을 것이다.

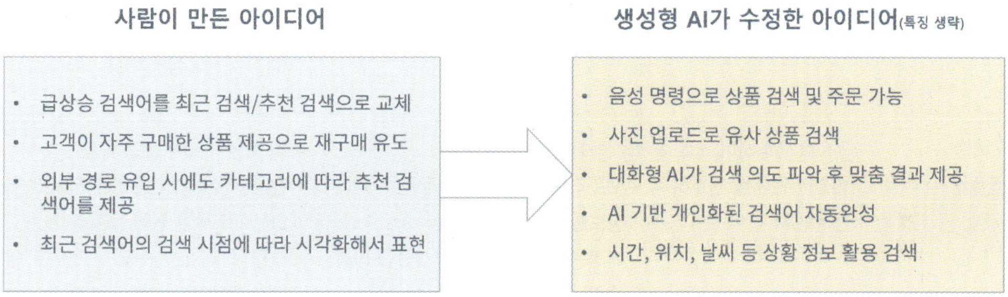

그림 496. 사람이 만든 아이디어와 생성형 AI가 만든 아이디어의 비교

생성형 AI를 아이디어 도출에 활용하는 3가지 유형을 살펴봤는데, 처음부터 아이디어를 요청하는 것은 너무 두서없고 범위도 넓어서 가장 효과가 떨어진다. 리서치 결과를 입력하여 그 해결방법으로 아이디어를 요청하는 것은 일견 효과적으로 보이지만, 다소 뻔한 결론이 나왔다. 중간 단계(키파인딩, UX 모델링, 인사이트, 가치/전략)를 생략했기 때문에 아이디어의 폭과 깊이가 좁았다. 이미 만들어진 아이디어 개선은 전/후 아이디어간 연관성이 너무 떨어진다는 문제가 있었지만, 색다른 아이디어를 도출하려는 목적이라면 오히려 좋은 측면도 있다.

UX 모델링에 기반한 아이디어 도출

이번에는 페르소나 또는 여정 지도를 이용한 아이디어 도출 방법을 살펴보겠다. 먼저 페르소나를 이용한 방법이다.

표 42. 재정리한 A 핀테크 앱에 대한 페르소나 (마누스를 이용하여 만듦)

페르소나 명	핵심 특징	주요 행동 패턴	핵심 니즈
정보 지향적 효율 추구자 (데이터 분석가)	재정 상태를 숫자로 명확히 파악하고 데이터 기반으로 최적화를 추구하는 사용자	▪ 상세 내역과 월별/항목별 비교 분석을 선호함 ▪ 주기적(매주/매월)으로 소비 패턴을 분석하고 예산 계획을 수립 ▪ 필수 정보 알림만 활용하고 불필요한 알림은 차단함 ▪ 데이터 내보내기 및 재가공에 대한 니즈를 보유함	▪ 정확성: 자동 분류의 정확성과 데이터 신뢰도가 최우선임 ▪ 커스터마이징: 지출 카테고리를 직접 생성하고 편집할 수 있는 고도의 개인화 기능 ▪ 예측 분석: 과거 데이터 기반으로 한 미래 예측 및 사전 경고 시스템 ▪ 최적화: 개인 소비 패턴을 기반으로 한 최적 금융상품 추천
친근함 추구하는 비관리형 (편안함 추구자)	금융을 어렵고 복잡한 것으로 인식하며, 쉽고 친절한 안내를 선호하는 사용자	▪ 수동 입력에 대한 강한 저항감으로 자동화된 서비스 선호 ▪ 챗봇과의 대화형 상호작용을 통해 정보를 얻는 것을 선호 ▪ 가벼운 콘텐츠(웹툰, 팁 등) 소비를 즐김 ▪ 금융 전문용어가 등장하면 서비스를 이탈하는 경향 있음	▪ 자동화: 모든 지출 내역의 자동 분류 및 직관적 요약 정보 제공 ▪ 친근함: 질책보다는 긍정적이고 격려하는 피드백을 통한 동기 부여 ▪ 직관성: 복잡한 숫자나 그래프 대신 쉽고 이해하기 쉬운 정보 제공 ▪ 대화형: 자연스러운 언어로 소통할 수 있는 대화형 인터페이스
데이터 기반 실용주의자 (꼼꼼한 재정 관리자)	데이터의 정확성과 편리함을 모두 추구하는 균형 잡힌 사용자	▪ 대시보드에서 전체 현황을 파악한 후 특이사항만 선택적으로 상세 확인함 ▪ 주 1–2회 정도 접속하여 지출 내역을 점검하고 잘못 분류된 항목을 수정함 ▪ 광고성 알림은 차단하지만 유용한 정보성 알림은 꼼꼼히 확인함	▪ 유연성: 자동 분류 기능과 함께 필요시 쉽게 수정할 수 있는 시스템 ▪ 인사이트: 의미 있는 변화 요약, 원인 파악 가능한 기능 ▪ 실용성: 고정지출 관리, 카드값 미리 알림 등 실생활에 도움되는 관리 ▪ 신뢰성: 데이터의 정확성과 투명성을 바탕으로 한 서비스 신뢰도

사용한 프롬프트는 다음과 같다.

> A 핀테크 앱에서는 이번에 새로 생활 밀착형 혜택 서비스를 제공하려고 하고 있어. 첨부파일은 우리가 기존에 조사한 A 핀테크 앱의 페르소나야. 각 페르소나의 특징과 동기, 행동, 고충, 니즈, 태도 등을 기술하고 있지. 이 데이터를 바탕으로 앞서 밝힌 '생활 밀착형 혜택 서비스'에 대한 아이디어를 페르소나별로 알려줄래? 아이디어에는 사용자 데이터 기반 초개인화와 3가지 추천(novelty, serendipity, diversity)이 결합되었으면 좋겠어.

아이디어 도출에 대해 요청한 내용은 다음과 같다.

- 페르소나별로 아이디어를 도출해달라.
- 금융에서 제공 가능한 생활 밀착형 혜택 서비스를 주제로 해달라.

- 사용자 데이터 기반 초개인화 아이디어를 제공해달라.
- 추천(3가지 방식, novelty, serendipity, diversity)과 관련한 아이디어도 제공해달라.

이미 페르소나에 대해서 상세하게 정리했고 구체적으로 아이디어를 요청했기 때문에 어느 정도 기대가 있기는 했지만, 결과는 놀라울 정도로 뛰어났다. 아래 왼쪽은 페르소나별로 나온 아이디어(핵심 서비스 구성)와 부가적 요소(생활 밀착 혜택 요소, 일부만 포함)다. 오른쪽은 초개인화/추천에 필요한 '데이터 수집 체계'를 마누스가 제시해 준 것이다.

2. 친근함 추구하는 비관리형을 위한 "생활 케어 버디"

핵심 서비스 구성

서비스명	상세 내용
AI 챗봇 가계 도우미	• 자연스러운 대화를 통한 금융 정보 제공 및 상담 • 예시: "오늘 점심 뭐 먹을까?" → 예산 내 맛집 추천 + 할인 쿠폰 자동 제공 • "이번 주 용돈 얼마나 썼지?" → 친근한 톤으로 지출 요약 및 격려 메시지
자동 절약 챌린지	• 사용자 개입 없이 자동으로 진행되는 소액 적금 (라운드업 적금) • 예시: "커피 한 잔 값으로 한 달에 30,000원 모았어요! 🎉 이 정도면 맛있는 저녁 한 번 드실 수 있어요"
생활 패턴 기반 혜택 자동 적용	• 자주 가는 카페나 마트에서 사용자가 신경 쓰지 않아도 자동으로 할인 적용 • 복잡한 쿠폰 관리나 적립 과정 없이 백그라운드에서 자동 처리
감정 기반 소비 관리	• 소비 패턴과 감정 상태를 연계하여 건전한 소비 습관 유도 • 예시: "오늘 기분이 좋으시네요! 작은 선물로 자신을 위한 쇼핑은 어때요?" (스트레스 소비 대신 계획적 소비 유도)

생활 밀착 혜택 요소

혜택 유형	상세 내용
날씨 연동 혜택	비 오는 날 배달비 할인, 더운 날 아이스크림 할인 등

사용자 데이터 기반 초개인화 및 3차원 추천 시스템

데이터 기반 초개인화 프레임워크

다층 데이터 수집 체계

1차 데이터 (명시적 데이터)

- **거래 데이터**: 결제 내역, 금액, 시간, 장소, 카테고리별 분류
- **행동 데이터**: 앱 사용 패턴, 클릭 경로, 화면 체류 시간, 기능 이용 빈도
- **설정 데이터**: 예산 설정, 목표 설정, 알림 선호도, 개인화 옵션

2차 데이터 (추론 데이터)

- **라이프스타일 패턴**: 출퇴근 시간, 주말 활동, 식사 패턴, 수면 시간
- **소비 성향**: 브랜드 선호도, 가격 민감도, 충동구매 패턴, 계절별 소비 변화
- **생활 단계**: 학생, 직장인, 신혼부부, 육아맘, 은퇴자 등 라이프스테이지 분류

3차 데이터 (외부 연동)

- **위치 정보**: GPS 기반 이동 패턴, 자주 방문하는 장소, 생활 반경
- **환경 정보**: 날씨, 계절, 공휴일 등과 연계한 소비 패턴 변화
- **소셜 데이터**: 가족 구성원, 친구 관계 (사용자 동의 시에만)

그림 497. 페르소나 기반으로 도출한 아이디어 예시 (마누스를 이용하여 만듦)

추천은 각 페르소나에 대해서 3가지 추천 방식별로 '로직'과 '구체적 적용 사례'까지 결과를 제공받았다. 결과 내용은 AI 모델에 따라서 달라질 수 있지만, 같은 모델(마누스)로 시도했던 어떤 아이디어 도출 방법들보다 더 구체적이고 프롬프트에 충실했으며 실용적이기까지 했다.

1. 정보 지향적 효율 추구자 - "데이터 기반 최적화 추천"

Novelty (새로움) 추천: "데이터 기반 신규 혜택 발굴"

추천 로직:

```
Plain Text

IF (신규상품.예상수익률 > 기존상품.수익률 × 1.1) AND
   (사용자.리스크성향 >= 상품.리스크레벨)
THEN 추천점수 = 기본점수 + 신규보너스(20%)
```

구체적 적용 사례:

- 출시된 지 30일 이내 금융상품 중 개인 패턴 기반 수익률 계산 후 추천
- 기존에 시도하지 않은 카테고리의 절약 기회 발견 및 제안
- 새로운 투자 트렌드와 개인 리스크 성향을 매칭한 상품 추천

Serendipity (우연한 발견) 추천: "예상치 못한 최적화 기회"

추천 로직:

```
Plain Text

사용자_클러스터 = 유사패턴_사용자_그룹
IF (클러스터내_90%이상이_사용 AND 본인_미사용)
THEN 세렌디피티_추천 (설명: "비슷한 패턴의 사용자들이 선택한 혜택")
```

구체적 적용 사례:

- "화요일 오후 3시 결제가 많네요. 이 시간대 특별 할인이 있어요"
- "카페 지출이 많은 분들이 자주 이용하는 구독 서비스를 추천드려요"
- 평소 온라인 쇼핑 위주인 사용자에게 오프라인 매장 특가 정보 제공

그림 498. 페르소나 기반으로 도출한 추천 아이디어 (마누스를 이용하여 만듦)

특히 리서치 결과(키파인딩)에 기반하여 아이디어를 도출한 것보다 페르소나에 기반한 결과가 더 뛰어나다는 것은 주목할 부분이다.

다음으로 여정 지도에 기반하여 아이디어 도출을 요청해 보았다.

> 나는 첨부한 Journey Map을 기반으로 아이디어를 도출하고 싶어. 첨부 파일은 A 핀테크 앱의 여러 페르소나 중에서 데이터 기반 실용주의자(꼼꼼한 재정 관리자)라는 페르소나의 Journey Map이야. 이 페르소나의 Journey Map을 바탕으로 '생활 밀착형 혜택 서비스'에 대한 아이디어를 여정 단위로 알려줄래? 아이디어에는 사용자 데이터 기반 초개인화와 3가지 추천(novelty, serendipity, diversity)이 결합되었으면 좋겠어.

아래는 제미나이에서 도출된 결과이다. 여정별로 구분하여 아이디어 개요와 세부적인 기능을 예시와 더불어 설명하고 있다. 프롬프트에 충실한 결과지만 구체성은 다소 아쉽다.

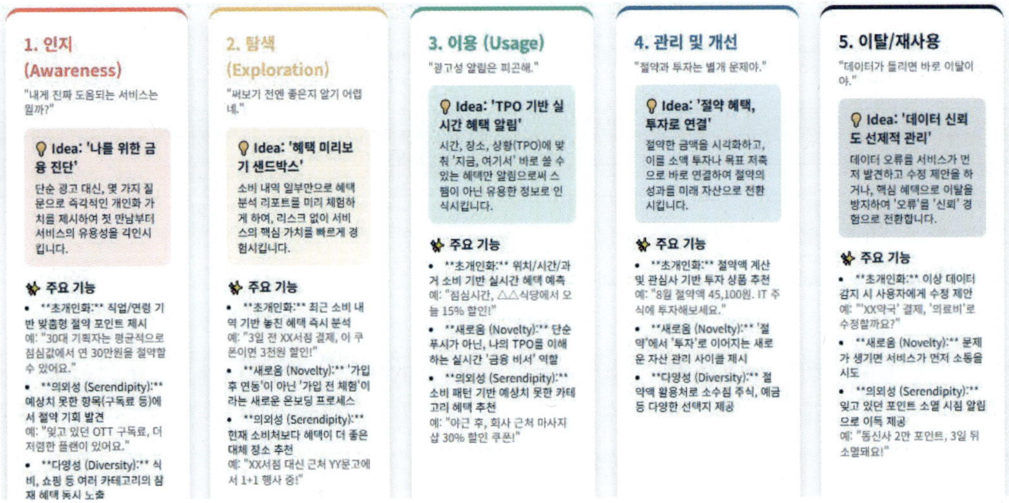

그림 499. 제미나이 활용/여정 지도에 기반한 아이디어 도출 (제미나이를 이용하여 만듦)

아래는 페르소나와 마찬가지로 마누스를 이용해서 도출한 결과이다. 여정별로 대표적인 고충을 언급하면서 아이디어 개요와 세부적인 기능을 소개하고 있다.

표 43. 마누스 활용/여정 지도에 기반한 아이디어 도출 (마누스를 이용하여 만듦)

여정 단계	Pain Point	💡 서비스 아이디어	✨ 핵심 기능 및 추천 방식 적용
1. 인지	"수많은 금융 서비스 중, 나에게 '진짜' 도움이 되는 실용적인 서비스가 무엇인지 알기 어렵다."	**스마트 재정 건강 진단 & 금융 상품 매칭** AI가 개인의 재정 상태를 진단하고, 데이터에 기반한 최적의 금융 상품을 자동으로 추천하여 첫 만남부터 서비스의 신뢰성과 전문성을 각인시킴.	▪ **초개인화**: 동일 연령/직업군과 재정 상태를 비교 분석하고, 소비 패턴에 맞는 최적의 신용카드를 추천함 ▪ **Novelty (새로움)**: 개인화된 50/30/20 규칙 등 최신 재정 관리 방법론이나 새로 출시된 혁신적 핀테크 상품을 우선적으로 소개함 ▪ **Serendipity (의외성)**: 사용자가 인지하지 못했던 중복 구독 서비스나 미사용 멤버십 등 숨겨진 절약 포인트를 발견해 줌 ▪ **Diversity (다양성)**: 저축, 투자, 보험, 소비 최적화 등 다방면의 개선점과 함께 은행, 증권, 핀테크 등 다양한 기관의 상품을 균형 있게 제시함
2. 탐색	"서비스에 가입하고 모든 데이터를 연동하기 전까지는 실제 가치를 체감하기 어렵고 번거롭다."	**실시간 소비 인사이트 대시보드** 모든 기능을 연동하기 전에도, 실시간 소비 데이터 분석과 맞춤형 할인 정보 큐레이션을 통해 서비스의 핵심 가치를 즉각적으로 증명하고 사용자의 흥미를 유발함.	▪ **초개인화**: 개인별 소비 패턴을 학습하여 예산을 초과하는 등 이상 지출을 실시간으로 감지하고, 사용자의 현재 위치를 기반으로 주변 할인 정보를 제공함 ▪ **Novelty (새로움)**: '행복 지수 대비 소비 효율성'과 같이 기존에 없던 새로운 분석 지표를 도입하여 흥미를 유발함 ▪ **Serendipity (의외성)**: 날씨와 소비의 상관관계 등 예상치 못한 소비 패턴을 발견하고, 이를 기반으로 한 관련 혜택을 제안함 ▪ **Diversity (다양성)**: 필수, 선택, 투자, 여가 등 다양한 카테고리별 소비 트렌드를 분석하여 다각적인 인사이트를 제공함
3. 이용	"소비 습관을 개선하고 싶지만, 의지만으로는 어렵고 과정이 지루하게 느껴진다. 광고성 정보는 피하고 싶다."	**스마트 소비 코칭 & 소비 챌린지** AI 코치가 실시간으로 합리적인 소비 결정을 돕고, 게임화(Gamification)된 챌린지와 보상 시스템을 통해 현명한 소비 습관 형성을 즐거운 경험으로 만듦.	▪ **초개인화**: 개인의 재정 목표와 현재 상황을 고려한 실시간 소비 가이드를 제공하고, '이번 주 커피값 2만원 아끼기'처럼 달성 가능한 맞춤형 챌린지를 설계함 ▪ **Novelty (새로움)**: '탄소발자국 줄이기 챌린지'처럼 사회적 가치를 더한 새로운 형태의 챌린지를 제공함 ▪ **Serendipity (의외성)**: 특정 상품 구매 시, 더 저렴하거나 만족도가 높을 것으로 예측되는 예상 밖의 대안 상품/서비스를 제안함 ▪ **Diversity (다양성)**: 절약, 투자, 기부, 환경 등 다양한 주제의 챌린지와 함께, 개인 관심사를 반영한 리워드(현금, 쿠폰, 포인트) 선택권을 제공함

여정 단계	Pain Point	💡 서비스 아이디어	✨ 핵심 기능 및 추천 방식 적용
4. 관리 및 개선	"절약은 절약, 투자는 투자로 별개로 생각하게 되어, 아낀 돈을 의미 있게 활용하지 못한다."	**투자 포트폴리오 최적화 & 목표 기반 자동 저축** AI가 포트폴리오 관리를 돕고, 개인 목표에 맞춘 스마트 저축 시스템을 제공하여 '절약'이 자연스럽게 '투자'와 '자산 형성'으로 이어지도록 설계함.	▪ **초개인화**: 소비 패턴 분석을 통해 매달 투자 가능한 잉여 금액을 자동으로 산정하고, 사용자의 위험 성향과 목표에 맞는 포트폴리오를 정밀하게 제안함 ▪ **Novelty (새로움)**: 라운드업 저축(결제 후 남은 잔돈 자동 저축) 등 새로운 저축 방법을 제안하고, ESG나 테마 투자 등 최신 투자 전략을 소개함 ▪ **Serendipity (의외성)**: 할인 혜택으로 아낀 금액을 자동으로 지정된 펀드나 저축 계좌로 이체하는 기능을 통해 예상치 못한 자산 증식의 기회를 제공함 ▪ **Diversity (다양성)**: 국내외 주식, 채권, 부동산 등 다양한 자산군과 함께 단기/중기/장기 목표별 저축 상품을 연결하여 선택의 폭을 넓힘
5. 이탈/재사용	"데이터가 조금이라도 부정확하면 서비스 전체의 신뢰를 잃고 즉시 이탈을 고려한다."	**스마트 리텐션 & 로열티 프로그램** 사용자의 이탈 징후를 데이터로 먼저 감지하고, 맞춤형 재참여 혜택과 VIP 프로그램을 통해 문제를 선제적으로 해결하고 장기적인 신뢰 관계를 구축함.	▪ **초개인화**: 개인별 서비스 이용 패턴을 분석하여 이탈 위험도를 예측하고, 해당 사용자의 관심사에 맞는 재참여 콘텐츠나 혜택을 맞춤 제공함 ▪ **Novelty (새로움)**: 장기 우수 고객(VIP)에게 개인 재정 컨설팅이나 새로운 기능의 베타 테스트 우선 참여권 등 새로운 형태의 프리미엄 혜택을 제공함 ▪ **Serendipity (의외성)**: 예상치 못한 특별 이벤트(금융 전문가와의 만남 등)에 초대하여 특별한 경험을 선사함 ▪ **Diversity (다양성)**: 복귀 사용자에게 특별 웰컴백 보너스를 제공하고, 등급별로 수수료 면제, 우대 금리, 파트너사 제휴 혜택 등 다양한 인센티브를 제공함

내용의 구체성 면에서 제미나이와 크게 다르지 않다. 같은 모델을 사용했음에도 '페르소나 기반 아이디어 도출'보다 결과 수준이 아쉽다. 페르소나에 기반한 아이디어 도출이 당장 현업에서 써도 좋을 결과였다면, 여정 지도에 기반한 결과는 참고용에 불과했다.

똑 같은 '여정 지도 기반 아이디어 도출'이지만, 챗GPT는 최신GPT 5 버전을 사용했음에도 결과가 실망스러웠다. 각 AI 모델마다 장단점이 있지만, UX 디자인에서 챗GPT를 사용하는 것은 별로 추천하지 않는다.

1. 인지 (Awareness)

아이디어:

- **초개인화 재정 건강 리포트**
    - 기존 소비/지출 패턴을 자동 분석해 '사용자 전용 재정 체질' 카드 발급
    - **Novelty**: 기존 평균 지표가 아닌 개인 지출 데이터를 기반으로 한 새로운 지표 제공
    - **Serendipity**: 관심 없던 소비 영역에서 절약/혜택 기회 발견
    - **Diversity**: 금융, 쇼핑, 생활요금 등 다방면 절감 팁 제공

2. 탐색 (Exploration)

아이디어:

- **맞춤형 앱·서비스 큐레이션**
    - 금융 성향(절약형/투자형/균형형)에 따라 필수 금융·생활 혜택 앱 추천
    - **Novelty**: 처음 접하는 신규 서비스/가맹점 혜택 발굴
    - **Serendipity**: 예상치 못한 제휴 혜택 제공 (예: 커피숍 + 주식 리워드)
    - **Diversity**: 소비 카테고리별(식사, 교통, 문화)로 균형 잡힌 추천

그림 500. 챗GPT 활용/여정 지도에 기반한 아이디어 도출 (챗GPT를 이용하여 만듦)

IA/이용흐름 개선

기존 IA/이용흐름 분석

생성형 AI는 아주 쉽게 기존 IA를 분석해준다. 아래는 마누스에게 요청한 '스타벅스 모바일 앱의 메뉴 구조 분석'이다.

단순한 사실만 나열했을 뿐이지만, 현재 서비스로 제공 중인 메뉴들과 더불어 메뉴별 특징이 잘 정리되어 있다.

1. 메인 네비게이션 구조

순서	탭 이름	영문명	아이콘	주요 기능	상세 설명
1	홈	Home		개인화 대시보드	Live Greeting, Feed, Quick Order
2	페이	Pay		결제 및 카드 관리	Wallet 기능, 바코드 결제, 쿠폰 관리
3	주문	Order		메뉴 주문	사이렌 오더, Siren's Pick
4	샵	Shop		온라인 스토어	상품 구매, 선물하기

2.1 Home 탭 상세 구조

구성 요소	기능	설명	특징
Live Greeting	개인화 인사말	사용자 맞춤 환영 메시지	시간대별, 개인별 맞춤화
Feed	소식 피드	새로운 메뉴, 이벤트, 공지사항	스크롤 가능한 카드 형태
Quick Order	빠른 주문	자주 주문하는 메뉴 바로가기	원터치 재주문 기능
리워드 현황	별 적립 정보	현재 별 개수, 등급 정보	시각적 진행률 표시

2.2 Pay 탭 상세 구조

기능 분류	세부 기능	설명	지원 결제 수단
Wallet	통합 결제 관리	모든 결제 수단 한 곳에서 관리	스타벅스 카드, 신용카드, 계좌
바코드 결제	매장 결제	QR/바코드 스캔으로 즉시 결제	스타벅스 카드 연동
카드 관리	스타벅스 카드	카드 등록, 충전, 잔액 확인	실물카드, 모바일카드
쿠폰 연동	할인 혜택	결제 시 쿠폰 자동 적용	모바일 상품권 포함

2.3 Order 탭 상세 구조

주문 방식	기능	설명	특징
사이렌 오더	매장 픽업 주문	비대면 주문 후 매장 픽업	실시간 메뉴 확인
Siren's Pick	AI 추천 메뉴	개인화된 메뉴 추천	사용자별 맞춤 추천
배달 주문	Delivers	지정 주소로 배달	별도 배달비
매장별 메뉴	실시간 확인	매장별 주문 가능 메뉴 및 수량	품절 상품 실시간 반영

2.4 Shop 탭 상세 구조

카테고리	상품 유형	설명	배송/수령 방법
온라인 스토어	MD 상품	굿즈, 원두, 기념품 등	택배 배송
선물하기	상품권	모바일 상품권, 금액권	즉시 전송
홀케이크	케이크 주문	생일케이크, 기념일 케이크	매장 픽업
시즌 상품	한정 상품	계절별, 이벤트 상품	매장/배송 선택

3. 추가 기능 메뉴 (서브 메뉴)

기능명	위치	설명	주요 특징
리워드	별도 메뉴	Starbucks Rewards 관리	등급별 혜택 안내
What's New	별도 메뉴	이벤트, 뉴스, 공지	최신 소식 업데이트
Coupon	별도 메뉴	쿠폰 및 상품권 관리	사용 내역 확인
홀케이크 예약	별도 메뉴	케이크 예약 시스템	매장별 예약 가능

그림 501. 생성형 AI가 분석한 스타벅스 앱 메뉴 구조 (마누스를 이용하여 만듦)

처음 방문한 사용자와 재방문하는 사용자의 여정도 비교해서 알려주고 있다. 단계별 사용자 행동뿐만 아니라, 터치포인트, 감정 상태, 개선 기회까지 포함되어 있다.

2.1 첫 방문 사용자 여정

단계	사용자 행동	터치포인트	감정 상태	개선 기회
인지	앱 다운로드 결정	앱스토어, 지인 추천	호기심	온보딩 최적화
탐색	앱 설치 후 첫 실행	스플래시, 권한 요청	기대감	권한 설명 개선
학습	메인 화면 탐색	Home 탭, 네비게이션	혼란 → 이해	튜토리얼 제공
시도	첫 주문 시도	Order 탭, 메뉴 선택	긴장 → 성취감	가이드 강화
완료	주문 완료 및 픽업	결제, 매장 방문	만족	피드백 수집

2.2 재방문 사용자 여정

단계	사용자 행동	터치포인트	소요 시간	최적화 포인트
진입	앱 실행	홈 화면	2-3초	Live Greeting 개인화
탐색	주문 방법 선택	Quick Order vs Order 탭	5-10초	학습된 패턴 활용
선택	메뉴 및 옵션 선택	Siren's Pick, 카테고리	30-60초	추천 알고리즘 개선
결제	결제 수단 선택	Pay 탭, Wallet	10-15초	원터치 결제
완료	주문 확인	푸시 알림, 매장 픽업	-	실시간 상태 업데이트

그림 502. 스타벅스 앱에 대한 사용자 여정 (마누스를 이용하여 만듦)

정보 접근 깊이에 따라 5점 척도로 각 이용흐름의 UX 평가 결과를 제공받을 수도 있다. 아래 예시에서 '빠른 재주문'은 터치 수가 2회로 접근성 평가가 5점이지만, 쿠폰 사용은 3회로 3점으로 평가하고 있다. 그와 더불어 효율성 분석도 제공해 주는데, 주요 이용흐름별로 효율성 지수를 계산하여 고효율 경로와 저효율 경로를 대비해 보여준다.

1. 정보 접근 깊이 분석

1.1 주요 기능별 접근 깊이

기능	최단 경로	터치 수	대안 경로	접근성 평가
빠른 재주문	Home > Quick Order	2회	Order > 최근 주문	☆☆☆☆☆
신메뉴 주문	Order > Siren's Pick	3회	Home > Feed > 메뉴	☆☆☆☆
카테고리 탐색	Order > 카테고리	3회	-	☆☆☆☆
결제 카드 관리	Pay > 카드 관리	3회	Other > 카드	☆☆☆
매장 찾기	Other > 매장 정보	3회	Order > 매장 선택	☆☆☆
쿠폰 사용	Pay > 쿠폰	3회	Order > 결제 > 쿠폰	☆☆☆

1.2 접근 경로 효율성 분석

Plain Text

```
효율성 지수 = (기능 중요도 × 사용 빈도) / (터치 수 × 인지 부하)

고효율 경로:
- Quick Order: 9.2/10
- Siren's Pick: 8.5/10
- 바코드 결제: 8.8/10

개선 필요 경로:
- 매장 찾기: 6.2/10
- 쿠폰 관리: 6.8/10
- 설정 변경: 5.9/10
```

그림 503. 스타벅스 앱에 대한 접근 효율성 분석 (마누스를 이용하여 만듦)

주요 이용흐름에 대해서 실제 이동경로와 평균 소요시간도 분석해서 알려주고 있다. 실제로 사용해보니 합리적인 수치로 보이기는 하지만, 과연 어떤 근거로 이러한 결과를 제시하는지는 의문이다.

표 44. 스타벅스 앱에 대한 주문 이용흐름 분석 (마누스를 이용하여 만듦)

효율형 사용자 (60%)	탐색형 사용자 (25%)	추천형 사용자 (15%)
Home → Quick Order → 결제 → 완료 (평균 소요시간: 45초)	Home → Order → 카테고리 탐색 → 메뉴 선택 → 옵션 커스터마이징 → 결제 → 완료 (평균 소요시간: 2분 30초)	Home → Feed 확인 → Order → Siren's Pick → 선택 → 결제 → 완료 (평균 소요시간: 1분 45초)

UX/UI에 대한 지식이 풍부한 사람들은 구체적인 프롬프트를 활용해 더 다양한 결과를 얻을 수 있다. 아래 내용은 사용자 오류 대응 친화도와 메뉴명, 그리고 사용자 심성 모형(Mental Model) 일치도를 파악한 것이다. 이 결과를 전적으로 믿기보다는, 추가 분석을 위한 발판으로 삼을 것을 권한다.

사용자 오류 대응

오류 상황	대응 방식	사용자 친화도	개선 여지
카드 분실	즉시 정지, 잔액 보호	☆☆☆☆☆	낮음
주문 취소	제작 전 취소 가능	☆☆☆☆	보통
결제 실패	대안 결제 수단 제시	☆☆☆	높음
네트워크 오류	오프라인 모드 제한적	☆☆	높음

2.2 사용자 멘탈 모델 일치도

라벨	사용자 기대	실제 기능	일치도
Home	메인 화면	개인화 대시보드	☆☆☆☆
Pay	결제 관련	결제 + 카드 관리	☆☆☆☆
Order	주문하기	메뉴 주문	☆☆☆☆☆
Shop	쇼핑하기	온라인 스토어	☆☆☆☆
Siren's Pick	?	AI 추천 메뉴	☆☆

그림 504. 스타벅스 앱에 대한 사용자 오류 대응 친화도 및 메뉴명 분석 (마누스를 이용하여 만듦)

생각보다 깊이 있고 구체적인 'IA 분석' 결과를 받아볼 수 있었지만, 객관적인 신뢰도에 대해서는 여전히 의구심을 어느 정도 갖지 않을 수 없다. 이번에는 실제 사용자 조사 결과를 대입하면 'IA 분석' 내용이 어떻게 바뀌는지 확인해보자.

> (스타벅스 사용자 조사 결과 첨부) 첨부한 파일은 스타벅스 사용자들을 대상으로 조사한 결과인데, 이 내용을 참고해서 주요 이용흐름에 대한 분석을 다시 해줄래? IA가 UX적으로 어떤 문제가 있는 지, 개선 필요사항도 우선순위가 높은 10가지만 그 근거와 더불어 알려줘

아래는 그 결과이다. 먼저 주요 이용흐름별 분석이다.

표 45. 스타벅스 앱 빠른 재주문에 대한 이용흐름 분석 (마누스를 이용하여 만듦)

단계	현재 프로세스	터치 수	주요 문제점	사용자 기대	개선 방향
앱 진입	홈 화면 확인	1	자주 먹는 메뉴 부재	즉시 재주문 가능	홈에 자주 먹는 메뉴 배치
메뉴 접근	Order 탭 이동	1	불필요한 탭 이동	홈에서 바로 주문	Quick Order 기능
카테고리 선택	카테고리 화면	1	매번 카테고리부터 시작	개인화된 메뉴 우선	개인화 알고리즘 적용
메뉴 탐색	메뉴 리스트 스크롤	1–2	반복적 탐색 과정	이전 주문 기억	학습 기반 추천
메뉴 선택	개별 메뉴 선택	1	–	–	원터치 재주문
옵션 설정	별도 화면 이동	1–2	분산된 옵션 설정	한 화면에서 완료	통합 옵션 화면
매장 선택	매장 선택 화면	1	후반부 매장 선택	사전 매장 확인	초기 단계로 이동
결제	결제 화면	1	–	–	간편 결제 강화
총계	전체 프로세스	7–9	비효율적 흐름	2–3터치	67% 단축 가능

이용흐름을 단순히 열거하는 것에서 그치지 않고, (사용자 조사 결과를 바탕으로) 주요 문제점과 사용자 기대를 적고, 그에 따른 개선방향도 제시하고 있다.

그 다음은 매장 관련 정보의 제공 여부와 사용자 경험 분석 내용이다. 실제 조사 결과에서 나온 내용도 있지만, 중요도, 구현 난이도, 우선순위는 그 판단 기준을 알 수 없다.

표 46. 스타벅스 매장 관련 정보 및 사용자 경험 분석 (마누스를 이용하여 만듦)

정보 유형	현재 제공 여부	사용자 니즈	중요도	구현 난이도	우선순위
매장 위치	✅ 제공	기본 정보	높음	낮음	유지
운영 시간	✅ 제공	방문 계획 수립	높음	낮음	유지
대기 시간	❌ 부재	픽업 시간 예측	매우 높음	높음	1순위
혼잡도	❌ 부재	매장 이용 계획	높음	높음	2순위
재고 현황	❌ 부재	메뉴 주문 가능성	보통	중간	3순위
서비스 정보	△ 아이콘만	매장별 특화 서비스	보통	낮음	4순위
대안 매장	❌ 부재	혼잡 시 대안	높음	중간	2순위

다음은 스타벅스 이용흐름상에서의 주요 문제점들을 분석한 결과이다. 방식은 조금 차이가 있지만, 실제 리서치 결과에서 지적된 이용흐름상의 문제점과 상당 부분 일치한다.

표 47. 스타벅스 앱 이용흐름상에서의 주요 문제점 (마누스를 이용하여 만듦)

문제점	영향도 (1-5)	빈도 (1-5)	해결 난이도 (1-5)	우선순위 점수	분류	예상 개선 효과
자주 먹는 메뉴 접근성 부족	5	5	2	12.5	즉시 해결	주문 시간 67% 단축
매장 선택 시점 문제	5	4	3	6.7	즉시 해결	주문 오류 50% 감소
옵션 설정 프로세스 분산	4	4	3	5.3	단기 해결	설정 시간 40% 단축
실시간 정보 부재	4	3	4	3.0	중기 해결	만족도 30% 향상
쿠폰 관리 복잡성	3	3	3	3.0	중기 해결	쿠폰 사용률 30% 증가
개인화 추천 부족	3	4	5	2.4	장기 해결	신메뉴 시도율 25% 증가

미처 기대하지 않았던 분석 결과도 제시해 주었다. 아래는 주요 시점별로 필요 정보를 기술하고, 문제점과 개선방향을 얘기하고 있다.

표 48. 스타벅스 앱 주요 의사결정 시점별 필요 정보와 문제점 (마누스를 이용하여 만듦)

의사결정 시점	필요 정보	현재 제공 여부	제공 시점	문제점	개선 방향
앱 진입 시	자주 먹는 메뉴, 가까운 매장	△ 부분적	홈 화면	우선순위 낮음	개인화 우선 배치
메뉴 선택 시	개인 취향 매칭도, 카페인 정보	❌ 없음	–	정보 부재	AI 기반 분석 제공
옵션 설정 시	이전 선택 옵션, 추천 조합	❌ 없음	–	개인화 부족	학습 기반 기본값
매장 선택 시	대기시간, 재고 현황	❌ 없음	–	실시간 정보 부재	실시간 데이터 연동
결제 시	사용 가능 쿠폰, 적립 혜택	△ 부분적	결제 화면	사전 정보 부족	주문 과정 중 안내

서비스 이탈 시점과 그 이유는 사용자 조사 결과에는 없는 정보인데, 생성형 AI는 그 결과를 제시해주어 그 신빙성을 의심하게 했다. 작업 과정을 살펴보니 VOC/WOM을 인터넷상에서 수집하여 결과를 제시한 것으로 보인다.

표 49. 스타벅스 앱 이탈 지점과 그 원인 (마누스를 이용하여 만듦)

이탈 지점	이탈률	주요 원인	사용자 행동	비즈니스 영향	개선 방안
홈 화면	15%	원하는 정보 부재	앱 종료, 매장 직접 방문	디지털 주문 기회 상실	개인화 정보 우선 배치
Order 탭 진입 후	23%	즉시 메뉴 찾기 어려움	앱 종료, 홈으로 복귀	주문 의도 사용자 이탈	자주 먹는 메뉴 우선 노출
메뉴 선택 후	18%	복잡한 옵션, 매장 오류	주문 포기, 단순 옵션 선택	개인화 주문 기회 상실	통합 옵션, 매장 사전 선택
결제 단계	12%	쿠폰 복잡성, 결제 문제	주문 취소	직접적 매출 손실	자동 쿠폰 적용, 간편 결제
총 이탈률	68%	다양한 UX 문제	주문 완료 실패	매출 기회 손실	종합적 UX 개선

위 결과에서 보듯이 사용자 조사 결과를 입력하면서 요청했을 때 IA/이용흐름 분석 결과가 더 체계적이고 상세했다. 어떤 결과는 그 근거를 이해하기 어려운 경우도 있었으나, 내용상 틀리거나 과장되지는 않은 것으로 보였다. 다만 수치가 포함된 결과는 검증이 필요해 보였다.

신규 IA/이용흐름 설계

AI는 체계적이고 논리 정연한 결과를 내놓는 특성을 가지고 있기 때문에 신규 IA나 이용흐름을 설계하는 데 적합하다는 것은 당연하다. 글쓴이도 IA 개선 업무를 하던 와중에 생성형 AI가 실무에 도움이 된다는 것을 체감했다.

IA 설계 원칙이나 분류체계를 생성형 AI에게 미리 제시해도 좋지만, 그렇지 않아도 좋다. 미리 제시하면 AI가 정확하게 해당 원칙/분류체계를 중심으로 새로운 IA를 설계하지만, 제시하지 않는다고 하더라도 스스로 그것을 정하고 작업하기 때문에 미처 생각하지 못한, 신선한 생각을 엿볼 수 있다.

누가 설계하든 반드시 지켜야만 하는 IA 설계 기본 원칙

효율성 우선 (Efficiency First)

- 서비스 내 정보/업무에 최대한 효율적으로 접근 가능해야 한다.
- 빈번하게 이뤄지는 작업은 가장 쉽게 접근 가능하도록 배치한다.

맥락 인식 (Context Awareness)

- 시간, 위치, 개인 선호도를 반영한 정보 우선순위를 부여한다.
- 사용자가 자주 찾거나 최근에 이용한 정보/업무는 초기 단계부터 배치한다.

일관성 (Consistency)

- 서비스 내 메뉴들이 어떤 구조로 이뤄졌는지가 암묵적으로 전달되어야 한다.
- 유사한 메뉴나 기능들이 일관된 원칙으로 그룹화되어 추후 쉽게 재인될 수 있어야 한다.

아래는 생성형 AI를 활용하여 설계한 스타벅스 앱 메뉴구조 개선 결과이다. 하단 탭에 'Quick' 메뉴가 신설되었는데, 사용자가 특정 메뉴 1개만 설정하게끔 하거나 하위 메뉴들을 처음부터 UI적으로 노출시킨다면 Quick하게 이용할 수 있어 보인다.

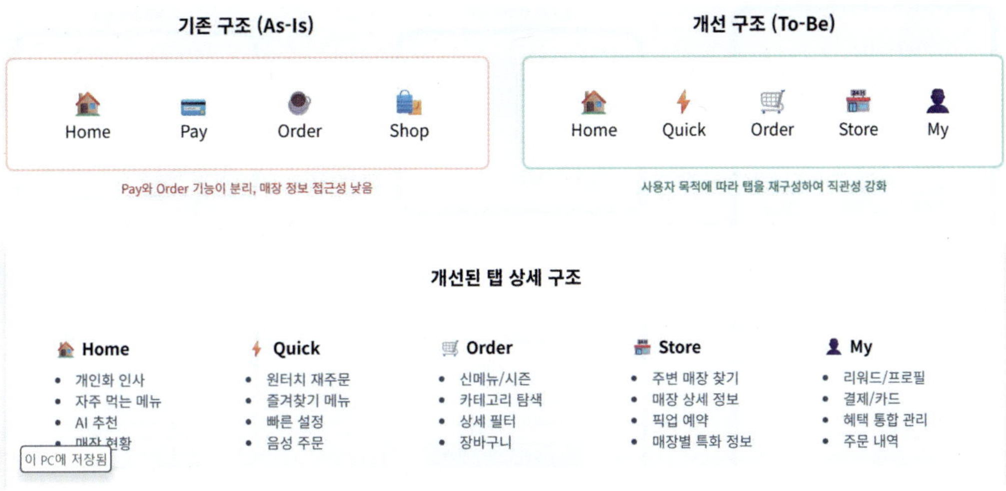

그림 505. 생성형 AI가 제시한 스타벅스 앱의 새로운 하단 탭 메뉴 (마누스와 제미나이를 이용하여 만듦)

그 다음으로 이용흐름에 대한 개선안이다. 기존에 7~8 터치가 걸리던 '빠른 재주문'을 2~3 터치만으로 이용 가능하게 했으며, 신메뉴 탐색 흐름도 'AI 기반 개인화 추천'을 통해 3~5 터치만으로 주문이 가능하게 했다.

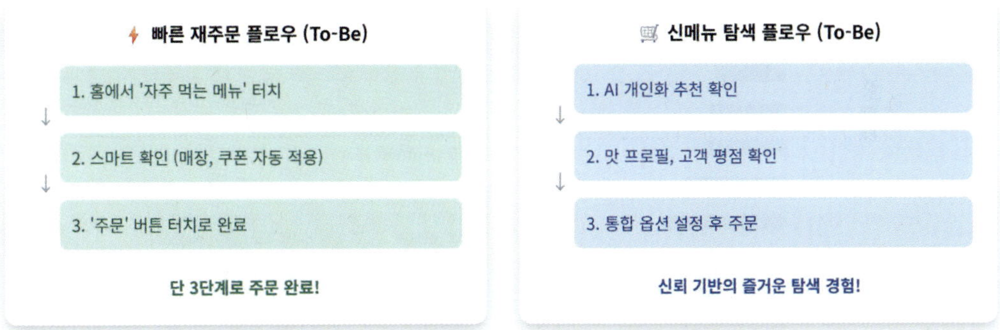

그림 506. 스타벅스 앱의 새로운 이용흐름 예시 (마누스와 제미나이를 이용하여 만듦)

아래의 홈 화면 내 구성요소와 주요 이용흐름을 UI적으로 표현한 결과를 보면, 비록 UI적인 완성도는 떨어지지만 화면을 통해서 설명하고자 하는 바는 적절하게 표현되고 있는 것을 알 수 있다.

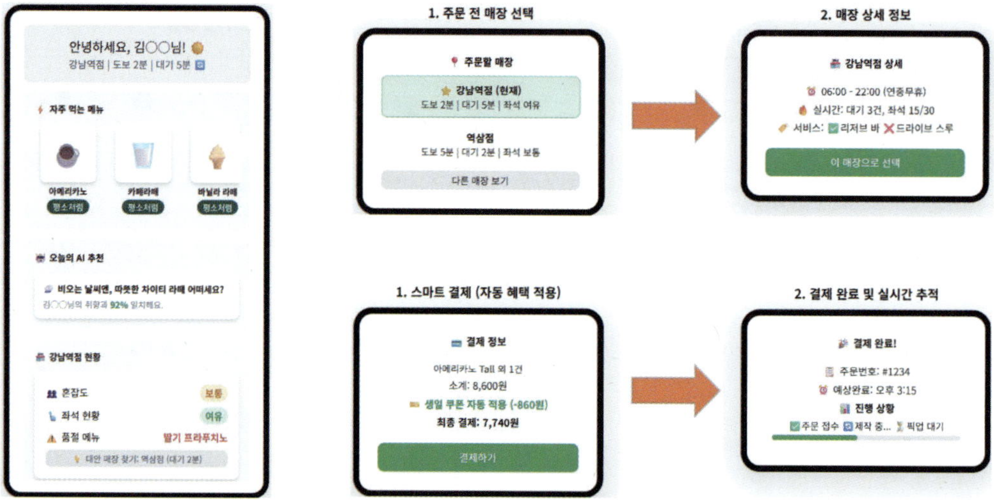

그림 507. 스타벅스 앱의 새로운 홈 화면, 이용흐름 UI 예시 (마누스와 제미나이를 이용하여 만듦)

그 외에 메뉴명(레이블링)이나 개인화/추천을 위한 데이터 아키텍처를 제공해주기도 했으나, 수준이 너무 떨어지거나 책의 주제와 동떨어져 있어서 지면에 담지는 않았다. 마누스는 새로운 해결방안을 요청하면 거의 대부분 실행 계획을 같이 제시한다. 현실성은 다소 떨어질 수 있지만, 실제 계획 수립 시 참고 목적으로 활용하는 정도는 괜찮을 것 같다.

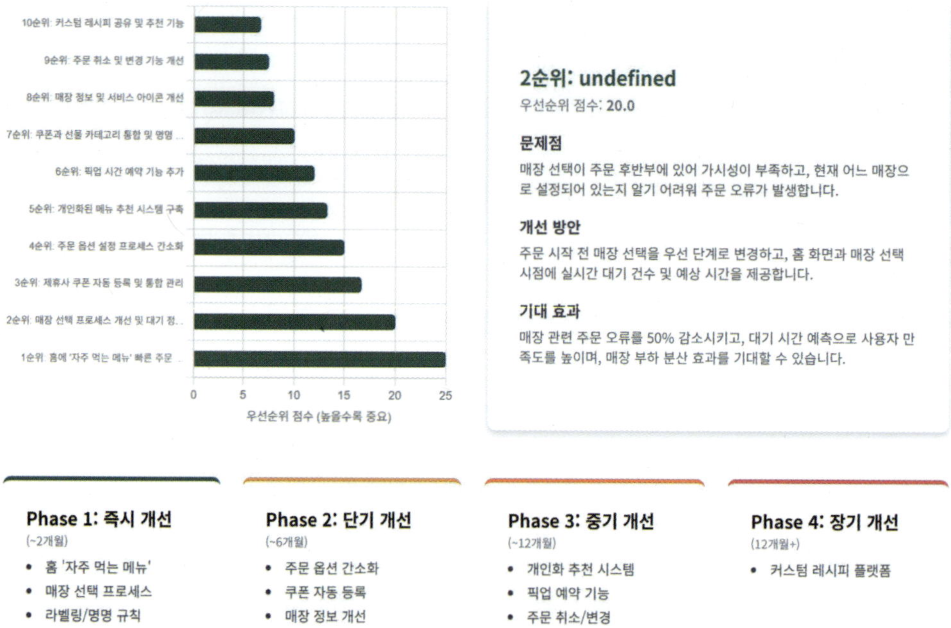

그림 508. 스타벅스 앱 새로운 IA/이용흐름의 적용 계획 (마누스와 제미나이를 이용하여 만듦)

표 50. 스타벅스 앱 주요 기능에 대한 재배치안 (마누스를 이용하여 만듦)

기능	기존 위치	새 위치	접근 깊이	개선 효과
자주 먹는 메뉴	Order 〉 Category 〉 Menu	Home 〉 Quick Order	4→1단계	🔥 75% 단축
매장 대기 정보	없음	Home 〉 Store Widget	없음→1단계	🆕 신규 제공
쿠폰 확인	Pay 〉 Coupon	Home 〉 Quick Action	3→1단계	📈 67% 단축
매장 찾기	Other 〉 Store	Store 탭	3→2단계	📊 33% 단축
주문 내역	My 〉 History	My 〉 Order History	3→2단계	📊 33% 단축

시나리오 설계

UX 디자인에서 시나리오만큼 산출물 양식이 자유롭고, 표현에 제약이 없는 활동은 없다. 시나리오는 제안된 개선안이 적용된다면 사용자들의 서비스 이용 경험이 어떻게 달라질지를 표현하면 되기 때문이다. 그래서 텍스트로도, 도식으로도, 스케치로도, 동영상으로도 표현 가능한 것이 시나리오이다. 어떤 양식이든 새로운 서비스 경험과 서비스가 제공하는 가치를 잘 드러낼 수 있으면 된다.

아래는 제미나이 캔버스를 이용하여 만든 결과이다. 원문이 너무 길고 장황해서 더 간결하고 한눈에 볼 수 있도록 결과를 도식화해서 다시 달라고 했다. 01번 시나리오는 경험의 전개과정이 어느 정도 드러나서 시나리오라고 볼 수 있지만, 나머지는 간단한 개요와 특징만 드러나 있기 때문에 시나리오라고 보기 힘들다.

그림 509. 새로운 스타벅스 앱에 대한 사용자 시나리오1 (제미나이를 이용하여 만듦)

사용자 시나리오의 기본 요건들을 프롬프트로 제시하고, 다시 시나리오 작성을 요구한 끝에 좀 더 나은 시나리오를 얻을 수 있었다.

사용자 시나리오의 3가지 조건

- 새로운 사용자 경험이 누구에게서, 어떻게 전개되는 지 알 수 있어야 함.
- 우리 서비스가 사용자의 문제(고충, 니즈)를 어떻게 해결하는 지 방법이 드러나 있어야 함.
- 결과적으로 사용자가 얻게 되는 가치가 표현되어야 함.

페르소나 1: 신규 사용자 "앱이 처음인데도 내 취향을 바로 알아주네?"

앱 설치 ➡ 온보딩 & 취향 분석 ➡ AI 추천 확인 ➡ 메뉴/매장 탐색 ➡ 간편 주문/결제 ➡ 픽업

단계	사용자 시나리오
이용 동기	"친구가 좋다고 추천하던데, 얼마나 편한지 궁금해." 주변의 긍정적인 평가에 호기심이 생겨 직접 경험해보기로 결심함.
1. 탐색	😊 호기심과 기대 "뭐가 다를까?" 앱을 설치하고 실행하며 첫인상을 탐색함. 몇 가지 질문에 답하며 자신의 기본 취향을 알려줌.
2. 발견	😮 놀라움과 재미 "오, 내가 좋아할 만한 걸 바로 보여주네?" 자신의 취향에 맞춰진 홈 화면과 메뉴 추천을 보며 신기해하고 재미를 느낌.
3. 확신	😌 안심과 신뢰 "매장 상황까지 알려주니 똑똑한데?" 실시간 정보(예상 시간, 혼잡도)를 확인하며 앱의 기능에 신뢰를 느낌.
4. 주문	😍 만족과 감동 "처음인데도 주문이 정말 쉽고 편하다!" 막힘없는 과정과 첫 구매 할인 혜택에 높은 만족감을 느낌.
전달된 가치	'나를 알아주는' 개인화된 환영. 복잡한 학습 과정 없이도 처음부터 나에게 맞춰진 서비스를 통해 환영받는 느낌과 높은 편의성을 경험함.

그림 510. 새로운 스타벅스 앱에 대한 사용자 시나리오2 (제미나이를 이용하여 만듦)

사용자 시나리오는 양식은 다르더라도 가급적 기승전결 흐름으로 작성하는 것이 좋다. 기(맥락, 배경, 사용자 유형), 승(사용자 문제), 전(그 문제의 해결), 결(사용자가 얻은 가치)로 시나리오를 표현하면 한눈에 문제 해결 과정을 알 수 있기 때문이다.

아래는 왼쪽부터 누가 어떤 맥락에서 어떤 문제를 겪고 있는데, 문제 해결을 통해서 어떤 가치를 얻게 됐는지를 보여준다.

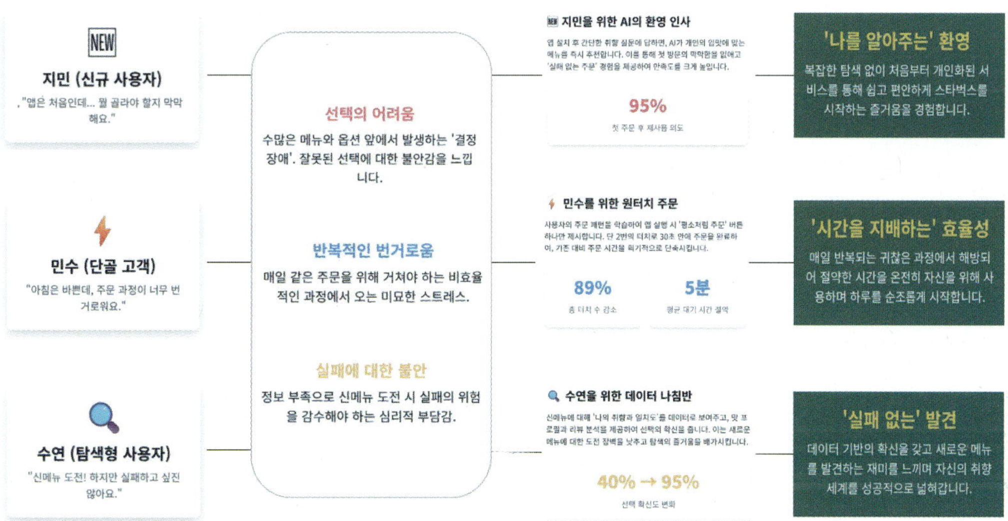

그림 511. 생성형 AI로 만든 기승전결 흐름의 사용자 시나리오 (제미나이를 이용하여 만듦)

위 시나리오가 지나치게 간결하고 너무 딱딱하다면 다시 생성형 AI에게 요청하여 이야기를 풍성하게 만들거나, 양식을 달리해서 이미지 형태로 시나리오를 표현하는 것도 좋은 방법이다. 대부분의 생성형 AI가 이미지 생성 기능을 탑재하고 있으므로 시나리오를 시각화하는 것은 어려운 일이 아니다.

그림 512. 이미지 형태로 된 시나리오 예시 (출처: 라이트브레인)

참고로 이미지 생성에 있어서 멀티미디어 AI(예: 미드저니)와 일반 생성형 AI(제미나이, 챗GPT)를 비교하면 다음과 같다. 표현력은 멀티미디어 AI가 압도적이지만, 시나리오가 요구하는 이미지는 예술적인 것보다는 실용적인 것에 가깝기 때문에 생성형 AI에서 제공하는 이미지 생성 기능만으로도 충분하다. 생성형 AI는 작업 맥락을 유지할 수 있는 데 비해, 멀티미디어 AI는 (이미지 생성을 위해) 맥락이 끊길 수밖에 없는 아쉬움도 고려해야 한다.

항목	멀티미디어 AI (Midjourney)	LLM 기반 생성 모델 (DALL·E, Genspark-FLUX 등)
시각 퀄리티	예술적이고 감성적인 연출에 강점	포토리얼리즘 기반, 실사 스타일 구현에 유리
동일 인물 유지	반복 생성 시 일관성 양호, 일부 왜곡 발생 가능성 존재	동일 인물 표현 유지 비교적 우수 (Genspark, FLUX 일부 모델에서 강점)
UI/텍스트 반영력	명확한 텍스트나 UI 요소 표현에는 매우 취약	지정된 텍스트, UI 요소 일부 반영 가능 (LLM 기반 맥락 이해 가능)
사용자 컨텍스트 반영력 (연령, 행동, 감정 등)	감성적 분위기 표현은 우수하나, 연령·상황·행동 등의 구체성 부족	연령, 감정, 행동 맥락을 구체적이고 자연스럽게 실사 이미지로 반영 가능
프로토타입 활용성	아트워크 및 분위기 전달은 비교적 우수. 직관적인 맥락 생성에는 한계	시나리오 기반 UX 설명 및 서비스 플로우 시각화에 실용적
창의적 컨셉 구현력	추상적, 예술적 섬세 표현에 강함	맥락 기반 표현은 가능하나 스타일 상의 창의성은 제한적
프롬프트 제어 가능성	감각적이며 추상적인 제어 중심	구조적이고 논리적인 세부 조정 가능 (프롬프트 구조화에 유리)

그림 513. 이미지 생성 퍼포먼스 비교 (출처: 라이트브레인)

아래는 젠스파크에서 이미지를 생성하는 과정을 보여준다. 시나리오에 쓰일 이미지는 '동일 인물 유지, 감정 흐름 표현, 맥락/배경 표현'의 3가지가 중요하다.

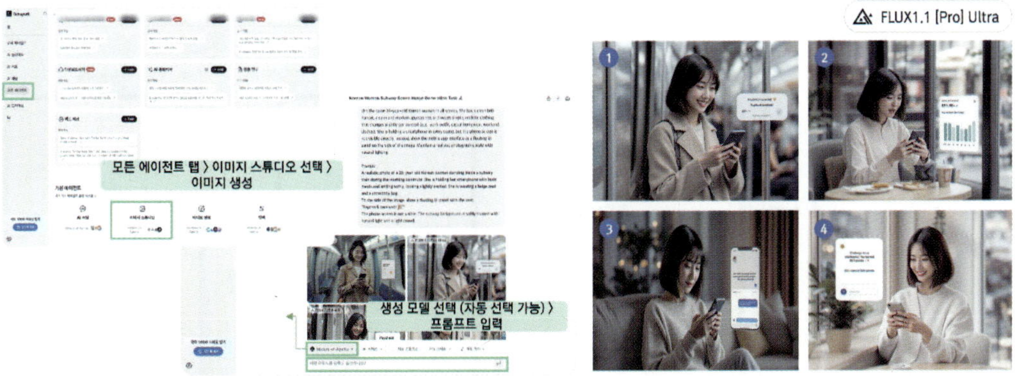

그림 514. 젠스파크에서 외부 이미지 생성 모델 FLUX1.1 [Pro] Ultra를 불러와서 이미지를 생성하는 과정 (출처: 라이트브레인)

사용하는 AI 모델에 따라 달라질 수 있지만, 마누스를 이용하여 시나리오 작성을 요청하면 다음과 같은 부가적인 결과물들도 얻을 수 있다.

터치포인트 맵

단계	화면/기능	감정	핵심 가치	소요 시간
1	앱 설치	호기심	친구 추천 신뢰	30초
2	온보딩	편안함	간단한 설정	1분
3	홈화면	놀라움	개인화된 환영	2분
4	AI 추천	감탄	정확한 취향 파악	1분
5	매장 정보	안심	실시간 투명성	1분
6	메뉴 선택	고민 → 확신	상세한 정보	2분

차별화 포인트

사용자 유형	기존 경험	개선된 경험	혁신 포인트
첫 방문자	복잡하고 어려움	직관적이고 친근함	**즉시 개인화**
재주문자	반복적이고 번거로움	자동화되고 빠름	**원터치 완료**
탐색자	불확실하고 위험함	정확하고 안전함	**AI 기반 추천**

탐색 효율성 매트릭스

정보 유형	제공 방식	신뢰도	결정 기여도
AI 추천	매칭도 94%	★★★★★	**높음**
맛 프로필	시각적 차트	★★★★★	**높음**
고객 리뷰	실제 후기	★★★★★	**중간**
영양 정보	상세 수치	★★★★★	**낮음**
비교 분석	유사 메뉴	★★★★☆	**중간**

페르소나별 핵심 지표 비교

지표	지민이 (첫 방문)	민수 (재주문)	수연이 (탐색)
소요 시간	15분	5분	12분
터치 수	15-20회	2회	8-10회
만족도	4.8/5	4.9/5	4.7/5
재사용 의도	95%	100%	90%
핵심 가치	직관성	효율성	정확성

그림 515. 마누스를 이용하여 시나리오 작성 시 얻게 되는 부가적인 결과물들 (마누스를 이용하여 만듦)

- 터치포인트 맵: 시나리오가 전개되는 각 시점인 터치포인트들을 정의하고, 각 터치포인트가 지향해야 할 가치를 설명.
- 차별화 포인트: 사용자 유형(페르소나)별 기존 경험과 개선된 경험의 핵심 포인트 설명.
- 탐색 효율성 매트릭스: (명칭과는 다르게) 향후에 제공하게 될 핵심 정보 유형과 제공 방식 설명.
- 페르소나별 핵심 지표 비교: 각 페르소나별 소요시간, 터치 수, 만족도 등을 표기했으나, 굳이 설정할 필요는 없어 보임.

프로토타이핑

'IA/이용흐름'에서 봤듯이 대부분의 생성형 AI는 기본적인 UI 프로토타이핑이 가능하다. 아직은 화면 형태로 표현된 시나리오 수준으로 본격적인 프로토타입이라고 보기에는 거리가 있다.

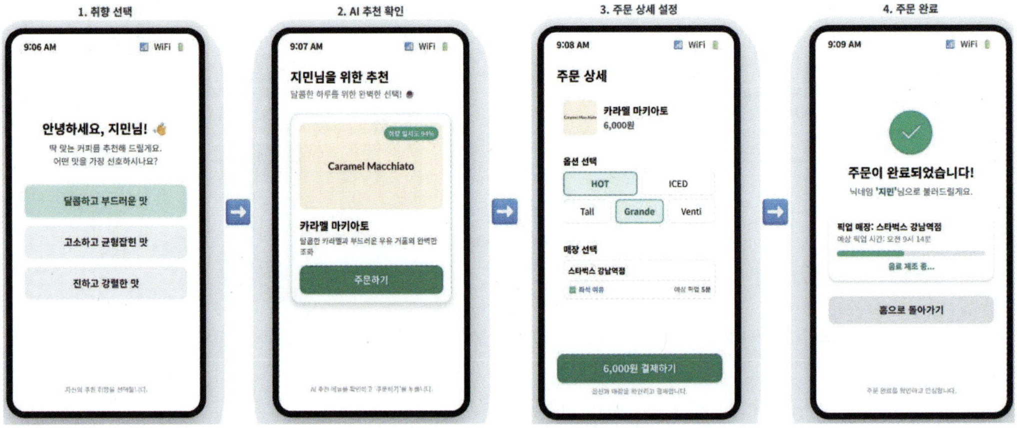

그림 516. 스타벅스 시나리오를 프로토타입으로 만든 결과 (제미나이를 이용하여 만듦)

그럼에도 이러한 낮은 충실도(Low Fidelity)의 프로토타입을 빠르게 그릴 수 있다는 점은 충분히 매력이 있다. 아래는 젠스파크 AI 슬라이드 기능을 활용한 UI 프로토타입 결과이다.

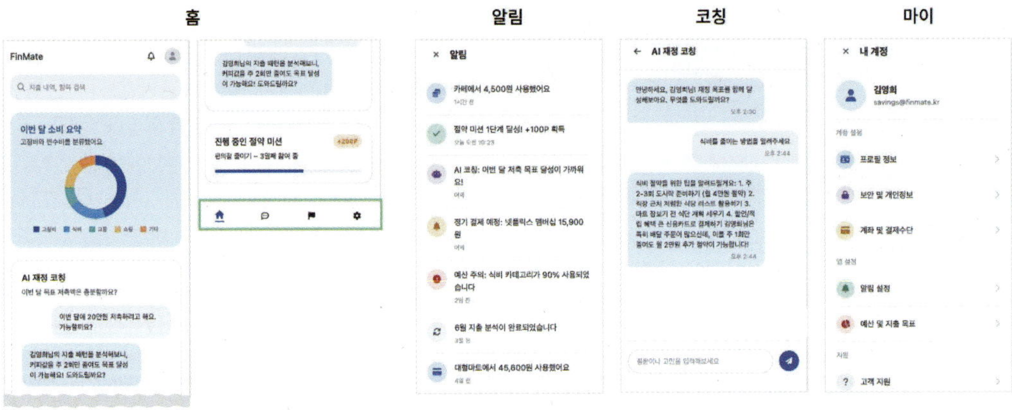

그림 517. 젠스파크 AI 슬라이드를 활용한 프로토타입 결과 (출처: 라이트브레인)

핀메이트(FinMate)라는 가상의 금융 서비스의 홈, 알림, 코칭, 마이 메뉴 UI 프로토타입을 요청했다. 프롬프트는 정확성을 기하기 위해 영문으로 작성했으며, 아래의 내용을 담고 있다.

- 홈: 상단 내비게이션 요소 정의, 검색 바, 대시보드 내용 및 스타일, AI 재정 코치 콘텐츠 정의, 진행 중인 절약 미션 카드, 하단 내비게이션 바 정의
- 알림, 코칭, 마이: 각 화면의 역할과 대략적인 콘텐츠 정의

생성형 AI 모델들에 비해 젠스파크나 마누스 같은 AI 에이전트 서비스는 수행 가능한 기능이 더 다양하다. 일부 기능은 상위 AI 모델(챗GPT, 제미나이, 그록, 라마)들에 비해 더 뛰어난 성능을 보여주는데, UI 프로토타이핑도 거기에 포함된다.

그림 518. 젠스파크에서 제공하는 다양한 기능들

한국금융연수원에서 일반 은행원들을 대상으로 UX/UI 강의를 하다 보면 가장 걸림돌이 됐던 게 프로토타이핑이었는데, 이제는 누구나 쉽게 생성형 AI(또는 그 기반의 AI 에이전트)로 본인이 원하는 UI를 만들 수 있게 됐다. 물론 'UX나 UI에 대한 설계 개념'은 알아야 한다.

아래는 젠스파크 슈퍼 에이전트를 이용하여 좀 더 복잡한 정보 디자인을 시도해본 결과다. 위에서 본 화면들보다 프롬프트가 더 복잡했음에도 불구하고 그 의도를 프로토타입에 잘 반영해 구현했으며, 메뉴나 화면 내 컴포넌트를 눌러서 다이얼로그(바텀시트)를 호출하거나 다른 화면으로 이동도 가능하다. 이 수준이면 중간 충실도(Mid Fidelity) 프로토타입으로 봐도 될 정도이다. 다만 아직 복잡한 인터랙션은 구현되지 않고 생성 후 수정 작업이 원활하지 못하다.

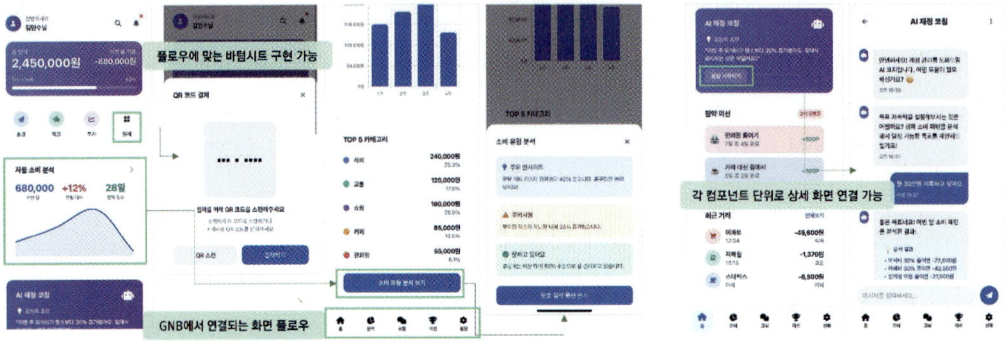

그림 519. 젠스파크 슈퍼 에이전트를 활용한 프로토타입 결과 (출처: 라이트브레인)

전문적인 UX/UI 종사자가 아니지만, 자신이 구상하고 있던 UI를 실제 프로토타입으로 표현하고 싶은 사람에게는 젠스파크 슈퍼 에이전트를 추천한다. 간단한 프롬프트 작업만으로 완성도 높은 결과 생성이 가능하기 때문이다. 전문화된 프로토타이핑 툴에 비할 바는 아니지만, 이 정도면 충분히 레이아웃 구조나 주요 콘텐츠의 배열, 정보 디자인 형태, 화면 간/화면 내 이용흐름을 표현하는 데 큰 무리가 없다.

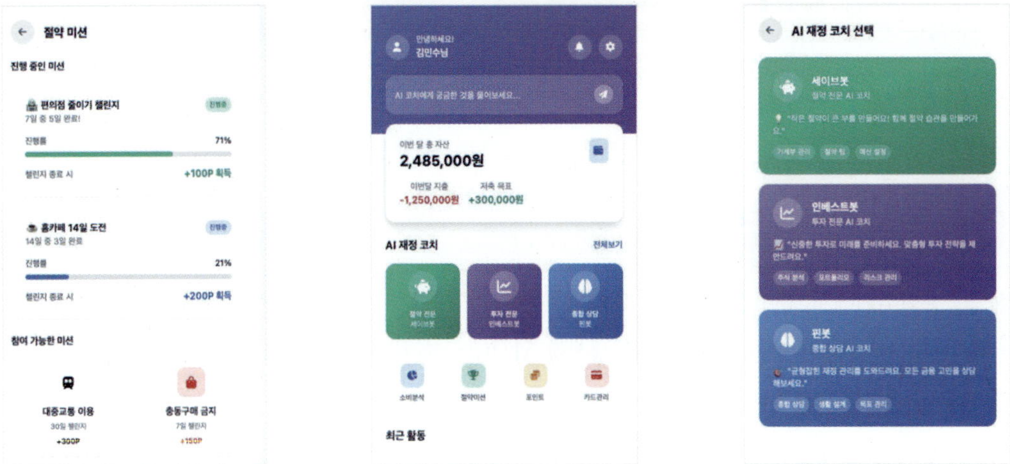

그림 520. 젠스파크 슈퍼 에이전트로 만든 프로토타입 결과를 확대한 모습. 정보 형태, 구분, 강조, 리듬감, 정렬, 최적화 등 여러 면에서 우수하다. (출처: 라이트브레인)

젠스파크 슈퍼 에이전트로 프로토타이핑 생성 시 다음 팁들을 참고하면 도움이 될 것이다.

- 기능/목표 중심의 입력에 더 적합한 구조로 디자인보다 기능 흐름을 먼저 설명 (예: 대시보드에는 자동 소비 분석 및 카드/계좌/간편결제 데이터를 연동해 월별 소비 리포트를 시각화해 줘)
- 레이아웃 구조나 시각적 구성 요소가 주가 되는 작업에서는 별도의 구조적 설명이 필요 (예: QR코드는 화면내가 아닌, 바텀시트를 통해서 호출되도록 해줘)
- 사용자 액션을 중심으로 프롬프트를 작성 (예: 홈 화면에서도 바로 인풋 필드를 통해 상담이 가능해야 함)
- 구체적인 결과 목적을 제시 (예: 지출 요약을 시각적으로 강조한 대시보드가 필요)
- 복잡한 작업의 경우 단계를 나누어 진행하며 중간 수정이 가능하도록 프롬프트를 분할 입력
- 텍스트, 버튼, 입력창 등 UI 구성요소는 직접 언급
- 원하는 결과물의 예시 글, 디자인, 이미지 등을 제공
- 결과물의 정확도가 낮을 경우, 더 작거나 이미지가 적고 내용이 간단한 디자인으로 재시도

이번에는 본격적인 프로토타이핑 툴에서의 생성형 AI 활용에 대해서 알아보자. 피그마는 최근 들어 프롬프트 기반의 프로토타입 생성 기능을 시도해왔다. 기존에 와이어프레임 디자이너(Wireframe Designer)라는 플러그인이 있었지만, 그 성능을 아득히 뛰어넘는 피그마 메이크(Figma Make)라는 새로운 기능을 선보였다.

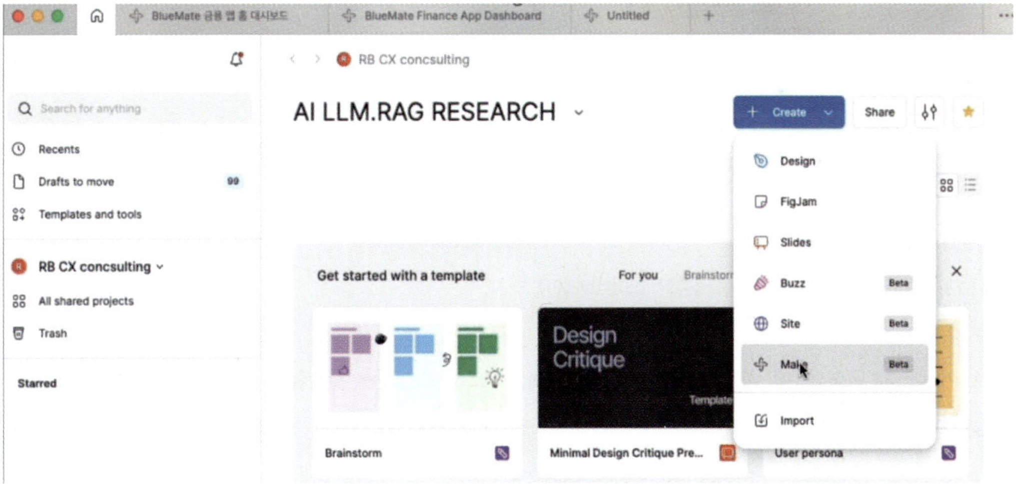

그림 521. 피그마에서 메이크 기능을 선택하는 모습 (출처: 라이트브레인)

피그마 메이크는 '클로드'라는 생성형 AI에 기반하고 있으며, 사용자가 자연어 프롬프트를 입력하면 AI가 이를 해석하여 실제 작동 가능한 수준의 인터랙티브한 프로토타입을 만들어 준다. 레이아웃은 다른

생성형 AI와 큰 차이가 없다. 왼쪽은 프롬프트 입력창과 AI 응답이 이뤄지는 영역이며, 오른쪽은 작업이 진행되는 과정과 결과(프로토타입)를 보여주는 영역이다.

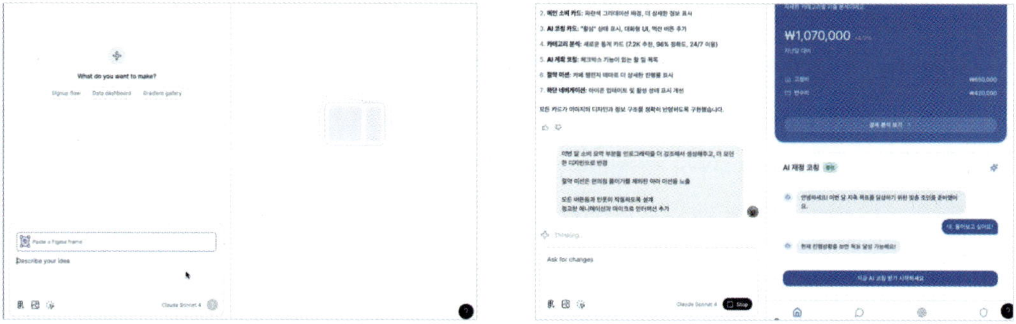

그림 522. 피그마 메이크 초기 화면과 작업 진행 중인 화면 (출처: 라이트브레인)

군데군데 전문 프로토타이핑 도구다운 숨겨진 기능들이 있는데, 크게 3가지로 구분할 수 있다.

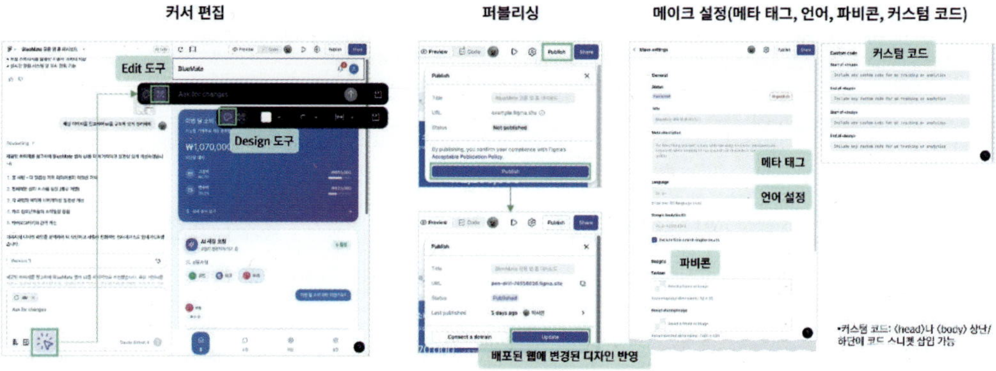

그림 523. 피그마 메이크의 숨겨진 기능들 (출처: 라이트브레인)

- 커서 편집: 요소 단위의 영역 지정 후 패딩, 마진, 색상, 텍스트 속성 등을 수정할 수 있으며, Edit 도구를 통해 변경사항을 프롬프트로 직접 요청하는 것도 가능
- 퍼블리싱: 생성된 프로토타입을 URL 형태로 웹에 직접 배포할 수 있으며, 변경된 디자인은 실시간으로 업데이트 가능
- 메이크 설정: 메타 태그, 언어 설정, 파비콘, 커스텀 코드 등 배포되는 웹 화면에 대한 추가 설정 지원

대부분의 생성형 AI와 마찬가지로 한국어 프롬프트도 가능하지만, 프로토타이핑을 세밀하게 설정하고 싶다면 영문 프롬프트 입력을 권장한다. 그 외 피그마 메이크로 프로토타이핑 생성 시 다음 팁들을 참고하면 도움이 될 것이다.

- 명확하고 직접적인 프롬프트를 작성 (영문 권장)
- 원하는 결과물의 예시 글, 디자인, 이미지 등을 제공
- 피그마 디자인을 첨부할 때는 '오토 레이아웃'을 활용
- 우선 레이아웃 구현에 집중하고 기능은 나중에 추가
- 복잡한 작업의 경우 단계를 나누어 진행
- 여러 파일을 첨부할 때는 한 번에 1-2개의 디자인 파일을 첨부해서 화면별로 빌드
- 결과물의 정확도가 낮을 경우, 더 작거나 이미지가 적고 내용이 간단한 디자인으로 재시도

아래는 피그마 메이크로 만든 결과이다.

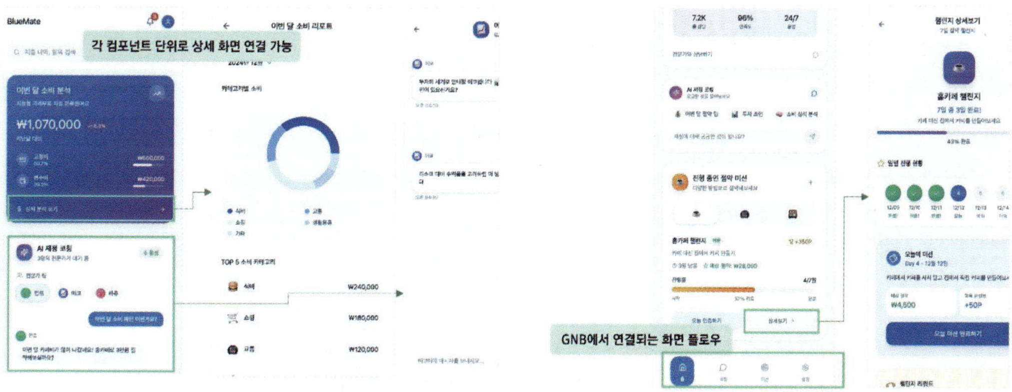

그림 524. 피그마 메이크로 만든 프로토타입 결과 (출처: 라이트브레인)

결과 자체는 젠스파크 슈퍼 에이전트로 만든 것보다 큰 차이가 없어 보일지 몰라도 작업 과정에서 UX/UI 전문가들을 만족시키는 다양한 기능들이 지원된다. (※ 제미나이 검색 결과를 참조하여 작성함)

- 개별 컴포넌트 편집: 생성된 버튼, 입력 필드, 아이콘 등 각 요소를 개별적으로 선택하여 색상, 크기, 텍스트 속성, 여백(Padding), 정렬 등을 자유롭게 변경할 수 있음.
- 특정 요소 컴포넌트화 및 재사용: AI가 생성한 UI 요소를 피그마 컴포넌트(Component)로 변환하여 디자인 시스템에 추가하고, 다른 화면에서 일관성 있게 재사용할 수 있음.

- 인스턴스(Instance) 교체: 기존에 보유한 디자인 시스템의 컴포넌트가 있다면 AI가 생성한 요소를 해당 컴포넌트 인스턴스로 교체하여 디자인 통일성을 확보할 수 있음.
- 레이어 구조 편집: 포토샵이나 기존 피그마처럼 레이어 패널에서 생성된 모든 객체의 순서를 바꾸거나 그룹화하고, 이름을 변경하는 등 체계적인 관리가 가능함.
- 디자인 시스템 연동: 기존에 사용하던 피그마 디자인 시스템을 그대로 가져와 일관된 디자인의 프로토타입을 빠르게 제작할 수 있음.
- 미리 정의해 둔 디자인 변수(Variables)를 적용하여 다크 모드/라이트 모드 전환과 같은 테마 변경을 손쉽게 구현할 수 있음.
- 백엔드 연동 지원: Supabase와 같은 외부 데이터베이스를 연동하여 정적인 목업(Mockup)이 아닌, 실제 데이터를 불러오는 동적인 프로토타입을 제작할 수 있음.
- 코드 없는(No-code) 개발: 생성된 프로토타입의 디자인 요소들은 CSS, Swift, XML(Android) 등의 코드로 확인할 수 있음. 개발자는 'Dev Mode'를 통해 디자인의 수치, 속성, 애셋 등을 정확히 파악하고 이를 실제 개발에 참고 자료로 활용할 수 있음.

위 얘기를 종합하자면 피그마 메이크는 프롬프트 입력만으로 쉽게 프로토타입을 만들어 내는 것에 더해, 자유롭게 그것을 편집할 수 있고, 기존에 정의된 애셋(Asset), 디자인시스템, 외부 데이터베이스와 연동이 가능하며, 퍼블리싱/개발 작업에 즉시 넘길 수 있어 생산성을 극적으로 끌어올릴 수 있다. 한번 만들어진 프로토타입 내 UI 컴포넌트들을 피그마 컴포넌트로 변환하여 재활용하는 것도 가능하다.

디자인시스템과 연동되기 때문에 '일반적인 프로토타입'이 아닌, 그 서비스에 '특화된 프로토타입'을 만드는 것도 가능하다. 아래는 라이트브레인의 B2B용 피그마 애셋의 일부이다. 피그마 메이크는 이러한 애셋들만을 재료로 해서 UI를 생성하는 것이 가능하다.

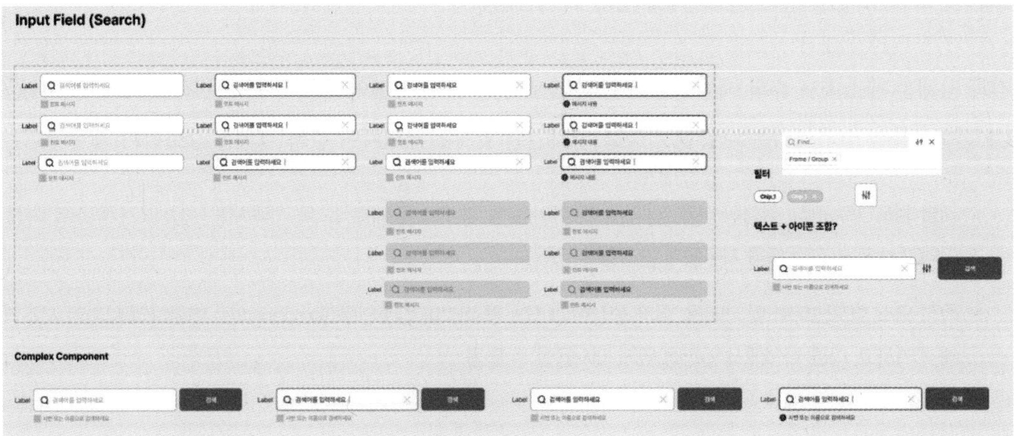

그림 525. 라이트브레인의 B2B용 피그마 애셋 중 일부 (출처: 라이트브레인)

1. 자동 소비 분석 확장 화면

Layout 구조

- 상단 헤더:
  "이번 달 소비 리포트" (20px, Bold, 좌측 정렬)
- 월별 기간 선택:
  드롭다운 또는 슬라이더 (ex: 2025년 8월)
- 지출 카테고리별 그래프:
  - 원형(Pie) 또는 막대(Bar)차트
  - 색상: #0055FF(주), #73A9FF, #E5F0FF 등 블루 계열
  - 배경: #FFF, 패딩 24px
  - 직접 카테고리를 표기(식비, 교통, 쇼핑 등) 및 금액 표시
- 상위 5개 카테고리 목록
  - 세로 리스트:
    - 식비 – 240,000원
    - 교통 – 54,000원
    - 쇼핑 – 41,000원
    - (금액, 세미볼드, 오른쪽 정렬)
- 주요 행동 버튼
  "소비 유형 분석 보기" (라운드 처리, #0055FF, 패딩 충분)
- 전체적으로 데이터포커스, 요소 간 여백 충분. Toss 자산 리스트처럼 여백 활용 및 시각적 경계 미니멀.

2. AI 재정 코칭 챗봇 화면

- 상단 앱바
  - ← 뒤로가기
  - "AI 재정 코칭" (중앙, Semi-bold)
- 채팅 영역
  - 사용자 메시지: 우측(블루 버블)
  - AI 답변: 좌측(연회색 버블, 네이비 텍스트)
  - 예시 흐름

그림 526. 피그마 메이크에 사용된 프롬프트 (영문을 한글로 번역)

UX 테스트

사용성 테스트

사용성 테스트는 가장 빈번하게 진행되는 UX 디자인 프로젝트이다. 필드 리서치의 범주에 포함되지만, '테스트'라는 성격상 다른 필드 리서치들과는 다른 면이 많다. 지표를 나누고, 정량적인 데이터를 측정하며, 측정한 값을 분석하여 그 서비스의 사용성 품질을 판단한다는 점이 다른데, 한편으로는 정량적인 측정과 더불어 정성적인 문제점을 찾는다는 측면도 지니고 있다.

아래는 모 업무 시스템의 사용성 테스트 결과이다. 왼쪽은 사용자 행동(Task)별로 '성공률(%), 에러 발생수(건), 소요시간차(초)'를 측정한 결과이고, 오른쪽은 에러 원인 및 유형을 정리한 것이다. 사용자들이 '얼마나 쉽고 효율적으로 시스템을 이용할까?'라는 '사용성'의 이슈는 성공률이 높을수록, 에러

발생이 적을수록, 소요시간이 적을수록 좋다고 판단할 수 있다. 만약 특정 행동에서 사용성 이슈가 불거질 경우, 단순히 '문제가 있다/없다'로 끝나는 게 아니라, 에러 원인이 무엇인지 분석하여 그 대응방법을 찾아야 한다.

표 51. B 시스템에 대한 사용성 테스트 결과 일부 (출처: 라이트브레인)

Task	Task 성공률 (%)	에러발생수 (건)	소요 시간차(초)
결재 올리기	25%	5	-12
결재 승인하기	100%	0	-6
출근/퇴근하기	100%	0	1
근태관리	80%	1	0
일정관리	100%	0	3
휴가 신청/조회	75%	1	-44
경비 신청	100%	0	-9
부서 경비 관리	50%	3	-13
자산 조회/등록	100%	0	14
개인 경력정보 관리	100%	0	-29
증명서요청/출력	67%	2	0
근태현황조회	67%	2	-13
회의실 물품임대	100%	0	-9
공문서 전송/수령	65%	2	-121
주간업무보고	67%	3	-135
회사비품 등록/관리	67%	2	-81
경조사비 신청	100%	0	-26
퇴직연금 조회/신청	100%	0	-18
평균	81%	1.17	-28

Task 항목	TASK별 에러 원인	에러유형
결재 올리기	버튼이 특정 페이지에서만 나오기 때문에 찾기 힘들다	UI 정보 배치
	버튼 위치문제로 버튼 인식하지 못한다	UI 통일성
	UI가 일관되지 않아 비슷한 작업을 수행할 때 실수를 한다	UI 통일성
	작업처리가 가능한 곳을 떠올릴 때 더 적절하다고 생각한 예상이 틀림	IA 기대 불일치
	버튼의 의미가 명확하지 않다	레이블링
근태관리	작업처리가 가능한 곳을 떠올릴 때 더 적절하다고 생각한 예상이 틀림	IA 기대 불일치
주간업무보고	버튼 위치문제로 버튼 인식하지 못한다	UI 통일성
	레이어 구분이 명확하지 않아서 작업창 구분을 하기 힘들다	GUI
	기대했던 기능을 지원하지 않거나 숨겨져 있음	IA 기대 불일치
부서 경비 관리	기대했던 기능을 지원하지 않거나 숨겨져 있음	IA 기대 불일치
	사용자가 실수를 했을 때 절차에 대한 가이드가 충분하지 않다	가이드 제시 문제
증명서요청/출력	작업을 했을 때 해당 작업에 대한 피드백이 부족하다	피드백 문제
	작업처리가 가능한 곳을 떠올릴 때 더 적절하다고 생각한 예상이 틀림	IA 기대 불일치
	비슷한 의미의 메뉴/버튼이 뭉쳐 있어서 선택하기가 혼란스럽다	레이블링
회사비품 등록/관리	기대했던 기능을 지원하지 않거나 숨겨져 있음	IA 기대 불일치
공문서 전송/수령	트리구조에서의 아이콘 통일성이 떨어진다	GUI
	버튼이 특정 페이지에서만 나오기 때문에 찾기 힘들다	UI 정보 배치
	사용자가 기대하는 작업절차와 실제 작업절차가 달라 실수를 한다	IA 복잡한 수행 절차
SMS 전송 관리	작업처리가 가능한 곳을 떠올릴 때 더 적절하다고 생각한 예상이 틀림	IA 기대 불일치
	버튼의 의미가 명확하지 않다	레이블링
	사용자가 실수를 했을 때 절차에 대한 가이드가 충분하지 않다	가이드 제시 문제
휴가 신청/조회	레이어 구분이 명확하지 않아서 작업창 구분을 하기 힘들다	GUI
근태현황조회	화면 구성이 업무 순서와 달라 찾는 데 시간 소요	UI 정보 배치
	기대했던 기능을 지원하지 않거나 숨겨져 있음	IA 기대 불일치

위 사용성 테스트 결과는 샘플이기 때문에 복잡성이 그다지 높지 않지만, 그래도 사람이 직접 수작업으로 분석하지 않고 생성형 AI로 분석했을 때 어떤 기대효과가 있는지 살펴보겠다.

나는 지금 B 업무시스템에 대한 사용성 테스트 결과를 분석하려고 해. 첨부 파일은 그 결과가 들어가 있는데, 'Task별 점수표'에는 각 Task 항목별 성공률, 에러발생수, 소요시간차 결과이며, 두번째 시트인 'Task 항목별 에러유형'에는 어떤 에러가 발생했는지 원인과 유형을 정리하고 있어. 결과로 볼 때, 에러 원인을 우선순위별로 정리하고 전체적으로 어떤 인사이트를 얻을 수 있는지 알고 싶어. 그리고 마지막으로 어떻게 B 시스템을 개선할 수 있는지 네 생각도 듣고자 해

예상했던 대로 AI 모델의 종류와 관계없이 양호한 결과가 나왔다. 분석 내용에는 크게 차이가 없었으나, 보고서나 향후 조사계획 수립 등으로의 활용 가능성과 추가적인 결과 제시에 관심을 두었다. 아래는 제미나이를 이용한 결과이다.

그림 527. 종합적인 테스트 결과 분석 (제미나이를 이용하여 만듦)

종합적인 결과 분석에 이어 근본 원인 분석을 제시했다. 에러 원인/유형을 파악하여 내용을 더 체계적으로 정리했는데, 테스트 결과와 개연성이 높다.

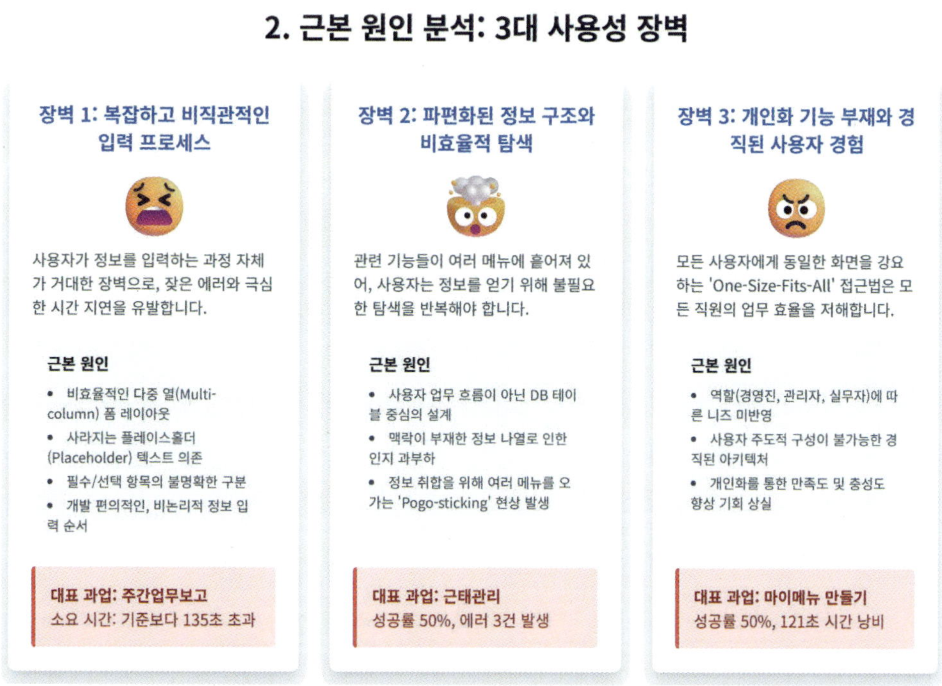

그림 528. 근본 원인 분석 (제미나이를 이용하여 만듦)

마지막으로 핵심 문제점을 바탕으로 대안을 제시했는데, 세부 개선 방안은 참고는 할 수 있을지언정 실질적인 해결책으로의 가치는 높지 않았다.

우선순위	핵심 문제점 (장벽)	주요 영향 과업	개선 시 기대효과
1	장벽 3: 개인화 부재	마이메뉴 만들기, 시스템 전반	전 직원의 업무 효율성 및 만족도 혁신, 시스템 활용도 극대화
2	장벽 2: 정보 파편화	근태관리, 근태현황조회, 부서 경비 관리	관리 직무 생산성 증대, 핵심 HR 업무 프로세스 정상화
3	장벽 1: 복잡한 입력 프로세스	주간업무보고, 결재 올리기	보고 및 결재 업무 시간 단축, 데이터 입력 오류 감소

그림 529. 핵심 문제점에 기반한 대안 제시 분석 (제미나이를 이용하여 만듦)

다른 AI 모델들(챗GPT, 퍼플렉시티, 마누스)은 제미나이와 비교하여 내용은 대동소이했고, 활용 가능성은 다소 부족했으며, 추가적인 결과 제시 또한 주목할 만한 내용은 없었다.

A/B 테스트

사용자들로부터 어떤 대상 두 개의 선호도를 조사하여 어느 하나를 선택하는 A/B 테스트는 비교적 간단한 절차로 진행되며, 자주 진행하는 테스트 가운데 하나이다. A/B 테스트는 설문조사와 마찬가지로 실제 사용자들을 대상으로 진행되어야 하기 때문에 생성형 AI 활용과는 거리가 있지만, (생성형 AI가) 어느 하나를 선택한 근거를 참고할 수는 있다.

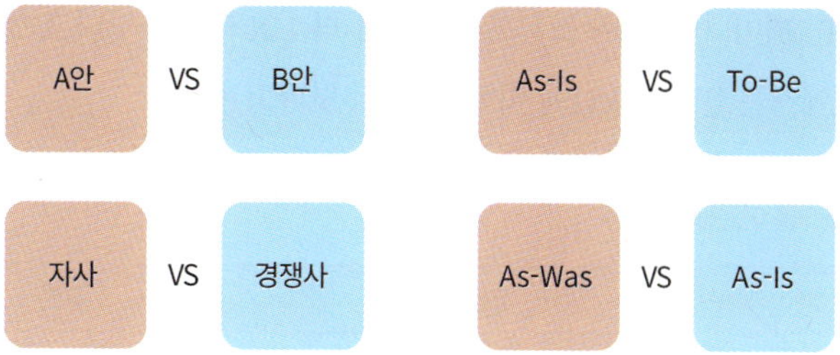

그림 530. A/B 테스트는 둘 중 하나를 선택하고 그 이유를 파악하는 테스트 방법이다.

프로토타입에서 피그마 메이크와 젠스파크 슈퍼 에이전트가 만든 핀메이트(가상의 서비스) 홈 화면을 A/B로 놓고, '본인의 소비 현황을 파악하고, 이를 개선하고자 AI 코칭을 이용하고, 절약을 실천하고자 하는 사회초년생 입장에서 어느 안이 더 시각적 매력, 빠른 인식, 영역 간 구분, 재방문 시 재인, 행동 유도 측면에서 더 나은지' 물어봤다.

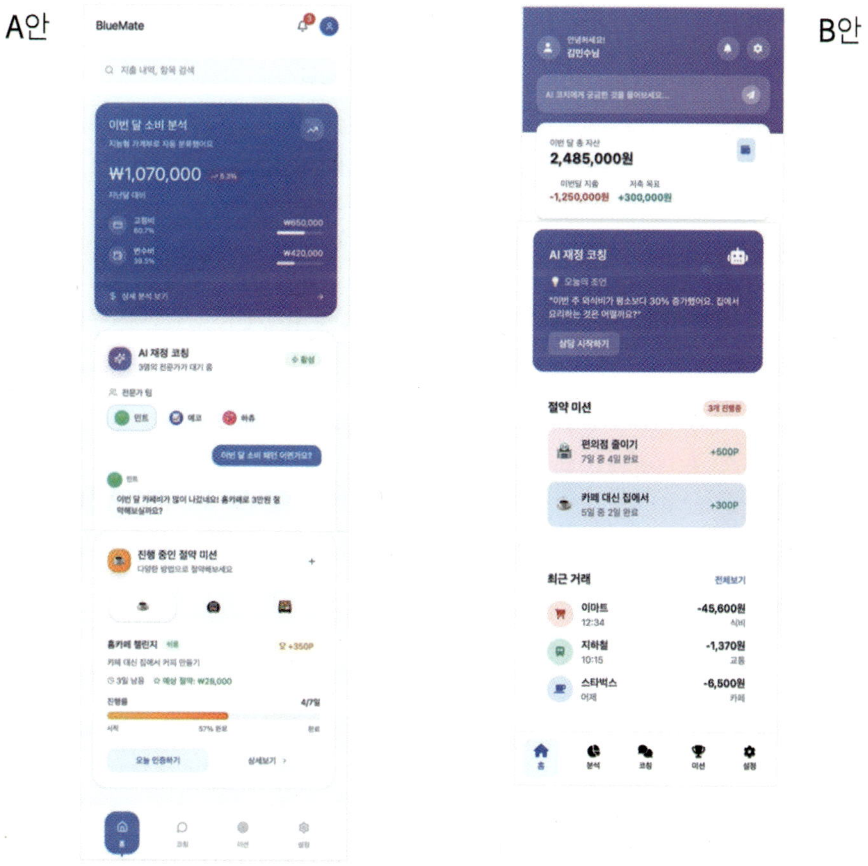

그림 531. A/B 테스트에 사용한 프로토타입 (출처: 라이트브레인)

3개의 AI 모델(챗GPT, 제미나이, 마누스) 모두 B안이 더 UX적으로 낫다고 말했다. 특히 빠른 정보 인식과 행동 유도 측면에서는 B안이 A안에 비해 훨씬 더 낫다고 했다.

표 52. A/B 테스트 결과 (챗GPT를 이용하여 만듦)

테스트 항목	A안	B안	결론
시각적 매력	▪ 블루 그러데이션도 깔끔하지만, 여러 박스가 연속 배치되어 시선이 분산될 수 있습니다.	▪ 상단의 퍼플 그러데이션 영역이 크고, 주요 정보(이번 달 지출/저축 변화)가 한눈에 들어와서 첫인상이 강합니다.	▪ B안이 한 번에 '이번 달 자산 현황'을 각인시키는 데 더 유리
빠른 인식	▪ 소비 분석 카드 안에 세부 비율 · 금액이 들어 있어 읽는 시간이 더 필요. ▪ 주요 지표가 상대적으로 작게 표시됨.	▪ 메인 지표(이번 달 자산, 지출/저축 변화)가 화면 제일 위에 크고 직관적으로 표시. ▪ 절약 미션이 색상 차이(핑크, 브라운)로 빠르게 구분 가능.	▪ B안은 핵심 수치 인식 속도가 더 빠름.
영역 간 구분	▪ 박스마다 내용이 다른데, 컬러 톤이 유사해서 경계가 다소 흐릿하게 보임.	▪ 각 기능(현황, AI 코칭, 절약 미션, 최근 거래)이 색상 · 배경 차이로 명확히 구분됨.	▪ B안이 시각적으로 영역 경계가 더 확실함.
재방문 시 재인	▪ 상단 카드가 소비 분석 중심이라 '자산 변화'라는 인식보다는 '소비 분석 앱' 느낌이 강함.	▪ 사용자가 재방문했을 때 "이번 달 자산 변화" 영역이 항상 동일한 위치 · 스타일로 상단에 위치해, 빠른 회상 가능.	▪ B안이 기능 · 위치 기억이 쉬움.
행동 유도	▪ AI 코칭 영역이 상대적으로 작고, 진입 버튼이 텍스트형이라 행동 유도력이 약함.	▪ 절약 미션이 미션명+포인트 보상으로 명확하게 표시되어 참여 욕구를 유발. ▪ '상담 시작하기' 버튼이 바로 보여 AI 코칭 진입이 용이.	▪ B안이 클릭 유도와 미션 참여 촉진에서 우세.
최종 결론	B안이 사회초년생이 자산 관리 앱을 재방문하며 '현황 파악 → AI 코칭 → 절약 실천' 흐름을 유지하기에 더 효율적입니다.특히 강한 시각적 계층, 빠른 수치 인식, 명확한 행동 유도가 장점입니다.		

이유를 보면 모두 객관적으로 타당한 근거가 있다. 가령 제미나이의 경우 행동 유도 항목에서 B안이 A안에 비해 압도적으로 나은 근거를 다음과 같이 말했다.

> "AI 코칭 섹션에서 '이번 주 외식비가 평소보다 30% 증가했어요'와 같이 구체적인 문제를
> 먼저 진단하고, '집에서 요리하는 것은 어때요?'라고 해결책까지 제시함.
> 이는 사용자가 고민할 필요 없이 '상담 시작하기' 버튼을 누르도록 강력하게 유도함.
> 절약 미션 역시 구체적인 행동과 보상(+500P)을 명확히 제시하여 실천 욕구를 크게 자극함."

위 예시에서 보듯이 적당히 그럴싸한 이유를 단 것이 아니라, 매우 구체적이고 개연성 있는 근거를 제시하고 있다. 실제 사용자들을 대상으로 하는 A/B 테스트도 선호도 분포를 보는 것보다는 '왜 그 안을 더 선호할까?'에 관심을 두는 것을 감안하면, 생성형 AI를 활용한 A/B 테스트는 나름대로 효용성이 있었다.

03

생성형 AI 활용 가이드

생성형 AI 활용 효과

앞 섹션에서 생성형 AI를 활용한 UX 디자인 업무 15가지를 하나씩 살펴보았다. '시장/동향조사'는 UX 디자인만의 고유한 업무라고 보기 어렵고, 이슈 도출에 일부 내용이 포함되어 있어서 (생성형 AI를 많이 활용하는 업무임에도) 굳이 책에 싣지는 않았다.

아래는 각 업무별 생성형 AI 활용 효과를 정리한 표이다.

표 53. UX 디자인 업무별 생성형 AI 활용 효과

업무	책에서 사용된 AI 모델	효과	단점	현 시점 활용 포인트
이슈 도출	구글 제미나이(딥 리서치, 캔버스)	★★	일부 이슈 누락	참고 목적으로 활용
어림(휴리스틱) 평가	퍼플렉시티(연구), 챗GPT(GPT5), 구글 제미나이(딥 리서치)	★★	서비스 특성 미반영	프로젝트 시작전 사전 스터디용
VOC/WOM 조사	파이썬, 구글 제미나이(딥 리서치, 캔버스)	★★★★★	데이터 수집은 별도 작업	당장 실무에 활용 가능
필드 리서치 계획	구글 제미나이(딥 리서치, 캔버스)	★★★	실행은 사람이 해야 함	리서치 대상자 선정, 인터뷰 설계는 가능
키파인딩	구글 제미나이(딥 리서치, 캔버스), 마누스 AI	★★★★★	(모델에 따라 결과 편차)	당장 실무에 활용 가능

업무	책에서 사용된 AI 모델	효과	단점	현 시점 활용 포인트
페르소나 생성	구글 제미나이(딥 리서치, 캔버스), 마누스 AI	★★★★	행위 변수는 사람이 선택	UX에 경험/지식이 많은 사람이어야 함
여정 지도 작성	구글 제미나이(딥 리서치, 캔버스), 마누스 AI	★★★	상세화에 제약이 있음	부분적으로 실무에 활용 가능
인사이트 도출	구글 제미나이(딥 리서치, 캔버스), 마누스 AI	★★★	신규 도출은 효과 적음	사람이 만든 인사이트를 개선 요청
가치 도출/평가	구글 제미나이(딥 리서치, 캔버스), 챗GPT(GPT5)	★★★★	프롬프트가 정교해야 함	경험/지식이 많은 사람에게는 효과 높음
전략/컨셉 도출	구글 제미나이(딥 리서치, 캔버스), 챗GPT(GPT5), 마누스 AI	★★★	결과가 다소 진부함	결과가 다소 진부함
아이디어 도출/개선	구글 제미나이(딥 리서치, 캔버스), 챗GPT(GPT5), 마누스 AI	★★★★	방식에 따라 결과 차이 큼	UX 모델링 기반 아이디어 도출은 효과적
IA/이용흐름 설계	구글 제미나이(딥 리서치, 캔버스), 마누스 AI	★★★	서비스 특성 반영 불충분	참고 목적으로 활용
시나리오 설계/상세화	구글 제미나이(딥 리서치, 캔버스), 마누스 AI	★★★	결과가 다소 진부함	결과가 다소 진부함
프로토타이핑	구글 제미나이(캔버스), 젠스파크(슈퍼 에이전트), 피그마(메이크)	★★★★★	프롬프트가 정교해야 함	UI에 경험/지식이 많은 사람이어야 함
UX 테스트	구글 제미나이(딥 리서치, 캔버스), 챗GPT(GPT5)	★★★	실행은 사람이 해야 함	실행 전 시뮬레이션 목적으로 활용

가장 효과가 높은 업무는 'VOC/WOM 조사, 키파인딩, 프로토타이핑' 3가지다. 이들은 지금 당장 실무에 활용 가능하다. 아니 활용을 늦출수록 오히려 손해라고 하는 게 더 맞을지 모른다.

지금도 충분히 효과가 있는 업무

- VOC/WOM 조사
- 키파인딩
- 프로토타이핑

그 다음으로 효과가 높은 업무는 '페르소나 생성, 가치 도출/평가, 아이디어 도출/개선' 3가지다. 이들은 프롬프트가 정교할 때 효과가 높아지며, 사용하는 방식에 따라 결과에 편차가 컸다. 프롬프트를 다루는 사람이 다양한 경험과 깊이 있는 지식을 가지고 있을수록 효과가 높아질 수 있다.

누가 어떻게 사용하느냐에 따라서 효과가 달라지는 업무

- 페르소나 생성
- 가치 도출/평가
- 아이디어 도출/개선

기타 다른 업무들은 참고 목적이나 사전 스터디 용도로 활용하기를 권한다. 물론 AI 모델(Foundation Model) 성능이 계속 향상되다 보면 업무별 AI 활용 효과도 그만큼 높아질 것이다. 특히 파라미터에 의존성이 높고 추론이 중요한 업무일수록 앞으로 활용 효과가 높아질 것으로 기대된다.

앞으로 활용 효과가 높아질 것이라고 예상되는 업무

- 어림(휴리스틱) 평가
- 인사이트 도출
- 전략/콘셉트 도출
- IA/이용흐름 설계

생성형 AI 모델 평가

AI 전문가들은 주요 생성형 AI의 성능은 비슷하지만, 그 쓰임새에 따라서 효능이 달라진다고 말한다. '클로드는 문과용, 제미나이는 이과용'이라는 우스개 소리가 있을 정도이다. 앞장에서 이미 봤듯이 UX 디자인에도 이는 마찬가지이다. 예를 들어 가장 유명한 오픈 AI의 챗GPT(GPT 5)는 일부 업무를 제외하고는 의외로 그 효능이 떨어졌다. 반면에 마누스 AI는 일반인들에게 그다지 잘 알려진 모델은 아니지만, 여러 업무에서 높은 효능을 보여줬다. 물론 제미나이처럼 어느 업무에서나 우수한 효과를 보여준 팔방미인도 있었다.

아래는 글쓴이가 속한 라이트브레인에서 평가한 'UX 업무별 생성형 AI 모델 평가' 결과이다.

표 54. UX 업무별 생성형 AI 모델 평가 결과 (출처: 라이트브레인)

구분		데스크 리서치				필드 리서치/UX 모델링		
LLM 구분	업무 \ 모델 (개발사)	시장동향 조사	경쟁 분석	VOC/ WOM	휴리스틱 평가	리서치 계획	페르소나 생성	여정 지도
자체 LLM	GPT-5 (OpenAI)	8	9	7	4	8	7	6
자체 LLM	Gemini 2.5 (Google)	9	9	6	8	8	8	7
자체 LLM	Notebook LM (Google)	6	6	5	3	6	6	5
자체 LLM	Le Chat (Mistral AI)	7	7	6	6	5	5	6
자체 LLM	Grok (xAI)	8	6	6	2	4	5	4
자체 LLM	DeepSeek (DeepSeek)	7	7	6	2	2	2	2
자체 LLM	Claude Sonnet 4 (Anthropic)	8	8	9	5	8	8	7
자체 LLM	Cohere Command R+ (Cohere)	8	8	7	6	6	6	6
자체 LLM	LLaMA 3 (Meta)	7	7	6	7	7	7	7
외부 LLM	Genspark (Genspark)	8	7	7	5	6	6	5
외부 LLM	Perplexity AI (Perplexity AI)	8	8	7	3	3	3	4
외부 LLM	Manus AI (Monica)	7	9	8	8	8	8	7

구분		전략/아이디어			시나리오		설계/프로토타이핑	
LLM 구분	업무 \ 모델 (개발사)	인사이트 도출	전략컨셉 도출	아이디어 도출	User Story	시나 리오	IA/이용 흐름	프로토 타이핑
자체 LLM	GPT-5 (OpenAI)	7	6	6	7	8	7	6
자체 LLM	Gemini 2.5 (Google)	7	7	8	7	7	8	6
자체 LLM	Notebook LM (Google)	5	5	6	6	6	6	3
자체 LLM	Le Chat (Mistral AI)	6	7	7	6	7	7	4
자체 LLM	Grok (xAI)	4	7	8	4	3	3	2
자체 LLM	DeepSeek (DeepSeek)	2	5	6	4	4	4	2
자체 LLM	Claude Sonnet 4 (Anthropic)	7	7	7	7	8	8	6
자체 LLM	Cohere Command R+ (Cohere)	6	7	7	7	7	7	6
자체 LLM	LLaMA 3 (Meta)	6	7	7	6	7	7	6
외부 LLM	Genspark (Genspark)	5	7	7	6	5	7	9
외부 LLM	Perplexity AI (Perplexity AI)	2	6	6	3	2	4	4
외부 LLM	Manus AI (Monica)	7	7	9	7	8	8	5

Part 04

최신 UX 방법론과 트렌드

01 _ 패러다임 변화 (Paradigm Shift)

02 _ 애자일 + UX

03 _ AI을 위한 디자인, AI UX

01

패러다임 변화 (Paradigm Shift)

디지털 전환

미국의 라이트(Light) 사는 2016년 여름, L16이라는 기괴한 형태의 새로운 디지털카메라를 선보인다. L16은 스마트폰보다 약간 큰 크기의 디지털카메라인데, 일반적인 DSLR이나 미러리스 카메라와는 달리 스마트폰에 적용하는 카메라 모듈이 무려 16개나 탑재되어 있다. 이렇게 많은 모듈이 탑재된 것은 다양한 용도의 카메라와 플래시를 이용해서 뛰어난 사진 품질과 깊이 있는 현실감을 구현하기 위한 것이다. 10개의 작은 조리개가 빛을 받아들이기 때문에 어두운 환경에서도 매우 밝은 사진 촬영이 가능하고, 다양한 초점을 가진 사진을 한 번에 촬영할 수 있다. 다양한 카메라 모듈이 사진을 동시에 촬영하기 때문에 촬영 후 이미지 초점 변경이나 간단한 후보정이 가능하다.

그림 532. (왼쪽부터) 라이트 L16, 아이폰 11 프로, 갤럭시 S20 울트라

라이트 L16이 뛰어난 하드웨어 성능을 통해서 카메라 시장의 패러다임 변화를 꾀하고 있을 때 모바일 운영체제를 양분하고 있는 애플과 구글에서는 AI를 이용한 카메라 기술을 개발하고 있었다. 아이폰 11

과 구글 픽셀4에서 선보인 AI 카메라 기술은 어두운 환경에서도 밝은 사진을 찍을 수 있고, 흔들리거나 흐릿한 초점을 정상적으로 복구시켜 준다. AI가 촬영 시 환경과 피사체의 데이터에 기반해 여러 픽셀을 하나로 병합해 사진 품질을 높이거나 가장 적절한 사진 결과를 예측해주는 것이다. 구글의 AI 카메라 기술은 삼성의 갤럭시 S20에도 적용되었는데, S20는 100배 줌 촬영이 가능한 스페이스 줌을 지원한다. 16개의 카메라 모듈이 없어도 AI 기술을 이용하여 그에 못지않은 뛰어난 카메라를 선보이고 있다. 라이트 L16을 예시로 들었지만, 디지털 기술의 인해서 기존 DSLR, 미러리스 카메라는 조만간 소수의 사진 전문가들을 위한 시장으로 전락할 것이다.

디지털이 우리 곁에 등장한 지 이미 수십 년이 지났다. 그런데 왜 '디지털 전환(Digital Transformation)'이 지금 화두가 되고 있는가? 사실 이 질문을 하는 게 무색하게 우리는 이미 디지털 라이프를 살고 있다.

[말레이시아 정부의 디지털 라이프스타일]

디지털 라이프는 우리나라와 같은 IT 선진국뿐만 아니라 새로운 성장동력을 찾는 개도국에도 중요한 화두가 되고 있다. 일상생활 전반에 디지털 기술을 접목해서 공적 자원의 효율성을 꾀하고 개인의 신체/정서적 건강, 사회적인 소통 활성화를 목표로 한다.

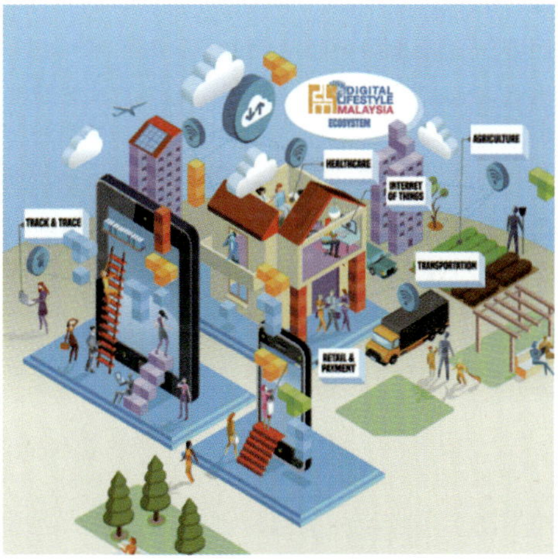

그림 533. Digital Lifestyle Malaysia

디지털로 연결된 TV와 OTT에서 뭘 볼까 고민하고, 메시징 앱이나 메일을 통해서 누군가와 소통하는 게 자연스러워졌으며, 매장에 가지 않고도 앱을 통해서 물건이나 커피를 주문하고, 클라우드에 사진이나 문서는 물론 연락처나 스마트폰 설정 등을 저장하고, 디지털 키를 이용해서 공유 차량이나 킥보드의 시동을 건다.

이와 같은 시대의 변화는 서비스에도 새로운 패러다임 전환을 요구한다. 빅데이터와 블록체인, 사물인터넷(IoT), 5G 통신기술, AI 등을 활용해서 전보다 더 긴밀하게 연결되고 빠르며, 개인화, 지능화된 서비스로 변화하고 있는 것이다. 앞으로의 변화는 지금까지의 변화보다 더 가속화되고 예측이 어려워질 것이다. 우리는 이러한 시대 변화에 어떻게 대처할 것인가?

많은 전문가가 이렇게 빠르고 복잡하게 변화되는 시대에서 사용자 개개인에게 맞는 서비스를 제공하기 위해서는 UX 디자인과 같은 디자인씽킹이 중요하다고 역설하고 있다.

"왜 디자인씽킹이 영업(Sales)의 미래인가?",
"디자인씽킹은 투자 대비 효과 측면에서 85% 이상의 효과를 더 가져올 수 있다."
– Forbes

"디자인씽킹은 실제 눈에 보이는 결과뿐만 아니라 압도적인 경쟁력을 가져다준다."
- Mckinsey

[변화하는 경쟁 규칙]

이제는 기술뿐만 아니라 디자인이 결합된 혁신이 중요해지고 있다. 기술과 디자인이 결합돼야 사용자 라이프스타일에 기반한 의미 있는 변화가 가능하다.

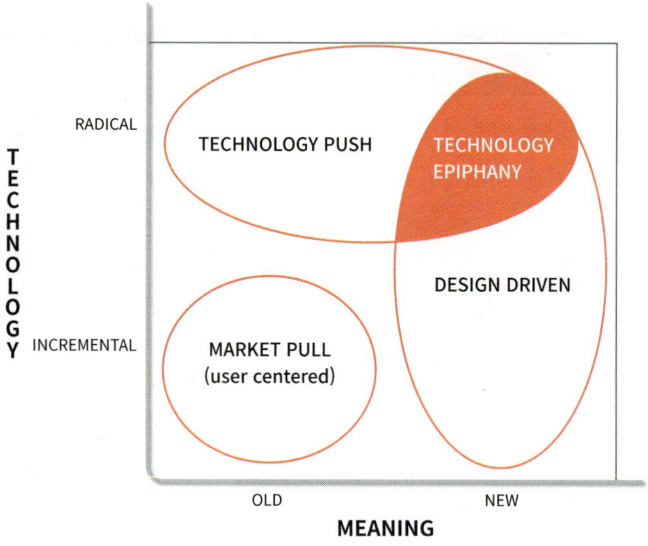

그림 534. Roberto Verganti's Changing the rules of competition

디지털 전환은 그 특성상 부분적인 변화보다는 전체적인 변화 측면에서 접근하기 마련인데, 이때 기준이 되는 것이 사용자 여정이다. 선진기업들은 사용자의 경험 여정에 밀착해 문제를 발굴하고, 가치 있는 사용자 경험을 설계하는 것이 혁신의 출발점이 되는 아웃사이드인(out-side in)[주: 비즈니스 중심에 사용자를 자리매김하여 접근하는 방법] 전략 중심의 디지털 전환을 추진하고 있다.

스타벅스, '디지털 플라이휠'을 중심으로
스타벅스 핵심가치 집중 > 디지털기술 도입 >
고객경험강화

아마존, 개선된 고객경험과 고객의 증가가
트래픽, 판매자, 상품군을 늘리는 선순환구조

최적화된 고객 접점 전략
End to End 경험 제공 목표

그림 535. 선도 업체들의 디지털 전환 예시 (왼쪽부터 스타벅스, 아마존, 스프린트)

미국의 통신 기업 Sprint의 디지털 전환

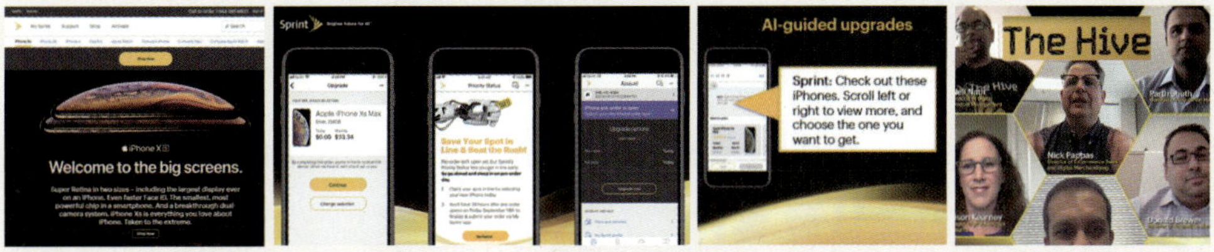

sprint.com

그림 536. Sprint의 End to End 경험 설계

1. 새로운 디바이스가 출시되면 적절한 시점에 고객 노출: 최신 스마트폰이 출시되면 고객이 놀라운 휴대 전화에 대한 최신 정보를 얻도록 발표하면서 거의 실시간으로 웹 사이트에 제품 정보를 배치
2. 기존 기기를 업그레이드할 수 있게 모바일 앱을 통해 주문과정 지원: MySprint 앱을 통해 최근 시작된 독점 프로그램인 Priority Status는 업그레이드 자격이 있는 고객에게 새 장치에 대한 '인라인' 지점을 예약하고 주문을 확인하는 유연성을 제공
3. AI 채팅봇을 통해 장치 업그레이드 완료: 인공지능 프로그램을 활성화해 고객이 '채팅'을 통해 쉽고 빠르게 장치 업그레이드를 완료
4. 'Hive'라는 혁신조직을 통해 통찰력을 활용, 고객에게 놀라운 End to End 경험 제공 목표: 분야별 전문가로 구성된 TFT팀이 고객의 Pain point를 해결하기 위해 적극적으로 활동

새로운 문제해결 방법의 부상

디지털 전환 시대에는 좀 더 민첩하게 시장 변화에 대응할 수 있으면서 사용자 여정 측면에서 문제를 찾고 그 해결방법을 모색하는 애자일 UX 방법론이 부상하고 있다. 애자일이란 긴 주기의 프로젝트를 몇 개의 순환 주기로 쪼갬으로써 리스크는 줄이고 점진적으로 서비스를 완성하자는 방법론이다.

디자인 씽킹과 애자일 방법론에 린(lean) UX의 장점을 결합한 포스트 애자일 UX는 2016년부터 실리콘밸리에서 급부상하고 있는 디지털 전환 방법론이다.

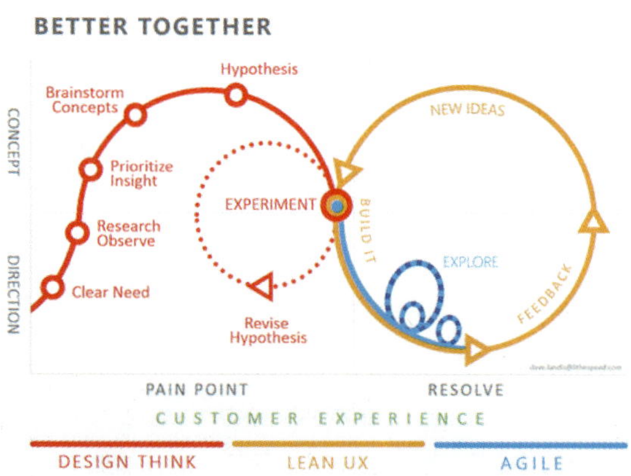

그림 537. 포스트 애자일 UX 방법론 (출처: LitheSpeed)

포스트 애자일 방법론은 애자일 방법론의 민첩하고 빠른 프로젝트 주기, 디자인씽킹의 사용자 여정 중심 접근, 린 UX의 신속한 서비스 구축 및 반복적인 개선이라는 장점을 모두 지니고 있다.

최소한의 실행 가능한 서비스 영역이라는 의미의 MVP(Minimum Viable Product)는 디지털 전환 시대에 민첩하게 시장에 대응하기 위한 또 하나의 대응 방법이다. 사실 MVP는 애자일 방법론을 설명할 때 빠지지 않고 등장하지만, 별개로 보는 것이 더 정확하다.

MVP는 초기 가설을 검증하기 위한 최소한의 서비스다. UX/UI 방법론을 통해서 전략/콘셉트, 아이디어들을 도출했다고 가정해 보자. 보통은 사용자 시나리오, IA 설계 등으로 순서를 이어 나가기 마련이지만, MVP를 적용했을 경우에는 가장 핵심적인 아이디어만 묶어서 곧바로 프로토타이핑을 만든다.

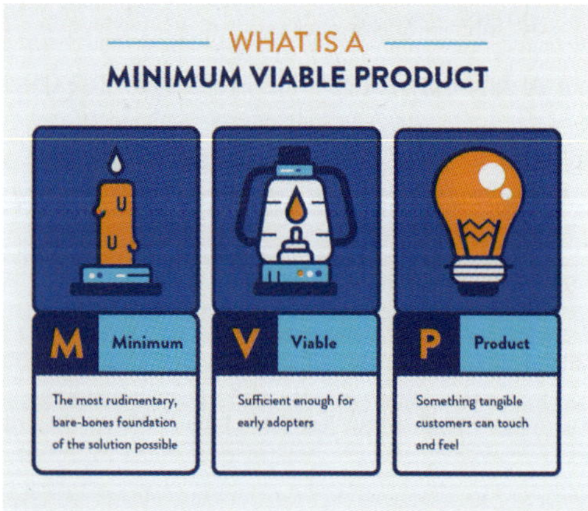

그림 538. MVP란? (출처: KC Karnes, CleverTap)

정통 UX 방법론에 익숙한 사람들은 이해되지 않겠지만, MVP를 주장하는 사람들은 핵심 아이디어를 빠르게 프로토타입으로 구현해서 이를 검증하고 개선한 다음, 나머지 부분에 다시 접근하자고 주장한다.

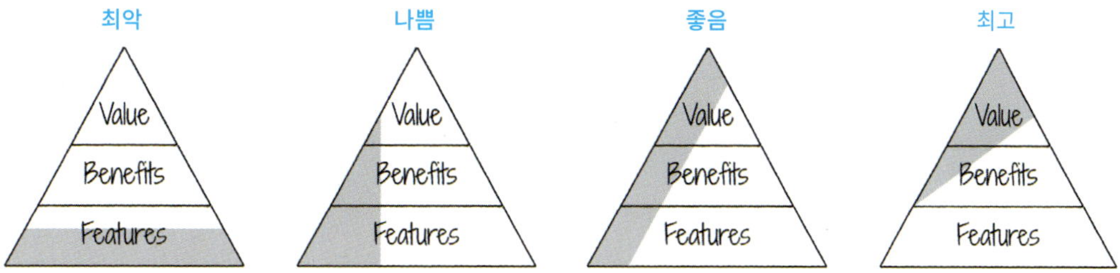

그림 539. 가장 바람직한 MVP (출처: Daniel Collado Ruiz, Nestholma)

MVP에서 최고로 치는 것은 특징적인 몇 가지 기능에 집중하는 게 아니라, 사용자에게 어떤 가치를 제공할 것인지에 집중하면서 그 결과(혜택)를 프로토타입에 반영하는 것이다. MVP는 애자일 방법론이 주장하는 바와 잘 맞아떨어진다. 가장 핵심적인 아이디어를 먼저 구현하자, 그것을 검증한 다음에 다른 부분으로 점차 개발을 확대해 나감으로써 위험요소를 감소시키자는 MVP 개념은 애자일 방법론의 첫 번째 순환 주기를 설명하는 데 잘 어울린다.

애자일 방법론을 설명할 때 자주 등장하는 왼쪽의 자동차 예시를 보면 기능(바퀴)이 아닌 탈 것(가치, 혜택)에 집중해서 점차 그것이 전달해야 할 혜택과 기능을 완성하자는 내용이다.

어찌 보면 바퀴에서 출발하는 게 상식이어야 하는데, 애자일이나 MVP 옹호자들의 주장은 기능이 아닌, 가치에 집중한다는 점이 다르다.

그림 540. 애자일이란? (출처: Henrik Kniberg)

디자인 스프린트 사례 - 블루보틀 온라인 스토어 만들기

구글 벤처스의 디자이너이자 ≪스프린트≫(김영사 2016) 책의 저자인 제이크 냅(Jake Knapp)이 소개한 스프린트 프로젝트 예시를 살펴보자. 블루보틀은 커피 브랜드다. 디자인 스프린트는 가벼운 사용자 리서치 결과를 가지고 시작한다. 사용자 리서치 결과로부터 아이디어를 뽑은 다음, 바로 스케치와 프로토타입을 만들고, 사용자를 대상으로 테스트를 거쳐서 첫 번째 서비스 시제품을 완성한다. 그 다음부터는 지속적인 테스트-피드백-개선 과정이 반복된다.

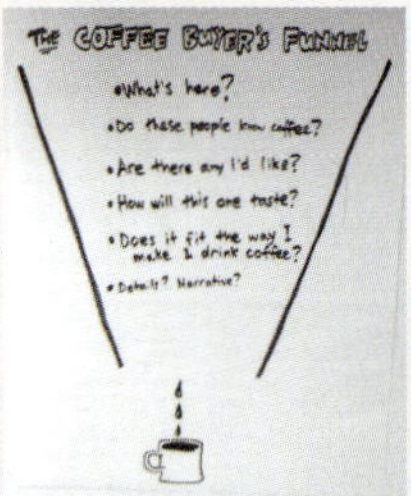

1. Before the sprint :
간단한 사용자 리서치를 통한 디자인 결정 기준을 세운다.

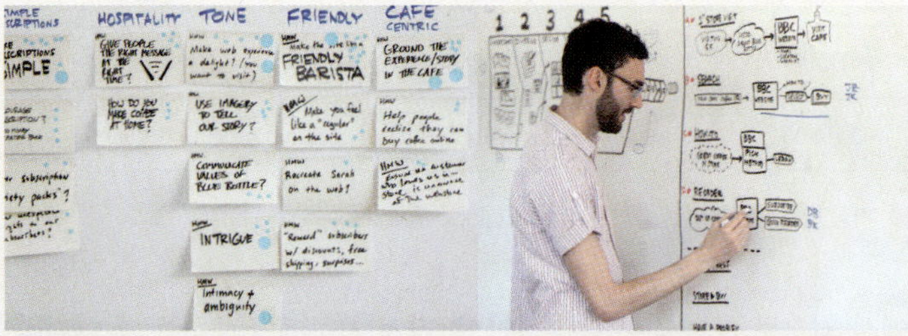

2. Day 1, understanding the online coffee shopper :
사용자 리서치 결과와 블루보틀 내부 직원들의 의견을 조합하여 아이디어와 기회 요인을 포스트잇에 적은 후, 가장 좋은 아이디어를 선별한다. 또한 아이디어와 기회 요인을 그루핑한다. 또한 블루보틀의 웹사이트와 사용자들이 어떻게 상호작용할지 스토리를 스케치한다.

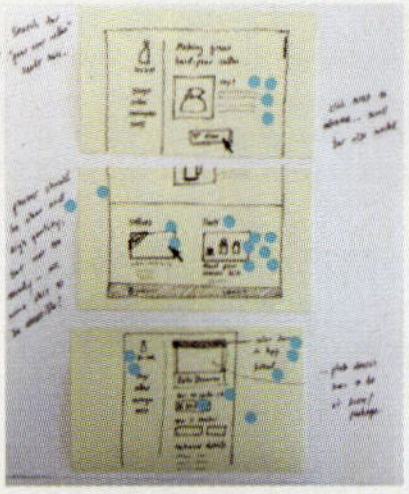

3. Day2, sketching possible solutions :
아이디어들을 스케치한다. 커피를 쇼핑하는 방식에 포커싱하여 유저 스토리를 만든다.

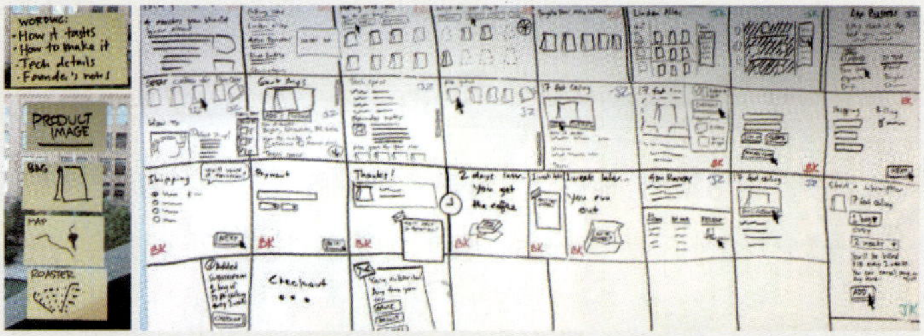

4. Day 3, deciding which solutions to prototype :
프로토타이핑을 하기로 결정한 아이디어에 대해 워딩, 이미지 등 요소들을 구체화 하여 표현한다. 이러한 요소를 녹인 스토리 보드를 작성한다.

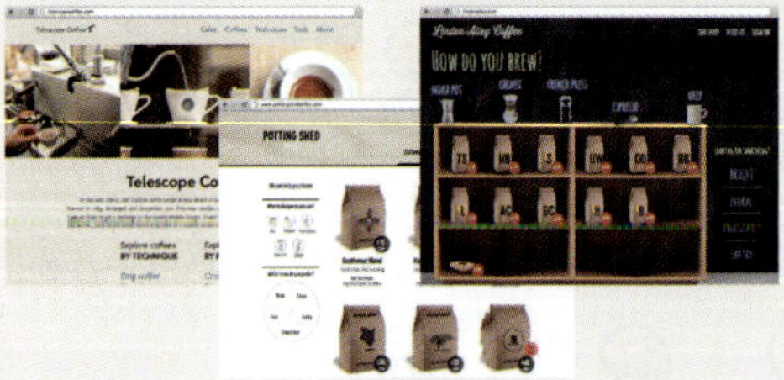

5. Day4, prototyping :
키노트를 활용하여 인터랙션이 가능한 3가지 타입의 프로토타이핑을 제작했다.

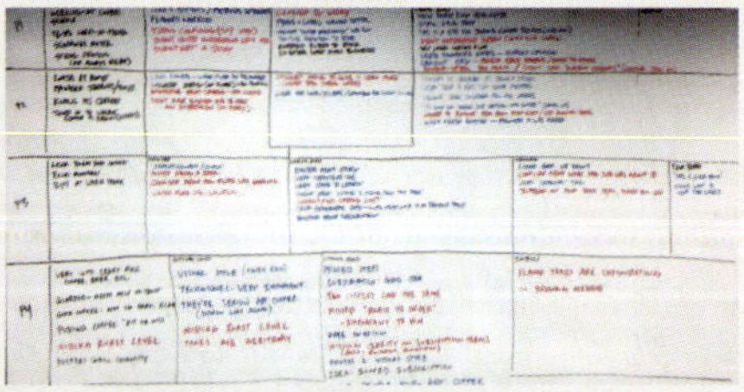

6. Day5, testing our prototypes with real users :
사용자 5명을 리쿠르팅 하여 프로토타이핑 테스트를 진행했다. 실시간으로 화이트 보드에 관찰 내용과 키파인딩 요약 내용을 정리하였다.

그림 541. 블루보틀 온라인 스토어 만들기 스프린트 프로젝트 (출처: GV) Sprint)

반복적인 작업(Iteration)은 빠르게 서비스를 만들어서 사용자에게 제시하고 그 피드백을 다시 서비스에 반영하여 점진적으로 완성도를 높여 나가자는 방법이다.

디지털 전환이 복잡하고 전방위적으로 이뤄지다 보니, 오히려 실제 개발 시에는 민첩함과 유연함을 강조한다. 최소한의 실행 가능한 MVP를 먼저 내놓고, 내부 점검과 사용자 평가를 통해 서비스가 지향해야 할 명확한 목표(North Star)를 세우고, 합리적인 이유가 있다면 언제나 변경 가능한 서비스 전체 명세서(Backlog)를 만들며, 개발과 운영 간의 경계를 허물고(DevOps), 궁극적으로 사용자의 기대를 지속해서 충족해 나가는 방법으로 나아가고 있다.

그림 542. 5일 동안의 스프린트 (출처: Sprint)

디자인 스프린트 방법론에서는 극단적으로 5일 만에 여정을 설계하고, 아이디어를 스케치/평가한 다음 프로토타입을 만들어서 평가하는 경우도 있다. 물론 여기서 그치는 게 아니라 테스트 결과가 다시 아이디어나 프로토타입에 반영되는 과정이 여러 차례 반복된다. 그 과정에서 UX가 강화되고 개선된다.

결과적으로 디지털 전환 시대의 디자인 방법론은 다음과 같은 특성이 있다.

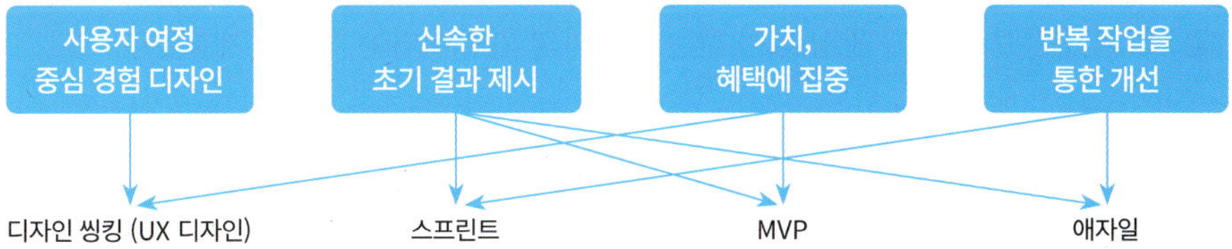

그림 543. 디지털 전환 시대의 디자인 방법론 특성

더 빠르고, 민첩하며, 사용자 가치에 기반한 방법론이 등장하고 있다. 뒤에 나오는 '애자일 UX'에서는 원래 독립적이었던 애자일, UX 디자인, 디자인 스프린트가 결합하게 된 배경과 구체적인 진행 방법을 살펴볼 것이다.

데이터 기반의 UX, AI UX

현재 나의 활동, 다시 말해 내가 어떤 것을 찾아다녔고, 무엇을 관심 있게 보고, 어떤 것은 보다가 말았는지 등의 데이터를 파악해서 그에 따른 UX를 즉시 제공하는 서비스가 늘고 있다. 유튜브를 예로 들어 보자. 사용자가 홈 화면이나 검색을 통해서 어떤 콘텐츠를 탐색했는지, 어떤 콘텐츠를 관심 있게 보고, 어떤 콘텐츠는 보다가 바로 나왔는지, 댓글(Comments)이나 다음(Up Next), 추천 콘텐츠에는 어떤 반응을 보였는지를 데이터로 파악했다가 새로운 홈 화면에 추천 콘텐츠로 그 결과를 반영한다. 물론 여기에는 구독 채널, 관심 없음이나 채널 추천 안 함 등의 결과도 반영된다.

그림 544. 유튜브 홈 화면

다소 복잡해 보일 수 있지만, 사실 결과는 간단하다. '사용자가 흥미를 가질 만한 콘텐츠만 보여주는 것'이다. 그럼으로써 유튜브는 '내가 관심 있어 하는 세상과의 연결'이라는 가치를 제공한다.

그림 545. 유튜브 같은 추천 서비스에서의 콘텐츠 추천 로직

이것은 새로운 UX다. 데이터에 기반해 우리가 좋아할 것, 만족스러워할 것을 예측하고 그 결과를 즉시 보여준다. 예전에는 이전 데이터, 이전 경험에 기반하여 오랜 시간 숙고 끝에 '사용자는 이런 콘텐츠를,

이런 제공 방식을 좋아할 것이다'라고 예측하고 디자인에 반영했다면 이제는 현재 데이터, 현재 경험에 기반하여 그 즉시 예측 결과를 사용자의 눈앞에 제시한다.

데이터에 기반한 UX는 이미 많은 기업 및 서비스가 제공하고 있다. 유튜브와 같은 미디어 서비스는 물론이고, 쇼핑몰에서의 상품 추천, 내비게이션 서비스의 길 안내, AI 스피커의 사용자 의도 파악, 항공권 예약 서비스에서의 목적지/일정 추천 등 다양한 분야에 이미 적용 중이다.

> 새로운 UX에서는 어떻게 사용자의 현재 데이터와 현재 경험을 수집하고, 그것을 결과에 반영할 것인가가 중요한 화두가 되었다.

국내 AI 전문가들이 이야기하는 UX

글쓴이는 직업 특성상 다양한 직종의 사람들을 만나는데, 최근 관심이 그쪽으로 쏠려서인지, 아니면 시대의 흐름 때문인지 AI 전문가들과의 만남이 늘고 있다. AI 전문가라고 통칭해서 얘기하지만, 기술적인 배경이나 적용 분야, 수준은 천차만별이다. 검색 알고리즘에서 출발해 구글 텐서플로를 활용해서 머신러닝 솔루션을 제공하는 사람들도 있지만, 딥러닝 기술에 기반해 자체 솔루션을 만들었는데 구글이나 IBM을 넘어서는 게 목표인 사람도 있다.

그런 전문가들의 얘기는 한결같다. AI는 기술이다. 하지만 실제 AI가 제공할 서비스는 UX 없이는 불가능하다. 글쓴이도 SK 사내 대학이나 디자인진흥원 등에서 AI와 관련한 UX를 강의 중이지만, 대다수 AI 전문가들이 공통으로 얘기하는 'AI 서비스는 UX 없이는 불가능하다'는 얘기를 듣고 있노라면 "왜죠?"라는 질문을 던지게 된다.

"결국 AI가 제공하는 것이 사람들의 곁에서 경험을 제공하는 일이기 때문입니다."

그분들이 공통적으로 이야기하는 결론이다.

그런데 조금만 생각해 보면 콘텐츠 추천 외에도 콘텐츠를 담는 그릇인 UI 프레임이나, 콘텐츠를 분류하는 카테고리, 콘텐츠 추천 후 이어지는 이용흐름 설계가 필요하다는 것을 알 수 있다. 사실 이 부분이 더 까다롭다. 단지 콘텐츠를 추천하고 그치는 것이 아니라 어떤 형식으로 그것을 보여주고, 분류하며, 흐름이 이어지게 만들 것인가?

넷플릭스는 천문학적인 예산을 들여서 추천 시스템의 성능을 지속해서 개선하고 있지만, 많은 사용자는 지나치게 빽빽한 UI와 변경 불가능한 카테고리, 중복 콘텐츠 제공에 오히려 더 많은 불만을 표시한다.

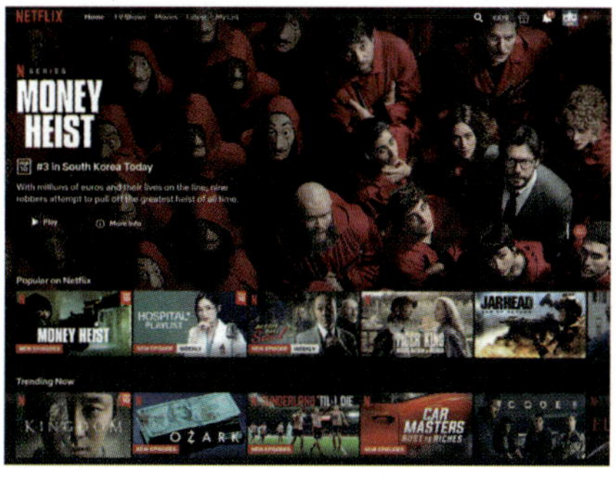

그림 546. 넷플릭스 홈 화면

디지털 전환 시대는 조만간 AI 주도 시대로 발전해 나갈 것이다. AI가 우리 생활의 대부분에 개입하고 통제하며 각 개인에게 맞춤화된 서비스를 실시간으로 제공하는 시대다. 이미 우리 곁에는 AI 스피커나 길 안내 내비게이션을 비롯한 많은 AI 서비스가 자리 잡고 있지만, AI 주도 시대에서는 그 위상이 가장 가까운 친구, 비서, 가족 같은 존재로 높아질 것으로 전망한다.

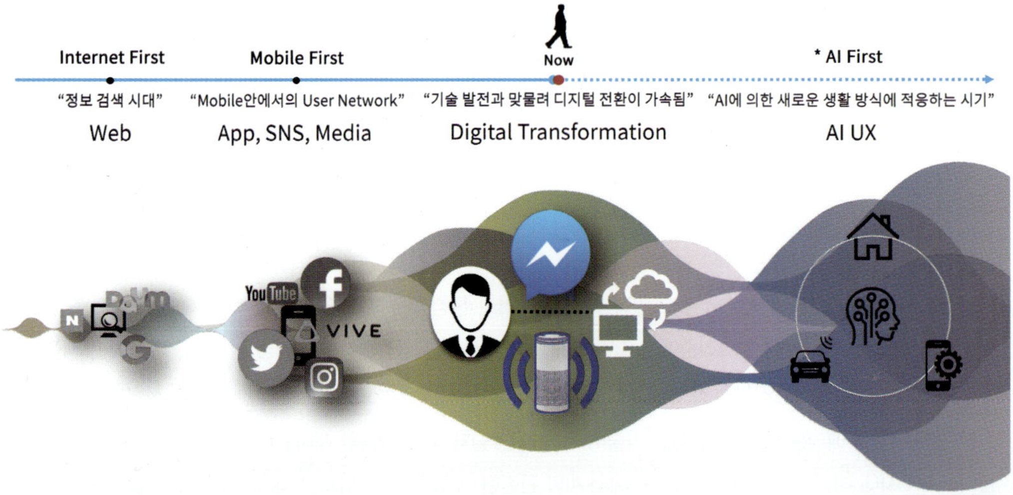

그림 547. 디지털 전환 시대를 넘어 AI 주도 시대로의 진입

디지털 전환 시대는 UX/UI의 중요성이 매우 높다. 사용자 여정이 중심이고, 반복 절차를 통해서 결과를 계속 개선하려면 사용자경험 지향적이지 않으면 안 된다. 그러나 디지털 전환기를 거쳐서 AI가 모든 것을 주도하는 시대로 넘어가면 기존 UX/UI 디자인은 여러 가지 한계를 나타낼 수 있다. 기존 방법론을 대신해 새로운 UX 방법론이 나타날 것이며, 이미 많은 기업과 연구소에서 이를 준비하고 있다.

Google AI

People + AI Research (PAIR)

HAI Human-Centered Artificial Intelligence Stanford University

그림 548. 구글의 PAIR와 스탠퍼드의 HAI

AI 시대에 UX 디자인이 어떤 역할을 해야 하는지를 명확하게 밝힌 크리스토퍼 너셀(Christopher Noessel)의 《Designing Agentive Technology》도 참고하기 바란다.

다소 제한된 서비스 영역만 다룬다는 단점이 있으나, AI UX에 대한 최근의 고민을 읽기에 좋은 책이다.

그림 549. Designing Agentive Technology 책 표지 (출처: Rosenfeld Media)

AI와 결합된 디지털 전환

미국의 손해보험사인 USAA는 고객이 사고 차량을 접수하는 과정을 AI가 결합된 디지털로 전환해 이전에 보험 감정사가 몇 주에 걸쳐 처리했던 클레임 처리 속도를 불과 몇 분 이내로 단축했다.

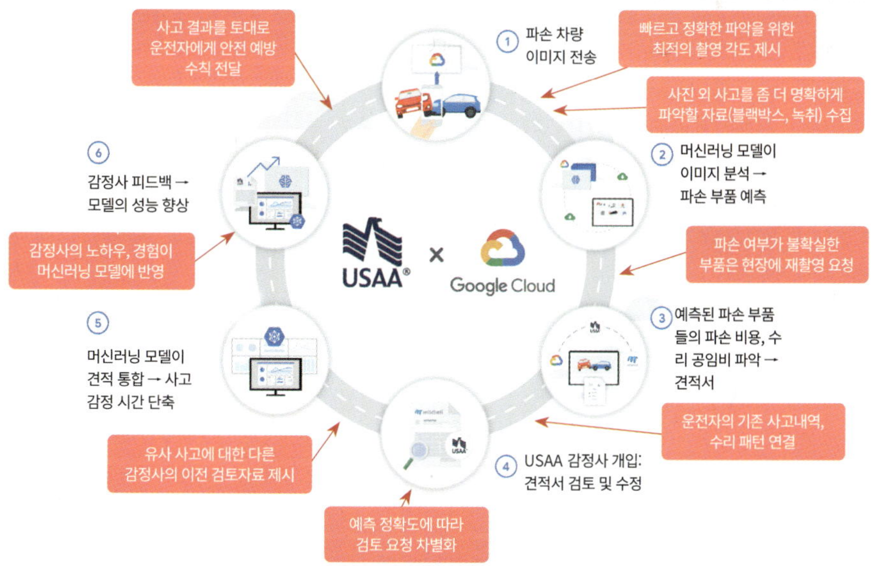

그림 550. . USAA의 AI와 결합된 디지털 전환 사례 (출처: USAA)

❶ 사고를 당한 고객이 파손 차량 이미지를 전송하면 USAA의 사고처리 담당자는 빠르고 정확한 파악을 위해 최적의 촬영 각도를 제시한다. 더불어 사진 외에 사고 정황을 파악할 데이터(블랙박스 영상, 녹취록)를 수집한다.

❷ AI 모델이 이러한 데이터를 분석하여 파손 부품을 예측한다. 파손 여부가 불확실한 부품에 대해서는 현장의 고객에게 더 정확한 파악을 위해 재촬영을 요청한다.

❸ AI 모델은 이를 다시 종합해 파손 부품들의 비용과 수리 공임을 자동으로 예측하고, 이를 견적서로 만들어서 감정사에게 전달한다. 이 과정에서 운전사의 기존 사고내역이나 수리 패턴이 참고자료로 같이 전달된다.

❹ USAA 감정사가 견적서를 검토하고 수정하는데, AI가 전달한 예측 정확도에 따라서 검토 요청 내용이 달라진다. 감정사는 유사 사고에 대한 다른 감정사의 이전 검토 자료를 참고할 수 있다.

❺ 최종적으로 AI가 견적을 통합해 최종 감정 결과를 제시한다.

❻ 이렇게 사고 차량 클레임 처리가 끝나면 감정사의 노하우와 경험이 AI 모델에 다시 반영된다.

❼ 또한 사고 결과를 토대로 사고를 낸 운전자에게 안전 예방 수칙을 전달한다.

02

애자일 + UX

애자일 방법론

여러 사람이 공동의 목표를 달성하기 위해서 제한된 일정과 자원하에 각자 맡은 바 역할을 수행하는 협업 활동을 '프로젝트'라고 한다. 원래 프로젝트는 건설이나 제품 개발 분야에서 주로 진행됐으나, IT가 중요해진 70년대 이후 IT 프로젝트도 급격하게 증가했다.

일반적인 IT 프로젝트는 대부분 폭포수(Waterfall) 모델이었다. 착수-분석-설계-구축-테스트-적용 등의 단계가 명확하게 나뉘어 있어 각 단계가 끝나면 다음 단계가 진행되는 식이었다. 2장에서 얘기한 UX/UI 디자인 프로세스도 따지고 보면 폭포수 모델에 기반하여 정리한 것이다. 폭포수 모델은 각 단계의 계획과 검수가 체계적이고, 문제가 발생할 경우 책임 소재를 명확하게 밝힐 수 있다는 장점이 있다. 반면에 지나치게 기간이 오래 걸리고 중간에 덮어놨던 이슈가 프로젝트 말미에 한꺼번에 터지는 문제가 있다.

90년대 중반에 접어들면서 긴 폭포수 모델의 프로젝트를 여러 개로 쪼개서 '가치 있는 결과물을 좀 더 일찍 내놓고', 나머지 결과는 점진적으로 이어서 내놓는 것이 어떻겠냐는 논의가 확산됐고, 2000년대에 접어들면서 그 결과가 '애자일 선언(The Manifesto for Agile software Development)'으로 귀결됐다. 사실 폭포수 모델 방법론의 단점은 훨씬 전부터 거론됐고, 그 대안으로 나선형(Spiral) 모델 등 다양한 개선책이 시도됐다. 그러나 애자일 만큼 큰 호응과 변화를 불러일으킨 방법론은 없었다.

애자일 방법론이 지향하는 바는 단순하다. 폭포수 방법론이 가지고 있는 길고 비효율적인 관리를 없애고자 하나의 프로젝트 주기를 여러 개로 쪼개는 것이다.

여러 개로 쪼개다 보니 자원/일정/품질 관리의 부담이 줄어들고, 원래 하려던 개발 업무에 좀 더 집중할 수 있게 되었다. 그뿐만 아니라 일차적으로 '가치 있는 결과물(=MVP)'을 먼저 내놓으니 시장의 반응을 미리 살필 수 있다는 장점도 있었다.

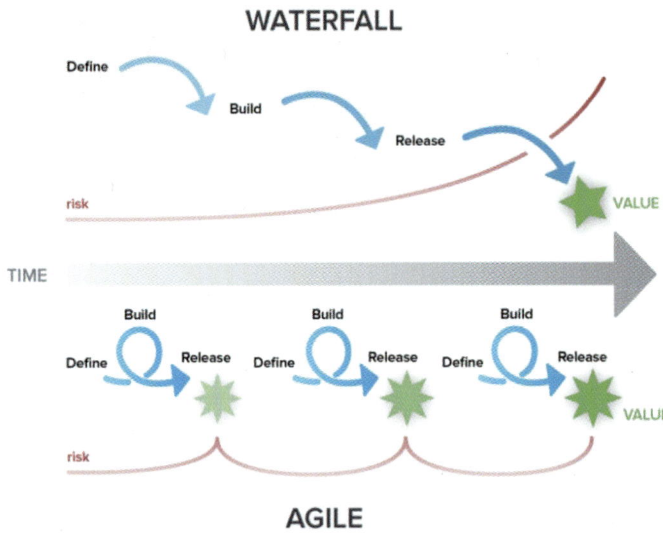

그림 551. 폭포수와 애자일 방법론 비교 (출처: Cirdan Group)

애자일은 여러 가지 방식이 존재하는데, 가장 대표적인 애자일 방식은 스크럼(Scrum)이다. 스크럼은 럭비 경기 용어로 선수들이 서로 밀착하여 형성하는 전술 대형을 말한다. 스크럼 방식의 애자일은 여러 직무로 구성된 5~9명 규모의 소규모 팀이 합심하여 스프린트라는 주기별로 개발 업무를 수행한다. 팀 내에는 UI 기획자, 디자이너, 개발자뿐만 아니라 제품 책임자(Product Owner)와 애자일 진행을 책임지는 스크럼 마스터(Scrum Master)가 있다. 각자 맡은 바 역할을 하면서 공동 목표를 위해서 스크럼 회의를 진행하고 프로젝트를 통해 수행할 내역이 적힌 제품 백로그(Product Backlog)를 기록하고 관리한다.

애자일 용어 정리

- 스크럼: 가장 대표적인 애자일 방식. 여러 직무로 구성된 소규모 팀이 공동으로 업무를 진행하는 형태를 의미
- 스크럼 마스터: 애자일 프로젝트 관리를 책임지고, 일정/자원/이슈 등을 관리하는 관리자
- 제품 책임자: 현업 담당자로서 프로젝트의 내용에 해당하는 제반 백로그를 관리하는 사람
- 제품 백로그: 제품 완성에 필요한 특성, 기능, 개선점 등 제품의 모든 요구사항을 우선순위에 따라 정리한 목록. 백로그는 사용자 스토리 형태로 기록된다.
- 사용자 스토리: 사용자에게 제공할 정보나 기능을 일정한 형식(As a WHO, I want to WHAT, so that WHY)으로 정리하는 것

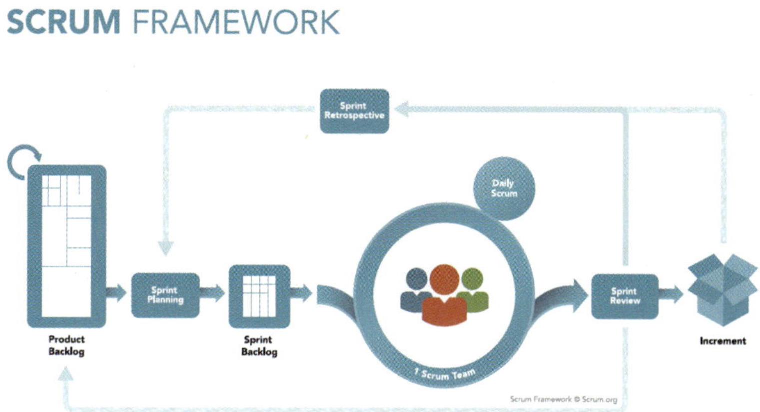

그림 552. 스크럼 프레임워크 (출처: Scrum.org)

스크럼 방식의 장점은 분야별 전문가들이 모여 공동의 목표와 이슈를 매일같이 공유하기 때문에 협업의 효과성이 높다는 것이다. 또한 반복되는 스프린트를 통해 피드백과 학습이 이뤄지면서 사용자 요구와 환경 변화에 기민하게 대응할 수도 있다. 반면에 프로젝트의 규모가 너무 큰 경우 스크럼 방식을 실제 적용하기가 어렵고, 프로젝트와 스프린트의 기준이 되는 제품 백로그가 실제 사용자 경험에 기반했다고 보기 어려워 효율성만 맹목적으로 꾀한다는 비판도 받는다. 과정은 좋은데 최종적으로 만들어낸 결과물이 시장이 원하는 것이 아닌 경우가 발생할 수 있는 것이다.

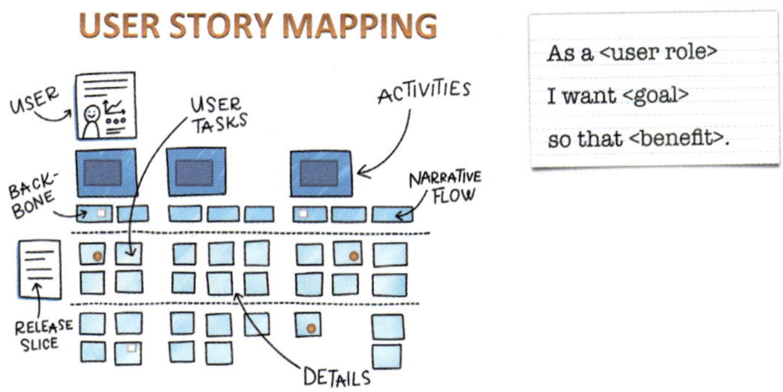

그림 553. 애자일 프로젝트의 가장 기본 단위가 되는 사용자 스토리 (출처: Priyank Shah, Medium)

백로그는 애자일 프로젝트에서 가장 중요한 기준이다. 백로그에는 프로젝트 또는 각 스프린트의 성과를 측정할 수 있는 개발 내역이 담겨 있다. 사용자 스토리를 기준으로 전체적인 백로그(Product Backlog)를 만들고, 그것을 우선순위로 구분하면서 스프린트(Sprint Backlog)를 나누는데, 처음에 정해진 백로그가 스프린트 진행 과정에서 수정되고 다음에 진행할 스프린트에 영향을 미치는 경우도 많다.

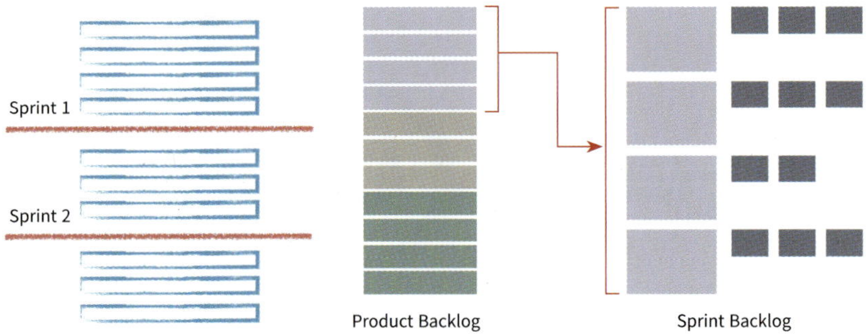

그림 554. 스프린트와 백로그 간의 관계 (출처: Encarna Abellán, we are marketing)

가장 큰 문제는 애자일 프로젝트의 기본 단위가 되는 사용자 스토리가 개발 중심적으로 만들어졌기 때문에 실제 사용자 경험을 반영하기에는 한계가 많다는 점이다.

이에 따라 2010년에 접어들면서 애자일이 가진 '민첩성'이라는 장점에 진정한 사용자를 반영할 수 있게 디자인씽킹을 결합시키자는 논의가 확산됐다.

이른바 애자일 UX가 등장한 것이다.

애자일 UX

애자일이 디자인씽킹에 손을 내미는 2010년대 초반 무렵, UX 디자인에서도 새로운 변화가 시도되고 있었다. UX 방법론은 진정한 사용자 가치를 서비스에 반영한다는 장점에도 불구하고, 너무 오래 걸리고 진행하는 사람에 따라 큰 품질 격차를 보였으며, 결과를 끝에 가서야 알 수 있다는 단점이 있었다. 따라서 더 신속하고 결과 지향적인 방법론에 대한 논의가 대두되었다.

이에 따라 린 UX가 제일 처음 애자일과 손을 잡았다. 그러나 그것만으로는 애자일이 원하던 '진정한 사용자 가치'를 담보하기 어려웠다. 곧 디자인씽킹에 기반한 정통 UX 방법론을 애자일에 결합시키려는 움직임이 일기 시작했다.

'애자일의 민첩성'과 '디자인씽킹의 사용자 가치'를 모두 만족시킬 수 있을까?

여기에는 디지털 전환 시대에 요구되는 조직 변화의 필요성, 수평적 상하 관계가 만드는 자유로운 의사결정, 직무 간 창의적인 협력 문화와 높은 생산성 등도 반영되면서 애자일이 단지 긴 프로젝트 주기를 여러 개로 쪼개는 것에서 그치지 않고, 여러 가지 변화를 상징하는 새로운 시대의 아이콘으로 진화했다.

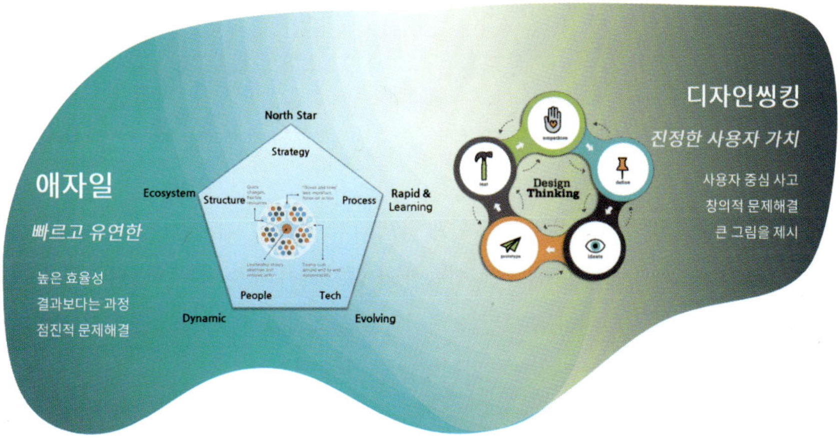

그림 555. 애자일과 디자인씽킹의 결합

애자일은 UX에게 '우리가 무엇을 해야 하는지 알려달라'고 했고, UX는 애자일에게 그 대가로 신속하고 결과 지향적인 과정을 대신 진행해달라고 했다.

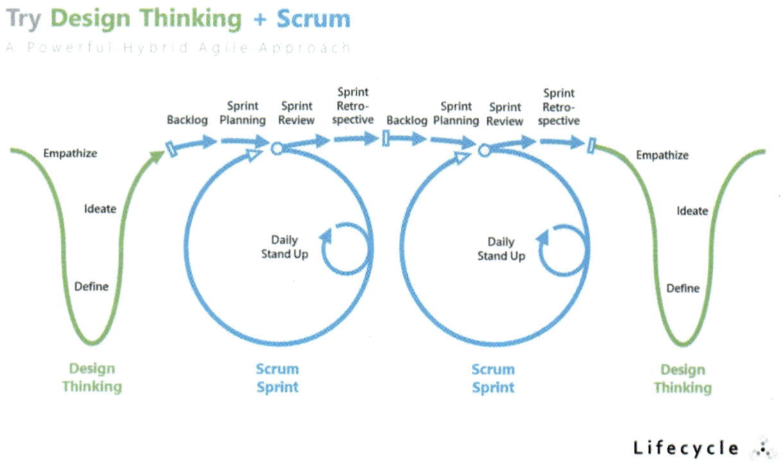

그림 556. 애자일 UX의 진행 주기 (출처: lifecycle.management)

이러한 분업은 처음에는 이상적인 것처럼 보였다. 프로젝트 초기에 디자인씽킹이 리서치, 모델링, 콘셉트/아이디어 도출 등을 통해서 '진정한 사용자 가치'를 정의한다. 애자일은 그것을 백로그로 변환하여 프로젝트 주기를 나눈 다음(스프린트) 열심히 개발을 진행하고, 마지막 과정에서 디자인씽킹으로부터 결과를 검증받는다.

그림 557. UX(초록색)과 애자일(파란색) 간의 역할

그러나 전혀 다른 두 개의 방법론은 생각처럼 쉽게 융합되지 못했다. 애자일은 UX가 얘기하는 내용을 잘 알아듣지 못했고, UX는 자신들이 원했던 '신속함'과 애자일이 주는 '신속함'에는 큰 차이가 있다는 점을 깨달았다. 빠르게 결과를 확인하고 그것을 개선하고 싶었지만, 애자일의 스프린트 주기는 자신들이 원하던 형태도 아니었고 전혀 빠르다고 생각되지도 않았던 것이다.

애자일을 이끄는 스크럼 마스터나 제품 책임자, 개발자들은 더 구체적이고 명확한 기능 정의를 원했으나 UX가 전달한 결과물들은 그들이 생각했던 것과 아주 달랐다. 백로그를 만들어야 하는데, UX의 언어나 문화를 이해하지 못한 상태에서는 그들의 산출물을 가지고 백로그를 만들기가 너무 힘들었다. 게다가 프로젝트 초반 일정을 UX에서 많이 가져가면서 정작 개발할(스프린트를 돌릴) 시간이 부족해졌다.

마지막 검증 과정도 매끄럽지 않기는 마찬가지였다. UX 입장에서는 애자일 개발로부터 전달받은 결과물이 다소 부족하거나 굳이 검증할 필요성을 느끼지 못하게 만들었다.

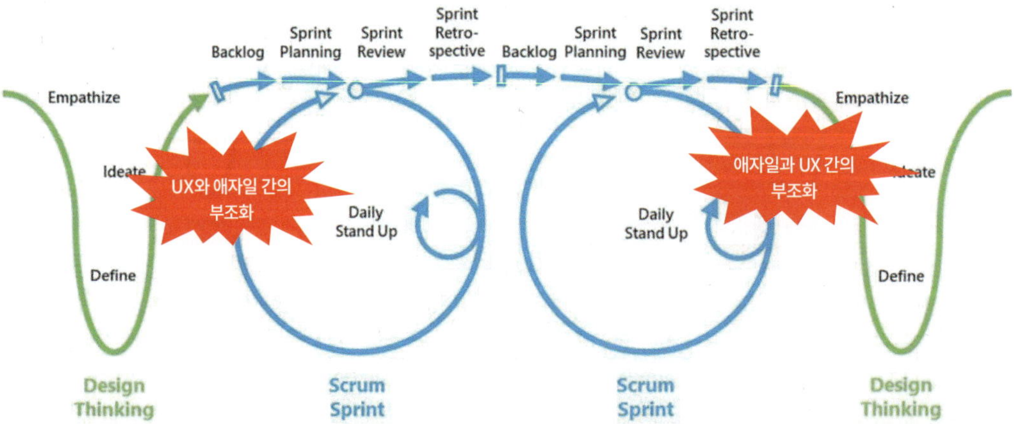

그림 558. 애자일 UX의 문제

마치 세간에 화제를 불러일으킨 청춘스타 둘이 결혼했는데, 신혼도 지나기 전에 서로의 성격 차이만 느끼고 헤어질 지경에 이른 것과 같았다. 다행히 헤어질 이유를 찾기보다는 처음에 느낀 서로에 대한 애틋함을 되짚어보고 부족한 부분을 바꾸고자 하는 움직임이 2015년 무렵부터 나타났다.

포스트 애자일 UX

'포스트 애자일 UX'는 '애자일 UX'처럼 하나의 방법론을 지칭하는 말이 아니다. 애자일 UX의 실패를 교훈 삼아 장점은 살리고 단점은 줄이자는 움직임이 여러 갈래로 있었는데, 그 산물들을 하나로 묶어 포스트 애자일 UX라고 부른다. 애자일과 UX의 장점을 각기 살리면서 그 둘이 조화롭지 못한 문제를 각기 다른 방법으로 해결하는 것이다.

린 UX + 디자인씽킹 + 애자일

린 UX는 태생부터가 애자일과 깊게 관련되어 있다. 디자인씽킹이 애자일과 결합했다가 여러 가지 문제를 일으키자 린 UX가 다시 부각되기 시작했다. 셋(디자인씽킹, 린 UX, 애자일)의 장점을 섞는다면 애자일 UX의 단점을 극복할 수 있지 않을까? 물과 기름처럼 섞이지 않는 디자인씽킹과 애자일 사이에 린 UX가 매개체 역할을 담당하게 되었다.

린 UX는 전통적인 UX 방법론이 하나하나 절차를 밟으면서 사용자 경험을 디자인하는 것과는 달리 빠르게 아이디어를 스케치한 다음, 그중 하나를 프로토타입으로 만들어서 사용자로부터 검증받아 아이디어를 개선한다. 이런 면에서 린 UX는 디자인 스프린트와 유사해 보이지만, 실제 서비스를 만들고 출시하는 과정이 있다는 면에서 출시 전에 실험적으로 검증을 진행하는 디자인 스프린트와 다르다.

필드 리서치를 통해 사용자 경험을 먼저 이해하고, 문제를 파악하는 전통적인 UX 방법론과 달리, 린 UX에서는 초반에 가정을 세우고 거기에서 출발해 아이디어 〉 스케치 〉 프로토타입 과정을 밟는다.

초기 가정은 사용자가 누군지, 서비스가 그들에게 언제, 어떤 상황에서, 어떻게 쓰이는지, 무엇이 가장 중요하고, 반대로 가장 위협이 되는 문제는 무엇인지를 밝히면서 세운다.

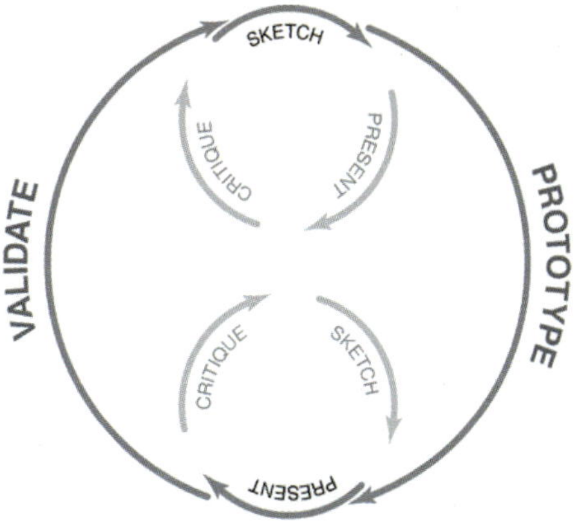

그림 559. 린 UX의 진행 주기 (출처: interaction Design Foundation)

린 UX는 빠르게 결과를 만들어서 시장으로부터 이를 검증받은 다음, 서비스를 개선하는 과정을 반복한다.

포스트 애자일 UX에서는 디자인씽킹이 애자일에 넘겨주던 바통을 린 UX가 받는다.

프로젝트 초기에 디자인씽킹이 사용자 가치를 정의하고, 가설을 어느 정도 검증한 다음에 린 UX에게 이를 넘기면, 린 UX는 고유의 프로세스로 시제품을 만들고 검증하여 애자일 개발자들에게 매우 구체적인 백로그를 전달한다.

그림 560. 린 UX + 디자인씽킹 + 애자일의 진행 주기 (출처: Jeff Gothelf, Medium)

린 UX + 디자인씽킹 + 애자일의 장점

- 디자인 씽킹을 통한 고객 니즈 파악 및 공감
- 린 UX 방법론의 시제품-검증-개선 주기를 돌면서 디자인씽킹이 제시한 가치(가설) 증명
- 그 결과를 바탕으로 디자인씽킹이 제시한 방향성의 전환(Pivot) 혹은 지속(Persevere)을 결정
- UX에 기초한 백로그, MVP 선정
- 구체적인 백로그를 애자일 개발자들에게 전달해 이후 개발과정에 무리가 없음

애자일 UX + 디자인 스프린트

디자인씽킹이 주도하는 프로젝트 초기에 디자인 스프린트가 추가된다. 구체적이고 명확한 백로그를 애자일 개발자들에게 전달한다는 목표는 동일하다. 다만 린 UX와는 달리, 검증하고 개선하는 시점이 좀 더 앞쪽에, 다시 말해 애자일 시기가 아닌, 디자인씽킹 시기에 들어간다. 따라서 린 UX처럼 시제품을 만들고 출시하는 일은 없다. 디자인 스프린트를 통해서 내부에서 빠르게 프로토타입을 만들고 검증하

는 것뿐이다. 하지만 그렇게 함으로써 디자인씽킹(UX)이 세운 가설이 더 명확하고 구체적이 된다. 정보나 기능 단위로 세분화될 수 있는 것이다.

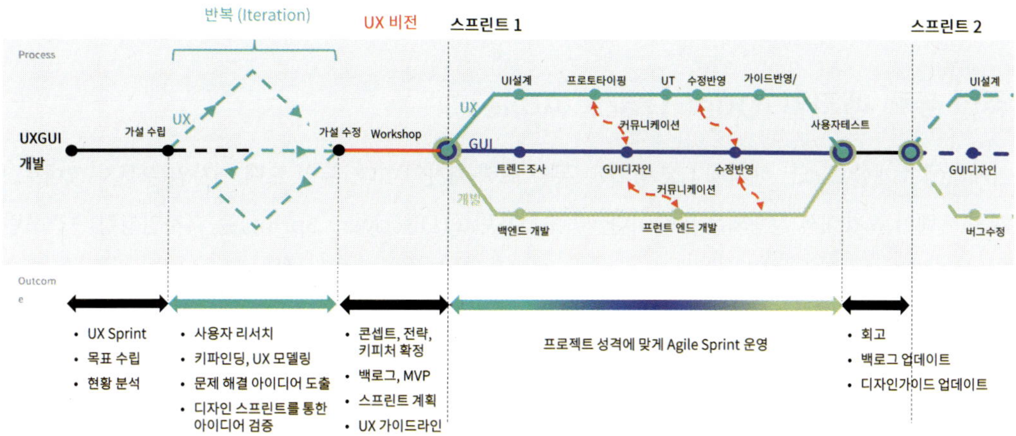

그림 561. 라이트브레인의 애자일 UX + 스프린트 진행 주기

문제 해결 아이디어를 도출한 다음에는 다음과 같이 스프린트를 돌려서 빠르게 이를 검증한다.

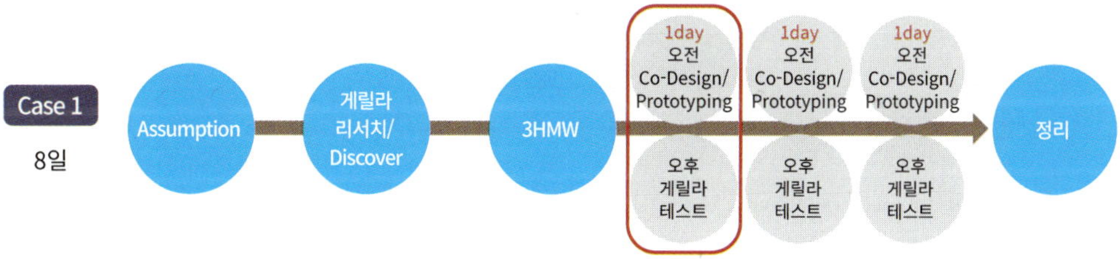

그림 562. 애자일 UX 디자인 가이드 (출처: Ben Kim, User Researcher at Uxpin)

라이트브레인의 애자일 UX 원칙

- 초기에 잠정적 타깃 사용자는 물론, 어느 정도 현황 분석이 끝난 다음에는 잠정적 페르소나도 선정한다.
- 일단 해결할 문제와 그에 따른 아이디어를 먼저 정의하고, 전략이나 콘셉트, 키피처(Key Feature) 등은 디자인 스프린트를 돌린 다음에(아이디어를 여러 차례 검증한 다음) 수립한다.
- 백로그와 MVP를 결정하는 자리에는 리서치, 아이디어, 스프린트 작업에 참여했던 UX 팀원 전원이 반드시 참가하여 집중할 부분과 각 사용자 스토리의 중요도에 대해서 의견 개진.

- 백로그 외에 UX 가이드라인을 만들어서 애자일 스프린트 과정 중에 각 팀원이 UX에 대한 형상 관리를 원활하게 할 수 있게 제공.
- 스프린트가 끝나면 사용성 테스트를 반드시 진행하고, 그 결과를 백로그 및 UX 가이드라인에 반영.

듀얼 트랙 애자일 (Dual Track Agile)

마지막에 소개할 포스트 애자일 UX 방법은 '듀얼 트랙 애자일'이다. 듀얼 트랙 애자일은 문자 그대로 2개의 트랙이 교차해서 진행되는 방식이다. 발견 스프린트(Discovery Sprint)는 디자인씽킹(+스프린트)이 담당한다. 산출 스프린트(Delivery Sprint)는 린 UX와 애자일 개발자들이 담당한다. 두 트랙은 기본적으로 발견 스프린트 다음에 산출 스프린트를 진행하지만, 상황에 따라 요청을 주고받을 수 있다.

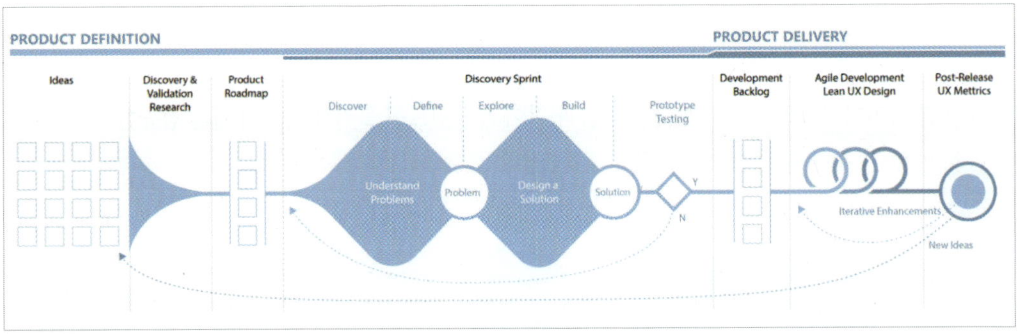

그림 563. 듀얼 트랙 애자일 (출처: Danny Vigil, Medium)

초반에 문제를 찾아서 그 해결방법을 정의하고 스프린트를 돌리면서 백로그를 정의하는 과정은 앞에서 본 다른 방법론과 대동소이하다. 그러나 애자일 개발 과정 중에 모호하게 정의된 백로그가 발견될 경우 디자인씽킹 팀이 그것을 정확하게 정의하기 위해서 발견 스프린트 활동을 전개한다는 점이 특이하다. 물론 처음에 정의된 백로그가 사용자 가치를 충실히 담고 있고, 아주 명확하게 정의됐다면 디스커버리 스프린트 활동이 전개될 이유는 없다.

듀얼 트랙 애자일 방법론에서는 디자인씽킹과 애자일 간의 관계가 단선적이지 않다.

산출 스프린트 과정에서 애자일 개발 중에 문제가 발생할 경우(대부분 백로그와 관련이 있겠지만, 전략이나 서비스를 둘러싼 환경변화가 있을 수도 있다), 발견 스프린트가 그것을 해결해 산출 스프린트, 다시 말해 애자일 개발자에게 결과를 전달한다.

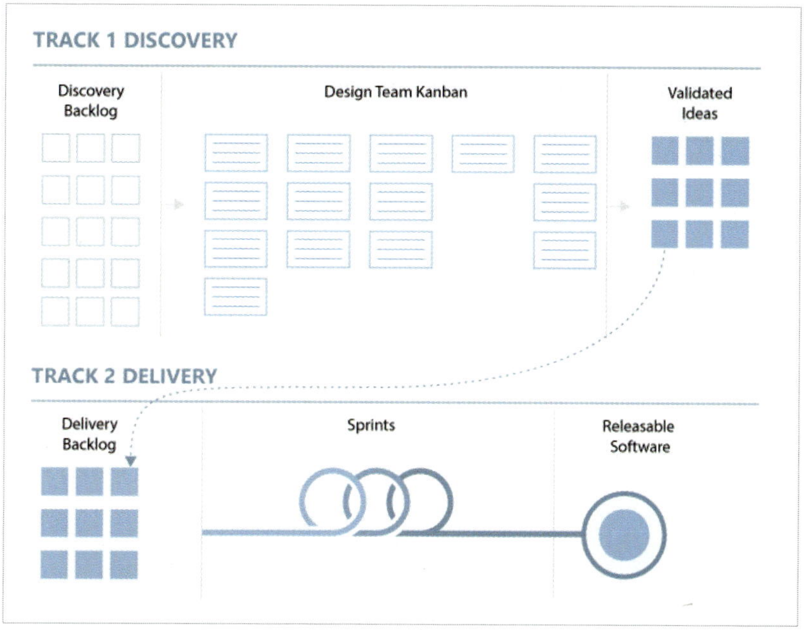

그림 564. 발견 스프린트와 산출 스프린트 간의 협업 관계 (출처: Danny Vigil, Medium)

듀얼 트랙 애자일은 애자일 방법론 혹은 애자일 UX 방법론이 가진 한계를 합리적으로 해결할 수 있는 방법론임은 틀림없다. 그러나 초기에 디자인씽킹 역할을 담당하는 UXer와 스프린트에 참여하는 UXer, 산출 스프린트에서 린 UX를 담당할 UXer 간의 역할 관계가 불분명하다는 단점이 있다.

듀얼 트랙 애자일 방법론에서 UX의 역할

- 초기에 애자일 개발자(+린 UX 담당자)에게 가설, 아이디어, 백로그를 전달
- 서비스 이해관계자와 협업하면서 서비스 콘셉트와 방향성을 정의
- 프로젝트 초기뿐만 아니라 산출 스프린트 단계에서도 리서치를 통해서 필요한 검증 역할을 수행 (단점: 린 UX 담당자와의 관계가 모호해짐)
- 문제가 발생할 때마다 스프린트 계획이나 백로그 정의 회의에 참여
- 전체 팀이 활용할 수 있는 재활용 가능한 UX/UI 템플릿, 요소들을 마련

포스트 애자일 UX에서의 프로세스 유형

2016년 무렵부터 앞에서 설명한 포스트 애자일 UX 방법론들이 실무에 적용되었는데, 실제 사례를 분석해 보면 프로세스 유형을 다음과 같이 정리할 수 있다.

1. 문제가 명확하지 않아서 UX 리서치 및 가설 수립이 초반에 길게 필요한 경우

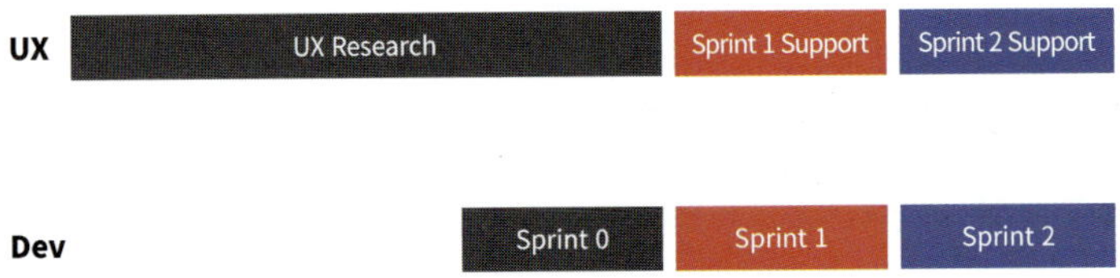

2. 문제가 명확하여 백로그를 빠르게 정의하고 스프린트에 린 UX 방식으로 참여가 가능한 경우

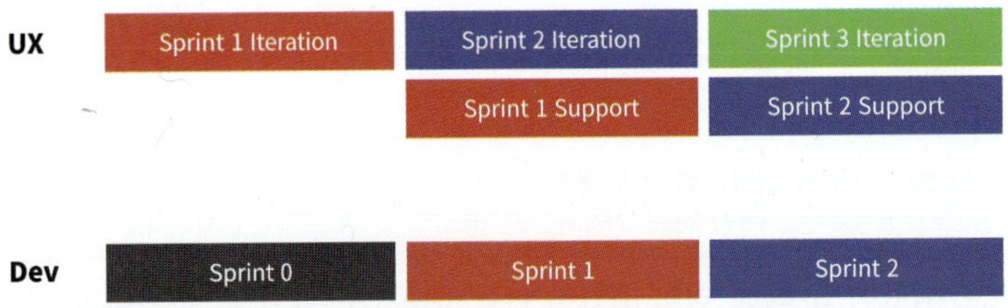

3. 초기 시장, 시험적 시장에 뛰어들 경우 (초반에 시제품 제작, 이후 본격 착수)

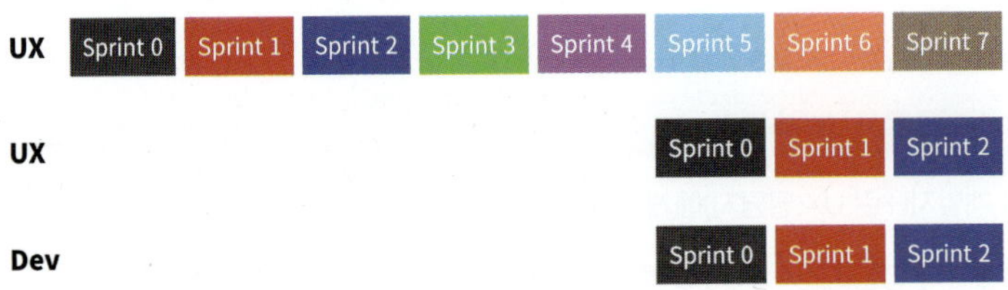

그림 565. 포스트 애자일 UX 프로세스 유형

03

AI을 위한 디자인, AI UX

이 책을 읽는 독자 중 일부는 AI UX는 아직 오지 않은 미래를 다루는 것이라고 생각할 수 있다. 하지만 AI UX는 현재 진행형이다. 아직 시작된 지가 2~3년에 불과하고, 전 세계를 통틀어 불과 수천 명 정도만 이 분야에 종사하고 있지만, AI 서비스의 확장에 따라서 AI UX 또한 빠르게 성장하는 중이다.

AI UX란?

- AI(Artificial Intelligence) 서비스에서의 UX 디자인
- AI가 제공하는 결과가 실제 사용자 경험에 미치는 영향을 고려하여 어떤 데이터를 사용할 것인지, 모델 설계 시 적절한 경험을 제공하기 위해 어떤 변수를 감안해야 하는지를 디자인하고, 실제 모델을 학습시키는 과정에도 참여한다.
- AI 서비스의 결과를 보여주기 위해 UI, 인터랙션, 이용흐름, 정보 디자인을 설계하는 일도 진행한다.

AI UX의 대두와 그 필요성

AI 서비스란?

AI는 간단하게 말해 '데이터를 이용해 예측을 만들어내는 모델'이라고 정의할 수 있다. 많은 사람이 AI 하면 자동화를 떠올리는데, 이는 부정확한 개념이다. AI가 배제된 상태에서 정해진 규칙에 따라서 자동화를 제공하는 서비스는 지금까지 많았다. 검색엔진에서 검색어를 제시하고 쇼핑몰에서 상품을 추천

하고 공장의 산업용 로봇이 자동으로 움직이는 것은 AI 없이도 가능하다. 미리 만들어진 프로그램에 따라 작동되면 되기 때문이다. 하지만 이런 규칙에 기반한 서비스는 정확성이 떨어지고, 맥락을 반영하지 못한다. 가령 정해진 시간에 물을 뿌리는 스프링클러는 비가 와서 물을 뿌릴 필요가 없거나 잔디의 상태가 나빠져서 물을 뿌리면 안 되는 데도 정해진 시간이 되면 물을 뿌린다. 이 스프링클러에 AI가 들어간다면 어떻게 달라질까?

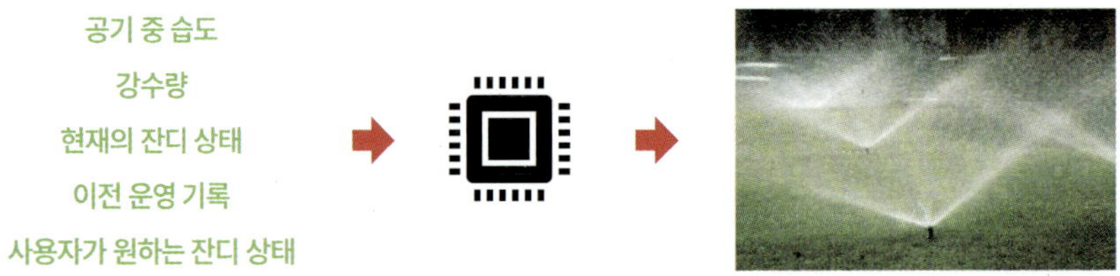

그림 566. AI가 들어간 스프링클러의 작동방식

앞에서 AI의 개념을 정의한 대로 AI 스프링클러는 강수량이나 잔디 상태를 포함한 여러 가지 데이터를 받아서 언제 물을 뿌리면 좋을지, 얼마나 물을 뿌릴지 등을 결정한다. 이것을 결정하는 모델(알고리즘)에는 사용자가 원하는 잔디 상태가 설정되어 있어서 현재의 잔디 상태와 비교해서 앞서 얘기한 물 뿌리는 주기/양 등을 판단한다. 잔디가 너무 빨리 자라나는 것처럼 사용자가 생각했던 것과 다른 결과가 나왔다면 사용자는 설정을 조정하는 식으로 AI 모델을 학습시킨다. 잔디를 지나가는 사람이나 동물이 있을 경우 물을 뿌리면 안 된다 등의 설정을 이후에 추가할 수도 있다.

뭐니 뭐니 해도 사람이, 그것도 잔디의 생육 상태와 날씨와의 관계를 잘 알고 있는 전문가가 물을 뿌리면 가장 좋을 것이다. 그렇게 하면 거의 실수를 하지 않고, 가장 알맞은 상태로 물을 뿌릴 것이기 때문이다. AI 스프링클러가 지향하는 것은 그런 사람을 대체하는 것이다. 사용자가 해야 하는 노력을 대체한 다음 알아서 작동하고, 최적의 결과를 제공해 주는 게 AI 서비스의 목표다.

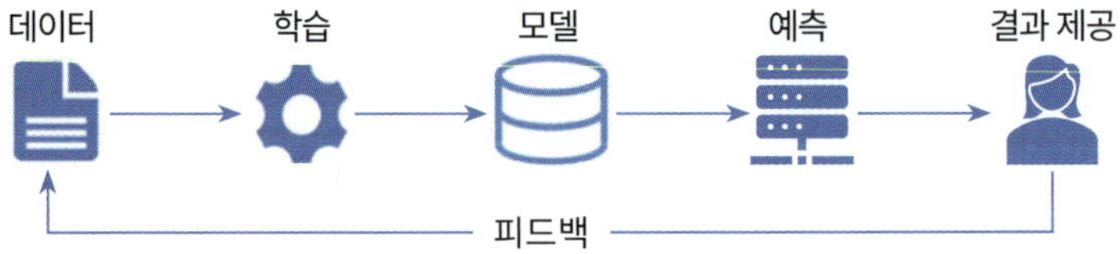

그림 567. AI 작동 시스템

AI 서비스의 특징은 다음과 같다.

1. 데이터를 활용한다.
2. 수집한 데이터를 분석해서 결과를 예측하는 모델(알고리즘)이 있다.
3. 누군가 데이터를 모델에 학습시킨다. 이 과정은 초기는 물론, 운영 과정에도 필요하다.
4. 모델은 예측한 결과를 사용자에게 제공한다.
5. 사용자가 피드백을 보이면 AI 서비스는 그것을 데이터로 인식하여 모델에 반영한다.

대부분 AI는 위와 같은 절차를 밟는다. 하지만 AI가 쓰이는 용도는 갈수록 다양해지고 있다. 날씨 예측, 경제 지표 예측, 상품/콘텐츠 추천, 얼굴 인식, 자연어 처리, 길 안내, 자동 번역, 음성-텍스트 간 변환, 자율주행 등 셀 수 없이 많은 분야에서 AI가 활용되고 있다.

표 55. AI의 구성 요소

핵심 기술	세부 기술	기술 개요
학습 및 추론 기술 (Learning and Reasoning)	지식표현	분석된 지식을 컴퓨터가 이해할 수 있는 언어로 표현하는 기술
	지식베이스	축적한 전문지식, 문제 해결에 필요한 사실과 규칙이 저장된 데이터베이스로 구축, 관리하는 기술
상황이해 기술 (Context Understanding)	감정이해	사람의 기분, 감정을 인식, 구분할 수 있는 기술
	공간이해	시공간적 세계를 정확하게 인지하고, 3차원의 세계를 잘 변형시키는 기술
	협력지능	다른 에이전트들과 교류하고, 이해하며, 그들의 행동을 해석하고, 효율적으로 대처하는 기술
	자가이해	자기 자신(개성, 정신적/심리적 특성)을 이해하고, 느낄 수 있는 인지적 기술
언어이해 기술 (Language Understanding)	자연어 처리	인간의 자연적 언어를 형태소 분석, 개체명인식, 구문분석, 의미분석하는 기술
	질의응답	질문에 대한 답변을 제시하는 기술
	음성처리	디지털 음성신호를 컴퓨터에서 처리 가능한 언어로 변환하는 기술
	자동통번역	한 언어에서 다른 언어로 자동으로 번역하거나 통역하는 기술
시각이해 기술 (Visual Understanding)	내용 기반 영상 검색	영상 데이터 자체의 특징정보인 색광과 모양, 질감 등 영상 데이터의 내용을 대표할 수 있는 특징들을 추출하고 이를 기반으로 색인과 검색을 수행하는 기술
	행동인식	동영상에서 움직이는 사물의 행동을 인식하는 기술
	시각지식	행동인식, 영상이해, 배경인식 등을 이용하여 영상 데이터로부터 지식정보를 추출, 생성하는 기술

핵심 기술	세부 기술	기술 개요
인지 및 인지 기술 (Awareness and Recognition)	휴먼라이프 이해	개인 경력관리, 건강, 대인관계, 재무관리 등 일상생활에서의 지능적 도움을 제공하기 위해 사람의 생활을 이해하는 기술
	인지 아키텍처	인지심리학 측면에서의 사람의 마음 구조를 컴퓨팅 모델화하는 기술

이 책에서 다루는 AI는 AI 전부를 의미하지 않는다. 연구나 산업용 AI, 후방(Back-end)에서 처리되는 AI 기술들은 UX와 관련성이 적기 때문에 제외되었고, 사용자 곁에서 요청에 따라 결과를 제공하는 전방(Front-end) 서비스가 대상이다. 이러한 서비스를 AI 에이전트라고 부른다.

AI 에이전트는 다음과 같은 특징을 가지고 있다.

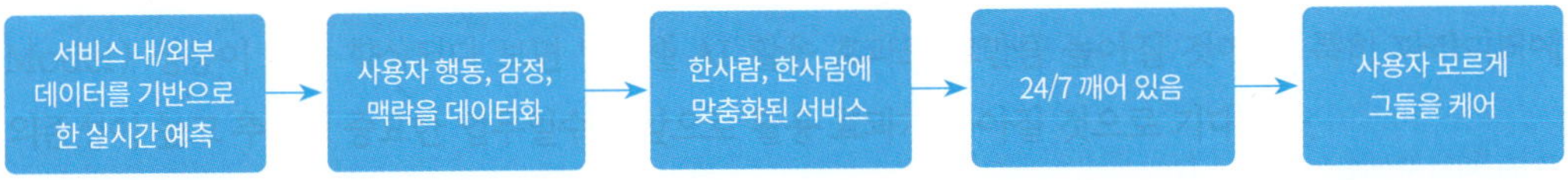

그림 568. AI 에이전트의 특징

AI 에이전트는 대부분 눈에 보이지 않고, 독립적인 형태로 존재하기도 하나 기존 서비스에 내재된 경우도 많다. 한 분야에서 제한적인 일만 수행하는 AI 에이전트들은 위에서 말한 제반 특징 중 일부만 가지고 있다.

AI UX의 등장

AI 에이전트가 서비스 결과를 전달할 때는 그 내용도 중요하지만, 제공방식, 사용자와의 상호작용, 사용자 피드백 반영 같은 이슈도 중요하다. 사용자 의도를 파악하고 그 결과의 내용을 만들어 내는 것은 AI 스스로 가능하지만, 제공방식, 상호작용, 피드백 반영 같은 일을 위해 UX의 지원이 필요하다.

- 제공방식: 사용자 상태, 감정, 맥락에 따라서 결과를 어떤 방식으로 제공할까? 예를 들어 똑같은 날씨 정보라고 하더라도 바쁠 때와 한가할 때, 목적이 있을 때와 없을 때에 따라서 같은 날씨 정보를 어떻게 다르게 제공할까?
- 상호작용: AI 서비스는 일회성으로 제공되고 마는 결과가 아니다. 상호작용을 통해 조건을 변경할 수도, 멈출 수도 있어야 한다. AI 서비스 이용 과정이나 AI가 제공한 결과에 대해서 사용자가 어떻게 상호작용하게 할 것인가?
- 피드백 반영: 기본적인 결과 제공에 대해서 사용자가 좋다/싫다는 의사 표명을 직접 드러내거나 무시, 빨리 감기, 조회/시청 중 이탈과 같은 암묵적인 의사를 드러냈을 때 AI는 이러한 피드백을 서비스에 어떻게 반영할 것인가?

UX는 AI의 심장이라고 부를 수 있는 모델(알고리즘)에도 개입한다. AI 에이전트가 사용자에게 전달하는 경험을 분석하여 모델에 그것을 반영하는 것이다. 가령 길 안내 내비게이션 서비스에서 항상 빠른 길을 안내하는 것이 사용자 경험에 부합할까? 일정, 계절, 차량 상태, 사용자의 운행 패턴에 따라서 길 안내 방법은 달라질 수 있을 것이다.

그림 569. 길 안내와 날씨 간의 상관관계

예를 들어 날씨와 길 안내 간의 상관관계를 생각해 보자. 대부분의 경우 길 안내 서비스에서 가장 중요한 가치는 '경로 효율성'일 것이다. 더 빠르고, 비용이 덜 지출되며, 덜 걸을 수 있는 교통수단 및 경로 안내가 가장 중요하다. 그러나 갑자기 폭우가 내리는 날씨라면 조금 돌아가더라도 이동 시 쾌적성에 더 무게를 두는 사람이 많을 것이다. 평소에는 지하철을 싫어했던 사람도 폭우가 내리면 시간이 더 걸리더라도 지하철을 이용하는 것처럼 말이다. 태풍이 몰아치는 날씨라면 어떨까? 밖에 안 나가는 것이 가장 좋겠지만, 그래도 어딘가를 가야 한다면 이때 가장 중요한 가치는 '안전'일 것이다. 결국 AI 에이전트에는 사용자가 서비스를 제공받을 때 고려하는 변수들이 반영돼야 한다. 변수가 여러 가지라면 각 변수가 서로 어떤 관계나 역학을 보이는지도 파악해야 한다.

AI 기술이 놀라울 정도로 발전하고 있지만, 그것이 실제 사람들에게 제공될 때는 사람들이 느끼고, 고민하는 것들이 반영되지 않으면 안 된다. 사용자들이 어떤 경험에 대해서 느끼고 고민하는 변수들이 모델 설계나 데이터 정의에 반영되어야 한다. AI가 이런 부분까지 알아서 하리라는 기대는 아직 접는 게 좋다.

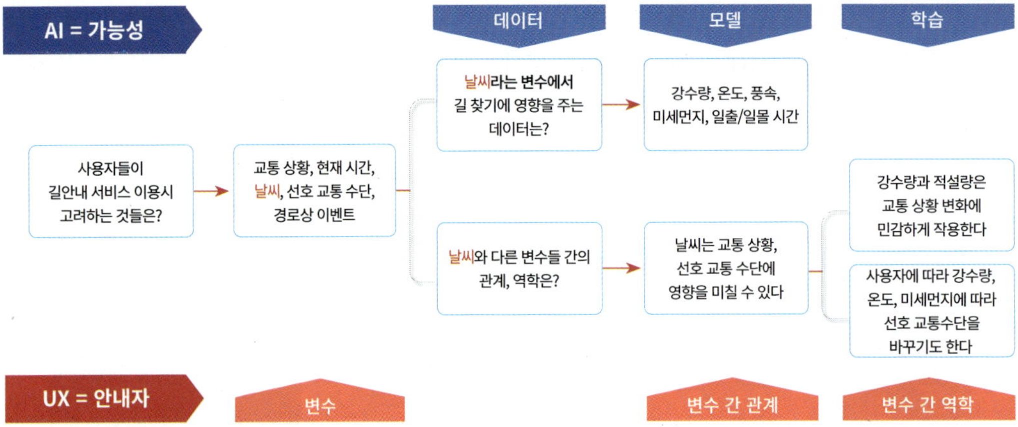

그림 570. AI=가능성, UX=안내자

UX는 AI 서비스의 목표를 제시하기도 한다. 위 예시에서 본 것처럼 단순히 길 안내 자체가 목표가 아니라, 어떤 방식으로 길 안내를 해야 한다는 목표를 제시한다. 바꿔서 얘기하면 UX가 제시한 목표를 AI가 가장 잘 할 수 있기 때문에 그 역할을 담당할 뿐이다.

AI의 장점을 UX가 활용

AI가 사람들이 하던 일을 대신해서 처리하는 것은 귀찮거나 시간, 비용이 많이 들기 때문만은 아니다. 대부분의 사람은 본질적으로 여러 가지 한계를 지니고 있다.

표 56. 사람들이 갖는 한계

결여	오류	나약
• 결과 판단 능력 결여 • 전문성 결여 • 지나친 경험 의존	• 잘못된 인식, 선입견 • 노력 결여, 엉뚱한 자신감 • 앞 일을 생각 못함	• 포기, 나태, 좌절 • 불필요한 내적 갈등 • 매너리즘, 무미건조함

지금까지는 위와 같은 한계를 어쩔 수 없는 것으로 간주했다. 사람들은 어떤 게 더 좋은지 판단할 수 있는 능력이 결여되어 있으며, 지나치게 이전 경험을 맹신한다. 실제로는 매번 틀리면서도 말이다. 또한, 잘못된 인식과 선입견 때문에 더 비싼 비용을 지불하거나 헛수고를 하는 경우도 종종 있고, 나약함으로 인해서 쉽게 포기, 나태, 좌절하거나 아까운 시간을 낭비하는 경우도 많다.

AI는 이런 문제를 대신해서 풀어준다. 사람들의 성향이나 가치, 판단 기준을 이해한 다음에 좋은 의사결정을 하게 돕거나 다른 대안을 비교해서 불필요한 갈등을 막아준다. 복잡하고 반복적인 일은 대신 처리해 줌으로써 시간과 비용을 아껴준다.

UX 관점에서 볼 때 AI는 이제까지 풀지 못했던 숙제를 해결해 주는 놀라운 도구다.

표 57. AI는 사용자를 이해, 보조, 대체한다

사용자를 이해한다	사용자를 보조한다	사용자를 대체한다
사용자 개인의 성향, 가치, 기준을 파악	의사결정을 돕는 예측, 추천, 대안 제시	힘들고 어려운 일을 AI가 대신 수행
• 자연어 처리 • 얼굴인식 (인증, 표정) • 자기이해 (개성, 정신적/심리적 특성 이해) • 공간 이해 • 경력, 건강, 대인관계, 재무 이해 • 현재의 심리적/신체적 상태 이해	• 활동 트래킹 → 분석 → 패턴화 → 지식화 • 자동 통번역 • 현재 컨텍스트의 보조 지표화 • 협력 지능 (다른 에이전트와의 연결) • 온/오프라인 상의 행동 인식 → 유형/색인화 → 검색/참조	• 특징 기반 검색 → 결과, 색인화 • 위험한, 더러운 일의 대신 수행 • 센서를 통한 인간 지각 능력의 확장 • 기억의 보조 • 항상 연결되어 있으면서 위험을 최소화

이 표와 같이 AI는 사용자를 이해, 보조, 대체하는 데 필요한 기술을 다양하게 갖추고 있다.

다음 예시는 항공권 서비스에서의 AI UX를 보여준다. 일차적인 목표는 미래 항공권 가격을 예측해 주는 것이다.

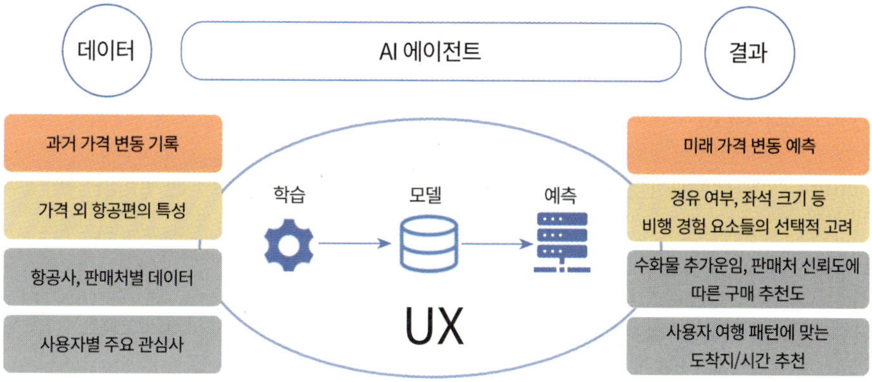

그림 571. UX가 제시한 목표를 AI가 수행

그러나 사용자들은 항공권 구매 과정에서 가격 말고도 경유 여부나 좌석 크기 등도 같이 고려하므로 결과에는 이러한 경험요소도 반영되어야 한다. 한편으로 결과 추천 시에는 수화물 추가운임이나 판매 신뢰도 등도 감안해야 하다. 싼 가격에 구매했다가 높은 추가운임으로 고통받거나 서비스가 엉망인 판매처 때문에 발권, 수속, 환불 과정에서 고생하게 되면 AI가 제공하는 추천 결과를 믿지 못하기 때문이다. 마지막으로 사용자의 관심사를 추천에 반영해야 한다. 그러나 아직은 이런 서비스가 없기 때문에 사용자 일일이 발품을 팔며 스스로 찾아봐야 한다.

앞서 얘기한 대로 AI 서비스가 사용자를 이해하고(의도, 관심사 파악) 보조하고(미래 가격 예측, 가격 외 경험요소 고려, 항공사/판매처 정보 감안) 대체한다면(사용자가 원하는 조건 찾기) 어떨까?

위에서 얘기했던 AI UX의 특징을 정리하면 다음과 같다.

1. UX는 사용자의 막연한 상상과 잠재적 니즈로부터 AI가 무엇을 해야 하는지 목표와 결과를 제시한다.
2. AI는 이러한 목표와 결과를 위해서 사용자를 이해하고, 보조하며, 때로는 사용자의 행동을 대체한다.
3. AI와 UX는 상호 보완함으로써 불가능하다고 생각했던 일들을 현실화할 수 있다.

글쓴이가 UXer이기 때문에 이렇게 얘기하는 것이 아니다. 앞서 얘기했듯이 구글, 페이스북, 아마존, 바이두를 비롯한 AI 선도업체는 물론, 스탠퍼드나 MIT와 같은 대학에서도 인간 중심적인 AI, AI UX의 적용이 활발하게 이뤄지고 있다.

AI UX의 주요 특징들

기존 UX와의 비교

사용자–서비스 간의 관계에서 중간에 AI 에이전트가 끼어들면서 UX에서도 큰 변화가 나타났다.

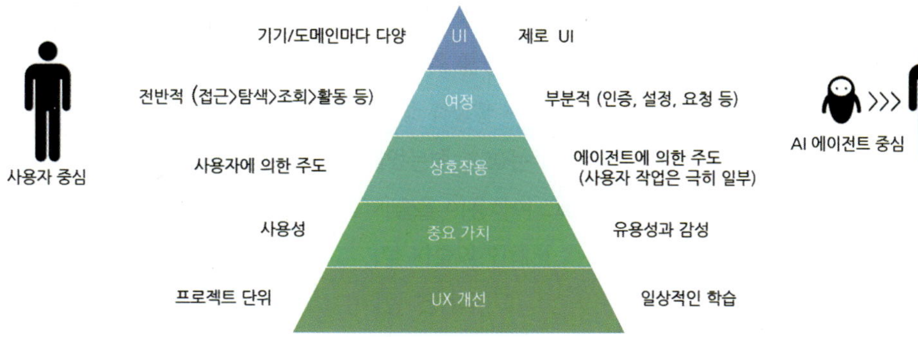

그림 572. 기존 UX와 AI UX의 비교

AI UX는 AI 에이전트에 의해서 서비스가 주도된다. 사용자는 전체 여정 중 일부에만 참여하며, 그렇기에 현재와 같은 UI는 불필요해진다. 사용자가 본인의 의도를 제대로 표현할 수만 있으면 어떤 UI든 상관없게 된 것이다.

사용자가 직접 정보를 접근, 탐색, 조회, 활동할 때는 사용성이 중요했지만, AI UX에서는 AI 에이전트가 그 과정을 대체하기 때문에 '결과의 유용성'과 '과정의 재미'가 제일 중요하다.

UX 개선도 프로젝트 형태가 아닌, 일상적인 학습을 통한 개선으로 진행된다.

전체 여정을 봐도 현재 UX와 AI UX 간 차이는 확연하게 드러난다. 사용자가 모든 여정을 진행했던 현재 UX와 달리 AI UX에서는 초기에 설치, 설정, 인증을 하고 난 뒤에 사용자가 할 일이 없어진다. 일상적인 여정은 AI 에이전트가 알아서 진행하며, 뭔가를 직접 요청하거나 확인할 때만 사용자가 개입한다.

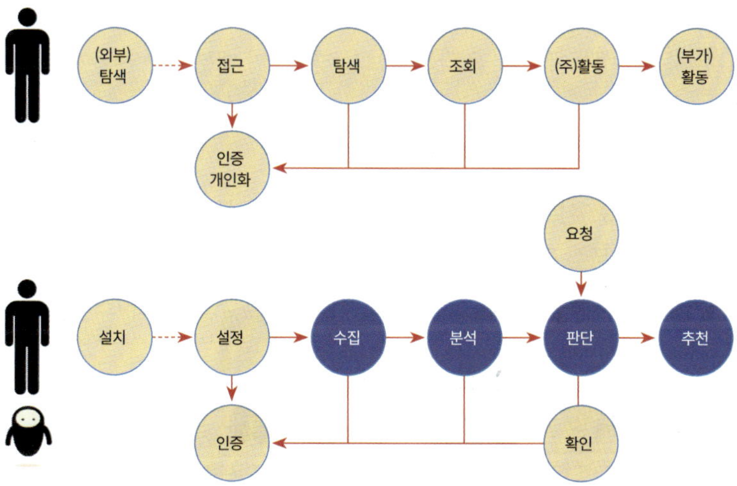

그림 573. 기존 UX와 AI UX의 여정 비교

영화 'Her'를 통해 보는 AI 에이전트

2013년에 나온 영화 'Her'에 이런 여정이 잘 드러나 있다.

그림 574. 영화 Her 포스터 및 주인공이 AI 서비스를 설치하는 장면

주인공 테오도르가 OS1이라는 AI 서비스를 설치하고 인증을 비롯한 몇 가지 설정을 한다. 그러자 사무적인 말투가 사라지고, 테오도르를 위한 AI 에이전트가 깨어나서 활동을 개시한다. 사만다라는 이름의 AI 에이전트는 컴퓨터 하드디스크나 클라우드, 메일함 등을 뒤져서 테오도르가 대필작가라는 직업을 가지고 있다는 점과 현재 이혼했다는 점, 정서적으로 무척 외롭다는 사실을 이해한다. 사만다는 아침에 사용자를 깨우고, 가벼운 농담으로 기분을 맞춰주다가 사용자가 할 일을 점차 대체하면서 24/7시간 깨어 있는 비서 역할을 수행한다. 어느새 테오도르의 일상생활은 사만다 없이는 안 될 정도로 변해간다.

AI 에이전트는 자신에게 부여받은 권한 내에서 숨은 업무(데이터 분석, 위험 감지, 새 소식 파악, 추천 콘텐츠 검색 등)를 수행하다가 확인받아야 할 중요한 일이 생겼을 때나 사용자 상태에 개입할 필요가 있을 때는 사용자를 찾는다.

우리가 현재 서비스를 이용할 때는 먼저 서비스에 뭐가 있는지 보고 그중 원하는 정보를 선택하거나 이용한다. AI 시대에서는 이러한 '보고 선택'하는 과정이 필요 없어진다. AI 에이전트가 더 빠르게 서비스를 돌아다니면서 사용자 성향에 가장 잘 맞는 정보를 찾아주기 때문이다. 사용자는 원하는 것을 요청하기만 하면 된다.

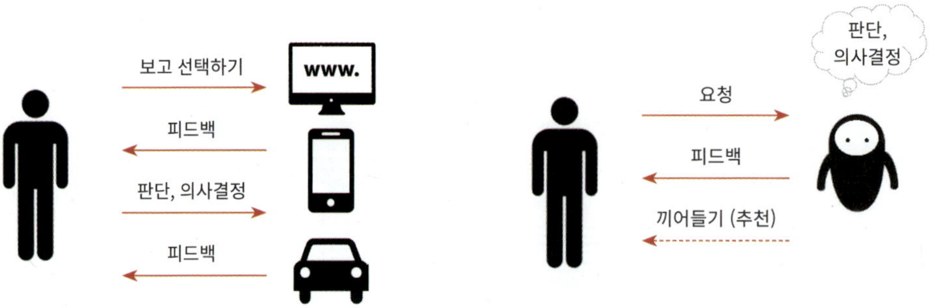

그림 575. 기존 UX와 AI UX의 상호작용 비교

의사결정을 하거나 바로 행동을 취하는 것도 AI 에이전트가 알아서 한다. 위험하다고 판단될 경우에는 알아서 경찰에 신고하고, 건강에 이상징후가 있을 때는 알아서 병원 방문 예약을 진행한다.

종종 AI 에이전트가 사용자에게 '혹시 이게 필요하지 않으세요?'하고 물으면서 먼저 무언가를 추천하는 경우도 많을 것이다. 사용자가 그러한 개입을 싫어하거나 결과에 만족하지 않을 경우에는 AI 에이전트가 그것을 기억했다가 방법을 다르게 바꾼다.

AI 서비스 진행 시 UX의 역할

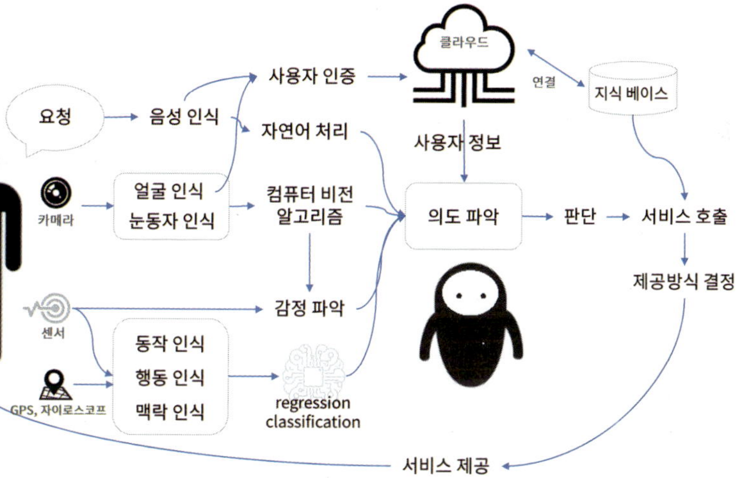

그림 576. AI 에이전트 작동 시스템

사용자가 무언가를 요청하면 AI는 사용자의 의도를 파악하는 것과 동시에 바쁘게 인식 활동을 전개한다. 인식의 목적은 사용자의 의도 파악과 인증이라고 할 수 있다. 요청 내용을 파악하는 것도 중요하지만, 그 의도를 제대로 읽기 위해서는 감정이나 행동, 맥락을 파악하는 것도 중요하다. "오늘 날씨를 알려줘"라는 말을 소파에 앉아서 여유 있는 상태에서 한 것인지, 출근 준비로 우왕좌왕하는 상태에서 한 것인지에 따라 제공방식이 달라진다.

보안이나 사용자 분별을 위해서 인증도 진행된다. AI는 얼굴이나 목소리를 인식하는 능력이 있으므로 아이디/비밀번호를 물어볼 필요는 없다. 찰나에 목소리, 얼굴, 눈동자를 인식하여 사용자 인증이 처리된 경우에만 서비스에 접근할 수 있다. 인증이 완료되면 한편으로 클라우드에 저장된 사용자 정보(현재 의도와 관련된 이전의 이력, 반응, 선호 제공방식 등)를 가져온다.

마지막으로 의도에 맞는 서비스를 지식 베이스로부터 가져와서 가장 적절한 제공방식을 결정한 다음에 사용자에게 그것을 제공한다. 다소 복잡하게 들리겠지만, 이것은 불과 1초 이내에 진행된다.

이 과정에서 UX는 다음과 같은 역할을 수행한다.

1. AI가 사용자의 요청을 잘 이해할 수 있게 말의 뉘앙스나 맥락, 감정, 신체 상태와의 연관성을 AI에게 학습시킨다.
2. 사용자 의도와 서비스를 연결하는 과정에서 어떤 변수를 고려해야 하는지 알려준다.
3. 서비스 이용 과정에서 습득된 데이터를 가지고 AI 모델을 학습시키는 과정에 참여한다.
4. 사용자에게 제공할 서비스 결과의 제공방식을 결정한다. 맥락이나 결과 내용에 따라서 톤이나 어조를 다르게 가져간다.

넷플릭스 섬네일 추천 사례

넷플릭스는 콘텐츠 추천이 생명이다. 추천 결과가 좋아야 시청률이 올라가고, 월 구독률도 증가한다. 넷플릭스 UX 팀은 영화의 섬네일 이미지가 추천 결과를 좌우한다는 사실을 알아냈다[주: 조사 결과, 시청에 대한 의사결정과 집중력의 82%가 섬네일에 달려 있었음]. 그렇다면 사용자들에게 어떤 방식으로 섬네일을 제공할까?

그림 577. 넷플릭스 AI 서비스 목표

넷플릭스는 선호하는 영화 장르에 따라 개인화된 섬네일을 제시한다. AI가 영화 한 편에서 수천 장의 섬네일을 추출하면 장르별로 다른 섬네일을 추천하는데, 사용자의 넷플릭스 이용행태 데이터를 분석하여 누가 어떤 장르에 가까운지를 파악한다. 결과적으로 동일한 영화를 추천한다고 하더라도 사용자의 선호 장르에 따라 보여주는 섬네일이 달라져서 추천 클릭률이 훨씬 높아졌다.

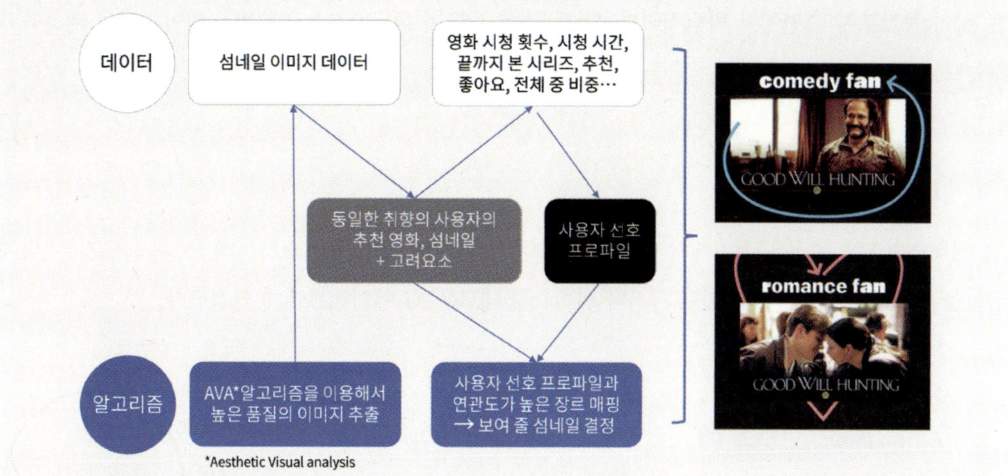

그림 578. 넷플릭스 추천 작동 방식

이 과정에서 여러 가지 고려요소도 감안했다. 추천 시 동일한 이름의 영화가 함께 노출될 경우 매력도가 감소한다든가, 클릭률이 높다고 해당 섬네일에 나오는 배우가 무조건 인기가 높은 것은 아니라는 점을 AI 모델에 반영했다.

AI 서비스 이용 과정 중에 사용자의 확인을 통해 결과의 신뢰도를 높여야 할 때도 있는데, 이런 참여 요청을 핸드오프(Handoff)라고 부른다.

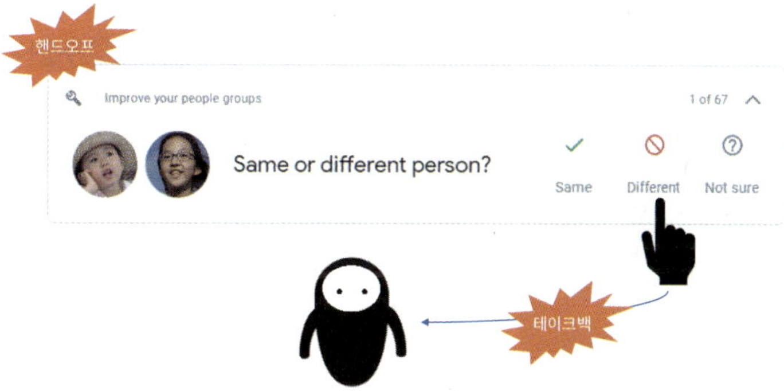

그림 579. 구글 포토의 핸드오프 예시

위 예시는 구글 포토에서 두 사진 속 인물이 동일인인지 AI가 판단하기 어려울 때 사용자에게 이를 물어보는 것이다. 어느 시점/여정에서 이를 물어보고 사용자의 참여를 유도할지 UX가 고민해야 한다. 서비스 접근 시마다 물어보는 것은 사용자를 귀찮게 만들기 때문에 바람직하지 않다. 사용자가 예전 사진을 찾아보는 등의 특정 행동을 할 때 조심스럽게 확인을 요청하는 것이 좋다.

핸드오프 다음에는 다시 AI 서비스가 이를 돌려받아야 하는데, 이를 테이크백(Takeback)이라고 부른다. 테이크백을 할 때는 사용자에게 감사하다고 하거나 방금 수행한 사용자 활동의 결과를 보여주는 것이 동기부여 측면에서 바람직하다. 현재 구글 포토는 핸드오프는 있지만, 테이크백은 제공하지 않는다.

AI 서비스의 UX 여정

AI 서비스의 UX 여정은 설치에서 시작된다. 설치와 동시에 설정을 시작하는데, 이때 사용자는 AI에 권한을 부여하고 이전에 사용하던 기기나 서비스를 새로운 AI 에이전트에게 연결한다.

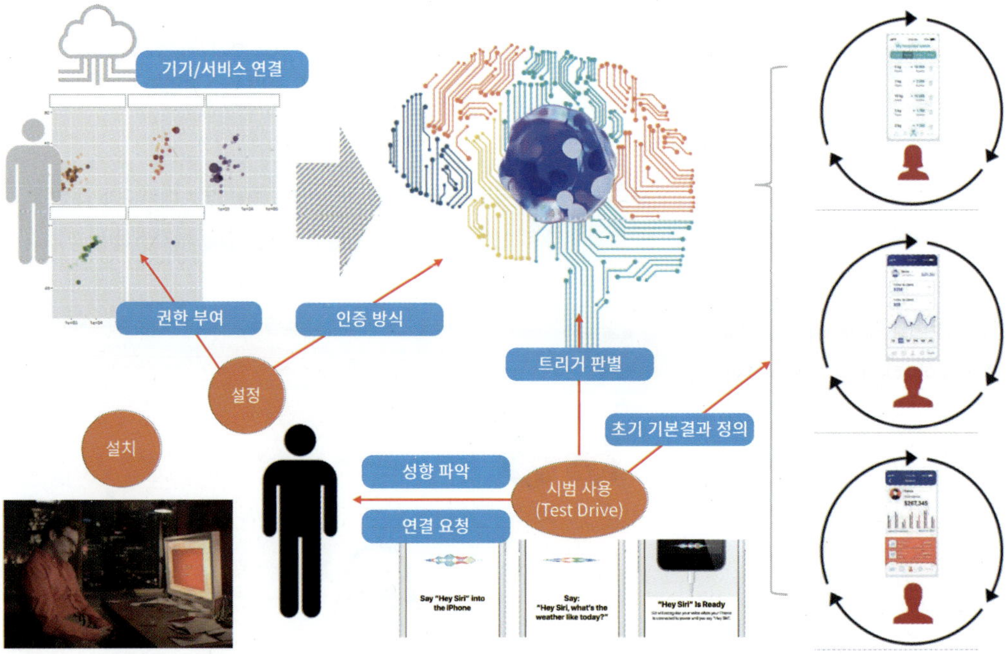

그림 580. AI 서비스 UX 여정 (초기)

그다음에 사용자와 AI 에이전트가 서로를 인증하는 방식을 정한다. 가짜 AI 에이전트가 진짜 행색을 할 수 있기 때문에 AI 에이전트에 대한 인증 방식도 정해야 한다. 그다음, 시범 사용(Test Drive)을 하면서 사용자의 정보, 성향, 관심사 등을 알리고, 사용자는 AI 서비스에 익숙해지는 과정을 거친다. 어떤 트리거[주: 어떤 일의 시작을 알리는 신호]가 있을 때 작동할지와 초기에 보여줄 기본 결과를 정의한다.

이용 과정에서 사용자가 더 많은 기능과 정보를 요청하면 AI 에이전트는 추가적인 연결이나 권한을 요청한다. AI 에이전트는 사용자에게 확인을 받을 때도 있고, 새로운 기능을 추천하기도 한다.

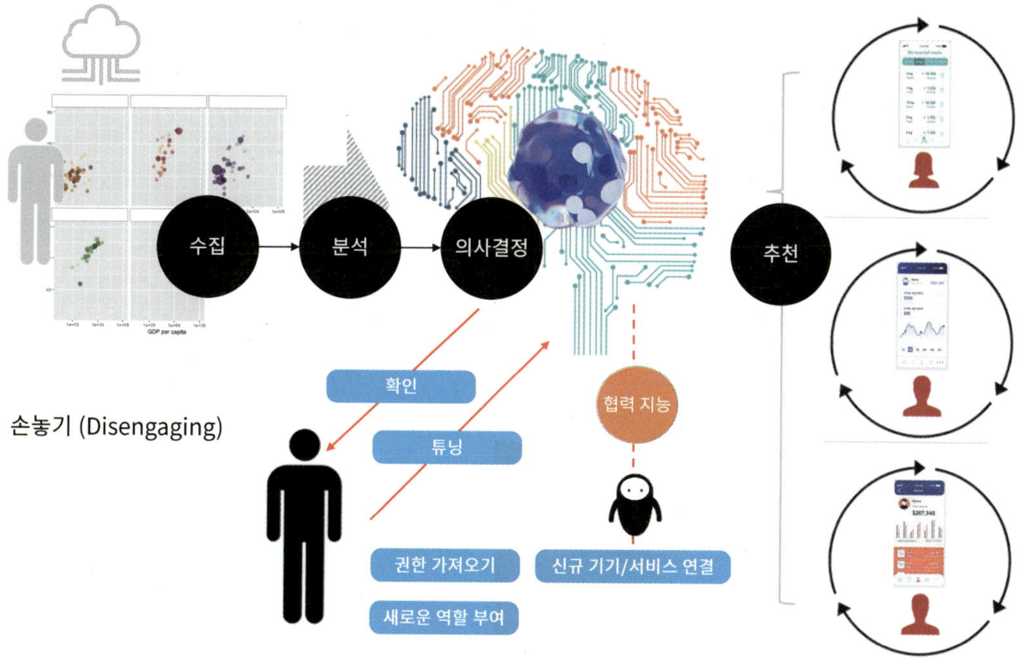

그림 581. AI 서비스 UX 여정 (운영 중)

향후 전망

자신을 잘 이해하고 챙겨주는 똑똑한 비서가 있는데, 건강, 식사, 운전, 쇼핑, 청소, 업무, 사교, 휴식에 대한 비서를 각각 구하는 사람은 없을 것이다. 지금은 서비스에 AI 에이전트가 들어 있지만, 앞으로는 스마트폰 앱처럼 서비스별로 존재하기보다는 점차 하나로 통합될 것이다.

많은 전문가가 하나의 뛰어난 AI 에이전트가 점차 다양한 서비스를 제공할 것으로 예측한다. 따라서 AI 서비스 시장에 대한 주도권 경쟁이 치열해지고 있다. 이 경쟁에서 이기기 위해서는 AI 기술도 뛰어나야 하지만, UX도 뛰어나야 할 것이다.

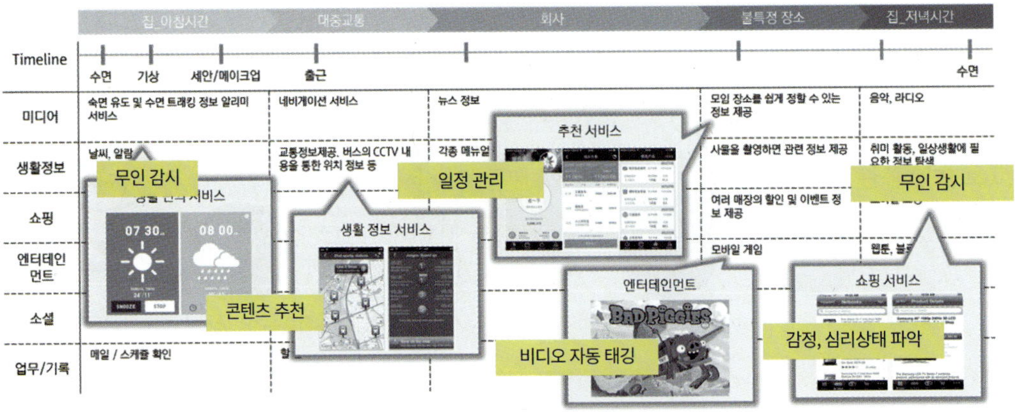

그림 582. 일상생활 전반을 돌봐주는 AI 에이전트

구글의 AI UX, PAIR (People + AI Research)

현재 AI 분야의 선두주자인 구글에서 AI UX를 어떻게 접목하고 있는지를 살펴보겠다. Google의 AI UX 프로세스를 PAIR라고 부르는데, AI 서비스를 만들기에 앞서 사용자의 니즈를 조사하고 경험을 모델링하며 제공방식을 결정하는 데 초점을 맞추고 있다.

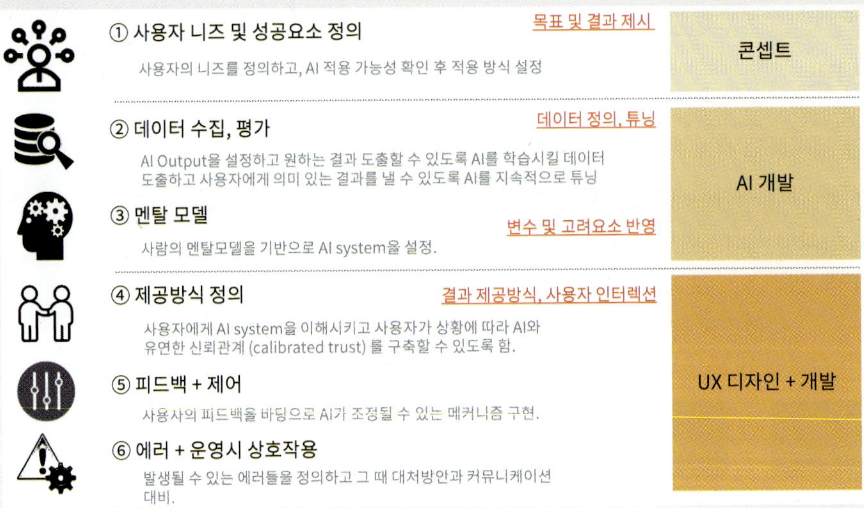

그림 583. 구글 PAIR 프로세스

PAIR는 3가지 단계, 6개의 활동으로 구성되는데, 콘셉트 단계에서는 사용자 니즈와 AI 서비스의 적용 방식을 설정한다. 두 번째 AI 개발 단계에서는 데이터 정의, AI 학습 작업, 사용자 멘탈 모델을 기반으로 AI 시스템을 설정하는 작업을 진행한다. 마지막 UX 디자인+개발 단계에서는 결과 제공 방식을 정하고, 피드백 반영 방식, 에러 대응, 커뮤니케이션 등 운영 시 사용자와의 인터랙션 방안을 마련한다.

구글은 자사의 항공권 예약 서비스인 '구글 플라이트'에 PAIR를 적용했는데, 그 결과는 다음과 같다.

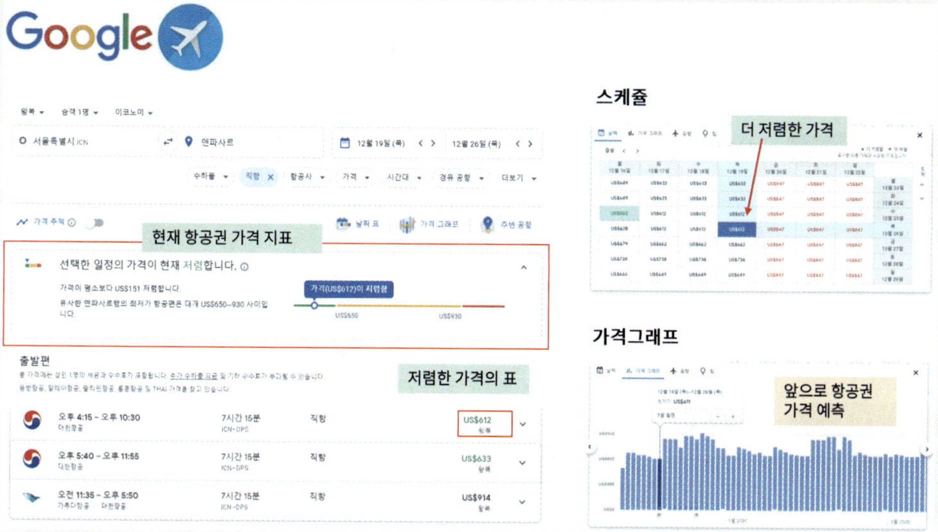

그림 584. 구글 플라이트 적용 사례

구글 플라이트에서 현재 가격 수준 및 앞으로 가격 변화를 어떤 식으로 보여줄지, 그러기 위해 필요한 데이터셋이 뭐가 있는지, 사용자와 신뢰 형성을 위해서 AI 예측 결과를 어떻게 표현할 것인지 등을 정의했다.

그 결과, 사용자들이 가격 적정성을 좀 더 명확하게 판단하게 하기 위해 가격 지표를 제공하고, 저렴한 가격을 스케줄을 통해서도 찾아볼 수 있다. 또한 가격 그래프를 통해서 앞으로 항공권 가격을 예측할 수 있다.

구글 PAIR 가이드북에서 얘기하는 'AI가 적합한 경우'

- 사용자별 맞춤화된 콘텐츠 추천
- 미래 다가올 일에 대한 예측
- 사용자 경험을 증대시키는 개인화
- 자연어 이해
- 엔티티[주: 개체, 실체, 어떤 의미를 갖는 것] 전체에 대한 인식
- 시간이 지남에 따라 변화하는 이상징후에 대한 감지
- 특정 서비스 영역에 전문화된 에이전트
- 동적으로 대응하는 콘텐츠 제공

AI UX 유형과 대표적인 사례들

AI 기술이 매우 다양한 만큼 AI UX도 여러 가지 유형이 있다. 앞 장에서 살펴본 UX 여정은 그중 'AI 에이전트 주도형'에 해당한다. 그 외에도 '도우미형', '최적화형', '단순 수행형'이 있다.

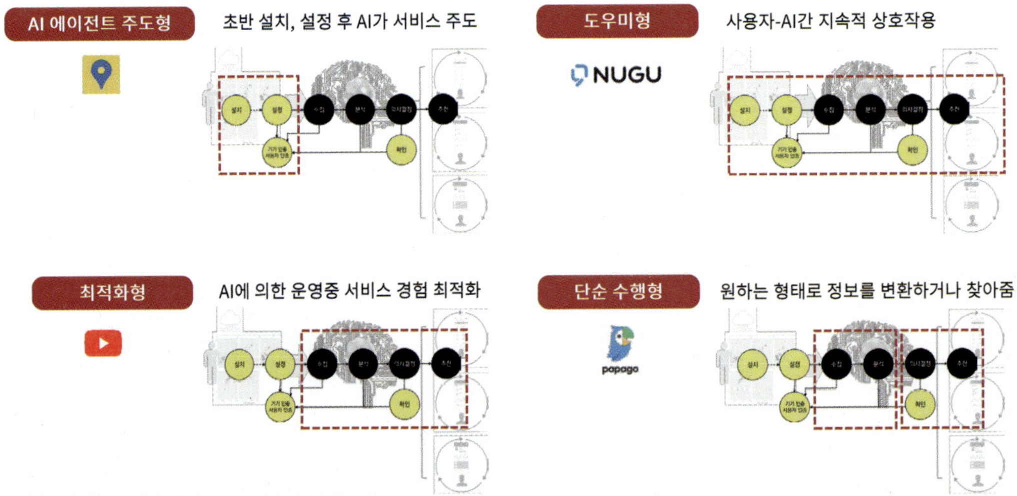

그림 585. AI UX 4가지 유형

AI 에이전트 주도형

이 AI UX 유형의 AI 서비스는 기존에 사용자가 하던 경험을 AI가 대체하면서 기존 경험을 새로운 형태로 전환시킨다. 앞 장에서 살펴봤듯이 이 유형에서는 사용자들이 초반 설치, 설정, 시범 운영 단계에서만 주로 개입하고, 이후에는 AI 에이전트에 의해 서비스가 주도된다. 사용자들이 하던 접근, 탐색, 조회, 비교/평가, 활동 업무를 AI 에이전트가 대신 수행하기 때문에 사용자는 새로운 요청을 하거나 AI 에이전트가 뭔가를 확인받고자 할 때만 서비스에 관여한다.

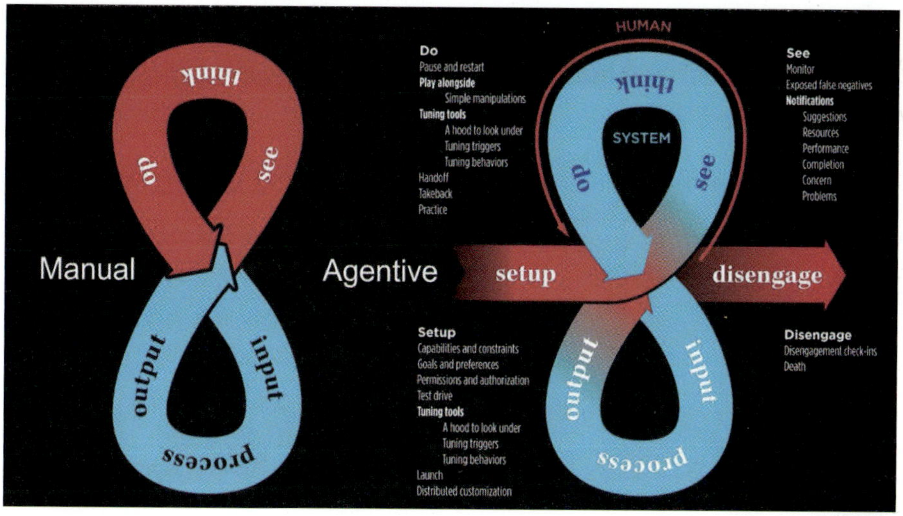

그림 586. 보고 생각하고 행동하는 영역을 AI가 대체 (출처: Designing a Agentive Technology)

앞에서 소개했던 크리스토퍼 너셀의 《Designing a Agentive Technology》에서 다루는 AI 서비스가 이 유형이다. 사용자가 보고 생각하고 선택하던(See Think Do) 영역을 AI가 대체하면서 사용자는 필요시에만 서비스에 관여하는 존재가 된다. 서비스가 어느 정도 사용자 의도대로 설정된 다음에는 '손 놓기(Disengage)'가 이뤄지기 때문이다.

구글이 자사의 AI UX 방법론을 가지고 진행했던 '구글 클립' 사례를 살펴보자.

그림 587. 구글 클립 예시

구글 클립은 일상생활 기록 카메라(Life log camera)다. 아이나 반려동물의 사랑스러운 순간을 놓치지 않게 하는 게 이 제품의 목표다. UX는 구글 클립이 자동으로 최고의 순간을 포착한 다음, 그 결과를 사용자에게 전달하고 그중 하나를 선택하게 했다. 촬영은 온종일 진행되는 게 아니라 오랫동안 기억에 남을 만한 사랑스러운 순간만 인식해 기록한다. 마치 사용자가 직접 의사결정을 하는 것처럼 순간 포착 능력을 높이기 위해서 다큐멘터리 제작자, 사진작가, 예술작가들의 노하우를 AI 모델에 반영했다.

처음에 제품을 설치, 설정하고 약간의 시범 운영을 한 다음부터는 구글 클립이 자동으로 작동된다. 사용자는 직접 촬영하는 능동적인 존재가 아니라, 구글 클립이 제공하는 촬영 결과물을 확인하고 선택하는 수동적인 존재로 전환됐다.

구글 클립과 같은 소비재 제품뿐만 아니라 공공 서비스 운영에서도 'AI 에이전트 주도' 유형을 찾아볼 수 있다. 싱가포르 정부는 스마트 도시를 만들려는 일환으로 '가상화된 싱가포르(Virtual Singapore)'라는 프로젝트를 진행했다.

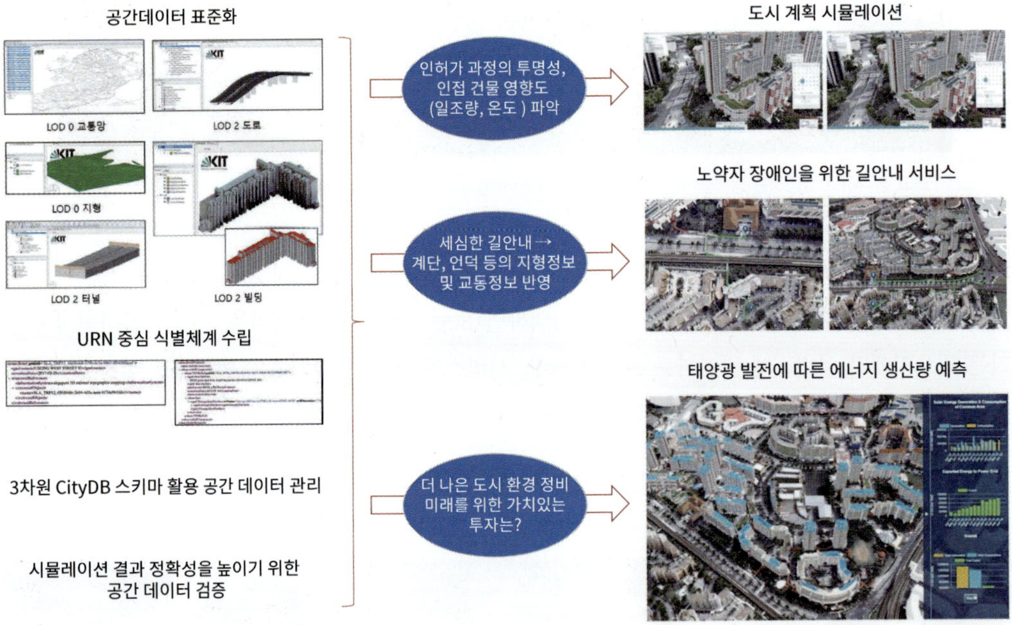

그림 588. 싱가포르 정부의 AI 활용 (출처: Virtual Singapore)

'Virtual Singapore'는 먼저 공간 데이터를 표준화했다. 교통망, 도로, 지형, 빌딩, 터널, 교각, 공원 등 도시를 구성하는 모든 공간 데이터를 표준화했다. 그 다음으로 여기에 통합자원이름(URN, Unified Recognition Name)을 적용해 공간에 대한 식별체계를 수립하고, 3차원 도시 데이터베이스(CityDB) 스키마 기술을 활용해 공간 데이터를 입체적으로 관리했다. AI를 위한 제반 조건이 갖춰진 것이다.

이렇게 준비된 데이터들은 AI 기술을 통해서 도시 계획 시뮬레이션, 노약자/장애인을 위한 길 안내 서비스, 시설 설비 투자에 따른 비용대비효과(ROI, Return On Investment) 예측에 활용됐다.

담당 공무원들은 직접 현장에 가지 않아도 앉은 자리에서 신축 건물 인허가 신청을 위해서 주변 건물 일조량 변화나 출퇴근 시간 교통량 영향도를 시뮬레이션할 수 있게 됐다. 노약자나 장애인들은 힘들지 않은 길을 찾을 수 있게 되고, 도시계획 책임자들은 국민 세금을 더 유용하게 쓸 수 있게 되었다.

도우미형

도우미 유형의 AI 서비스는 일상적이든 일시적이든 간에 사용자의 요청에 곧바로 반응하여 필요한 도움을 제공하는 성격을 지닌다. 일상적인 도우미로는 스마트폰에 탑재된 애플 시리나 구글 어시스턴트, 삼성 빅스비가 해당한다. 일시적인 도우미에는 최근에 서비스마다 유행처럼 제공하는 챗봇이 해당한다. 양쪽 모두 대화를 통해 사용자와 활발하게 상호작용한다.

그림 589. 도우미형 AI 서비스의 유형

도우미형 AI 서비스는 대화를 통해서 UX가 진행된다는 특성상 '대화형 UX(Conversational UX)'라고도 부르는데, 일시적인 도우미는 금융/커머스 분야에서, 일상적인 도우미는 스마트폰, 스마트홈(IoT), AI 스피커를 중심으로 급성장하고 있다.

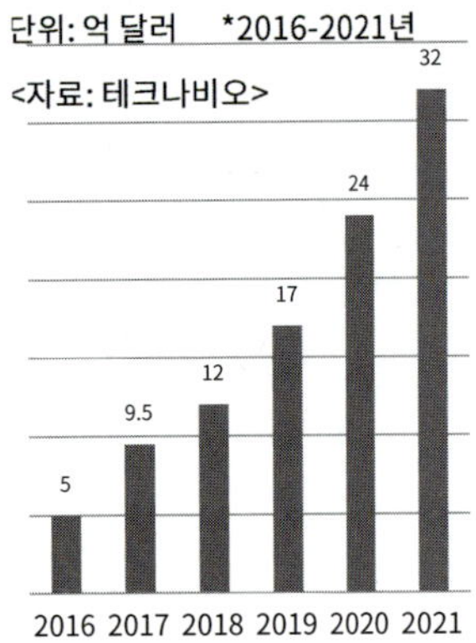

<챗봇 시장 성장 추이>

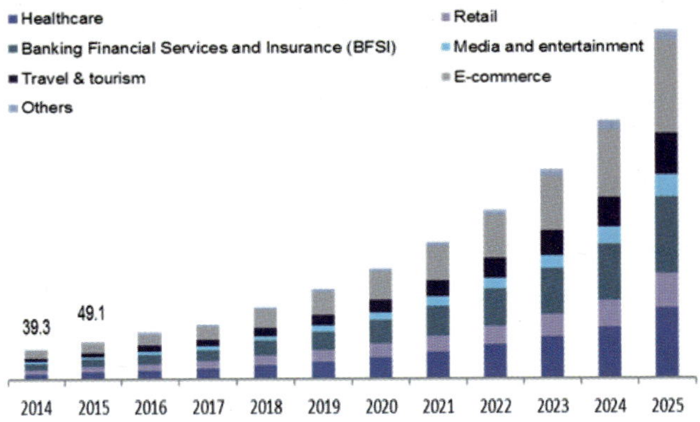

<분야별 챗봇 비중>

그림 590. 도우미형 AI 서비스의 최근 시장 동향

도우미형 AI 서비스가 제공하는 가치는 다음과 같다.

표 58. 도우미형 AI 서비스가 제공하는 가치

기존 채널(Web/App)	구분	도우미형 AI	제공 가치
이성적	톤 앤 매너	감성적	대면채널에서 느낄 수 있는 신뢰, 친절, 안정과 같은 심리적 만족을 제공할 수 있음
Deep & Much	정보의 구성	Core & Detail	기존 채널과 차별되는 정보의 구성과 전달 방식으로 전달력을 높일 수 있음
독립된 채널	채널간 관계	연결된 채널(허브)	독립된 기존 채널의 정보와 기능을 연동하여 완결된 경험을 제공할 수 있음
브라우징	정보 탐색 방법	슈팅	원하는 정보에 접근하기 위해 이동하며 찾아가야 하는 불편함이 없음
1 : 多 (불특정 다수)	정보 전달 대상	1: 1 (개인)	다양한 사용자의 기대와 니즈를 만족할 수 있는 개인화 제공 가능
단방향	커뮤니케이션 방식	양방향	프로세스 진행 도중에 사용자가 자유롭게 질문이나 요청이 가능함
휘발성	사용자의 활동 내역	지속성(챗봇)	챗봇의 경우 메시지 형식처럼 사용내역이 누적되어 이용 히스토리 파악 가능
확산되어 나가는	트리거의 활용	실처럼 얽힌	온라인 서비스를 고려하지 않는 사용자의 진입을 유도하는 역할을 수행할 수 있음
맥락 반영 어려움	맥락 파악	맥락 반영 용이	필요한 시점이나 과업에 한해서는 적극적인 피드백을 통해 목표 달성을 도울 수 있음
현재 Task에 집중	다음 활동과의 연결	후속 Task와 연결	사용자가 서비스를 이탈하지 않고 지속적인 이용을 유도할 수 있음

뱅크오브아메리카의 에리카(Erica, 챗봇 이름)는 가장 오래되고 성공적으로 정착한 도우미형 AI 서비스 중 하나다. 에리카는 대화형 UX가 갖는 장점을 활용해서 비대면 채널[주: 은행 지점처럼 직원이 직접 고객을 대면하는 채널의 반대말]의 한계를 극복하고, 오히려 AI 기능을 활용해 더 뛰어난 가치 제공이 가능하다.

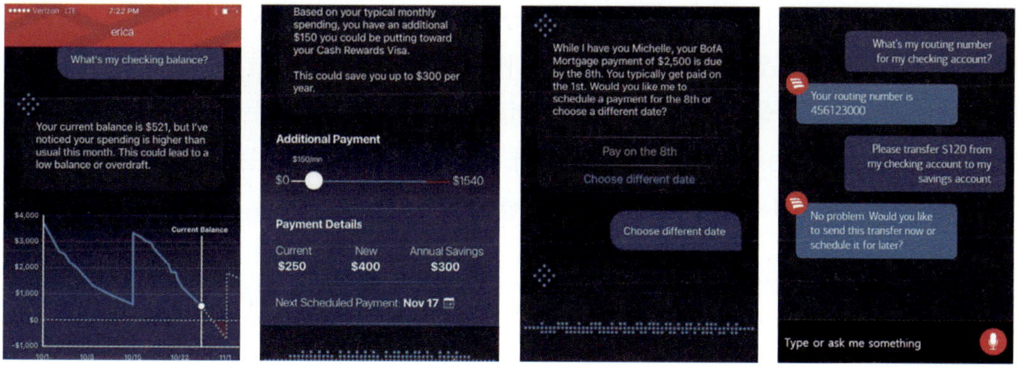

그림 591. 뱅크오브아메리카의 에리카 (출처: BOA)

에리카는 기본 금융업무가 대부분 가능하다. 잔액 조회는 물론, 송금, 카드, 대출 등의 업무를 대화를 통해 처리할 수 있다. 예를 들어 사용자가 "이번 달 카드 이용내역을 알려줘"라고 요청하면 그 정보를 보여주고, 이용대금 납부나 분할 납부 등의 서비스로 연계도 가능하다. 또한 사용자의 신용등급이나 소비행태를 분석하여 금융 상품을 추천하거나 개인화된 금융 조언자 역할도 수행한다. 그래프, 표 등의 시각 정보와 슬라이드 바, 버튼, 템플릿 등을 통해 대화 중에 정보를 파악하기도 쉽다.

표 59. 일시적인 도우미형 AI 서비스 분류

	온라인 업무처리봇	이벤트/마케팅봇	디지털 상담봇	업무 생산성봇
설명	기존 채널(웹, 앱 등)을 통해 기업에서 제공 중인 서비스를 AI 서비스를 통해 제공	양방향, 1:1 소통 방식으로 각종 이벤트를 진행하거나 브랜드 이미지를 전달	홈페이지 고객센터, 콜센터보다 24시간 쉽고 빠르게 고객 문의를 처리	기업 내부 직원의 업무를 보조 또는 대신 처리해주어 직원의 생상성을 향상
예시	- 미디어/콘텐츠 제공 - 예약/주문/결제 - 금융 서비스 조회/이체	- 마케팅 이벤트 - 브랜드 스토리	- 고객 상담, FAQ - 지식 검색 / 정보 습득	- 신입사원 교육/가이드 - 업무 매뉴얼 - 팀/개인 일정 관리
사례	CNN (Media) Ebay (Commerce) Fandango (Entertain.)	Marvel (Entertain.) UNICEF (NGO) 롯데제과 (Commerce)	KLM (Airline) Cloudia (Healthcare) 플러스친구 (Business)	SendGoal (Assistant) Facebook (Assistant) Georgia Tech (Assistant)

일상적인 도우미형 AI 서비스는 제공하는 서비스가 매우 다양하고, 잡담(Chitchat)이나 기록 용도로도 사용 가능하며, 다른 채널에 있는 정보를 불러오거나 연결된 IoT 기기를 제어하는 경우가 많다.

그림 592. 일상적인 도우미형 AI 서비스들

구글 어시스턴트는 AI가 예약을 대신 처리해주는 듀플렉스(Duplex)라는 기능이 있다. 또한 구글 홈이나 구글 오토와 연결하여 음성으로 가정 내 스마트 기기 및 차량을 제어할 수 있다. 루틴(Routines)이라는 기능을 실행하면 하나의 명령어로 여러 작업을 실행시키는 게 가능하다. 예를 들어 '집으로 퇴근할 거야'라는 음성에 집까지의 길 안내, 가는 도중에 들을 수 있는 음악 선곡, 도착시간에 즈음한 가정 내 IoT 기기 실행 등이 한꺼번에 가능한 것이다.

그림 593. 구글 어시스턴트의 다양한 기능 (왼쪽부터 듀플렉스, 구글 홈 연동, 루틴)

구글이나 애플이 자사의 제품/서비스를 도우미형 AI 서비스로 연결하는 데 집중하는 데 반해, 아마존 알렉사는 다른 기업들에게 플랫폼을 개방해 이미 수많은 자동차, 가전, 보안, 헬스케어, 교육 등의 서비스를 알렉사의 음성명령으로 이용할 수 있다.

그림 594. 아마존 에코와 알렉사에 연동된 다양한 서비스

일상적인 도우미형 AI 서비스는 음성과 텍스트를 모두 지원한다는 특징이 있으나, 서비스 범위가 넓고 다양한 기기를 통해서 이용할 수 있기 때문에 음성의 비중이 더 높은 편이다. 또한 디지털 이용 내역뿐만 아니라 실생활에서의 사용자 활동을 파악하고 환경을 모니터링하기 위해 카메라나 센서, IoT 가전 기기들과 연결을 늘리고 있다.

최근의 챗봇 트렌드

음성 기반의 일상적인 도우미형 AI 서비스에 비해서 챗봇은 주로 텍스트를 기반으로 제한된 서비스 영역만 다루는 편이지만, 대면 상담 채널의 장점을 빠르게 흡수하고 AI UX를 이용한 새로운 가치를 제공한다.

1. 이모지를 이용한 콘텐츠 검색

   사람 간의 채팅 창에서 익숙한 이모지를 챗봇에 적용하여 입력의 수고를 덜고, 말로 표현하기 힘든 뉘앙스를 표현할 수 있다.

그림 595. (좌) 유니클로 챗봇 IQ, (우) 레시피를 추천해주는 제이미 올리버 챗봇

2. 맥락을 방해하지 않는 팝업 UI

   서비스 사용 중 챗봇을 실행할 경우 전체 창을 덮는 게 아니라, 팝업으로 나타나서 일시적으로 챗봇을 이용한 다음에 다시 서비스 화면으로 쉽게 돌아갈 수 있다.

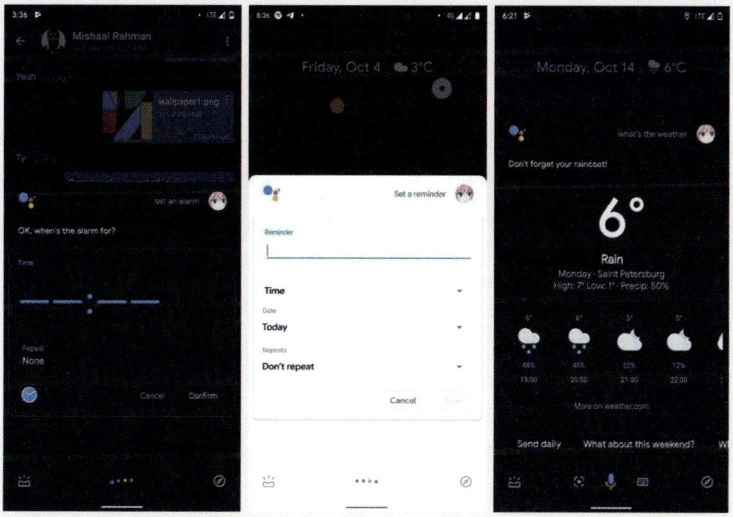

그림 596. 구글 어시스턴트의 팝업 UI

3. AR과 연계하여 대면 상담의 한계를 뛰어넘는 챗봇

대면 채널에서 카운슬러가 아무리 친절하게 상담을 해줘도 실행하기 전까지는 결과를 미리 보는 것은 불가능하다. 그러나 챗봇에서는 AR 기술을 활용해서 상담 결과를 미리 볼 수 있다.

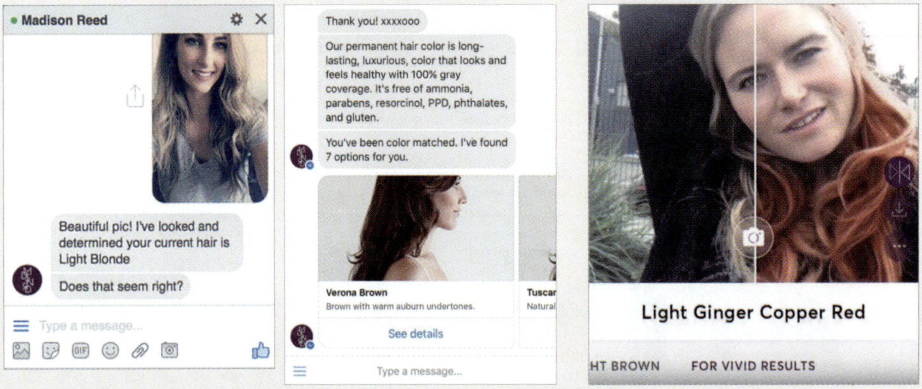

그림 597. (좌) 헤어컬러와 제품을 추천 받을 수 있는 MADI, (우) AR로 헤어컬러를 미리 볼 수 있는 Try on

최적화형

최적화 유형의 AI 서비스는 기존 서비스에 알게 모르게 섞여 들어가서 더 정확도 높은 가치를 전달한다. 기존 서비스 형태는 그대로 유지한 채, 정확도나 성능을 높이는 데 초점을 맞추고 있기 때문에 UX의 변화는 비교적 적은 편이다. 사용자들은 뭔가 더 나아졌다거나 어딘지 모르게 더 정확해졌다는 것을 은연중에 느끼게 될 뿐이다.

유튜브나 스포티파이(Spotify)가 콘텐츠 추천을 강화하기 위해서 AI를 도입한 것이나 네이버 모바일 쇼핑판에서 AiTEMS를 통해서 상품 추천을 강화한 것이 이에 해당한다. 사용자의 구매 이력, 최근 조회 상품, 찜/장바구니에 담은 상품 등의 데이터를 분석하여 상품을 추천해준다.

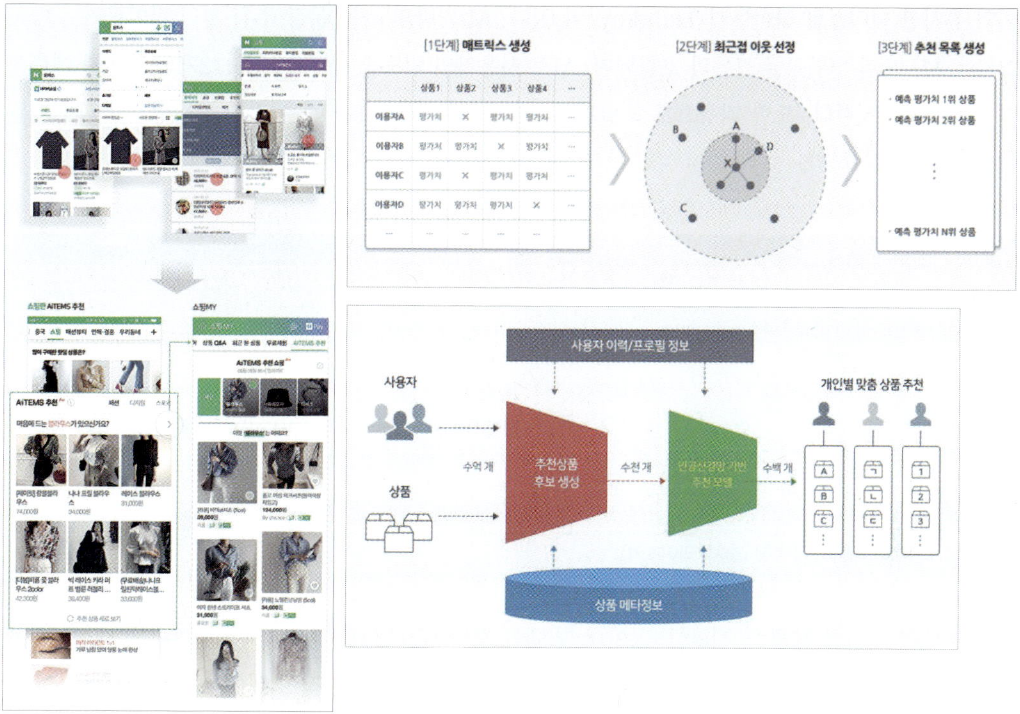

그림 598. 네이버 모바일 쇼핑판 AiTEMS의 작동 원리 (출처: NAVER Search & Tech 블로그)

구글 지메일 스마트 컴포즈(Smart Compose)는 메일을 쓸 때 수신인과 메일 제목 등을 분석하여 본문에 입력할 내용을 사용자에게 자동으로 추천해준다. 이전에 해당 수신인에게 쓴 메일 내용과 제목에 들어간 키워드와 관련된 이전 보낸 메일 내용 등을 참고하여 메일 내용을 추천해주는 것이다.

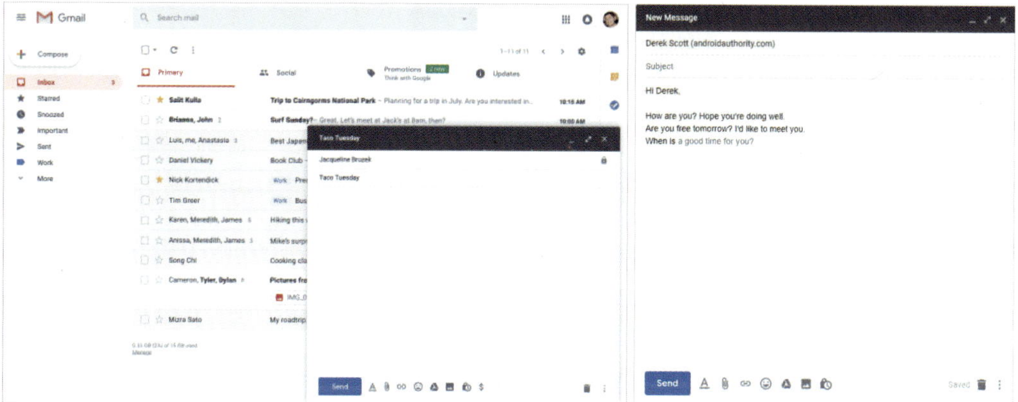

그림 599. 구글 스마트 컴포즈 (출처: 구글)

이와 유사한 서비스로 라이트키(Lightkey)가 있다. AI 기반의 자동 문장 추천 툴인 라이트키는 마이크로소프트 오피스나 구글 크롬과 호환되며, AI로 사용자의 의도를 파악한 다음 12개의 단어를 예측해 사용자에게 제시한다. 또한 자동으로 오탈자를 교정하거나 사용자가 적은 기록을 바탕으로 개인화된 문장 추천도 가능하다.

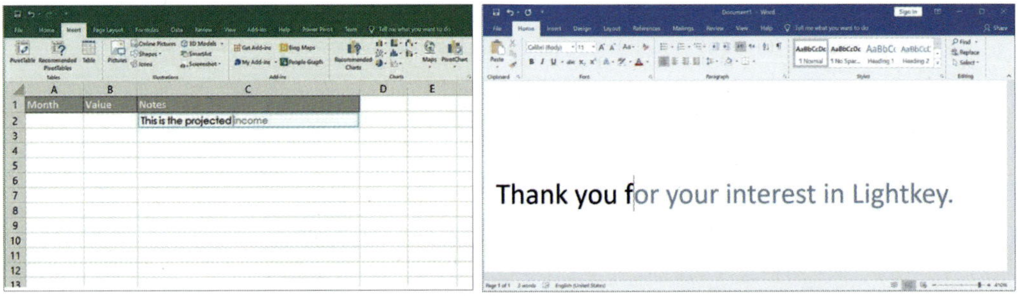

그림 600. 라이트키 자동 문장 추천 (출처: 라이트키)

카카오 내비는 AI를 통해 더 정확한 길 안내 및 예상 소요 시간을 제공한다. 이는 대부분의 내비게이션 서비스와 동일하다. 카카오 내비가 다른 점은 길 찾기 알고리즘에 물리적인 데이터 말고도 사용자의 경로 선호도나 과거 이동패턴을 고려해 최적화된 길 안내를 제공한다는 것인데, 예를 들어 장거리 이동 중 휴게소를 꼭 들르는 사람과 그렇지 않은 사람에게는 예상 소요 시간을 다르게 알려준다.

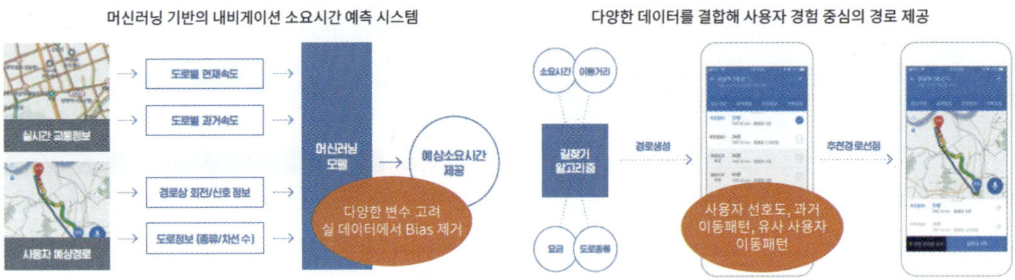

그림 601. 카카오 내비 사용자 중심 경로 제공 (출처: 카카오 내비)

미국의 소매유통업체인 타깃(Target)은 고객의 구매패턴에 임신 가능성을 알리는 변화가 생기면 추천 구매 품목을 자동으로 업데이트해주는 서비스를 선보였는데, 심지어 본인도 몰랐던 임신 여부를 알려주는 경우도 있다고 한다.

그림 602. 미국 유통 매장 타겟의 임신 가능성 기반 추천 모델 (출처: Target)

온라인상에서의 악성 댓글을 차단해주는 최적화형 AI 서비스도 등장했다. 인스타그램에서 선보인 악성 댓글 필터(offensive comment filter) 기능은 모욕적인 의도를 가진 댓글을 인식하고 자동으로 필터링해준다. 친구끼리의 장난이나 비꼬는 말과 같은 맥락에 기반한 뉘앙스는 아직 이해하지 못한다.

단순 수행형

단순 수행 유형의 AI 서비스는 AI 인식 기술이나 패턴 생성 기술을 활용해 대상을 분석하거나 변환하는 일을 수행하는데, 서비스가 매우 간단하기 때문에 UX 디자인의 역할은 적은 편이다.

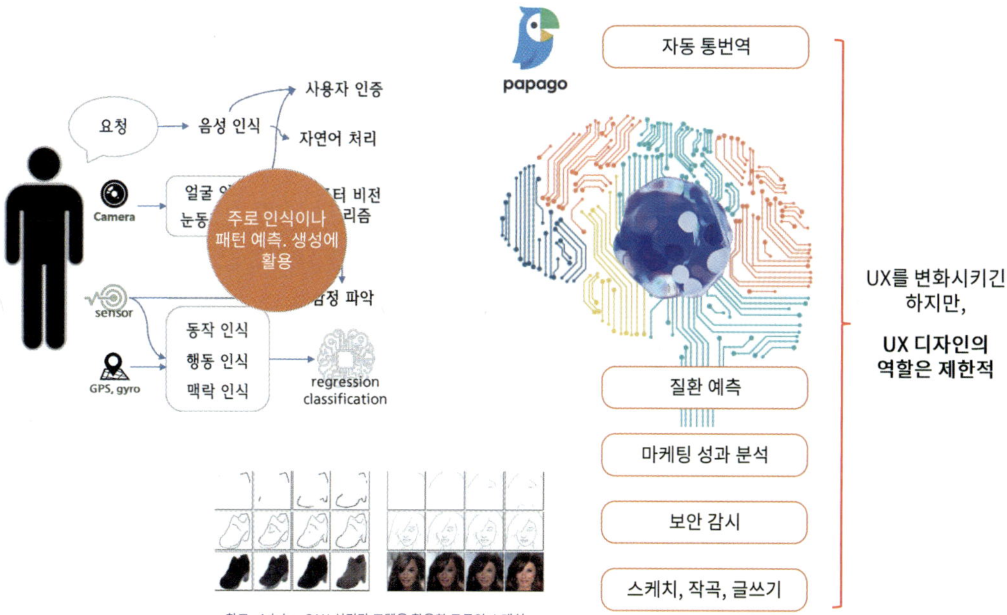

참고 : Adobe, GAN 신경망 모델을 활용한 드로잉 스케치

그림 603. 단순 수행형 AI 서비스가 대표적으로 하는 일

SNS 서비스인 스냅챗은 AI가 사용자의 얼굴을 감지하고 분석한 다음 능동적 형태 모델(Active Shape Model)을 통해서 다양한 서비스를 제공한다. 현재 표정에서 드러난 감정으로부터 3차원 이미지 추천(3D Model Image Processing)하기, 음성에 따른 AR 시각 효과(AR Emoji), 두 대상 간의 얼굴 바꾸기(Face Swap) 등의 다양한 엔터테인먼트 활용이 가능하다. 이렇게 만들어진 결과는 자신의 앨범, 타임라인, 타임머신 등에 곧바로 올릴 수 있다.

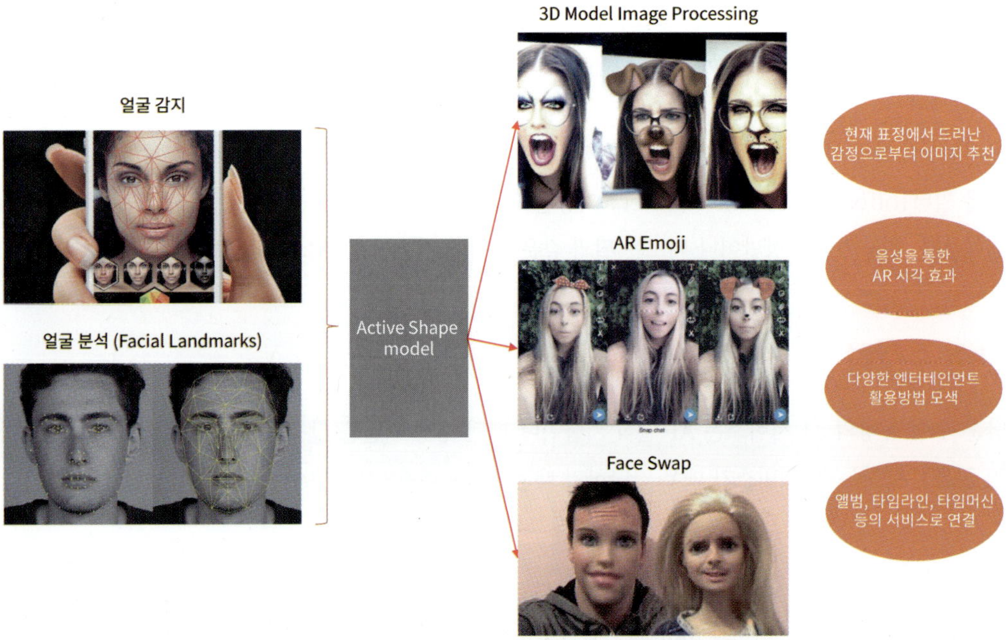

그림 604. 스냅챗의 얼굴인식 활용 서비스 (출처: 스냅챗)

일본의 AI 스타트업인 Empath는 목소리를 분석하여 감정을 알려준다. 수만 건의 음성 샘플에서 음성 높낮이나 어조, 속도 등을 파악하여 감정 분석 모델을 만들었는데, 이 AI 기능을 콜센터 상담 시스템에 적용하면 전화를 건 고객의 감정에 따라서 적절한 대응 매뉴얼을 불러올 수 있고, 헬스케어 서비스에 적용하면 음성 명령 시 감정을 파악하여 건강에 대한 조언을 더 풍부하게 할 수 있다.

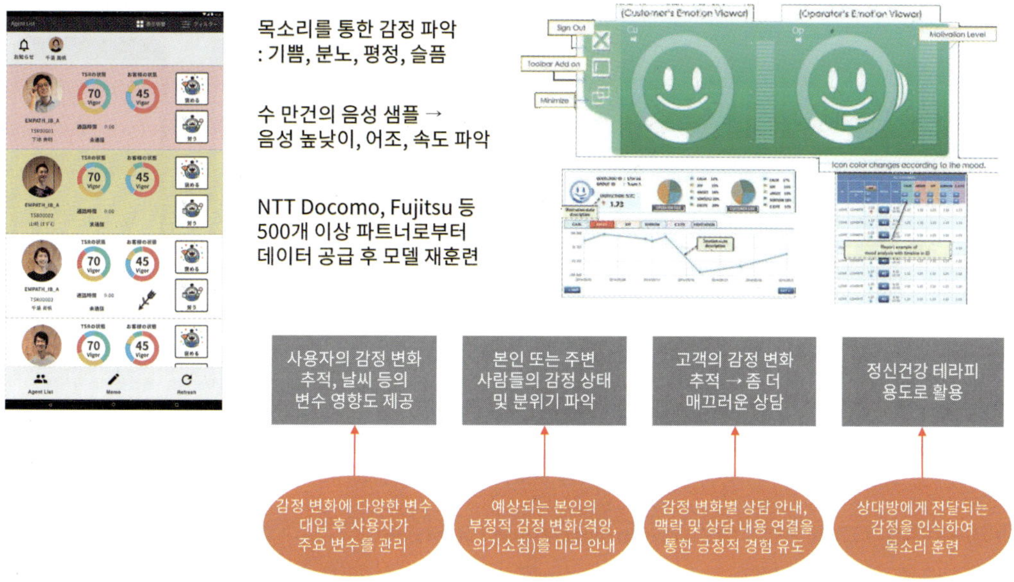

그림 605. 감정 분석 서비스 (출처: Empath)

음성텍스트 변환 기술(STT, Speech To Text)도 단순 수행 유형의 AI 서비스에 속한다. 구글 픽셀4에는 라이브 캡션(Live caption)이라는 음성텍스트 변환 기술이 적용되어 사용자가 동영상이나 오디오를 재생할 때 실시간으로 해당 콘텐츠의 음성을 별도의 자막 파일 없이 텍스트로 변환해준다.

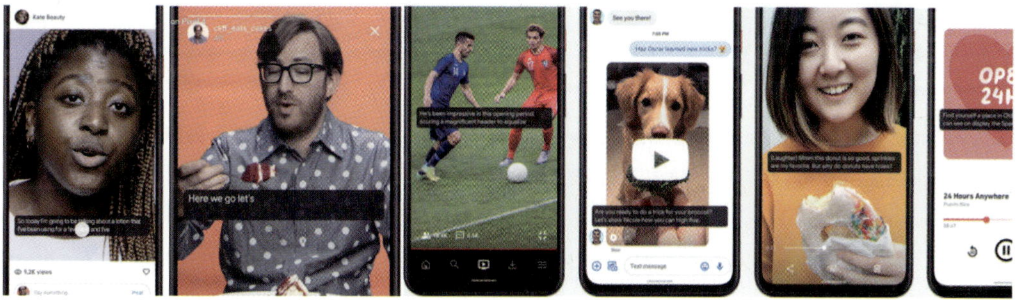

그림 606. 구글 픽셀4용 라이브 캡션 (출처: 구글)

구글이 새로 내놓은 픽셀4용 리코더(Recorder)는 긴 오디오 녹음 파일을 시간대별로 텍스트로 변환하여 사용자가 단어, 문장, 심지어는 효과음이나 박수 쳤던 장면까지 검색할 수 있다. 녹음이 끝나자마자 녹음된 내용을 분석하여 해당 음성 녹음을 대표하는 3가지 키워드를 추출해주기도 한다.

녹음된 소리는 타입에 따라 연설, 음악, 휘슬 등으로 자동으로 레이블링 되고 검색이 가능하다

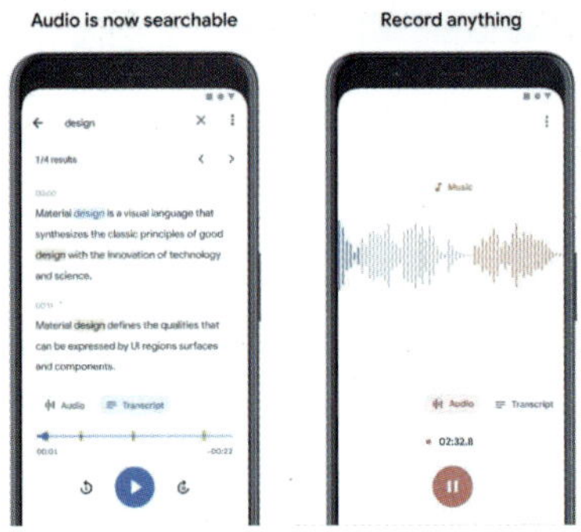

장시간 오디오 녹음 파일을 변환하고 타임스탬프에 따라 단어를 매핑하여 대화를 색인화하는 기능 - 특정 단어를 클릭해 그 단어부터 오디오를 재생하거나 건너뛰고 재생할 수 있다

그림 607. 구글 픽셀4용 리코더 (출처: 구글)

마이크로소프트는 자사의 인공지능 코타나(Cortana)를 아웃룩 모바일에서도 쓸 수 있게 했다. 코타나는 아웃룩 메일함의 이메일을 읽어주거나 스케줄 변경 및 미팅 잡기, 중요한 자료 요약 등의 기능을 수행할 수 있다.

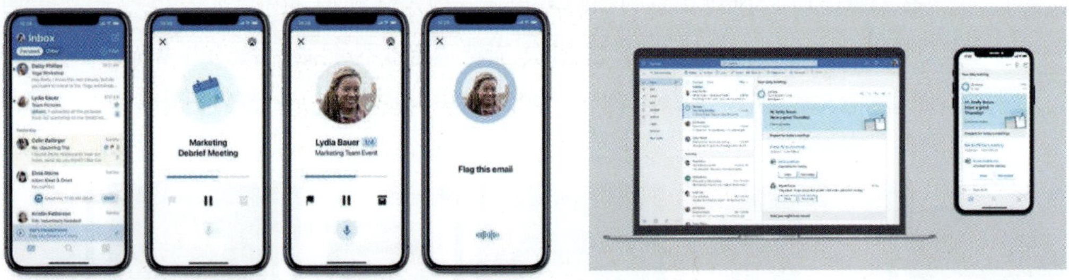

Cortana에게 미팅 할 수 있는 시간을 찾아달라고 요청하면, 참여자들의 캘린더를 확인한 후 모두가 가능한 시간을 찾아 미팅 일정을 잡아주거나 이메일로 해당 시간을 알려준다

그림 608. 마이크로소프트 아웃룩용 코나타 (출처: 마이크로소프트)

이상으로 4가지 유형의 AI 서비스를 살펴봤다.

AI 기술은 그 자체만으로 수많은 가능성을 지니고 있다. 인간이 수행할 수 있는 수많은 가능성에 빗대어 볼 수 있을 정도다. 그러나 실제 AI 서비스가 사용자에게 제공되기 위해서는 UX가 AI 기술을 뒷받침해야 한다. 목표 및 결과 형태를 제시하고, 변수나 고려요소를 감안해 모델을 설계하고 필요한 데이터를 정의해야 한다.

AI가 수단이라면 UX는 가치를 제공하는 것이라고 할 수 있다.

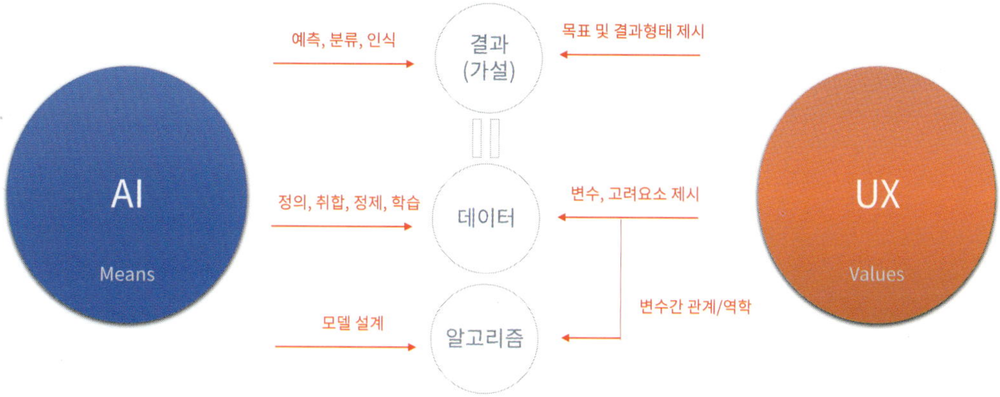

그림 609. AI UX의 구조

맺음말

글쓴이가 UX 교육을 할 때마다 꼭 하는 말이 있는데, 그것을 마지막으로 여러분께 들려드리고, 평소에 많이 받는 10가지 질문에 답변하면서 이 책을 마치겠다. 끝까지 읽어준 분들께 정말 감사드리며, 궁금한 점이 있으시다면 언제든지 글쓴이의 메일(yan117@naver.com)로 문의해 주기 바란다.

> "저는 제가 얼마나 UX를 많이 아는지 자랑하러 이 자리에 나오지 않았습니다. 제가 좋아하는 UX 디자인을 한 분이라도 더 알게 되고, 그래서 더 좋은 디자인을 일상생활에서 만날 수 있기를 기대하는 마음에서 이 자리에 섰습니다. 세상에는 뛰어난 천재들이 많지만, 저나 여러분들은 천재가 아닐 것입니다. 소박하게 들릴지 모르겠지만, 우리는 사용자들이 진짜 힘들어하는 고충이 무엇이고, 마음속 깊이 숨겨진 기대는 무엇인지 밝히는 것에서부터 디자인을 시작합니다. 더 깊게 사용자 경험을 공감할수록 더 뛰어난 디자인으로 이어진다는 게 우리의 믿음입니다."

Q UX 업무를 하고 싶은데, 어떤 준비가 필요한가요?

A 되도록 학부나 대학원에서 UX 디자인, HCI(Human Computer Interaction), 인터랙션 디자인을 전공으로 공부할 것을 추천합니다. 이미 졸업한 지 오래됐거나 현실적으로 다시 전공 공부를 하기가 어렵다면 사설 교육기관에서 진행하는 UX 디자인 양성 프로그램을 이용하는 것도 좋습니다. 디자인진흥원, 아카데미정글, 멀티캠퍼스, 한국인터넷전문가협회 등이 있습니다.

Q UX 디자인을 공부할 때 어디에 주안점을 둬야 하나요?

A 공부할 때는 다음 3가지를 모두 습득해야 합니다. 방법론, 원칙, 트렌드가 그것입니다. 방법론은 이 책 2장에 있는 내용을 자기 것으로 만들면 될 것이고, 원칙은 이 책 1장의 내용과 더불어 사용성의 원리, 인터랙션 디자인 원리 등을 습득하기 바랍니다. 인터랙션 디자인 협회(https://www.interaction-design.org/)나 UX matters(https://www.uxmatters.com/), Medium이라는 잡지의 UX 섹션(https://medium.com/topic/ux), 라이트브레인 블로그(http://blog.rightbrain.co.kr/)에 들어가 볼 것을 추천합니다. 트렌드도 위 사이트에서 찾아볼 수 있습니다. 라이트브레인이 정기적으로 발간하는 UX Discovery를 보는 것도 좋습니다.

그러나 머릿속에 지식을 입력하는 것만으로는 불충분합니다. 일상생활 속에서 만나는 모든 제품과 서비스에서 경험요소를 찾고, 그것의 문제를 찾아보는 연습을 해야 합니다. UX는 주변의 모든 것이 공부 거리입니다. 당장 눈앞에 있는 것에서 경험요소가 뭐가 있고, 그것이 어떻게 구성되며, 이용흐름은 어떠한지 살펴보기 바랍니다.

Q UX를 하려면 심리학을 꼭 배워야 하나요?

A 초창기 UX 업계에서는 심리학 전공자의 비중이 높았습니다. UX 디자인의 특성상 사용자들의 생각이나 감정을 알아야 할 때가 많고, 필드 리서치와 같은 조사과정에서도 심리학의 실험 방법이 유용할 때가 많았습니다. 그러나 15년 가까이 시간이 흐르면서 이미 많은 심리학 내용이 UX 디자인에 흡수됐습니다. 그래서 실제 실무에서 요구되는 심리학 지식은 그다지 많지 않은 편입니다.

심리학은 그 안에서도 많은 세분된 분야가 존재해서 하나로 단정 짓기 어렵기도 합니다.

Q UX 디자인을 공부했다고 취업이 바로 되나요?

A UX 인력이 많이 모자랐던 2010년대 초반과는 달리, 최근에는 UX 인력이 굉장히 많아져서 경쟁도 치열해졌습니다. UX 디자인을 공부했다면 본인만의 UX 디자인 포트폴리오를 만들

어야 합니다. UX 면접관들은 이력서나 자기소개서보다는 포트폴리오를 기준으로 채용 여부를 판단합니다.

포트폴리오가 여러 개일 필요는 없습니다. 과정과 결과가 모두 뛰어난 포트폴리오 2개만 있으면 됩니다. 본인이 특정 분야, 예를 들어 쇼핑몰 분야의 UXer가 되고 싶다면 대표적인 쇼핑몰 1~2개를 대상으로 UX 포트폴리오를 만들고, 분야를 정하지 않았다면 최근 사람들이 많이 쓰는 서비스를 선정하기 바랍니다.

포트폴리오에는 UX 디자인 과정이 잘 드러나야 하고, 결과가 UX적으로 매력 있어야 합니다. 결과는 반드시 GUI 디자인까지 완성된 Hi-Fi 프로토타입일 필요는 없습니다. 디자인에 자신 없는 사람은 와이어프레임을 가지고 화면흐름(Page Flow) 수준으로 보여주되, 중요 화면 몇 개는 UI와 인터랙션을 매우 상세하게 표현하기 바랍니다.

주의해야 할 점은 포트폴리오만 봐도 어떤 메시지를 전달하려고 하는지, 결과적으로 사용자에게 어떤 가치를 전달할 수 있는지가 드러나야 합니다. 나중에 말로 설명할 기회는 없을 수도 있습니다. 포트폴리오상에 내용이 잘 설명되어 있어야 합니다.

Q UX 포트폴리오를 만들 때 꼭 알아야 할 점은 뭐가 있을까요?

A UX 자인은 과정이 중요하기 때문에 각 과정을 빠짐없이 설명해야 합니다. 다만 지나치게 장황하게 얘기하지 말고, 간결하고 꼭 필요한 내용 위주로(가급적 10장 내외로) 과정을 보여주고, 결과물인 서비스나 UI를 보여줄 때 어떤 UX 근거로 이런 디자인이 나왔는지를 알차게 설명하기 바랍니다. 과정과 결과가 따로 놀거나, 결과가 왜 그렇게 나왔는지 설명이 생략된 경우도 많습니다.

그리고 가급적 프로토타이핑 툴을 이용해서 최종 결과를 만드는 게 좋습니다. 최근 많은 기업 UX 담당자들이 프로토타이핑 툴 사용 능력을 중요시하기 때문입니다. 완성된 결과는 온라인에 올리고 링크를 포트폴리오 문서상에 넣기 바랍니다.

Q 지금 UX로 뛰어드는 게 너무 늦지는 않나요?

A UX/UI는 시장이 많이 커져서 많은 인력을 채용 중입니다. 3장에서 소개한 디지털 전환의 물결에 따라 UXer를 찾는 채용 공고는 꾸준히 늘어날 것으로 전망합니다.

하지만 제가 사회초년생 입장이 되어 이 질문을 저 자신에게 던진다면 AI UX 분야에 집중할 것입니다. AI UX는 이제 막 시작되는 분야인 데다가 전망도 매우 밝습니다. 3장에서도 얘기했지만, 많은 기업이 AI로 사업을 전환하고 있으며, 데이터 사이언티스트와 같은 AI 기술 전문가 외에 AI UX 전문가도 필요로 하고 있습니다.

AI UX 분야로 진출하기 위해서는 AI와 UX를 모두 익혀야 합니다. 상식적인 수준의 정보가 아닌, 실무 차원에서 지식 습득을 해야 합니다. 다행히 학교에서 AI를 전공하지 않았더라도 AI를 배울 기회는 아주 많습니다. 사설 교육기관도 많고 Coursera나 Udemy 같은 온라인 교육 과정이나 유튜브에도 AI를 공부할 수 있는 훌륭한 콘텐츠가 많이 있습니다.

Q 현재 현업에서 종사 중인데, 회사에서 디자인씽킹이나 UX를 계속 강조합니다. 제가 하는 전문 분야가 있는 데도 굳이 UX를 배워야 할까요?

A 글쓴이가 기업 교육을 통해서 만나는 실무자들이 이런 고민을 얘기합니다. 가령 "은행 지점에서 일하고 있는데, 디지털 채널에서나 필요한 UX를 왜 제가 배워야 합니까?", "제품 디자인에서도 나름의 방법론과 노하우가 축적되어 있는데, UX가 꼭 필요할까요?" 등의 질문이 그것입니다.

사실 이 질문에 대한 대답은 UX보다는 디지털 전환(Digital Transformation)에 있습니다. 모든 기업이 기존 업무를 디지털로 전환하다 보니 자연스럽게 UX가 중요하게 부각됩니다. 기업 입장에서 디지털 전환은 선택이 아닌 필수라는 점을 3장에서 이미 언급했습니다. 그에 따라 기업에 몸담은 여러분들도 디지털 전환의 심장인 UX를 배우는 게 필요하다고 생각합니다.

Q 우리나라에서도 UX 내에서 전문적인 직무가 존재하나요?

A 에이전시나 스타트업에서는 대부분의 UXer가 멀티 롤(다중 역할)을 수행합니다. 대기업에서는 테스트나 리서치만 수행하는 직무, UI 디자인만 수행하는 직무로 세분화된 경우가 많습니다. 어느 게 더 낫다고 얘기하기는 힘듭니다. 멀티 롤을 수행하면 처음부터 끝까지 UX 프로젝트를 온전히 경험할 수 있어서 배울 게 많은 장점이 있는 반면에 업무가 많다는 단점도 있습니다. 대기업에서는 분업화된 역할만 수행하면 되기 때문에 전문성을 키우기는 좋으나, UX 업무 중 일부분만 수행해야 하는 업무 특성상 발전에 한계가 있습니다.

Q 구글이나 넷플릭스와 같은 외국 유명 회사에도 취업할 수 있나요?

A 실리콘밸리 기업에서는 UXer를 상시로 채용하고 있습니다. 영어 의사소통 실력이 일단 중요하겠지만, 영문으로 된 포트폴리오를 준비해서 취업 희망 기업에 이력서를 내 볼 것을 권장합니다. 참고로 외국의 유명 IT 기업은 필드 리서치 인력을 많이 찾고 있습니다.

Q UX 프로젝트 사례들을 찾아보려면 어떻게 해야 하나요?

A 구글에서 검색하시는 것도 좋지만, 라이트브레인의 플립보드 채널 중 'UX Design casestudy'를 추천합니다. 플립보드(Flipboard)에 들어가서 'RIGHTBRAIN'이라는 이름으로 검색하면 가장 상위에 'UX Design casestudy'가 뜰 것입니다.

이 외에 AI나 UX 트렌드, 챗봇, 메가 트렌드, UX 방법론 등 40여 가지 다른 매거진도 볼 수 있습니다.

번호

A – G

H – M

N - S

T – Z

ㄱ – ㄹ

ㅁ – ㅅ

ㅇ – ㅈ

ㅊ – ㅎ